U0069498

毛澤東
全方位解剖
下冊
蘆笛 著

目錄

國務家毛澤東

導言　毛澤東主導完成了中國社會的逆向轉型..1

外交篇

第一章　“一邊倒”..6
一、錯失千載良機..6
二、充滿屈辱的萬里朝覲..12
三、毛澤東為何甘當兒皇帝？..44
四、“一邊倒”就是“全盤蘇化”..64
第二章　“抗美援朝”：“斯大林假設”的完滿演繹..81
一、耐人尋味的“斯大林假設”..81
二、“斯大林假設”的關鍵一環..92
三、出兵是毛澤東給斯大林的投名狀..103
四、人死病斷根..113
五、朝鮮戰爭的功過是非..125
第三章　中蘇交惡..130
一、赫魯曉夫開啟了中蘇蜜月..131
二、祕密報告煽起了毛澤東的野心..138
三、破裂..153
四、大打出手..187
五、毛澤東背叛國際共運..209
六、“反修鬥爭”的是非功過..215

第四章 量中華之國土物力，結與國之瞬息歡心..........223
一、中印衝突：毛周為捍衛麥克馬洪線而戰..........228
二、中緬邦交：以領土換取“胞波情誼”..........261
三、“裂土封疆”，澤遍諸鄰..........289
四、撒向人間都是幣..........308
第五章 “主動賣國賊”是怎樣煉成的..........325
一、毛澤東外交思想..........326
二、割地贈款買仇人..........334
三、冤大頭神功是怎樣煉成的..........347

內政篇

第一章 殘民治國..........353
一、建立極權制度..........354
二、以殘民運動治國..........357
第二章 “三面紅旗”迎風飄揚..........398
一、“中式社會主義”出臺..........398
二、“三面紅旗”的推出..........401
第三章 大躍進..........411
一、工業大躍進——“以鋼為金”..........411
二、農業大躍進——畝產萬斤糧..........440
三、教育革命與技術革命..........482
第四章 在兩個革命高潮之間..........503
一、毛澤東在“非常時期”..........503
二、毛澤東的經濟戰略..........509
第五章 文革..........540
一、文化滅絕戰爭..........541

二、破壞工業生產......550

結語　治國白癡是怎樣煉成的......564
一、毛澤東確實是治國白痴......564
二、為何“治國白癡論”令人難以接受......570
三、治國白癡是怎樣煉成的......575

國務家毛澤東

導言　毛澤東主導完成了中國社會的逆向轉型

鴉片戰爭以來的中西文明碰撞，暴露了中國社會的落後與國家結構的原始。

19 世紀中葉，西方列強已經基本完成了社會結構與國家結構的雙重轉型。中世紀後期，資本主義開始在歐洲發展起來。在所謂"資產階級革命"後，歐洲從封建等級社會進化為資本主義階級社會。各階級選出代表，在國會中為本階級爭利益，制定的法案因而在不同程度上兼顧了各階級的利益。社會不公當然存在，但權力和財富是分開的，統治者難以動用公權力掠奪社會財富。更重要的是，至少在法律上，社會成員的基本權利得到了充分保障。

中國社會發展卻一直停留在中古。前文已經指出，論社會結構，中國傳統社會根本不是西式階級社會而是官僚社會。社會的統治者是高踞於一切階級之上的官僚集團。它不代表任何階級，只代表自己，只靠自我維持統治，具有無限瘋長擴散、瘋狂掠奪社會財富的天然傾向。它的產生、存在和壯大，與 社會經濟基礎毫不相干，並不由後者決定，也不隨它改變。

這種社會最突出的特點，是財富按權力分配，成了權力的內容。它與土匪山寨一樣，都奉行林副統帥的教導："有了政權，就有了一切；喪失政權，就喪失了一切"。它是一種等級社會而不是階級社會。無論是皇帝對群臣，是官僚對下屬，還是官府對草民，都擁有無限的"合法傷害權"。而無論是哪個等級的社會成員，即使是官僚也罷，對上一等級都只能逆來順受，絕對服從，毫無法律保障的基本權利，不可能靠法律保護自己。

近代歐洲在國家結構上也與清朝不同。拿破崙戰爭催生了民族主義，民族國家開始在歐洲形成。所謂民族國家（nation state）是私有制產物，政府不過是"資方代理人"，其對外職責就是捍衛全民的權益，最起碼得為全民守住"家業"（領土資源等）。而所謂"對外主權"則是"權利"觀念的衍生物，由"人生而平等"衍生出了"國家無論大小，一律平等"的國際平等觀。為了捍衛國家利益，維護國家主權，這些國家都建立了外交部以及由國防部統一指揮的國防軍。

然而清朝卻不是這種國家，無論朝野都只有"天下"的模糊觀念，沒有現代的國家意識。這個"天下"是以天朝為文明中心與權勢中心，包括"內地"與"外邦"的邊界模糊的世界。內地就是"華夏"，而外邦則是"四夷"。夏夷之間是文明人與野蠻人的關係、師生關係與君臣關係，無平等可言，不存在外交。滿朝文武自然也就毫無西式的"主權"、"領土"、"領海"、"國家利益"等一系列民族國家的柱石觀念。在朝廷眼中，"外邦蠻夷"位於種族、權力與文明等級的最低端，彼此之間不存在對等談判，更不存在條約關係。朝廷因而只有"理藩院"，沒有外交部。但是為了避免用兵，天朝一般對番邦採取"羈縻"政策，亦即奉行《周禮》的教導："厚往而薄來，所以懷諸侯也。"只要蠻子們承認天朝的主子名分，則天朝恥於與之爭利，可以慷慨賞賜金錢土地，這就叫"恩威並施"，以期蠻子們"畏威懷德"，達到"四夷賓服"的太平境界。

朝廷對本國草民百姓的態度，與對"外邦蠻夷"並無二致，唯一區別只在於內亂作為"腹心之患"，比邊患這種"肘腋之患"更可能動搖政權。因此，天朝與西式民族國家的立國基礎完全不一樣。天朝是內向鎮壓型政權，亦即李慎之先生說的“以小民為敵國”。朝廷把子民當成假想敵，關心的是如何“維穩”，確保百姓乖乖完糧納稅，俯首帖耳聽任宰割，不敢造反。所以，除非遇到大規模外敵入侵，常備軍實際上只是內向的保安隊，一般由督撫節制，並沒有由中央統一指揮的國防部與參謀總部。[1]

東西方這些基本觀念歧異，在海禁初開時引發了一系列衝突。在被列強痛打了足足一個甲子後，清廷終於承認了自家的落後，為救亡圖存進行了一系列重大的制度改革。雖然當時的人沒有意識到，而且官修歷史至今張冠李戴，無視中國當時根本沒有資產階級的事實，將晚清新政稱為“資產階級改良運動”，但在實質上，它是迫於外來壓力啟動的以西方制度為模式的兩大社會改造工程，亦即把官僚社會改造為西式階級社會，把中古天朝改造為西式民族國家。

在社會改革上，清廷立法獎掖工商業，為民間資產階級的誕生與成長主動創造條件。朝廷更預備實行憲政，試行三權分立。資政院與地方咨議局的成立，賦予了士紳在科舉仕途之外的合法參政權，擴大了士紳主持地方事務的權力。官府享有的無限權力開始受到紳權的制約與抗衡，而模仿西方進行的司法改革則終將剝奪官府對百姓的“合法傷害權”。這一系列重大改革，啟動了中國從官僚社會向階級社會的進化。

清廷更進行了一系列軍制與官制改革，興辦西式軍校，建立了一支模仿西方軍隊編制與訓練的國防軍，成立了陸軍部、海軍部和軍諮府（相當於參謀總部），培養出了一批熟悉國際法與外交慣例的外交官，廢除了祖傳的六部，代之以西式政府部門。針對帝國主義的蠶食鯨吞，朝廷還進行了“改土歸流”，將對周邊朝貢地區的

---

[1] 請參閱蘆笛：《百年蠢動：從林則徐到孫中山》，明鏡出版社，2010年

宗主權提升為主權。到清室傾覆時，中國已經基本完成了向現代民族國家的轉型。

辛亥革命後的繼發內戰在一定程度上逆轉了上述良性演變。在內政上，國民革命打倒“土豪劣紳”，削弱了紳權，提升了官權，強化了官僚社會的特點。在外交上，國家分裂與內戰極大地弱化甚至取消了中央政府的對內主權，使得中國喪失了國防能力，最終誘發了日本侵華戰爭。

但這些只是客觀效應，並不是主觀認識上的倒退。無論是北洋政府還是國民政府，都保留了西式政治觀，都制定了旨在保障公民基本權利、防止官府任意侵害百姓的憲法，司法仍然獨立在行政之外。在外交上，儘管國家分裂與內戰嚴重破壞了國防，朝野仍然保持了民族國家的觀念。北洋政府甚至在國力極度羸弱之際，做出了“弱國有外交”的輝煌業績。

毛澤東當國後卻無情剷除了一切民間社會，實行了公民原子化，剝奪了百姓的一切基本權利，使得革命鍛造出來的新官僚集團成了毫無制約的巨無霸，百姓喪失了生產資料與自由，身家性命毫無保障，徹底淪為官府的奴隸。

在外交上，毛澤東不但自己毫無主權與國家利益等觀念，而且以暴力取締這些觀念，向天朝全面回歸，先是甘當斯大林的兒皇帝，在斯大林死後又野心勃勃地想當“天下共主”，一手將自己陷入四面楚歌的絕境。為了打破孤立，他再度實行“厚往而薄來，所以懷諸侯也”，不但效法明朝皇帝以金錢招募“朝貢使”，更向周邊國家大量贈送領土，成了中國歷史上絕無僅有的“主動賣國賊”。這一系列倒行逆施，斷送了中國自鴉片戰爭以來取得的觀念與制度重建的一切進步，使得國家與社會發生了空前大倒退。

在經濟建設方面，毛澤東囿於自家陳腐殘缺的知識結構與直線思維方式，出於反智主義的強烈偏執，以空前強大的權力實行了一系列規模空前的蠢動，重創了國民經濟，在和平時代引出了餓死幾千萬人的大饑荒。這些空前絕後的白癡行為，使得毛澤東成了當之無愧的史上第一白癡皇帝。

因此，如果用簡明易記的話語來總結毛澤東作為國務家的業績，那就是：“外交內政，一賣二白。”

外交篇

第一章 “一邊倒”

一、錯失千載良機

1949 年 10 月 1 日，中華人民共和國宣告成立，中國迎來了一個無論內政外交都大有可為的黃金時機。

首先，一直在困擾中國的內戰終於停息了。國家自辛亥以來首次重獲統一，中央政府擁有空前強大的對內主權（亦即控制軍隊、地方政府以及百姓的權力）。這變化極大地加強了中央政府的對外立場——它再不會像民國政府那樣，因為陷入內戰而無法有效抵禦外敵了。

其次，中共消滅了國內一切反對派，使得外人再無機會利用鷸蚌相持從中漁利，而這正是中國的北方惡鄰反復玩弄的把戲，每次都讓中國的國家利益蒙受了慘痛損失。

1922 年 8 月，蘇俄駐華全權代表越飛來華，與北洋政府談判恢復邦交問題。吳佩孚要求蘇俄從外蒙古撤軍，並將東北的中東鐵路交回中國，都被越飛拒絕。越飛堅持沙俄在中東鐵路上的權益應由蘇俄繼承，也被吳佩孚斷然拒絕。談判因此破裂。越飛便跑到上海去，找到吳佩孚的對頭孫中山，與他在 1923 年 1 月 26 日簽訂了《孫文越飛宣言》。孫中山在宣言中同意，“中東鐵路之管理，事實上現在只能維持現況”，“俄國軍隊不必立時由外蒙撤退”。[1]

孫文的表態，逼得北洋政府不得不作出讓步。1924年5月3日，中國政府代表顧維鈞與蘇俄代表加拉罕簽訂了《中俄解決懸案大綱協定》。蘇方雖公開表示“蘇聯政府承認外蒙為完全中華民國之一部分，及尊重在該領土內中國之主權”，卻只表示從外蒙撤軍的問題“在協定簽字後一個月內，另行商定”。在中東鐵路問題上，中方不得不承認“中東鐵路純系商業性質”，只換來“蘇聯政府允諾，中國以中國資本贖回中東鐵路及該路所屬一切財產。”[2]

1945 年中蘇談判簽訂《中蘇友好同盟條約》期間，中國政府再次遭到更惡劣更陰毒的訛詐。蘇方提出了一系列要求，包括租借旅順港，建立蘇聯海軍基地；將大連商港國際化，並保證蘇聯在該港有優勢的權利；中蘇合辦中東鐵路和南滿鐵路；以及外蒙獨立。[3]

對這些帝國主義要求，尤其是對放棄外蒙，國府礙難同意，與之力爭，談判遷延不決。美國核爆日本後，蘇聯不待中方同意便出兵滿洲。8 月 10 日，斯大林為逼迫中方屈服，竟然露骨地威脅談判代表宋子文：“中國最好快些達成協議，不然的話中國共產黨將要進入滿洲。”[4]

此前在蘇聯操縱下，新疆爆發了所謂“三區革命”的武裝叛亂，叛亂分子武裝割據北疆，成立了偽“東突厥斯坦共和國”。如

---

[1] 中山大學歷史系孫中山研究室：《孫中山全集》（第七卷），中華書局，1985，52頁。

2 薛銜天等：《中蘇國家關係史料彙編》（1917-1924），中國社會科學出版社，1993，271頁

[3] John W. Garver. *Chinese-Soviet Relations，1937-1945 : The Diplomacy of Chinese Nationalism*，p21，Oxford University Press. 1988:

[4] F．C．瓊思等:《1942～1946年的遠東》（上），上海譯文出版社，1979年，第272頁。

果中國不割讓外蒙，則有喪失新疆的危險。而且，此時蘇軍已進入滿洲，斯大林若把華北共軍放進去，大量武裝共軍，則東北也要淪共。於是蔣介石只好“忍痛犧牲，而換得東北與新疆以及全國之統一，乃決心准外蒙戰後投票解決其獨立問題，而與俄協商東北、新疆與中共問題為交換條件”[1]，與蘇聯簽訂了喪權辱國的《中蘇友好同盟條約》，接受了上述蘇方一系列要求。

中國人民浴血苦戰八年，才贏得了戰勝國乃至“四強”之一的國際地位，使得西方強國紛紛廢除了與中國的不平等條約，收回了租界以及其他喪失的利權，如今卻被迫全盤接受蘇方的帝國主義要求，蒙受了遠遠超過一戰結束時蒙受的奇恥大辱，簽訂了喪權辱國、出賣大片領土的不平等條約。由此可見，強鄰窺伺在側，同室操戈會給國家帶來什麼慘重損失。

但隨著內戰終於結束，再也沒有了可讓外人坐收漁利的內部紛爭，“新”中國政府獲得了前任從未有過的巨大的客觀優勢。當年北洋政府被無日無休的內戰解除了國防能力的情況下，還做出了一系列驕人的外交成就（諸如以“修約”方式廢除了一些不平等條約；在一戰後獲得德國巨額賠款；在“華盛頓會議”上收回了喪失給日本的山東利權，等等[2]）。如今“新”中國政府的外交業績應該遠遠超過他們才是。

最後一個有利於中國外交的客觀形勢變化是，二次世界大戰結束後，世界進入了後帝國主義時代。超強大的美國擔任了世界警察，弱國遭受強國侵略的危險已經基本消除，中國已經不再面臨外敵入侵的危險。更重要的是，中共建政時，冷戰已經開始發生，東

1 轉引自李玉貞：《毛澤東同米高揚談建國藍圖》，《炎黃春秋》，2014 年第 2 期

2 關於北洋政府的外交業績，請參閱唐啟華：《被“廢除不平等條約”遮蔽的北洋修約史（1912-1928）》，社會科學出版社，2010 年

西方開始分裂為兩個陣營。這些變化，使得中國處在一個特別有利的戰略位置上，獲得了前所未有的廣闊的外交空間。實際上，張治中在 1949 年 4 月間就已經指點過毛澤東了：

> “在亞洲，中國處於舉足輕重的地位。現在的世界是美蘇兩雄爭長，中國在中間舉足輕重，是兩雄爭取的對象，中國投向哪一方，哪一方就佔優勢。我們要好好地利用它、珍視它。”

他的建議是，既親蘇，也親美，對美蘇實行等距離外交，那樣必將使得中國成為美蘇兩國爭相拉攏的對象，獲得兩國的大量援助。[1]

看到這一點並不需要什麼過人的政治智慧。南斯拉夫的鐵托就是這麼做的。他公開標榜“不結盟”，成了不結盟運動的領袖，雖然惹得斯大林龍顏大怒，但在斯大林死後仍然換來美蘇兩國競相援助。羅馬尼亞的齊奧塞斯庫也玩過這一手，不但接受了大量外援，而且混得左右逢源，風生水起，成了 70 年代唯一受中、美、蘇歡迎的國家元首，其國際影響遠遠超過了本國實力。就連越南人與朝鮮人也曾利用中蘇衝突，巧妙地讓自己成了搶手貨，刺激中蘇競相收買拉攏之，把金錢像雨點一樣灑在他們的國土上。

然而毛澤東偏偏沒有這種智慧。1949 年 6 月 30 日，他發表了《論人民民主專政》，向全世界傲然宣告：

> “‘你們一邊倒。’正是這樣。一邊倒，是孫中山的四十年經驗和共產黨的二十八年經驗教給我們的，深知欲達到勝利和鞏固勝利，必須一邊倒。積四十年和二十八年的經驗，中國人不是倒向帝國主義一邊，就是倒向社會主義一邊，絕無例

---

[1] 陳敦德：《新中國外交談判：見證中外建交歷程！》，中國青年出版社，http://lz.book.sohu.com/book-26961.html

外。騎牆是不行的，第三條道路是沒有的。我們反對倒向帝國主義一邊的蔣介石反動派，我們也反對第三條道路的幻想。”[1]

在世界史上，大概還是第一位國家元首如此主動地封殺自己的外交空間，毅然決然破釜沉舟，斷了自己的後路。考慮到蘇美雙方的態度，這種倒行逆施就更無法理解了。

儘管毛澤東急於加入“社會主義陣營”，斯大林對他卻一直滿腹狐疑，十分冷淡，幾次託辭拒絕他訪蘇的請求（詳見下）。蘇聯對中華人民共和國的成立極度冷淡，連個正式的黨政代表團都沒派來，中共只好把蘇聯民間的作家與藝術家代表團拉到天安門上去充數。[2]

相比之下，雖然美國在內戰中支持國府反對中共代表的蘇聯，但老美從來是拋棄老盟友的行家裡手。共軍過江前，國府南遷廣州，蘇聯大使館也跟著前去“共赴國難”，美國大使司徒雷登卻留在南京，試探與中共建交。

據黃華披露，當時司徒雷登非常想去北平見中共領導人。1949 年 6 月，他請陳銘樞向中共中央轉達他想見中共領導人的意願。6 月 24 日，陳回信向他轉達毛澤東的口信：“政治上必須嚴肅，經濟上可以做生意。”司徒雷登也請羅隆基傳話，說如果新中國採取中間態度，不完全親蘇，美國可以一次借給新中國政府 50 億美元，接近印度 15 年所得的貸款。但羅於 6 月下旬到達北京時，得知毛的《論人民民主專政》即將發表，於是沒敢傳話，多年後才把這事告訴周恩來。黃華承認：“從司徒雷登託人向中共傳話說，只要中共不完全親蘇，美國願向中共提供巨額貸款這一點即可看出，美國政府中

---

1 毛澤東：《論人民民主專政 紀念中國共產黨二十八年》，《毛澤東選集》第四卷，http://www.people.com.cn/GB/shizheng/8198/30446/30452/2189428.html

2 解放：《開國大典上的外國人》，《協商論壇》2009 年 07 期

一部分人妄想阻止中共加入社會主義陣營，進而影響新中國成為親美政權。”[1]

儘管後來司徒雷登與中共領導接觸的努力因受雙方內部阻撓而未能實現，但美國仍然一直在考慮拋棄國府，接受中共。

1949 年 11 月，美國國務卿艾奇遜對國府駐聯合國大使顧維鈞明確表態：“臺灣作為一個軍事基地是無法防守的。一般說來，在美國對外政策思想中，考慮大西洋的安全優於考慮太平洋的安全。”

1950 年 1 月 4 日，在毛訪問蘇聯期間，美國國務院政策計畫室（PPS）開會，討論承認中國共產黨政權的利與弊。

次日，杜魯門發表聲明，宣佈美國決定不介入中國內戰，對臺灣沒有任何企圖，今後繼續向蔣介石提供經濟援助，但不提供軍援或軍事建議，暗示中共盡可放手攻打臺灣。

1950 年 1 月 12 日，仍然在毛訪問蘇聯期間，艾奇遜在美國全國新聞俱樂部發表長篇演講，提出了美國在亞洲的“環形防禦帶”，把日本劃作第一線，未將臺灣和南韓包括在內。

1950 年 2 月，美國駐上海總領事 McConaughy 在給國務卿的電文中主張美國承認“新”中國。

直至 1950 年 6 月 9 日，迪安•臘斯克還提出，中國的形勢尚不明朗，美國在目前不應當明確表明支持新中國或臺灣政權，但是要繼續同國民黨政權保持外交關係。並認為經聯合國大會簡單多數表決即能解決是否接納“新”中國進入聯合國的問題。[2]

所以，張治中的獻策，的確是符合當時國際情勢的最佳決策。可惜他不知道，早在 1947 年年底，毛就在《目前形勢和我們的任務》的內部報告中，將中共定位於以蘇聯為首的“反帝國主義陣

---

[1] 黃華：《親歷與見聞——黃華回憶錄》，84-85 頁，世界知識出版社，2007 年

[2] 張小明：《美國對中蘇同盟的認識與反應》，《歷史研究》，1999 年第 5 期

營”。[1] 1949年1月底，米高揚祕密訪問西柏坡，毛向他明確宣示了未來的“一邊倒”國策：

> “美國打算承認我們，英國也必然緊隨其後。對於這些國家來說，承認我們，就是反對我們、同我們進行貿易必不可少的。這樣承認了有什麼好處呢？這可以打開我們聯絡其他國家和進入聯合國之路。儘管如此，我們還是願意取第一條路，也就是說，不忙著建立外交關係，而是拖著他們，鞏固自己。”[2]

所以，放棄當時的國際形勢造就的中國所處的絕佳戰略地位，斷送國家起飛的千載難逢之機，剝奪自家的外交選擇自由與周旋空間，破釜沉舟，斷了自己的後路，把自己捆死在蘇聯人的戰車上，甘當為斯大林衝鋒陷陣的馬前卒，是毛澤東早就積極、主動、自願、自覺作出的決策。

正是這英明決策，最終創造了“我們的敵人遍天下”的世界外交史上罕見的奇跡，留下了“北洋政府弱國有外交，毛共政府強國無外交”的吊詭佳話。

二、充滿屈辱的萬里朝覲

（一）千呼萬喚始蒙賜見

1 毛澤東：《目前形勢和我們的任務》，《毛澤東選集》第四卷，http://www.people.com.cn/GB/shizheng/8198/30446/30452/2192929.html

2 《二十世紀俄中關係》第5卷（Советско-китайских отношений в 20-м веке, том 5），下冊，42-43頁，轉引自李玉貞：《毛澤東同米高揚談建國藍圖》，《炎黃春秋》，2014年第2期

1950年12月6日，毛澤東登上專列離開北京，開始了他前往蘇聯的朝聖之旅，在中國歷史上留下了罕見的國恥。

這朝覲是他苦苦求來的。1947年初，毛澤東首次請求訪問蘇聯，直到6月15日才得到斯大林覆電同意。但半月後斯大林又託辭拒絕了。此後斯大林同意他在1948年7月中旬動身。但毛在1948年4月16日請求提前動身，並向斯大林匯報了隨行人員，請示斯大林：“如果您同意此計畫，那我們就照此辦理；若您不同意，那就只有一條出路——我隻身前往。”急不可待到了置生死于度外的地步，斯大林只好覆電同意。但過了10天，斯大林又變卦了，再度託辭拒絕。

7月4日，毛澤東再度致電斯大林：“望派飛機於本月25日前後到蔚縣……如果您決定我們走海路，望在本月底派船赴指定的港口……如果我們不能乘飛機，也不能乘船，那我們無論如何本月15日前後也要動身北上。”再次顯示了不顧安危萬里朝覲的決心。然而斯大林依舊不為所動，以蘇共中央正忙於徵糧、無暇接待的粗暴拙劣的藉口拒絕了。直到1949年夏，內戰接近尾聲，中共勝利在望，斯大林才讓劉少奇轉告毛澤東，同意他來訪。[1]

毛澤東大概怕斯大林再次變卦，於1948年9月28日再度致電莫斯科表決心：

> “務必就一系列問題當面向蘇聯共產黨（布）和大老闆親自彙報。我打算據上一封電報所示的時間到莫斯科去。現在暫時先把上述內容做一籠統彙報，請您向蘇聯共產黨（布）中央委員會和大老闆轉達。真心希望給予我們指示。”[2]

---

[1] 葉健君 李萬青：《紅色警衛》，湖南人民出版社2011年8月 http://book.ifeng.com/shuzhai/miwen/detail_2011_08/19/8531717_0.shtml

[2] 路遙：《毛澤東出訪蘇聯及東歐、東南歐受阻內幕》，《湘潮》2005年03期

一個馬上就要登極的大國皇帝，卑微到了口口聲聲尊斯大林為“大老闆”（вождь，斯大林的部下用以指代斯大林的稱呼）請求前來彙報工作，並真心希望賜予指示的地步，當真是國際外交史上空前絕後的醜聞。

（二）難堪的冷遇

毛澤東的朝見心願終於實現後，無論是蘇方給他的待遇，還是他本人的表現，都只能令五億人民萬里河山蒙羞。

毛澤東此行，處處違反了國際外交禮儀的對等原則，連中古時代諸侯萬里來朝、覲見皇帝都不如。他是以向斯大林祝壽的名義去的，只帶了幾個祕書，連外長和簽約必需的專家都一概未帶。毛就是再蠢，再是土老帽，再不懂外交規矩，也不至於到此地步。考慮到毛到蘇後很想簽訂中蘇條約，幾次向蘇方請求召來外長，唯一的解釋只能是：斯大林沒有批准他來從事國事活動，只許他隻身前來祝壽，因此他不敢帶上無論是外交禮儀還是實際運作都不可或缺的政府官員。[1]

中國有史以來，世界有史以來，從未見過哪個國家元首輕車簡從萬里迢迢地跑到另一國家的首都去，爲該國總理（還不是名義上的國家元首）拜壽，更在祝壽獻詞裡大拍壽星馬屁，讓全國蒙羞。

更有甚者，一位大國元首萬里前來拜壽，壽星本人竟然來時不接，走時不送，只讓外長莫洛托夫等人出面。

---

[1] 1949 年 11 月 9 日，毛澤東起草的以中央名義致駐蘇大使王稼祥電文中說：“至於恩來同志是否隨毛主席一道去莫斯科，或於毛主席到莫再定恩來是否及何時去，此點亦請斯大林酌定。”（《毛澤東年譜（1949-1976）》第一卷，41 頁）看來大老闆沒有批准周去，只讓毛一人來。

上：毛澤東抵達莫斯科車站時蘇方簡陋草率的歡迎儀式。

下：斯大林到車站為日本外相松岡洋右親切送行。

相比之下，當年前來簽訂《蘇日中立條約》的日本外相松岡洋右離開莫斯科回國時，斯大林專門到車站送行，與之親切擁抱，祝他一路順風，還特地提高音量讓所有在場者都能聽見，說：“如果日本與蘇聯合作，歐洲的問題就可以得到自然的解決。”[1]

更難堪的是，根據《毛澤東年譜》，從 12 月 16 日到 1950 年 1 月 1 日，長達半月的時間裡，竟然沒有一個蘇共大員拜望過毛澤東。以致師哲只好私下請聯絡官員柯瓦廖夫轉告上峰，如果聯共（布）中央某位政治局委員能來看望毛澤東，他會非常高興。於是莫洛托夫與米高揚次日才來探望。[2]

據赫魯曉夫說，“在毛逗留期間，斯大林有時一連幾天都不去看他一眼。由於斯大林自己不去看毛，也沒叫別人去款待他，因此別人誰也不敢去看他。”[3] 實際上，斯大林從來是把毛召來，從未回拜過。由於斯大林有意慢待，毛在蘇聯竟然待了兩個月之久。創下了國際外交史上的紀錄，致使國內外謠諑紛騰。

左：1935 年溥儀訪日，昭和天皇到東京車站迎接，兩人正要踏上紅地毯，檢閱儀仗隊。右：溥儀與天皇乘坐皇家馬車。

---

[1] *Documents on German Foreign Policy*, 1918-1945.D.XII, no333.

[2] 中共中央文獻研究室編：《毛澤東年譜（1949-1976）》，第一卷，58-70 頁，中央文獻出版社，2013 年

[3] 《最後的遺言——赫魯曉夫回憶錄續集》，375 頁

連偽滿洲國傀儡皇帝溥儀都沒蒙受過如此屈辱。溥儀訪日時，日本政府以樞密顧問官林權助男爵為首組織了十四人的接待委員會，派了戰艦比睿丸來迎接，白雲、叢雲、薄雲等艦護航。溥儀從大連港起艦時，有球摩、第十二、第十五驅逐艦隊接受他的檢閱，到達橫濱港時，有百架飛機編隊歡迎。到了日本東京，裕仁親自到車站迎接，並為溥儀設宴。在溥儀拜會他們後他又回拜了溥儀。溥儀接見了日本元老重臣，接受了祝賀，又同裕仁一起檢閱了軍隊。走時由雍仁代表他哥裕仁到車站送別。[1]

（三）委屈的孩子

在訪蘇期間，毛澤東的言行極不得體，不但喪失了民族尊嚴，就連個人尊嚴都喪失殆盡。

最能說明這一點的，乃是毛見到斯大林時說的第一句話，擔任翻譯的師哲回憶道：

> “斯大林對毛主席讚不絕口：‘偉大，真偉大！你對中國人民的貢獻很大，是中國人民的好兒子！我們祝願你健康！’又說：‘你們取得了偉大的勝利，祝賀你們前進！’這時，氣氛十分熱烈、動人。
>
> 毛主席回答說：‘我是長期受打擊排擠的人，有話無處說……。’
>
> 不等主席講完，斯大林立即插話：‘勝利者是不受審的，不能譴責勝利者，這是一般的公理。’斯大林的這句話使毛主席沒有把內心的話講出來。”[2]

1 愛新覺羅·溥儀：《我的前半生》，電子書

2 師哲：《在歷史巨人身邊》，中央文獻出版社，1991 年，434-435 頁

毛澤東此話，有如說是下屬向上級告狀，莫如說是孩子可憐巴巴地向父親傾訴委屈。那“有話無處說”最傳神。可惜斯大林大概覺得不便赤裸裸地當爹，很不禮貌地打斷了他，告訴毛他並不處在受審位置。

儘管碰了一鼻子灰，毛仍不覺得懇求外國青天大老爺裁判家事丟人，此後又告了一次御狀。據師哲回憶：

> “一次會談時，斯大林將毛、周、王稼祥單獨請到另外一個房間裡，可能斯大林想談談心裡話。
>
> 主席又一次向斯大林講起他曾在中國十年論戰期間受過錯誤路線的打擊、排擠。斯大林認真地聽著。
>
> 突然，毛主席指著王稼祥說：‘就是他們打擊我，他就是在蘇區犯錯誤的一個。’弄得王、周十分緊張。
>
> 斯大林接著話茬說：‘啊，王大使！你還這麼厲害，你也是犯錯誤的一員。’
>
> 毛立即接著說：‘他早改正了，而且現在還是得力的幹部。’
>
> 可是，話剛開一個頭，就被別的插話引開了，未能盡所欲言。毛主席始終未能在斯大林面前一傾衷腸，吐出胸中的冤枉和怨氣。”

師哲回憶錄是近年才出版的，可憐他過了幾十年，仍然不知道一個國家元首向另一個國家的領導人傾訴這種衷腸、吐這種冤枉和怨氣意味著什麼，絲毫沒有意識到毛代表著 5 億中國人民，可見我黨老幹部們完全把中蘇關係看成了宗教隸屬關係，至今仍然徹底缺乏民族尊嚴感。

毛澤東困在別墅裡無人理睬，終於難得地發了一次火。據師哲回憶：

> “毛主席對柯瓦廖夫發了一通脾氣，說：‘你們把我叫到莫斯科來，什麼事也不辦，我是幹什麼來的？難道我來這裡就是為天天吃飯、拉屎、睡覺嗎？’”[1]

這種表現，完全是受委屈的小媳婦指雞罵狗，哪像個領導5億人民的世界第三大國堂堂元首？有話不敢直接去跟斯大林說，要通過低級聯絡官員去傳達不滿，可憐之態躍然紙上。而且竟連“你們把我叫到莫斯科來，什麼事也不辦，我是幹什麼來的”的話都說出來了，難道毛不是5億人民的領袖，而是教主召之即來、揮之即去的小嘍囉？更無奈的是，事隔那麼多年，師老革命家竟然還意識不到這是傾太平洋之水也洗不去的奇恥大辱，竟然不知道“為尊者諱”，在回憶錄裡把這些醜事兜出來，唉！

另一件軼事也讓人哭笑不得。1950年1月12日，美國國務卿艾奇遜在美國全國新聞俱樂部發表演說，聲稱蘇聯正在吞併中國滿洲、內蒙和新疆。5天後，莫洛托夫和維辛斯基去看毛，交給毛一份艾奇遜的講話，並建議中、蒙、蘇三國各發表一項官方聲明，駁斥艾奇遜的無恥讕言，毛同意了，卻沒有進一步弄清楚什麼叫做“官方”的聲明。

就這樣，根據協議，蘇聯和外蒙分別以外交部長的名義發表了聲明，可土八路這邊卻辦得一塌糊塗。毛非常重視此事，親自動筆，以中央人民政府新聞總署署長胡喬木的名義，起草了向新華社記者的談話，痛罵了“低能的”艾奇遜一番。[2]

可惜大老闆並不欣賞毛的唇槍舌劍。他與莫洛托夫把毛和周召了去，問中國政府是否履行了發表官方聲明的諾言。毛回答說發了，是用胡喬木的名義發的。斯大林問胡是何人，毛答是新聞署長。莫洛托夫當即指出，新聞總署代表不了政府，署長對記者的談

---

1 《在歷史巨人身邊》，438頁

2 毛澤東：《駁斥艾奇遜的無恥造謠》，《毛澤東外交文選》，126-128頁

話代表不了官方意見。中方違反了雙方協議。斯大林接著給毛開課，告訴他按照國際習慣，任何新聞記者都可以對任何問題發表自己的觀點、談話或評論，但他們的一切言論並不代表官方的立場和觀點。所以，以新聞記者個人身份發表聲明，怎麼說都可以，但一文不值。斯大林批評了毛，說他沒有信守諾言，亂了步伐，給敵人留了可鑽的空子。要他今後吸取經驗教訓，加強合作。

讓人如此教訓，毛的面子上怎麼下得來？他惱羞成怒，一言不發，搞得空氣很僵。會談結束後，斯大林邀他同車去斯的別墅共進晚餐。毛在車上氣鼓鼓地一言不發，師哲為打破僵局，便提醒斯大林他曾承諾去看望毛。毛氣惱之下，竟然命令師哲撤回邀請。斯大林問師哲毛說了什麼，師哲不敢翻譯，只好說那是私人交談。此後毛在席間始終一言不發。飯後幾個人拉他下場跳舞，他都拒絕了，以致一人向隅，滿座為之不歡。[1]

《毛澤東年譜》卻如是說：

> “蘇方對中國不以外交部部長名義發表聲明感到不快，認為中國採取的方式減弱了力量。毛澤東認為，對蘇方的不快沒有必要去作什麼解釋，中國發表這份對美國帝國主義者的闢謠文件，根本不需要用外交部部長的名義，以新聞總署署長談話的形式就可以了，這是恰當的。”[2]

這怎麼可能是恰當的？雙方商定共同發表官方聲明，中國發表的卻是新聞總署署長對新華社記者的談話，分量根本不一樣。事涉三國，謠傳中的“受害者”的闢謠聲明的分量比“侵略者”的輕，豈不是為國外猜疑火上加油？連師哲都不能不承認：“事實是客觀存在，有什麼可多說的呢？”

---

1 師哲：《在歷史巨人身邊》，454-458 頁

2 《毛澤東年譜（1949-1976）》第一卷，83-84 頁

以上根據的是師哲的回憶。據莫洛托夫1950年1月17日的工作日誌，他向毛提出由中國外交部發聲明，毛覺得由新華社發更好。莫解釋說，既然事關美國外交部長對如此重要問題的講話，那麼聲明就不應該由通訊社發表，而應由中華人民共和國外交部發表。毛當即表示同意，答應在研究艾奇遜的講話後，起草中華人民共和國外交部聲明的文稿，交給蘇方徵求修改意見，再用電報發往北京，讓正在行使部長職責的外交部副部長公佈這一聲明。[1]

鑒於莫洛托夫的證詞出自當天的工作日誌，而師哲的證詞是多年後的回憶，莫所說的應該是真實經過。毛澤東在同意對方的要求後又另搞一套，當然要引來對方責難。他大概是把過去對共產國際指示陽奉陰違那套又使了出來，卻不知道如今他的身份不同了，背信棄義乃是外交大忌。而且，他如今不在延安在莫斯科，陽奉陰違會被戳穿。既然他認為新華社發消息比政府發聲明更好，就該堅持己見到底，不該陽奉陰違。要這麼做也無妨，先得想好事後如何對付蘇方責難，以免到時陷入無言可對的窘境。

更糟糕的還是毛在受到責難後的表現。他完全是個做錯事被大人責罵了的孩子，只敢使小性，生悶氣，連開口分辯的勇氣都沒有。既然認為“根本不需要用外交部部長的名義，以新聞總署署長談話的形式就可以了，這是恰當的”，那為何不敢對斯大林當面這麼說，反過來指責對方小題大作，卻要默默忍受大老闆像教訓學徒那樣訓斥？在重大外交場合有不同意見不敢說出來，卻使小性賭氣鬧彆扭，你讓人家怎麼看得起？

然而毛就是上不得臺盤。舉行中蘇條約簽訂儀式時，斯大林批評中方的翻譯工作沒做好，耽誤了貿易協定文本的印刷。毛聽了師

---

1 張木生譯、沈志華編注：《關於1950年中蘇條約談判的部分俄國檔案文獻》，《黨史研究資料》1998年5期

哲的翻譯後發牢騷："缺點錯誤總是中國人的！"斯大林問師哲毛在說什麼，師哲只好又說那是私人交談。[1]

以斯大林之精明，豈會猜不到毛是在發牢騷？不敢堂堂正正據理力爭，只敢效三姑六婆嘟嘟囔囔，你讓他怎麼還看得上這種"穴居人馬克思主義者"？毛澤東怎麼就意識不到，效法婦姑勃谿，當為男子漢不屑為，何況一個大國元首？

（四）"條陳談判術"與"檢討談判術"的發明人

毛澤東去莫斯科，倒不光是為斯大林拜壽。他還有別的目的，其中一個是試探廢除蘇聯與中華民國訂的條約、另簽新約的可能。

前文介紹過，1945 年，斯大林用把中共放進東北的威脅，迫使蔣介石簽訂了喪權辱國的《中蘇友好同盟條約》，強加給中國三項帝國主義條款：外蒙獨立，租借旅順為軍事基地，以及中蘇合營中長鐵路。

隨著大陸政權易手，也就有了與舊政權訂的約是否有效的問題。斯大林主動向中共提出了這個問題。

1949 年 1 月底，米高揚奉命來華傳達斯大林的旨意，主動承認"中蘇關於旅順港地區的條約是一個不平等的條約"，並答應"一俟簽訂對日和約，就撤銷這個不平等的條約並從旅順港撤出自己的軍隊"。而且，"如果中國共產黨認為最好儘快撤出軍隊，蘇聯願意這樣做"。

但中共竟不同意該條約是不平等條約的說法。毛澤東說，中國人民還要為這個條約感謝蘇聯。毛澤東和政治局委員們幾乎異口同聲地說，現在還不應該從遼東撤出軍隊和取消旅順港基地，因為這樣做只會幫助美國。只有等到中國依靠蘇聯援助"把家裡整理好"

[1] 《在歷史巨人身邊》，462-463 頁。

後，才能重新審視這個條約[1]。所以，是毛澤東等人拒絕了斯大林的主動讓步，認為那反而會損害中共的利益。

但以後迫於國內輿論的壓力[2]，毛澤東改了主意。1949 年 6 月下旬，他派劉少奇祕密訪蘇，在書面報告中請示斯大林：

> “蘇中友好同盟條約，在過去已給予中國人民很大的幫助，在今後新的中國政府繼承這個條約，對於蘇中兩國人民，特別對於中國人民，將有更偉大的貢獻。我們完全願意繼承這個條約。
>
> 在蘇聯與新中國建立外交關係時，這個條約即須加以處理，其處理方式，大概不外以下三種：
>
> （一）由新的中國政府宣佈全部承認這個條約繼續有效，不加任何修改。
>
> （二）根據原來條約的精神，由兩國政府代表重新簽訂一個新的蘇中友好同盟條約，以便根據新的情況在文字和內容上有所增減。
>
> （三）由兩國政府代表換文，暫時維持這個條約的原狀，但準備在適當的時機重新加以簽訂。
>
> 在這三種方式中，應該採取哪一種方式為好？”[3]

---

1 李玉貞：《毛澤東同米高揚談建國藍圖》，《炎黃春秋》，2014 年第 2 期

2 1946 年，《雅爾塔協定》公佈後，全國各大城市掀起了抗議蘇聯的遊行示威，請參看燕淩：《我參加的 1946 年“反蘇”遊行》，《炎黃春秋》，2006 年第 9 期。劉少奇給斯大林報告也說，在民主黨派及學生和工人中，有人提出蘇聯在旅順駐兵，蒙古獨立及蘇聯運走東北機器的問題，而中共批駁了這些錯誤言論。

3 劉少奇：《代表中共中央給聯共（布）中央斯大林的報告》，中共中央文獻研究室，中央檔案館編：《建國以來劉少奇文稿》，中央文獻出版社，2005 年 4 月，15 頁

這就是毛澤東發明的“條陳談判術”——與世界上任何一個主權國家元首不同，他不是從平等的地位出發，光明正大地向外國談判對手提出要求，而是效法傳統社會的大臣給皇帝上條陳，列出對某個重大問題的各種處理方案，再恭請聖斷。他甚至連舊式臣子都不如，不但沒有逐條分析利弊，給出自己的推薦決策，反倒盛讚違反自己心願的方案，說它“特別對於中國人民，將有更偉大的貢獻”，將其列為選項第一條。

如果斯大林順水推舟，批覆：“完全同意中國同志意見，就按你們推薦的第一個方案辦”，那中方就再無交涉餘地了。幸虧他怕在旅順駐軍問題上引來世界輿論抨擊，才在中共中央的報告上批覆：“等毛澤東到莫斯科後再決定這個問題。”[1]

在以後與劉少奇的談話中，斯大林重申了米高揚在西柏坡傳達過的話，再度承認 1945 年簽訂的中蘇條約是不平等的，新中國成立後，毛澤東即可來莫斯科解決這個問題。蘇共中央已經決定，一旦對日和約簽訂後，蘇聯就可以考慮從旅順撤軍。如果中國同志要求，蘇軍現在就可以撤軍。[2]

關於蘇方對中長鐵路的立場，此前米高揚已在西柏坡傳達過了：蘇方並不認為這是個不平等的條約，因為這條鐵路主要是由俄國出錢修建的。可能這個條約並沒有完全遵循平等的原則，不過蘇方願意討論這個問題，並和中國同志友好解決這一問題。[3]

所以，早在 1949 年 1 月，斯大林就已經向中共交了底，在劉少奇訪蘇時又再次交底：蘇方只同意放棄旅順港，其餘免談。客觀說來，比起中共上的條陳來，斯大林對中國的國家利益還更寬厚些。

---

[1] 聞一、丁明譯：《關於劉少奇訪蘇的俄國檔案文獻》，《黨史研究資料》1998 年第 2 期

[2] 師哲：《在歷史巨人身邊》，405 頁。

[3] 李玉貞：《毛澤東同米高揚談建國藍圖》，《炎黃春秋》，2014 年第 2 期

毛澤東於 1949 年 12 月 16 日到達莫斯科後，當晚 6 時即蒙斯大林率全體政治局委員接見。據師哲回憶，斯大林再三問毛澤東："你來一趟是不容易的，那麼我們這次應該做些什麼？你有些什麼想法或願望？"

毛回答道："這次來，一是為祝賀斯大林 70 壽辰；二是想看一看蘇聯，從南到北，從東到西都想看一看。"

斯大林再問："你這次遠道而來，不能空手回去，咱們要不要搞個什麼東西？"

毛回答說："恐怕是要經過雙方協商搞個什麼東西，這個東西應該是既好看，又好吃。"

蘇聯人全都目瞪口呆，不知道毛在說什麼，貝利亞甚至笑出聲來，但斯大林仍繼續詢問。毛最後才跟斯大林說："我想叫周恩來總理來一趟。"斯大林奇怪地問："如果我們不能確定要完成什麼事情，為什麼還叫他來，他來幹什麼？"毛就再沒回答了。[1]

蘇方的會談記錄中沒有這些細節，大概是記錄員漢學家費德林覺得無關宏旨，或是無法理解毛的意思。據他的記錄，毛澤東說，劉少奇回國後，中共中央討論了中蘇之間的友好同盟互助條約的問題。很明顯，此話是在向斯大林暗示，他想另簽新約。可憐他連披露中共中央決定內容的勇氣都沒有。

斯大林當即把劉少奇的條陳中的三個選項列了出來，隨即指出，中蘇同盟條約是根據雅爾塔協議簽訂的，該協議作出了關於千島群島、南庫頁島以及旅順港的決定。如果改變了旅順港這條，那英美就會以此為藉口要求蘇聯修改千島群島和庫頁島的條款。所以，蘇方決定暫時不改動這項條約的任何條款，而是在形式上保留

---

1 《在歷史巨人身邊》，435-436 頁

蘇聯在旅順駐軍的權利，但按照中國政府的建議，撤出那裡的蘇聯軍隊。最好是根據中國方面的請求採取這樣的措施。

至於中長鐵路，考慮到中方的願望，也可以在形式上保留，而實際上對協議的有關條款做些修改。但是，如果中國同志不滿意這個設想，可以提出自己的建議。

大老闆既已恩准中方提出自己的建議，毛就該毫不含糊地提出。然而他個人受了委屈可以發火，對國家利益卻毫不在乎，竟然進一步發明了“檢討談判術”（本書所用“檢討”和“檢查”都是大陸語義，意為“悔罪”，並非台灣人理解的意思）。

他首先高度評價舊條約：“中長鐵路和旅順的現有狀況符合中國的利益，因為僅靠中國的力量還不足以有效地抗擊帝國主義的侵略。此外，中長鐵路是培養中國鐵路幹部和工業幹部的學校。”

斯大林大概沒預料到這樣的回答，只能告訴他：“問題在於我們作為共產黨人，在別國的領土尤其是友好國家的領土上駐軍，是完全不合適的。”接著又向毛解釋了一番蘇聯撤軍對中國的好處。在此，談判雙方出現了奇特錯位，成了斯大林遊說毛同意蘇聯撤軍，毛反而很勉強，甚至作了沉痛的自我批評：

> “在中國討論條約時，我們沒有考慮到美國和英國在雅爾塔協議中的立場。我們應該按如何對共同的事業有利來行事。對這個問題應當考慮周到。但是，現在已經清楚的是，目前不必修改條約，正如不必匆忙從旅順撤軍一樣。”

但他卻還要請示斯大林：“是否需要周恩來前來莫斯科解決條約問題呢？”

跟這種不懂邏輯的同志打交道，斯大林算是倒了血霉：既然你認為現狀符合中國利益，建議目前不必修改條約，那還叫外長來幹什麼？而且，他是你的部下，又不是我的，讓不讓他來是你的事，何必請示我？難道你身為國家元首連這種事都無法作主？

於是他只能回答：“這個問題您必須自己決定。可能周需要來解決其他一些問題。”[1] 言外之意是，你既然提議不改約，那就沒有必要讓周來，除非你想讓他來解決與改約無關的問題。

如果毛真想向大老闆施加壓力，大可打蛇隨棍上，說：“好，那就我把他召來，再研究一下如何修改舊約，以最大限度地符合雙方利益。”然而他就是沒有這勇氣，此後一直在為是否召周前來糾結。

次日，他致電劉少奇，通報與斯大林會談情況，提出：

> “請你和恩來商量並召集政治局諸同志加以討論，目前是否有簽訂一個簡單通商協定（包括新疆在內）規定每年交換貨物的品種及總數量之可能與必要，以便決定恩來是否來此。”

政治局討論後認為，若蘇聯同意簽訂關於旅順、借款、航空及通商協定，就讓周恩來去莫斯科一次。但若蘇方只準備就旅順駐兵問題及對一般政治問題發表一個聲明，那周就不必去了。[2]

這證據表明，毛澤東此時的願景，就是簽個簡單的通商協定，就連這點小事他都還得向部下討主意。

五天後，他終於鼓足了勇氣，將柯瓦廖夫找來談話，並要他把談話記錄交給斯大林，表示希望在 12 月 23 日或 22 日舉行預定的會見，準備談判解決中蘇條約、貸款協定、貿易協定、航空協定等問題，擬請周恩來前來莫斯科完成簽字手續。[3]

---

[1] 以上斯毛對話見張木生譯、沈志華編注：《關於 1950 年中蘇條約談判的部分俄國檔案文獻》，《黨史研究資料》1998 年 5 期

[2] 《毛澤東年譜（1949-1976）》第一卷，60 頁。

[3] 《毛澤東年譜（1949-1976）》第一卷，62 頁。

這大概就是師哲說的他對柯瓦廖夫發火的那次。但據師哲說，柯瓦廖夫級別太低，根本見不到斯大林[1]。毛的意願能否及時上達天聽，只有天知道。

24 日晚，斯大林與毛第二次會談。關於這次會談的內容，我能找到的官方記錄只有《毛澤東年譜》中的一句話：“會談的主要內容是關於國際共產主義運動的一些問題。斯大林隻字未提中蘇條約。”以及毛澤東給中共中央的通報：

> “談了很多問題，談到恩來是否應出國的問題……等等”，大意是“政府主席既已來此，內閣總理又來，則在對外觀感上可能有不利影響，研究結果還是認為恩來以不來為宜。”[2]

《年譜》交代得不清不楚。最後那段話，說的是斯大林的意思。周恩來當時是總理兼外長，要改約，外長當然必須去。但毛既然已經主動建議不改約，斯大林當然覺得沒有必要讓周去，否則政府主席與總理都無緣無故地跑到莫斯科去，變成流亡政府了，有礙國際觀瞻。

至於斯大林隻字不提中蘇條約，是因為那個問題已經討論過了。毛澤東認為維持現狀有利於中國，建議不必修改，那斯大林怎麼還會再提？當然，毛可能確想改約，只是沒膽子說。斯大林不提，他也就不敢提。但既然如此，就不宜再請示斯大林是否將周召來，只需把周召去即可，反正大老闆已說過，這事由毛自己決定。

此後毛便被斯大林晾在別墅裡。別國祝壽的代表團都走了，毛還坐困愁城，一籌莫展。《年譜》上查不到此期他有什麼外交活動，會見過誰，或是向斯大林提出過任何要求。

---

1 《在歷史巨人身邊》，437，438 頁

2 《毛澤東年譜（1949-1976）》第一卷，63 頁。

（五）斯大林突然主動讓步

1950 年元旦，柯瓦廖夫給毛澤東帶來一份蘇方代他捉刀的《答塔斯社記者問》：

問：毛澤東先生，您在蘇聯將逗留多久？

答：我打算住幾個星期。我逗留蘇聯時間的長短，部分地決定於解決有關中華人民共和國利益的各項問題所需的時間。

問：您所在考慮的是哪些問題，可否見告？

答：在這些問題當中，首先是現有的中蘇友好同盟條約問題，蘇聯對中華人民共和國貸款問題，貴我兩國貿易和貿易協定問題，以及其他問題。

此外，我還打算訪問蘇聯的幾個地方和城市，以便更加瞭解蘇維埃國家的經濟與文化建設。[1]

斯大林居然主動滿足了毛敢想不敢說的心願。這是怎麼回事？

這當然表現出斯大林過人的精明——毛澤東不但從未敢提出修約要求，甚至還表示維持現狀符合中國利益，卻莫名其妙地反復請示能否把周召來，然而斯大林居然也就準確猜中了毛澤東不敢告人的心事。然而，這就是他送毛這份新年厚禮的原因麼？

《毛澤東年譜》披露：“這個談話，是為了打破西方通訊社散佈的所謂毛澤東被斯大林軟禁的謠言，由蘇方代毛澤東起草的。”[2]

按國際慣例，大國元首出訪，必然頻頻露面。成為媒體追蹤熱點。毛澤東並非祕密訪問，蘇聯媒體報道過他到達莫斯科的消息。但此後他只在祝壽典禮上亮過相，就此神祕消失。西方媒體從未見過這種怪事，自然要作出種種猜測。英國媒體首先報道斯大林把毛軟禁起來了。

---

[1] 毛澤東：《答塔斯社記者問》，《毛澤東外交文選》，118-119 頁

[2] 《毛澤東年譜（1949-1976）》第一卷，68 頁。

從斯大林對艾奇遜講話的反應，以及他擔憂中國政府主席與總理都到莫斯科去，會引起西方猜疑等事實中可以看出，他非常重視西方對中蘇關係的態度。這謠言當然要引起他的不安。何況在第一次會談時，毛澤東就告訴他：

> "某些國家，尤其是英國，在承認中華人民共和國一事上，表現出很高的積極性。但我們認為，我們不必急於得到承認。我們必須整頓國內秩序，鞏固自己的地位，爾後再同外國帝國主義者談判這個問題。"[1]

類似的話毛澤東早在西柏坡向米高揚說過，後來劉少奇又在報告中請示過斯大林，乃是毛澤東已經確立的外交三原則："一邊倒；打掃乾淨房子再請客；另起爐灶"[2]。他這話不過是再次向斯大林表忠心，證明他不是亞洲鐵托。

斯大林不會相信他的效忠誓言，但毛提到了英國急於與中國建交。斯大林耳目靈通，不會不知道英國政府已於 12 月間決定與中國建交。在他眼裡，英國一邊靠近中國，一邊造謠離間中蘇關係，當然是想把中國拉入西方陣營。作為不世出的戰略家，他當然會想到，若是中國禁不住西方拉攏與挑撥，倒向西方，會給蘇聯帶來何等地緣政治災難——長達 7600 公里的中蘇邊界線從此必須處處設防。

斯大林因此決定讓步。十年後，周恩來道出了個中原因：

> "斯大林對毛主席的接待是冷落的，還不如接待少奇同志那樣熱情……對訂立條約不理會"，直到"看到英國帶頭，印

[1] 張木生譯、沈志華編注：《關於 1950 年中蘇條約談判的部分俄國檔案文獻》。

[2] 何方：《在外交部工作的日子》，載劉瑞琳主編：《溫故》之七，廣西師範大學出版社。2006 年 3 月，77-119 頁

度、緬甸都先後承認中國，與中國建交……這個時候蘇聯才著慌，才同意簽訂條約。”[1]

可是在毛口中，斯大林讓步卻是因為他賴在莫斯科不走。1957年他跟哥穆爾卡吹牛，說他跟柯瓦廖夫發脾氣後，“斯大林也大發脾氣，把我們代表團和他們的中央政治局委員召集在一起開了一次會，狠狠批評我們一頓。會上有三個人放炮，一個是莫洛托夫，一個是貝利亞，一個是斯大林。總的意思是說，中國有民族共產主義，毛澤東如果不是一個鐵托的話，至少是半個鐵托。那個時候他們就是這麼批評我們的。我當時就在鼻子裡發笑，一點也不申辯。什麼中共是民族共產主義，什麼半個鐵托，等等，我都不申辯。我只說一句話。我說：同志們，你們說的不符合事實。他們也無可奈何，也不能把我關起來。後來他們想一想，還是簽個條約好，因為不簽條約我就不走。他們知道我是下了這個決心的。”[2]

毛澤東的撒謊神功真是天下無雙。他只被斯大林和莫洛托夫責備過一次，那是因為他違反協議，未讓外交部發表聲明批駁艾奇遜講話。會談內容已在前面介紹過，與他的虛構毫不沾邊。他編造這個神話，既把自己吹成敢頂斯大林的英雄好漢，又把斯大林讓步說成是他抗爭的結果。其實艾奇遜那個講話是 1 月 12 日發表的，斯大林早在此前就同意簽約了。遺憾的是，有的專家也認為，斯大林讓步就是毛澤東賴著不走的結果。

1 月 2 日晚間，莫洛托夫和米高揚共同拜訪毛澤東，徵求毛對解決中蘇條約等問題的意見。這是蘇方首次主動提到解決這一問題，但毛還是不敢直接提要求，再度使出條陳談判術，出了三個選項，提請領導考慮：

---

[1] 轉引自吳冷西：《十年論戰——1956-1966 中蘇關係回憶錄》，中央文獻出版社，1999 年，325-326 頁。

[2] 《十年論戰》，146-147 頁。

（甲）簽訂新的中蘇友好同盟條約。

（乙）由兩國通訊社發一簡單公報。

（丙）簽訂一個聲明，內容說到兩國關係的要點，但不是條約。[1]

不過這次毛的膽子好歹大了些，不但把自己的心願列為第一選項，而且對兩位領導游說了一番甲案的優點。莫洛托夫當即表示接受甲案。毛不知道，兩人根本無權作主。莫洛托夫同意甲案，絕無可能是被他的遊說打動，只可能因為它正是斯大林的決定。但毛卻非常興奮，當晚便致電中共中央報喜：

"當我詳細分析上述三項辦法的利害之後，莫洛托夫同志即說，（甲）項辦法好，周可以來。我仍問，是否以新條約代替舊條約？莫洛托夫同志說，是的。"[2]

這段話生動地描出了毛澤東受寵若驚、驚喜交集的神態。那多餘的一問，絕對只會出自生怕傳錯了命令的傳令兵之口。這也說明，毛澤東根本沒看出斯大林的態度為何會發生突變。在目睹西方對斯大林的影響力之後，他仍未悟出"一邊倒"在策略上的愚蠢，還要千方百計削弱自己的身價，扔掉討價還價的籌碼。

1 月 13 日，他批准徵用外國兵營，接收或徵用美經合署留滬物資，以此"讓美國將所有在華之舊領館全部撤走"。當這目的達到後，他電告劉少奇："美國撤退在華的一切官方人員，此事對我們極有利。"[3]

為了再次表明自己對蘇聯忠貞不二，他向莫洛托夫、維辛斯基等領導同志及時通報了這些情況：

---

1 《毛澤東年譜（1949-1976）》第一卷，70 頁。

2 同上。

3 《毛澤東年譜（1949-1976）》第一卷，78，80 頁。

“中國人民政府要採取一些旨在把美國領事代表驅逐出中國的措施。”“我們需要贏得時間在國內整頓，因此，我們將努力延緩美國承認中國的時間。美國在中國得到合法權利越晚，對中華人民共和國就越有益處。”“美國人對我們的威脅恰恰是我們想要得到的東西。”[1]

這就是“打掃乾淨房子再請客”的高招，它甚至用到了幫了大忙的英國佬頭上去。

英國外交大臣在1月6日照會中國外交部，承認中華人民共和國政府並願意與之建交，在正式派出大使前，指派胡階森為臨時代辦。外長周恩來9日覆照稱，中國政府願在平等互利及相互尊重領土主權的基礎上與英國建交，並接受胡階森為英國派來的建交談判代表。[2]

不懂洋務外交的土共的這個照會，把英國佬打入了悶葫蘆：按國際慣例，只要雙方交換照會，就算建立了外交關係。哪有換了文還要跟對方談判建交問題，甚至把對方派來的使節當成建交談判代表的？劉少奇請示毛澤東如何回覆，毛於1月18日指示：

“對英國答覆則應當拖一下。外交部的同志們不了解拖一下的作用，認為‘陷於僵局'，這是不對的，這裡並沒有什麼僵局，主動權完全握在我們手中。”[3]

所以，毛主席革命外交路線的要旨，就是專門跟自己過不去。幸虧斯大林同意召來周恩來，才為中國爭回了一些利權。

（六）周恩來的談判術

---

1 《關於1950年中蘇條約談判的部分俄國檔案文獻》。

2 《建國以來劉少奇文稿》，365-366頁

3 《毛澤東年譜（1949-1976）》第一卷，82頁。

1956年，赫魯曉夫在蘇共20大上批判了斯大林，破除了毛澤東對斯大林的宗教式敬畏。他突然變成了“敢同魔鬼爭高下，不向霸王讓寸分”的勇士，多次吹噓他當年如何在莫斯科與斯大林爭吵。在1958年召開的成都會議上，他告訴群臣：

> “1950 年，我和斯大林在莫斯科吵了兩個月，對於互助同盟條約，中長路，合股公司，國境問題，我們的態度：一條是你提出，我不同意者要爭，一條是你一定要堅持，無礙大局，我接受。”[1]

我們已經在上面看到毛是怎麼跟斯大林“吵”的。實際上，早在西柏坡時，他就向米高揚匯報了中蘇關係的明確定位：

> “中國革命是世界革命的一部分。因此局部利益應服從整體利益。我們提請蘇聯援助時，總會考慮到這一條。假設說，蘇聯不給我們某種東西，那我們也不會埋怨蘇聯。”[2]

大概毛覺得這只是口頭表態，不夠鄭重，於是劉少奇在祕密訪蘇期間，便以書面報告形式，代表中共正式向斯大林宣誓效忠：

> “關於聯共與中共的兩黨關係問題，毛澤東同志與中共中央是這樣認識的：即聯共是世界共產主義運動的統帥部，而中共則只是一個方面軍的司令部。根據局部利益服從世界利益，我們中共服從聯共的決定，即使沒有了共產國際的組織，中共也沒有參加歐洲共產黨情報局。在某些問題上，如果中共與聯共發生爭論，我們中共在說明我們的意見後，準備服從並堅決執行聯共的決定。”[3]

以毛周的表現對照這兩個效忠誓言，應該說，毛澤東完全做到了他對米高揚的莊嚴承諾——凡是主子不想給的，他就絕不敢開口

---

1 轉引自李銳：《“大躍進”親歷記》上卷，南方出版社，1999年1月，189頁

2 李玉貞：《毛澤東同米高揚談建國藍圖》。

3《建國以來劉少奇文稿》，16-17頁

要，甚至就連主子想給的，他都高姿態地謝絕。而周恩來則做到了“在說明我們的意見後，準備服從並堅決執行聯共的決定”。同樣是下級對上級，毛像個中式僕人，只敢腹誹，不敢面爭，而周則是西方下級的作派。

周恩來的到來，使得毛澤東的態度發生了明顯改變——他敢對斯大林說出自己的想法了。1月22日，斯大林第三次與毛澤東會談，這次周恩來也參加。斯大林首先徵詢中方意見，這次毛居然放膽談了幾條：

> 一、新約應將已經存在的友好關係固定下來，以從根本上和舊約區別開來。
>
> 二、新約應規定必須防止日本侵略，為此應當包括政治、經濟、文化和軍事合作的各項問題，尤其是經濟合作。
>
> 三、針對中國民族資產階級中有人反對“一邊倒”，新約應規定雙方必須在國際問題上協商。

這些條款將把中國變成東歐式衛星國，斯大林當然很痛快地答應了。他接著徵詢中方對中長鐵路協定的意見，毛於是使出“謙讓談判術”，以斯大林的意願為中方要求：

> “也許可以把在法律上保留中長鐵路協定有效的原則作為基礎，旅順口協定也這樣辦，而實際上做一些修改。”

斯大林加以確認：

> “就是說，您同意宣布在法律上保留現協定，但適當進行實際修改。”

毛趕緊表現他的高姿態：

> “我們必須要考慮到雙方的利益，既要考慮到中國的利益，也要考慮到蘇聯的利益。”

會談至此，雙方再次發生移形換位——斯大林勸說毛接受蘇聯的讓步，而毛顯得十分勉強：

斯大林：“對的。我們認為，旅順口條約是不平等的。”

毛澤東：“但是，改變這個協定要牽扯到雅爾塔會議的決定？！”

斯大林：“是的，要牽扯到——那就見它的鬼吧！既然我們已選擇了修改條約的立場，那麼就要走到底。當然，這對我們會有些不便，我們就要同美國人作鬥爭了。但是，我們已經不在乎這些了。”

毛澤東：“在這個問題上我們只是擔心，這會給蘇聯帶來不良的後果。”

斯大林於是提出兩個方案由中方選擇：或是蘇軍在簽訂對日和約後撤走；或是蘇軍現在就撤走，只在名義上保留現有協定。他說，無論中方作出何種選擇，他都同意。

毛澤東選了第一方案，但希望蘇方能在旅順與中方進行軍事合作，訓練中國海軍。

關於大連，斯大林表示放棄舊約賦予蘇聯在該市的特權，毛提出，旅順可以作為雙方軍事合作基地，而大連可以作為經濟合作基地，因為“大連有許多企業，沒有蘇聯的幫助我們沒有能力經營。”

談判至此，完全在米高揚 1949 年 1 月來華傳達的斯大林讓步底線內。但出人意料的是，在談判中蘇共同管理中長鐵路時，毛澤東居然勇敢地提出中方在管理中應起主要作用，還要研究縮短協定的有效期問題，並規定雙方的投資規模。

毛澤東何以突然改變奉命唯謹的恭順態度？據楊奎松教授介紹，那是因為毛走後，中共中央了解到，國內各界認為中長鐵路協定為不平等協定，如不加以修改，甚或收回該鐵路，以體現中方主權，勢必難以取得國人認同，於是決定縮短協定有效期，並增加中方股份，以體現中方主權。周到後，毛同意了這些要求[1]。

這解釋看來是可信的，當時中共剛剛建國，中央政府裡有若干民主黨派成員，政府決策還受到一些制約，因此毛才會想在條約中寫上旨在壓服民族資產階級異議的條款。而且，在毛發言後，周恩來馬上就提出，現有的中長鐵路理事會以及鐵路局長的職務應該撤銷，建立鐵路管理委員會代替它，而且要規定，委員會主席和局長職務要由中方擔任。中方的投資比例增加到51%。

這些要求立即被莫洛托夫和斯大林以違反平等原則駁回，毛澤東於是表示，對這個問題要從保障雙方利益的角度再研究一下。[2]

根據《毛澤東年譜》，此後毛澤東便再沒參加過會談。談判是由周恩來與米高揚、維辛斯基等人進行的。在和蘇方第二次會談中，周根據劉少奇指示，提出三條毛從來沒敢提出的要求：第一條是指出中長鐵路在歷史上有過6次波折，委婉指出蘇聯對該鐵路產權的主張缺乏依據。第二條是無論蘇聯何時與日本簽訂和約，三年後都該歸還旅順口和中長鐵路。第三條是被蘇聯“代管”和“租借”的大連企業應由中方接收。

這三條突破了蘇方預定的方案，引起對方不滿。本來也是中方理虧：毛澤東業已同意了斯大林提出的第一選項，讓蘇聯駐軍到蘇日和約簽訂為止，怎麼又出爾反爾？但斯大林還是同意了中方請求——畢竟，他曾幾次表示即使是現在撤軍也行，是毛澤東自己要蘇軍駐扎到蘇日簽訂和約的。而且，他也主動表示過放棄蘇聯在大連的特權。

---

1 楊奎松：《中蘇國家利益與民族情感的最初碰撞——以〈中蘇友好同盟互助條約〉簽訂為背景》，《歷史研究》，2001年第6期

2 上述會談內容見《關於1950年中蘇條約談判的部分俄國檔案文獻》。

周恩來立即跟進，主持起草了《關於旅順口、大連和中國長春鐵路的協定》草案，提交對方討論，提議蘇聯放弃租用旅順口作爲海軍基地的權利，放弃在大連和中長鐵路的一切權利和利益，並聲明將上述所有權利和義務歸還中華人民共和國，將由蘇聯臨時代管或租用的在大連和旅順口地區的一切財產交還給中國政府，並敲死了履行上述協議的時限。[1]

周恩來主持的艱難談判終於收到了有限成果。2 月 14 日，中蘇兩國正式簽署了《中蘇友好同盟互助條約》。三天后，中蘇兩國報紙上同時公佈了《中華人民共和國、蘇維埃社會主義共和國聯盟關於締結條約與協議的公告》，正式宣佈中蘇兩國達成了一項條約和兩項協議，即《中蘇友好同盟互助條約》、《關於中國長春鐵路、旅順口及大連的協議》以及《關於蘇聯貸款給中華人民共和國的協議》。

周恩來也有重大失誤。中國社會各界對舊約最不滿的，就是中國被迫失去外蒙。斯大林很怕中國提此問題，因此它根本就沒有列入議程。但周恩來卻提醒斯大林，中華人民共和國成立時，曾宣佈對舊中國的一切國際協定、條約一概不予承認。外蒙獨立是舊條約規定的，如果不加說明，那就意味著新政府也不承認外蒙獨立。因此，中國政府必須就此問題發個聲明。斯大林馬上就同意了。最後雙方政府以公告形式確認蒙古人民共和國的獨立地位。[2]

在這個問題上，周恩來連袁世凱都不如，老袁還知道，在國力不如人時，要避免與強國談判領土問題，待到日後強大了再說。如果周恩來真為國家利益著想，就該在談判中迴避這個問題，然後在公佈新約時，宣告 1945 年中蘇簽訂的條約以及一切協定失效，從而

1 以上據楊奎松：《中蘇國家利益與民族情感的最初碰撞》；師哲：《在歷史巨人身邊》，446-449 頁。

2《在歷史巨人身邊》，449-450 頁

使得外蒙獨立失去法理依據。所以，外蒙是他主動送出去的，他比斯大林想的還周到，連日後翻案的餘地都不給後人留下。

（七）“愛國主義的條約”？

《中蘇友好同盟互助條約》簽訂後，毛澤東在中央人民政府第六次會議上說“這個條約是愛國主義的條約。……這個條約又是國際主義的條約。”為什麼是愛國主義的？大概是因為“帝國主義者如果準備打我們的時候，我們就請好了一個幫手”。至於為什麼是國際主義的，他卻沒有解釋。[1]

這個條約或許符合無產階級國際主義，但根本不是什麼愛國主義的。所謂“帝國主義如果準備打我們”不過是毛的病態幻想。二戰後，世界已經進入後帝國主義時代，唯一殘存的帝國主義恰是蘇聯社會帝國主義。後來“準備打我們”的不是別人，正是他請來的“幫手”。而鎮住該“幫手”輕舉妄動的，恰恰是毛的假想敵——萬惡美帝。

當然，蘇聯也確實是幫手，可惜是幫中共打內戰。在第一次會見斯大林時，毛就對斯大林說：“我們的一些將領主張呼籲蘇聯援助，希望蘇聯派遣志願飛行員或祕密部隊，以便儘快解放臺灣。”在第三次與斯大林會談時，他又鄭重表示：“我想指出，您派到中國的航空團給了我們很大幫助，共運送了將近一萬人。請允許我，斯大林同志，感謝您的援助，並請您把這個航空團繼續留在中國，為給準備進攻西藏的劉伯承部隊運送食品提供幫助。”[2]

---

1 毛澤東：《締結中蘇條約和協定的重大意義》，《毛澤東外交文選》，132頁。

2 《關於1950年中蘇條約談判的部分俄國檔案文獻》。

所以，說毛澤東畏斯大林如神明、敢想不敢要也不全面，要看提的是什麼要求。事涉全民利益時確實如此，但若是打內戰，他從來是敢於開口要求的。

這不是說《中蘇友好同盟互助條約》一無是處，誠如楊奎松教授所言，新約挽回了舊約喪失的若干利權。

《關於中國長春鐵路、旅順口及大連的協議》規定，蘇聯將於1952 年底以前把兩國共同管理的長春鐵路的一切權利以及屬於該路的全部財產無償地移交中華人民共和國政府；蘇軍也將於 1952 年底以前自共同使用的旅順口海軍基地撤退，該地區的一切設備有償移交中華人民共和國政府；蘇聯還將於 1950 年內與中方組成聯合委員會，完成向中國政府移交所有蘇聯方面臨時代管或租用的財產的工作，大連的行政亦完全交由中華人民共和國政府管轄。

在這個問題上，周恩來爲國家爭回了權益，基本上廢除了舊約的不平等規定。雖然收回旅大在斯大林的讓步底線內，但收回中長鐵路則是他力爭後取得的外交成果。

但如前所述，毛澤東本來已經接受斯大林提出的第一方案，讓蘇聯駐軍到蘇日簽訂和約為止。周的努力其實違反了他的初衷。只是那陣他還不像後來那樣一手遮天，所以由著周去折騰。

但後來美日簽訂了安保條約，給了毛主席革命外交路線反擊之機。1952 年 3 月 28 日，他致電斯大林：

> “由於非法的美日和平條約，特別是美日安全條約的締結，我們認爲中國政府有根據也有必要請蘇聯政府讓蘇軍留在旅順口地區，並在 1952 年底不撤出旅順口。”

為此，他派周恩來去莫斯科談判。9 月 15 日，中蘇交換了《關於延長共同使用中國旅順口海軍基地期限的換文》，中方請求蘇方同意“延長中蘇關於旅順口協定第二款中規定的蘇軍撤出旅順口的期限，共同利用中國旅順口海軍軍事基地，直至中華人民共和國與日本，以及蘇聯與日本簽署和平條約”。[1]

前已述及，斯大林原來提出的只是讓蘇聯駐軍到蘇日和約簽訂，毛澤東現在又加上中日和約簽訂一條，使得蘇聯撤軍的條件更難滿足。儘管已與蘇聯結成軍事同盟，毛澤東仍然生怕失去保護，所以挖空心思爲蘇聯撤軍設置障礙，顯得比大老闆還積極。

《關於貸款給中華人民共和國的協議》規定，蘇聯將以年利百分之一的低息貸款給中華人民共和國三億美元。這款額是米高揚訪問西柏坡時定下來的。中共原來想借四億美元，但米高揚只同意給三億美元[2]，比蘇聯同期給波蘭的貸款還少。而且，據黨媒披露，那貸款有相當部份其實是以歸還蘇軍搶去的東北財產折算的。不過，這對當時貧困的中國畢竟是很大的幫助。當然，這和老蔣從老美那兒弄來的無償援助不堪一比，更別說司徒雷登承諾借給中國的 50 億美元了。但蘇聯畢竟是飽受戰禍的窮國，比不得老美那金元帝國，怪只怪我黨有眼無珠，抱錯了粗腿。

其它協議則向蘇聯賦予了舊約沒有規定的新特權。中國必須向第三國關閉新疆和東北地區，不許第三國居民入境。在西方列強廢除了一切不平等條約後，中蘇祕密協定卻授予蘇聯專家治外法權，而這歷來是為中國各界人士最痛恨的一條。

另一個有爭議的協議乃是中蘇合營公司，亦即中蘇民用航空股份公司、中蘇新疆石油股份公司、新疆有色及稀有金屬股份公司和中蘇船舶公司。所有這些公司的股份對半，淨利平分。這是否算是帝國主義經濟侵略，國內學者至今有爭議。有的學者認爲不是，因

---

1 轉引自沈志華：《赫魯曉夫與蘇聯歸還旅順海軍基地》，《黨史研究資料》，2002 年第 9 期

2 《十年論戰》，324 頁。

爲那計畫最初是劉少奇提出來的，並非蘇聯强加給中國。而且，他們認爲，中國當時資金短缺，要振興經濟，必須靠蘇聯資金支持。

但這些合資公司與今日中外合資公司並不一樣，中蘇合營公司乃是斯大林早在 1946 年就向國府提出的主張，當時曾被世界輿論廣泛抨擊，指爲蘇聯對中國的經濟侵略。蘇聯政府曾公開辯解說，他們之所以想在東北辦合營公司，不是從經濟著眼，而是爲了遠東的國防。因此，說到底，這還是個政治問題而不是經濟問題。有關協定蠻橫地規定生産出來的礦産品全部運往蘇聯，不得賣給第三國，這完全是蘇聯對中國戰略資源的控制，絕不止是個單純的經濟問題，不能不看成是斯大林建立帝國勢力範圍的一大成果。

更何況協議還規定蘇方在一定時期內壟斷中國剩餘工業原料出口，這就絕對只能視爲帝國主義經濟侵略了。因此，那的確是蘇聯通過條約形式獲取的在中國的新的政治經濟特權。

（八）條約的餘蔭

於此，毛澤東總算討到了“既好看又好吃的東西”，可以心滿意足地打道回府了。可惜這條約其實並沒有增進中蘇友好，反倒讓雙方都覺得吃了虧。在談判蘇聯在中國境內自由運兵問題時，蘇方談判代表米高揚就將這種情緒流露無餘：

> “作爲同盟者，蘇聯無償地轉讓了巨額財産：中長鐵路、大連、旅順口以及在這些地區我們擁有的一切權利，而中國却連蘇聯在一條鐵路上調動軍隊都不願意同意。如果連這樣的讓步中方都不能做出，那我們還算什麼同盟者呢？”[1]

[1] 轉引自楊奎松：《中蘇國家利益與民族情感的最初碰撞》

不難看出，對失去他們搶走的中長鐵路和旅大，蘇聯人如同剜却心頭肉一般地痛苦。連市井小民都知道，如果合作夥伴一方自覺吃虧太大，則那關係絕對不會長久。

中國方面的酸楚就更不用說了。有趣的是，毛是逐漸回過味來的。斯大林還在世時，他縱然不痛快，也絕不敢懷疑上帝會對階級兄弟搞帝國主義那一套。但赫魯曉夫在蘇共 20 大批判了斯大林，徹底顛覆了教民們對上帝的崇拜之後，他就必然要回過味來，悟出斯大林的帝國主義政策實質，多次在不同場合發泄了痛恨。

1957 年 11 月，他在莫斯科對波蘭黨魁哥穆爾卡談及當年談判中蘇條約時說：“我們也做了讓步，同意中蘇兩國共同管理中長路，在新疆開了三個中蘇合營公司，把旅大給蘇聯做海軍基地，他們可以駐軍。斯大林還特別關照，不許外國人到東北和新疆。這些我們當時都忍下來，當時也沒辦法改變。”[1]

1958 年 7 月 22 日他同蘇聯駐華大使尤金談話時又承認：“在斯大林的壓力下，搞了東北、新疆兩處勢力範圍，四個合營企業。”[2]這裡，他明確使用了“勢力範圍”這個帝國主義專用術語，說明他確實把蘇聯看成了帝國主義。

於是，毛訪問蘇聯的不愉快遭遇便化作了深重的“僞民族主義情結”。說它是“僞民族主義”，乃是因爲他並不承認民族主義，只是發現了蘇聯人違反了列寧主義，搞帝國主義那套而已。所以，究其本質，這仍然是列寧主義的反帝原則。那並不能教會他從此在外交中捍衛國家利益，只會使得他更加堅定地維護列寧主義的純潔性，避免對落後國家搞這一套，更加熱情地向落後國家“主動賣國”罷了。

---

1 吳冷西：《十年論戰》，146-147 頁。

2 毛澤東：《同蘇聯駐華大使尤金的談話》，《毛澤東外交文選》，323 頁不僅如此，這個民族主義情結的形成，使毛從此養成了對帝國主義作風的超敏感與過度反應，我們將在下文看到，正是這一情結，促進了中蘇關係的最後破裂。

三、毛澤東為何甘當兒皇帝？

愛國讀者看了上文，恐怕會覺得毛澤東與石敬瑭一模一樣，都靠北方強國的武力支持搶到天下，上台後都對異族主子卑躬屈膝，奴顏媚骨，喪權辱國，在切齒痛恨之餘，也難免會感到困惑：為何毛澤東這樣一個野心勃勃、極度自負的"創業英主"，會甘願低首下心，做斯大林的兒皇帝？

其實，歷史不會簡單重演。要理解毛澤東為何無視國際情勢，罔顧民主黨派進言，未上台就悍然自行封殺外交空間，宣佈一邊倒；甫上台又不惜萬里蒙塵，心甘情願跑到莫斯科去受辱，就得了解一些馬列主義與國際共運史常識，以及毛澤東的個人缺陷。只有這樣，才能在歷史背景與個人背景下把握毛的心理活動，還原毛澤東這個特殊的歷史人物。

（一）國際共運理論的死穴

馬克思"科幻社會主義理論"從問世那天起，就註定了後世所謂"社會主義陣營"分崩離析的命運。

19 世紀是歐洲民族國家發育成熟的時代，德國與意大利都是在這段時間統一的。經過兩次世界大戰的強化，發端於歐洲的民族主義蔓延到全球，最終使所有的殖民地都成了新興民族國家。

然而生活於 19 世紀的馬克思和恩格斯卻無視這一大趨勢，在《共產黨宣言》中寫下這些胡言亂語：

"在無產者不同的民族的鬥爭中，共產黨人強調和堅持整個無產階級共同的不分民族的利益。"

"工人沒有祖國。決不能剝奪他們所沒有的東西。"

"隨著資產階級的發展，隨著貿易自由的實現和世界市場的建立，隨著工業生產以及與之相適應的生活條件的趨於一致，各國人民之間的民族分隔和對立日益消失。無產階級的統治將使它們更快地消失。聯合的行動，至少是各文明國家的聯合的行動，是無產階級獲得解放的首要條件之一。"

"人對人的剝削一消滅，民族對民族的剝削就會隨之消滅。民族內部的階級對立一消失，民族之間的敵對關係就會隨之消失。"

馬恩以其特有的超簡化思維方式，把民族問題歸結於階級問題，認爲世上只有階級利益以及階級利益衝突導致的階級鬥爭，沒有超越于階級利益存在的民族利益，超越于階級矛盾的民族矛盾，超越于階級鬥爭的民族鬥爭。所謂"無產階級國際主義"，就是全世界無產者不分民族聯合起來，和共同的階級敵人作殊死鬥。待到無產階級世界革命勝利後，國家和民族就將消亡，階級弟兄們就此生活在綿綿無盡的友愛之中。

因此，信奉無產階級國際主義，必然意味著徹底否定民族主義。這就是共產黨國家為何都要批判"反動的民族主義"。列寧終身相信這謬說，還增加了個"民族解放運動理論"，把民族解放運動納入了無產階級世界革命。他認定，世界革命即將爆發，全球即將變成統一的蘇維埃，到時國家與民族也就自然消亡了。

不幸的是，直到列寧死，他都沒盼到這科幻世界出現。他建立的蘇維埃國家不但沒有消亡，還百倍強化了。這個理論漏洞留待斯大林填補。

作為現實主義政治家，斯大林根本不相信“無產階級國際主義”的浪漫夢囈，不相信民族會消亡。據蔣經國日記，他曾對蔣經國說：

> “天下什麼力量都可以消滅，唯有‘民族’的力量是不會消滅的；尤其是像日本這個民族，更不會消滅。”[1]

斯大林的施政實踐表明，這確實是他的堅定信念。他不但在人類歷史上首創全民族流放，把蘇聯腹地的日耳曼族、韃靼族等多個少數民族流放到哈薩克斯坦等地去，更在二戰後在東歐大搞種族淨化（ethnic cleansing），把被蘇聯鯨吞的領土上的德國、波蘭等原住民驅逐出境。在他的影響下，波蘭、捷克斯洛伐克、羅馬尼亞、匈牙利等國也把異族原住民驅趕出國，使得衛星國從多民族雜居的國家變成了單一民族國家。他之所以要這麼幹，正是因為他知道民族衝突不是“階級友愛”能化解的，只有把不同民族分開，才能預防民族衝突發生。

但在理論上，他不能不繼承馬列衣缽。為調和民族主義與無產階級國際主義的矛盾，他發明了“一國建成社會主義”論，鼓吹蘇聯是世界上第一個社會主義國家，蘇聯的利益就是全世界無產階級的利益。任何不被莫斯科控制的工人運動，都是反對全世界無產階級、反對馬列主義的。

不難看出斯大林之狡猾：他把馬克思“工人沒有祖國”巧妙地變成了“蘇聯是全世界無產階級的祖國”，就此把全世界共產黨變成了爲蘇聯國家利益服務的工具。這樣，他成功地解決了國際主義

---

[1] 蔣經國：《風雨中的寧靜》，臺北正中書局，1988 年，68 頁

與民族主義的衝突。對蘇聯來說，這兩者其實是一回事：蘇聯的民族主義也就是無產階級國際主義。

在理論上，各國共產黨是平等的，雖然都是共產國際的支部，必須絕對服從共產國際領導，但各黨之間彼此並無隸屬關係。然而在實際上，共產國際不過是蘇共的一個職能部門，一切政策都由斯大林制定，主席由他指定，必須時時向他匯報工作。斯大林不但指定各國黨魁，指揮其工作，還在 30 年代大清洗中任意屠殺他們。

這樣，名義上與蘇共平等的各國共產黨都成了蘇共的忠誠下屬，不服從者立即遭到整肅。於是，列寧創建的共產國際，到了斯大林手上就完全成了間諜機構與另類外交工具。各國共產黨統統變成忠實貫徹斯大林意圖、捍衛蘇聯國家利益的第五縱隊。

不僅如此，斯大林發明的現代造神運動，不但把自己造成了本國人民心目中的上帝，而且把國際共運變成了一神教，讓他在全世界共產黨人也成了全知全能的上帝。張聞天夫人劉英說：

> “那時的共產國際，神聖哪！……謝老回延安講了王明回來的事。延安高興了：共產國際回來了！王明回來了！當時迷信共產國際啊！”[1]

這就是毛澤東後來為何對蘇聯駐華大使尤金說：

> “什麼兄弟黨，只不過是口頭上說說，實際上是父子黨，是貓鼠黨。”[2]

這些比喻不但準確，而且充分體現了對歷史事實的尊重——中共本來也就是蘇共生出來的。不但中共是莫斯科派人出資建起來的，而且毛澤東當上黨魁，靠的也是王稼祥傳達的斯大林指示。就連毛澤東鞏固權力，也離不開壟斷把持中共與莫斯科的電訊[3]。毛澤

---

[1] 何方採訪、宋以敏整理：《劉英憶延安歲月》，《炎黃春秋》，2016 年第 4 期

[2] 毛澤東：《同蘇聯駐華大使尤金的談話》，《毛澤東外交文選》，324 頁

[3] 師哲：《峰與谷——師哲回憶錄》，76 頁，紅旗出版社，1992 年

東見到一手提拔自己登上大位、手操決定各國黨魁生死窮通大權的上帝時，當然要如同老鼠見到貓。

但斯大林的理論有個缺陷：它只適用於世上只有蘇聯是社會主義國家的情况。一旦社會主義陣營出現，它就再也不靈了。馬克思與列寧幻想的是全球同步赤化，到時國家與民族都消亡了，根本不會有什麼“社會主義陣營”。然而它卻偏偏在現實中出現了。那麼，陣營內各國之間應該是什麼關係？這成了個無解的死題。

前文說過，“主權”、“國家利益”、“國際平等”等概念是民族主義的立國基礎，但這些觀念根本就不適用於共產國家。例如“干涉內政”是主權國家的大忌，在共產國家之間卻成了天經地義，這是因為共黨國家的主權是有限的，無權自由決定其外交內政方針。

1968年1月，捷克斯洛伐克共產黨第一書記杜布切克發動改革，提出建設“具有人的面孔的社會主義”的口號，放鬆黨對社會的控制，給予人民更多的言論自由，容忍獨立的政治團體與社會團體存在。是年7月，勃列日涅夫公開譴責捷克斯洛伐克的改革是“修正主義”、“反蘇”。8 月間，蘇軍入侵該國，用坦克碾碎了“布拉克之春”。11 月 13 日，勃氏在波共第五次全國代表大會上發表演說，聲稱：

> “當內部與外部的社會主義的敵對勢力，試圖將某個社會主義國家發展轉向資本主義政權復辟時，那就不再是該國人民的問題，而是全體社會主義國家的共同的問題與關切所在了。為一個兄弟國家提供軍事上的援助，以消除對社會主義制度的威脅，自然是一個必需的非常措施。只有當某個國家內外的社

會主義的敵人的行動威脅了社會主義陣營的共同利益時，才能採取這種措施。”[1]

這就是臭名昭著的“有限主權論”：“社會主義陣營”各國人民無權選擇自己的道路，不得偏離蘇聯的政治經濟模式，不得“威脅”蘇聯利益，更不得脫離蘇聯帝國的勢力範圍，否則蘇聯便有充分權利武裝入侵該國，實行“國際無產階級專政”。

這理論引起了中共怒吼，然而它卻準確地道破了共產國家之間關係的實質，完全符合列寧－斯大林主義原教旨。中共自己就曾根據這一理論，在 1956 年竭力鼓動蘇聯出兵鎮壓匈牙利革命。不僅如此，中共在 1960 年代發動“反修大論戰”，寫出《南斯拉夫是社會主義國家嗎？》、《關於赫魯曉夫的假共產主義及其在世界歷史上的教訓》等文，都是對南斯拉夫與蘇聯內政赤裸裸的干涉。

共產國家的主權為何有限？這是因為國際共運實質上是一種世界性宗教運動。各國共產黨類似於歐洲中世紀基督教教會，或是伊斯蘭教的“烏瑪”，必須有個教皇或是哈里發（穆罕默德的繼承人）來監控各國分支，裁決哪家支部是虔誠信徒，哪家支部偏離甚至背叛了原教旨（所謂“修正主義”）。因此，各國共黨不能自行其是，所有言行都必須符合馬列主義聖經。至於什麼才算符合，什麼不算，當然是教主說了算。這樣，教主所在的黨就成了老子黨，其他黨就成了兒子黨。如果哪個兒子黨不服從，立即就會被教主判為叛教徒，革出教門。

共產黨變成執政黨之後，實行的只可能是比塔利班更嚴格的政教合一。國家一切大政方針都必須符合馬列主義聖經，不能由各國自由決定。換言之，國家主權必須限制在由教主界定的教義範圍

[1] *Keesing's Contemporary Archives*，1968， p 23027， 轉引自 P. J. Cain & M. Harrison: *Imperialism: critical concepts in historical studies*， Vol 2， p 104， Routledge， 2001.

內。因此，“邦交”只可能是“黨交”，“父子黨”必然要延伸為“父子國”，了無平等可言。兒子國不能理直氣壯地捍衛自己的國家利益。因為共產黨人只承認階級利益，不承認超越階級利益的民族利益與國家利益。本國利益必須服從世界革命的整體利益。至於什麼是局部利益，什麼是整體利益，解釋權當然操在教主手裡。

然而這種不平等只能是潛規則，只能做，不能說。雖然共產黨人宣稱“同傳統觀念實行最徹底的決裂”，但畢竟不敢否定“平等”這個普世價值觀。因為他們當初就是以爭取平等號召窮哥們起來造反的，列寧的民族主義解放理論的基礎就是反對帝國主義，老子國當然不能承認是自己推行的是新式帝國主義。因此，在理論上，各國共產黨是彼此平等的“兄弟黨”，各共產國家是彼此平等的“兄弟國家”。哪怕是在內部，這層窗戶紙也萬萬不可捅破。

這就是為何斯大林要拒絕中共的效忠誓詞。在劉少奇給他的報告上兩次批上“不”：

> “……聯共是世界共產主義運動的統帥部，而中共則只是一個方面軍的司令部。根據局部利益服從世界利益，我們中共服從聯共的決定，即使沒有了共產國際的組織，中共也沒有參加歐洲共產黨情報局（**斯大林批示：不！**）。在某些問題上，如果中共與聯共發生爭論，我們中共在說明我們的意見後，準備服從並堅決執行聯共的決定（**斯大林批示：不！**）。[1]

此後在接見中共代表團時，斯大林特地對劉少奇說：

---

[1] 聞一、丁明譯：《關於劉少奇訪蘇的俄國檔案文獻》，《黨史研究資料》，1998年第2期，劉的報告翻譯自俄文檔案，此處根據《建國以來劉少奇文稿》作了訂正，為醒目起見，將斯大林批示排成黑體字。

> “你們在報告中說中共服從聯共決定，這使我們覺得奇怪，一個國家的黨服從另一個國家的黨，這是從來沒有過的，而且是不許可的。”[1]

劉少奇立即報告毛澤東。一天後，毛澤東覆電，發誓自願祕密賣身為奴：

> “請你們和斯大林及馬兄（筆者注：指馬林科夫）商量，如果他們認為有必要的話，你們可以從書面報告中撤銷那段提法的文字，但是我們實際上這樣做，以利共產主義運動的發展。以上是否妥當，請斯大林及馬兄決定。”[2]

當劉少奇將此電報念給斯大林聽時，斯大林不斷插話：“一定要撤銷！”“不要這樣做！”然後特地聲明：

> “我們不願別國共產黨強制我們執行他們的意見，我們也不要求更不願意強制別的國家的共產黨一定要執行我們的意見。”[3]

這些惺惺作態極具諷刺性：一個國家的黨給另一個國家的黨魁畢恭畢敬地寫報告，巨細無遺地匯報本國內外政策方針，並恭請指示。他一面當仁不讓地在上面批示，或批准，或駁回，一面又一再拒絕毛的宣誓效忠，說從來沒有過這種事，而且是不許可的！

這就是這種新式不平等相對於舊式不平等的缺陷。舊式不平等（諸如中國的天子與諸侯，歐洲的貴族與農奴，帝國主義與殖民地之間）既是名義上的，又是實質性的。而共黨黨內、黨際乃至國際的不平等則是偷偷摸摸見不得人的，只敢是實質性的。

---

[1] 劉少奇：關於中共中央代表團與聯共（布）中央斯大林會談情況給中央的報告，（一九四九年七月十八日），《建國以來劉少奇文稿》，第一冊，34頁

[2] 張飛虹：《劉少奇 1949 年祕密訪蘇與中蘇結盟》，《蘇州大學學報》，1999 年 01 期

[3] 劉少奇與斯大林談話記錄，1949 年 7 月 27 日，劉少奇檔案，出處同上。

這兩者的區別，決定了新式不平等的壽命一定比舊式不平等短得多，共產帝國垮得一定比舊式帝國快。因為理論外表與實踐內容截然相反，外衣遲早要被內核撐破。兒子黨的同志們在當國後遲早要想：過去為蘇聯利益服務是為世界革命服務，而為本國利益服務則是為剝削階級服務。但是現在彼此都是共產國家，還有什麼理由讓我們為蘇聯犧牲本國利益？

反過來，老子黨也承擔了不可推卸的“支持被壓迫國家人民的反帝鬥爭”的“國際主義義務”。類似地，大國對小國、強國對弱國也有這種義務，尤其當後者處於反帝鬥爭前線時（例如朝鮮和越南），更必須大量提供無償援助。這在受援國的同志們看來是理所應當的，無論接受了多少援助，只要有一次達不到期待值，就會心生怨懟。他們從來沒想過，現實生活中根本沒有這種“你必須無私援助我”的怪事。

斯大林自己就是作法自斃者。作爲精通地緣政治的帝國主義戰略家，他根本不願看到中國統一，更不願看到它强大起來。在 1945 年與蔣經國的談判中，他把這心事說得清清楚楚：

> “你說，中國沒有力量侵略俄國，今天可以講這話，但是只要你們中國能夠統一，比任何國家的進步都要快。”[1]

但作爲國際共運教主，他傳播的教義又規定必須向“解放”了的中國“階級兄弟”提供援助。於是他別無選擇，只能在“新”中國成立後，放弃從“舊”中國攫取的部份特權，並向中國提供有限的經濟援助。這些事根本就違背了他的意願，他不能不懷恨在心。

從我黨那面看過來，爲世界革命大業犧牲自己的局部利益是應該的，但老大哥也有義不容辭的國際主義義務援助自己。如果蘇聯在中國掠取特權並不能用反美鬥爭大局來解釋，則中國同志當然不

[1] 蔣經國：《風雨中的寧靜》，69 頁，臺北正中書局，1988 年

能理解，要逐漸看穿其帝國主義政策實質。例如外蒙，過去獨立有利於打擊敵人，壯大自己，現在都是共產黨當家，還有什麼分家的必要？

這結果必然是雙方都覺得自己吃了虧，雙方都懷恨在心。所以，中蘇不和的種子，早在斯大林時代就播下了。到了赫魯曉夫時代便全面破裂。這是因為斯大林是全世界公認的老子教主，兒子黨魁們再屈辱也不敢挑戰其權威，只能忍氣吞聲。但他死後留下了權威真空，某個兒子黨魁就要起來搶奪教義解釋權，以正統傳人自居，裁判其他黨的政策是否符合教義，引起教義論戰。教義爭論與權力鬥爭混雜在一起，黨際衝突便是不可避免的了。

“兄弟黨”之間一旦發生衝突後，為了維持教義，雙方別無選擇，只能把對方打成叛教者，革出教門，否則基本教義就要被“只該綿綿相愛的階級弟兄照樣會翻臉成仇”的悖論顛覆。

到了這一步，衝突就再也無法彌合了，只能大打出手，將黨爭化為國際戰爭。因為是討伐叛教徒的宗教戰爭，它必然比對付正宗“階級敵人”的戰爭還殘忍。中蘇與中越邊境衝突都遠比中印邊界衝突殘酷，蘇方甚至一度考慮動用滅門凶器，都是這個原因。

說到底，這是馬列造的孽。他們無緣看到美國詩人 Robert Frost 的詩句：“Good fences make good neighbors（籬笆扎得牢，鄰居處得好）。”民族利益並不會因爲否認它就消失。靠否認民族利益人爲營造的“階級友愛”只會使階級弟兄們最終翻臉。中蘇分裂，中越分裂，中阿分裂，走的全是同一條輕車熟路。

（二）毛澤東的特殊問題

許多人不知道，民族主義並非國貨，而是從歐洲進口的舶來品。它誕生於拿破崙戰爭時期的歐洲，此後由西方列強用堅船利炮強行輸入中國。帝國主義侵略喚醒了中國人的民族意識，經過五四運動的催化，在抗戰時期達到高峰。不幸的是，毛澤東錯過了這時代的主旋律。

如前所述，毛澤東的知識陳腐殘缺，尤其缺乏對西方文明的認知，終身只讀線裝書。五四運動期間，他處於運動中心之外，沒有直接經受過運動的洗禮，精神世界基本停留在中古時代，所理解的馬列主義就是似是而非的“階級鬥爭”。他本來就沒有什麼現代國家民族觀念，“無產階級國際主義”自然要與他的中古天下觀一拍即合。終其一生，他都是個堅定的“國際主義者”。

因此，毛的個人虛榮心超強，卻缺乏民族尊嚴的概念；個人權勢欲超強，卻毫無國家主權觀念；極度重視中共利益（他之所謂“階級利益”），卻抹殺國家利益[1]。

正因為此，他才會坦然說出：

> “一些同志認為日本佔地越少越好，後來才統一認識：讓日本多佔地，才愛國。否則變成愛蔣介石的國了。”[2]

也正是為此，1941 年 4 月 13 日，蘇聯與日本這兩個帝國主義惡鄰簽訂中立條約，宣佈以武力保證外蒙與東北永久脫離中國，愛國的中國人同聲譴責之時，毛為中共起草的聲明卻歡呼：

> “這是蘇聯外交政策的又一次偉大勝利。……這對於一切反動派都是不利的，而對於一切愛好和平的人民與被壓迫民族則都是有利的。”“至於蘇日聲明互不侵犯滿洲與外蒙，這也是題中應有之義。……這不但對外蒙有利，即對全中國爭取解放也是有利的。”[3]

---

1 在毛治下，“國家利益”是個犯禁用語，直到他死後多年，黨國媒體上才逐漸出現這個詞。據李慎之說，那是他大聲疾呼的功勞。

2 李銳：《廬山會議實錄（增訂本）》，電子書。

3《中國共產黨對蘇日中立條約發表意見》，1941 年 4 月 16 日，《中共中央檔選集》，第 13 冊，75-76 頁。

同樣是為此，他才會反對中蘇友好同盟條約是不平等條約的說法，對米高揚說，中國人民還要為這個條約感謝蘇聯，現在還不應該從遼東撤出軍隊和取消旅順港基地，因為這樣做只會幫助美國；對斯大林表示：“中長鐵路和旅順的現有狀況符合中國的利益，因為僅靠中國的力量還不足以有效地抗擊帝國主義的侵略。此外，中長鐵路是培養中國鐵路幹部和工業幹部的學校。”

民族主義者會被這種漢奸言論震駭，但毛說的是真心話，因為他真的相信“民族鬥爭，說到底，是一個階級鬥爭問題”[1]。在他看來，世上根本沒有什麼超越中共利益的中國利益。因此，無論是日本侵華，還是蘇聯駐軍旅順港，只要對中共有利，就都是“愛國主義”的。

明乎此，就不難理解毛的一邊倒決策。毛之所謂“外交”，不是為全民爭利的民族國家的外交，而是“國際統戰”，核心是“對敵鬥爭”。美國是他要打倒的死敵，蘇聯則是“同志加父親”。

明乎此，也就不難理解毛在蘇聯的種種丟醜舉止。前已述及，因為歷史原因，中共是蘇共下出來的，從來是蘇共下屬，而國際共運的主要特點，就是它是一神教，只許有一個最高領袖，實行一元化領導，絕對容不得多中心存在。

因此，毛的行為在民族主義者看來是恥辱，在他卻非常自然。他是作為一個虔誠的教徒去朝見教主的。根本沒有意識到他和斯大林乃是平級的國家元首，必須享受對等禮遇。實際上，他根本也就沒有這些觀念。共產黨人沒有人權觀念，自然也就沒有由此產生的平等觀。

[1] 毛澤東：《支持美國黑人反對種族歧視鬥爭的聲明》，《毛澤東外交文選》，496頁

上引毛主席語錄還不足以表現出他的“矛盾的特殊性”。換其他人諸如王明、張聞天去做黨魁，結果恐怕也不會有什麼兩樣。毛澤東的特殊問題還是下面這些：

1）缺乏世界知識

作為大國元首，毛澤東對外交禮儀可以無知到這個地步：據黨媒披露，毛澤東的專列開進莫斯科站時，莫洛托夫、布爾加寧等人前來迎接。毛澤東邀請莫洛托夫一行上車就座，要他們品嘗中國特產，但莫洛托夫和布爾加寧以不符合禮儀謝絕了。[1]

這是老百姓走親戚，不是國事訪問。禮儀是小事，問題還在於、毛澤東不懂西方人的思維方式與行為邏輯。他不知道，中國人以直陳心願為失禮，無論是索要還是拒絕，都只能暗示，不能明說。明明對方給的是自己想要的東西，還得假意推辭一番；而對違反心願的請求又拉不下臉來拒絕。但西方人的習慣是“親兄弟，明算賬”，對合作夥伴有什麼要求都攤在桌面上，而且認定對方也只會這麼做。如果對方行為邏輯與此不符，只會令他們莫名其妙。

正因爲毛不懂西方那套，他才會使用《鏡花緣》中“君子國”的討價還價方式——賣方專門往低處砍，指望買方能被他的高姿態感動，嚴守君子國的交易規矩，專門往高處砍。這就是他與斯大林會談時何以會發生奇特的角色錯位，也是毛、周在斯大林面前態度為何不同——周在西方生活過，知道怎麼當下級，敢於直陳心願。

或許，這在毛心目中是“將欲取之，必固與之”的高明策略。但這種策略不是主動招致不利後果，就是把對方打入悶葫蘆。師哲認為，斯毛之間最初的僵局，是斯大林不明白毛的意圖造成的。

---

[1] 刁小湄：《毛澤東首次訪蘇軼聞》，《文史參考》，2010 年 02 期

確乎如此，毛明明希望把周召來簽協議，却又表示維持現狀對中國有利，建議不必匆忙改約。斯大林當然再不會跟毛客氣。這本是你自己的建議，人家采納了，你還怎麼可以下來拿工作人員出氣，指鷄罵狗作弃婦狀？這消息傳到斯大林耳裡，他當然要納悶，不明白毛究竟是怎麼想的。

這還不是全部惡果。毛澤東的“禮讓為國”，只會令斯大林看破他的虛偽，加深對他的懷疑，於是毛的輸誠反而“走向反面”。無論是斯大林還是赫魯曉夫，始終都沒有弄明白毛澤東的行為邏輯，這不能不說是文化隔閡的結果。

例如蘇聯給中國的貸款年利率只是 1%，毛澤東為此感激涕零，不僅劉少奇訪蘇時在給蘇共的報告中與會談中反復感謝過，毛還以個人名義給斯大林發電報，說 1%的貸款年利率少了，應當增加[1]。在與斯大林第三次會談中，他又一次感謝此事。大老闆大概聽煩了，便說，如果你們情願，我們可以給你們提高利率。毛澤東便裝聾作啞，方便地忘了他曾發電報請大老闆提高利率的事。[2]

可惜這就是“毛主席的無産階級革命外交路綫”一以貫之的原則，他做濫好人可以做到讓對方莫名其妙的程度。50 年代外蒙黨魁訪華，他居然向對方道歉，說過去中國侵略了他們，讓對方莫名其妙：歷史上從來是成吉思汗的子孫痛打漢族，哪有什麼反過來的事？真要道歉，也該讓愛新覺羅的子孫去。

2) “庶出”造成的心理問題

1 聞一、丁明譯：《關於劉少奇訪蘇的俄國檔案文獻》，《黨史研究資料》，1998 年第 2 期，

2 《關於 1950 年中蘇條約談判的部分俄國檔案文獻》。

眾所周知，毛澤東過去從未去過莫斯科，並非斯大林的嫡系。他雖然是斯大林提拔上去的，但那是因為他在創建根據地中做出了突出成績。這提拔是基於實用主義的績效考察，不是宗教上的賞識。相反，斯大林始終對毛充滿懷疑。據赫魯曉夫說：

> “我記得斯大林常在吃晚飯的時候同他的心腹小圈子談論中國局勢。他總是翻來覆去地問：‘這個毛澤東究竟是什麼樣的人？我對他一無所知，他從未來過蘇聯。’斯大林已經懷疑毛所持的立場是狹隘的農民立場，懷疑他害怕工人，忽視工人階級而孤立地建立紅軍。”[1]

毛澤東早就知道斯大林對他不放心。據師哲說，從 1940 年起，毛澤東就頻頻向莫斯科長篇大論地發電報，還多次找蘇方駐延安情報組人員談話，百般解釋自己，但始終未獲蘇方諒解，蘇方對他消極抗戰、整肅王明、張聞天等國際派等很不滿意[2]。

此後鐵托反出教門，斯大林自然要懷疑毛澤東是亞洲鐵托。毛對此心頭雪亮，他後來跟尤金說穿了這一點：“你們一直不相信中國人，斯大林很不相信。中國人被看做是第二個鐵托，是個落後的民族。”[3]

赫魯曉夫在蘇共 20 大將斯大林從神壇上搬下來後，毛澤東以其特有的文學誇張手法，渲染他與斯大林的分歧，好像他比斯大林高明得多，抵制了斯大林對中共革命的干擾與破壞。這些宣傳讓人以為毛歷來看不上斯大林，其實不然。

毛澤東對斯大林的感情很複雜：既是信徒與教主的關係，又是臣與君的關係，還是學生與老師的關係。宗教關係就不必說了，斯大林寫《論列寧主義基礎》那陣，他還在為汪精衛當祕書呢。君臣

---

1 《最後的遺言——赫魯曉夫回憶錄續集》，373 頁

2 《峰與谷——師哲回憶錄》，79-81 頁

3 毛澤東：《同蘇聯駐華大使尤金的談話》，《毛澤東外交文選》，323 頁

關係也不必說了——他是斯大林一手提拔上去的。一般人不容易看到的，是毛雖然在抗戰中出於利己目的，對斯大林陽奉陰違，但他更從斯大林的言傳身教中獲益匪淺，確實是斯大林的好學生。

斯大林的陰謀大手筆，諸如與納粹簽訂蘇德互不侵犯條約，與日本簽訂蘇日中立條約等，都贏得了毛的真心激賞與效颦[1]。最重要的還是，他從斯大林那兒學會了怎麼奪取黨內話語權，而這是在君師合一的宗教運動中脫穎而出的先決條件。本書《謀略家》卷已對此作過介紹。他執政後仍奉斯大林為導師，舉凡大事都虛心請示斯大林，忠實執行斯大林的指示（詳見下）。

所以，斯大林生前，毛對之雖多有腹誹，但與國際派一樣，也是奉之為神明的。正因為他覺得自己才是斯大林真正的傳人，他才會為受到“嫡出”們的所謂“排擠”一直憤憤不平，才會在早已把那夥人整得服服帖帖之後，還要去父皇面前訴冤情。在他，得到教主的親口嘉許，是一種必須滿足的心理需要。

這就是毛為何在 1947 年初就請求朝覲。1948 年 6 月，南斯拉夫被開除出歐洲共產黨情報局，這需要變得就更迫切了。他幾次向莫斯科表示準備不顧安危隻身前往，其實是一種表忠心的激情表演。讓劉少奇去莫斯科代表中共表示堅決服從蘇共，更是針對南斯拉夫反出教門的宣誓效忠。在首次遭拒後，毛發誓自願祕密投效仍遭斯大林駁回，只會讓他堅信大老闆還是不拿他當自己人。

即使在此後當了國，毛仍難免有“妾身未分明，何以拜姑嫜”的感覺。蘇聯政府雖然在次日即宣佈承認中華人民共和國，但那不過是邦交上的承認，並非在國際共運圈子裡承認毛是中國教區的紅衣主教。而這一點對毛來說可是至關重要，特別是有南斯拉夫的前車之鑒在那兒擺著，“庶出”不能不去向大老闆本人爭個血統上的

---

[1] 請參考蘆笛：《毛主席用兵真如神？》，明鏡出版社，2011 年

明白。幹這種事的最好機會，當然是在所有紅衣主教濟濟一堂的斯大林壽宴上。

斯大林大約也看出了毛的心思，出於對中國的塊頭的尊重，給了毛相應的賞賜，讓他在祝壽典禮上作爲第一號嘉賓，坐在自己旁邊，並第一個發表演說。這可跟國務活動毫不相干，乃是教廷內部排座次。

可惜教主始終沒有賞賜他一個機會，讓他介紹自己對教義的獨到貢獻，他兩次剛開個頭就被斯大林打斷了。毛仍不死心，逮住機會就叫賣他山溝裡的馬列主義，就連斯大林的部下都不放過。

據師哲說，莫洛托夫到別墅來看毛，毛向他海闊天空地談中國革命史、黨內鬥爭史等等，談的時間很長。但莫洛托夫卻表現出不感興趣的樣子，只是沉默地點頭聽著，既不表態，也不提任何問題。[1]

其實毛澤東想說的，蘇共派到延安去監控中共的特務早就匯報過了。就連師哲本人也承認，儘管毛在延安用電報向斯大林作了大量遊說，“但這一切努力都是徒勞的”，“毛主席的耐心工作，全是‘對牛彈琴’了”，因為王明和蘇方觀察員弗拉基米洛夫的匯報早就讓斯大林對毛有了難以破除的成見。[2]

這些挫折更加刺激了毛急於向教主表白赤膽忠心。消除父皇懷疑、承認自己是真正傳人的強烈慾望，驅使他做出比“嫡出”們更激進的事來。

小說家鄭義先生曾在回憶錄裡寫道，1966 年紅色恐怖期間，作為“狗崽子”（當時幹部子弟對“出身不好”的同學的辱稱），他被高幹子弟紅衛兵抓進私設的監牢，打得命在旦夕。毛第一次接見紅衛兵那天，爲了表示他熱愛偉大領袖的神聖權利不是那些紅崽子

1 《在歷史巨人身邊》，438 頁

2 《峰與谷——師哲回憶錄》，80 頁

們可以剝奪的，他強忍著劇痛坐了起來，把藏著的一枚毛主席像章找出來，將像章的別針刺進了胸膛，直接別在血肉上。

這種事，也只有狗崽子們才會幹，而如果紅色恐怖不發生，即使是狗崽子也未必會幹。這種極端行爲乃是給幹部子弟刺激出來的：他們實在是對“嫡出”們憋足了氣：誰說我不革命？老子比你們革命！誰說我不忠於毛主席？老子比你們更忠心耿耿！

毛其實也是這個心理：他本來就為教主不相信自己一直憤憤不平。如果沒有鐵托案，問題還沒有那麼突出。鐵托案一出，他便別無選擇，義無反顧，必須用“肉體戴像章”一類過激行動，來表白自己的忠誠和“革命的徹底性”，而這正是共產黨人唯一相信的至高無上美德與大義。

這就是他為何在英國人幫了大忙後，還要刻意惡化中美關係。毛信奉的教義，規定了他必須和美帝這個世界革命的死敵鬥爭到底。鐵托被革出教門的罪名之一就是和美帝勾結。作爲來歷不明的“庶出”，他必須在這個大是大非問題上，旗幟鮮明地表明自己的革命立場，其革命堅定性甚至必須超過“嫡出”們。

我認爲，只有把握了毛這種特殊經歷產生的特殊心理，才能明白他那一系列極度乖張、不可理喻的表現。正是在這種心理驅使下，毛才會在建國前夕宣佈“一邊倒”，才會迫不及待地、不顧身份地跑到莫斯科去朝見，才會在和斯大林的會談中大訴被嫡出們排擠、迫害的辛酸史，才會對斯大林的帝國主義政策表示“服從並堅決執行”。同樣地，只有從這個角度去審視，才能解釋他和沒有類似心理問題的周恩來在斯大林面前的不同表現。才能解釋他爲何切齒痛恨不但從未惹過中國、而且從來支持中國加入聯合國的南斯拉夫，為此竟然恨到與鐵托和好的赫魯曉夫頭上去。

這種心情可以理解，然而病態心理並不能掩蓋他的愚蠢。連升斗小民都知道，有如想法讓上級喜歡你，不如讓他有求於你，非得拉攏你不可。對斯大林那種猜疑成性的人更是如此。他根本就不會爲誰的赤誠效忠感動。當年斯大林拋棄“嫡出”，挑中毛這個“庶出”，並不是因為“嫡出”們不夠忠誠，而是因為他們沒有“庶出”有用。

所以，毛澤東與其徒勞無益地努力贏得斯大林的信任，莫如讓他感到自己的分量，而保持決策的獨立性，拉開和蘇聯的距離，適當接近美國，正是讓斯大林器重的正確途徑。毛沒有悟出這一點，說明他根本沒有通過自己被提拔的經歷，看透斯大林的實用主義。

3）想當“亞洲方面軍司令”

有種觀點認為，中蘇結成同盟，是陰差陽錯結成的權宜婚姻，並沒有必然性。美國“丟掉中國”，是美國政府失策的結果。如果美國國務院不制止司徒雷登與中共的接觸，及時承認中華人民共和國，毛澤東也就不會宣佈“一邊倒”了。

其實，中蘇合流是必然的。哪怕美國政府及時承認中共政權，並提供司徒雷登允諾的 50 億美元貸款，毛澤東仍然要發表《論人民民主專政》。毛澤東決定一邊倒，不是出於國家利益，而是個人原因。美國人給不了斯大林可以給他的東西，既無法確立他在共產教會裡的正統地位，更不可能封他為亞洲的斯大林，而那正是毛澤東當時的遠大抱負。

1947 年 9 月，歐洲成立了由斯大林操控的“共產黨和工人黨情報局”，負責協調歐洲九個國家的共產黨活動。這事給了毛澤東新的靈感。他再次按斯大林的榜樣照貓畫虎，準備在亞洲開山門，當上“亞洲方面軍司令”。

要滿足這個野心，當然需要“世界革命統帥”斯大林批准。1949 年初米高揚訪華期間，毛澤東向他提出，可以在亞洲建立一個類似歐洲共產黨情報局那樣的組織，可以叫“共產黨亞洲局”，

“暹羅和印度共產黨贊成建立這樣一個局。最初，較為妥當的辦法是，不由所有的共產黨而由幾個亞洲國家如中國、朝鮮、菲律賓和印度支那共產黨派遣代表來建立一個局。”

米高揚告訴毛澤東，按照莫斯科的意見，“中共中央不必參加共產黨亞洲局，而要以中國共產黨為首建立一個東亞國家共產黨局。初期，這個局由中國、日本和朝鮮三個共產黨組成。然後，可以逐漸吸收其他的黨。”[1]

劉少奇祕密訪蘇期間，秉承毛的旨意對斯大林作了試探。斯大林很痛快地說，希望中國今後多擔負些對殖民地、半殖民地、附屬國家的民族民主革命運動方面的幫助，因為中國革命本身和革命經驗會對它們產生較大影響，會被它們參考和吸收。蘇聯在這方面起不到像中國那樣的影響和作用，就像中國難以像蘇聯在歐洲產生影響一樣。“因此，為了國際革命的利益，咱們兩家來個分工，你們多做東方殖民地、半殖民地國家的工作，在這方面多多發揮你們的作用和影響，我們對西方多承擔些義務，多做些工作。總而言之，這是我們義不容辭的國際義務！”[2]

有了最高統帥的批准，毛澤東當即放手大幹，在亞洲“多多發揮作用和影響”了。南中國尚未完全平定，中共中央統戰部便已在北京開辦學習班，招募越南、泰國、菲律賓、印尼、緬甸、馬來亞、印度等國共產黨人，讓他們學習《毛澤東選集》，向他們傳授中國革命經驗[3]。毛澤東還在莫斯科訪問期間，北越請求與中國建交，毛指示劉少奇立即答覆同意，並親自為外長周恩來起草覆文，用電報發給劉少奇。同月，中共向越南派出以羅貴波為團長的政治

---

1 李玉貞：《毛澤東同米高揚談建國藍圖》。

2 《在歷史巨人身邊》，412 頁

3 單汝洪：《我肩負的使命——馬共中央政治局委員阿成回憶錄之四》，11-37 頁，21 世紀出版社，2007 年 6 月

顧問團。1950 年 7 月，還在中共介入韓戰前，中共又派出以陳賡為首的軍事顧問團，毛澤東並參與策劃了越南的邊界戰役[1]。至於人所共知的韓戰就不必說了。

所以，“一邊倒”，是毛澤東在特別發達的個人野心驅使下必然作出的決策。換斯大林的“嫡出”去做黨魁，中國當然會變成蘇聯的衛星國，但恐怕不至於像毛那樣熱衷於在亞洲到處搞震，害得中國內外交困。

四、“一邊倒”就是“全盤蘇化”

何方先生指出：

“建國前夕毛澤東發表的《論人民民主專政》把‘一邊倒’列為國策，鎖定的主要是蘇聯模式，而不僅僅是對外關係。照搬蘇聯模式，這是毛澤東直到晚年還承認的。而且多年的實踐也正是如此，至今還留下不少陰影。許多黨史著作把‘一邊倒’只限于對外政策，那屬於明目張膽的斷章取義。”[2]

這話一針見血地指出了“一邊倒”的實質。的確，它絕不僅僅是外交政策，而是全部國策，亦即根據斯大林的指示制定國策，在中華大地上忠實地複製一個蘇維埃國家機器，並強制推行殖民地奴化教育，把“炎黃子孫”改造為“蘇維埃人”。

（一）毛澤東是斯大林“不違如愚”的賢弟子

1 《毛澤東年譜（1949-1976）》第一卷，79，125，166，178 頁。

2 何方：《黨史筆記》，電子書，下同。

斯大林死後，毛在《人民日報》上發表文章，痛悼這位“當代最偉大的天才，世界共產主義運動偉大的導師，不朽的列寧的戰友”，盛讚：“斯大林同志在理論的活動上和在實際的活動上所給予我們當代的貢獻，是不可估量的。斯大林同志代表了我們整個的一個新時代。他的活動引導蘇聯人民和各國勞動人民轉移了全世界的局面”，“斯大林同志全面地劃時代地發展了馬克思列寧主義的理論，把馬克思主義的發展推進到新的階段”，“斯大林同志的一切著作都是馬克思主義的不朽的文獻”，承認“我們中國共產黨人和世界各國共產黨人一樣，是從斯大林同志的偉大的著作中去找尋自己勝利的途徑的”，“從列寧逝世以來，斯大林同志一直是世界共產主義運動的中心人物。我們圍繞著他，不斷地向他請教，不斷地從他的著作中吸取思想的力量。”[1]

這篇文章開了後來林副統帥《〈毛主席語錄〉再版前言》的濫觴。不過，比起敬愛的林副統帥來，毛澤東更心口如一些，他是這麼說的，也是這麼做的。中共建國後，舉凡大政方針，毛澤東必先向斯大林恭謹請示，然後再忠實執行。

實際上，早在中共執政前他就這麼做了。1947年11月30日，毛澤東致電斯大林，向他匯報：“在中國革命取得徹底勝利的時期，要像蘇聯和南斯拉夫那樣，所有政黨，除中共之外，都應離開政治舞臺，這樣做會大大鞏固中國革命。”不料斯大林卻覆電否決此議，告訴毛：中國各在野政黨“還將長期存在，中共將不得不同他們合作，反對中國的反對派和帝國主義列強，同時要保留自己的領導權，也就是領導地位。”[2]

---

[1] 毛澤東：《最偉大的友誼》，《建國以來毛澤東文稿》第四冊，103-105頁

[2] 馬貴凡譯：《毛澤東一九四七年十一月三十日給斯大林的電報全文》，《中共黨史研究》，2002年第1期；A.列多夫斯基編，馬貴凡譯：《毛澤東同斯大林往來書信中的兩份电报》《中共黨史研究》，2001年第2期。

這就是中共“長期共存，互相監督”政策的由來。全靠斯大林干預，民主黨派才倖存下來，未被毛澤東解散。

類似地，制定憲法也是斯大林的指示。劉少奇 1949 年訪蘇期間，斯大林教他：你們的政協不是選舉的，政府也不是選舉產生的，國家沒有憲法，《共同綱領》不是全民代表通過的，而是一黨提出，其他黨予以同意的東西。這樣，“人家可以說你們是用武力控制了位子，是自封的”，“你們應從敵人手中拿掉這個武器”。他甚至連時程都為中共指定了——1954 年可以進行選舉並通過憲法。中共忠實執行了這一指示。[1]

劉少奇率中共代表團參加蘇共 19 大期間，奉毛澤東的旨意，專門向斯大林請示中國怎樣從現在逐步過渡到社會主義，以及何時召集中國人民代表大會等問題。[2] 1952 年 9 月間，周恩來訪蘇，當面向斯大林詳細匯報了國家預算、軍費預算以及常備軍數量等重大國務。[3]

就連在土改中是否分富農的地，毛澤東都要堅決、細緻、徹底地執行斯大林的指示。1950 年 2 月 17 日，他指示劉少奇緩發中央關於土改徵糧指示草案涉及分地的部分，“因斯大林同志曾在我向其**報告**土改政策時，提議將分配地主土地與分配富農土地分成兩個較長的階段來做”。為了說服全黨，他先後徵詢鄧子恢、林彪、饒漱石、葉劍英、彭德懷、鄧小平等大員的意見，主持政治局會議討論，在全國政協常委會擴大會議上鼓吹這個政策主張，否決了鄧子恢關於沒收富農出租土地的建議，最後在七屆三中全會的總結報告

---

1 《在歷史巨人身邊》，408 頁

2 《毛澤東年譜（1949-1956）》，608 頁

3 《朝鮮戰爭：俄國檔案館的解密檔案》，1210，1220 頁

中“決定不動富農”，先後花了三個半月的時間來貫徹斯大林的這一指示。[1]

內政如此，外交同樣如此。印度和緬甸有意與中國簽訂互不侵犯條約，毛不敢自行作主，還得請示斯大林是否可以。[2]

對分析國際形勢，判斷戰爭是否會爆發，毛澤東也要反復請示斯大林，劉少奇訪蘇時，“將關於國際形勢，新的戰爭危險，蘇聯與帝國主義美英間的關係等問題的估計與分析，向斯大林同志請示，以便作為中共估計國際形勢的指南”[3]，斯大林對此作了詳盡指示。毛還不放心，首次與斯大林會談時又請示了一次[4]。可見他重視斯大林的指導到了何種地步。

朝鮮戰爭期間，對於所有的戰役方針，和談方案與策略，毛澤東事前都要請示或通報斯大林，諸如作戰計畫，是否越過三八線南進，是否守住漢城，戰略，作戰方針，停戰條件，是否開始停戰談判，談判議程和策略，等等，等等。停戰談判開始前，毛澤東特地懇求斯大林：“很需要您密切地指導這次談判，以免上敵人的當。”[5] 就連是否可以請中立國家代表作為監察員和證人出席停戰談判，他都要請示斯大林[6]。

毛澤東在給斯大林的電報中，多次使用了“未知是否可行，請予示覆”，“是否可以這樣做，請予電覆為盼”，“請您考慮示覆”，“請允許我報告當前軍事形勢及其特點”，“請您就上述問

1 《毛澤東年譜（1949-1976）》第一卷，94-155頁，黑體為作者所加。

2 《朝鮮戰爭：俄國檔案館的解密檔案》，1224頁。

3 劉少奇：《關於向蘇聯學習黨和國家建設經驗問題給聯共（布）中央斯大林的信》，（一九四九年七月六日），《建國以來劉少奇文稿》，23頁。

4 《關於1950年中蘇條約談判的部分俄國檔案文獻》。

5 《毛澤東年譜（1949-1976）》第一卷，365頁

6 《朝鮮戰爭：俄國檔案館的解密文件》，985頁。

題給予指示”等下級呈文用語。[1] 1952 年 9 月 19 日，周恩來去莫斯科與斯大林會談，就內政外交國防等一系列重大國政問題請示斯大林，結束時稱斯大林發表的意見為指示。斯大林說只是建議，周恩來竟然代表全體中國人說，在中國人看來，這是指示，而且是極其寶貴的建議。[2]

斯大林對毛則是當仁不讓的上級派頭，有時還相當粗魯。例如在第五次戰役期間，毛澤東告訴彭德懷，對英美軍“每次只精心選擇敵軍一個營或略多一點為對象而全部地包圍殲滅之。這樣，再打三四個戰役，即每個美英師，都再有三四整營被乾淨殲滅，則其士氣非降低不可，其信心非動搖不可，那時就可以作一次殲敵一個整師或兩個、三個整師的計畫了”[3]。

斯大林收到此電後，指責這戰術是冒險的，甚至出語譏誚：“還沒有任何根據可以認為，英美軍會像蔣介石那樣愚蠢，使你們能夠按照你們的選擇每次殲滅一個整營地殲滅其軍隊”[4]。

此後第五次戰役失利，彭德懷報告，英美軍隊士氣較高，而中國軍隊則出現了“嚴重的右傾情緒”。斯大林致電毛澤東，說中國軍隊士氣低落時是因為“你們採取的先是稍稍向前推進，然後又數次重複後撤的局部性機動作戰，給你們的部隊造成中國人和朝鮮人力量弱小的印象，而給英美軍隊造成他們強大的印象”，反過來要中國軍隊消滅敵人三四個師，否則不可能消除這些不健康的情緒。[5]

---

1 《毛澤東年譜（1949-1976）》第一卷，46，199，351 頁。《朝鮮戰爭：俄國檔案館的解密文件》，中央研究院近代史研究所，2003 年，1252 頁。

2 《朝鮮戰爭：俄國檔案館的解密文件》，1231 頁

3 《毛澤東年譜（1949-1976）》第一卷，349 頁

4 《朝鮮戰爭：俄國檔案館的解密文件》，774 頁

5 同上，784 頁

大老闆完全是翻來覆去，橫豎都有理：剛剛才批評過毛的“全殲一個營”戰術是冒險主義，轉過來就指責毛膽小，要志願軍殲滅敵人幾個師！然而毛也就對此甘之如飴，連分辯的勇氣都沒有。

又如斯大林答應高崗為中國提供 60 個師的裝備，蘇軍總參謀部卻說該年只能提供 16 個師。毛致電斯大林，請蘇方在半年內運來，被斯大林拒絕，毛趕緊覆電：“我完全同意您的意見。”[1]

再如毛澤東因為日美簽訂了和平條約，請求蘇軍繼續駐扎旅順口。這明明正中大老闆下懷，可斯大林還要正色提醒毛，當初正是毛要蘇聯提前撤軍的，為此都簽了約。可現在毛又提出了完全不同的要求，斥責完了才說：“如果您堅持這一點，則我們同意您的要求”，但要毛對外界提出這種違約行為的論據[2]。

毛對斯大林畢恭畢敬，倒也不完全是出自敬畏。他真的需要斯大林這位偉大船長來指點他這個偉大舵手怎麼在國際領域裡航行。沒有斯大林這老手的指點，他這個剛從窯洞裡鑽出來的新手根本不知道怎麼應付國際事務。上面舉的那個例子就最說明問題——他對國際條約一點概念都沒有，想怎麼改就怎麼改。就這個水平，挨了上級領導的斥責也是應該的。

所以，魚兒離不開水呀，瓜兒離不開秧，偉大舵手離不開偉大船長。1951 年 11 月 14 日，毛澤東致電斯大林，向他報告了對停戰談判的考慮，以及國內的預算等問題，最後照例畢恭畢敬地請示：“請您就上述問題給予指示。”等了 5 天尚不見父皇聖旨到來，毛便皇皇如也，六神無主，心急如焚，讓周恩來請蘇聯大使羅申催促大

1 《毛澤東年譜（1949-1976）》第一卷，361-362，365 頁。

2 《朝鮮戰爭：俄國檔案館的解密文件》，1163 頁。

老闆。周對羅申說，因為等待斯大林答覆，中方已經兩次推遲了同美方在朝鮮的代表的會晤。斯大林這才作了答覆。[1]

（二）將中國改造為蘇聯的高保真拷貝

劉少奇在訪蘇期間，向斯大林呈遞了一份長長的向蘇聯學習的內容清單，囊括了幾乎全部黨、政、軍、民、政治、經濟、軍事、文化、科學、教育等所有領域與分支[2]。以後中共即按按蘇聯模式全面改造了中國，使得它成了蘇聯的逼真拷貝。

在政體建設上，我黨仿照蘇聯模式建立了“人民代表大會”（＝蘇維埃）那個橡皮圖章，以及掌握實際權力的黨政兩大班子，效法蘇聯實行一黨專制，設立了和蘇聯基本一致的各種部門。黨組織就不必說了，至今也是蘇共那套。政府各部委都能找出蘇聯的等價物，例如各種工業部、經委、計委、體委、國防工委等等都是西方國家沒有，只有蘇聯專有的部門。

地方政權也是蘇聯那套，由省委和省人委（人民委員會）控制，後者連名稱都是蘇聯搬來的。唯一的變革乃是沒有效法蘇聯搞虛假的“聯邦制”，未成立“加盟共和國”而是代之以換湯不換藥的“民族自治區”，而那也是因為米高揚這麼建議過[3]。

軍隊也按蘇軍模式“正規化”，成立了三總部、國防部以及下屬各大軍區。並把蘇聯的軍銜制度原模原樣地搬進來。可笑的是，我黨永遠拎勿清總參和國防部到底是什麼關係，以致兩家無限扯皮，扯到後來總長粟裕受不了，想去請教老大哥這問題，却被國防

---

1 同上，1102-1104頁。

2 《關於向蘇聯學習黨和國家建設經驗問題給聯共（布）中央斯大林的信》，《建國以來劉少奇文稿》，23-25頁。

3 楊奎松：《毛澤東與莫斯科的恩恩怨怨》，277頁。

部長彭總打爲“告洋狀”，被老毛指使打手七鬥八鬥，就此蒙冤下臺。

文化科學教育事業也完全按蘇聯模式改建。在文化事業上，中共效法蘇聯，成立被中宣部控制的文化部，成立作協、美協、音協等衙門，消滅了作家和藝術家這種自由職業，將其統統變成吃皇糧的國家幹部。

在科學界則根據老大哥的榜樣，取消了私立研究所和私立大學，在全國成立科學院及各地分院，將科研和教育分開，成立各級國立研究所。科研主要由這些研究所承擔，除了幾個重點大學外，地方大學都不開展科研。

在教育界則實行所謂“院系調整”，將按英美模式建立的綜合大學統統解散，關閉了所有的法學院和商學院，廢除了社會科學諸如法學、經濟學、社會學等學科的教育與研究，把工、醫、農從大學裡分出來變成單獨的學院；廢除了西方的跨學科選課和學分制，甚至廢除了學位（最後一條連蘇聯都沒這麼做，完全是我黨獨創）；並廢除了各大學原來使用的由教授自己編寫的教材，將蘇聯的教科書翻譯過來，作爲全國統一教材。我本人用過的中學數理化教科書就是蘇聯教科書的忠實譯本，連插圖都和原本一模一樣。

此外，我黨還高薪聘請了蘇聯專家在各行各業中充當顧問，指導科研文化教育事業的開展。並一度仿效蘇聯在內戰後把幹部送入“紅色教授學院”的榜樣，成立了人大、工農速成中學等等，並向各大學輸送了大量的“調幹生”。可惜這明智舉措後來便中途放弃了。蘇聯通過這措施將革命痞子們基本改造成了知識分子，有些人甚至成了出色的科學家和工程師，而我黨似乎沒有什麼成功例子。

這些措施如今應該怎麼評價？我認爲，如果是國民黨繼續執政就毫無必要，國府統治的所謂“黃金十年”（1927-1937 年）期間取得的巨大成就就是明證。但既然是中共當國，那就完全是必要的，毛澤東自己已經對大老闆承認了："大連有許多企業，沒有蘇聯的幫助我們沒有能力經營。"

這裡的"我們"，當然只是指中共，絕非中國人。我黨自偉大領袖以下，除了個別同志如周、鄧算是低級知青外，統統是缺乏最起碼的現代知識亦即西洋知識的痞子，絕大多數黨員包括高幹在內，連粗淺的文化都沒有，完全是個大老粗文盲黨。例如吳冷西在50 年代是《人民日報》總編輯兼新華社社長，是對蘇論戰的主要寫手之一，也算是中共的一個"理論家"，然而他可以無知到把《聊齋》中的《青鳳傳》改名為"狂生夜讀"，以為《水滸》中的蔣門神是"高俅的食客"[1]。這種無知群體，豈會有建立現代國家、領導全國經濟建設、發展科學文化教育事業的能力？

舉個最簡單的例子吧。50 年代任蘇聯外貿部副部長的科瓦利曾在回憶錄中說：

> "我和他（米高揚）發現，中方的談判方式是，讓蘇方提出蘇聯參加中華人民共和國工業化的方面和範圍的决定，並由蘇方承擔這些决定的責任。按照我的請求，米高揚就談判進程兩次會見了李富春，並對中方沒有提出書面建議表示困惑不解，但這種口頭方式的談判經歷有增無減。"[2]

他倆不知道，這其實不是中方想推卸責任，而是高幹們根本就沒有能力、甚至不知道要提供書面建議。他們只會想起來，要在哪兒哪兒建個大項目（工廠、水庫、大橋等），然後就向蘇聯提出這請求，此後萬能的老大哥就會從魔術口袋裡掏出那大項目來，根本就不知道先得作充分調查研究，作一系列關於必要性、可行性，經濟效益等學術論證，查明哪些是中方可以自己解决的，哪些是必須

---

[1] 《十年論戰》，190，290 頁。

[2] 康·伊·科瓦利著，李玉貞、杜華譯：《關於蘇聯援助中國進行第一個五年計畫建設的會談》，《中共黨史研究》，1990 年第 3 期

靠蘇聯幫忙的，而哪些連蘇聯都做不到，然後再提出書面建議來，具體指明希望蘇聯幫助解決什麼問題。

正因爲連這種起碼的知識都沒有，中方才會和蘇聯進行“口頭方式的談判”，只知道籠統地提要求：幫我在哪兒哪兒建個大工廠，至於上面說的那些必要工作則一律留給蘇聯去做，於是連這位貴爲副部長的科瓦利，都不得不飛到中國來，親自參加選址等預備性工作。說句良心話，痞子治國弄到這種地步，蘇聯弄上咱們做夥伴，也當真是晦氣。

米高揚實在健忘，其實 1949 年他祕密訪問西柏坡時就發現，中共領袖“對生產業務知識了解不多，對工業、交通、銀行的概念比較模糊”。他們的經濟設想還比較空泛，甚至對準備接收的作為國家經濟支柱的大銀行、大工業，還沒有提出具體的計畫[1]。連要接收的大銀行、大工廠都不知道是怎麼回事，還怎麼可能提什麼書面建議呢？

請蘇聯派專家也是如此。蘇聯化學家米哈伊爾·科洛奇科（Mihail A. Klochko）1958 年被派往中國，根據他的回憶，中方只知道對蘇聯說：“給我派個物理學家或化學家來”，却從來不知道點名要誰。蘇聯當然捨不得派出第一流的專家，一般科學家又不願到中國去，以免時間呆長了失去自己在本國的實驗室，於是最後派出的常常是那種勇敢同志，他們之所以敢來，乃是在本國沒有什麼搞頭，又以爲中國和非洲差不多，沒什麼科學。科洛奇科算是例外，他本人曾經獲得斯大林獎金，可惜是落後分子，被派到中國乃是被積極分子排擠的結果。到中國不久後他就發現這個毛病，於是向中國建議，需要某個行業的專家時，最好點名索要該行業的出色專

1 轉引自楊奎松：《毛澤東與莫斯科的恩恩怨怨》，281 頁

家。但這建議根本就未被中方采納，那原因很簡單：領導內行的外行們根本就不懂行情，提得出什麼名單？

這其實不是什麼問題，不會治國，不會管理，交給專家就是了。歷史上奪權成功的痞子有的是，但他們只管打天下，治國則交給儒生。蔣介石沿襲了這一傳統，實行學者治國，而這就是打造出黃金十年的原因。可中共卻是歷史上最不自信、最缺乏安全感、最富於猜忌心的痞子集團，從來把知識分子等同於階級敵人。早在西柏坡時，毛澤東就對米高揚說出了心裡話：

> “外國資本使中國知識分子變壞了。中國知識分子的許多代表人物留學美國、英國、德國和日本。他們不由自主地成了這些國家影響的傳播者。”

就連張治中、邵力子、宋慶齡這些與中共淵源頗深的人，中共都極為猜忌。毛澤東對米高揚說，如果與張治中、邵力子及類似人士一道成立聯合政府，則恰恰是美國政府樂見的，“就會在中國人民、各民主黨派和人民團體、人民解放軍部隊，甚至在中共內部引起很大的混亂，會損傷我們百分之百正義的立場”。周恩來甚至告訴米高揚，對宋慶齡已安排了嚴密監控，擔心國民黨把她拉走。[1]

這種猜忌成狂、毫無容量的執政集團，對知識分子連“限制、利用、改造”都做不到，那除了去請老大哥來當國師爺，還能有什麼別的選擇？因此，我個人認爲，在那種特定的歷史條件下，特別是在堅決自絕於西方文明世界之後，中國別無選擇，只有實行“以俄爲師”，實行“全盤蘇化”，此乃在大錯鑄成之後唯一剩下來的補救措施。

1 《毛澤東同米高揚談建國藍圖》

不幸的是，毛澤東連這都沒堅持下去，等到斯大林一死他就施大手筆，畫大寫意，在中國那張白紙上寫最新最美的反智主義文字，畫最新最美的愚氓蠢動圖了。

（三）鐵腕施行殖民地奴化教育

如果說“以俄爲師，全盤蘇化”算是萬般無奈之下必要的彌補措施，那麼，以鐵腕推行的殖民地奴化教育就不但毫無必要，而且是對全體中國人民的嚴重侮辱。

50 年代初期的中國和其它“人民民主國家”一樣，很像古代的諸侯國家，效忠於斯大林那個天子，而整個社會主義陣營相當於一個大帝國。我黨不但認斯大林爲領袖和導師，而且逼迫全國人民去認同並效忠那偉大領袖和導師。

爲此，我黨不但開足了全部宣傳機器的馬力，而且多次發動政治運動，無情整肅敢對蘇聯不敬的人士。在政治宣傳上，我黨使用中國歷史上從未見過的肉麻無恥話語去吹捧斯大林以及蘇聯。斯大林是全世界無産階級的偉大導師，是中國人民的“父親領袖”，蘇聯是“全世界無産階級的燈塔”，是“馬列主義智慧的來源”，是“蘇聯老大哥”，是“社會主義天堂”，“蘇聯的今天就是我們的明天”，“向蘇聯學習”成了最重大的根本國策之一。

國慶游行時，斯大林的畫像是最大的，比其它人的畫像幾乎大出兩倍去，走在最前面。此後才是朱毛和蘇共政治局其它大員的畫像，尺寸規格一般大，都比斯大林的小得多。在東北各地更是常有只挂斯大林畫像，不挂本國領袖畫像的怪事。

斯大林逝世時，中共如喪考妣，不但發了令後世子孫蒙羞的諛詞萬端的唁電，並派出周恩來去奔喪，而且將其定爲國喪，在全國各地舉行大規模追悼會，許多群衆如同後來在毛的追悼會上一般，痛哭昏倒在現場。

連黨媒近年都承認：

“斯大林逝世後，中國舉行的哀悼活動不亞於蘇聯：毛澤東主席發佈命令：自3月7日至9日，全國下半旗致哀；致哀期間，全國各工礦、企業、部隊、機關、學校及人民團體一律停止宴會、娛樂活動。毛主席親往蘇聯大使館弔唁。3 月 8 日，周恩來總理率我國黨政代表團前往莫斯科參加葬禮。首都 3 月 9 日舉行追悼大會，朱德致悼詞。”[1]

中國幾千年的歷史上，還從未有過這種全民為外國領袖做孝子的恥辱記錄。

在文藝宣傳上，中共全面禁止了西方現代文學藝術流入，俄國文學和蘇聯文學壟斷了中國的出版業，在數量上全面壓倒西方經典文學作品甚至中國文學作品。中蘇十年蜜月期間，唯一翻譯過來的外國文學作品大概只有蘇聯、東歐文學以及寥若晨星的西方共黨作

[1] 人民網，http://www.people.com.cn/GB/historic/0305/518.html

家或左傾作家的作品，就連歌頌日俄戰爭的《旅順口》都給翻譯過來並大量發行。除了國產片，50 年代後中國人便只有看蘇聯和東歐電影的可能，偶然能看到的西方電影也只能是人家的經典名著或左派作品。從西方學來的繪畫、雕塑、音樂等等流派被全面禁止，藝術家們被迫放弃從西方學來的技巧，學習“巡迴展覽畫派”、“四大斯基”等一系列俄國和蘇聯名堂。斯大林制定的“社會主義現實主義”被奉爲官定文藝方針。

在科研教育上，中共不顧事實，將蘇聯吹捧爲世界上科學技術最先進的國家，在“學習蘇聯先進經驗”的口號聲中，禁止學者們學習西方，並緊跟蘇聯的榜樣，將學術問題化爲政治鬥爭，狠批“孟德爾－摩爾根唯心主義”，禁止中國科學家進行真正的遺傳學研究，以致“米丘林－李森科學說”那種僞科學竟然成了生物學研究和教育的主要內容。哪怕在蘇聯人自己拋弃了那僞科學之後，中國還要堅持不改，直到 1963 年，中學生物教科書中才首次同時介紹了兩種學說。

中共的奴化教育甚至到了禁止中學英語教育地步。全國所有的英語教師都被迫改行去學俄語，以致全國大學的外語系除了幾個重點大學外，統統成了俄語系。這種野蠻作法延續到中蘇破裂之後才突然改變過來。我上高一時學的還是俄語，但後來的高中生就突然改學英語了，讓我慨嘆早上了一年學。

中共甚至向入關的滿族皇帝學習，强行改變人民的髮式和服裝。中共執政前，中國的時髦服裝是兩種，一曰傳統服裝如旗袍，二曰模仿西方特別是美國電影流傳進來的時尚。中共上臺後便禁止了這兩者，女性統統改穿所謂的“列寧裝”、“布拉吉”（蘇式連衣裙），髮型也改爲蘇聯電影上那種土髮型，或是從頭髮根部編起的土到極點的大辮子。

中共還在全國規模內引進了蘇聯的集體舞，學會那種舞蹈乃是國家工作人員的義務。那時的節日之夜，整個街道或廣場常常改成舞場。男男女女穿著蘇式服裝，在蘇聯音樂下跳起蘇式舞蹈，那情景和蘇聯的亞洲加盟共和國也沒什麼區別。

最混帳的還是，中共竟然把效忠蘇聯當成了國民義務，將"反蘇"當成了叛國一類大罪，爲此鐵腕鎮壓對蘇聯膽敢心懷不敬的一切人士。

50 年代初，全國知識分子即被我黨投入所謂的"思想改造運動"，其目的是清除知識界"親美崇美恐美"的"反動思想"，承認蘇聯才是世界上最偉大的科學文化强國。所有留學英美的"高知"們都得無情侮辱自己並侮辱他們的外國師長，痛罵帝國主義的文化侵略，歌頌蘇聯的偉大，這才得以過關（詳見下）。

此後毛澤東更在中央會議上指示：凡是和蘇聯專家有衝突的，無論曲在何方，中方一律要"有理三扁擔，無理扁擔三"[1]。前面已經說過，若干被派到中國的蘇聯專家並不是該行的翹楚，有的甚至不過是技術工人而已。這些人當然瞞不了中國同行，但如果中國同行"不識做"，不幸和蘇聯專家發生工作上的爭執，則立刻就要禍從天降，背上"反蘇"的重大罪名，就此毀了一生。

整肅知識分子在 57 年的反右鬥爭中達到高潮。許多知識分子什麼反黨反社會主義的話都沒說，只不過是說了句"蘇聯搶走了我們的江東 64 屯，霸佔了我們的唐努烏梁海"，甚至只是說了句把"蘇聯的科學技術不如美國"，"蘇聯造的機器太笨重"，就被定成右派分子，從此斷送前途，在地獄裡煎熬了幾十年（詳見下）。

中國歷史上還從未見過這種以國家暴力手段强迫進行的殖民地奴化教育。這種事，連入侵中國的蒙古人和女真族都沒幹過——起

[1] 朱開印：《廬山會議前陪彭德懷訪東歐》，《百年潮》，2005 年 11 期

碼人家沒有逼迫漢族去學習他們的文字，認同他們的遠祖，更沒有廢除中國的傳統文化，只怕是當年的“滿洲國”也不曾搞過這套，大概只有日本人在台灣推行的“皇民化”差相仿佛。光是因爲用暴力强加給全體中國人這一奇耻大辱，中共便永遠沒有資格冒充“民族英雄”。

第二章 “抗美援朝”：“斯大林假設”的完滿演繹

一、耐人尋味的“斯大林假設”

1950年6月25日凌晨4點，北韓10個師突然對南韓發動了全面進攻，編成6個縱隊的大軍潮水般涌過三八線，以蘇聯T-34坦克為前鋒向南全線進攻，鐵流滾滾，勢不可擋。裝備與兵力均處劣勢的南韓軍隊猝不及防，潰不成軍。南韓首都首爾（當時中文譯名為漢城）瀕臨陷落。總統李承晚告訴美國大使，他的軍隊將在十天內用完彈藥，無法抵抗共軍進攻，請求聯合國與美國支援。

美國國務卿艾奇遜聞報後，立即通知總統杜魯門以及聯合國祕書長賴伊。25日下午2點（朝鮮時間26日凌晨3點）安理會召開緊急會議討論朝鮮局勢。會議以9票贊成、1票棄權（南斯拉夫）通過了82號決議，斷定北韓部隊對大韓民國施行武裝攻擊，構成了對和平之破壞，要求“立即停止敵對行動，促請北韓當局立即將其軍隊撤至北緯三十八度”，“促請全體會員國盡力協助聯合國執行本決議案，勿予北韓當局任何援助”。

這決議之所以能順利通過，是因為蘇聯代表缺席。從1950年1月13日起，蘇聯代表團就一直拒絕出席安理會，以抗議聯合國不驅逐中華民國、接納中華人民共和國。

27日中午，聯合國祕書長賴伊與蘇聯代表馬利克共進午餐，提醒他下午安理會要開會，問馬立克去不去。在座的美國大使格羅斯急得要死，情知馬立克若去，美國的提案就要被他否決，但他又無法阻止馬立克。不料馬立克回答說不去。賴伊盡忠職守，又向馬立克說，我覺得爲了貴國的利益，你最好還是去，却再次遭到馬的拒絕。格羅斯這才如釋重負[1]。

因為蘇聯代表缺席，安理會以 7 票贊成、1 票反對（南斯拉夫）通過 83 號決議，“建議聯合國會員國給與大韓民國以擊退武裝攻擊及恢復該區內國際和平與安全所需之援助”。

7 月 10 日，安理會再次召集會議，蘇聯代表再次缺席，於是安理會一致通過 84 號決議，“建議所有遵照上述安全理事會決議案提供軍隊及其他援助之會員國將此項部隊及其他援助置於美利堅合眾國主持之聯合司令部指揮之下”； 並“請美國指派此項部隊之司令”[2]。

這三個決議，賦予了美國組建並指揮聯合國軍參戰的國際法理依據。而在這期間內，擁有否決權的蘇聯代表團却一直拒絕出席安理會。

更奇怪的是，自美軍從 1949 年 6 月底撤出朝鮮後，金日成就蠢蠢欲動，想“解放”南韓，但斯大林一直不准，擔憂美國介入。1949 年 9 月初，金日成向莫斯科請戰，說他準備奪佔瓮津半島及從瓮津半島以東到開城附近的部分南朝鮮地區。如果國際局勢許可，就繼續向南方挺進。金日成相信，他們能在兩周、最多兩個月就能拿下整個南朝鮮[3]。斯大林命令蘇聯使館進行調查，評估雙方實力、

---

[1] R. R. Keene: *The Korean War: It Started on a Sunday in June*. Leatherneck， Vol 93， Issue 6， June 2010. 沈志華：《蘇聯未否決聯合國出兵朝鮮議案真相》，網絡版，http://www.aisixiang.com/data/47362.html。

[2] 安理會 82、83、84 號決議中文版見聯合國網站，http://www.un.org/zh/focus/korea/overview.shtml

[3]《頓金關於金日成準備奪取甕津半島致維辛斯基電》，沈志華編：《朝鮮戰爭：俄國檔案館的解密文件》，230 頁，中央研究院近代史研究所，2003 年。

南方人民對北方發動戰爭的可能反應，以及美國對北韓入侵的可能反應，等等。蘇聯代辦調查後向莫斯科報告：人民軍實力不足以速勝，戰爭可能遷延不決，美國人很可能介入，並利用它來作反蘇宣傳。即使光是奪下瓮津都會使得戰事擴大，爲美國人干涉提供藉口[1]。據此，蘇共政治局於 9 月 24 日否决了北韓的入侵計畫，認為它會向美國提供獲得聯合國授權派兵的法律依據，使得美國在朝鮮長期駐兵，推遲朝鮮的統一。[2]

這正是後來發生的事，而斯大林早在 1949 年 9 月就預見到了。那麼，他為什麼不防患未然，在發動韓戰前就命令蘇聯代表團返回安理會，在戰爭爆發後否決一切不利於北韓的提案，防止美國獲得聯合國授權，出兵參戰呢？

蘇聯政府一邊坐視安理會通過制止北韓侵略的決議，一邊態度鮮明地表明自己的立場。6 月 27 日，美國呼籲蘇聯政府，請它利用自己的影響說服北韓從南韓撤軍。兩天後，蘇聯政府給予答覆，聲稱朝鮮發生的事件應由南韓政權和支持它的人負責，蘇聯奉行不允許外國干預朝鮮內政的原則。同日，蘇聯政府致電聯合國祕書長，認為安理會 6 月 27 日決議沒有法律效力，因為該決議是在安理會兩個常任理事國——蘇聯和中國缺席情況下通過的。[3]

蘇聯代表雖然堅持抵制安理會，可在會場外也沒閒著，一直在猛烈抨擊上述安理會决議，而且給出了一系列理由：83 號决議是根

[1] *Tunkin to the Soviet Foreign Ministry*, 14 September 1949, in *Cold War Crises*, Cold War International History Project Bulletin (hereafter CWIHPB), issues 6-7, p. 7. 1995/1996

[2] *Politburo Directive for Shtykov*, 24 September 1949, *Cold War Crises*, CWIHPB, pp. 6-8.

[3] 《蘇聯外交部第一遠東司關於聯合國討論朝鮮問題的備要報告》，《朝鮮戰爭：俄國檔案館的解密文件》，1281 頁。

據韓國軍方提供的情報作出的，而那情報實際上來自于美國情報機構；北韓未被作爲聯合國的臨時成員邀請與會，而這違反了《聯合國憲章》第 32 條；朝鮮戰爭超出了聯合國憲章的範圍，因爲最初的南北邊境衝突曾被劃定爲內戰[1]。

這些抗議都振振有詞，尤以第二條言之成理[2]。 如果蘇聯代表出席安理會，完全可以以此爲由投否决票。這麼做貌似符合西方的程序正義，而且顯得不偏不倚，頗能蠱惑第三世界與西方左派，英美法也難以反駁。爲什麼他們不這麼做，却要站在會場外，徒勞無益地大聲嚷嚷呢？

退一步說，如果蘇聯代表在上述三個決議通過後，立即返回安理會，仍可亡羊補牢，起碼可以杯葛安理會將朝鮮問題移交給聯合國大會，以免事態進一步向不利於北韓的方向發展。

然而蘇聯代表團就是要堅持抵制安理會，坐視事態惡化。直到 8 月 1 日，蘇聯代表團才結束抵制，重返安理會，那還是因為這時輪到蘇聯擔任安理會主席，並不是為韓戰問題回去的。即使蘇聯有心干預，此時也已太晚——安理會已把朝鮮問題移交給聯合國大會[3]。蘇聯及其衛星國在大會中佔絕對少數，根本無從左右大會議程與決定。10 月 7 日，聯合國大會通過决議，建議“採取一切適當措施以確保

---

[1] Leo Gross: *Voting in the Security Council: Abstention from Voting and Absence from Meetings*. The Yale Law Journal 60 （2）: 209–57; 1951; Schick, F. B Videant Consules, The Western Political Quarterly 3 （3）: 311–325, 1950.

[2] 《聯合國憲章》第三十二條："聯合國會員國而非爲安全理事會之理事國，或非聯合國會員國之國家，如於安全理事會考慮中之爭端爲當事國者，應被邀參加關於該項爭端之討論，但無投票權。安全理事會應規定其所認爲公平之條件，以便非聯合國會員國之國家參加。"

http://www.un.org/zh/documents/charter/chapter5.shtml

[3] Charles Patterson: *The Oxford 50th Anniversary Book of the United Nations*, p40， Oxford Univ Press， 1995.

全朝鮮的穩定條件”以及“爲在主權國家朝鮮中建立一個統一、獨立、民主的政府，採取一切合法的行動包括在聯合國主持下舉行選舉”[1]。據此，聯合國軍在10月7日越過三八綫，解放北韓。

如果蘇聯代表團及時返回安理會，本可引用聯合國憲章有關規定，[2] 聲稱安理會正在執行有關朝鮮爭端的職責，聯合國大會無權提出任何建議，動用否決權攔阻朝鮮問題進入大會議程。為什麼他們不這麼做，却要坐視安理會把朝鮮問題移交給大會，最終使得大會批准聯合國軍以武力統一朝鮮？

有的作者認為，這是蘇聯官僚機器效率低下、反應遲鈍造成的失誤。然而根據葛羅米柯回憶錄，蘇聯外交部反應非常迅速。葛羅米柯時任外交部第一副部長，6 月 25 日那天，美國代表團要求安理會召開緊急會議，他當即起草了外交部給蘇聯代表團指示，令其堅決拒絕在美國要求召開安理會的信件中對北朝鮮和蘇聯的批評，指控美國參加了入侵北朝鮮。為此，蘇聯將否決任何制裁北朝鮮的提案。當他請示斯大林時，斯大林卻回答：“我認為蘇聯代表不應該出席安理會會議。”葛羅米柯說，如果蘇聯代表馬利克不出席，安理會可能會討論派兵到南朝鮮的提案。斯大林不為所動，口授了給馬利克的指令，要他繼續抵制安理會。[3]

所以，看來斯大林是故意放棄使用安理會否決權，讓美國稱心如意獲得聯合國授權出兵朝鮮的。他為什麼要這麼做？為什麼 1949

---

[1] *Resolutions Adopted on the Reports of the First Committee*， https://documents-dds-ny.un.org/doc/RESOLUTION/GEN/NR0/059/74/IMG/NR005974.pdf?OpenElement

[2]《聯合國憲章》，第十二條第一款：“當安全理事會對於任何爭端或情勢，正在執行本憲章所授予該會之職務時，大會非經安全理事會請求，對於該項爭端或情勢，不得提出任何建議。”

http://www.un.org/zh/documents/charter/chapter4.shtml

[3] Quoted in Wada Haruki: *The Korean War: An International History*， p85. Rowman & Littlefield， 2014

年 9 月間他還生怕美國干預，禁止北韓進攻南韓，到了 1950 年 6 月他卻改了主意，一再為美國獲得聯合國的派兵授權開綠燈？

2007 年披露的一份蘇聯密檔泄露了祕密。當時捷克斯洛伐克黨魁哥特瓦爾德對蘇聯這麼做很不理解，斯大林于 1950 年 8 月 27 日給蘇聯駐捷大使發了份密電，要他向哥特瓦爾德解釋：

> "我們退出安理會後，美國陷進了對朝鮮的軍事干涉，敗壞了自己在軍事和道義上的威望。現在沒有哪個正直的人還會懷疑，美國在朝鮮扮演了施暴者和侵略者的角色，在軍事上也不像它自己宣揚的那樣强大。此外，很明顯，美國的注意力從歐洲被引向了遠東。從國際力量對比的觀點來看，這一切是不是對我們有利呢？當然是。
>
> 假設美國政府還繼續被牽制在遠東，並使中國加入解放朝鮮和爭取本國獨立的鬥爭，那會是什麼樣的結果呢？
>
> 首先，美國像其他國家一樣，也不是擁有大批武裝力量的中國的對手。美國會在這場鬥爭中無力自拔。其次，美國在這裡被纏住後就不能在短時間內著手進行第三次世界大戰。那麼，第三次世界大戰就會不定期拖延，這就爲鞏固歐洲的社會主義爭取了時間。更不要說美國和中國的鬥爭會在亞洲和整個遠東地區引發革命了。從國際力量對比的觀點來看，這一切是不是對我們有利呢？當然是。
>
> 可見，蘇聯是否參加安理會已經不是表面看來那麼簡單的問題。"[1]

在此，他承認蘇聯是故意抵制安理會的，真實目的是讓美國陷進對朝鮮的軍事干涉，將其注意力從歐洲引向遠東，再"使中國加入解放朝鮮和爭取本國獨立的鬥爭"。這樣，"美國會在這場鬥爭

---

[1] 沈志華：《蘇聯未否決聯合國出兵朝鮮議案真相》。文中所謂"退出"，似應譯爲"抵制"，英文是 boycott。

中無力自拔。……美國在這裡被纏住後就不能在短時間內著手進行第三次世界大戰。那麽，第三次世界大戰就會不定期拖延，這就爲鞏固歐洲的社會主義爭取了時間。”

從當時的世界形勢來看，此話確實說出了他的需要。已有作者注意到了這一點，將“北約成立以及蘇聯與西方總的關係惡化”當成了斯大林發動戰爭的一個原因。[1]

二戰後，蘇聯席捲了東歐，用刺刀建立了一系列衛星國。這構成了蘇聯與西方的矛盾焦點，是冷戰爆發最主要的原因。美蘇爲柏林問題發生了劇烈衝突，斯大林對柏林進行了幾達一年的封鎖。盟國佔領區與柏林的水陸交通被全部切斷，只有西德飛往柏林的三條空中通道未被封鎖。西方盟國不肯屈服，對柏林實施史上規模最大的空運，確保了柏林人民能生存下來。美軍與蘇軍還在地面上幾乎發生衝突，以蘇軍退讓告終。最後斯大林見封鎖無效，只好下令解封。

目睹歐洲被鐵幕分裂爲對立的東西兩大陣營，1948 年 9 月，布魯塞爾條約締約國（英、法、比、荷、盧）決定建立西方聯合防衛組織（Western Union Defense Organization），共同對抗蘇聯的擴張。但它們不久就意識到，自己不是强大的蘇聯的對手，必須把美國拉進來。1949 年 4 月 4 日，美、英、法、加等 11 個國家在華盛頓簽署了《北大西洋公約》。該條約以蘇聯爲假想敵，特地制定了防禦蘇聯對西方武裝進攻的第五條，規定對任何一個成員國的進攻，都將被視爲對所有成員國的進攻。[2]

---

[1] Evgueni Bajanov：*Assessing the Politics of the Korean War*， 1949-51， CWIHPB，pp54， 87.

[2] *North Atlantic Treaty*，Wikipedia， http://en.wikipedia.org/wiki/North_Atlantic_Treaty

這在斯大林眼中構成了嚴重威脅。歐洲從來是他的爭奪重心，而東歐歷來被他視爲維護本國安全的緩衝帶。但那些國家與西歐在歷史上屬于同一文化圈，斯大林用武力强加的統治不得民心，並不鞏固。面對北約的威脅，“民主陣營”顯得十分脆弱。

即使是共産黨黨魁也未必可靠。鐵托就是第一個反出教門另開香堂的叛徒。儘管斯大林曾自吹“我只要搖搖我的小指，鐵托就得完蛋，就得垮臺”，可惜正如赫魯曉夫在祕密報告上說的，“但這並未發生在鐵托身上。不管斯大林搖多搖少，不僅搖了他的小指，而且搖了他能搖的一切，鐵托並沒有倒”[1]，還跟美國套上了近乎，變成了獨立于蘇美兩大陣營的第三勢力。所以，如何“鞏固歐洲的社會主義”，消化東歐那個戰利品，將其變爲帝國不可分割的一部分，一直是他的心病。

除了東歐外，希臘、土耳其等具有重大地緣政治戰略價值的地區也是蘇聯的覬覦對象。尤其是土耳其扼住了蘇聯黑海艦隊進入地中海的咽喉。當年斯大林就曾打算聯合軸心國向土耳其施壓，在達達尼爾海峽與博斯普魯斯海峽掠取軍事基地，但未能得逞[2]。如今那兩個國家正處在風雨飄搖之中，政權搖搖欲墜。若是美國不及時伸出援手，那它們就很有可能瓜熟蒂落，落入“民主陣營”中。

因此，斯大林給哥特瓦爾德的密電確實說出了他的盤算：美國被拉入遠東的泥塘後，對歐洲的援助必然大爲减弱，他心目中來自西綫的威脅也就在很大程度上被消除了。他可以加强在東歐的鐵腕統治，甚至還有可能在近東地區擴張，而不用擔心美帝的强烈反彈。

---

[1] *Khrushchev's Secret Speech*， Strobe Talbott （translate and ed）： *Khrushchev Remembers*， p. 612，Andre Deutsch Ltd， 1971，

[2] *Nazi-Soviet Relations， 1939-1941*， pp258-259. http://www.ibiblio.org/pha/nsr/nsr-preface.html

這就是他爲何蓄意延長蘇聯代表團對安理會的抵制，以坐視聯合國通過那些決議，將美國誘入泥潭。

然而這如意算盤似乎有個漏洞——該電報是 1950 年 8 月 27 日發出的，其時聯合國軍尚未在仁川登陸，朝鮮“祖國解放戰爭”形勢還在一片大好，中國並無必要介入，他卻已經在“假設美國政府還繼續被牽制在遠東，並使中國加入解放朝鮮和爭取本國獨立的鬥爭”了。

這是怎麼回事？他憑什麼作出這個大膽假設？難道他真個料事如神，預見到了聯合國軍在 1950 年 9 月 15 日在仁川登陸，致使戰局發生戲劇性轉折，北韓軍隊大敗虧輸，迫切需要中國援救？

儘管難以置信，但事實真相看來就是如此。

早在仁川登陸前，不止一個中共將領就已經猜到了麥克阿瑟的計畫。

據《毛澤東年譜》，1950 年 8 月 5 日，毛澤東接見鄧華，對他說：他在給軍委關於美軍可能在朝鮮東西海岸中腰部實施陸海空三位一體登陸作戰的分析很有見地。並告訴鄧華，他們集結東北後的任務是保衛東北邊防，但要準備同美國人打仗，“八月內可能沒有作戰任務，但應準備於九月上旬能作戰”。

8 月 23 日晚上，周恩來帶雷英夫到毛澤東住處，由雷英夫彙報中央軍委作戰局關於朝鮮戰局的研究結果：敵軍可能在仁川、元山、南浦等地登陸，以在仁川登陸的可能性最大。毛澤東認為：作戰局的分析和判斷有道理、很重要。為此，和周恩來決定：（一）檢查督促東北邊防軍各項戰備工作情況，嚴令其務必在九月底以前完成一切作戰準備工作，保證隨時可以出動。（二）將敵軍可能在仁川等地登陸的情況告訴朝鮮和蘇聯政府，並告朝鮮對此應有應付最壞情況的準備。（三）總參謀部和外交部要密切注視朝鮮戰局的變化。[1]

所以，斯大林在給哥特瓦爾德發電報之前，已經接到了中共的警報。就算沒有收到，他自己也會想到。實際上，在中國內戰中他就曾想到過類似危險。1949 年 5 月 26 日，他致電毛澤東，說英國和美國可能會在南下的人民解放軍主力後方——青島和天津的塘沽港派部隊登陸。建議中共從南進的解放軍主力中挑選兩支優秀部隊，調往天津和青島，預防敵軍登陸。[2]

中國是幅員廣大的大陸國家，英美軍隊若在青島天津登陸，也不至於對中共造成致命威脅，然而他還是想到要提防此類危險。朝鮮是個狹長的半島，聯合國軍又擁有絕對的海空軍優勢。哪怕是外行，看一眼地圖也會想到美軍若在北韓軍隊後方登陸，將會造成什麼後果。指揮過二次世界大戰的斯大林怎麼會想不到？還何須中共提醒？那他為何不下令金日成採取預防措施呢？若是兵力不敷，可以請中共祕密出兵，毛澤東不是早就滿口應承過嗎（詳見下）？

沈志華教授根據俄國 2005 年披露的斯大林與金日成和蘇聯大使的來往密電，介紹了斯大林在收到中共警報後的不作為：

> “到了 1950 年八月中旬，毛澤東至少三次對金日成講，得把重兵調回來，防守中間地帶，否則美國在側後一登陸，就全盤皆輸。而且毛澤東判斷，登陸地點不是元山就是仁川，講的非常准，金日成也明白，但是他一請示斯大林，斯大林不同意。斯大林為什麼不同意？我們可以得出一個直接結論，戰爭結果並不是斯大林特別關注的，因為他明知如果中國派 40 萬軍隊過

---

1 《毛澤東年譜（1949-1976）》第一卷，169，178 頁。

2 《斯大林致科瓦廖夫電》，1949 年 5 月 26 日，АПРФ，ф.45，оп.1，д.331，л.73-75。轉引自沈志華：《毛澤東與東方情報局：亞洲革命領導權的轉移》，《華東師範大學學報：哲學社會科學版》2011 年第 6 期

去，甭說40萬，哪怕就派15萬，麥克阿瑟7萬人怎麼能夠成功登陸？”[1]

這裡無非是三種可能：

第一，斯大林在收到中共警報後，仍不相信美軍會在仁川或元山登陸。這個可能性基本可以排除。斯大林是二戰主戰場的統帥，多次敦促英美開闢第二戰場，熟知盟軍在西線的一切登陸戰役，麥克阿瑟又以太平洋戰爭中的“跳島戰術”出名，因此，斯大林不可能不相信麥帥會再次故伎重演。

第二，他雖然想到了這個危險，但相信北韓軍隊能搶在此前拿下釜山，結束戰爭。這個可能也基本可以排除。當時北韓軍隊已成強弩之末，部隊嚴重減員，缺乏給養，而沃克將軍已經建立了釜山環形防禦圈，穩定了戰局。儘管金日成在8月22日下令在9月1日之前結束戰爭，並發動了最後一次攻勢，但直到聯合國軍在仁川登陸，北韓軍隊都無法突破聯合國軍的防禦圈。

就連中共領袖都看出戰爭將遷延不決。毛澤東在9月3日在給高崗的信中估計，北韓軍隊將逐漸改取守勢。9月5日，毛與周都在中央政府會議上說，朝鮮戰爭將走向持久的局面[2]。北韓軍隊由蘇聯顧問指揮，斯大林不會不知道戰局已經呈現膠著。在此情況下還要拒絕讓中共派兵接防北韓軍隊後方，不符合他謹慎的天性。

最後剩下來的可能性，就是斯大林明知北韓軍隊面臨著後路被切斷的危險，還不許金日成加強後方防禦。這只能理解為，他暗自希望美軍登陸成功，讓金日成敗回三八線以北。至少，他並不想讓金日成速戰速決，在聯合國軍大舉介入前席捲整個朝鮮半島。這聽上去黑得不可思議，然而正是這位不世出的陰謀大家畢生的作派。

---

[1] 沈志華：《朝鮮對華的對抗心態從何而來？》，http://www.aisixiang.com/data/97170.html

[2] 《毛澤東年譜（1949-1976）》第一卷，183，184頁。

這就意味著，他當初批准金日成發動韓戰，根本就不是如同基辛格說的，是為了在朝鮮奪取溫水港[1]。真正的目的，還是前文介紹的那個“假設”：

> “假設美國政府還繼續被牽制在遠東，並使中國加入解放朝鮮和爭取本國獨立的鬥爭，……美國會在這場鬥爭中無力自拔。……。那麽，第三次世界大戰就會不定期拖延，這就爲鞏固歐洲的社會主義爭取了時間。”

就是為此，他才下令蘇聯駐聯合國代表延長對安理會的抵制，不許金日成加強後方防禦，千方百計創造條件，使美國順利獲得聯合國授權出兵，並在北韓軍隊空虛的後方登陸，最終造成中國不得不出兵的局勢，讓美國陷在與中國軍隊的纏鬥裡，再也無力西顧。

這其實是故伎重演。當年他千方百計挑起中日交戰，讓日本陷入中國泥塘不能自拔，使他得以專心對付西綫來的威脅，使的就是同一個計策，不同的只是這次日本換成了美國。

二、“斯大林假設”的關鍵一環

斯大林的“假設”要成真，最關鍵的前提是中國必須參戰。如果在聯合國軍越過三八線後，中國仍然袖手旁觀，坐視北韓政權垮臺，那他先前的種種巧妙的誘敵之計就統統落空了，不但美國野心狼沒給套在朝鮮的捕獸夾上，就連誘餌也丟了。那麼，他在下套之前，想過這個問題沒有？

[1] Henry Kissinger: *On China*， Penguin Press， 2011， 引自國內網人製作的電子書，頁碼與原書不一致。

斯大林可不是希特勒、毛澤東那種賭徒，就連赫魯曉夫的賭性他都沒有。他欺負吞併弱國從來大刀闊斧、勇往直前，但與强國打交道則堪稱"諸葛一生唯謹慎"，其行事原則從來是在安全範圍內作最大限度擴張，千方百計避免和强國決鬥，一有發生衝突的危險就趕快往後縮，絕不把國家無必要地帶到危險邊緣。這精明的策略，確保蘇聯的領土在風險係數最小的狀況下得到了最大限度的擴張，而斯大林本人也因此也成了有史以來最成功的"避強凌弱專家"。

二戰前與二戰初，蘇聯先後對中國外蒙、波蘭（蘇俄內戰時期）、中國東北、新疆、波羅的海沿岸三國、芬蘭、波蘭（二戰初期）用武，掠取了大片領土，與此同時却千方百計避免和德國、日本攤牌。蘇德戰爭爆發前夕，德國飛機多次深入蘇聯境內偵察，斯大林為了避免觸怒希特勒，堅決不准蘇軍回擊。在戰爭爆發後，他按兵不動，直到接到德國大使遞交的宣戰照會後，他才下令部隊回擊。哪怕在那種情況下，他還下令"除了空軍外，我軍不得越過邊界"，生怕中了誘敵之計，使得局部衝突惡化為全面戰爭。[1]

在西線，斯大林千方百計激化中日矛盾，挑起中日戰爭，甚至承諾與中國共同對日作戰。待到抗日戰爭打響後，國府請求蘇聯動手，斯大林卻食言而肥，後來竟然反過去與日本簽訂《蘇日中立條約》，停止對華援助。直到美國核爆日本，大局已定後，蘇聯才在戰爭結束6天前對日宣戰，入侵滿洲和朝鮮，掠取了日本的南庫頁島、千島群島、北方四島，以及中國東北的權益，堪稱投入最少而斬獲最豐的政治投機商。

韓戰爆發前，斯大林的避戰對象就是美國。他深知國力不是美國對手，何況美國還擁有核武器，因此他從來是小心翼翼地量力而行。第一次柏林危機造成僵局後，他不得不在全世界眾目睽睽之下

---

[1] Г. К.Жуков: *Воспоминания и размышления*,
http://militera.lib.ru/memo/russian/zhukov1/10.html

認輸，宣佈解除封鎖。在韓戰爆發後，為了避免與美國發生衝突，他甚至不惜唾面自乾，面對美國的挑釁忍氣吞聲。

當時美軍飛機多次侵犯蘇聯領空，甚至在 1950 年 9 月 4 日擊落了一架從旅順基地起飛進行訓練飛行的蘇聯轟炸機。蘇聯提出了抗議，但被美國拒絕。在進一步提出抗議前，斯大林還讓下面再次核實情況是否準確。

美軍越過三八綫第二天，麥克阿瑟派兩架噴氣式戰鬥機襲擊了蘇聯濱海地區蘇哈亞市附近的一個機場，蘇方既沒有派飛機升空迎敵，也沒有使用防空火力還擊。次日外長葛羅米柯召見美國參贊表示抗議，但美方拒絕接受抗議照會。蘇聯人只好把照會寄給美國大使館，却又被美國大使館退回。斯大林不但忍氣吞聲，還把這看成是美國的警告，嚇得後來不敢派空軍爲中國軍隊助戰。[1]

這就是他在美軍撤出朝鮮後，禁止金日成對南韓動武的原因。直到 1949 年 10 月 30 日，斯大林還因蘇聯駐朝大使容許北韓沿著邊境進攻南韓位置申斥了他，說："這些挑釁對我們的利益是非常危險的，有可能使得敵人發動一場大戰。"[2]

斯大林的態度開始鬆動，乃是 1950 年 1 月底的事。1 月 17 日，金日成向蘇聯大使哭訴，說若再不"解放"南韓，則他將失去朝鮮人民的信任，要求去見斯大林，獲得批准他進攻南韓的命令。若是斯大林不見他，他就要設法去見毛澤東。他强調說，毛澤東曾答應他在中國戰爭結束後將給予援助。[3]

---

[1] 沈志華：《斯大林、毛澤東與朝鮮戰爭再議——根據俄國檔案文獻的最新證據》，《史學集刊》，2007 年第 1 期

[2] Kathryn Weathersby: *The Soviet Role in the Early Phase of the Korean War: New Documentary Evidence*，The Journal of American-East Asian Relations 2，no. 4，pp. 446-47.

[3] *Shtykov to Stalin*，19 January 1950，in *Cold War Crises*，CWIHPB，p. 8.

1 月 30 日，斯大林致電蘇聯駐朝大使，讓他轉告金日成：“在這件事上我準備幫助他”，但“此舉必須組織得不冒太大風險”，同意接見金日成會談此事[1]。3 天后他又通知金日成，這事必須保持絕密，既不能告訴其他朝鮮領導人，也不能告訴中國同志[2]。直到 3 月 18 日，他才同意向金日成提供軍火[3]。而他批准金日成發動戰爭，則是 4 月的事了。光從他花了這麼長的時間才打定主意就能看出，他一定反復作了盤算，找到了既能尋求局部擴張，又能“不冒太大風險”，亦即不至於引起與擁有原子武器的美國發生衝突的方法。

1950 年 3 月 30 日至 4 月 25 日，金日成祕密訪問蘇聯，與斯大林會談了三次。斯大林原則上同意金日成發動戰爭，並列舉了三條有利因素：中蘇結盟；美國來的消息表明美國不想干涉；蘇聯有了原子彈。但他強調：“必須再一次全面衡量解放戰爭的利弊。首要問題是，美國人會不會干涉？其次，只有得到中國領導的批准，才能發動解放戰爭。”他著重指出，朝鮮同志不能指望蘇聯直接參加這場戰爭，因爲蘇聯必須在別的地方特別是在西方應對嚴峻的挑戰。他再次敦促金日成去與毛澤東會商，並反復告訴金日成，蘇聯未準備好直接介入朝鮮事務，特別是如果美國人冒險派兵入朝的話。[4]

---

[1] 《斯大林關於同意會晤金日成討論統一問題致什特科夫電》，《朝鮮戰爭：俄國檔案館的解密文件》，309 頁

[2] Kathryn Weathersby, *“Should We Fear This?”: Stalin and the Korean War*, Cold War International History Project Working Paper Series, working paper no. 39, p7. Woodrow Wilson International Center for Scholars, July 2002.

[3] 《斯大林關於同意向人民軍提供所需裝備致什特科夫電》，1953 年 3 月 18 日，《朝鮮戰爭：俄國檔案館的解密文件》，328 頁。

[4] *Report on Kim Il Sung’s visit to the USSR*, March 30-April 25, 1950. Prepared by the International Department of the Central Committee of the All-Union Communist Party （Bolshevik）, quoted in “*Should We Fear This?*”, pp 9-11.

在此，斯大林實際上在核武器問世後，首次提出了“有限戰爭”的戰略，亦即有可能發動局部戰爭而能避免世界大戰。這在當時是軍事學上的一個重大突破。李奇微坦承，當時美國軍方認為，把美國捲入其中的下一場戰爭將是一場全球性的戰爭。在這場戰爭中，朝鮮的地位不太重要，而且，無論怎樣朝鮮都無法防守。軍方會議中從未提起過“有限戰爭”的概念。美國對聯合國充滿信心，擁有原子彈又為美國提供了心理保障。正是在這些觀念的指導下，美國才在二戰後遣散了軍隊，廢弛了軍備。[1]

所以，在五角大樓的將軍們還在以“要麼世界大戰，要麼世界和平”的兩極思維展望未來時，斯大林便已構思並發動了核武器問世後的第一場有限戰爭，爲此後幾十年的冷戰奠定了格局，不能不說，這確實體現了戰略大師的高瞻遠矚。

同樣值得注意的是斯大林對有限戰爭的可行性論證。他向金日成列舉的三條有利因素中，原子彈一條不足取信：當時蘇聯試爆原子彈成功才半年多，要造出相當數量的用于實戰的炸彈尚需時間。最大的問題是，當時蘇聯沒有戰略轟炸機，無法將原子彈投擲到美國，因此沒有多少威懾作用。這個問題終赫魯曉夫之治都未解決，所以他才會把核導彈運到古巴去。斯大林對此當然心中有數，因此這不可能成爲他的決策依據。

至於“美國來的消息”，他指的只可能是美國國務卿艾奇遜 1950 年 1 月 12 日在全國新聞俱樂部發表演說，讀者應該還記得，就是它讓毛澤東挨了莫洛托夫與斯大林的數落。在演說中，艾奇遜介紹了美國在太平洋抵禦蘇聯擴張的防禦圈。它沿著阿留申群島到日本，然後再到琉球群島。艾奇遜說，美國將繼續控制這些重要地區，但美國不能爲防禦圈外的地區提供軍事保證。不幸的是，他沒有把

---

[1] 李奇微：《朝鮮戰爭》，電子書。

南韓和臺灣劃在防禦圈內[1]。在斯大林看來，那當然意味著美國不會為這兩個地方提供軍事保證。

最主要的因素還是中蘇結盟。毛澤東甫上臺就萬里朝見，風塵僕僕前來拜壽，竭力向他證明自己是真正的馬列主義者，並不是他猜疑的那個東方鐵托。更重要的是，毛澤東為了顯示自己確實是充滿國際主義精神的堅定的亞洲革命領袖，多次主動向朝鮮人表示願為他們火中取栗，鼓勵金日成動武。

1949 年 5 月 18 日，毛在會見朝鮮人民軍政治部主任金一時，答應將兩個朝鮮族師一共 2 萬人轉交給朝鮮，並明確表態："如果北南朝鮮發生戰爭，我們將提供力所能及的一切"；"我們認爲，類似北朝鮮進攻南方這樣的行動，只有在 1950 年初國際形勢有利于這一點時，才可以採取。當日軍入侵朝鮮時，我們能迅速派出自己的精銳部隊消滅日軍。"[2] 次年 5 月，毛澤東又對朝鮮駐華大使說，用和平方式是不能統一朝鮮的，統一朝鮮必須要用武力才行。對于美國人，不要怕他們。美國人不會爲了這樣一塊小地盤就發動第三次世界大戰。[3]

金日成利用了毛的慷慨允諾去向斯大林施壓。如前所述，他曾對蘇聯大使說，若是斯大林不見他，他就要設法去見答應給他援助的毛澤東。而就是這番話，使得斯大林第一次對金日成請戰鬆了口。它很可能給了斯大林靈感，讓他覺得萬一美國出兵朝鮮，可以讓急於證明其赤膽忠心的毛澤東去頂著，就此將南北韓對抗化爲中美對抗，而蘇聯則能置身事外。此乃以代理戰爭來規避直接大戰的妙著，

---

[1] 演說全文載於 Burton Ira Kaufman 所著的 *The Korean Conflict*，Greenwood Publishing Group， 1999，pp122-129.

[2] 《科瓦廖夫關於毛澤東通報與金一會談的情況致斯大林電》，1949 年 5 月 18 日，《朝鮮戰爭：俄國檔案館的解密文件》，189 頁。

[3] 《什特科夫關於金日成訪華計畫致維辛斯基電，1950 年 5 月 12 日，同上。

同時也是檢驗毛澤東的忠誠度的好辦法。而且，中國一旦被拉下水去，就與美國成了死敵，從此把命運和蘇聯捆在一起，再無可能被美國拉過去了，堪稱一石三鳥。

所以，中國參戰才是斯大林發動戰爭的前提，是他巧妙地“化無限爲有限”的操作關鍵。這就是他為何一再要金日成去與毛澤東會商，告訴金日成“只有得到中國領導的批准，才能發動解放戰爭”，反復交代蘇聯不會直接介入戰爭，特別是如果美國人派兵入朝的話。他把話說得連白癡都能明白：玩火不妨，但如果美國參戰，那金日成的唯一救星就是毛澤東，別想指望莫斯科。

1950 年 5 月間，金日成按斯大林的要求，祕密訪問中國，於 13 日會見了毛澤東。在向毛傳達大老闆的指示時，他微妙地扭曲了斯大林的意思。根據蘇聯駐華大使羅申給斯大林的電報，他向毛傳達的話是：

> “在與毛澤東同志交談中，朝鮮同志通知了菲利波夫同志的如下指示：現在的形勢與過去不同了，北朝鮮可以開始行動；但是，這個問題必須同中國同志和毛澤東同志本人討論。”[1]

這話給人的感覺是，斯大林（“菲利波夫”）已經批准，只需要再跟毛討論一下就行了。不僅口氣與斯大林的原話不大一樣，而且斯開出的“必須獲得中國批准才可開戰”的先決條件也被略去了。

毛讓周恩來去找蘇聯大使羅申，要他發電報向斯大林核實。斯大林於次日回電，補上了被金日成貪污了的那一條，明確指出中國對此問題具有否決權：

> “毛澤東同志！
>
> 在與朝鮮同志會談中，菲利波夫和他的朋友們提出，鑒于國際形勢已經改變，他們同意朝鮮人關于實現統一的建議。同

---

[1] 《羅申關於金日成與毛澤東會談情況的電報》，同上，383 頁

時補充一點，這個問題最終必須由中國和朝鮮同志共同解决，如果中國同志不同意，則應重新討論解决這個問題。會談詳情可由朝鮮同志向您講述。

菲利波夫”[1]

斯大林慷慨放權給毛澤東，把是否發動韓戰的最後決定權交給這位新任亞洲共運掌門人，同時交給他的還有責任：萬一美國參戰，收拾爛攤子的責任也就歷史地落在了他的雙肩上。

毛澤東應該想到了這點，因為彭真在 1960 年 6 月 22 日與蘇共代表團在布加勒斯特會談時，曾對赫魯曉夫承認：“朝鮮戰爭打起來以後，斯大林說，如果蘇聯出兵，就意味著世界大戰，因此才請中國出兵。因此我們才同意出兵的。”[2]

但毛沒有使用這否決權，他不但批准金日成玩火，還在 1950 年 5 月 15 日與金日成具體討論戰爭計畫時，不顧金日成的婉拒，主動承諾萬一美軍參戰，中國將派兵幫助朝鮮，並慷慨表示，作戰是兩國的共同任務，中國將提供必要的援助。[3]

在聯合國軍參戰後，1950 年 7 月 2 日，周恩來還對蘇聯大使羅申說，考慮到種種可能的情況，爲防備萬一，中國政府準備在中朝邊境集中 9 個師的兵力。美軍不過三八綫則罷，一旦越過了三八綫，中國人民解放軍便以志願軍的形式入朝協助人民軍抗擊美國軍隊。周

---

[1] 《斯大林關於同意朝鮮同志建議致毛澤東電》，同上，384 頁。

[2] 楊奎松：《斯大林為什麼支持朝鮮戰爭？——讀沈志華著〈毛澤東、斯大林與朝鮮戰爭〉》，人民網，
http://www.people.com.cn/GB/198221/198974/199958/12905736.html

[3] 同上

恩來提出，就這個問題，中國政府希望能够聽取斯大林同志的意見，同時希望蘇聯空軍能够對這些部隊提供空中掩護。[1]

既然中共領袖幾次作了堅決保證，那斯大林當然有恃無恐，既不怕美國獲得聯合國授權出兵，也不怕聯合國軍抄了北韓軍隊的後路，反正天塌下來有中國人頂著。只要中國人與美國人打起來，他的戰略目標也就圓滿實現了。至於北韓損兵折將則是該支付的合理代價。

平心而論，斯大林這算盤雖精，但他既沒有欺騙金日成，也沒有欺騙毛澤東。對前者，他已經說明蘇軍不會參戰，如果美國介入就由中朝去承擔；對後者，他給了自主決定權——他已向金日成反復交代，只有得到中國同意，北韓才可開戰。中共如果不想介入，完全可以使用這一欽賜否決權。因此，毛澤東是自覺自願、主動積極地當上冤大頭的。

斯大林沒有料到的是，聯合國軍在仁川登陸後，戰局急轉直下，情勢危急時，兩個小兄弟都變卦了。9 月 29 日，金日成寫信向斯大林呼救："我們非常需要蘇聯方面的直接軍事援助。"[2] 當初斯大林一再告訴他，蘇聯不能直接介入，現在他卻請求大老闆出兵！

更令他惱火的是，毛澤東也變卦了。10 月 1 日，南韓軍隊越過三八線。麥克阿瑟向北韓軍隊發出最後通牒，要他們無條件放下武器停止戰鬥。當天，斯大林來電要求中國立即派出至少五六個師到三八線，以便讓朝鮮組織起保衛三八線以北地區的戰鬥。深夜，金日成緊急約見倪志亮，向中國政府提出出兵支援的請求。[3]

---

[1] 楊奎松：《毛澤東與莫斯科的恩恩怨怨》，319-320 頁，江西人民出版社，1999 年

[2] 《什特科夫關於轉呈金日成給斯大林的求援信致葛羅米柯電》，《朝鮮戰爭：俄國檔案館的解密文件》，565 頁

[3] 《毛澤東年譜（1949-1976）》第一卷，200 頁。

然而毛澤東在 10 月 3 日給斯大林的答覆卻是他始料不及的。毛承認，過去曾打算當敵人向三八線以北進攻時，派幾個師入朝作戰，但現在中共認為“這一舉動會造成極為嚴重的後果”，一是靠幾個裝備極差的師很難解決朝鮮問題，敵人會迫使我們退卻，二是“這將引起美國與中國的公開衝突，結果蘇聯也可能被拖進戰爭中來”。“如果我們出動幾個師，隨後又被敵人驅趕回來，並由此引起美國與中國的公開衝突，那麼我們整個的和平建設計畫將被全部打亂，國內許多的人將會對我們不滿（戰爭給人民帶來的創傷尚未醫治，人民需要和平）。因此，目前最好還是克制一下，暫不出兵，同時準備力量，這樣做在把握與敵作戰的時機上會比較有利。”[1]

眼看著“斯大林假設”的關鍵一環斷裂，斯大林才真的急了。10 月 5 日，他回電對毛進行鼓勵、勸誘與激將：

> “我向您提出派五六個師志願軍的問題，是因為我清楚地瞭解中國領導同志曾多次聲明，如果敵人越過三八線，就準備派幾個軍去援助朝鮮同志。因此，我理解中國同志之所以準備派兵去朝鮮，是為了防止朝鮮變為美國和未來軍國主義日本反對中國的軍事基地，這與中國是利害攸關的。
>
> 我向您提出朝鮮派兵問題，而且至少而不是最多派五六個師，是出於以下幾點對國際形勢的考慮：
>
> 一、如朝鮮戰事表明的那樣，美國目前還沒有為發動一場大規模戰爭做好準備；
>
> 二、日本因其軍國主義勢力尚未復元，沒有能力給美國以軍事援助；
>
> 三、有鑒於此，美國將被迫在朝鮮問題上向有蘇聯盟國為後盾的中國做出讓步，將不得不接受就朝鮮問題進行調停的條

1 《毛澤東年譜（1949-1976）》第一卷，201 頁，刪節部分根據《朝鮮戰爭：俄國檔案館的解密文件》補足。

件，這些條件將有利於朝鮮而使敵人無法將朝鮮變為它的軍事基地；

四、基於以上同樣的原因，美國最後將不僅被迫放棄台灣，而且還將拒絕與日本反動派單獨締結和約，放棄復活日本軍國主義的活動及使日本成為他們在遠東的跳板的企圖。

由此我考慮到，如果中國只是消極地等待，而不是進行一場認真的較量，再一次使人信服地顯示自己的力量，那麼中國就得不到這些讓步。中國不僅得不到這些讓步，甚至連台灣也得不到，美國人將會把持台灣，把它當作基地。美國這樣做，不是為了已沒有取勝希望的蔣介石，而是為了他自己或者是為了未來的軍國主義日本。”

當然我也考慮到，美國儘管沒有做好大戰的準備，仍可能為了面子而被拖入大戰，這樣一來，自然中國將被拖入戰爭，蘇聯也將同時被拖入戰爭，因為它同中國簽有互助條約。對此應該害怕嗎？我認為不應該，因為我們聯合起來將比美國和英國更有力量。德國現在不能給美國任何幫助，而歐洲其他資本主義國家更不成為重要的軍事力量。如果戰爭不可避免，那麼讓它現在就打，而不要過幾年以後。到那時日本軍國主義將復活起來並成為美國的盟國，而在李承晚控制整個朝鮮的情況下，美國和日本將會在大陸有一個現成的橋頭堡。”[1]

情急之下，斯大林在此說出了他原來的盤算——他料定這場戰爭將是有限戰爭，最終將以調停收場，無論哪方都不會完勝，無意中顯示了他非凡的預見力。而用台灣作誘餌去引毛上鉤則表明，他知道該怎麼去打動毛。毛澤東後來提出的停戰前提條件，基本就是斯大林在這電報中說的那幾條（詳見下）。

---

[1]《斯大林關於中國出兵問題致毛澤東電》，《朝鮮戰爭：俄國檔案館的解密文件》，581-583 頁

不過，畢竟是氣急敗壞之下，斯大林最後竟然連“對此（世界大戰）應該害怕嗎？我認爲不應該……。如果戰爭不可避免，那麼讓它現在就打”的豪言壯語都說出來了。字裡行間流露出來的焦躁，絕不是喪失了北韓那個蕞爾緩衝國可以解釋的。它其實反映了斯大林目睹他精心設計的“引敵東進”的世界大戰略面臨落空時的懊喪。

三、出兵是毛澤東給斯大林的投名狀

毛澤東開頭為何變卦，讓斯大林氣急敗壞，後來又為何決定出兵？這個決策過程一波三折，至今還有些細節不很清楚。下面根據《毛澤東年譜》、《周恩來年譜》以及俄羅斯解密檔案[1]，拼接出從1950年10月1日到10月18日這十多天內中蘇領導人的商議與決策過程。

10月1日，斯大林致電毛澤東，要求派出五六個師援助朝鮮。

2日，毛澤東起草給斯大林的電報，說中國決定派出志願軍入朝作戰，在朝鮮境內殲滅和驅逐及其他國家的侵略軍，準備於15日出動12個師，先打防禦戰，等蘇聯武器運到再配合人民軍反攻。

同日下午，毛澤東召開中央書記處會議，大多數與會者反對出兵。毛澤東壓下了給斯大林的覆電草稿，另寫了一份答覆，告訴斯大林中國暫不出兵，交由羅申轉呈。

3日，蘇聯大使羅申將毛的答覆轉呈斯大林。

---

[1] 《毛澤東年譜（1949-1976）》第一卷，200-216頁；中共中央文獻研究室編：《周恩來年譜（1949-1976）》，中央文獻出版社、人民出版社，1997年6月，電子書；《朝鮮戰爭：俄國檔案館的解密文件》，571-601頁；*Korean War*, 1950-1953， Wilson Center Digital Archive International History Declassified, http://digitalarchive.wilsoncenter.org/collection/50/korean-war-1950-1953/5

4 日下午，毛澤東召開政治局擴大會議討論此事，大多數人不同意出兵，列舉了一系列理由：國家急需醫治戰爭創傷；經濟十分困難；新區土改與城市民主改革尚未進行；土匪、特務、反革命尚未肅清，政權尚未完全鞏固；軍隊裝備差，無制空制海權，認為不到萬不得已最好不打這一仗。毛澤東說：你們說的都有理由。但是別人處於國家危急時刻，我們站在旁邊看，不論怎樣說，心裡也難過。周恩來表示堅決支持毛澤東出兵援朝的主張。

5 日，政治局擴大會議繼續進行，彭德懷在會上發言，贊成出兵。林彪反對出兵，認為美軍高度現代化，還有原子彈。毛回答說，它有它的原子彈，我有我的手榴彈，我相信我的手榴彈會戰勝它的原子彈。會議最後決定，由彭德懷率志願軍出戰，由周恩來、林彪到蘇與斯大林會談。

6 日，羅申拜會毛澤東，轉交了斯大林前一天發給毛的電報。斯大林在電報中敦促毛出兵，要他不要害怕戰爭。毛澤東答覆說，他完全同意斯大林對國際形勢和今後可能發展的前景所做的分析，對斯大林提出中蘇共同進行反美鬥爭感到高興。毛澤東強調指出，如果要打仗，那麼現在就應該打。他告訴羅申，中國準備在最近幾天至少派出 9 個師，但要摧毀美國的一個軍，中國軍隊必須擁有比其多 4 倍的兵力與多 2 倍的技術裝備，他要求蘇聯提供技術裝備，提供運輸工具，並出動空軍，掩護入朝中國地面部隊和前線作戰行動，以及掩護中國重大工業中心：上海、天津、北京、沈陽（鞍山和撫順）。他還告訴羅申，中國沒有足夠資金購買空軍所需武器彈藥。

8 日，毛澤東致電金日成，通知他中國決定派出彭德懷率領的志願軍。金日成將此事告訴了蘇聯大使什特科夫，後者隨即報告了蘇聯部長會議。

同日，周恩來和林彪去蘇聯。

11 日，周恩來和林彪抵達克里米亞，同斯大林會談。周介紹了中共中央政治局會議討論朝鮮局勢和要不要出兵援朝問題的情況，說明了中國的實際困難，提出只要蘇聯同意出動空軍給予空中掩護，中國就可以出兵援朝，同時要求蘇聯援助中國參加抗美援朝所需的軍事裝備，向中國提供各種類型的武器與彈藥，首先是陸軍輕武器的製造藍圖供中國仿造。斯大林表示；可以完全滿足中國抗美援朝所需的飛機、大炮、坦克等軍事裝備，但蘇聯空軍尚未準備好，須待兩個月或兩個半月才能出動空軍支持志願軍作戰。會談後，斯大林、周恩來聯名致電毛澤東，說明會談情況。

12 日，毛接到電斯大林與周恩來的聯名電報，決定召開政治局會議。

同日，斯大林令蘇聯駐朝大使口述他給金日成的電報，斯向金轉告了“中蘇領導同志會談時提出的建議”，要金日成在北韓進行疏散並將軍隊北撤。金日成感到意外，對蘇聯大使表示，他們對此感到難以接受，但一定執行。

13 日，中共政治局在收到斯大林與周恩來的聯名電報後，再次開會討論出兵朝鮮問題，一致認為，即使蘇聯不出動空軍支援，中國仍應出兵。當晚十時，毛澤東電告周恩來，政治局全體同志“一致認為我軍還是出動到朝鮮為有利”，“總之，我們認為應當參戰，必須參戰，參戰利益極大”，“對中國，對朝鮮，對東方，對世界都極為有利”。反之，“不參戰損害極大”，“我們不出兵，讓敵人壓至鴨綠江邊，國內國際反動氣焰增高，則對各方都不利。首先是對東北更不利，整個東北邊防軍將被吸住，南滿電力將被控制”。電文還要求周恩來留在莫斯科幾天，同蘇聯領導人商議：（一）蘇聯援助中國軍事裝備，“是用租借辦法還是用錢買，只要能用租借辦法”，使我國財政預算能“用於經濟文化等項建設及一般軍政費用，則我軍可以放心進入朝鮮進行長期戰爭，並能保持國內大多數人的團結”。（二）“只要蘇聯能於兩個月或兩個半月內出動志願空軍幫助我們在朝鮮作戰外，又能出動掩護空軍到京、津、沈、滬、寧、青等，則我們也不怕整個的空襲。只是在兩個月或兩個半月內如遇美軍空襲則要忍受一些損失。”

同日夜，周恩來約見莫洛托夫，轉告毛澤東來電內容，要求立即報告斯大林。

13 日，毛澤東告訴羅申，中國有義務派出部隊，暫時先派 9 個師組成第一梯隊，同時加緊準備第二梯隊。希望蘇聯空軍盡快到達，無論如何不遲於兩個月；希望以貸款方式獲得武器裝備。

同日，斯大林讓蘇聯駐朝大使轉告金日成，毛澤東電告他中國決定出兵，要金日成暫緩執行疏散與撤退。

14 日，斯大林讓大使轉告金日成，中國已作出出兵的最後決定，撤銷此前關於疏散與撤退的建議。

同日，周恩來根據毛澤東 13 日電和斯大林 14 日覆電內容，致電斯大林，提出八個問題請求答覆。其中有：“蘇聯政府除派出志願空軍參加在朝鮮的作戰外，可否加派掩護空軍駐紮於中國近海各大城市？”“蘇聯政府的援助，除飛機，坦克、炮類及海軍器材外，中國政府請求在汽車、重要工兵器材及其它兵工器材方面，也給予信用訂貨的條件。”並隨電附上中國政府第一批關於各種炮類及其附屬器材的訂貨單。

同日，周恩來收到毛澤東來電。電文介紹了朝鮮前線敵友的最新情況和我志願軍出動後的初步考慮，並指出：志願軍出動後，擬在平壤至元山以北山嶽地區組織防禦。“使美偽軍有所顧慮，而停止繼續前進”、“如此，則我軍可以不打仗而爭取時間裝備訓練，並等候蘇聯空軍到來，然後再打”。電文再次提出 13 日電中需要蘇聯政府明確答覆的兩個問題。周隨後又收到毛澤東第二封來電，通報志願軍出動時間和整個部署。周恩來迅速將這兩個電報內容報告了斯大林。斯大林要莫洛托夫轉告周恩來：蘇聯將只派空軍到中國境內駐防，兩個月或兩個半月後也不準備進入朝鮮境內作戰。

18 日，周恩來返抵北京，在政治局會議上匯報同斯大林、莫洛托夫等會談出兵援朝等問題的情況。毛澤東昕取大家的意見後說：現在敵人已圍攻平壤，再過幾天敵人就進到鴨綠江了。我們不論有天大的困難，志願軍渡江援朝不能再變，時間也不能再推遲，仍按原計畫於 19 日入朝作戰。

以上是大事記，下面重點評述。

由上可知，10 月 2 日，毛澤東接到金日成的求救呼喚與斯大林的要求後，第一反應是同意出兵。他的計畫是，中國出動陸軍，蘇聯出動空軍，並提供全部武器裝備。這樣，“當著美國統帥部在一個戰役作戰的戰場上集中它的一個軍和我軍作戰的時候，我軍能夠有四倍於敵人的兵力（即用我們的四個軍對付敵人的一個軍）和一倍半至兩倍於敵人的火力（即用二千二百門至三千門七公分口徑以上的各種炮對付敵人同樣口徑的一千五百門炮），而有把握地乾淨地徹底地殲滅敵人的一個軍。”

他同時對戰爭前景作了預估，認為最好的結局是戰勝美軍，在事實上解決朝鮮問題，那時“即使美國已和中國公開作戰，這個戰爭也就可能規模不會很大，時間不會很長了”；最壞的結局是“中國軍隊在朝鮮境內不能大量殲滅美國軍隊，兩軍相持成為僵局，而美國又已和中國公開進入戰爭狀態”。

這些設想暴露了毛的思維之粗陋：

首先，他缺乏對外部世界的了解，絲毫沒有現代立體戰爭觀念，完全是個狹隘經驗論者，用中國內戰經驗去擬想與美軍的戰爭。

毛澤東的“技術裝備”觀念，似乎就只有火炮。只要共軍的大炮一倍半到兩倍於於美軍，就可“乾淨地徹底地殲滅敵人的一個軍”。至於空軍、海軍、裝甲兵、空降部隊、工兵、後勤部隊等等則完全處於他的視野之外。他的戰爭預想不但是二維的，而且是靜態的，甚至不包括彈藥供應問題——是人都會想到，就算中國軍隊用四倍兵力與兩倍數量的火炮包圍了美軍，如果彈藥運不上來，那還能有什麼戰鬥力？就算有足夠彈藥吧，如果士兵靠吃野草為生，單衣赤腳在零下 30 度的冰天雪地裡戰鬥，那又有何戰鬥力？而這恰恰是後來發生的事。

其次，他表現了一貫的脫離客觀實際的“革命樂觀主義”精神，幻想能夠“乾淨地徹底地殲滅敵人的一個軍”，其願景完全沒有現實基礎。

毛澤東在此說的是“殲滅其第八軍（美國的一個有戰鬥力的老軍）”，亦即美第八集團軍（field army），包括了除阿爾蒙德指揮的第十軍（the 10th corps）外的全部美軍在內。那就是說，中國準備以四個集團軍包圍聯合國軍大部分部隊，以一倍半到兩倍於敵的炮火消滅之。這個設想未免過於壯麗了些。別的不說，蘇聯根本不可能為志願軍提供等於美軍一倍半到兩倍的武器裝備。

然而這就是毛的宏大浪漫思維方式，在第二次戰役前，他要求彭德懷等人“西線爭取殲滅五個美英師及四個南朝鮮師，東線爭取殲滅兩個美國師及一個南朝鮮師，是完全可能的”。這完全是“畢其功於一役”——聯合國軍若真是一仗就被消滅了 12 個師，那殘部當然只有逃回日本一法了。

相比之下，斯大林早在 5 日給毛澤東的電報中，就預見到了戰爭將以調停結束。兩者相比，立見高下。斯大林才是真正的國際戰略家。

第三，早在斯大林授予他否決權時，他就該提出，如果美國介入，蘇聯必須提供武器裝備以及空中掩護，否則中方不能出兵。但直到中國面臨參戰，他才想到這些問題。這就是他的“不打無準備之仗”。不過，這與他在 1936 年發動寧夏戰役、死人無算之後，才想起來未與蘇聯商定交接軍火細節相比[1]，這個重大遺漏還真算不了什麼。

第四，毛對中美"進入公開戰爭狀態"的設想很模糊，很滑稽，似乎中國將聯合國軍驅逐出朝後，美國即使與中國公開處於戰爭狀態，仍將一籌莫展，而蘇聯作為中國的軍事盟國，似乎也不必對美宣戰，因為"這個戰爭也就可能規模不會很大，時間不會很長了。"

然而與此同時他又說："準備美國宣佈和中國進入戰爭狀態，就要準備美國至少可能使用其空軍轟炸中國許多大城市及工業基地，使用其海軍攻擊沿海地帶。"既然如此，根據《中蘇友好同盟互助條約》，蘇聯不就是得參戰了嗎？他可是完全知道蘇聯不能參戰，這話他自己就跟金日成說過。而他在發給斯大林的第一份電報中，推辭出兵的理由之一就是："最大的可能是，這將引起美國與中國的公開衝突，結果蘇聯也可能被拖進戰爭中來。"

這種毛澤東特有的自相矛盾與混亂該怎麼理清？這說明，在內心深處，毛並不認為美國會對中國發動全面戰爭，既不會對中國使用核武器，也不會在大陸登陸，頂多只會向中國發動有限的空襲，而蘇聯空軍可以保護中國。如果說，他在受到政治局成員們反對時還有些吃不準，那麼，在斯大林5日來電告訴他美國不會發動大規模戰爭之後後，他對此就確信無疑了。

實際上，無論是毛還是政治局委員們，都沒有認為美軍對中國國家安全構成了威脅，必須"抗美援朝，保家衛國"，與會者似無一人提到這一點。就連毛本人也承認反對意見都有理由，默認了中國並未到"萬不得已"的地步，他說服反對者的方式也只是抒發階級感情，與國家安全、國家利益毫不相干，只是後來才追加了個"整個東北邊防軍將被吸住，南滿電力將被控制"。

---

1 請參見蘆笛：《毛主席用兵真如神》，216-218頁，明鏡出版社，2011年。

其實，1950 年 10 月 7 日通過的聯合國大會決議早就規定，除了為維持朝鮮全境達於穩定狀態以及確保聯合國的主持的民主選舉留下必需的軍隊外，聯合國軍“不應留駐朝鮮境內任何地區”[1]。麥克阿瑟更公開承諾美軍“聖誕節前回家”。即使毛設想的是事實，那也只是間接威脅，不過是缺乏安全感而已。但這是毛共的心理痼疾，無論北韓解放與否，它都持續存在，反復發作，介入韓戰並未治愈之。

不管怎樣，政治局服從了毛澤東的意願。周恩來帶著毛的設想到莫斯科去，要求斯大林出動空軍，為中共提供武器裝備。斯大林告訴他，武器沒有問題，但空軍沒有準備好，要兩個月或兩個半月後才能出動。周恩來當即提出，既然如此，中國就只能推遲兩個月再出兵了。10 月 12 日，他們將會談結果聯名電告中共中央，斯大林同時發電報給金日成，要他準備疏散居民，將軍隊北撤到中朝邊境去。

必須指出，以上說的周恩來婉拒出兵，只是我基於間接檔案證據作出的推論，沒有直接的檔案證據。無論是從俄國解密檔案中，還是從毛、周的年譜中，我都無法查到斯周聯名發給中共中央的電報，也無法查到斯大林 12 日發給金日成的電報，更無法查到斯大林與周恩來的會談紀要[2]，只是從蘇聯駐朝大使 14 日發給斯大林、斯大林於 13、14 日發給金日成的電報中推知，斯大林曾在 12 日的電報中讓金日成疏散居民並將軍隊北撤。斯大林作此建議，當然只會是因

---

[1] 三七六（五）。朝鮮獨立問題，聯合國網，https://documents-dds-ny.un.org/doc/RESOLUTION/GEN/NR0/058/52/IMG/NR005852.pdf?OpenElement

[2] 楊奎松教授在《毛澤東與莫斯科的恩恩怨怨》中介紹過這次會談內容，但我查了他的論據，似乎都非直接檔案材料，而且與官方出版的毛周年譜頗有鑿枘之處，是以未加採納。

為周恩來婉拒出兵——若中國陸軍與蘇聯空軍在兩個月後才出動，北韓軍隊早被美國全殲了。

這一推論與師哲的回憶錄相符。師哲說，周恩來向斯大林陳述了中國不能出兵的理由，斯大林說，這就意味著讓敵人佔領整個朝鮮，美偽軍將陳兵鴨綠江和圖們江，中國的東北恐怕就不會有安寧日子了。中國同志必須考慮如何應付。另外，如果朝鮮同志支持不下去，眼看著他們白白犧牲，不如馬上就告訴他們作有組織、有計畫的撤退，把主要力量、武器、物資和部分工作人員、幹部撤到中國東北，把老弱病殘傷撤到蘇聯。林彪提出，有生力量應該留在朝鮮境內，進行長期游擊戰爭。斯大林對此不感興趣，認為敵人很快就會把游擊隊消滅掉。[1]

至此，中共已經兩次成功推辭了斯大林的出兵要求。第二次還有充足理由：蘇聯既然推遲出動空軍，中國當然也就可以推遲出動陸軍，否則豈不白白送死？

然而 13 日中共政治局接到斯大林與周恩來的聯名電報後，仍然決定出兵，只是提出蘇方以貸款方式提供軍火。至此，毛澤東還在以蘇聯出動空軍為計畫前提，只是將蘇聯出兵時間推遲了兩個多月。直到次日，周恩來才得知原來斯大林所謂“出動空軍”，只是到中國境內駐防，並不到朝鮮境內作戰。

周恩來似乎沒有立即向毛匯報這這重要情況，反正兩人的年譜上都沒說。按理說，這是他推辭出兵的又一個機會，但他卻沒有利用。估計他從毛 13 日的電報中看出，毛決心已定，不可能再改變了。18 日他回京向政治局匯報了會談結果，毛果然不改初衷，即使沒有蘇聯空軍為中共軍隊提供地面掩護，他也執意按計畫出兵了。

---

1 《在歷史巨人身邊》，496-497 頁。

毛為何力排眾議，決定出兵[1]？上面已經說了，這決定與國家安全無關（中共並無國家安全概念，心目中只有政權安危，這兒說的是後者）。絕大多數政治局成員都明白，韓戰不會危及到中共政權的存在，這就是他們為何反對出兵——如果他們覺得自己的政權受到了威脅，那就是真到了他們心目中的"萬不得已"的地步了，那麼他們絕對只會一致同意出兵。毛其實認同他們的看法。他已經說得清清楚楚了，這是個感情問題，與利害考慮無關。

那麼，毛澤東的感情問題是什麼？他面臨著兩大考驗。

第一個就是他對國際共運（＝斯大林）忠誠性的考驗。如前所述，斯大林一直懷疑他是鐵托，而他對此也心知肚明。雖然他在首次訪蘇期間千方百計向斯大林顯示他反帝的堅定性，仍然未獲父皇信任。這次他若是不出兵，那只會加深斯大林的懷疑。斯大林已經在5日的電報裡說清楚了，不出兵，就是害怕戰爭。他將會坐實斯大林對他害怕美帝的懷疑。

因此，他必須在父皇面前通過這一嚴峻考驗。幾年後，他承認了這一點，對尤金說："蘇聯人從什麼時候開始相信中國人的呢？從打朝鮮戰爭開始的。從那個時候起，兩國開始合攏了，才有一百五十六項。斯大林在世時是一百四十一項，後來赫魯曉夫添了好多項。"[2]

這話他在中央會議上也說過幾次。可見對他來說，參與韓戰是贏得斯大林信任的關鍵一步。換言之，出兵實際上是他交給斯大林的投名狀。看過《水滸傳》的讀者想來還記得，要獲得山寨寨主的信任，新入夥的好漢先得去做個血案，斷了投降官府的後路。中共

---

[1] 毛後來在中央會議上說，當時政治局中贊同他的只有兩人，周恩來是其中之一，另外一個他沒說，應該是那時已被打倒的彭德懷。只是我找不到此話的出處了。

[2] 毛澤東：《同蘇聯駐華大使尤金的談話》，《毛澤東外交文選》，325頁

的一切暴力群眾運動無不因襲這個老套路。毛澤東靠此道起家，豈會不懂若出兵與美國交戰，他就別無選擇，只能“一邊倒”到底了？而他知道，乃師斯大林也完全明白這一點，此後再不會懷疑他的忠誠了。

所以，從中國出兵那天起，倒在朝鮮戰場上的無數生靈，都是毛澤東提著去見寨主斯大林的人頭。

第二個則是對他能否勝任亞洲共運教主的考驗。前已述及，在劉少奇祕密訪蘇期間，斯大林親口答應中蘇分工，由中共負責亞洲共運。於是毛澤東在底定全國之前，便已在北京開了香堂，招募亞洲各國黨人學習毛選。在介入韓戰之前就派出顧問團到越南，幫助胡志明打天下。金日成發動戰爭也是他批准的。算是他新官上任第二把火。如今“別人處於國家危急時刻”，他卻“站在旁邊看”見死不救，以後威信何存？還會有人擁戴麼？反過來，如果中國出兵並獲得完勝，毛澤東在亞洲乃至整個世界都會威望大增。他作為亞洲共運領袖的權威也就歷史地形成了。

基於這兩大感情理由，毛澤東非決定出兵不可。

四、人死病斷根

朝鮮戰爭的結局，與斯大林在 10 月 5 日電報裡所作的預期大致相符（除去美國被迫在台灣、朝鮮、日本問題上讓步，那是他用來引誘毛澤東下水的，恐怕連他自己都不相信），既不是麥克阿瑟主張的全面戰爭，也不是毛澤東想象的“乾淨徹底”的完勝，而是毛澤東設想的“最壞的結局”，亦即“中國軍隊在朝鮮境內不能大量殲滅美國軍隊，兩軍相持成為僵局”，只是“美國又已和中國公開進入戰爭狀態”沒有發生而已。

這是兩軍實力對比決定了的必然結果，中國方面的困境，毛澤東已在 1951 年 6 月 3 日向斯大林匯報戰局時說清楚了：

> “我軍每次進攻時，只能由戰鬥員自己攜帶七天的糧食和彈藥。用完了，停下來，等候補給。如果沒有解決敵人，只好撤回來。這是因為敵人用大量空軍封鎖我軍戰線的近後方，我們的車輛大部被擊毀，糧彈送不上去。敵人已經完全明瞭我軍的這種情況。當我軍前進時，它就全線後撤。等候我軍糧彈用完，它就舉行反攻。我們現正組織人力運輸隊，使用最原始的手推車，試圖解決這個火線上運送糧彈的問題。”[1]

靠手推車，怎麼可能把武裝到牙齒的聯合國軍趕下海去？這跟義和團有何區別？

另一方面，美國的戰爭目標也有限：避免與結成同盟的中蘇處於公開戰爭狀態，因此自從中國參戰後，就再不敢進逼到鴨綠江邊，解放北韓全境，甚至不敢空襲中國境內的殲擊機場，遑論麥克阿瑟主張的轟炸滿洲重工業中心，沿鴨綠江施放核廢料，等等。李奇微就是這一主張的堅定反對者。他指出，當時交戰雙方實際達成了默契：美軍不轟炸滿洲的中蘇空軍基地，中蘇空軍也不轟炸南韓、日本的美軍基地。如果打破這默契，美軍就得投入大量空軍，而二戰後美國的大裁軍已經使得美國的空軍力量非常有限，不能在中國耗光，從而失去保衛歐洲的能力[2]。所以，美軍也就只想佔住三八線附近的有利地形，牢牢守住，只要共軍不大舉衝過來就行了。

簡言之，以傳統完勝方式結束戰爭，在中方是非不為也，實不能也；而在美方則是非不能也，是不為也（當然也可說“是不敢也”）。

---

[1] 《毛澤東年譜（1949-1976）》第一卷，355 頁。

[2] 李奇微：《朝鮮戰爭》。

這結果，就是戰爭必然要從初期的運動戰轉入後期的陣地戰。這在中方是必然的：共軍的基本戰略戰術，就是以運動戰殲敵。這在中國內戰時期確實是成功路徑：雙方都是徒步行軍，共軍軍紀嚴明，訓練有素，跑起路來自然比國軍快；但在朝鮮戰場上就再不靈了：兩條腿怎麼跑得過四個輪子？李奇微上任後逐漸摸透了共軍的“禮拜攻勢”，“月夜攻勢”（共軍攻勢只能維持一周，且打仗和行軍都只能在月夜，以免遭到空襲），於是共軍攻過來，他就撤退15-20 公里，恰是共軍一夜強行軍的路程。天亮後美軍飛機出動狂轟濫炸，大量殺傷走得人困馬乏的共軍。待到一周後共軍口糧耗盡，他再在強大火力支持下發起反攻，共軍還怎麼抵擋得住？

哪怕就是包圍了美軍，共軍也難以消滅之。砥平里戰鬥表明，美軍被包圍後不必急著突圍，以免在運動中被殺傷。只要靠強大火力頑強固守，共軍根本奈何不得，彈藥用完了自會撤退。

而且，美軍照樣會在進攻時迂迴穿插、分割包圍敵軍。在第五次戰役中，美軍使用機械化部隊迅猛穿插，分割包圍了共軍兩個軍，全殲 60 軍 180 師。從此，志願軍將領死了打運動戰的心，只能掘壕固守。這也是明擺著的：打運動戰打不過對方，當然只能靠陣地戰去抵擋了。

但毛澤東給斯大林發那封電報，是第五次戰役慘敗之後。在此之前，他可是志得意滿，勝算在握的。

志願軍過江後，打了兩次伏擊戰，獲得大捷。國際史學界公認，這完全是麥克阿瑟的錯。尤其不能原諒的是，在志願軍發動第一次戰役之後，他仍然閉眼不看現實，拒絕承認大股共軍業已滲入，無視北韓的險惡地形，分兵北上，各軍彼此不能相顧，致使左翼美軍第一師中伏遭受重創，右翼陸戰第一師敗回。此後他驚慌失措，一籌莫展，以為只有將戰爭擴大到中國，否則朝鮮是守不住的，致使聯合國軍在第三次戰役中又敗退到三八線與三七線之間。據李奇微說，當時聯合國軍士氣很低，只想回家。

然而，志願軍的大捷，只是諸多偶然因素造成的倖勝。聯合國軍雖遭打擊。但主要是韓軍，美軍筋骨未傷，遭受的主要打擊，還是猝不及防造成的驚慌失措。但這心理衝擊過去後，形勢就必然要逆轉。上面已經論證過，共軍不能打機械化運動戰，無從發揮傳統優勢，因此毫無勝算。所以，為共軍計，最理想的就是在第二次戰役結束後見好就收，保住勝利成果，而毛澤東卻在此問題上犯了大錯。

志願軍雖然兩次戰役獲勝，但自身也給打得五痨七傷，毛澤東也知道，他在 12 月 17 日給彭德懷等人的電報中就說："九兵團此次在東線作戰，……由於氣候寒冷、給養缺乏及戰鬥激烈，減員達四萬人之多，……提議該兵團在當前作戰完全結束後整個開回東北，補充新兵，休整兩個月至三個月，然後再開朝鮮作戰。"說明這個兵團被打殘了，必須撤回國。

正因為此，彭德懷才會在第二次戰役基本結束後，致電毛澤東，建議"在'三八線'以北數十里停止，讓敵佔'三八線'，以便明春再戰時，殲滅敵主力"。他只是從軍事上著眼，然而若是毛澤東同意在三八線以北數十里停下來，主動提出停火，聲稱中國只是幫助北韓行使自衛權利，制止侵略，無意入侵南韓，若美帝再敢來犯，定遭百倍沉重打擊，那就搶佔了道義制高點，必然贏得世界輿論同情，美帝就不便再越界北上了。

須知萬惡美帝跟偉光正完全不同，政府絕對不敢無視民意。當初聯合國軍越過三八線北上，是因為杜魯門與麥帥都誤判中共不會介入。現在中國已經大規模介入了，國民自然不願為這戰前就想放棄的貧窮半島血流成河。美軍將領即使不服氣，也無法找回場子了。

所以，就此停戰的可能性很大。苟如此，那共軍就避免了暴露自己的弱點，讓美軍始終生活在心理餘震裡。更不用說志願軍入朝作戰史上就只留下了不敗紀錄。所謂“國威”要比後來光彩得多。即使不能，中共也佔足了理，再不會被國際社會一致譴責為侵略者了，更遑論一度停火也將使得聯合國空軍無法轟炸共軍補給線，為志願軍贏得寶貴的補充增援機會。

然而毛澤東卻像傳說中的那頭黔驢一般，非要尥蹄子不可。13日，他覆電否決彭的建議，告訴彭：“目前美英各國正要求我軍停止於三八線以北，以利其整軍再戰。因此，我軍必須越過三八線。如到三八線以北即停止，將給政治上以很大的不利。”

19 日，彭德懷再次致電毛澤東，表示服從命令。不過他告訴毛，當時正值大雪，氣溫降至零下 30 度，兵站能用汽車不過 300 輛，運輸線卻已延長兩倍，“部隊大衣和棉鞋多數未運到，棉衣、被毯，多被敵機燃燒彈燒掉，不少戰士穿單鞋，甚至還有部分人打赤腳”。他認為敵人不會馬上放棄朝鮮，朝鮮戰爭仍是相當長期的、艱苦的，“我軍目前仍應採取穩進”，還預言戰局不會太理想。

在零下 30 度的冰天雪地中單衣赤腳打仗，簡直是慘無人道，令人不忍卒讀。難怪許多聯合國軍老兵回憶錄裡都說，他們見到大批共軍屍體，身上毫無傷痕，都是給活活凍死的。

然而毛的心腸是鋼澆鐵鑄的。12 月 21 日與 29 日，他接連致電彭德懷，反復催促他發動第三次戰役，打過三八線：

> “美英正在利用三八線在人們中存在的舊印象，進行其政治宣傳，並企圖誘我停戰，故我軍此時越過三八線再打一仗，然後進行休整是必要的。”
>
> “所謂三八線在人們腦子中存在的舊印象，經過這一仗，也就不存在了。我軍在三八線以南或以北休整，均無關係。但如不打這一仗，從十二月初起整個冬季我軍都在休整，沒有動

作，則必引起資本主義各國甚多揣測，民主陣線各國亦必有些人不以為然，發生許多議論。”[1]

所以，他怕的是兩條：第一，怕上了美英鼓吹停火的當，讓聯合國軍獲得喘息時機。第二，怕“民主陣線”有些人不以為然，說三道四。

第二條不難理解：極力主張進攻的金日成的埋怨他倒未必怕，但大老闆的印象對他來說可是前途攸關。此前的 12 月 4 日，王稼祥已奉命詢問過葛羅米柯，志願軍是否可以越過三八線，葛羅米柯答覆道：“鑒於當前朝鮮的形勢，提出‘趁熱打鐵’這句古老的諺語是十分恰當的。”[2] 父皇的意思很清楚了：讓他趁熱打鐵。

那第一條是怎麼回事？楊奎松教授與沈志華教授都介紹過，下面的引文除註明出處外，均出自兩人的著作[3]。

12 月 14 日，聯合國大會通過了印度等 13 國的提案，主要內容為：雙方立即停火；中國和美國軍隊撤離朝鮮；美艦撤出臺灣海峽；由聯合國裁軍委員會監督南、北朝鮮軍隊解除武裝；由 6 個聯合國成員國組成一支不超過 5 萬人的部隊留在朝鮮維持治安；海港、邊境由聯合國觀察員進行視察，以保證上述條款的執行；實現停火後 6 個月由聯合國朝鮮委員會主持選舉；選舉後 3 個月，聯合國部隊撤走。大會決定成立由聯大主席、印度代表與加拿大代表組成的三人停火委員會，由該委員會提出報告。

這決議受到了中國政府的猛烈抨擊，12 月 22 日，周恩來發表聲明指出，美國政府在其侵略軍遭到失敗的今天，提出先停火後談判，

---

1 以上所引彭毛電訊見《彭德懷年譜》，453，456 頁；《毛澤東年譜（1949-1976）》第一卷，262，261，264，269 頁

2 《朝鮮戰爭：俄國檔案館的解密文件》，635 頁。

3 楊奎松：《毛澤東與莫斯科的恩恩怨怨》，347-355 頁；沈志華：《1951 年中國拒絕聯合國停火議案的決策》，《炎黃春秋》，2012 年第 10 期。

這顯然是為著美國可以取得喘息時間，準備再戰[1]，連提出提案的中立國都給罵成試圖坑害中國的美帝走狗。

中方為何反對這決議？這是因為斯大林已為中方設定了停火前提。12 月 7 日，周恩來向斯大林匯報了中方的停火條件：1．所有外國軍隊撤出朝鮮。2．美國軍隊撤出臺灣海峽和臺灣島。3．朝鮮問題應由朝鮮人民自己解決。4．中華人民共和國代表參加聯合國並從聯合國驅逐蔣介石的代表。5．召集四大國外長會議準備對日和約。

這幾條其實是斯大林在 10 月 5 日給毛澤東的電報中描繪的戰爭結局。他當然只會欣然同意，回電答覆：“我們完全同意您提出的在朝鮮停止軍事行動的條件。我們認為，不滿足這些條件軍事行動就不可能停止。”[2]

所以，只要美軍不撤出台灣，中國軍隊就不能停火，必須一直打下去。這就是毛澤東為何不顧彭德懷反對，執意要發動第三次戰役。

12 月 31 日，第三次戰役發動，共軍兵鋒直指三八線。1 月 11 日，三人停火委員會向聯合國政治委員會提出五項原則性建議：立即實現停火；舉行一次政治會議以恢復和平；外國部隊分階段撤出朝鮮，並安排朝鮮人民進行選舉；為統一和管理朝鮮做出安排；停火之後召開一次由英、美、蘇、中參加的會議，以解決遠東的問題，其中包括臺灣的地位和中國在聯合國的代表權問題。

這些建議對中共很有利，但艾奇遜料定中共不會接受，於是令其代表投票贊成，以爭取輿論同情，孤立中國。此計果然成功，提案以絕大多數票通過。1 月 17 日，周恩來致電聯合國大會第一委員會主席，拒絕了這個方案，並建議必須在同意撤退一切外國軍隊和

---

1 《毛澤東年譜（1949-1976）》第一卷，265 頁

2 《朝鮮戰爭：俄國檔案館的解密文件》，639-641 頁

朝鮮內政由朝鮮人民自己解決的基礎上，再談判結束朝鮮戰爭和美國撤出臺灣海峽等問題。

這建議把台灣問題與韓戰捆綁在一起作為停戰前提，完全成了勝利者的最後通牒，當然不會被接受。2 月 1 日，聯合國大會以絕對多數通過決議，譴責中國侵略；敦促中國軍隊撤離朝鮮；敦促成員國繼續支持在朝鮮的聯合國軍[1]。這是歷史上聯合國首次譴責一個國家為侵略者。5 月 18 日，聯合國大會進一步通過了制裁中國的決議[2]。中國在外交戰場上全軍盡墨，在國際上成了過街老鼠。

1 月 7 日，第三次戰役結束。共軍在此戰中拿下了仁川、漢城等地，挺進到了三七線與三八線之間。但此前李奇微已經取代因車禍喪生的沃克中將為第八集團軍司令。在他的指揮下，聯合國軍迅速主動撤退，並沒有遭受重大傷亡。戰局確如彭德懷預見到的，共軍“勝利不大”。

然而毛的革命樂觀主義精神卻因此表面勝利而亢奮起來，15 日，他致電彭德懷，要彭“進行最後一項決定性戰役”。他預計，敵軍下一步會採取兩種行動方案：要麼進行微弱抵抗，然後撤出朝鮮；要麼在釜山－大邱地區頑抗，直到確信抵抗徒勞無益後，撤出南朝鮮[3]。

可惜敵軍並沒有準備逃出南朝鮮。25 日，李奇微指揮聯合國軍反攻過來。老彭深知疲兵不堪再戰，於 27 日致電毛澤東說明困難，請求政府廣播中朝兩軍擁護限期停戰、北撤 15-30 公里的消息，或是暫時放棄仁川和漢城橋頭堡。

---

1 *United Nations General Assembly Resolution 498*
https://en.wikipedia.org/wiki/United_Nations_General_Assembly_Resolution_498

2 《朝鮮戰爭：俄國檔案館的解密文件》，1286 頁

3 《朝鮮戰爭：俄國檔案館的解密文件》，663-664 頁

毛於次日覆電，說擁護有限期停戰北撤正中敵人下懷。決不容許放棄仁川和漢城橋頭堡，使得漢城處於敵火威脅之下，命他立即準備發起第四次戰役，以殲滅兩萬至三萬美李軍、佔領大田、安東之線以北區域為目標。不過。他還是把戰役目標降低了一些，把“帶最後性質的”戰役推遲到了“第五個戰役”。

毛的計畫照例送呈大老闆，斯大林回電嘉許：“同意您的看法，從國際的觀點看，不讓敵人佔領仁川和漢城，以便中朝部隊給敵人的進攻部隊以重大打擊，是完全正確的。”[1]

於是老彭只有硬著頭皮幹。1 月 31 日，他致電毛澤東訴苦：我僅有步兵武器及少數山砲，而且彈藥不足，敵火力猛烈，我傷亡相當大。我軍鞋子、彈藥、糧食均未補充，每日平均補五斤，須 2 月 6 日才能勉強完成，特別是赤腳在雪地裡行軍是不可能的。因此擬於 2 月 7 日晚出動，12 日晚開始攻擊。但四、九兵團只能出動八個團，其餘因凍傷走不動，要到 4 月才能大體恢復健康，影響步兵優勢，這是嚴重問題。最後他作了悲觀預言：“第三次戰役即帶著若干勉強性（疲勞），此役是帶著更大的勉強性。如主力出擊受阻，朝鮮戰局有暫時轉入被動的可能。”[2]

結果果然如此，第四次戰役打了將近三個月，共軍不僅損失 5 萬多人，放棄了斯毛不許放棄的仁川和漢城，而且全線被迫後退了 100 多公里，回到三八線以北。

但毛澤東開始夢醒，還是在“帶最後性質的第五個戰役”後期。5 月 26 日，他給彭德懷發電報，告訴他每次作戰野心不要太大，殲滅一個整營就夠了。老彭有苦說不出，次日答曰：“軍事方針的指示是完全正確的，當按照執行。惟目前敵利用機械化追擊截擊，我

---

[1] 同上，675 頁。

[2] 以上毛彭電訊見《彭德懷年譜》，469-471 頁，499，503 頁；《毛澤東年譜（1949-1976）》第一卷，294 頁。

三、九兩兵團很多部隊被隔斷，送不上糧，運不回傷患，相當混亂。原擬保持淮陽、平康、安邊地區（鐵原至元山線），現均有放棄之可能，元山亦難保存。”

此時志願軍兩個軍被分割包圍，好不容易才突圍出來，180 師被全殲，當真是兵敗如山倒。6 月 1 日彭德懷給毛的電報中稱：“三兵團損失很大，四處潰逃，企圖回國現象嚴重，現正派人分途攔擋歸隊。”在這種情況下，還談什麼“殲滅英美軍一個整營”？共軍全線潰退，戰線不但回到了三八線以北，還比戰役前後退了 40 多公里。

待到鄧華等人特地回京向他面陳苦楚，毛才認識到不可能把聯合國軍趕下海去，只能尋求和談，但這必須得到父皇許可。於是他派高崗與金日成到莫斯科去匯報。諷刺的是，對他來說，第五次戰役果然成了“帶有最後性質的戰役”。

斯大林一直在給毛澤東打氣，在第五次戰役慘敗後，他還要毛澤東“準備一次重大的戰役，其目的當然不是為了局部機動，而是為了給英美軍以沉重打擊”，鼓吹持久戰“能夠使中國軍隊在戰場學習現代戰爭”，“將動搖美國杜魯門政府和降低英美軍隊的軍事威信”。為了鼓勵中國打下去，他還慷慨承諾提供新的大炮、武器[1]。

可高崗到後卻向他請示能否以三八線為界舉行停戰談判，他顯得十分不安，有些激動地表示：你們現在打得很好，為什麼要停戰？害怕打下去的應當是美國人，不是我們。我瞭解美國人的心理，你們多打死一名美國兵，他們多往國內送回一具棺材，他們國內反對這場戰爭的壓力也就越大，最後要停戰的一定是美國人。在高崗和金日成反復解釋了中朝方面的困難之後，他才勉強地說，如果你們一定想停戰，那就試一試吧，也許是件好事[2]。

---

[1] 《朝鮮戰爭：俄國檔案館的解密文件》，774，764 頁。

[2] 楊奎松：《毛澤東與莫斯科的恩恩怨怨》

6 月 23 日，蘇聯代表馬立克在聯合國提議，“交戰雙方應談判停火與休戰，並把雙方軍隊撤離三八線”。25 日，中美雙方表示願意舉行和談。這次毛澤東的底氣再沒半年前那麼粗了，美軍撤出台灣與中國恢復聯合國席位的條件再不提了。半年前，13 國建議以三八線為界停戰，被毛周斥為陰謀，聲稱“三八線已不存在”，如今中共力爭的卻是以三八線為停火線。

對談判中每個爭端，斯大林都鼓勵敦促中共採取強硬立場，致使談判遷延不決，戰爭變成了類似一次世界大戰的塹壕戰。雙方為爭奪幾公里縱深的陣地反復血腥拉鋸，毫無意義地死了許多人。其中爭執時間最長、形成僵局的是戰俘遣返問題。中方要求全部遣返，聯合國軍方則提出按自願基礎遣返。這是因為二戰後英美強制遣返了德國囚禁的幾百萬蘇軍戰俘甚至逃到西方去的白俄，他們回國後受到殘酷迫害，西方輿論因之大嘩，構成了政府的良心負擔，因此這次他們無論代價如何，都只能堅持這道義立場。可惜他們不知道，即使是自願歸國的戰俘，同樣受到了長期迫害。

待到美軍大規模轟炸摧毀了北韓所有的電站，金日成就再也受不住了，哭鬧得比當初請戰時還要兇。在他看來，中國完全是以朝鮮的犧牲為代價爭無聊面子。這樣打下去，死的人遠遠超過戰俘總數，到底有何意義？而且，不願回國的戰俘都是前國民黨軍人，要他們回去幹什麼？

然而斯大林就是要中方打下去，他給中共下的全是這種命令：“中朝方面應繼續在談判中採取靈活戰術，實行強硬路線，不能有急躁和儘快結束談判的表現”；“美國人想按自己的主張解決戰俘問題，違反一切國際法”；“對美國必須強硬，中國同志必須瞭解，如果美國不輸掉這場戰爭，那麼中國永遠也收復不了台灣”；“不同意美國人提出的關於戰俘問題的條件而堅持自己的條件”；“應該堅持全面交換戰俘”。[1]

毛澤東完全明白斯大林的心事以及對他的期待，他不但竭力說服金日成撐下去，還把他於1952年7月15日致金日成的電報轉呈大老闆，以表明他完全理解並堅決支持父皇的大戰略：

> “在鬥爭進程中，朝鮮和中國人民增強了自己的實力，鼓舞著全世界愛好和平的人民去反對侵略戰爭，並促使全世界保衛和平運動得以發展。這也迫使美帝的主力被牽制在東方，並蒙受著連續不斷的損失。同時，作為全世界和平支柱的蘇聯得以加緊自身建設，並對全世界各民族革命運動發展給予影響。這將意味著延緩新的世界大戰的發生。”[2]

在1952年8月20日與斯大林的會談時，周恩來還特地向斯大林表功：

> “在這場戰爭中，中國起了先鋒作用，如果能擋住美國對朝鮮的進攻，那麼，對把大戰推遲15-20年是有利的。到那時，美國就根本不能發動第三次世界大戰了。”[3]

於是戰爭就沒完沒了地拖下去。幸虧斯大林在1953年3月5日死了。他死後，蘇共新領導立即放棄了他的大戰略。斯大林的葬禮結束後，赫魯曉夫就向周恩來提出，必須馬上停止朝鮮戰爭，不要再堅持原來的要求[4]。3月19日，蘇聯政府致函毛澤東和金日成，指示：“蘇聯政府由此得出結論：在這個問題上，如果繼續執行迄今為止推行的路線，如果不對這一路線做一些符合當時政治特點和出自我們兩國人民最深遠利益的改變，那是不正確的。蘇中朝三國人

---

1 《朝鮮戰爭：俄國檔案館的解密文件》，1108，1201，1216-1217，1201頁

2 同上，1187頁

3 同上，1202頁

4 《十年論戰》，328頁。

民關心世界和平的鞏固，一直尋找儘可能快地結束朝鮮戰爭的可行途徑”。據此，莫斯科下令：“金日成和彭德懷對克拉克將軍2月22日就交換傷病戰俘問題發出的呼籲給予肯定的回答”，“緊接著金日成和彭德懷的答覆發表之後，中華人民共和國的權威代表（最好是周恩來同志）應在北京發表聲明，著重表明對待交換傷病戰俘建議的積極態度，同時指出積極解決整個戰俘問題，從而保證朝鮮停戰和締結和約的時刻已經來到。”

毛澤東雖興猶未盡，但不得不遵命收手，變相接受了聯合國軍方的“自願遣返戰俘”的原則。7 月 27 日，交戰雙方簽訂了停戰協定。只有 7100 名中國戰俘自願回國，剩下的 14000 名戰俘選擇去台灣，讓毛澤東大失面子。不過，從回國戰俘遭受的長期迫害來看，去台灣的戰俘作出了明智選擇。

五、朝鮮戰爭的功過是非

據何方先生說，毛澤東後來對參與韓戰後悔了。1956 年 9 月 18 日，毛同前來參加中共八大的朝鮮代表團會談時說：“對朝鮮勞動黨的做法，過去就有意見，例如朝鮮戰爭，開始就提醒過金日成不該打，後又警告他敵人可能從後方登陸。”9 月 23 日，他對也是來參加中共八大的米高揚說：“朝鮮戰爭根本錯誤，斯大林應該負責。”1957年7月5日，毛澤東在杭州接見蘇共中央主席團委員米高揚，談到朝鮮戰爭時，毛澤東指出，斯大林、金日成對中國刻意隱瞞發動戰爭的時機及作戰計畫，最後，中國卻被牽連進戰爭，這是錯了，絕對錯了。[1]

毛澤東一貫撒謊，他何時“提醒過金日成不該打”？前文所示檔案證據表明，對於是否發動戰爭，斯大林把否決權交給了毛澤東，但他非但沒有否決，還鼓勵金日成動武。至於“斯大林、金日成對中國刻意隱瞞發動戰爭的時機及作戰計畫，最後中國卻被牽連進戰爭”也是謊言。他既然批准金日成玩火，當然中國參戰就是責無旁貸的，不能說是被牽連進去。

毛澤東之所謂“錯”，不知何所指。所謂對錯，不同人有不同的判斷標準，只能按不同標準分別作出分析。

從中國的國家利益來看，介入韓戰當然是外交領域裡的“大躍進”式大災難。前文已經指出，儘管中國與蘇聯結成同盟，美國政府仍然決意拋棄台灣，承認中共政權。然而韓戰一爆發，杜魯門總統當即命令第七艦隊進駐台灣。中共軍隊入朝參戰後，中國便與美國成了死敵。中國被聯合國大會譴責為侵略者，遭到了嚴厲的經濟制裁。中國由此被關在聯合國門外長達 22 年。一個人口第一大國、領土第三大國，以其外交藝術贏得這種空前絕後的特殊禮遇，在世界史上堪稱絕無僅有的奇跡。

中國被國際主流社會排斥在外，成了無權對世界事務發聲的國際孤兒，引起了一系列的嚴重惡果。它刺激了虛榮心超強的毛澤東的逆反心理，讓他從此處處跟國際主流社會對著幹，如同今日的金正恩一般，不時要鬧點動靜出來，造成局部緊張局勢，藉此吸引眼球，贏得尊重，因而愈發引起文明社會憎惡，使得中國愈發孤立，進入惡性循環怪圈，最終使得毛澤東自絕於全世界。

---

[1] 轉引自何方：《抗美援朝的得與失》，《炎黃春秋》，2013 年第 12 期；薛理泰、趙剛：《中國國家安全的罩門——談朝鮮半島局勢之走向》，《領導者》總第 37 期，2010.12

從國民福祉來看，韓戰使得中國人民蒙受了巨大犧牲。像對大饑荒死亡人數一樣，至今中國政府還在隱瞞志願軍傷亡總數，可見這個數字對保全中國政府面子至為重要。光是從毛澤東在電報中披露的九兵團在第二次戰役中減員四萬、彭德懷披露的志願軍大部分單衣單鞋甚至赤腳在零下 30 度的嚴寒作戰的情況來看，這數字就絕對只會是駭人聽聞的。據徐焰少將說，中方在韓戰中一共犧牲了 18 萬人[1]。海外估計的則要比這高得多。美國國防部給出的中共軍人死亡人數為 60 萬。[2]

除了西方制裁封鎖造成的經濟損失外，韓戰也使得中國經濟遭受了直接打擊。儘管韓戰是中蘇共同策劃的，理應由蘇聯出錢，中國出力，毛卻主動提出以貸款方式買軍火，結果成了中方既出人又出錢，欠下了蘇聯人的巨額債務。周恩來 1952 年 9 月 4 日與斯大林會談時說，到 1952 年年底，中國已經花了 26 億美元[3]（相當於今日 206.6 億美元）的巨款。以當時中國之窮困，這筆巨額支出完全是人民不堪承受的重負。

有的國內學者認為，“抗美援朝”贏來了蘇聯對中國的援助，為中國工業化打下了基礎，使得中國初步實現了國防現代化。姑不說這種以人命換武器、機器的交易筆者無法苟同，即使要“喻於利”，前文已經論證過了，如果中國保持中立獨立，一定會從蘇美雙方得到巨額援助。如果尊重並充分發揮中國知識分子的作用，實現國家工業化又有何難？

當然，從人民的福祉看來，韓戰也有好處，那就是讓台灣人民逃過了共禍，使得他們倖免大陸人民長達三十年的苦難，沒有經受

---

[1] 徐焰：《研究軍事歷史要注重定量分析和數字嚴謹》，《軍事歷史》，2010 年 02 期

[2] https://edition.cnn.com/2013/06/28/world/asia/korean-war-fast-facts/index.html

[3] 《朝鮮戰爭：俄國檔案館的解密文件》，1220 頁。

大饑荒的煎熬，更沒有被七鬥八鬥鬥倒鬥垮鬥死鬥臭鬥爛再踏上一隻腳。此外，正如許多國內網友指出的，美軍飛機炸死了毛岸英，使得中國逃過了北韓家天下的厄運。

對朝鮮人民乃至全世界人民而言，中共介入韓戰是作了大孽，害得一半朝鮮人民生活在地獄裡，至今無望獲得解放。而且，金家王朝埋在中國身邊的核地雷，隨時都可能爆炸，由此給中國安全造成的威脅，根本不是毛澤東當年宣傳的“美帝陳兵鴨綠江”的虛幻威脅可以比擬的。因此，中國政府早就該對本國人民、朝鮮人民和柬埔寨人民沉痛道歉謝罪了。

儘管中共介入韓戰是對本國人民、朝鮮人民、乃至參加聯合國軍的各國人民犯了罪，但必須指出，共軍在朝鮮戰場上表現出了視死如歸的英雄氣概。上至最高指揮官李奇微，下到聯合國軍的普通士兵，對他們的敵手的勇氣與作戰技能都表示了讚賞與敬佩。如果共軍能有美軍的裝備，很可能聯合國軍真會被趕下海去。我覺得，不能出於政治立場就抹殺這個事實，應該把它看成中國人的驕傲。

從毛澤東個人利益來看，他貌似贏得了斯大林的信任。不過，斯大林根本就沒有信任他人的官能。他確實賣了大量軍火給中共，其中包括王牌武器米格-15。不過，為了讓日本陷入中國泥塘，他當年也曾援助過國民政府。而且，在日蘇中立條約簽訂前，蘇聯還派空軍來華助戰，不像在韓戰中，直到 1951 年 3 月，斯大林才同意派兩個驅逐機師入朝作戰[1]。這能說是他信任蔣介石超過了信任毛澤東麼？他也確實批准毛的各項戰爭計畫，但那是因為毛揣摩上意，顯示的堅定革命立場完全符合他的大戰略而已。如果他不及時死去，天知道毛澤東會不會被他革出教門。

---

1 《毛澤東年譜（1949-1976）》第一卷，311 頁。

至於毛澤東的亞洲共運首領夢好像也沒怎麼圓，中國人在朝鮮為保住金日成的寶座流血拼命，反倒引來了他的刻骨銜恨。蘇聯駐朝大使 1951 年 9 月 10 日向斯大林報告：

> “7 月 27 日，毛澤東通知金日成，如果美國人堅持只承認將現有的前線作為分界線的話，那麼中國人認為可以向美國人作出讓步。毛澤東請金日成就此問題通告自己的意見。金日成立即答覆毛澤東說，他認為這種讓步是不可能的，因為這種讓步意味著對朝鮮民主主義人民共和國的嚴重的政治打擊，還因為被美國佔領的朝鮮北部地區，是具有重大的經濟和戰略意義的地區。
>
> 在答覆了毛澤東之後，金日成情緒非常不好，在同朴憲永交談時，他說：‘我寧願在沒有中國人的幫助下繼續進行戰爭，也不願意做這種讓步。我寧願重新進行游擊戰爭，而你們準備轉入地下狀態。反正我們要的不是這樣的朝鮮。’”[1]

眾所周知，後來的分界線跟 1951 年的戰線也差不多，所以，後來金家三代統治的，就是金日成不要的“這樣的朝鮮”。這怨恨當然只會世代相傳。

以上所說，不過是中朝矛盾的九牛一毛而已。總之，“中朝兩國人民鮮血凝成的友誼”的熔煉過程，證明了“升米恩，斗米仇”的民間真理。毛澤東“撒幣死人買仇人”的冤大頭神功遺下的養虎之患，成了今日國人必須承受的沉重負資產。

---

1 《朝鮮戰爭：俄國檔案館的解密文件》，1025 頁

第三章 中蘇交惡

從1949年到1969年，在短短二十年間，中蘇始則好到同穿一條褲子，繼而滿世界跳踉惡罵，最終大打出手，此乃世界史上最富有戲劇性的事件。為什麼會發生這種鬧劇？擔任過赫魯曉夫與柯西金外事助理的特羅揚諾夫斯基如是說：

> "我認為發生分裂有著更深刻的原因：中國有理由認為自己是個大國，它不會甘心於長期充當某個劇團的二等角色。可是同蘇聯結盟，它註定只能充當這種角色。……此外，在斯大林去世後，也產生了一個純個人因素：毛主席認為，現在世界共運領袖的角色非他莫屬。……因此，我認為分裂遲早要發生，實際上是不可避免的。"

當不了共運領袖，又不甘心作部屬，那效法南斯拉夫退出社會主義陣營，參加"不結盟運動"不就完了？又何必反目成仇、甚至兵戎相見呢？特氏認為，這是因為毛把中蘇關係當成了國內鬥爭的工具：

> "蓬勃開展的'文化大革命'真是火上加油，很多反對毛澤東的人被指責為親蘇派或甚至被誣蔑為莫斯科的直接代理人。有些人被稱為'中國的赫魯曉夫'，這是當時最帶侮辱性的外號。歷史的經驗證明，當對外政策問題成了國內鬥爭的工具的時候，對抗的結扣就越拉越緊。"[1]

個人認為，這是我見過的最貼近事實真相的解釋。雖然它忽略了毛澤東特有的人格障礙與知識缺陷在中蘇交惡中起到的決定性作

---

[1] 奥·特羅揚諾夫斯基著，徐葵等譯：《跨越時空：蘇聯駐華大使回憶錄》，313-314頁，319頁，世界知識出版社，1999年9月

用，但它畢竟指出了一個基本事實：中蘇交惡，基本上是毛澤東無理取鬧、恩將仇報的結果。

一、赫魯曉夫開啟了中蘇蜜月

自鄧小平發動了遠比赫魯曉夫全面深入的改革以來，尤其是在中國從蘇式奴隸社會主義社會進化為官僚資本主義社會之後，中共徹底喪失了當初指責赫魯曉夫“走資”、“變修”的道義資格，只能把中蘇破裂歸咎於赫魯曉夫實行大國沙文主義，這完全是彌天大謊。實際上，赫魯曉夫的“過錯”，恰在於他結束了斯大林對中國的帝國主義政策，不但以平等友好態度對待中國，更過分慷慨地給了中國大量援助。

斯大林在世時，赫魯曉夫就不滿他對南斯拉夫與中國的政策。他認為，斯大林同中國開辦合資公司“是一個錯誤，我甚至可以說這是對中國人民的侮辱。幾個世紀以來，法國人、英國人和美國人一直在剝削中國，而現在蘇聯插了進來。”他認為，毛會感到“斯大林的對華政策同資本主義國家的帝國主義政策有許多雷同之處”，而這“在中國撒下了敵意和反蘇、反俄情緒的種子”。[1]

因此，在斯大林死後，赫魯曉夫從權力鬥爭中初步勝出，成了“首席小提琴手”之後，便開始糾正他眼中的斯大林的錯誤。他在外交政策上最主要的“撥亂反正”，就是結束對南斯拉夫的圍堵封殺，實現蘇南關係正常化，以及放棄斯大林對中國實行的帝國主義政策，對華實行兄弟般的友好援助。

---

1 《赫魯曉夫回憶錄》，458-459 頁；《赫魯曉夫回憶錄續集》，375-377 頁

為此，赫魯曉夫首先致力於提高中國的國際地位。蘇聯代表團在 1954 年 2 月間召開的柏林會議上提出，應該邀請中國參加於當年 4 月間召開的日內瓦會議，與蘇、美、英、法四大國一道，協商解決朝鮮和印度支那的問題。在蘇聯提攜下，中國外長周恩來首次出現在國際外交舞台上，參與解決世界事務的大國會議，並與蘇方密切配合，說服越盟北撤，實現了越南停火。蘇聯的提攜，使得中國有限地打破了“抗美援朝”招致的國際孤立，提升了中國的國際影響。

赫魯曉夫更把毛澤東當成了國際共運的重要戰友。斯大林把東歐視為他的禁臠，從來是獨斷專行，別說是對中國嚴格保密，就連其他政治局委員也不能過問。赫魯曉夫一改這種做法，特地邀請中國作為觀察員參加 1955 年召開的華沙條約組織成立大會。在蘇聯與南斯拉夫恢復正常關係之前，他還特地徵求了中方的意見。[1]

更重要的是他推動了對中國的大規模援助。1954 年 10 月 1 日是中共建國五週年大慶。蘇方最初的計畫只是由部長會議副主席米高揚率政府代表團來華作禮儀性訪問，並無什麼實質性合作內容。[2]但身為第一書記的赫魯曉夫卻插手外交事務，把部長會議主席馬林科夫撇在一邊，自任團長，率領龐大的黨政代表團來華參加慶典，給中國帶來了一份空前厚禮。

這份厚禮包括擴大原有協定的 141 項大型企業設備的供應範圍；新建 15 個工業企業；向中國提供 5.2 億軍事貸款；將四個中蘇合資公司的蘇聯股份完全轉讓給中國；幫助中國修建蘭州－烏魯木齊－阿

[1] William Taubman：*Khrushchev: The Man and His Era*， W W Nortonand Co， 2004， pp336-337.

[2] 沈志華 李丹慧：《戰後中蘇關係若干問題研究：來自中俄雙方的檔案文獻》，人民出版社，2006 年 2 月，175-176 頁

拉木圖鐵路及中蘇、中蒙鐵路聯運，以及將蘇軍提前從旅順海軍基地撤退，並無償地將基地歸還給中國，等等。[1]

赫魯曉夫這些決定遭到了同僚和下屬的反對。時任外貿部副部長的科瓦利回憶：

> “赫魯曉夫就這樣開始處理同中華人民共和國的經濟關係的問題。他處事果斷，幾乎重新審理了每個工程項目，並批駁了所有在實施中可能出現的問題或對本國經濟造成不良後果的種種論據。……在討論過程中，我一次又一次提請第一書記注意本國重型機器製造業潛力的局限性。我的論點越來越使赫魯曉夫惱火，所以每次他都尖銳和毫無根據地拒絕聽取。顯然，他已心中有數，決定 9 月份親自率領蘇聯代表團前去參加慶祝中華人民共和國成立 5 周年，在那裡他將把一個發展蘇中關係的重要綱領公諸於世。”

科瓦利反復告訴赫魯曉夫，當時蘇聯自己就缺乏援助中國的若干大型機械，即使是去東德和捷克買來轉口出口，估計也非常困難。但赫魯曉夫置若罔聞，靠長官意志把部下的反對意見壓了下去。

比科瓦利更難對付的，是高層的反對意見。伏羅希洛夫在政治局會議上提出，蘇聯自己還未從戰禍中完全恢復，沒有足夠國力去從事這番大事業。他尤其反對歸還旅順口，說當初與日本開戰就是為了奪回旅順港以及其他沙俄在日俄戰爭中喪失的領地。

赫魯曉夫回答道，所謂沙俄的領地自古以來就是中國的。他著重指出，如果兩國間的友誼不建築在實事求是、互相需要和彼此負責的關係的堅實基礎上，那任何國家間的條約都不能長久。他很堅決地說：

---

1 沈志華主編：《中蘇關係史綱》，165 頁

“如果在中華人民共和國慶祝建國 5 周年之際，請求我們幫助克服其幾百年落後狀態這一重要時期，不幫助中國在未來的 5 年內實現發展中國社會主義工業的根本大計，那我們就將錯過同中國建立和鞏固友誼的歷史時期。”

最後，他總算說服了政治局批准了那個龐大的援助計畫，興興頭頭地帶著厚禮上路了。[1]

從赫魯曉夫刻意主動放棄合資公司的股權以及旅順軍事基地來看，他確實是真誠地想與斯大林的帝國主義政策決裂。然而他大概萬萬沒想到，毛澤東居然反對把旅順港歸還給中國。

前文介紹過，中蘇友好同盟互助條約規定，蘇軍將於 1952 年底前撤出旅順港。但毛澤東卻在到期之前與斯大林改簽協議，讓蘇聯在旅順駐軍到中國和蘇聯都與日本簽署和約為止，好讓他安全地躲在父皇的卵翼之下。如今赫魯曉夫卻向毛澤東提出提前撤軍，毛生怕美國趁機向中國發動進攻，自然要反對。只是在赫魯曉夫向他保證若美帝來犯，蘇軍會從海參崴前來救援後，毛才勉強同意了。[2]

僅從此事就足以洞見赫魯曉夫根本不懂毛澤東。他從“投桃報李”的常人心態出發，以為斯大林把毛當成兒子和老鼠，一定會讓毛懷恨在心，播下日後分裂的種子，而他一反斯大林的做法，則一定會換來毛的感激。殊不知毛“近之則不遜”，對人只有要麼敬畏、要麼鄙視的兩極態度，平等對他只會引來他的鄙視。若赫魯曉夫沿襲斯大林的帝國主義政策，讓軍隊繼續在旅順駐扎下去，那還很可能會讓毛保持三分敬重。

---

[1] 康·伊·科瓦利著，李玉貞、杜華譯：《關於蘇聯援助中國進行第一個五年計畫建設的會談》，《中共黨史研究》，1990 年第 3 期

[2] 赫魯曉夫：《最後的遺言——赫魯曉夫回憶錄續集》，383-384 頁；閻明復：《閻明復回憶錄》，人民出版社，2015 年 6 月，483 頁

衆所周知，中日和平條約是到 70 年代田中訪華後才簽訂的，而蘇日和平條約到現在都沒簽訂，至今俄羅斯還在和日本政府就北方領土問題爭執不休，始終沒有達成協議。因此，按毛澤東原來的授權，俄國軍隊本可一直駐扎到今天，並繼續駐扎下去。若真是那樣的話，恐怕後來毛澤東也就不敢與赫魯曉夫翻臉了。

此後赫魯曉夫繼續慷慨地向中國提供援助。根據美國歷史學家陶伯曼（William Taubman）的研究，僅僅在1953年到1956年期間，莫斯科就同意向中國提供 7.27 億美元貸款，用於援建共值 20 億美元的 205 個工廠。莫斯科還在 1955 年同意向中國提供和平利用原子能的技術，幫助中國建造了第一個核反應堆。在此期間，有上萬名中國留學生在蘇聯學習，1.7 萬中國學生在本國接受蘇聯專家的培訓。[1]

最難得的是，因為粉碎“反黨集團”事後得到了毛澤東的理解與支持，赫魯曉夫深為感激，主動承諾向中國提供原子彈技術，包括提供原子彈的樣本。雖然最後因中蘇交惡未能完全兌現承諾，但畢竟幫助中國打下了核工業基礎。蘇聯還向中國提供最新武器和技術，諸如薩姆導彈、米格 21 殲擊機等等，並派出專家教會中國軍隊掌握蘇式武器的應用。

這種基于無産階級國際主義信仰的真誠無私援助，在世界史上從無先例。英美從來是具有悠久的特殊關係的盟國。無論是曼哈頓工程還是阿波羅工程，都有許多英國科學家參加，但美國人竟然對英國嚴密封鎖氫彈機密，致使英國被迫獨立研發。無怪乎哈佛大學教授科爾比（William C Kirby）要將赫魯曉夫主導的對華援助稱為“世界歷史上最大的技術轉讓”[2]。他還沒指出，這些技術轉讓還是

---

[1] William Taubman：*Khrushchev: The Man and His Era*， p336，W W Nortonand Co， 2004.

[2] Ibid， p337.

無償的，蘇方只收點紙張費和文獻複製費[1]。而且，這些轉讓竟然是在蘇聯本國處於匱乏狀況下進行的。

赫魯曉夫給中國的慷慨援助，連毛澤東都無法否認。在他因為長波電台與聯合艦隊一事莫名其妙發起瘋來，把蘇聯駐華大使尤金召來痛罵時（詳後），即使是在盛怒之下，他也不能不承認："在斯大林的壓力下，搞了東北和新疆兩處勢力範圍、四個合營企業。後來，赫魯曉夫同志提議取消了，我們感謝他。""斯大林在世時是一百四十一項，後來赫魯曉夫同志添了好多項。"[2]

然而在中蘇大論戰期間，當蘇方提到給予中國的大量援助時，中方竟然歪曲事實，說援助是斯大林提供的，赫魯曉夫這個叛徒根本沒臉提起此事。直到 90 年代，師哲還要說什麼："赫魯曉夫企圖控制我們，干涉我國內政，無所不用其極。他利用斯大林領導下簽訂的蘇聯援建我國 256 項工程來擺佈我們。"[3] 實際上，據閻明復披露，156 項援助項目裡，斯大林時期的只有 50 項，其他大部分都是赫魯曉夫增加的，包括軍工廠和很多重要的工業項目[4]。

有的歷史學家雖然承認赫魯曉夫個人作出的巨大貢獻，卻要說那是因為毛在社會主義陣營裡享有崇高聲望，而在"斯大林去世以

1 《閻明復回憶錄》，590 頁。

2 《毛澤東外交文選》，325，323，328 頁。

3 《峰與谷》，109-110 頁。

4 《閻明復回憶錄》，890 頁。關於蘇聯援建的工程數目各說不一。師哲說的是 256 項，閻明復說的是從 236 項調整到 217 項（《閻明復回憶錄》，264 頁），毛澤東 1960 年 6 月對阿爾巴尼亞人說的是 170 多項（《毛澤東年譜（1949-1976）》第四卷，409 頁）。而《毛澤東外交文選》（635 頁）的註解則說，在中國第一個五年計畫期間，蘇聯援建大中型工業項目原定為 156 項，後調整為 154 項，實際進行施工的項目為 150 項。

後，蘇聯領導層接連不斷地發生激烈的權力鬥爭。赫魯曉夫為了戰勝其政治對手，積極調整對華政策，並一再討好毛澤東”[1]。

此說當然含有部分真實：在赫魯曉夫打掉“反黨集團”後，他確實需要中國這個二頭領帶頭出來表態支持（詳後）。但它不能解釋赫魯曉夫此前為何要在政治局力排眾議，不顧國力向中國提供巨額援助、取消中蘇合資公司、主動歸還軍事基地、為中國提供和平利用原子能的技術等等。當時克里姆林宮內的祕密鬥爭根本不為中國得知，中共也毫無能力去影響蘇共上層的權力鬥爭。沒有任何證據表明，中共曾在赫魯曉夫崛起過程中起到任何作用。

實際上，這種說法違背了常理。當時中共正在從蘇共的兒子逐漸升級為弟弟，但尚帶著濃厚的下屬氣息，遠不是可以任命蘇共黨魁的老子黨。中共不可能成為赫魯曉夫的後台或是權力基礎，他沒有任何必要去“一再討好毛澤東”。相反，任何蘇共領導人若想在權力鬥爭中引入中共助力，都只會授政敵口實，有害無益。後來赫魯曉夫與“反黨集團”對決時，中共完全被蒙在鼓裡，赫魯曉夫靠的是黨內的人脈擊敗了政治局內的大多數，從未聽說中共的支持成了他的制勝因素（周恩來後來就承認中共無法過問蘇共內部的事，只能在事後表示支持，而且“我們也搞不清楚他們內部究竟怎麼樣”[2]）。只是在他取勝後才派米高揚來華通報，但那不過是為了安撫社會主義陣營而已。

閻明復指出：“赫魯曉夫當政初期，對我們的援助應該說是數量大而且真誠的。”“應該說這是個無私的援助”[3]。我認為這才是實事求是之論，赫氏的動機還是他自己在政治局說的：“如果兩國間的友誼不建築在實事求是、互相需要和彼此負責的關係的堅實基

---

1 沈志華主編：《中蘇關係史綱》，181頁。

2 《十年論戰》，329頁。

3 《閻明復回憶錄》，890頁。

礎上，那任何國家間的條約都不能長久。”他認為斯大林“違背基本的共產主義原則”，必將惡化蘇聯對外關係。於是他在掌權後就著手糾正之，除了放棄在華特權外，他還放棄了斯大林對東歐的掠奪政策，放棄了蘇聯在芬蘭的軍事基地，出售了蘇聯在奧地利的財產[1]。莫非這些舉措也是“為了戰勝其政治對手”而“一再討好”這些國家的領導人？

在蘇共二十大召開之前，中共對赫魯曉夫的新外交方針並無異議。出於思維慣性，毛澤東仍然奉克里姆林宮為教廷，凡事都服從莫斯科的號令，不但遵從蘇共新領導的命令在朝鮮停火，而且在此後溫順地跟著莫斯科的指揮棒跳舞，亦步亦趨地參加了蘇聯發起的和平運動：1953 年底周恩來首次提出“和平共處五項原則”；1954 年中印兩國總理發表了《關於和平共處五項原則的聯合聲明》；同年，周恩來出席了日內瓦會議，說服越盟從南方撤軍，實現了越南停火；1955 年周恩來出席萬隆會議，簽署了《關於促進世界和平與合作的宣言》。所有這些外交活動，都是按照蘇共新領導制定的共運總路線進行的。

此期才是中蘇關係的真正蜜月，中共不但在國內開足馬力歌頌蘇聯以及中蘇友誼，在國外也與蘇聯密切配合。可惜待到蘇共召開 20 大，這蜜月便開始變酸了。

二、祕密報告煽起了毛澤東的野心

1956 年 2 月，蘇共召開了第 20 次全國代表大會。大會最後一天，舉行了一個只有蘇共代表參加的內部會議，赫魯曉夫代表主席

---

1 《閻明復回憶錄》，475 頁。

團（政治局），在會上作了將近四小時的《關於個人崇拜及其後果》的報告，這就是著名的“祕密報告”。

赫魯曉夫在報告中歷數了斯大林在 30 年代大清洗與戰後清洗中犯下的罪行；將車臣、印古什、卡爾梅克等幾個少數民族全族流放的罪行；發動個人崇拜的造神運動並實行個人獨裁；在衛國戰爭中犯下的嚴重錯誤；處理與南斯拉夫關係的錯誤以及在經濟領域裡犯下的錯誤。其中以斯大林殘暴屠殺幾乎全部老布爾什維克的罪行最為駭人聽聞，它徹底暴露了蘇共極權政體的血腥實質。

這個報告在全世界引起了強烈的衝擊。它立即引發了所謂“波匈事件”，導致西方國家的許多共產黨員因幻滅而退黨，也引起了社會主義陣營的極大的思想混亂[1]。對於赫魯曉夫本人來說，它的直接後果，是降低了蘇共以及赫魯曉夫本人的威望。

這報告給毛澤東很大震動。他最初的反應是驚喜莫名，一面佩服赫魯曉夫，說“赫魯曉夫有膽量，敢去碰斯大林……儘管他們採取的方法不好。可是揭了蓋子，搬掉了多年來壓在人們頭上的大石頭……這確實需要點勇氣。”[2] 連個死人都敬畏到這地步，可見斯大林當初在毛心目中的地位。

另一方面，他似乎也隱隱感到祕密報告有可能動搖斯大林式政權。1956 年 3 月 17 日，在中央書記處會上，他具體解釋了“揭掉蓋子”的涵義。說赫魯曉夫一是揭了蓋子，一是捅了婁子。說他揭了蓋子，就是講，他的祕密報告表明，蘇聯、蘇共、斯大林並不是一切都是正確的，這就破了迷信。說他捅了婁子，就是講，他作的這個祕密報告，無論在內容上或方法上，都有嚴重錯誤。[3]

---

[1] 請參考蘆笛著：《野蠻的俄羅斯》，明鏡出版社，2010 年，329-339 頁。

[2] 李越然：《中速外交親歷記——首席俄語翻譯的歷史見證》，世界知識出版社，2001 年 8 月，174 頁。

[3] 梁柱：《毛澤東與黨的八大路線》，《當代中國史研究》，2006 年 09 期。

在5月2日與蘇聯大使尤金的談話中，毛澤東著重強調了蘇共20大決議的重要性和尖銳批評斯大林的及時性，說由於消除了對斯大林的個人崇拜，“我們現在可以徹底討論所有問題了”，“我們的觀點是完全一致的。”[1]

1956年11月2日，在政治局會議上，毛澤東再次指出，蘇共20大有個好處是揭開蓋子，解放思想，使人們不再認為蘇聯所做的一切都是絕對真理，不可改變，一定要照辦。我們要自己開動腦筋，解決本國革命的建設的問題。[2]

1957年10月29日，毛澤東對尤金承認，對斯大林的個人迷信就像個沉重的蓋子，曾壓得我們喘不過氣來，妨礙了我們正確地認識許多問題。赫魯曉夫同志從我們身上掀掉了這個蓋子，為此我們要大大地感謝他。[3]

在這些談話中，毛澤東實際上承認了自己過去生活在對斯大林的個人迷信中，不敢獨立思考，而赫魯曉夫的祕密報告為他破除了這個迷信，解放了他的思想。

羅馬天主教有個基本教義，名曰：“教皇無誤論（Papal infallibility）。”它聲稱，因為耶穌對彼得的允諾，彼得的傳人——教皇在行使其作為所有基督徒的牧首的職權時，所作出的關於所有基督徒的信仰或道德的一切解說都是正確無誤的，必須為全體基督徒一體凜遵。

毛澤東原來對斯大林的態度，其實也就是天主教徒對教皇的態度。在他眼中，斯大林作為列寧的傳人，“所做的一切都是絕對真理，不可改變，一定要照辦”。斯大林死後，出於慣性，毛澤東仍

---

1 沈志華 李丹慧：《戰後中蘇關係若干問題研究：來自中俄雙方的檔案文獻》，人民出版社，2006年2月，249頁

2 《十年論戰》，59頁。

3 《閻明復回憶錄》，389頁。

然對蘇共新領導抱持類似態度，而今祕密報告才讓他首次認識到，“蘇聯、蘇共、斯大林並不是一切都是正確的”。既然連斯大林都會犯錯，赫魯曉夫又何足道哉？毛澤東立即就敢批評祕密報告“無論在內容上或方法上，都有嚴重錯誤”了，這在以前是他連想都不敢想的。

這不是說他讚同祕密報告的主旨，實際上，對報告列舉的斯大林濫殺無辜的罪行，他非但不以為錯，反而認為那是革命的傳家寶，在中共八大第二次會議上，他把這點說得明明白白：

> “我看有兩把‘刀子’：一把是列寧，一把是斯大林。現在，斯大林這把刀子，俄國人丟了。哥穆爾卡、匈牙利的一些人就拿起這把刀去殺蘇聯，反所謂斯大林主義。歐洲許多國家的共產黨也批評蘇聯，這個領袖就是陶里亞蒂。帝國主義也拿這把刀子殺人，杜勒斯就拿起來耍了一頓。這把刀子不是借出去的，是丟出去的。我們中國沒有丟。我們第一條是保護斯大林，第二條也批評斯大林的錯誤。”[1]

後來他在成都會議上更解釋了他對祕密報告的複雜心情：

> “1956 年，斯大林受批判，我们一則以喜，一則以懼，揭掉蓋子，破除迷信，去除壓力，解放思想，完全必要。但一棍子打死，我們就不贊成，他們不掛像，我們掛像。”[2]

所以，他喜歡祕密報告，是因為它破除了毛對斯大林和蘇共的迷信，降低了蘇共的權威，為他爭奪共運領導權解除了心理負擔；畏懼祕密報告，是因為他本人就是斯大林主義者，不但對個人崇拜

---

[1] 毛澤東：《在中國共產黨第八屆中央委員會第二次全體會議上的講話》（一九五六年十一月十五日），《毛澤東選集》第五卷，

https://www.marxists.org/chinese/maozedong/marxist.org-chinese-mao-19561115.htm

[2] 毛澤東在成都會議上的講話，一九五八年三月十日，轉引自李銳《“大躍進”親歷記》（上），189 頁

情有獨鍾，而且擅用斯大林那把刀子去砍殺一切“人民的敵人”，批判斯大林這些錯誤就是否定他本人。這就是他所謂的“一棍子打死”。實際上，那報告特地指出：“我們認為，斯大林被讚揚得過分了。但是，斯大林過去無疑地對黨、對工人階級、對國際工人運動作出了偉大的貢獻。”[1] 談何“一棍子打死”？

從他的歷次談話來看，他所謂“批評斯大林的錯誤”只有兩條，一是斯大林在指導中共奪權戰爭中犯了三次錯誤，二是把黨際關係變成了父子黨、貓鼠黨。但他並不認為後者是大問題，因為他親口對赫魯曉夫說過：“斯大林對中國的主要錯誤不在半殖民地問題上。”他不同意赫魯曉夫批判的是斯大林“別的問題”[2]（亦即個人崇拜以及濫殺無辜）。至於在中蘇關係中他最為懷恨的，還是斯大林制止了他在抗戰勝利之後立即發動內戰。

不過，這也不只是宿怨。毛澤東反復提此事，是要證明他比斯大林更高明。既然如此，那接替斯大林擔任國際共運領袖的人，自然非他莫屬。過去他只滿足于充當亞洲共運領袖，如今祕密報告卻煽起了他當世界領袖的野心。祕密報告引起的東歐騷亂以及赫魯曉夫的應對失當，更起到了催化劑作用。

赫魯曉夫祕密報告傳到波蘭後，立即引起了社會動蕩。1956 年 6 月 28 日，波茲南發生騷亂，當局出動正規軍後才恢復了對該城的控制。7 月間，波蘭統一工人黨召開中央全會，為過去被整的開明派哥穆爾卡平反，讓他參加中央工作，與此同時還在全國平反冤假錯案。這些舉措使得波蘭國內反蘇情緒高漲，引起蘇共不安。10 月 17 日，蘇共決定出兵波蘭。19 日赫魯曉夫親自飛到華沙與波共中央談判，並將出兵決定向中共作了通報。20 日晚間，毛澤東召見蘇聯大使尤金，聲色俱厲地對他說，我們收到蘇共中央徵求意見的通知，

---

[1] 《赫魯曉夫回憶錄》，583 頁

[2] 《閻明復回憶錄》。483-484 頁

說你們要出兵干涉波蘭，我們政治局今天下午開會討論了此事，我們堅決反對你們這樣做。請你馬上把我們的意見打電話告訴赫魯曉夫：如果蘇聯出兵，我們將支持波蘭反對你們，並公開聲明譴責你們武裝干涉波蘭。[1]

實際上，在與波蘭人談判後，赫魯曉夫已於 19 日取消了出兵的命令。毛澤東的最後通牒去晚了。但這是毛澤東第一次對莫斯科如此強硬，而赫魯曉夫非但不以為忤，反而還邀請中共參與調解蘇波關係。劉少奇率代表團在與蘇共主席團會談時，疾言厲色地批評了蘇聯出兵的決定，並表示願意盡力幫助修復蘇波友誼，據說蘇共領導為此感到高興。在與新當選為第一書記的哥穆爾卡會談時，哥穆爾卡更對中共一再表示感謝[2]。

這是毛澤東第一次干預東歐事務，初次出手便告成功。緊接著發生的匈牙利事件更是極大地加強了他的信心。

赫魯曉夫的祕密報告傳入匈牙利後，同樣引起了社會動蕩，大規模群衆示威頻頻發生。黨魁拉科西不得不給被他殺害的匈共前副總書記拉斯洛平反，隨後黯然下臺，由死硬派格羅接任。格羅的強硬態度加劇了緊張局勢。10 月 23 日，民衆在布達佩斯廣播電臺大廈前示威，遭到守衛該大樓的國家保衛局部隊射擊，大批群衆被打死打傷，激起了民眾武裝起義。應格羅請求，蘇軍於次日進入布達佩斯。同日，改革派納吉出任政府總理，承諾重新開始政治改革，呼籲終止暴力行動。28 日，停火實現，騷亂基本結束。30 日，蘇軍大部份撤出布達佩斯。[3]

---

1 《十年論戰》，39 頁。

2 吳冷西：《十年論戰》，45-46 頁。

3 *United Nations Report of the Special Committee on the problem of Hungary*, http://mek.niif.hu/01200/01274/01274.pdf

蘇共的撤軍決定是受了毛澤東影響作出的。10月29日，毛澤東要正在莫斯科訪問的劉少奇告訴赫魯曉夫，蘇聯應該從其他社會主義國家撤出駐軍，讓這些國家獨立自主，並建議蘇方公開聲明不干涉別國內政，相互平等，經濟、組織等問題由各國自己決定。這一意見為蘇共領導聽取，政治局議決從匈牙利撤軍並與該國談判[1]。10月30日，蘇聯政府發表聲明，承認蘇聯政府“犯了巨大的錯誤”，“違反了社會主義國家之間平等的原則”，保證“尊重每一個社會主義國家的完全的主權”，並表示“蘇聯政府準備就在匈牙利的駐軍問題，與匈牙利人民共和國以及其他華沙條約締約國開展談判”。[2]

蘇聯在關鍵時刻退讓，反而鼓勵了匈牙利人反抗。納吉於同日宣佈匈牙利準備退出華沙條約組織，要求與蘇聯領導人就蘇軍全部撤出匈牙利的問題開始談判。

毛澤東見此又改了主意。當晚，應中共代表團要求，中蘇領導人舉行了緊急會晤。劉少奇和鄧小平明確表示，不能讓匈牙利政權落在敵人手裡，蘇軍部隊應當回到布達佩斯，堅決維護人民政權。中方的意見再次影響了蘇共領導的決定。10月31日，蘇共主席團在討論了一整天之後，終於決定出兵，鎮壓匈牙利人民革命。[3]

中共插手東歐事務，影響蘇共決策，不僅毛澤東，就連他的部下也把這看成了偉大勝利。據吳冷西說，劉少奇、鄧小平率代表團

---

[1] 沈志華：《一九五六年十月危機:中國的角色和影響——“波匈事件與中國”研究之一》，《歷史研究》，2005年02期

[2] W Taubman: *Khrushchev*， p296; *Declaration of the Government of the USSR on the Principles of Development and Further Strengthening of Friendship and Cooperation between the Soviet Union and other Socialist States 30 October 1956*, Printed in The Department of State Bulletin， XXXV， No. 907 （12 November 1956）， pp. 745–747.

[3] 《一九五六年十月危機:中國的角色和影響——“波匈事件與中國”研究之一》。

回國時，蘇共主席團全體成員到機場熱烈歡送，逐個緊緊擁抱代表團員，並一再表示衷心感謝中共不但在波蘭問題上幫助他們，在匈牙利問題上也幫助他們。代表團從莫斯科返回北京後，向毛召開的政治局會議作匯報，“整個會議洋溢著興高采烈的氣氛”。

不僅如此，在政治局會議上，劉少奇說，看來蘇聯同志看問題的方法不符合辯證法，片面性很嚴重，忽左忽右，一個時候主張非撤兵不可，隔了一天又講無論如何不能撤兵。這是中共領袖第一次表示自己比老大哥高明。

按共產教的既往行規，國際共運的領袖必須同時是理論權威。而在毛澤東眼中，馬列主義的精髓也就是辯證法。蘇聯同志既然不懂辯證法，那當然只能服從他這辯證法高手的指導。於是毛澤東便開始在理論上指導社會主義陣營了，在兩天後召開的政治局會議上，他儼然以教主之身為“兄弟黨”規定任務，指出：“現在擺在世界各執政的共產黨面前的問題是如何把十月革命的普遍真理與本國的具體實際相結合的問題，這是個大問題。”

此後他下令“秀才們”寫出了《再論無產階級專政的歷史經驗》，其目的他已經在內部說清楚了，是與老大哥分庭抗禮，“開毛氏香腸鋪”：

> “這篇文章形式上面向國內，實際上面向世界。我們不能說我們自己要怎樣影響國際。要曉得，蘇聯自己開香腸鋪，但不願意中國也開香腸鋪，他要推銷他的香腸。”[1]

前文已經解釋過，國際共運實質上是一神教，只有教主才有教義解釋權。要當教主，首先必須把這權力奪到手，奪得教義解釋權後，也就有權裁判誰是忠誠信徒，誰是叛教者了。毛澤東上面那段話，就是他爭奪教義解釋權的宣言。只是出於策略考慮，一開頭這

---

1 以上見吳冷西：《十年論戰》，56 頁，58-59 頁，68 頁

奪權活動還必須隱蔽地進行，在實質上而不是在名義上去“影響國際”。

《再論》發表後，與在4月間發表的《關於無產階級專政的歷史經驗》一樣，被蘇聯《真理報》轉載，據中共說在國際上起到了很大影響，更加促使毛澤東的野心急劇膨脹。

波匈事件的另一災難後果是讓毛產生了錯覺。前已述及，無論是毛澤東向尤金下嚴厲的最後通牒，還是劉少奇疾言厲色地數落蘇共主席團，蘇聯人都沒有為此翻臉，反而還衷心感謝中共的幫助，這就讓毛誤以為蘇聯人吃硬不吃軟，將赫魯曉夫的破格禮遇視為軟弱可欺，由此發明了奇特的“臭罵外交術”：

> “在形勢的壓迫下，蘇聯那些頑固分子還要搞大國沙文主義那一套，行不通了。我們目前的方針，還是說服他們，辦法就是同他們當面直接講。這次我們的代表團到蘇聯去，就給他們捅穿了一些問題。我在電話裡跟恩來同志說，這些人利令智昏，對他們的辦法，最好是臭罵一頓。……昏得厲害的時候，就得用一種什麼辦法去臭罵他一頓。這回恩來同志在莫斯科就不客氣了，跟他們抬杠子了，搞得他們也抬了。這樣好，當面扯清楚。他們想影響我們，我們想影響他們。我們也沒有一切都捅穿，法寶不一次使用乾淨，手裡還留了一把。矛盾總是有的，目前只要大體過得去，可以求同存異，那些不同的將來再講。如果他們硬是這樣走下去，總有一天要統統捅出來。”[1]

這段話為日後的中蘇破裂勾畫了路徑圖，亦即用臭罵去讓對方頭腦清醒過來，乖乖伏低做小，拱手讓出共運領導權。他這話還是在赫魯曉夫打掉“反黨集團”之前幾個月說的。待到蘇聯高層出現

---

[1] 毛澤東：《在省市自治區黨委書記會議上的講話》，（一九五七年一月二十七日），《毛澤東文集》第七卷，
http://cpc.people.com.cn/GB/64184/64185/189967/11568205.html

劇烈的權力鬥爭，赫魯曉夫勉強勝出，不得不有求於毛之時，他的底氣當然就更粗了。

1957 年 6 月 18 日，蘇共領導馬林科夫、莫洛托夫、卡岡洛維奇串通了大多數主席團成員召開主席團會議，以 7：4 的票決罷免了赫魯曉夫。但赫魯曉夫隨即令國防部長朱可夫與克格勃主席謝洛夫緊急動用軍機將地方上的中央委員運到莫斯科，於 22 日召開了中央全會，以壓倒多數通過了譴責“馬林科夫、卡岡洛維奇、莫洛托夫反黨集團”的決議，將他們逐出了中央。

一下子把主席團的老布爾什維克全打掉，這對國際共運是個衝擊。赫魯曉夫面臨著如何向“兄弟黨”解釋此事的任務，急需共運二頭領毛澤東的理解與支持，於是他專門派米高揚來華，向毛澤東作了詳盡通報，相當坦率地解釋了雙方既有政見分歧，又有權力鬥爭，只是隱瞞了赫魯曉夫一派在主席團只佔少數一事。

毛澤東當即表示了對赫魯曉夫的支持，譴責了“反黨集團”的“錯誤”，並接受了赫魯曉夫的邀請，將於 11 月初去莫斯科，參加十月革命 40 週年慶典以及各國共產黨代表會議。不僅如此，毛澤東在 1957 年 10 月 29 日接見尤金時還再次鄭重表態：“我們一直關心蘇共領導，關心你們，我們支持赫魯曉夫同志以及和赫魯曉夫持同樣觀點和赫魯曉夫站在一邊的這些同志。”[1]

按說在意識形態上，毛澤東應該更認同莫洛托夫那些頑固派，據師哲說，他早在 1954 年就向毛建議支持莫洛托夫[2]。但毛澤東為何會決定力挺改革派赫魯曉夫，甚至同意去莫斯科為他站台？

我想，這當然首先是因為赫魯曉夫是勝利者，毛只能接受既成事實。周恩來後來承認：“他們中央已作了決定，我們除了支持以

---

1 《閻明復回憶錄》，374-376，389-390 頁。

2 《峰與谷》，102 頁

外沒有辦法干涉。”[1]其次則是因為毛覺得莫洛托夫對中國的態度並不比斯大林好，在 1950 年簽訂中蘇友好同盟互助條約、劃定蘇聯勢力範圍、成立中蘇合營公司的談判中討價還價，像個商人。後來還涉嫌令羅申大使要中國外交部工作人員提供情報[2]。最後一個原因可能是因為莫洛托夫是老布爾什維克，在列寧時代就已經是政治局候補委員，在斯大林時代長期擔任二把手，在國際上名聲很大。相比之下，赫魯曉夫資歷很淺，當初是卡岡諾維奇提拔上來的，斯大林死前在國際上籍籍無名。若由莫洛托夫當蘇聯領袖，毛澤東要擠開斯大林的親密戰友，當上國際共運領袖的難度就要大得多。而赫魯曉夫是斯大林的後輩，缺乏威望，在毛眼中“很幼稚”[3]。由他當家，毛澤東就可以扮演德高望重、智謀深沉的“相父”角色，將來取代這“阿斗”並非難事。

赫魯曉夫接到米高揚傳達的信息後，“很是受寵若驚，為了給予適當的回報，當即就表示要把尖端武器（主要是原子彈等核武器）技術援助給中國”[4]。此前在他 1954 年訪華期間，毛曾向他請求援助原子能、熱核武器技術，他勸中國不必把窮國寶貴的資金耗費在這上頭，不過還是答應幫助中國建造一個小型反應堆，用於科研與培訓幹部[5]，但那是和平利用原子能，不是幫助中國發展核武器。

然而這次米高揚回去後才三個多月，中蘇就正式簽署了《國防新技術協定》，蘇方承諾援助中國建立起綜合性原子工業；援助中國的原子彈的研究和生產，並提供原子彈的教學模型和圖紙資料；

---

1 《十年論戰》，329 頁。

2 《閻明復回憶錄》，389 頁。

3 毛澤東：《關於國際形勢的講話提綱》，（一九五九年十二月），《建國以來毛澤東文稿》，第八冊，601 頁

4 《閻明復回憶錄》，379 頁。

5 《峰與谷》，108 頁。

向中國出售用於鈾濃縮處理的工業設備，並提供氣體擴散廠初期開工所需的六氯化鈾；1959 年 4 月前向中國交付兩個連的岸對艦導彈裝備，幫助海軍建立一支導彈部隊；幫助中國進行導彈研製和發射基地的工程設計，在 1961 年底前提供導彈樣品和有關技術資料，並派遣專家幫助仿製導彈；幫助中國設計原子彈的靶場並培養有關專家，等等。[1]

毛得到的並不僅僅是蘇聯更慷慨的援助，更是"相父"乃至太上皇的威風，儘管只是曇花一現。

1957 年 11 月 2 日，毛澤東飛抵莫斯科，參加蘇聯紀念十月革命 40 週年的慶典，並出席 64 個國家的共產黨工人黨代表大會，度過了他一生最風光的時刻。

這次會議最初是毛籌劃的。毛澤東原來的計畫是，鑒於"現在蘇共名聲不好"，打算由中國與南斯拉夫共同發起召開這次會議。這建議被鐵托回絕，卻被蘇聯竊聽到了。赫魯曉夫居然沒為毛背著他搞共產黨最忌諱的"宗派活動"而生氣，反而請中共主持籌備會議的工作，毛卻又推給蘇聯。最後決定會議還是在莫斯科召開，由中蘇共同起草會議的宣言。

在這次訪蘇期間，毛自始至終受到了"相父"的破格禮遇。其他外國代表團都住在列寧山別墅區，只有毛率領的中共代表團住在克里姆林宮中。赫魯曉夫特地把毛的住處安排在沙皇寢宮，還給他安排了兩個別墅，其中一個是斯大林生前住的孔策沃別墅。毛到達之前，赫魯曉夫特地去毛的臥室查看是否一切都安排妥當。毛每次去喬治大廳開會，赫魯曉夫都要在沙皇寢宮門口迎候，然後讓毛走在前面。毛和赫魯曉夫進入會場後，所有代表都起立鼓掌。等毛第一個就座後，代表們才落座。會議結束時，毛第一個站起來後，其

1 沈志華主編：《中蘇關係史綱》，193 頁

他人才起立。所有的領導人都站在原地，等著毛與赫魯曉夫走出會場。此時仍是毛走在赫魯曉夫前面。[1]

在群眾集會上也如此，毛澤東去參加最高蘇維埃舉辦的紀念大會時，一出場全場就起立致敬。他在大會上第一個講話，全場起立。講話中不斷鼓掌，講完了全場又起立，致以最高的敬意。其他黨代表講話則只有鼓掌沒有起立。毛參與檢閱慶典遊行時，群眾通過列寧墓時總是高呼毛澤東。結束時，毛和蘇共領導下來時，群眾一哄而起，圍著歡呼。蘇聯人對說在場的楊尚昆說，這種情形前所未有。[2]

斯大林當年的威風恐怕也不過如此吧？可惜毛澤東卻把世界領袖的角色演砸了。

毛澤東在大會上作了三次即興演說，講了以下問題：論證社會主義陣營奉蘇聯為首的必要性；論證國際形勢到了一個新的轉折點，“東風壓倒西風”，社會主義的力量對於帝國主義的力量佔了壓倒優勢，落後國家比先進國家更強大，帝國主義是紙老虎；以革命樂觀主義精神展望世界核大戰的光輝前景；宣佈中國要在 15 年後超過英國；號召各國共黨加強團結，並要團結犯了錯誤的同志；號召各國黨各級機構學習和宣傳辯證法。[3]

這些講話漫漶雜亂，旁逸斜出，而且極不得體，充分暴露了他對外部世界一無所知，才會在如此重大的國際會議上，像在國內教育文盲農民一樣，以支部書記開會為例，通俗講解什麼是辯證法，完全是侮辱與會各國黨魁們的智識。至於他慣用的“死後見馬克思”之類“幽默”，西方聽眾只會覺得他把馬克思當成了上帝。

---

[1] 以上見《閻明復回憶錄》，382 頁，396 頁。

[2] 《楊尚昆日記》（上冊），中央文獻出版社，2001 年 9 月，287，288 頁

[3] 毛澤東：《在莫斯科共產黨和工人黨代表會議上的講話》，（一九五七年十一月十四日、十六日、十八日），《建國以來毛澤東文稿》第六冊，625-645 頁。

他甚至連起碼的文明談吐都不懂，竟然說什麼：“我相信哥穆爾卡同志是好人。赫魯曉夫同志兩次向我表示：哥穆爾卡同志是可以信任的”，完全沒有意識到這不是什麼恭維話，任何一個國家元首都無法容忍這種上級作出的政治鑒定。

“你赫魯曉夫同志這朵荷花雖好，也要綠葉扶持。我毛澤東這朵荷花不好，更要綠葉扶持”也是這樣，這完全是偉大謙虛的君主在號召臣下寬容、諒解、擁戴他挑選試用的兒皇帝。

更不得體的話沈志華教授已經指出了，那就是他在會前建議蘇方不要把粉碎“反黨集團”的事寫入《莫斯科宣言》，卻又在大會上提起此事，並居高臨下地作了判決：“這個鬥爭是兩條路線的鬥爭……。斯大林死後這四五年，蘇聯的內政、外交有很大的改善，這就證明赫魯曉夫同志所代表的路線比較正確，而反對這樣的路線是錯誤的。”

他甚至點明了雙方使用的權謀，說什麼“莫洛托夫集團舉行進攻，乘赫魯曉夫同志到外國去了，措手不及，來一個突然襲擊。但是我們赫魯曉夫同志也不是一個蠢人，他是個聰明人，立即調動了隊伍，舉行反攻，取得勝利”，甚至連“蘇共黨內這兩條路線的鬥爭帶著對抗的性質，……處理得好，可以不出亂子。處理得不好，有出亂子的危險 ”的昏話都說出來了。這在他是賣弄他剛剛作出的“對抗性矛盾與非對抗性矛盾”的偉大發現，可在他人聽來則是說權力鬥爭到了性命交關的危急關頭。難怪據說米高揚當場就跳了起來，對中國代表團作出抗議姿態。而南斯拉夫代表團立即從中看出了“俄國人同中國人在國際工運中爭當意識形態首領的鬥爭開始了”。[1]

---

1 《中蘇關係史綱》，219，220 頁

的確，再遲鈍的人也能看出毛澤東在大會上竭力推銷的“社會主義陣營必須以蘇聯為首”的真意何在。這是毛澤東不顧蘇聯推辭與東歐國家的反對堅持寫入宣言的。然而毛既然在各國黨魁面前公開裁判蘇共內部哪個集團代表了“比較正確的路線”，他心目中的教主是誰還用問麼？這不過是他過去暫奉張聞天為虛君的老套路。

真正嚇壞了聽眾的，還是他這些偉論：

“要設想一下，如果爆發戰爭要死多少人？全世界二十七億人口，可能損失三分之一；再多一點，可能損失一半。不是我們要打，是他們要打，一打就要摔原子彈，氫彈。我和一位外國政治家辯論過這個問題。他認為如果打原子戰爭，人會死絕的。我說，極而言之，死掉一半人，還有一半人，帝國主義打平了，全世界社會主義化了，再過多少年，又會有二十七億，一定還要多。”

任何一個正常人都只會用“喪心病狂”來形容這種偉大戰略。再加上什麼“東風壓倒西風論”與“紙老虎論”，聽眾只會認為毛澤東已經狂熱偏激到了徹底喪失理智的地步。會後哥穆爾卡“毫不掩飾地表示了憤慨”，而諾沃提尼則憂心忡忡地問：“毛澤東說他的 6 億人口準備損失掉 3 億。我們怎麼辦呢？我們捷克斯洛伐克只有 1200 萬人，打起仗來都得死光，誰還能留下來重新開張？”[1]

在莫斯科會議之前，毛澤東在東歐確實享有較高威望，然而這些狂言卻斷送了他的教主夢。赫魯曉夫指出了這點：“那時除了毛以外，大家都在想著如何避免戰爭。我們的主要口號是：‘繼續為和平與和平共處而鬥爭！’可是突然來了個毛澤東，說我們不應該害怕戰爭。”[2]

---

1 《最後的遺言》，394 頁。

2 《最後的遺言》，395 頁。

的確，當時核戰爭毀滅全人類的危險已經被普遍為發達國家的民眾真切地感受到了。就連鐵石心腸的東歐和蘇聯黨魁們也知道懼怕核大戰。歐洲人民飽受兩次大戰的戰禍，厭戰反戰是民眾一致的訴求，無論東西歐都如此。就連斯大林也覺察了人心所向，在世時就推出了“保衛世界和平”的策略口號。赫魯曉夫與他的區別在於，斯大林不過是以此掩飾其擴張戰略，而赫魯曉夫則是真心謀求國際形勢緩和。他不像斯大林絲毫不以民生為念，卻為革命幾十年後工人的生活還不如沙皇時代痛心[1]，想把龐大的軍費用於改善民生。因此，他推出的“和平共處，和平過渡，和平競賽”的口號，既是爭取世界輿論同情的高招，又切合本國百姓的急迫需要。幾十年後蘇聯被軍備競賽拖垮，證明了赫魯曉夫的正確。

而這卻是毛澤東與赫魯曉夫的分歧所在。毛澤東既昧於世界大勢，又對自然科學一無所知，大無畏地否定了核戰爭毀滅全人類的可能，認定赫魯曉夫被帝國主義嚇破了膽，推出的和平綱領是對馬列主義的背叛。他那話的要旨就是，哪怕引起核大戰，也要堅持武裝革命。這種瘋狂主張絕不會為歐洲共產黨接受。幾年後中蘇正式破臉，絕大多數歐洲國家共產黨都站在蘇聯一邊，毛這個講話居功厥偉。

總而言之，在毛澤東一生中，參加莫斯科會議是他最接近世界共產教主寶座的時刻。可惜他的智識水平決定了他只配在文盲黨內信口開河，把那套搬到國際會議上只能招致眾叛親離。毛澤東沒能如願當上斯大林的接班人，不但是中國國力決定的，也是因為他缺乏斯大林的主觀能力。

三、破裂

[1] 同上，149-150，159，169 頁。

莫斯科會議才開過半年多，中蘇之間就發生了一系列風波，最終導致中蘇關係破裂。

（一）長波電台與共同艦隊風波

當時蘇聯正在實行赫魯曉夫的軍事戰略改革，建立潛艇艦隊以取代昂貴的水面艦隊。需要長波電台指揮潛艇在南太平洋的活動。蘇方建議在華南建立大功率的長波發信臺和遠程收信中心各一座，蘇方出資 7000 萬盧布，中方出資 4000 萬盧布，建成後共同使用。中方則建議完全由中方投資，建成後共同使用。然而蘇方還是堅持要出資，引起了中方的懷疑[1]。

在此期間，周恩來請求蘇聯向中國提供新型艦艇技術，蘇共為此召開主席團會議討論，因缺乏檔案材料，作出的決定不得而知。根據中方介紹，1958 年 7 月 21 日晚，尤金大使求見毛澤東，說鑒於蘇聯艦隊無論是出太平洋還是出大西洋都很不方便，而中國的海岸線很長，四通八達，因此他奉赫魯曉夫之命，前來商談兩國建立一支共同潛艇艦隊，越南也可以參加，以利於未來的對美戰爭。毛澤東聞言立刻翻臉，質問蘇聯是不是把搞“合作社”當成了援助中國建設海軍的前提。尤金說蘇方只是建議，需要兩國共同商定，中方可以派人到莫斯科去商談[2]。

次日毛澤東召見尤金，劈頭蓋臉地臭罵了他一通。毛的講話一如既往雜亂重複，大致內容是：[3]

---

1 《中蘇關係史綱》，228-229 頁

2 《閻明復回憶錄》，457，460 頁。

3 談話的主要部分收在《毛澤東外交文選》中（322-333 頁）。

1）借題發揮，無限上綱，諸如：

“你們就是不相信中國人，只相信俄國人。俄國人是上等人，中國人是下等人，毛手毛腳的，所以才產生了合營的問題。要合營，一切都合營，陸海空軍、工業、農業、文化、教育都合營，可不可以？或者把一萬多公里長的海岸線都交給你們，我們只搞游擊隊。你們只搞了一點原子能，就要控制，就要租借權。此外，還有什麼理由？”

“你們幫助我們建設海軍嘛！你們可以作顧問。為什麼要提出所有權各半的問題？這是一個政治問題。……要講政治條件，連半個指頭都不行。”

這完全是歪曲蘇方意圖。海軍在談判長波電台時已達成協議，雙方共同建設，共同使用，最後的所有權是中國的，赫魯曉夫後來與毛會談時也明確表示所有權屬於中方。雙方分歧只在於中方堅持獨資建設，而蘇方提出要出資[1]，哪來什麼“講政治條件”，“提出所有權各半”，遑論“要控制，要租借權”？而且，蘇方建議共建長波電台也很自然，因為此前中方曾提議成立一個聯合的中蘇委員會來管理國防工業[2]，“合作社”的首創權屬於中方。何況蘇方只是建議，中方不願合作，拒絕就是了，何來什麼種族歧視兼帝國主義野心？甚至悲情誇張到“交出全部海岸線”，自己也不覺得肉麻。

2）痛說斯大林施加的凌辱與自己所受的冤屈。這完全哭錯了墳頭——赫魯曉夫正是譴責並終止斯大林帝國主義政策的人，毛澤東受了斯大林的欺凌敢怒不敢言，卻把氣發到糾正他的錯誤的人的頭上去，與此同時又把赫魯曉夫批判斯大林當成罪過，邏輯錯亂到了超凡入聖的化境。

---

1 《閻明復回憶錄》，456 頁，487 頁。

2 《中蘇關係史綱》，225 頁。

3）涉嫌捏造米高揚的話。毛說米高揚在八大致賀詞時“擺出父親的樣子，講中國是俄國的兒子”。哪怕是斯大林也不會說出這種話來，何況還是在中共八大上。毛恨上了米高揚，恐怕是因為他在莫斯科會議上對毛提到莫洛托夫集團的事作無聲抗議吧。

4）指責了兩個蘇聯專家，表揚了設計武漢長江大橋的專家西寧，然而卻強調他在蘇聯國內受到壓制，到了中國才有用武之地。

通觀全文，毛這個講話積怨很深，完全是一副借題發揮算總賬的架勢。赫魯曉夫聞報後如聞晴天霹靂，因為此前兩國好得蜜裡調油，毫無反目先兆，他趕忙飛到北京來解釋，卻自始至終遭受了冷遇甚至刻意羞辱。

關於這次會談，筆者沒有查到蘇方記錄，只有中方擔任翻譯的李越然與閻明復的回憶錄，李只是作了簡略回憶，而閻似是征引了當時的書面記錄[1]。根據閻披露的記錄，赫魯曉夫一開頭就聲明“對聯合艦隊連想都沒想過”，然後介紹了他的海軍發展思想，試圖解釋他的原意是什麼，而毛澤東幾次不耐煩地打斷他，說他說了半天還沒講到問題的實質。李越然則介紹：

> “毛澤東越聽越惱火，憤然立起身，指著赫魯曉夫的鼻子，聲色俱厲：‘你講的這一大堆毫不切題。我問你，什麼叫聯合艦隊？！’”[2]

閻明復引用的書面記錄只是記錄了雙方對話，未記錄伴隨動作與表情，但也間接披露了毛在會談中極度粗暴。他說，為了準確傳達毛澤東的態度，他還特地提醒李越然，當毛使用“你”、“赫魯曉夫”的稱呼時，必須直譯，不能改用俄語中的得體稱呼[3]。

---

[1] 以下對赫魯曉夫與毛會談的介紹，未註明出處者均出自《閻明復回憶錄》471-498頁。

[2] 《中蘇外交親歷記》，183頁。

[3] 《閻明復回憶錄》，502頁。

須知不管是在英語還是在俄語中，光稱呼對方的姓，不加任何頭銜，都是極度粗暴無禮的。毛澤東不稱“赫魯曉夫同志”，卻直呼其姓，完全是對赫氏的放肆羞辱，而且，俄國人一般使用的第二人稱代詞是“您”，除非是對家人或小輩才可使用“你”。毛不但使用“你”，還指著對方的鼻子厲聲喝問，完全是一統天下的真命天子對被俘的亡國之君的態度。

然而赫魯曉夫居然也就忍住了，他介紹了自己對海軍新戰略的思考後，解釋說對怎麼發展海軍，他們自己也還沒有定論，所以讓尤金請周恩來和彭德懷去莫斯科一起討論這個問題，“蘇共中央無論過去還是現在都從來沒有考慮過建立聯合艦隊的問題”，是尤金傳錯了話。

筆者沒有見到蘇共主席團的有關決議，無從查明到底是蘇聯有過這打算而赫魯曉夫賴掉了，還是尤金真的傳錯了話。但據參與會談的阿爾希波夫 1995 年披露，當時蘇方並未提出共同艦隊一事，只是得知中國決定在華南建造一座大型的無線電臺。蘇方對此感興趣，因為可以用來對亞洲國家廣播，並能用於與蘇聯太平洋艦隊保持通訊聯繫。赫魯曉夫讓尤金詢問一下毛澤東，能否與中國共同建設和使用電台。蘇方出資，是為了換取 10 年的使用權。他還讓尤金問一下，蘇聯潛艇能否進入中國港口停泊，但尤金傳錯了話。[1]

阿爾希波夫不但是當時的蘇共主席團成員，而且以親華著稱，直到 90 年代還把中蘇破裂歸咎于赫魯曉夫，是中共褒揚的“中國人民的老朋友”，他的證詞應該是可靠的。而且，他的證詞與赫魯曉夫所說相同。赫魯曉夫在其回憶錄中隻字未提聯合艦隊，只說了長波電台的事，以及請求中國沿海港口為他們的潛水艇加油，並讓艇上人員上岸休假，作為交換，中方也可以利用蘇聯的港口，但被毛

[1] 同上，895 頁。

澤東一口拒絕，他也就作罷。關於使用港口一事不見於閻明復的回憶錄，但得到了李越然的證實[1]。

因此，看來確實是尤金傳錯了話，赫魯曉夫只考慮過利用中國港口。他有此想法也很自然，因為當初毛澤東曾請求蘇軍繼續留在旅順港，所以他以為毛只會巴不得。

然而毛卻擺出一副鐵證如山不容抵賴的架勢，令鄧小平把與尤金的談話記錄亮出來與赫對質。在赫一再說明他們沒有這個意圖後，毛仍然不依不饒，反復糾纏，大演“讓出全部海岸線去打游擊”的悲情戲。直到赫魯曉夫再度聲明：“我們從來沒有提過這樣的問題，並且永遠不會提這樣的問題”，並同意將此話記錄在案，毛才停止了糾纏。

關於長波電台，赫魯曉夫明確表示所有權屬於中國，但建議共同投資，在毛堅持要獨自投資後，他也就不再堅持了。針對毛對米高揚的責難，他作了委婉反擊。不過在毛表示米高揚是個好同志後，他就沒再說了。在蘇聯專家問題上，他流露了委屈憤懣情緒，說派出專家一方反而有錯，不派專家的一方什麼錯都沒有，這不符合兄弟國家的平等關係，他不能為專家幹的蠢事負責，提出要撤走所有專家。但在毛澤東請求留下專家後，他也就沒再堅持了。

次日，毛進一步以征服者姿態，戲耍玩弄羞辱想象中的那個“亡國之君”，居然在中南海游泳池穿著游泳褲和拖鞋接待赫氏。毛澤東邀赫下水，自己在深水區賣弄泳術，笑看那旱鴨子戴著救生圈在淺水區笨拙地撲通，體味了一把優越感。毛游過來游過去，一邊對赫魯曉夫高談闊論，而赫魯曉夫忙著對付水，沒法好好回答。赫魯曉夫後來說：“這就是毛佔上風的方式，我噁心透了，一邊游，心裡一邊咒罵他。於是我就爬上岸去，坐在池邊，雙腳垂在水

---

1 《最後的遺言》，398-401 頁；《中蘇外交親歷記》，184 頁。

裡。現在是我在上面，他在下面游了……但他一直都在談他們的公社”。[1]

毛澤東這番表演，到底是為哪般？真是為了“捍衛國家主權”嗎？否。前文說過，他根本沒有這種觀念。中共執政前他多次請求“國際”“遠方”出錢出槍出軍隊幫他打內戰[2]，執政前夕向斯大林發誓“服從並堅決執行聯共的決定”，首次訪蘇時幾次請“大老闆”派出空軍幫他“解放”西藏和台灣（見前），以後又跪求赫魯曉夫把蘇軍留在旅順港保護他。那陣子他為何沒有國家主權觀念？為何赫魯曉夫作了祕密報告後，他就突然變成民族主義者了？

既然只是為了捍衛國家主權，那在赫魯曉夫聲稱蘇方從未想過建立聯合艦隊，明確表示長波電台為中方所有後，哪怕是賴賬或改口也罷，毛反正達到了目的，又還有什麼必要得理不饒人，糾纏不休，甚至大演“讓出全部海岸線打游擊”的悲情戲，誠心讓對方下不了台？又有何必要一再羞辱戲耍對中國利益至關重要的盟國領袖，簡直是無所不用其極？

總之，對毛澤東莫名其妙掀起的這場“茶杯裡的風暴”，根本不可能找出理性動機，只能從其心理和性格上去分析。

竊以為，毛澤東大發雷霆，從根本上來說是赫魯曉夫慣出來的“近之則不遜”（改為“敬之則不遜”更準確）。

首先，赫魯曉夫給他的空前禮遇提高了他的期待值，降低了他的容忍度。在莫斯科會議上，毛澤東嚐到了教主的滋味，從此只會期待蘇聯同志事事心悅誠服，再不能容忍對他的新創教義有任何輕微懷疑。他大罵尤金時就流露了這種心情：“我們的‘人民內部矛盾’、‘百花齊放’，你們就那麼滿意嗎？”這是他引以為傲的對

---

[1] William Taubman：*Khrushchev: The Man and His Era*， pp391-392，W W Nortonand Co， 2004.。

[2] 詳見蘆笛：《毛主席用兵真如神？》，明鏡出版社。

馬列主義的新發展，蘇聯人竟敢懷疑，當然要讓他懷恨在心。這就是他與尤金的談話為何會給人一種發洩積怨的感覺。這個心結在後來蘇聯人批評“三面紅旗”時成了死結，成了毒化中蘇關係最有效的毒藥。

這也是他的發作為何與所受刺激完全不成比例——他覺得赫魯曉夫非但沒把他當教主，反而想效法斯大林當上級，自然要格外震怒。他對尤金洩露了這一點：“赫魯曉夫同志取消了‘合作社’，建立了信任。這次提所有權問題，使我想起斯大林的東西又來了。”[1]

毛澤東對赫魯曉夫的輕侮則是有意為之，是他發明的“外交技巧”。他對閻明復與李越然作了解釋：“對赫魯曉夫這個人，該碰的地方就得碰碰他，當然也不是什麼都去碰他。”[2] 這也是赫魯曉夫慣出來的。前已述及，在波匈事件中，無論是毛還是劉少奇對蘇方都很不客氣，卻贏得了赫氏對他的空前禮遇，這只能換來他內心深處的鄙夷。於是在他自感教主權威受到挑戰時，當然就要給赫魯曉夫三百殺威棒，讓赫知道今非昔比，如今他才是上級。

不幸的是，儘管蒙受了外交史上罕見的羞辱，赫魯曉夫還是顧全了大局，非但沒有當場發作，還完全同意了中方要求。這越發強化了毛的錯覺，讓他深信獨創的“臭罵外交”確有神效。1960 年他回顧這次事件時說，那次談話說明，赫魯曉夫看起來是個龐然大物，但是可以頂，銀樣鑞槍頭，一頂就頂回去了。後來他又在會見羅馬尼亞代表團時說：“赫魯曉夫是軟體動物，並不可怕。”[3] 就是這種錯覺，使得中蘇關係最終惡化到無從收拾。這誤會本來是可以

1 《毛澤東外交文選》，331

2 《中蘇外交親歷記》，185 頁；《閻明復回憶錄》，501 頁。

3 《閻明復回憶錄》，515-516 頁；《十年論戰》，168 頁；《毛澤東年譜（1949-1976）》，第五冊，416 頁。

避免的，在那次會談中，赫魯曉夫已經委婉警告過他：“物理學有個定律，作用與反作用相等。”[1] 可惜他那個科盲沒聽懂。

不過，真正令赫魯曉夫懷恨在心的，恐怕還是毛利用他的來訪，把他做成了炮擊金門事件的“後台”。

（二）炮擊金門

炮擊金門至今被中共理論家們吹噓爲什麼了不得的神機妙算。據說，它打破了美國人放弃外島固守臺灣的計畫，因而協助蔣介石挫敗了美國人“一中一台”的陰謀。

這些理論家怎麼就想不到，如今金馬外島仍在臺灣手中，陳水扁當政時也絲毫沒有流露放弃它們的意向，何以它就不能嚇阻台獨分子們？美國至今不贊成台獨，莫非就是因爲金馬還在臺灣治下？

此說隱含的論證前提是：炮擊前，毛澤東已經偵知，蔣介石覺得戰線太長，準備主動放棄金門馬祖，將防守力量收縮到台灣，而這必然助長台灣獨立傾向。阻止這一趨勢的唯一辦法，就是炮擊金馬。只要中共一打炮，蔣介石就會嚇得不敢走了。這是什麼邏輯？能是人類理解的嗎？

其實，毛決定炮擊金門，與阻止台獨和解放臺灣都什麼關係都沒有。它取得的唯一輝煌戰果，就是無端殺死了大量同胞，耗費了無量民脂民膏，充分體現了毛共是一個絲毫不知信譽爲何物的痞子政權，使得中蘇關係急轉直下，最終導致中國同時開罪蘇美，淪爲完全徹底的國際孤兒。

1958 年 7 月，美國出兵黎巴嫩，毛澤東當即決定賭一把，在中央會議上說：美國在中東燒了一把火，我們也在遠東燒一把火，看

---

1 《閻明復回憶錄》，482 頁。

他怎麼辦[1]。7 月 18 日晚，毛召集軍委領導和空軍海軍領導人開會，說我們要以實際行動支援阿拉伯人民的反侵略鬥爭，決定在金門、馬祖地區主要打擊蔣介石，牽制美帝國主義。地面炮兵第一次打 10 萬至 20 萬發，以後每天打 1000 發，準備打兩三個月。24 日，毛澤東批准彭德懷建議，將炮擊日期推延到 27 日。27 日，毛澤東又讓彭德懷將炮擊推遲若干天[2]。8 月 20 日，毛澤東下令對金門國軍予以突然猛烈的打擊並封鎖金門，至於是否登島作戰，視情而定，走一步，看一步[3]。8 月 23 日，共軍突然“萬炮齊發轟金門”，一天之內就向小小的金門島上傾瀉了 47.5 萬發炮彈。

但毛畢竟還是心虛，8 月 25 日，他在中央會議上說：“美國同國民黨訂了共同防禦條約，防禦範圍是否包括金門、馬祖在內，沒有明確規定。美國人是否把這兩個包袱也揹上，還得觀察，打炮的主要目的不是要偵察蔣軍的防禦，而是要偵察美國人，考驗美國人的決心。”[4]

美國人立即顯示了決心。在“八二三炮戰”發生前，隨著局勢惡化，美國空軍就已部署了 5 架 B-47 戰略轟炸機，全都進入戒備狀態。將領們都認為，對共產黨人對離島的任何進攻，美軍都將施以核報復，而總統會批准這一計畫。據此，三軍參謀長聯席會議主席涂偉寧將軍（Air Force Gen. Nathan F. Twining）於 8 月中旬在內閣會議上提出，如果戰爭爆發，美國飛機應該在廈門附近的選定地區投擲 10-15 千噸當量的核彈，但艾森豪威爾否決了這一提案，要將領們

---

1 吳冷西：《文仗和武仗》，《傳記文學》1994 年第 1 期，第 6 頁

2 《彭德懷年譜》，692，694，695 頁，《毛澤東年譜（1949-1976）》第三冊，394 頁

3 《當代中國軍隊的軍事工作》，第 394 頁，中國社會科學出版社。1989 年版。

4 吳冷西：《文仗和武仗》。

使用常規力量[1]。八二三炮戰開始後，艾森豪威爾批准美國海軍為金門的補給船護航，並在台灣海峽大規模展示實力，部署了兩百多架能攜帶核武器的轟炸機。9月4日，國務卿杜勒斯重申美國協防台灣的決心不變，威脅要用戰爭保衛金馬。

美帝的決心偵察出來了，毛只好縮回去。他雖然對李志綏說：最好美國在福建扔個把原子彈，炸死幾十幾百萬人，那樣就更能暴露美帝國主義的本質[2]，但這不過是大話而已。他不知道艾森豪威爾其實已經否決了用核武器對付中國的計畫，只能在最後關頭灰溜溜地退下來。9月7日，毛確定了對美艦為國軍補給船護航的對策，下令："只打蔣艦，不打美艦，如果美艦開火，沒有命令不准還擊。"[3]只許共軍打同胞，對美國人則就是挨了打也不許還手，剝奪了共軍對外國人的自衛權，其"內戰內行，外戰外行"的風骨表現得淋漓盡致。

接下來的任務，是怎麼使出阿Q的精神勝利法來"反敗為勝"，把在與敵人比賽膽量的關鍵時刻軟下來吹成偉大勝利，而毛在這方面確有過人天賦。在10月3日至4日的中央政治局會議上，他指出："對於我們來說，不收復金、馬，並不影響我們建設社會主義。光是金、馬蔣軍，也不至於對福建造成多大的危害。反之，

---

1 Walter Pincus：*Eisenhower Advisers Discussed Using Nuclear Weapons in China*，The Washington Post， April 30， 2008，
http://www.washingtonpost.com/wpdyn/content/article/2008/04/29/AR2008042902563.html

2 Li Zhisui: *The Private Life of Chairman Mao*, Chatto & Windus, 1994, p270. 關於毛希望美國在福建扔下原子彈炸死幾十幾百萬人的話則是他在美國電視文獻片《紅朝》（*Red Dynasty*）中講的。

3 葉飛：《砲擊金門紀實》，團結出版社，1993年，192頁。

如果收復金、馬，或者讓美國人迫使蔣介石從金、馬撤退，我們就少了一個對付美、蔣的憑藉，事實上形成兩個中國。”[1]

10月15日，毛澤東進一步下令：“不管有無美機美艦護航，十月六、七兩日，我軍一炮不發；敵方向我炮擊，我也一炮不還。偃旗息鼓，觀察兩天，再作道理。”[2]

10月21日，毛澤東在中共中央政治局會議上提議，“我們索性宣布，只是單日打炮，雙日不打炮，而且單日只打碼頭、機場，不打島上工事、民房，打也是小打小鬧，實質連小打也不一定打。從軍事上看，這似乎是開玩笑，中外戰史上從未有過，但這是政治仗，政治仗就得這樣打。”[3]

於是金門危機就這樣自動消散了。偉大領袖“反敗為勝”神功當真無以倫比，連色厲內荏、臨事而懼、虎頭蛇尾、不了了之，都可以說成是“反台獨”的“政治仗”。

“政治仗”不假，不過，黨媒至今還在撒謊。炮轟金門與“反台獨”什麼相干都沒有。倒是李志綏大夫一針見血地指出了毛澤東的真實意圖：

> “對毛來說，炮轟金門馬祖純粹是一場演出，一個遊戲，用來向赫魯曉夫和艾森豪威爾表明他是不受控制的，並破壞赫魯曉夫謀求和平的新努力。這遊戲是一場可怕的賭博，它以核戰爭威脅了世界，並讓千萬中國平民蒙受了生命危險 。”[4]

---

[1] 吳冷西：《憶毛主席──我親身經歷的若干重大歷史事件片斷》，新華出版社，1995年第一版，第84頁。

[2] 毛澤東：《關於暫停炮擊和發表<告台灣同胞書>給彭德懷、黃克誠的信》，1958年10月5日、6日，《建國以來毛澤東文稿》第七冊，437頁。

[3] 吳冷西：《憶毛主席》，第89頁。

[4] *The Private Life of Chairman Mao*，p271

今天的讀者不難看出，金正日、金正恩等人隔三差五地“震驚世界”，動機與目的與此一模一樣——北韓與當時的中國一樣，都是被關在聯合國外的國際孤兒，而盟友卻與萬惡美帝眉來眼去，勾勾搭搭，謀求“緩和緊張局勢”。兩家都不甘心被冷落，都要鬧點動靜出來，吸引世界眼球，刷點存在感，表明自己不是盟友可以控制的。兩者的區別僅在於，小鮮肉金三放了個核鞭炮就巧妙離間了他最恨的中韓，讓兩國幾乎為部署薩德導彈打了起來，而毛澤東炮轟金門的結果卻是高效化友為敵。同樣是攪局，反映出來的兩人智力差距真不可以道里計。

赫魯曉夫趕到北京來平息長波電台風波時，做夢也沒想到，毛澤東早在 7 月 18 日就已經決定炮轟金門，但得知赫要來華後就把行動推遲了。赫魯曉夫在京期間，毛澤東對他守口如瓶，後來他在一次黨內會議上承認，與赫魯曉夫見面時“根本沒有談什麼金門問題。如果說了一句話也就算談了，但是一句話也沒有談到。”[1]

赫氏本是祕密來訪，可他走前中方卻提出來要公開歡送他回國。赫魯曉夫只好同意。雙方還發表了會談公報，聲稱雙方對“亞洲、歐洲方面一系列重大問題充分地交換了意見，並且就反對侵略和維護和平所要採取的措施達成了完全一致的協議。”毛對部下說，公報在這個地方是嚇唬美國一下。[2]

赫氏 8 月 4 日離開北京，毛澤東 20 日就下令炮轟金門，他的目的就是要讓美國人以為這次軍事行動是兩人共謀的。這一招非常陰損：既讓赫魯曉夫在美國人眼中成了口是心非的騙子，再不相信他的謀和誠意，又讓美帝在反擊中國時投鼠忌器，顧忌蘇聯的核報復而不敢走得太遠。毛自己也為想出這一損招來自鳴得意，後來見到

1 《十年論戰》，186 頁

2 同上，172-173 頁

赫魯曉夫時忍不住嘲弄對方，說美國人“以為我們在炮打金門問題上達成了協議。其實，那時我們雙方並沒有談這個問題”。[1]

《中蘇友好同盟互助條約》規定，如果一方捲入戰火，另一方就要參戰。毛澤東在採取有可能觸發中美戰爭甚至核戰爭的重大軍事行動前，非但連招呼都不和蘇聯打一個，還玩弄陰謀詭計，欺騙蘇聯與美國，讓美國誤以為這是中蘇共同策劃的行動，將蘇聯綁架在自己冒險的戰車上，天下能有如此不堪信任、不負責任、行動如此輕率滅裂的盟國麼？

最令蘇聯人窩火的還是吃了啞巴虧，有苦說不出。莫斯科明知，如果中美大戰爆發，蘇聯很可能被拖進去，但爲了避免暴露中蘇分歧，他們只能在炮擊發生後宣布堅決支持北京，使得美國人更加認定赫魯曉夫就是這事件的後台[2]。此前蘇美英三國關於禁止核武器試驗的談判好不容易有了實質性進展，至此前功盡棄。

此事就是顛覆中蘇關係的第一個礁石。對中方背信棄義玩弄陰謀詭計的作法，蘇聯人一直耿耿於懷，不但赫魯曉夫後來曾當面質問毛澤東，抱怨說，作為盟友，蘇聯不知道中國明天會做什麼[3]，而且蘇斯洛夫還在中央全會的報告中專門講了此事[4]

真正令蘇聯人魂飛魄散的，還是毛澤東的偉大戰略。9 月 5 日，在杜勒斯作出強硬表態後，蘇聯外交部長葛羅米柯趕往北京，與毛緊急磋商對策。毛對他說，如果美國用核彈轟炸中國，中國軍隊就要遠遠撤入內地，將美軍誘入中國本土。一旦美軍進入中國本土，

---

[1] 《毛澤東年譜（1949-1976）》，第四冊，186 頁。

[2] William Taubman: *Khrushchev: The Man and His Era*, p392, , Note148。

[3] 《中蘇關係史綱》，235 頁

[4] 蘇斯洛夫 1959 年 12 月 26 日在中央全會上的報告，轉引自 William Taubman: *Khrushchev: The Man and His Era*, p392, Note 147.

蘇聯人就應該把所有的核武器都扔到中國來，徹底消滅美軍。葛氏被這偉大戰略嚇得靈魂出竅，禮貌地拒絕了這一建議。[1]

至此，毛澤東向唯一強有力的盟國證明了自己毫無起碼的信譽感與責任心，連攻守同盟都不信守，什麼不負責任的事都能幹出來，甚至爲了消滅美軍不惜用核武器毀滅大量本國人民，還在各國共産黨工人黨會議上展示以核戰爭消滅一半人口換來共産主義在全球勝利的壯麗藍圖，人家怎麼還敢履行原來的核武器協議？次年 6 月 20 日，蘇共中央致函中共中央，通知蘇聯停止供應中國原子彈樣品和生產原子彈的技術資料。

因此，金門危機乃是毛氏大愚似詐的龜孫子兵法的典型範例，讓人知道了“又壞又蠢”是什麼意思。毛澤東雖然一時攪了蘇美接近的局，換來的卻是化盟國為死敵，最終嚴重危及了中國的國防安全。

然而毛澤東卻把這看成了他個人的偉大勝利，1959 年 12 月，他志得意滿地說：“金門打炮事件，嚇壞了我們的朋友。”“他（赫魯曉夫）對中國極為恐慌，恐慌之至。”[2]在這種“革命樂觀主義精神”鼓舞下，中蘇關係當然只會最終徹底破裂。

（三）“三面紅旗”與中印衝突

1958 年，毛澤東推出了三面紅旗——“總路線”、“大躍進”與人民公社。這是他平生又一得意之筆。他深信自己解決了斯大林沒有解決的問題，“大躍進”能極大地解放生產力，加快社會主義建設，而人民公社則是社會主義過渡到共產主義的最好形式[3]。這些

---

[1] 同上，Note 149。

[2] 毛澤東：《關於國際形勢的講話提綱》，（一九五九年十二月），《建國以來毛澤東文稿》，第八冊，600，601 頁

[3] 《毛澤東讀社會主義政治經濟學批註和談話》，電子書。

偉大創舉是他對馬列主義的偉大貢獻，將為全人類指明發展方向，奠定他作為教主的理論權威地位。

對中國同志的新發明，蘇聯方面一開頭還是熱情支持的。但蘇方畢竟在中國有許多專家，消息靈通，很快就發現了真情。蘇方媒體先保持禮貌的沉默，既不讚揚，也不批評。但這策略難乎為繼，蘇方最後還是不得不對這些"新生事物"表態，講出了真話。

前文解釋過，共產國家無內部主權可言，只能按教主制定的統一模式運作，偏離這一模式就是叛教（所謂"修正主義"）。毛澤東發明了新模式，自然要竭力向其他社會主義國家推銷，使之成為新的統一模式，因此赫魯曉夫不得不打破沉默。他在回憶錄中說：

> "我必須承認，我們當時很害怕中國人的這套做法，他們企圖讓我們採納他們的口號和政策。由於情況變得越來越糟糕，我們不能再繼續保持沉默了。我們不得不站出來講話——不是反對中國和'大躍進'本身（這是他們自己內部問題，和我們無關），而是反對把他們的座右銘照搬到我們蘇聯自己的條件中來。"

所謂"情況變得越來越糟糕"，是指中國的宣傳不僅蠱惑了西伯利亞某些黨委，而且引起了保加利亞效法。該國也開始"大躍進"並擴大集體農莊，搞得幾乎破產，只好求老大哥掏錢把他們救出來。如果其他共黨國家群起效法，勢必要嚴重拖累蘇聯。於是赫魯曉夫只好在 1959 年 1 月召開的蘇共 21 大上指出，"社會不能夠不經過社會主義發展階段就從資本主義跳躍到共產主義"，"過早過渡到按需分配，就會損害共產主義建設事業"[1]。他雖然沒有點名，但這些話分明是針對中共狂熱宣傳的當頭棒喝。

---

[1] 《最後的遺言》，423-425 頁；《閻明復回憶錄》，521 頁

實際上，赫魯曉夫已經是盡可能迴避直接評論這問題了，但共產陣營的宗教屬性決定了這是不可能的。半年後，當在波蘭的群眾集會上被問到對中國人民公社的看法時，他避開了直接回答，卻說當年蘇俄內戰結束後也辦過公社，但因為不具備物質條件和政治條件，許多公社都沒什麼成績。[1]

這個講話為毛得知時，恰在廬山會議期間。它激起了毛強烈的逆反心理，毛當即宣佈：

> "一個百花齊放，一個人民公社，一個大躍進，這三件，赫魯曉夫們是反對的，或者是懷疑的。我看他們是處於被動了，我們非常主動，……這三件要向全世界作戰，包括黨內大批反對派和懷疑派。"[2]

更嚴重的是，它觸發了毛澤東的妄想情結。在他的病態幻想中，赫魯曉夫成了彭德懷等人的後台："高饒餘孽又在朋友支持下進行了一次顛覆活動。"[3] 本來只是黨際間意見分歧，如今卻被歪曲放大成了國際間的顛覆活動，帶上了你死我活的權力鬥爭色彩。到了這一步，關係進一步惡化就難以逆轉了。

此後不久發生的中印邊界衝突更加深了毛的怨恨。8 月 25 日，印軍越過"麥克馬洪線"，引起了武裝衝突。9 月 10 日，塔斯社以中立態度發表聲明，表示中印武裝衝突是可悲的，蘇聯不能不對此事件表示遺憾[4]。

蘇聯採取這一立場毫不足怪——蘇印關係一直很好，而且印度總理尼赫魯在世界上享有崇高威望。如果蘇聯跟著中國譴責印度，

---

[1] 《毛澤東年譜（1949-1976）》第四冊，125 頁

[2] 同上。

[3] 毛澤東：《關於國際形勢的講話提綱》，（一九五九年十二月），《建國以來毛澤東文稿》，第八冊，600 頁

[4] 《閻明復回憶錄》530 頁。

就可能喪失其在第三世界的許多朋友，將它們推到美國懷抱中去。再說，偽裝中立是斯大林慣用的策略。不但中共執政前他裝成與中共毫無相干，就連在朝鮮戰爭中，蘇聯也一直偽裝成中立國。毛澤東對此從無異議。

但是對毛來說，斯大林能幹的，赫魯曉夫絕不能幹，幹了就是出賣盟國。中共不但認為塔斯社這一聲明偏袒印度，責備中國，更把它和赫魯曉夫 1959 年 9 月訪美聯繫起來，認為這個聲明以及蘇聯停止向中國提供原子彈樣品，是赫魯曉夫送給艾森豪威爾的兩份見面禮[1]。把尼赫魯看成美國走狗，這種笑話也只有中共鬧得出來。

中方的積怨在赫魯曉夫第三次訪華時便爆發出來。1959 年 9 月 30 日，赫魯曉夫在結束訪美之後，來華參加中共建國十週年慶典。10 月 2 日，雙方舉行會談，處處話不投機。赫魯曉夫想緩和國際緊張局勢，向中方先後提了三條建議：釋放被囚的美國僑民以及美軍飛行員；緩和台海緊張局勢；與印度修好，而中方認為他代美國人作說客，遷就印度人，把所有建議都毫不客氣地頂了回去。

赫魯曉夫開頭覺得很委屈，一再呼籲對方不要唱高調，停止搶佔道義制高點：“同志們，你們這是怎麼了，不能再這樣子談，我們談的是策略問題，你們一股勁用原則問題來回答我們。”“毛澤東同志使得我們很難堪，好像我們是在替美國人說話似的。”但中方倚多為勝，實行車輪戰法。當陳毅罵他遷就尼赫魯時，他勃然大怒，與陳毅吵得不可開交，雙方不歡而散。赫魯曉夫一怒之下，提前回國去了。[2]

---

[1] 《十年論戰》，332 頁。

[2] 關於會談經過，《毛澤東年譜（1949-1976）》第四冊（193-198 頁）、吳冷西《十年論戰》（221-227 頁）、《閻明復回憶錄》（536-538 頁）和李越然《中蘇外交親歷記》（192-195 頁）都有介紹，大體一致，細節有出入。例如《年

據蘇方人員說，這事給赫魯曉夫很大的打擊。他過後喊道：“到底出了什麼事？我真想不明白。”歸家路上他一直鬱鬱寡歡。當他在海參崴登上一艘驅逐艦時，迎接他的軍官大吃一驚：“無論是在身體上還是精神上，赫魯曉夫都不再是我們在電視上見慣了的那個精神振奮、充滿活力而又有幽默感的人。當他登上軍艦時，他顯得垂頭喪氣、冷漠和悶悶不樂。”[1]

此刻最困擾赫魯曉夫的，恐怕還不是他預感到蘇聯即將失去最主要的盟國，更是“愛人贈我玫瑰花，回她什麼：赤練蛇”引起的困惑。到死他都沒參透毛澤東的心理，以為斯大林那套帝國主義政策終將導致中蘇不和，只要他反其道而行之，就能換來毛澤東投桃報李，卻不知道斯大林那套才是贏得毛澤東敬畏的正道。“天無二日，國無二主”，共產陣營內無平等可言，只有君臣關係。正因為他想結束這種他認為不正常的關係，才煽起了毛澤東的不臣之心。

對毛澤東來說，這當然是階級鬥爭的又一次大捷。同年 12 月 2 日，他在政治局擴大會議上說，中共與赫魯曉夫的分歧“實際上是一種階級鬥爭”[2]。同月，在總結國際形勢時，他把赫魯曉夫劃入反華陣營：“我們朋友與帝國主義、反動民族主義和鐵托修正主義組織一次反華大合唱。”意氣風發地寫下：“他對中國極為恐慌，恐慌之至。他有兩大怕：一怕帝國主義。二怕中國的共產主義。他怕東歐各黨和世界各共產黨不相信他們而相信我們。”斷言中國行將

譜》說是毛澤東罵赫魯曉夫“還就”，其餘諸本都說是陳毅罵的，李越然說毛罵赫魯曉夫“右傾機會主義”，而其餘諸本無此記載。

[1] William Taubman：*Khrushchev: The Man and His Era*， pp394-395，，Note160。

[2] 《毛澤東年譜（1949-1976）》第四冊，243 頁。

成為國際共運指導中心："馬克思主義、列寧主義大發展在中國，這是毫無疑義的。"[1]

（四）惡性互動

以赫魯曉夫 1959 年訪華為契機，中蘇雙方進入惡性互動怪圈，關係急轉直下，從兩黨意識形態分歧迅速升級到兩國關係惡化。這也是必然的，前文反復指出，共產國家信奉的意識形態既是內政，又是外交。因此，意識形態上的分歧必然導致外交上的衝突與內政上的互相干涉，最終惡化為全面衝突。

赫魯曉夫走後，中共隨即開始在全球範圍內收買嘍囉。蘇聯專家米哈伊爾·科洛奇科寫下了他在 1960 年 3 月間在北京的觀感：

> "來自地球上每個角落——日本、塞浦路斯、英國、澳大利亞，更不用說社會主義陣營了——的代表團每天來了又去了。人民共和國的統治者不去解決自家人民的吃穿問題，不去提高中國人民的物質和文化生活水平，卻試圖在世界範圍內玩政治，把大量金錢耗費在這遊戲上。"[2]

中共更在國際舞台上兩次對蘇聯發動突然襲擊，使得意識形態分歧上升為外交對抗。

1960 年 1 月 8 日，赫魯曉夫向中方通報，蘇聯準備單方面裁軍 120 萬人，中共回覆赫魯曉夫表示"中國共產黨中央委員會支持蘇聯採取這一有利於爭取世界和平、反對帝國主義擴軍備戰的鬥爭的步驟"，中共觀察員卻又在隨後召開的華沙條約國會議上發表講話，隱晦攻擊蘇聯的和平共處路線，並宣佈沒有中國代表參加和簽字的

---

[1] 毛澤東：《關於國際形勢的講話提綱》，（一九五九年十二月），《建國以來毛澤東文稿》，第八冊，600，601 頁

[2] Mikhail A.Klochko: *Soviet Scientist in China*, p117.

裁軍協議以及其他一切國際協議，都對中國沒有任何約束力。事後中國單方面發表了這個講話。這突如其來的公開攪局令赫魯曉夫非常生氣，以致他在會議結束的宴會上不點名地辱罵毛澤東是“破套鞋”。

更令莫斯科惱怒的是北京公開搶奪世界工運的領導權。1960年6月5-9日，世界工會聯合會理事會在北京召開第十一次會議。中國代表團先是召集 17 個國家共產黨、工人黨代表的座談會，試圖“糾正赫魯曉夫的錯誤”，按中共的觀點寫出大會報告與決議。在遭到東歐國家的抵制後，中國代表團竟然違反共產黨“內外有別”的“組織原則”，把爭論擴大到有許多非黨成員參加的理事大會和委員會中去，周恩來還在宴請全體代表時公開號召“徹底揭穿現代修正主義者的叛徒面目”，將中蘇分歧首次暴露在西方世界之前。[1]

中共甚至把手伸到東歐去，挖老大哥墻角。1960年6月4日，劉少奇接見阿爾巴尼亞訪華團，向他們披露了中蘇分歧。代表團員貝利紹娃過後連夜趕到蘇聯大使館，將劉的談話內容告訴蘇方。事後，代表團長列希經蘇聯回國，在莫斯科住院治病。蘇方派人去醫院問他，列希嚇得立即逃回國去，引起蘇方懷疑。此後霍查處決了貝利紹娃，清洗了黨內的親蘇派，蘇阿關係由此開始惡化[2]。

與此同時，中共開始叫賣“毛氏香腸”，公開搶奪共運話語權。1960 年 4 月 22 日，借紀念列寧 90 誕辰，中共媒體推出三篇文章，大罵“修正主義由害怕戰爭進而害怕革命，由自己不想革命進而反對人家革命”。這三篇文章印成題為《列寧主義萬歲》的小冊子，以多種外語發行[3]。

---

[1] 以上據《毛澤東年譜（1949-1976）》第四卷，307 頁；《中蘇關係史綱》，257-259，274-278 頁。

[2] 《閻明復回憶錄》555-556 頁；《最後的遺言》，409-411 頁。

[3] 《十年論戰》，258-265 頁。

中共還向在華蘇聯專家大量散發這本小冊子，以致蘇聯專家科洛奇科收到了兩本。蘇聯大使館人員為此查問所有專家是否收到並看過這本小冊子，海關人員也以類似問題查問每個歸國公民。在科洛奇科看來，這本小冊子引起蘇聯當局的憤怒，倒不是因為它"其愚蠢很容易看出的內容"，而是因為"它代表了中國政府鼓吹與蘇聯不同的觀點的首次公開嘗試"[1]。實際上，蘇聯當局的憤怒並不止此，它更把中國政府向蘇聯公民散發這本小冊子看成了顛覆行為（詳後）。這也沒怎麼冤枉中國政府——動用國家宣傳機器向蘇聯公民詆毀他們的領導，企圖喚起他們的共鳴，當然可以視為顛覆活動，至少是蘇維埃法學意義上的。

散發對象並不限於蘇聯公民。蘇聯人發現，"這些文章被譯成外文，匆忙通過各共產黨的上層領導寄往保加利亞、羅馬尼亞、捷克斯洛伐克、民主德國、朝鮮民主主義人民共和國以及資本主義國家"，由此得出結論："中國同志想做國際共產主義運動的導師和輔導員，企圖證明他們中國的觀點是唯一正確的馬克思列寧主義的觀點。"[2]

實際上，毛澤東的心事已經是路人皆知了，就連蘇聯駐華使館的一個年輕工作人員也對科洛奇科罵道："在國際政策中他們對我們玩弄陰謀詭計！看來他們想當社會主義陣營的領袖！什麼領袖！他們在挨餓，還想領導！"[3]

中共對蘇聯專家的態度也急劇惡化了。科洛奇科首次來華是1958年，當時受到了頭頭們的熱烈歡迎。但他於1960年3月再次來華時，去機場迎接的只有一個普通工作人員。他熟悉的中國同事都

---

1 Mikhail A.Klochko: *Soviet Scientist in China*, pp137-138.

2 科茲洛夫關於布加勒斯特會議給蘇共中央的報告，1960年7月13日，轉引自《中蘇關係史綱》，265頁。

3 *Soviet Scientist in China*, p165.

消失不見了，其中包括原來的翻譯。新來的翻譯非但不稱職，而且態度粗魯，經常不敲門就闖進房間，未經許可就拿走他的文件或書籍，還要堅持陪同他到一切地方去。有次科洛奇科獨自到賓館附近買書報，過後就遭到他的粗暴審問。科洛奇科認識的蘇聯專家們對他說，自 1959 年後期開始，他們就再不能獨自在城裡散步，走出賓館都必須由翻譯陪同。如果有人獨自上街，就會有汽車開來截住，或是把他帶到他要去的地方，或是把他送回旅館。許多專家的信件被拆閱，談話被竊聽。[1]

蘇聯很快做出反擊，1960 年 6 月 22 日，赫魯曉夫在布加勒斯特與出席羅馬尼亞黨三大的彭真等人會談。他除了指責中共單方面公佈在華沙條約國會議上的講話暴露了中蘇分歧與軍事機密；在世界工聯會議上“進行反蘇活動”；在東歐國家散發文件，試圖“爭奪國際共運的領導”之外，還全面批評了中共的內政外交，而且說得非常犀利準確。例如他說，你們搞總路線、大躍進、人民公社，可是人民沒有褲子穿，窮得要命。你們搞“百花齊放，百家爭鳴”，現在怎麼樣，還放不放？他還說，毛澤東不懂現代戰爭，動輒就算中國有多少人多少民兵，絲毫不懂在現代戰爭條件下，那些人不過是一堆肉。毛澤東總是宣揚不怕戰爭，說什麼死幾億人還有幾億人建設社會主義，說這種話的人應該被認為是瘋子。現代戰爭如果打起來，能活下來的人恐怕也會因殘廢而死。[2]

這些話一出口，毛澤東就再不會原諒赫魯曉夫了。百花齊放、大躍進、人民公社都是毛澤東平生得意之筆，此前他曾宣稱要為它們“向全世界作戰”。如果赫魯曉夫是誣蔑也倒罷了，毛澤東還可以居高臨下地認為他是嫉妒與恐慌。偏偏他罵的句句是事實，句句戳在毛的最痛處，讓偉大導師情何以堪？

---

[1] Ibid, pp143-145, p163.

[2] 《閻明復回憶錄》，561-562 頁。

在隨後召開的社會主義國家黨代表會議以及 51 個國家黨代表會議上，絕大多數黨譴責了中共，只有阿爾巴尼亞黨表示不宜在這種會議上討論中蘇分歧。大會最後通過的公報完全是按蘇聯人的調子寫的。然而中共代表團卻搞了個小動作：他們在公報上簽了字，同時卻又向其他共產國家代表散發了一個聲明，嚴厲譴責赫魯曉夫濫用蘇共威信，極端粗暴把自己的意志強加於人。過後代表團還自鳴得意，認為給了赫魯曉夫“一記悶棍”[1]。

中共首次指名道姓攻擊赫魯曉夫，激起了他的強烈反彈。他把這看成是離間他與蘇共中央的顛覆行為，說中共批評他是機會主義者，已經不是共產黨員了，還把他和蘇共中央分開，不是蘇共中央而是他，如果不是赫魯曉夫，那就什麼都好了，“這是反對赫魯曉夫有分量的文件……我是要回答你們的”。[2]

回答很快就來了。7 月 16 日，蘇共中央通知中共中央，擬在 7 月 28 日到 9 月 1 日期間撤走全部在華專家。[3]

筆者從未見到中方公佈雙方有關照會，但據蘇聯專家科洛奇科說，中方向每個蘇聯專家都宣讀了蘇方照會與中方回覆。蘇方照會給出的理由是：中方不聽從蘇聯專家的技術建議，卻反其道而行之；中方常常藐視蘇聯專家的建議，劃掉、撕毀或扔掉他們提供的技術規程；中方監視和竊聽蘇聯專家，搜查他們的物品，拆開他們的郵件，給他們造成了無法容忍的環境和痛苦的心理壓力；有的專家遭到侮辱甚至攻擊，表明中國當局沒有為他們提供充分保護。而中方覆照則逐條駁斥了這些指控。[4]

---

1 《閻明復回憶錄》，579 頁；《十年論戰》，295 頁。

2 《閻明復回憶錄》，582 頁。

3 《十年論戰》，335 頁。

4 *Soviet Scientist in China*， pp163-163

這些指控起碼有部分是真實的。自大躍進開始，毛澤東號召“破除迷信、解放思想”以後，誰還敢尊重蘇聯專家的建議，遵守他們提供的技術規程，就有可能變成“白旗”。連蘇聯的“馬鋼憲法”都被毛澤東批判，何況是一般的專家建議？其他指控也不是毫無根據。科洛奇科披露，確有蘇聯專家遭到侮辱或攻擊，不過那主要發生在 1956-1957 年間，而且中方還是盡力保護他們了。他也證實了中方監視、竊聽、搜查蘇聯專家。不過他說，據他所知，蘇方也曾根據專家的推薦招募中國特務。而且，蘇聯應該先提請中國注意，不能不經警告突然撕毀協議。他認識的專家無一認同蘇聯政府這種做法。

蘇聯駐華大使契爾沃年科在黨員會議上解釋了蘇共中央為何決定撤走專家。他先重複了蘇方照會上的那些指控，並指責中方向蘇聯專家搞顛覆性宣傳，諸如散發《列寧主義萬歲》和披露雙方的照會。然後重複了赫魯曉夫與彭真等人會談時說的話。他還抨擊了中方不斷邀請亞非拉國家訪華，由毛澤東接見，開辦學習班，組織討論會，向他們灌輸毛的路線，聲稱中國在幫助他們推翻殖民統治中起到了主要作用，並拉攏阿爾巴尼亞、朝鮮、越南等國，想當社會主義陣營以及世界革命的領袖。鑒於中共構成了對它本身以及對國際共運的巨大危險，蘇聯被迫召回自己的專家，給中共一個思過與改過的機會。[1]

撤走專家當然是背信棄義的爛事，不過，中國後來對阿爾巴尼亞做了一模一樣的爛事，此後便再無道義資格指責老大哥。此舉對中國的經濟的打擊也沒有中方宣傳的那麼嚴重。大躍進使得國民經濟破產，再無能力搞工業建設了。即使蘇聯人不撤，中國也只會讓

[1] Ibid，pp163-164，166-170

那些大型企業下馬。因此，真正受到影響的，恐怕只有與國計民生無關的原子彈工程和其他少數軍工企業。

此事被毛澤東嫻熟地用來煽起普遍的悲情氣氛。宣傳部門立即推出了話劇《膽劍篇》，用勾踐的榜樣來鼓勵全國人民“臥薪嘗膽，發憤圖強”。老大哥更因此方便地當上了替罪羊。人民被告知，大饑荒之所以發生，是因為“蘇修逼債卡脖子”。這個謠是毛澤東造出來的。1964 年 7 月 16 日，毛澤東在會見巴基斯坦商業部部長時對他說，後來蘇聯撤走專家，撕毀合同，我們沒有別的辦法，只有靠自己。蘇聯還逼我們還債，到明年可以還清。[1]

實際上，蘇修從未逼過債。提前還清欠債是中方決定。在接到蘇方決定撤走專家的通知後，政治局討論了欠債問題。周恩來說欠債 80 億元，過去每年還 5 億，需要 16 年還清，如果每年還 8 億，需時 10 年。“政治局會議討論後決定，要爭取 5 年還清，要號召各部門、各省勒緊腰帶，要爭這口氣”[2]。所以，為了給毛澤東爭面子，在哀鴻遍野之際，全國人民還被迫勒緊腰帶，每年多還出 11 億元來。

蘇修非但沒有逼債卡脖子，還在 1961 年 2-3 月間兩次主動向中國提議，以貸款形式向中國提供 100 萬噸糧食和 59 萬噸糖，並且同意把 100 萬噸糧食留作中國的後備。對此中國政府不得不表示：“我們再一次感謝蘇共中央所表示的這種國際主義的關懷和好意。”[3] 1961 年 4 月，蘇方更主動提出，中國在 1960 年前的 10 億貿易欠款可在 5 年內分期償還，中方借用的 50 萬噸蔗糖的欠款，可以在 1967 年以前償還，這兩筆欠款均不計利息。[4]

---

1 《毛澤東年譜（1949-1976）》第五卷，376 頁。

2 《十年論戰》，336-337 頁。

3 《毛澤東年譜（1949-1976）》第四卷，569 頁。

4 《閻明復回憶錄》，709 頁。

蘇聯的反擊使得毛澤東當世界領袖的決心更堅定，1960 年 9 月 1 日，他批轉的黑龍江省委傳達北戴河會議精神的報告宣稱：

> “布加勒斯特會議是以赫魯曉夫為首的現代修正主義者處心積慮準備的一個大陰謀，是他們企圖打擊我黨的整個陰謀活動中的一個步驟。”“對現代修正主義者的鬥爭將是長期的、複雜的和艱巨的，但現代修正主義者是注定要失敗的，他們不可能擔當起指導國際革命運動的職責，革命的重心已移向亞非拉，革命的指導中心已移到中國，我黨應把國際共產主義運動的領導責任擔當起來。”[1]

（五）公開論戰

毛澤東雖然野心勃勃，但“三面紅旗”卻使得中國經濟全面崩潰，人民陷入大饑荒中。為避免內外交困，他只得暫時壓下野心，與蘇聯妥協。蘇方也不想再鬧下去，兩黨之間暫時出現了緩和。

1960 年 11 月 5 日，劉少奇率黨政代表團參加蘇聯十月革命慶典。中共代表團受到了蘇方的熱烈歡迎，在紅場舉行慶典時，赫魯曉夫讓劉少奇第一個登上列寧墓，他自己走在劉的後面，盡足了東道主的禮數。

11 月 10 日，81 個國家黨代表大會在莫斯科召開。在大會上，赫魯曉夫談了國際形勢、社會主義國家對外總路線等問題，強調了蘇共的主張。儘管他沒有提到中共，中共卻將此視為挑起爭論並組織對中共的圍攻，於是鄧小平發言點名批判赫魯曉夫。吳冷西承認：“我們的調子比赫魯曉夫高八度，他沒有指名，我們公開指名，把問題揭開了。所以各代表團反應很強烈。”

---

1 《建國以來毛澤東文稿》，第九冊，282 頁

這突然襲擊“對會議震動很大”，致使大會分裂，代表們吵作一團。在會上發言的 77 個黨代表中，51 個黨完全同意蘇共，15 個黨中立，同意中共的僅有 11 個黨。會議面臨破裂的危險，以致胡志明等人不得不發起請願團，請中蘇停戰。

為避免大會破裂，中蘇雙方在最後一刻作了讓步，蘇方同意在大會通過的《莫斯科聲明》中刪去影射中國的“民族共產主義”、“宗派活動”的話語，而中方同意照抄 1957 年通過的《莫斯科宣言》中肯定蘇共 20 大的段落。鄧小平更與蘇斯洛夫達成協議，以後中蘇雙方不在報刊上進行點名或不點名的論戰，有不同意見由兩黨內部談判解決。會後劉少奇對蘇聯進行了國事訪問，所到之處受到盛大歡迎。[1]

此後蘇方有意向中國示好，不但主動提出借糧借糖給中國，還向中國提供了米格 21 殲擊機。中共忙於應付大躍進造成的災難，也顧不上再去惹事生非，中蘇關係進入短暫的緩和期。

可惜好景不長，1961 年 8 月間，蘇共中央發表了擬在蘇共 22 大討論通過的《蘇共綱領草案》，提出了蘇共是“全民黨”、蘇聯是“全民國家”的主張。

這本是蘇聯內政，毛澤東卻把它看成是赫魯曉夫對他的“挑戰”，他在政治局常委會上說，赫魯曉夫“背叛馬列主義，已經對馬列主義發動進攻，對社會主義國家發動進攻，首先對阿爾巴尼亞進攻，這些是不可調和的對抗性矛盾”。這些話將兩黨分歧定為敵我矛盾，預示了中蘇最後成為死敵的前景。不過當時中國經濟尚未恢復，毛澤東決定盡量推遲破裂，“爭取時間把我們國內搞好”[2]。

本著這種“臥薪嘗膽”的精神，周恩來率代表團參加了 10 月間召開的蘇共 22 大。赫魯曉夫親自到機場迎接，一直送到別墅，非常

---

1 《十年論戰》，371-373 頁，381-428，430-438 頁

2 同上，465-467 頁。

客氣。在大會上，蘇方信守協議，沒有批評中共，但嚴厲譴責了阿爾巴尼亞，並通過了將斯大林遺體遷出列寧墓的決議。周恩來只是在發言中反對“對任何一個兄弟黨進行公開的片面的指責”，“把兄弟黨、兄弟國家之間的分歧暴露在敵人面前”，然後提前回國，以示委婉抗議，沒有與蘇方爭吵。[1]

前已述及，蘇阿破裂，是中共挖老大哥墻角的結果。在布加勒斯特與莫斯科會議上，阿爾巴尼亞黨都站在中共一邊，雙方關係更加惡化。阿爾巴尼亞因中共的“派別活動”被整肅，北京自然不能坐視，不但公開發表了阿共中央的聲明，而且在報上盛讚該國“一手拿鎬，一手拿槍”的革命精神。我當時才剛上初二，但也從中看出了中共與蘇共截然不同的態度。

在黨內，中共就不再遮掩了。周恩來在中央機關幹部會議上聲稱：“中國共產黨與蘇聯共產黨之間的分歧具有原則上的性質，在中蘇兩黨的思想鬥爭中出現了一個‘誰戰勝誰’的問題，中國共產黨永遠也不會放棄自己的立場，並將把這種立場堅持到底。”[2] 這話重申了毛“不可調和的對抗性矛盾”的定性，表明中蘇分歧只能以蘇方投降的方式解決。

本書《謀略家》卷已經講過，大饑荒使得毛澤東的威望跌到谷底。在 1962 年初召開的“七千人大會”上，“三面紅旗”受到了若隱若現的質疑。於是他內掛外聯，把大饑荒引起的這些自然反應和赫魯曉夫聯繫起來，以為國內外階級敵人串通起來“要推翻我們”，迅速作出反擊。9 月 24 日，他在八屆十中全會開幕式上號召“年年講，月月講，天天講”階級和階級鬥爭，還言之鑿鑿地警告：

---

1 同上，469，472 頁。

2 《周恩來年譜》中卷，442 頁。

> “在我們中國人民也有同國內修正主義的矛盾。”“我勸一些同志，無論是裡通外國也好，搞祕密反黨小集團也好，只要把自己那一套端出來，誠實地向黨承認錯誤，我們就歡迎他，決不採取不理他的態度，更不採取殺人的態度。”[1]

從此，“赫魯曉夫”這個詞就異化為黨宣傳的抽象標籤，黨內權力鬥爭的工具，妖魔化政敵的罪名，與現實中的赫魯曉夫再無相干，而中共“反修鬥爭”的鋒芒也開始轉為內向，按照“不殺鬼子殺‘漢奸’”的“以夷制華”傳統套路，演變為淋漓酣暢的內鬥。到此地步，毛就徹底封死了與蘇聯和好的一切可能，而黨內也再不會有人敢於主張與蘇妥協了。

此後不久，中蘇關係又開始急劇惡化。赫魯曉夫本來就為中共支持阿爾巴尼亞不快，中方在加勒比海危機中的喧囂更激怒了他。

1962 年 10 月間，美國發現蘇聯把核導彈祕密運入古巴，採取了反制措施，加勒比海危機爆發。中共開頭巴不得蘇聯跟美國幹起來，特地在 10 月 25 日發表政府聲明，表示完全支持蘇聯政府立場[2]。後來見到蘇聯撤走導彈，不禁大失所望，黨媒上盡是指桑罵槐的文章，以曲筆指責赫魯曉夫貪生怕死，出賣了英雄的古巴人民。

待到後來公開大論戰爆發，中共竟然方便地“忘了”當初支持蘇聯立場的聲明，聲稱把導彈運入古巴是冒險主義，撤出古巴則是投降主義。我至今猶記中共的質問：“既然當初要把導彈運進去，為什麼後來要撤出來？！既然後來把導彈撤出來，為什麼當初要運進去？！”當時只覺得字字擲地有聲，覺醒後才悟出，只有喪心病狂者才會作此質問：就算當初是冒險吧，不撤出來，不實行“逃跑主義”，難道打核大戰？

---

[1] 同上，152 頁。

[2] 《中蘇關係史綱》，323 頁。

這類宣傳激起了歐美共產黨人的反感。1962年11月-1963年1月間，保加利亞、匈牙利、捷克斯洛伐克、意大利以及東德相繼召開黨代表大會，紛紛譴責阿爾巴尼亞並影射中國。此時中共分裂國際共運已經初見成效，有了幾個小嘍囉，國民經濟也有所恢復，於是就公開應戰。從 1962 年 12 月 15 日至 1963 年 3 月 8 日，《人民日報》與《紅旗》雜誌陸續推出七篇文章，批判了捷克斯洛伐克、法國、意大利、美國等國的共產黨。

1963 年 2 月 21 日，蘇共中央致函中共中央，提議兩黨停止論戰並共同籌備召開兄弟黨國際會議，中共中央表面上覆信讚同，劉少奇卻在審定覆信的政治局會議上說，對我們來講，公開論戰好處很大，形式上是防禦性的，實質上是進攻性的，揭露了現代修正主義的真面目[1]。

本著“後發制人”的進攻精神，中共中央抓住蘇共中央 3 月 30 日來信提到“制定國際共運總路線”，在 6 月 14 日作了公開回覆，發表了《關於國際共產主義運動總路線的建議》，“這樣，在全世界共產黨人面前，在全世界人民面前，就明擺著兩條關於國際共產主義運動的總路線”[2]，正式另立門戶，與莫斯科分庭抗禮。

同樣本著這種精神，中共中央以蘇共中央在 7 月 14 日發表的《給蘇聯各級黨組織和全體共產黨員的公開信》為靶子，從 1963 年 9 月 6 日到 1964 年 7 月 14 日，“由《人民日報》編輯部和《紅旗》雜誌編輯部署名，相繼發表九篇評論蘇共中央公開信的文章，指名批駁赫魯曉夫修正主義，中蘇兩黨展開了公開論戰”。

1963年11月29日，蘇共中央致函中共中央，提出發展兩國貿易以及談判邊界問題，並再次建議兩黨停止公開爭論。毛澤東卻認為，蘇共中央這封信是逼出來的。現在總的形勢是赫魯曉夫在走下

---

1 《十年論戰》，554 頁。

2 同上，591 頁。

坡路，正是展開全面反攻的時候，情況對我們非常有利。我們不急於回覆他們這封來信，更不同意停止公開論戰，召開國際會議更談不上。[1]

毛澤東此時志得意滿，正如當年他在共軍過江前寫《評戰犯求和》一般。1964 年 2 月 28 日，政治局常委在得知羅馬尼亞黨即將來華勸說中共停止論戰後，決定寸步不讓。據此，劉少奇在會見羅馬尼亞代表團時說，40 多個黨做了反華決議，只有他們宣佈撤銷這些決議、承認錯誤，我們才能停止公開論戰。毛澤東在會見代表團時重申了這一前提。齊奧塞斯庫指出，公開論戰給沒有執政的黨帶來不可彌補的損失，分散他們的力量，搞垮了他們組織，許多在艱苦條件下進行地下工作的共產黨人不得不為此付出生命代價。毛澤東無動於衷，說不是我們欠了他們的債，而是他們欠了我們的債。[2]

於是公開論戰就繼續下去，直到赫魯曉夫在 10 月 14 日下臺，由勃列日涅夫與柯西金分別接替他的第一書記與部長會議主席職務。毛澤東把此事看成是他個人的偉大勝利，在政治局常委會上說，“我們只有九篇文章，就把赫魯曉夫打倒了。”[3]

為了“推動蘇共新領導改弦更張”，中共派周恩來去莫斯科參加十月革命慶典。在 11 月 7 日晚的宴會上，蘇聯國防部長馬利諾夫斯基對賀龍說：“我們已經把赫魯曉夫搞掉了，而你們要把毛搞掉，才能友好。”周恩來當即對勃列日涅夫作出強烈抗議並退席。

次日勃列日涅夫等人登門拜會，周恩來再次提出強烈抗議，勃列日涅夫代表蘇共中央作了道歉，並聲稱與馬利諾夫斯基劃清界限。9-12 日，雙方舉行會談。周恩來聲稱，蘇方提出的兄弟黨會議

---

1 《毛澤東年譜（1949-1976）》第五卷，303-304 頁。

2 《毛澤東年譜（1949-1976）》第五卷，319 頁；《十年論戰》，710-711，718-720 頁

3 《十年論戰》，871 頁。

是非法的分裂會議，中國不參加，並奉勸蘇方懸崖勒馬；停止論戰的前提是：蘇方放棄赫魯曉夫的路線，解決雙方的基本原則分歧，達成公平協議。蘇方無法接受這些條件，會談不歡而散[1]。時任柯西金外事助理的特羅揚諾夫斯基說："儘管勃列日涅夫和其他領導人真誠地關心使我國同北京的關係正常化，但是他們不能做出看起來好像是要無條件投降似的讓步。"[2]

閻明復指出："馬利諾夫斯基公開提出'推翻毛澤東'，這不僅嚴重地破壞了中蘇關係和緩的可能性，而且對中國國內政局的發展帶來了惡劣的影響。蘇聯軍方頭目公然揚言要推翻中共的領袖，使得毛主席更加堅定了在國內反修防修的決心。"[3]

閻氏此言頗有見地。依愚見，馬氏失言的主要惡果，還是加重了毛澤東深重的不安全感，促進了他發動大清洗。當然，它的直接後果是讓毛更恨蘇聯入骨。在 11 月 14 日政治局常委會上，毛澤東惱怒地說："我們到莫斯科去就是想推動蘇共新領導往好的方面變，結果他們竟然要在我們黨內搞顛覆活動"，決定堅決抵制兄弟黨國際會議和它的籌備會議，不受任何約束，繼續公開論戰[4]。12 月 14 日，他對前來勸和的拉丁美洲九個黨的代表團說，公開論戰要進行一萬年。[5]

然而蘇共新領導尤其是柯西金仍想修復中蘇關係。1965 年 2 月初，柯西金借訪問越南路過北京之機，做了最後一次努力。但他先

---

1 《閻明復回憶錄》，865-868 頁；《十年論戰》，876-877 頁。

2 《跨越時空》，316 頁。

3 《閻明復回憶錄》，870 頁。

4 《毛澤東年譜（1949-1976）》第五卷，435 頁。

5 《十年論戰》，911 頁。

後與周、毛會談都毫無結果。據閻明復說，在與柯西金會談時，“毛主席談得非常尖銳，用詞尖刻，整個氣氛相當緊張。”[1]

吳冷西在其回憶錄中記載了毛的講話[2]。毛以勝利者自居，把柯西金真誠表示和解的願望當成乞降，極盡冷嘲熱諷之能事，無情羞辱之，說：“過去你們把赫魯曉夫說得那麼好，說他是‘創造性的馬克思主義者’。不知道你們怎麼搞的，怎麼把他這個這樣好的馬克思主義者撤職呢？這位赫魯曉夫同志有什麼不對的麼？”他更一口封死了和解的門，宣稱“要公開論戰一萬年，少了不行”。

可吳冷西還要說：“這次談話中，毛主席談的非常尖銳，但在提出嚴重警告的同時，又曉以前景並非毫無希望。整個氣氛自然相當緊張，但也有張有弛。沒有達成任何協議，但也不是表示根本不可能改進關係。”當然有可能，不過那前提毛已經講清楚了，就是蘇共中央公開認錯。柯西金當即回答：“毛澤東同志，那是不可能的。”

柯西金的助理回憶道：

> “他講話的口氣特別冷嘲熱諷，有時近于侮辱。已很明顯，我們的部長會議主席之所以有幸獲得觀見，目的只有一個——給蘇聯新領導見識見識某人是何許人也。
>
> 例如，在會談過程中，他不無諷刺地說：‘不要絕望嘛，我們的關係遲早必將會好起來的，一萬年後總會正常的。也許甚至會更早一點——九千年以後。’他還說：‘如果有人說我不喜歡蘇聯人，這是不對的。不久前英國代辦請求我接見他，我沒有接見他，而是接見了你們。’
>
> 對此柯西金已忍受不了，氣沖沖地說：‘毛同志，您如果到莫斯科的話，我們可不會同您這樣談話的。’而毛對此毫不

---

1 《閻明復回憶錄》，874 頁。

2 《十年論戰》，914-921 頁。

理會，對他所痛恨的赫魯曉夫順便‘踢了一腳’：‘你們把他送到我們這裡來，我們會給他提供講台。他會成為一位好教員的。’”[1]

這就是中蘇兩黨領袖最後一次會晤，中蘇兩黨關係從此中斷。同年 3 月間，中共抵制並強烈譴責了莫斯科的兄弟黨會晤，從此再未參加國際共黨活動，在事實上破門出教，退出了社會主義陣營。

四、大打出手

（一）中蘇邊界問題

中俄最早簽署的邊界條約，是 1689 年的《中俄尼布楚條約》。它規定中國東北地區的西部以額爾古納河為界，東部以格爾必齊河以及外興安嶺為界，直到大海。1858 年與 1860 年，俄國在第二次鴉片戰爭中趁火打劫，與清廷先後簽訂了《璦琿條約》與《北京條約》，搶走了黑龍江以北、外興安嶺以南，以及烏蘇里江以東的 100 多萬平方土地。此後俄國又與中方簽訂了伊犁條約，割走了霍爾果斯河以西地區。據統計，俄國與中國等一共簽訂了 19 個不平等條約，奪走了中國 150 多萬平方公里的領土。

儘管通過上述條約攫取了大片領土，俄國人仍不饜足，還要越界擴張，先後違約奪走了江東 64 屯（璦琿條約規定中國有永久居住與管轄權）以及唐努烏梁海（1913 年中俄聲明規定該地區屬於外蒙）。在其他地區也是這樣。例如東北的中蘇邊界主要以黑龍江和烏蘇里江為界河。在滿洲國時代，斯大林怕日本人，邊界按主航道

---

[1] 《跨越時空》，318 頁。

中心線劃分，彼此相安無事。但抗戰勝利後日本人撤防，蘇聯人即將國際河流佔為己有，將邊界推進到中方江岸，在以山脈為分界的地段則霸佔了全山。這些擴張活動為邊民帶來困擾，引起邊界糾紛。因此，中蘇邊界糾紛早在50年代就有了，只是到了60年代才成了問題。

之所以如此，是因為共產黨人信奉的是“有教無國”，他們考慮事物的著眼點，是世界範圍內的階級鬥爭陣營，不是國家或民族，考慮的是階級利益，而不是“不存在的”國家或民族利益。赫魯曉夫在接見中國駐蘇大使劉曉時，把這點說得清清楚楚：

> “我們之間並不存在邊界糾紛，對共產黨人來說邊界是一個歷史範疇，到共產主義社會，邊界問題將會完全取消，不了解這一點的人，不是馬克思主義者。”

赫魯曉夫未必心口如一，因為蘇方一直有邊防軍駐扎在中蘇邊境。但這確實是當時中共的認識。直到60年代，中方在中蘇邊境上根本不駐軍設防，致使許多地段被蘇方侵佔。為了平息邊民不滿，我黨向人民耐心進行了國際主義政治思想教育工作，在邊境省區散發了大量宣傳材料。1957年10月伊犁軍區編《中蘇邊境居民宣傳教育材料》中說：

> “中蘇兩個偉大的社會主義兄弟國家是友好的，團結的，是互相信任的，中國之所以還要保留與蘇聯的邊境線，主要是為了不給帝國主義者造成藉口，使其造謠污蔑中國已經喪失了主權領土完整，進而乘機挑起侵略性的世界戰爭。正是因為世界上還有帝國主義存在，國境線才不能取消，邊防力量才不能削弱。應該明確，中國不是對蘇聯，蘇聯也不是對中國，而是中蘇兩國共同打擊帝國主義派遣特務和間諜的活動，雙方密切配合，保護兩國人民的共同利益和安全。”

這段話說出了我黨當時的主導思想，那就是，中蘇本是一家，根本也就不需要什麼邊界。保留邊界不過是為了讓帝國主義找不到攻擊蘇聯的藉口，邊防是針對帝國主義而不是蘇聯設立的。1954年9月黑龍江省政府外事處《關於中蘇邊境問題的報告》把這點說得更清楚：

> "蘇方主動防守這些中國的島嶼和山脈、加強邊境防衛，是從中蘇兩國安全與人民的共同利益出發，這是完全必要的。""現在國際鬥爭複雜，帝國主義無時不在派遣特務和間諜分子伺機潛入中蘇兩國，目前我們無力防守一些島嶼山脈，假如蘇方也置之不管，則無疑將給壞分子造成可乘之機，使他們藏身其間，從事破壞活動，這對中蘇兩國均為不利。"[1]

但到了 60 年代，中蘇開始交惡，原來為中共嘉許的好事卻突然變成嚴重問題了。這倒不是因為毛澤東福至心靈，民族意識不知怎的突然覺醒了，而是因為他需要材料來證明赫魯曉夫"對敵慈悲對友刁"，更藉此坐實"赫魯曉夫想控制中國，佔領全部海岸線"的莫須有指控。另一方面，毛澤東在 1957 年莫斯科會議上宣稱"東風壓倒西風"，本來就令歐洲黨人猜疑他是"民族主義者"（這在共產教詞典中相當於"罪犯"），他在邊界問題上的態度變化便引起蘇方警惕與戒備。由此，雙方進入互相猜疑的惡性互動。這種互相猜疑首次表露在毛澤東1960年8月19日會見胡志明的談話中。

當時胡志明來華勸和。毛澤東向胡介紹了共同艦隊與長波電臺風波，並造謠說"（赫魯曉夫）還提出要把旅順交給蘇聯管，我們不同意"，表示曲在蘇方。胡志明告訴毛澤東，赫魯曉夫說，中蘇邊界線上過去沒有防衛，現在看到中國設立了崗哨。

---

[1] 以上引文見李丹慧：《同志加兄弟：1950年代中蘇邊界關係——對中蘇邊界問題的歷史考察（之一）》，《國際冷戰史研究》第1輯（2004年春季號）。

周恩來告訴胡，中方只在中蘇邊界上少數交通口岸設有歸公安部門管的檢查站，沒有邊防部隊，而蘇方在中蘇邊境卻有歸軍事部門管的邊防部隊。“新疆有一塊地方，當地少數民族每年春夏季都到那裡去放牧，歷年無事。最近，我幾天前剛剛接到消息說，蘇聯邊防部隊開到那個地方，突然說那地方是他們的，把群眾包圍起來。本來邊界有問題要解決，也應該通過外交途徑進行。兄弟國家之間，為了這件小事，何必調動兵馬。”

毛澤東說：“赫魯曉夫主張全世界要和緩，同美國的關係要和緩，但是他對中國卻要搞點緊張。看來中蘇邊境上已開始出現一些緊張狀態。”[1]

伊塔事件更引起了毛澤東的猜疑。1962 年春夏，新疆伊犁、塔城 6 萬多中國籍邊民非法越境到蘇聯，經規勸返回有 1.3 萬多人，這一事件被稱之為“伊塔事件”。其中，塔城地區外逃 4 萬多人，共帶走牲畜 30 多萬頭，40 多萬畝農田未能播種，大量已播種的田地荒蕪，許多社、場及其下轄的基層組織一時陷於解體。伊犁州直屬縣、市有 1.6 萬多人越境逃蘇，僅霍城縣就達 1.4 萬餘人，霍城縣經濟損失嚴重，總計 978.9 萬元[2]。

該事件的發生原因相當複雜。蘇共中央過去曾作出開墾荒地的決議，要求僑民返蘇參加墾荒，以解決勞力不足問題。中方曾大力配合，在新疆各州各地區成立了遷僑委員會[3]。新疆若干少數民族與蘇聯境內的少數民族同源，許多人有境外親戚關係。在中蘇的協同努力下，不少人成了“蘇僑”。大饑荒發生後，邊民為了活命紛紛越境，最終演成大規模外逃。

---

1 《毛澤東年譜（1949-1976）》第四卷，443-444，445 頁。

2 中共伊犁州委員會黨史研究室編:《新疆“伊塔事件”始末及其反思》，第 7 頁。

3 伊犁州外事辦史志辦公室編印：《伊犁自治州外事志》，1997 年所以，邊民大規模外逃，既是中共過去媚蘇政策種下的苦果，又是中蘇關係惡化後蘇方煽動誘惑所致。但最主要的原因，還是饑民的求生本能。實際上，外逃並不限於中蘇邊界。

早在伊塔事件發生前一年的 1961 年春季，中國東北就不斷發生大量朝鮮族邊民非法越境湧入朝鮮的事件。朝鮮政府對此持縱容態度，不僅在邊境地區設立多處接待站，而且積極為逃亡者安排工作。公安部和外交部為此上報中共中央和國務院，建議按照中朝有關處理非法越境者的協議與朝方協商，中央的指示卻說"朝方設接待站是應該的，不足為奇的，中朝關係最近很好，對朝族越境事不必過分重視。"[1]

又如 1962 年 4 月 26 日，來自惠陽、東莞、廣州、南海、台山、海豐、潮安等 62 個縣（市）及全國 12 個省市自治區的饑民扶老攜幼，排成長龍，經深圳寶安縣湧向香港，一天內參與逃亡者 8000 人，成功逃亡者 4000 人，短短一個月內便有 15 萬人逃到香港。1977 年 11 月 11 日，鄧小平在廣州市視察時不得不承認："這是我們的政策有問題。此事不是部隊能夠管得了的。"[2]

與這波瀾壯闊的勝利大逃亡比起來，同期發生的伊塔事件相形失色。然而它卻引起了毛澤東的異常警覺，他批轉的中央文件認定，塔城、伊犁等地區居民外逃和伊寧反革命暴亂事件，是國外某種勢力長期以來在新疆進行顛覆破壞活動的一次大暴露，必須警惕 。毛甚至開始擔憂，問手下新疆有多少軍隊，一旦打起來，靠新疆現有的兵力是否守得住？是不是還需要調些軍隊進去？[3] 這些話，預示了日後"同志加兄弟"大打出手的陰森前景。

---

[1] 轉引自沈志華、董潔：《中朝邊界爭議的解決（1950-64 年）》，《二十一世紀雙月刊》，2011 年 4 月號

[2] 尹安學：《1962 年深圳大規模逃港風波》，《文史博覽》2007 年 09 期

[3] 《毛澤東年譜（1949-1976）》第五卷，108，124 頁。

伊塔事件發生後，中蘇邊境局勢開始緊張起來，雙方頻頻指責對方挑起邊界事件。經蘇方建議，雙方在 1964 年 2 月 25 日至同年 8 月 15 日間舉行了邊界談判。

中方的談判策略是"漫天要價，就地還錢"，強調舊有中俄條約是不平等條約，蘇方佔據了中方 154 萬平方公里土地，但表示仍願在舊約基礎上談判。隨後雙方拿出了標明自己主張線的地圖。蘇聯人發現，中方並未要求歸還失地，只是堅持按界河的中心線劃界，而不是像過去那樣，以中方河岸為界。赫魯曉夫說："雖然這個建議意味著我們要放棄大部分島嶼，但它同國際慣例是相符合的，因此我們同意了。"[1]

由於蘇方讓步，談判獲得了進展。7 月間，整個東段邊界除了黑瞎子島歸屬懸而未決外都已達成協議。黑龍江和烏蘇里江以主航道中心線為界，在中心線中國一側的 400 多個爭議島嶼包括珍寶島在內劃歸中國；額爾古納河以現行主河道中心線為界，蘇方控制的 200 余平方公里島嶼劃歸中國；陸地邊界線也基本達成協議。蘇方已經起草了除黑瞎子島外整個東段邊界的協議，只等正式簽字[2]。

然而此時毛澤東卻出來橫生枝節。7 月 10 日，他在接見日本社會黨人士時，支持日本向蘇聯索回千島群島，歷數了蘇聯擴張史：

> "蘇聯佔的地方太多了。在雅爾塔會議上就讓外蒙古名義上獨立，名義上從中國劃出去，實際上就是受蘇聯控制。外蒙古的領土，比你們千島的面積要大得多。我們曾經提過把外蒙古歸還中國是不是可以，他們說不可以。……一百多年前，把貝加爾湖以東，包括伯力、海參崴、勘察加半島都劃過去了。

1 《最後的遺言》，438-439 頁。

2 《中蘇關係史綱》，363 頁。

那個賬是算不清的。我們還沒跟他們算這個賬。所以你們那個千島群島，對我們來說，是不成問題的，應當還給你們的。”[1]

毛澤東的談話被日本媒體披露後，引起了蘇聯人的強烈反彈。談判因此擱淺，最後無疾而終，直到 90 年代才又重啟。據說，1991 年 5 月 16 日中蘇簽訂的國界東段協定，其內容與 1964 年中蘇第一次邊界談判達成的初步協議基本相同。[2]

既有今日，何必當初？如果當時簽了約，蘇方就會從珍寶島等幾百個江中島嶼上撤走，後來又何必去武力解放之？毛澤東為何要出來打橫炮？莫非他真想收回那失去的 154 萬平方公里土地？

否。我們將在後文看到，毛澤東在這方面歷來是無比慷慨大方的。實際上，他的方案是，爭議領土可以都不要了，但歷史上的中俄邊界條約是不平等條約的問題須提出來，以對國人有所交代[3]。所以，只要蘇聯承認舊約是不平等條約，則被蘇聯侵佔的 3 萬多平方公里的領土，包括珍寶島在內，統統都可以送給蘇聯人。

這就是毛澤東“對（外）國人有所交代”的方式，也是他指導中印邊界談判以及其他邊界談判一以貫之的原則——只要你承認你拿去的領土是朕恩賜給你的，那麼“讓你三尺又何妨”？此乃《禮記》為天子制定的懷遠方略：“厚往而薄來，所以懷諸侯也”。

可惜蘇聯人並非諸侯，不懂“畏威懷德”，卻誤以為毛此舉包藏禍心。赫魯曉夫說：“他們希望新簽訂的條約中包含這樣一個條款，說明新的邊界使 100 年前強加給中國的不公正待遇永久化了。任何一個主權國家怎麼可能簽署這樣的文件呢？假如我們簽署了，我

---

[1] 毛澤東：接見日本社會黨人士佐佐木更三、黑田壽男、細迫兼光等的談話（一九六四年七月十日），《毛澤東思想萬歲》（1961-1968 卷），電子書

[2] 唐家璿主編：《中國外交辭典》，725，796 頁。

[3] 《中蘇關係史綱》，357-358 頁。

們就等於默認不公正待遇必須加以糾正——換句話說，我們將不得不放棄我們對有關領土的權力。”[1]

毛澤東過後對外賓解釋，他說那話，並不是一定要蘇聯把一百多萬平方公里的土地歸還中國，只是“採取攻勢，說些空話”，使赫魯曉夫“緊張一下”，“其目的是達到一個合理的邊界狀態、邊界條約”[2]。

此乃典型的毛氏龜孫子兵法。赫魯曉夫確實“緊張了一下”，蘇共新領導也“緊張了一下”，外蒙更是“緊張了一下”。蘇聯不但在中蘇邊境增兵，而且應外蒙請求駐軍該國，協助防範中國入侵。這反過來又讓毛澤東大大地“緊張了一下”。從 1964 年開始，他把蘇聯當成了假想敵，開始搞所謂“大三線”、“小三線”的戰略布防，再度大肆破壞國民經濟（詳後）。這就是他指望達到的“合理的邊界狀態、邊界條約”。

（二）從珍寶島升起的核陰影

旨在“反修防修”的文化大革命發動後，蘇聯與赫魯曉夫一樣，被妖魔化為與現實再無相干的政治標籤，中蘇關係不再是外交而成了內政，“國際反修”隨著“國內反修”的需要而水漲船高。

1968 年 8 月 20 日，為了鎮壓“布拉格之春”，蘇聯和其他華沙條約國派兵入侵捷克斯洛伐克，毛澤東感到了真實的威脅。在官方宣傳中，蘇聯從“修正主義”升級為“社會帝國主義”，駸駸然與“美帝國主義”並駕齊驅，同為全世界人民的死敵，中蘇成了事實上的敵國。

---

1 《最後的遺言》，440 頁。“權力”應為“權利”之誤譯。

2 《中蘇關係史綱》，363-364 頁。

在這種大氣候下，中蘇邊界局勢日趨緊張，衝突不斷發生。對比中國對待其他鄰國邊界與對待中蘇邊界的態度，不難看出，中蘇邊界衝突是毛澤東有意挑起的。中共在中印、中緬、中巴邊境都一律接受對方的主張邊界，除了阿克賽欽地區一個例外，一律聽任對方擴張到它們的主張邊界，絕不派兵進入對方主張或實際佔領的地區（詳後）。如果中共用同樣態度對待中蘇邊界，衝突就絕不會發生。然而中共卻從文革開始後，派兵進入為蘇方控制、卻又在 1964 年的邊界談判中同意劃歸中國的地區巡邏。這就當然要引起邊界衝突。

從 1967 年到 1969 年初，中蘇邊界衝突越演越烈，主要集中在烏蘇里江上的七里沁島和珍寶島。這是因為這兩個島位於主航道中心線中方一側，但都在蘇方控制下，中蘇關係惡化後，中方邊防部隊開始上島巡邏，因此不斷與蘇方巡邏隊發生口角、肢體和棍棒衝突。僅從 1969 年 2 月 6 日到 25 日，雙方就在珍寶島發生了 5 次衝突。

2 月 19 日，毛澤東批准了軍方的作戰計畫，準備以此作為對 4 月份召開的“九大”的獻禮，在人民心目中強化蘇聯的反面形象，促進國內團結。但他只想搞一場局部邊境衝突，“教訓”一下前老大哥，因此刻意把軍事行動控制在戰爭邊緣。據李丹慧教授分析，挑選珍寶島作為戰場就是為了避免事態擴大，因為該島自 1947 年以來就在蘇方控制下，但在 1964 年的邊境談判中，蘇方已同意該島將該島劃歸中國。[1]

1969 年 3 月 2 日，蘇軍邊防巡邏隊登上珍寶島，遭到中方伏擊，被打死打傷數十人。3 月 15 日和 17 日，雙方在島上兩次激戰。中方打死了蘇軍一個上校，把沉入江底的一部 T-62 坦克拖了回來展覽。

---

[1] 《中蘇關係史綱》，389 頁。

3月 15 日，毛澤東下令：到此為止，不要打了。中方再未上島，蘇方也就無法再打，戰事結束。[1]

此戰被中方當成大捷鼓吹。戰鬥英雄孫玉國成了九大代表，受到毛澤東接見，並到全國主要城市巡迴演講[2]，宣講“敢在 20 米內刺刀見紅的戰鬥精神”。與此同時，毛澤東在九大發佈最新指示：“要準備打仗。”大會號召：“全黨、全軍和全國人民要有大打、早打、打常規戰，甚至打核大戰的足夠思想準備。”[3]

然而毛澤東失算了，他的邊緣政策險些讓中國跌進深淵。蘇聯社會帝國主義並沒有知難而退，而是針鋒相對地作出報復。8 月 13 日，蘇軍在新疆鐵列克提地區伏擊並全殲了一支由 30 餘人組成的中國邊防巡邏隊[4]。不僅如此，蘇方對中共九大的好戰叫囂信以為真，以為中共真的準備打核大戰。軍方提出要先發制人，核戰爭的陰雲頓時籠罩了中國。

2010 年 5 月間，《人民網》發表文章披露，1969 年 3 月間的珍寶島武裝衝突爆發後，以蘇聯國防部長格列奇科元帥為首的軍方強硬派，揚言動用在遠東地區的中程彈道導彈，攜帶當量幾百萬噸級的核彈頭，對中國的核基地、政治中心先發制人地實施核打擊，以“一勞永逸地消除中國威脅”。蘇聯決策層緊急向中蘇東段邊界大批調運軍隊，並祕密通知其東歐盟國，宣稱它有可能先發制人地打擊中國的核設施。

8 月 20 日，蘇聯駐美大使多勃雷寧緊急約見美國國家安全事務助理基辛格，向他通報了蘇聯準備對中國實施核打擊的意圖，讓美

---

[1] 楊奎松：《從珍寶島事件到緩和對美關係》，《黨史研究資料》，1997 年第 12 期

[2] 《百度百科·孫玉國》

[3] 《人民日報》，1969 年 4 月 28 日

[4] 楊奎松：《從珍寶島事件到緩和對美關係》

國至少保持中立。但尼克松認為，西方國家的最大威脅來自蘇聯，一個強大中國的存在符合西方的戰略利益。蘇聯對中國的核打擊，必然會招致中國的全面報復。到那時，核污染將直接威脅駐亞洲 25 萬美軍的安全。最可怕的是，一旦讓蘇聯人打開核打擊這個潘多拉盒子，全世界就會跪倒在北極熊面前。

經過磋商，美國方面認為：只要美國反對，蘇聯就不敢輕易動用核武器；應設法將蘇聯欲動用核武器的意圖儘早通知中國，但美中 20 年來積怨甚深，直接告訴中國，他們非但不會相信，反而會以為美國在玩弄什麼花招。最後，美國決定，讓一家不太顯眼的報紙把這個消息捅出去。

8 月 28 日，《華盛頓明星報》在醒目位置刊登一則消息，標題是《蘇聯欲對中國做外科手術式核打擊》。文中說："據可靠消息，蘇聯欲動用中程彈道導彈，攜帶幾百萬噸當量的核彈頭，對中國的重要軍事基地——酒泉、西昌發射基地，羅布泊核試驗基地，以及北京、長春、鞍山等重要工業城市進行外科手術式的核打擊。"

9 月 11 日，蘇聯部長會議主席柯西金在赴越南弔唁胡志明返回途中，與周恩來在首都機場進行了三個半小時的會談。雙方同意緩和邊界緊張局勢。但勃列日涅夫等人反對柯西金緩和對華政策的主張，繼續對中國保持高壓政策。

10 月 15 日晚，多勃雷寧大使向勃列日涅夫報告："兩小時前我同基辛格會晤過，他明確表示尼克松總統認為中國利益同美國利益密切相關，美國不會坐視不管。如果中國遭到核打擊，他們將認為是第三次世界大戰的開始，他們將首先參戰。基辛格還透露，總統已簽署了一份準備對我國 130 多個城市和軍事基地進行核報復的密令。一旦我們有一枚中程導彈離開發射架，他們的報復計畫便告開始。”於是蘇聯人只好放棄了對中國實施核打擊的想法。[1]

這篇文章引起了國外研究者的注意。英國《每日電訊報》專門作了報導，《外交政策雜誌》也刊登了有關論文[2]。根據本人的研究，基本情況屬實，只是文中所述的多勃雷寧傳達的口信無法從美國國務院解密檔案中找到證據。

美國國務院解密檔案顯示，在珍寶島戰役爆發後不久，美國國務院便不斷接到蘇聯人要對中國使用核武的情報：

1969年3-4月間，柯西金的女婿在訪問波士頓期間透露，蘇聯將被迫摧毀中國的核武庫，試探美國對此事的態度。[3]

6 月間，某芬蘭共產黨人披露，一位蘇共領袖在世界共產黨代表會徵求兄弟黨意見時說，蘇聯有能力對中國進行立即的致命打擊，但除非是作為極端的防衛措施，他們不願意幹這種“非列寧主義”的事。[4]

7 月間，意大利共產黨領導接到莫斯科發來的詢問：若是蘇聯爲了自衛，對中國的導彈與核設施發動先發制人的攻擊，他們將採取何種態度。[5]

---

[1]劉郴山：《1969年珍寶島衝突 蘇聯欲進行外科手術式核打擊》，《文史參考》，2010年08期

[2] Andrew Osborn and Peter Foster: *USSR planned nuclear attack on China in 1969*, Daily Telegraph， 13 May 2010; K R Bolton， : *Sino-Soviet-US Relations and the 1969 Nuclear Threat*， Foreign Policy Journal. May 17， 2010

[3] M. Todd Bennett （ed）， *Foreign Relations of The United States， 1969–1976, National Security Policy， 1969–1972,* Vol XXXIV， p245，United States Government Printing Office， Washington 2011.

[4] Ibid， P245.

[5] Ibid， p245.

8 月 18 日，蘇聯駐美使館二祕達維多夫向美國國務院北越事務特別助理斯蒂爾曼詢問，如果蘇聯攻擊並摧毀中國的核設施，美國將作何反應。[1]

9 月 4 日，美國駐德黑蘭使館密報國務院，蘇聯使館武官謝爾蓋・克拉赫馬洛夫少將在一次談話中說："如果中國人大舉發動進攻，（莫斯科）會毫不猶豫地動用核武器。"

9 月 5 日，美國駐聯合國代表團密電報告國務院，蘇聯駐聯合國官員阿卡迪・謝夫琴科對美國外交官邁克爾・紐林說，如果中國人以為莫斯科會妥協，或是以為克里姆林宮不會使用比戰術核武器更大的核武器，那他們就大錯特錯了。[2]

9 月 29 日，基辛格向尼克松彙報，過去兩個月中，蘇聯人多次通過其在美國的關係披露打擊中國核設施的計畫，刺探美國政府的意向。他請求尼克松批准他要求國務院對此問題制定政策指導，向蘇聯人和其他人譴責其對共黨中國發動先發制人打擊的計畫。[3]

因此，檔案證據表明，珍寶島戰役爆發後，蘇聯確曾通過多種途徑向美方洩露對中國進行先發制人的打擊的意圖，試探美國政府的反應。為此，基辛格曾請求尼克松批准國務院向蘇聯人譴責這一計畫。

此外，尼克松的白宮助理哈爾德曼也在回憶錄中披露，蘇聯曾幾次向美國提議，兩國聯手對中國發動核攻擊，以摧毀中國的核裝

---

[1] Ibid， p239

[2] William Burr（ed）， *The Sino-Soviet Border Conflict， 1969: US Reactions and Diplomatic Manuervers*: A National Security Archive Electronic Briefing Book， 2001， http://www.gwu.edu/~nsarchiv/NSAEBB/NSAEBB49/

[3] M. Todd Bennett （ed）， *Foreign Relations of The United States， 1969–1976, National Security Policy， 1969–1972，* Vol XXXIV， pp255-256，United States overnment Printing Office， Washington 2011

置，但尼克松拒絕了。美國政府警告蘇聯，對中國的攻擊將引起與美國的對抗。他的回憶錄在 1978 年問世後，時在北京任職的一位美國官員對蘇聯人曾邀請美國參加聯合行動表示懷疑，但他也承認，俄國那時正在考慮對中國發動先發制人的核攻擊一事是“普遍的知識”。[1]

然而美國國務院解密檔案裡卻沒有美國政府作出的正式回答。只有證據表明，1969 年 10 月，美國軍隊包括核力量在內確實祕密進入戒備狀態。但美國官方至今未解釋其原因。

彙編解密檔案的《美國對外關係與安全政策》的編者本奈特認為，尼克松總統採納了基辛格的建議，以下令美軍進入備戰狀態來嚇阻蘇聯對中國發動先發制人的打擊。他說，其實基辛格已經在回憶錄中間接承認了這一點。基辛格在《白宮歲月》裡說，9月16日，一位與蘇聯政府有特殊關係的蘇聯記者向他提到“蘇聯空襲中國核基地的可能性”。但他認為：“我們不會坐視蘇聯進攻中國，那將打破全球均勢，在世界上造出一種蘇聯正在稱霸的印象。但美國政府直接回擊不會得到公眾意見的支持，甚至還會引出我們想要避免的局勢。”[2]

尼克松本人也證實了他對蘇聯的試探作出了強硬反應。1985 年 7 月，尼克松在接受《時代》雜誌採訪時披露，在總統任期內，他曾幾次考慮過動用核武器，其中一次與中國有關：“那時發生了（中蘇）邊界衝突。亨利（基辛格）經常到我那兒來討論這件事。……亨利說：‘美國能允許蘇聯突然撲到中國人身上去嗎？’那意思是

---

[1] *Russia Urged Joint Strike on China*, The Milwaukee Journal, Feb 17, 1978

[2] *Foreign Relations of The United States, 1969–1976, National Security Policy, 1969–1972*, Vol XXXIV, p233

指幹掉他們的核能力。我們必須讓蘇聯人知道，我們不能容忍這種事發生。”[1]

綜上所述，現有證據表明，對蘇聯人的試探，美國人不僅表示了強硬的反對，而且很可能以顯示核武力的方式嚇阻了蘇聯人的輕舉妄動。毛澤東的輕率冒險幾乎陷中國於萬劫不復，而在這千鈞一髮之際，是他辱罵了二十多年的美國救了中國。

（三）中國的核武器是福音還是禍根？

毛澤東一手把中國投入的這場核戰爭危機表明，中國的核武器不過是紙老虎而已，自衛不足，惹禍有餘。

“兩彈一星”乃是毛左唯一可以歌頌的毛的政績，好像那是他老人家造出來的。當然，要搞這些東西，只能由毛拍板決定。70 年代初衛星上天，舉國嚷嚷的就是最高指示：“我們也要搞人造衛星”。但決定搞，並不意味著就能搞出來。原子彈和導彈是蘇聯傳授的絕密。導彈機密基本全部傳授了，可以說火箭技術是人家援助的。沒有這個，談何衛星上天？

原子彈也差不多，關鍵工作是老大哥幹的，先援建了原子反應堆，培養訓練了技術隊伍，這可是最關鍵的一步，後來悔約沒提供的，也就只是原子彈樣本。倒是氫彈完全是自力更生，這是熱核聚變，和裂變原理不同，並不能從原子彈直接發展出來。以鄧稼先爲首的中國科學家功不可沒。

我認爲，無論一個人的政治立場如何，是否贊成搞這些東西，都應該肯定中國科學家的奉獻。同樣的原則也適用于中共的英雄們。儘管我痛恨中共，但我從來崇敬爲國捐軀的楊靖宇將軍和趙一曼烈士。

---

[1] Ibid.

需要討論的是兩個問題：第一，兩彈一星是否應該搞？第二，毛在這其中起到什麼作用？

許多同志至今崇拜偉大領袖毛主席和偉大光榮正確的中國共產黨，最主要的一條理由就是毛使得中國變成了一個強大國家，以擁有核武器為象徵。據說，正是這寶貝核武器救了中國的命，使得萬惡美帝不敢來侵略中國了。

簡言之，國人在這方面的錯覺無非是兩條：第一，誤以為沒有核武器便無從保衛自己的國家。第二，誤以為擁有核武器便可以保證國防安全。換言之，擁有核武器是現代國防的充分必要條件。國防大學的徐焰教授至今還在網上孜孜不倦地宣講這一偉大真理。

然而中蘇在 1969 年的衝突卻表明，儘管中國有了核武器，卻非但沒有鎮住蘇聯人，反倒起了“燒香引鬼”的作用，刺激人家下毒手，首先動用這滅門凶器來切除你這惡性腫瘤，以免後患無窮。若不是萬惡美帝路見不平拔刀相助，這災難很可能就發生了。最有諷刺意味的是，當初中國發展核武器是針對美國這假想敵的，到頭來卻是人家的核武器救了億萬中國人民的命！

由此可見，擁有劣勢核裝備，比沒有核武器還更糟，因為人家怕你先下手為強，去暗算人家。雖然人家能夠在遭受打擊後還能徹底毀滅了你，但畢竟還是遭受了巨大傷亡，而哪怕就是蘇聯那種極權國家，對人命也絕對比中國看重得多。為了保護自家人民免遭災難，當然人家就要考慮在你獲得第二次打擊能力前徹底解除你的核武裝。說起來，老大哥此舉雖然歹毒，卻也是讓咱們無理取鬧的流氓行為刺激出來的。

然而毛左至今還要在網上嚷嚷，是中國的核力量震懾了蘇聯社會帝國主義。那就請看毛澤東自己是怎麼說的吧：

斯：俄國是不是怕中國？

毛主席：中國有啥好怕？！中國的原子彈只有這麼大（主席伸出小手指比劃），俄國的原子彈有這麼大（主席伸出大拇指比劃），美國的原子彈有這麼大（主席伸出另一隻手的大拇指來比劃），它們兩個加起來有這麼大（主席把兩個大拇指併在一起），你看。[1]

那麼，是不是中國的核武力到了一定的規模，具有所謂“第二次打擊能力”（亦即在遭受對方首先攻擊後還具備還擊能力）後便能震懾住人家先發制人的企圖？

從理論上說確實如此。60 年代美國國防部長麥克納馬拉發明了個 MAD 戰略（Mutual Assured Destruction），其實也就是“瘋狂戰略”，中文翻譯是“確保互相毀滅戰略”。那思路非常簡單：只要本國核武力能夠確保在遭受第一次打擊後還能徹底毀滅對方，則對方就不敢再存“先下手為強”之心。“此亦不敢先，彼亦不敢先”，世界和平也就保住了。

可惜這理論沒有考慮到一點：所謂“確保”乃是一種動態平衡。技術的發展會使一方失去保障，該方於是就急起直追，試圖恢復平衡。如此競爭下去，那平衡點便越來越高，使得核軍備競賽變成了無底洞。例如，如果對方發明了某種技術，能夠成功抵抗你的第二次打擊，使得“互相毀滅”再也無法“確保”了，人家不是就能有恃無恐地對你進行第一次打擊了麼？

這正是核競賽走過的道路。蘇美先是比賽投擲能力，比核武器的塊頭，後來又比賽“第二次打擊能力”，將固定發射井改為游動發射基地並製造核潛艇。剛剛達到了初步平衡，美國又發明出反導彈導彈來，引起克里姆林宮的恐慌：如果蘇聯攻擊美國的導彈統統被擊落，那還怎麼去確保對方毀滅，使得對方死了先發制人之心？

---

[1] 毛澤東會見斯諾的談話紀要（一九七〇年十二月十八日），《建國以來毛澤東文稿》第十三冊，179 頁。

這結果大家都知道：雙方瘋狂競賽，把巨額金錢扔進那無底洞去，製造出大批既不能吃又不能穿，還需要無數人力金錢去維修保養銷毀的廢物。最後老修終於在這“放血比賽”中率先脫陽，轟然倒地。核武器非但沒有保住蘇維埃政權，反而斷送了自家的帝國。

上面的論述已經駁倒了“核武器乃國家安全的充分條件”一說，證明了擁有它不但不能保障國家安全，反倒可能引來大患。至於“核武器乃國家安全的必要條件”的笑話則連駁都不需駁——是成年人都該看到，世上也就只有那麼幾個核國家，不但許多歐洲小國從無戰亂，就連彈丸之地新加坡也如此，人家不但沒核武器，就連國防軍都沒有。日本西德沒有核武器，說起話來總比毛中國響亮三分吧？老修乃是世上第二軍事强國，爲何 90 年代要當國際丐幫，沿門托鉢呢？

老子曰：

> “善爲士者不武，善戰者不怒，善勝敵者不與，善用人者爲之下。是謂不爭之德，是謂用人之力。是謂配天古之極。”
>
> “天之道，不爭而善勝，不言而善應，不召而自來，坦然而善謀。”

孫子曰：“上兵伐謀，其次伐交。”真正高明的國防戰略，乃是使自己一方不必陷入戰爭就能實現原定目標。自鴉片戰爭至今，不管是誰執政，中國的一貫目標都是想讓國家富裕強大起來。要做到這點，根本就不用去窮兵黷武搞什麼原子彈，看一眼日本、西德、台灣、南韓、新加坡的成功先例就夠了：利用冷戰局面，死抱老美的粗腿，為國民撈取最大量的好處，那就是人家的成功經驗，也是咱們該取而未取的戰略。

即使不走這條路，也完全可以如南斯拉夫那樣，善于進行“均勢”外交，巧妙地借力打力，避免使國家處于與强國直接發生衝突的險境。奧地利帝國首相梅特涅就是光輝先例，斯大林也是此道高手。幾曾見過毛這種白痴，終生鼓足幹勁，力爭上游，多快好省地到處樹敵，得罪一切可以得罪的人，盡一切努力把所有的强國都卓有成效地迅速轉化爲死敵，專把國家置于死地，多次處在亡國滅種的大禍陰影裡？

等到處在險境中，那用白骨堆出來的寥寥幾枚核彈非但不能嚇阻强敵，反而起了燒香引鬼的神效，逼得對方不動手則已，一動手就全力以赴，請問這是哪家龜孫子兵法？

這還遠遠不是核武器可能給中國帶來的最大惡果。

歷史上，美國曾有兩次想對中國進行核打擊。第一次是在朝鮮戰爭中，麥克阿瑟向參謀長聯席會議建議使用核武器攻擊中國東北，並沿鴨綠江施放核廢料，制止中國的滲透。這建議被該會議拒絕。但杜魯門在記招會上說，他將授權前線指揮官使用一切必要手段贏得戰爭，當記者追問那手段是否包括原子彈，老杜竟然說是的，當即引起美國盟國特別是英國的恐慌。英國首相立即訪問美國澄清這一問題，會後發表的公報宣稱，如果美國真使用核武器對付中國，必須事先與盟國磋商並取得同意。

第二次乃 1958 年的金門危機。如前文所述，美國三軍參謀長聯席會議曾建議使用原子彈對付中國，為艾森豪威爾總統否決。中國那時根本沒有核武器，老美為什麼沒動手呢？

美國是民主國家，政府行為時時受到民眾特別是輿論壓力。這一性質決定了民主國家即使投入戰爭，也幹不出極權國家如蘇聯、納粹、中國軍隊幹的那種獸行（例如蘇聯紅軍在東歐和中國東北到處姦淫搶劫，德軍在東線犯下大量戰爭罪行，中國 70 年代後期入侵越南實行“三光”政策等等）。在廣島長崎之後，原子彈的空前毀滅力已經廣為人知。民選總統要再次作出動用核武器的決策，簡直就是不可能的。

與此相反，極權國家政府毫無民意壓力，人民又被政府蒙在鼓裡，對自己的軍隊的戰爭罪行一無所知，即使知道了也無動於衷，因為國民從上到下都毫無人道主義情懷。因此，這種國家的軍隊什麼戰爭罪行都敢犯。

中共政權最明顯的一個特點，就是它只講究“國威”（也就是執政者的面子），絲毫不以民命為念。前文已經介紹過，1958 年金門危機期間，毛澤東曾向來訪的蘇聯外長葛羅米柯提出，若是美軍入侵中國，中國就要實施誘敵深入，而蘇聯應該把他們所有的核武器扔到中國來殲滅美軍，嚇得葛羅米柯靈魂出竅，拒絕了這一建議。

可悲的是，毛這種冷血心理在中國人中頗有代表性。不管政治上的傾向如何，“冷血”似乎是中國左中右派共有的一個特點。中國人談論暴力革命、戰爭乃至核大戰的態度之輕率，常常使人不寒而慄。正是這種國民心理，決定了中國的核武器如同許多國產利器一樣，是專門製造出來對付自己的，是懸掛在全民頭上的一柄達摩克利劍。不需要過人的想象力就能看出來，萬一日後中國大亂，如此輕忽人命的政客們會不會去用它實現自己的偉大目標。

最能證明這點的我與所謂“民運人士”高寒的辯論。我在《掃蕩偽民運》一文中，請那些主張暴力革命的好漢先去證明暴力革命引發核內戰的概率為零，高寒竟然回答道：“請蘆笛先生給出一個風險概率為零的決策。”

最可怕之處，不在於沒誰看出我的問題之後隱藏著的嚴峻可怕險惡的現實，不在於高先生的冷血回答，也不在於高先生在給出這種冷血答案後不以為恥，反以為榮，到處反复宣傳他的“反掃蕩大捷”，而在於網民居然莊敬自強，處變不驚，麻木、冷漠、無知、愚昧到了認同或無視他那喪心病狂言行的地步！

因此，和愛國志士們的想象相反，核武器不是中國的福音而是禍根，它保護不了中國，反倒使全民睡在一個不知何時爆炸的火藥桶上。考慮到中國“內戰內行，外戰外行”的悠久傳統，國民中普遍的冷血心腸，以及國內深重的社會危機，中國的核武器很可能不是用在國防中，而是用在內戰裡。

以上所說，還不是反對製造核武器的全部理由。歌頌聖上赫赫武功的同志們忘記了，那是在什麼時代造出來的。我到現在也無法理解：一國之君目睹哀鴻遍野，自己也假惺惺地效法傳統帝王“減膳”（但未“撤樂”，相反，據李志綏大夫披露，中南海那段時間舞會開得最頻繁。就連所謂“減膳”，也是不吃豬肉，改吃營養價更高的海鮮），怎麼還會狠得下心來去上那種耗費巨資的工程！而且，他不是說“原子彈是紙老虎”麼？為什麼還要犧牲無數生靈去糊裱那紙老虎？

中蘇公開交惡後，中國報紙曾大肆宣傳，蘇聯農業形勢一塌糊塗，因為普遍歉收，不得不在國際市場上大量拋售黃金買進小麥救災。那報紙是以幸災樂禍的口氣報導此事的。

我當時看了自然跟著黨一道幸災樂禍，只是後來才反應過來：同是共產黨，蘇共要比中共仁慈得多。其時中國自己才剛剛從大饑荒的深淵中勉強掙扎出來，竟然還有那臉皮譏笑人家政府的救災措施。如果中共領導人在那全民面臨死亡的嚴峻關頭，放棄鑄造君王權仗的虛榮心，將那些黃金拋售出去，換回穀物，不知能在神州大地上救下多少冤魂！

事實上，已經有人勸告過毛澤東了。1959 年赫魯曉夫訪華，根據自身的慘痛經驗，善意勸告中國領導人，告訴他們原子彈工程極度昂貴，超出了中國的經濟能力，蘇聯願意承擔中國防務，中國用不著自己搞，卻被毛澤東斷然拒絕。1961 年 7 月，在軍工企業工作者會議上，與會者為在經濟困難的條件下，是否應當繼續研製原子彈和運載工具展開了激烈討論。副總理兼外交部長陳毅一錘定音：“脫了褲子當當，也要把它們（原子彈）搞上去”，否則他這個外交部長的腰桿子就不硬。[1]

歷史將永遠記住陳毅元帥這一豪言壯語，沒有哪句話比它更典型、更深刻、更透徹地揭露了中共那個有史以來最黑暗、最反動、最殘暴政權的冷血實質。而今天某些愛國志士千方百計提醒大家記住這共黨的可恥罪行，則恐怕是別有用心地揭我黨的瘡疤。

至于毛澤東在“兩彈一星”的研發中起到什麼作用，看看“兩彈一星元勳”姚桐斌與趙九章的遭遇就夠了。

姚桐斌，1945 年 7 月畢業於交通大學唐山工學院（今西南交通大學）冶金系。1951 年獲英國伯明翰大學工學博士。1957 年 9 月回國後到錢學森所主持的國防部第五研究院工作，參與創建材料與工藝研究所（後改為第七機械工業部下屬單位）並任所長。他是導彈和航天材料與工藝技術專家，中國導彈與航天材料、工藝技術研究所的主要創建者、領導者。1968 年 6 月 8 日被活活打死，去世時年僅 45 歲。由於他對中國航天材料與工藝技術發展所作出的重要貢獻，1999 年被中國政府追認為兩彈一星功勳獎章獲得者。[2]

趙九章，浙江省吳興縣人，1907 年生，地球物理學家，中國科學院學部委員。1933 年畢業於清華大學物理系。1935 年赴德國攻讀氣象學專業，1938 年獲博士學位，同年回國。歷任西南聯合大學教授，中央研究院氣象研究所所長。中華人民共和國成立後，任中國科學院地球物理所所長、衛星設計院院長，中國氣象學會理事長和中國地球物理學會理事長。他是中國人造衛星事業的倡導者、組織者和奠基人之一，主持制定了中國第一顆衛星（東方紅一號）的研

1 劉西堯：《我國“兩彈”研製決策過程追憶》，《武漢文史資料》，2011年02期

2 彭潔清：《永遠的眷戀——“兩彈一星”功勳科學家姚桐斌》，《百年潮》2006 年 12 期。

製方案計畫和衛星系列規劃設想，並與錢驥一起領導了衛星各系統的設計和研製工作。文革期間慘遭迫害，於 1968 年 10 月 25 服安眠藥自殺。1989 年，中國科學院空間科學與應用研究中心設立“趙九章獎”； 1999 年，趙九章被中國政府追認為兩彈一星元勳之一。2007 年，為紀念趙先生誕辰百周年，國際小行星中心和國際小行星命名委員會批准將中國發現的一顆小行星命名為“趙九章星”。[1]

這種爛事絕對只會發生在毛中國，世界歷史上並無二例。即使不從人道主義的角度考慮，光從統治者的利益著眼，毛澤東發動文革“批判資產階級反動學術權威”，整死兩彈一星元勳以及大批科學家，也是愚不可及的白癡行為。

五、毛澤東背叛國際共運

與蘇聯翻臉，並沒有讓毛澤東當上國際共運領袖。一開頭，他倒也小有斬獲，籠絡了小貓兩三隻。除了阿爾巴尼亞外，越南、朝鮮等處在反美前線的國家都對中共持同情態度。

勃列日涅夫上台後，廢除了赫魯曉夫絕大部分改革措施，包括為斯大林部分恢復名譽；停止了民主化與公開化的初步嘗試；在實際上放棄了“和平共處，和平過渡，和平競賽”方針，瘋狂擴充軍備，使得戰略核導彈數目增至美國的兩倍，並建立了龐大的水面艦隊；在國際舞台上處處與美國對著幹，對越南、古巴、朝鮮、埃及、敘利亞等國提供了大量援助；在捷克斯洛伐克即將重蹈匈牙利

[1] 趙燕曾、趙理曾：《緬懷我們的父親趙九章——為紀念父親一百壽辰而作》，《高科技與產業化》，2007 年 11 期；柏萬良：《趙九章:壯士不還 寒風蕭蕭》，《民主與科學》，2001 年 06 期，

道路時，毅然出兵干涉……。連毛澤東自己都在 1968 年 11 月 28 日對澳大利亞共產黨（馬列）主席承認：

> “赫魯曉夫那個時候經常吹戰爭不是不可避免的，但是他們現在不吹了。從這些情況看，似乎是要打仗了。他們正在準備擴大戰爭，不論美國、蘇聯還是其他國家。”[1]

所以，客觀說來，蘇共確已“改弦更張”，做到了中共的要求，中共可以與蘇共破鏡重圓了。的確，原來在中蘇爭吵中偏向中方的朝鮮、越南等國都因此改善了與蘇共的關係。

然而所謂意識形態分歧，不過是掩飾毛澤東個人野心的油彩。當初他爭當國際共運領袖的理由是，赫魯曉夫懼怕美帝、甚至向美帝屈膝投降。如今勃列日涅夫如他所願，“敢同惡鬼爭高下，不向霸王讓寸分”了，他卻又反過來譴責“美蘇爭霸世界”。這種毫無原則的德行，當然要讓小嘍囉看穿。除了仰仗中國援助活命的阿爾巴尼亞與越南外，朝鮮與古巴都掉頭而去。至於他寄予厚望的亞非拉“左派”們，卻原來不過是一夥明朝皇帝用金帛買來的“朝貢使”的轉世投胎。於是毛澤東不能不歎“無可奈何花落去”，在文革前夕對江青歎道：“全世界一百多個黨，大多數的黨不信馬列主義了，馬克思、列寧也被人們打得粉碎了，何況我們呢？”[2] 在九大期間，毛再次哀歎：“我們現在孤立了，沒有人理我們了”，顯示出對那些長期依靠中國的世界各國革命黨和革命組織不死不活，對中國毫無幫助的不滿，提出以後要減少對這些黨和組織的援助。[3]

---

[1] 《毛澤東年譜（1949-1976）》第六卷，219 頁

[2] 毛澤東：《給江青的信》，《建國以來毛澤東文稿》，第 12 冊，72 頁

[3] 《毛澤東在中央文革小組碰頭會上的講話》，1969 年 3 月 22 日，轉引自楊奎松：《從珍寶島事件到緩和對美關係》。

不過在獲知蘇聯準備對中國實施核打擊之前，“埋葬帝修反，解放全人類”的口號仍然響徹雲天。這口號充分體現了毛澤東“要向全世界作戰”的豪情勝慨。

但真到大禍臨頭時，毛還是給嚇醒了。1969 年 9 月中旬，毛親自擬定的國慶口號號召：“全世界人民團結起來，反對任何帝國主義、社會帝國主義發動的侵略戰爭，特別要反對以原子彈為武器的侵略戰爭！如果這種戰爭發生，全世界人民就應以革命戰爭消滅侵略戰爭，從現在起就要有所準備！”[1] 但他自己卻嚇得跑到外地去，還告訴部下，“中央領導同志都集中在北京不好，一顆原子彈就會死很多人，應該分散些。”[2] 林副統帥也給嚇得下了那個引來他猜疑的“一號作戰命令”。

好在萬惡美帝及時出來救命了。中蘇雙方劍拔弩張的對峙，讓美國總統尼克松看到了建立“反蘇統一戰線”的可能，他開始頻頻向中國示好。1969 年 7 月 21 日，美國國務院主動宣佈放寬對華貿易和去中國旅行的限制；26 日，柬埔寨國家元首西哈努克轉交了一封美國參議院民主黨領袖曼斯菲爾德寫給周恩來的信，要求訪華，並對中美二十年交惡表示遺憾；7 月底，尼克松在出訪期間公開表示，繼續孤立中國對亞洲不利；8 月 8 日，美國國務卿在坎培拉公開發表談話，聲稱美國始終在努力打開同中國來往的渠道。與此同時，巴基斯坦等方面都有消息傳來，稱美國政府有意與中國方面進行接觸。[3]

毛澤東及時抓住了這根救命稻草。12月初，他批准釋放於該年 2 月 12 日乘遊艇進入中國領海被捕的兩個美國人。12月 11 日，中國駐波蘭臨時代辦與美國大使恢復接觸。12 月 18 日，毛澤東接見斯諾，

---

1 《毛澤東年譜（1949-1976）》第六卷，266 頁。

2 金洲：《“一號命令”辨析》，《當代中國史研究》，2011 年 06 期

3 楊奎松：《從珍寶島事件到緩和對美關係》。

非正式邀請尼克松訪華。1971 年 4 月 21 日，周恩來通過中國駐巴基斯坦大使館轉告美國政府："中國政府重申，願意公開接待美國總統特使如基辛格博士，或美國國務卿甚至美國總統本人來北京直接商談。"7 月 9 日-11 日，美國總統國家安全事務助理基辛格祕密訪華。為美國總統尼克松訪華作了安排[1]。

1972 年 2 月 21-28 日，美國總統尼克松訪問中國。尼克松在會見毛澤東時，談到中國當時常用的"全世界團結起來，打倒帝、修、反"的口號，毛澤東說：你可能就個人來說，不在打倒之列。可能他（指基辛格）也不在內。都打倒了，我們就沒有朋友了嘛[2]，明確表示放棄了"打倒美帝國主義"的革命目標。

1973 年 2 月初，尼克松批准向中國出售包括 4 架飛機等裝備在內的 8 套慣性制導系統，中美開始軍事合作。2 月 17 日，毛澤東在會見基辛格時對他說，中美要共同對付蘇聯，有時我們也要批你們一回，說"帝國主義去你的吧"，不講不行呢。毛還提出了與美國組成"一條線"的反蘇統一戰線。1974 年 1 月 5 日，在會見日本外相大平正芳時，毛澤東進一步提出了"一大片"的全球戰略構想，即把從中國、日本經巴基斯坦、伊朗、土耳其、歐洲到美國一線以及周圍一大片的所有國家團結起來，共同對付蘇聯的擴張[3]。這壯麗的"反蘇大合唱"構想，與他過去譴責的"反華大合唱"以及美帝的"新月形包圍圈"相映成趣。

1973 年 11 月 14 日，中美雙方發表基辛格訪問中國的公報，"特別重申任何一方都不應該在亞洲、太平洋地區或世界的任何其他地

---

1 《毛澤東年譜（1949-1976）》第六卷，274-275，359，382，386 頁。

2 《毛澤東年譜（1949-1976）》第六卷，428 頁。

3 《中蘇關係史綱》，399，398 頁。

區謀求霸權，每一方都反對任何其他國家或國家集團建立這種霸權的努力”[1]，公開宣佈中美都反對蘇聯霸權主義。

至此，毛澤東完成了華麗轉身，從當初嚴厲譴責赫魯曉夫屈服於美帝的核訛詐，變為與美帝勾結，共同反對自己推戴的社會主義陣營首領；從結成最廣泛的反美統一戰線，變成結成最廣泛的反蘇統一戰線；把當初全世界革命人民的死敵美帝國主義，當成了祕密盟友，把當初“最偉大的朋友”蘇聯，當成了全世界革命人民的頭號死敵；把當初美帝那“現代戰爭根源”，當成了保障自家安全的靠山，把當初蘇聯那“保衛世界和平的堡壘”，當成了“世界不得安寧的根源”……。世界史上幾曾有過如此富於諷刺性的角色互換——當蘇聯應毛澤東的要求變成更加堅定的反帝旗手時，中國卻墮落成了美帝反蘇的馬前卒！不知道那些謳歌毛澤東理想主義的人們，能否從這種奇特的移形換位術中，看出始終如一的原則？

毛澤東不但棄反帝原則如敝屐，更拋棄了馬列主義的階級鬥爭與無產階級世界革命理論，推出了“三個世界論”。

1974 年 2 月 22 日，在會見贊比亞總統卡翁達時，毛澤東提出，美國、蘇聯是第一世界，歐洲、日本、澳大利亞、加拿大等國是第二世界，第三世界則包括除了日本的亞洲、非洲和拉丁美洲。

2 月 2S 日，他在會見阿爾及利亞革命委員會主席布邁丁時說：中國屬於第三世界，因為政治、經濟等各方面，中國不能跟富國、大國比，只能跟一些比較窮的國家在一起。

3 月 25 日，他在會見坦桑尼亞總統尼雷爾時說，第三世界團結起來，使得工業國家，比如日本、歐洲和兩個超級大國，都得要注意一點。

---

1 《毛澤東年譜（1949-1976）》第六卷，505 頁。

4 月 4 日，他批准的鄧小平在聯大特別會議上的發言稿聲稱：“中國是一個社會主義國家，也是一個發展中的國家，中國屬於第三世界。中國政府和人民，堅決支持一切被壓迫人民和被壓迫民族的正義鬥爭，這是我們應盡的國際主義義務。中國現在不是，將來也不做超級大國。”[1]

在這些話裡，哪裡還有社會主義陣營與資本主義陣營的基本矛盾？哪裡還有社會主義制度與資本主義制度的根本區別？哪裡還能找到無產階級世界革命的影子？此論以生產力的落後作為社會先進性指標，完全是對馬克思歷史唯物主義的反動；它混淆階級陣線，抹煞不同社會制度的本質區別，以單純的“貧富”甚至原子彈的擁有量作為敵我劃分標準，則是對階級與階級鬥爭學說的顛覆。而毛澤東試圖用脫離階級背景與社會制度的窮國與富國之爭，對抗並取代國際共產主義運動，就更使自己墮落為無產階級革命的叛徒。至此，無論是在理論上還是在實踐中，毛澤東都全面背叛了國際共運，無怪乎阿爾巴尼亞勞動黨要嚴厲譴責之。

19 世紀英國首相帕默斯頓爵士（Viscount Palmerston，亦即發動鴉片戰爭的罪魁禍首巴麥尊）說：“我們沒有永久的盟友，也沒有永久的敵人，唯有我們的利益是永恆不變的，追求這些利益就是我們的職責。”毛澤東身體力行的其實也是這個格言，他沒有永久的盟友，也沒有永久的敵人，更沒有始終如一的原則，唯一不變的是當領袖的野心。既然當不上國際共運領袖，那就破門出教，走上歷來為馬列主義者強烈譴責的“第三條道路”，能當上國際丐幫的幫主也是好的。

---

1 《毛澤東年譜（1949-1976）》第六卷，520-521，524，528 頁。

六、“反修鬥爭”的是非功過

已有諸多作者對此作過論述。竊以為，應該從理論上的是非，現實政治的正誤，對國家利益與人類福祉的功過三個方面來分析。

先看理論上的是非。有的論者認為，當年的反修大論戰，是“空對空”，是以毛澤東的“極左”去反對赫魯曉夫的“左”。換言之，爭論雙方都錯了，而中方錯的更嚴重。[1]

此論有一定道理。馬克思主義乃是背離人性、缺乏現實可行性的空想主義，而列寧主義則是在這基礎上發展起來的以暴力、恐怖和仇恨為基本訴求、動員手段與統治手段的邪教。在此大前提之下展開的一切教義爭論，當然都是荒謬的，無對錯之分。我之所謂“是非”也者，指的只是誰家的主張更接近原教旨。

中方列舉的赫魯曉夫的罪行，除去“復辟資本主義”之類誣蔑不實之詞外，主要是“三和兩全”（和平共處，和平過渡，和平競賽；全民國家，全民黨）以及“反對個人崇拜”。這些問題恰好在馬列書中找不到答案。似乎可以說，在這些方面，赫魯曉夫填補了馬列留下的巨大的理論空白。

無論是馬克思還是列寧，都以為社會主義革命會在全球同時勝利，從未設想過“社會主義陣營”這種怪物問世。但是，面對文明世界的包圍，列寧確實提出過和平共處的策略口號。而且，蘇斯洛夫已經在論戰中指出，列寧曾經說過，總有一天新武器的毀滅性可以強大到使得人類再無可能發動戰爭。核武器就是列寧設想過的那種武器。

在這個意義上，馬林科夫、赫魯曉夫等人提出的“核戰爭無勝利者”之論當然成立。既然不可能以核戰爭推翻資本主義世界，那

---

[1] 《閻明復回憶錄》，903頁，909頁。

剩下來的選擇當然就只能是和平共處。在其回憶錄中，赫魯曉夫反復講述了這個基於常識作出的結論，並強調指出，他過去多次在公開講話中說過："在意識形態和階級鬥爭領域內不可能有和平共處這類東西。但在不同政治制度國家之間的關係中，是能夠有而且必須有和平共處的。"[1] 中共指責他背叛無產階級革命完全是誣蔑。

實際上，毛澤東自己的實踐就證明了赫魯曉夫的正確。他主張"以戰爭邊緣政策對付美國的戰爭邊緣政策"[2]（亦即赫魯曉夫指責的"用武力去試驗資本主義制度的穩固"），並在金門危機與中蘇邊界衝突中兩次付諸實踐，兩次都幾乎擦槍走火，陷中國於萬劫不復，兩次都以冒險主義始，以逃跑主義終。

毛澤東對"全民國家、全民黨"的反對，只說明他根本不懂馬列，因此不知道此說其實是試圖彌縫共黨理論與現實之間的巨大裂痕，反而堅持"社會主義國家仍有階級鬥爭，仍要堅持無產階級專政"。本書《思想家》卷已指出，按照馬克思主義，階級是與一定生產關係、生產方式相聯繫的。在社會主義社會中（不包括今日掛羊頭賣狗肉的"具有中國特色的社會主義"），資本主義生產關係已不復存在，任何私人都不佔有生產資料，哪裡還有什麼資產階級？還需要什麼無產階級專政？皮之不存，毛將焉附？毛澤東以人們過去的職業定終身成份，是刻舟求劍的形而上學，而以人們的言論甚至思想劃階級，則是典型的唯心主義。

至於毛澤東所謂"個人崇拜有兩種，一種是正確的崇拜，……另一種是不正確的崇拜"[3]則只暴露了他的無知。所謂"個人崇拜"，俄文是культ личности，英文是cult of personality，那культ或

[1] 《最後的遺言》，791頁。

[2] 《十年論戰》，190頁，《毛澤東年譜（1949-1976）》第四卷，47頁。

[3] 《毛澤東年譜（1949-1976）》第三卷，311-312頁。

cult 是邪教崇拜的意思，劉少奇建議譯為“個人迷信”庶幾近之，世上哪有什麼“正確的迷信”？

不過，從權術上來說，毛澤東是對的。共產黨政權的死穴，就是無論是政黨還是黨魁上臺，都是靠詐力，既不是靠民主選舉，也不是父傳子的“遺傳性專制”，因而缺乏合法性權威。為了保住權力，黨魁便只能推行造神運動，將自己塑造為全知全能的上帝。毛澤東上台靠的就是延安整風造神運動，當國後更把它運用到極致。1965年1月9日，他會見斯諾，當斯諾談到俄國有人說中國有個人迷信時，毛澤東說：恐怕有一點。據說斯大林是有的，赫魯曉夫一點也沒有，中國人是有的，這也有點道理。赫魯曉夫倒臺了，大概就是因為他沒有個人迷信。[1]

這就是共黨高幹的悲劇：為了奪取全國權力並維護黨的統治，他們不能不參與造神；然而黨魁變成上帝之日，也就是他們生死存亡從此取決於主子一念之間、徹底喪失人身安全之時。赫魯曉夫正是因為吃足了這苦頭，才堅決反對造神運動。可笑的是，劉少奇、周恩來之輩還要去批判他，林彪更是將造神運動推到最高最活最肉麻的頂峰。等到後來他們如臭蟲一般，被毛捻得求生不得，求死不能時，不知可曾想起赫氏的忠告？至於造神運動能給國家帶來什麼災難，文化大革命已經充分演示過了。

毛共對蘇共的指責，現代中共已不敢再重複，御用文人們能重複的，就是蘇共以“老子黨”自居，搞大國沙文主義、妄想控制中國等陳詞濫調。上文介紹的史實足以表明，這些指控在斯大林時代確為事實，但在赫魯曉夫時代則基本是謊言。赫魯曉夫對東歐國家（尤其是阿爾巴尼亞）或有大國霸道作風，但對中國自始至終是相

---

1 《毛澤東年譜（1949-1976）》第五卷，465頁。

當尊重、有時甚至是忍辱負重的，所謂“想控制中國”完全是典型的毛式謊言。

必須指出，在這方面，即使是出色的學者，仍然難免跌入官方宣傳的誤區。在他們的論著中常可看到“中蘇矛盾是意識形態與國家利益的碰撞”之類論斷。

竊以為，毛澤東與蘇聯破臉，與捍衛國家利益毫不相干。倘若毛對國家利益有絲毫念及，就絕不會先棄萬里河山與國家利權如敝屣，後又以此為藉口向蘇方反復尋釁，毫無必要地把一個在軍事、綜合國力、戰略位置等諸方面都佔壓倒優勢的強鄰，高效化為死仇，更不會以萬民為芻狗，在兩國關係跌到冰點之後，還出於國內權力鬥爭的需要去主動挑釁，實行戰爭邊緣政策，幾乎引來了令舉國無噍類的核毀滅。

毛澤東與蘇聯人的打鬧與意識形態分歧也沒有多少相干。前節已經指出，教義爭吵不過是毛澤東試圖攫取教主皇冠的手段。他根本就不是蘇聯人指責的“教條主義者”，相反，為了滿足權慾需要，他在意識形態上作180度大轉彎的身手特別矯健靈活。

遭遇過“意識形態與國家利益碰撞”的國家信有之，可惜不是中國。1964 年 3 月間，羅馬尼亞黨代表團來華勸和。據金日成與毛澤東的觀察，羅馬尼亞人與赫魯曉夫在理論原則上並無分歧，他們主要是反抗蘇聯干涉其內政和施加壓力[1]。但中蘇分歧根本不是這麼回事。

其實，看看金正日、金正恩父子就能明白毛澤東的心態了。因為介入韓戰，中國被扠出聯合國大門，遭受西方多年的封鎖抵制。而蘇聯作為超級大國之一，總是希望與美國建立一個彼此能接受、能掌控、能預期的世界秩序，因此不能不與美帝“又勾結又爭

1 《毛澤東年譜（1949-1976）》第五卷，321 頁。《十年論戰》，704 頁。

奪”。這引起了被踢出局外、無處發聲的毛澤東、金二金三輩的羨慕嫉妒恨。他們當然要出來攪局，顯示自家存在，企圖引起敵人重視。尤其是毛澤東野心勃勃，又是泱泱大國領袖，搗亂破壞的動機與能量都要比金家祖孫大得多，引起的盟國的惱怒也就嚴重得多。最能證明毛澤東這心態的是，他後來有了勾結美國總統共同主宰世界的機會，立即就拋下反美馬褂，跑得腳後跟朝前。

中共對蘇共自居共運中心、對兄弟黨耍“指揮棒”的指控倒確實成立，至少對東歐如此。不過，毛澤東本人 1957 年專門去莫斯科，說服各兄弟黨奉蘇聯為為首。所以，這指揮棒是他率眾兄弟跪呈給蘇聯人的。而且，後來他為國際共運制定總路線，一樣是耍指揮棒。只是他沒能指揮動誰，才反對起它來。所以，這與“勾結美帝”的指責一樣，不過是“想做主子而不可得”的嫉恨。

其實，按照列寧的“民主集中制”原則，國際共運像共產黨一樣，是個軍事化的黑社會組織。社會主義陣營既然是開展國際階級戰爭的陣營，當然就得實行統一指揮。一旦取消了指揮棒，則無論是社會主義陣營，還是國際共運，都要分崩離析。所以，毛澤東以反對耍指揮棒為名，行搶奪指揮棒之實的實際表現姑不論，“廢除指揮棒”這主張本身就是破壞國際共運。

在另一方面，蘇方對中方的指責，除了毛澤東是“教條主義者”這一條不符合事實外——毛澤東連馬列的基本原理都不懂，談何教條主義？更遑論他“變身換臉”的蓋世神功——其餘的批判都符合馬列主義。

例如毛澤東要為之“向全世界作戰”的三件東西：百花齊放、大躍進、人民公社，全都違反了馬列主義。“百花齊放”若非誘敵深入的“陽謀”，就是為列寧嚴禁的“資產階級自由主義”，與一黨專政不兼容；大躍進與人民公社則是超越客觀物質條件與政治條件的左傾冒險主義。這一點，連中共後來都承認了，只是他們在為彭德懷平反時，卻忘了為赫魯曉夫正名。

又如蘇共指責中共搞宗派活動，搞“民族共產主義”，否認當時世界的基本矛盾是社會主義陣營與資本主義陣營的矛盾，用亞非拉民族解放鬥爭取代無產階級世界革命等等，也是基於正宗馬列的批判。上節已經論述過，中共的“國際偽共運總路線”違反了馬列階級鬥爭學說，以及列寧關於帝國主義與民族解放運動的理論。

總之，中共與蘇共在教義上的爭吵，完全是逢蒙與后羿過招。我黨本是文盲痞子黨，毛澤東本人就是靠剽竊蘇聯人編的通俗小冊子起家的，哪配去班門弄斧？

其次看現實政治的正誤。儘管赫魯曉夫缺乏教育，思而不學，天性衝動，然而他畢竟敏銳地看到了共產陣營的致命弱點，把握住了時代潮流。他深知蘇聯生活水平與西方世界的差距，訪美之行更打開了他的眼界。他知道，核武器的問世，使得斯大林靠武力擴散共產制度再無可行性。共產制度取勝的唯一希望，是在和平競賽中勝出，使本國人民的生活水平超過西方。為此必須削減巨額軍費預算，“鑄劍為犁”。這就是他何以變成了個裁軍迷。直到生命行將結束之際，他還在苦口婆心勸告蘇共領導人：

> “領導成員必須注意不要戴著軍界的眼鏡來觀察世界。不然的話，眼前就會出現一幅黯淡得可怕的景象，政府就會開始把所有的資金以及最好的人力資源都化到軍備上去，結果這個國家很快就會在軍備競賽中喘不過氣來了。”[1]

赫魯曉夫的錯誤，只在於他堅信“共產主義必將埋葬資本主義”，因此未能看到，即使沒有軍費負擔，因為剝奪了人民的自由

---

1 《最後的遺言》，803-804 頁。

創業精神，公有制國家也只會在與資本主義國家的和平競賽中敗下陣來。但這是時代與個人出身的限制，未可苛求。

可惜勃列日涅夫沒有聽取他的勸告，在許多方面恢復了斯大林主義，使軍備競賽壓斷了蘇聯國民經濟的脊梁，龐大的蘇東帝國垮於旦夕之間。而鄧小平當國後奮勇走資，恢復私有制，使得中國共產黨變成了中國資產黨，雖然背叛了馬列，但畢竟完成了保權救黨的艱難任務。這正反兩面的歷史教訓，彰顯了改革先驅赫魯曉夫的遠見卓識，以及毛澤東那井底之蛙的孤陋寡聞。

最後看對國家利益與人類福祉的功過。中蘇交惡，使得中國蒙受了韓戰之後外交上的第二次“大躍進”式打擊，陷入完全徹底的國際孤立，斷送了中國和平發展的希望，使中國失去向先進國家開放、獲得先進技術與資金的機會；為了與蘇聯爭奪小嘍囉，毛澤東不顧國家貧弱，在亞非拉大撒幣，使得中國愈發窮困；出於身後被接班人否定的恐懼，毛澤東大抓“睡在我們身邊的赫魯曉夫”，先後開展了“四清運動”與文化大革命等殘民運動，將全民投入瘋狂運轉的絞肉機，使國家民族遭受了空前浩劫；毛澤東更將私人怨懟放大到國家關係上去，毫無必要地把蘇聯生生製成死仇，然後又被自己的作品嚇得靈魂出竅，在全國大搞什麼“大三線”、“小三線”，再度鼓足幹勁、力爭上游、多快好省、有計畫、按比例、高速度地破壞國民經濟；在擅啟邊釁幾乎招來核毀滅之後，他又將大批城鎮居民“疏散、下放、遣送”到邊遠農村去，使得許多無辜百姓妻離子散，家破人亡，加重了中國人民的苦難。

但也必須看到，毛澤東出於個人野心，在爭當老大失敗後，始則反出教門，另開山堂，分裂、瓦解、破壞了許多國家的共產黨組織，沉重打擊了國際共產主義運動，在事實上充當了國際反共別動隊，繼而索性公開背叛共運，與萬惡美帝結盟，聯手反蘇，先是以大論戰對蘇聯施加道德壓力，後來則以反蘇軍事包圍圈威脅蘇聯國家安全，逼得蘇共領導始終無法與美國和平共處，不得不以軍備競賽代替和平競賽，最終耗盡元陽，轟然倒地。

不難看出，如果沒有毛澤東窩裡反，奮勇出來打著紅旗反紅旗，與萬惡美帝裡應外合，左右夾擊莫斯科與國際共運，那在 50 年代初以排山倒海之勢、雷霆萬鈞之力磅礴於全世界，而葆其美妙之青春的共運紅潮絕不會消退得這麼快，在短短幾十年內就消散得無影無蹤，而蘇東帝國也絕不會剎那間就喫喇喇似大廈傾，昏慘慘如油將盡，垮得連斷垣殘壁都沒留下來。從這個角度來看，應該承認毛澤東為全人類的福祉作出了貢獻。

第四章 量中華之國土物力，結與國之瞬息歡心

本卷導言介紹過，傳統中國的周邊是“蠻夷”，自身是“天朝”，因此只有“理藩”事務，不存在外交問題。西式外交概念是鴉片戰爭後鬼子用堅船利炮打入中國人腦袋的。

但從晚清開始，中國逐漸建立了一支職業外交官隊伍。他們學會了運用國際法與國際慣例，與列強折衝樽俎，出色地捍衛了國家利權，諸如曾紀澤與沙俄政府談判，成功修改《伊犁條約》，索回了被崇厚丟失的大片領土；薛福成與英國談判劃定中緬邊界南段，保住了孟連、車里的主權，收回了被英軍佔領的昔馬、漢董等要地，還將猛卯和科幹（果敢）之間的大片土地收入版圖[1]；唐紹儀與英國談判修改《拉薩條約》，使得英國政府承認了中國對西藏的宗主權，保證不吞併西藏領土，也不干涉西藏行政[2]；袁世凱在民初主導與沙俄政府談判，使沙俄取消了外蒙的“獨立”，承認中國對外蒙的宗主權，並承諾不在外蒙駐軍[3]；北洋政府外交使團參加 1922 年召開的華盛頓會議，促使列強締結《九國公約》，保證尊重中國領土完整，更簽訂了《解決山東問題懸案條約》以及附約，成功收回了被巴黎和會判給日本的山東半島主權與膠濟鐵路權益……。這些成就都是在中國的國脈如絲之際作出來的。他們的努力，創造了“弱國有外交”的奇跡。

---

1 《清史稿·卷第一百五十四·志一百二十九·邦交二·英吉利》

2 *Convention Between Great Britain and China Respecting Tibet*（1906）
http://www.tibetjustice.org/materials/treaties/treaties11.html

3 《北洋軍閥史話》，第 44 章。

此外，有的官員還以西方民族國家的立國範式對比中國，發現了帝國周邊存在著大量的“甌脫之地”，亦即不屬於任何國家的地帶。這些地方或是因為地形險峻，只有原始部落，沒有政府組織，或是生存條件惡劣的無人區，因而成了“無主”地區。如果落入英國人之手，就會構成對中國的威脅。於是他們向朝廷建議，趕快把這些地方納入版圖。

薛福成 1892 年奉命與英國談判中緬邊界。他調查後發現：“（邊界）北路在野人山之北，有甌脫之地千八百餘里，相傳為明時茶山、里麻兩土司故地，今亦野人居之，既不屬華，亦未屬緬。由此入華有三道，一通西藏，一通打箭爐，一通永北廳。若淪入於英，則三省邊防疲於奔命，實為隱患。”因而主張根據國際公法率先搶佔：“按公法云：‘遇不屬邦國管轄者，無論何國皆得據為己有。’此當以兵力預佔，可先入為主也。”[1]

1909 年派兵入藏的趙爾豐也看到了必須搶在英國人之前，去搶佔藏南-滇西北一帶的“甌脫之地”，以鞏固西藏與滇西的防衛。他上奏朝廷：“自滇緬劃界，英指高黎貢山脉以西爲甌脫之地，今我不取，西藏萬難扼守。遂於八月初令程鳳翔先據桑昂以分賓主之勢，俾使英人無所藉口，樹我藩屏以舒民困。”[2]

不僅如此，他還在康區尤其是藏南搞“改土歸流”，搶在英國人前面招撫部落民族，在這些“三不管”的地區建立縣治，將大清護照發放給當地居民。《清史稿》稱：“計爾豐所收邊地，東西三千餘里，南北四千餘里，設治者三十餘區”[3]。

這些先賢面對的是強大的英帝國主義或沙俄帝國主義，背靠的是羸弱無能、甚至陷入內戰的祖國，尚且堅定地捍衛了國家民族利

---

[1] 薛福成：《出使英法義比四國日記》，680，681 頁，嶽麓書社，1985 年 8 月

[2] 吳中培編：《趙爾豐川邊奏牘》，第 236 頁，四川民族出版社，1984 年。

[3] 《清史稿》，列傳二百五十六。

益，或爭回業已喪失的領土權益，或在強敵鼻子下開疆拓土。那麼，中共上台後，英帝法帝都已經、或行將撤出亞洲，中國的鄰邦除了蘇聯外，都是弱國小國，中國本身已經高度統一，中央政府享有前任從不敢夢想的對臣民的絕對控制，再無肘腋之患，當國的又是令“秦皇漢武略輸文采，唐宗宋祖稍遜風騷”的千古一（蠢）帝，有著據說是世界第一流外交家周恩來的輔佐，應該因利乘便，做出更加驕人的外交業績來才是。

然而令人難以置信的是，毛周卻在既無強敵壓境、又無內亂掣肘的和平歲月中，向幾乎所有的弱小鄰國都拱手相讓萬里河山，創造了中國乃至世界歷史上絕無僅有的外交奇跡。

1955 年 4 月 23 日，周恩來在萬隆會議上發言，具體闡述了毛主席賣國革命外交路線：

> “中國同十二個國家接壤，同有些國家的一部分邊界尚未劃定。我們準備同鄰邦確定這些邊界，在此之前我們同意維持現狀，對於未確定的邊界承認它尚未確定。我們約束我們的政府和人民不超越邊界一步，如果發生這類事情，我們願意指出我們的錯誤並立即退回國境。至於我們如何同鄰國來確定邊界，那只能用和平方法，不容許有別的方法。我們如果一次談不好，就再談，但不能超越現狀。”[1]

乍看上去，這段話充滿邏輯混亂與含混不清之處：既然邊界尚未確定，那又該怎麼“約束我們的政府和人民不超越邊界一步”呢？未定邊界一般都有兩條線——對方的主張線與己方的主張線，這兩條線通常相交叉，圈出了一片重合地域，雙方都認為那地區是自己的，這就是所謂爭議地區。周在這兒所說的“邊界”，究竟是指對方還是己方的主張線？

---

[1] 周恩來：《在亞非會議政治委員會會議上的發言》，（一九五五年四月二十三日），《周恩來外交文選》，中央文獻出版社，1990 年 5 月，130 頁

如果是己方的主張線，那對方若要用武力將爭議地區納入版圖，又該怎麼辦？難道“只能用和平方法，不容許有別的方法”，坐待挨打，自動放棄自衛還擊權利？

如果是對方的主張線，而這主張線又畫在了中國領土上，那是不是就只能乖乖守在該線己方一側，聽任對方推進佔領之？在國土陷落後，是不是只能“維持現狀”，頂多只能和平交涉，決不能“超越現實”？若交涉無效，是不是仍然“只能用和平方法，不容許有別的方法”，用武力收復？

其實，中國政府的態度是上述第二種，亦即嚴格尊重對方的主張線，絕不跨過一步，耐心等待對方來佔領爭議區域，將其主張線化為“實際控制線”，然後中國再“尊重現狀”，通過和談做點細微調整，簽約將對方的擴張合法化與永久化。如果對方不願和談，連細微的調整都不願作出，那就“擱置”起來，耐心等候一萬年，“只能用和平方法，不容許有別的方法”。

這是何等的漢奸主張！歷史上又有哪個著名賣國賊敢公開這麼講？或許就是為此，哪怕是愚弄欺騙百姓已入化境的共黨頭子周某，也不得不含糊其辭吧。不過，糊弄中國百姓容易，對外國人遲早得把真實意圖講出來。5 年後，周恩來在新德里記者招待會上表明了對中印邊界東段的態度：

> “在東段，我們的地圖所畫的邊界線在印度地圖所畫的邊界線南邊，在印度地圖上劃入印度的這塊地區，是久經中國行政管轄的地區。印度在獨立以後逐漸向前推進到它目前在地圖上畫出來的這條線。印度政府要求我們承認這條線；有時候，印度政府甚至公開說這是麥克馬洪線。我們絕對不能承認這條線，因為這是英帝國主義在它同中國西藏地方當局的祕密換文中非法畫出來的，中國歷屆政府從來沒有承認這條線。雖然如此，我們願意在中印邊界問題解決前維持現狀，不越過這條

線，並且在談判邊界問題時，我們也不提出領土要求作為先決條件。由於我們採取這樣一種諒解和讓步的態度，所以東段邊界的討論就顯得時間用得少。”[1]

這段話就是對他在萬隆會議上的發言的實例闡述，意思是：

1）麥克馬洪線是非法的，把“久經中國行政管轄的地區”劃入印度，中國歷屆政府從來沒有承認這條線。

2）但是，中方絕不越過這條線，只會坐視印度“逐漸向前推進到”該線，將其化為“實際控制線”，變成“現狀”。

3）中國政府願意“維持現狀”，在談判邊界問題時絕不“提出領土要求作為先決條件”，亦即不會要求印度退出它侵佔的領土，只會要求做點細微調整，即可簽約。

4）“由於我們採取這樣一種諒解和讓步的態度”，把麥克馬洪線看成真正的邊界線，所以當印方越過中方表面上的主張線（即傳統邊界）向麥克馬洪線推進，將其化為“實際控制線”時，中方無論是在公開還是在私下場合，都從不提出抗議。只有在印方越過麥克馬洪線時，中方才會提出抗議。因為印軍侵犯麥線次數不多，所以“所以東段邊界的討論就顯得時間用得少。”

這是在公開場合發表的講話，在私下場合，周恩來就講得更直截了當了。他在會見印中友好協會會長 Pandit Sunder Lal 時說：“你們保留你們控制了的地方，還可以拿走所有尚未被佔領的爭議地區，我們只要我們已經控制了的地方。”[2] 實際上，他做的比這承諾還慷慨，就連“我們已經控制了的地方”，只要不是像阿克賽欽那樣實難割愛，他都可以送出去（詳後）。

---

[1] 周恩來：《在新德里答記者問》，（一九六零年四月二十五日），《周恩來外交文選》，278 頁。

[2] Neville Maxwell：*India's China War*， Jonathan Cape Ltd， 1970， p160

這就是毛主席賣國外交路線對於處理未定邊界的指導原則，下面讓我們來具體看看它是怎樣被運用到毛周賣國外交實踐中去的。

一、中印衝突：毛周為捍衛麥克馬洪線而戰

中印邊界全長約 1700 公里，分為西、中、東三段。

西段與印屬克什米爾相鄰，北起新疆的喀喇崑崙山口，南至札達縣的 6795 高地，長約 600 公里。爭議地區三塊，總面積為 3.35 萬平方公里。除巴里加斯地區的 450 平方公里為印佔領外，其餘為中方控制。

中段與印度旁遮普、喜馬偕爾和北方邦接壤，西起 6795 高地，東至中國、印度、尼泊爾三國交界的強拉山口，長約 450 公里。爭議地區四塊，總面積約 2000 平方公里，均為印度控制。

東段與印度阿薩姆邦接壤，西起中國、印度、不丹三國交界之處的底宛格里，東至中國、印度、緬甸三國交界處。中方聲稱邊界長約 650 公里，印方聲稱邊界（麥克馬洪線）長約 1100 公里。爭議地區面積約 9 萬平方公里，為印度控制。

以上是黨媒的介紹，所謂“爭議地區”，指的是雙方的地圖重合的區域，並不反映中國政府的真實態度。周恩來說：“東段和西段都有爭議。中段爭議比較小。”[1] 真實的情形是，中印雙方的爭議只在西段，中段不是“爭議比較小”，而是中方根本就沒有爭議過，而東段的藏南中方也早就決定送人了，之所以還要裝模作樣地“爭議”兩聲，只是為了用它來壓印度在西段讓步。

---

[1] 周恩來：《在新德里答記者問》，（一九六零年四月二十五日），《周恩來外交文選》，278 頁。

要說清這個問題，就必須回溯中印邊界的歷史沿革。

（一）中印邊界的歷史

中印邊界只是原來中國與英屬印度帝國的邊界的一部分。在 18 世紀，印度的莫臥兒帝國與中國並不接壤，兩國之間隔著一系列國家，從西北到東南依次為錫克帝國（19 世紀被克什米爾取代）、尼泊爾、錫金、不丹與阿薩姆王國。

19 世紀，英屬印度帝國取代了莫臥兒帝國，不斷向北擴張，先後將克什米爾、尼泊爾、錫金和不丹變成“保護國”，更吞併了阿薩姆王國與緬甸，英印帝國於是變成了中國的鄰國。由此形成的邊界長達數千公里，中國與克什米爾的邊界變成了中英邊界西段，而中國與原來的阿薩姆王國和緬甸的邊界，則成了中英邊界的東段。

1）西段

中英邊界西段位於新疆西南角與西藏西北角，與英國保護國克什米爾土邦接壤。英印帝國瓦解後，克什米爾被印巴兩國肢解，北部由巴基斯坦搶走，南部為印度奪去，由此形成了中巴邊界與中印邊界西段。

克什米爾與中國接壤的地區名叫拉達克。拉達克原來是西藏的附庸國，其人種、語言與宗教都與西藏本部高度同源。拉達克人基本是藏族，有大量的藏傳佛教僧侶與寺廟，而這些寺廟如同西藏的一樣，不但奉達賴為活佛，而且形成了管理人民的組織網絡。因此，連西方學者都說：“把拉達克看成是西藏的一部份大概是最合適不過的……，而西藏在那時毫無疑問處於中國控制之下”[1]。

---

[1] A P Rubin: *The Sino-Indian Border Disputes.* International Comparative Law Quarterly, Jan 1960, p 120.

1834 年，拉達克被多格拉人征服，成了克什米爾的一部分，從此脫離了西藏的管轄，但仍然保留著與西藏人同源的文化。英國學者藍姆教授指出：

> "從喀喇崑崙山口到阿薩姆沿著高原邊緣的全部居民，不僅在種族類型上屬於西藏人，而且具有許多屬於西藏人的文化、宗教和語言的特色。例如拉達克和司丕提的居民，除了主權以外，完完全全是西藏人。"[1]

中國的阿克賽欽盆地與拉達克接壤，其面積為 37,250 平方公里，海拔在 4800 米到 5500 米之間，氣候十分嚴酷，年平均氣溫很低，如同月球表面一般荒無人煙。其唯一價值就是戰略位置。在古代，它是新疆去克什米爾、西藏、印度、中亞乃至中東的通道。但因為缺乏生存資源，它一直是一個"甌脫之地"。

從克什米爾去阿克賽欽要翻越喀喇昆侖山脈，旅途極其艱難，因此，無論是印度人還是英國人，都從未踏上那塊土地。而從新疆或西藏去那兒就容易得多。盛世才統治新疆時，曾派出勘探隊在該地駐扎過[2]。自 50 年代起，它就處於中國政府的管轄之下。這是因為新藏公路從盆地中通過（請參見下左圖）。

在歷史上，中英西段的邊界從未劃定過。雙方都同意過的只是喀喇崑崙山口是分界點。1892 年，中國在該山口立了一塊界碑，當時英國人對此表示讚同[3]。1899 年，英國駐華公使竇訥樂（Claude MacDonald）照會大清總理衙門，提出了英國政府在邊界西段的主張線——"竇訥樂線"。它從喀喇昆侖山口出發，大致沿著喀喇昆侖山脈下行，將大部分阿克賽欽劃歸中國（請參見上右圖）。這是英

---

[1] 阿拉斯太爾·藍姆著，民通譯：《中印邊境》，世界知識出版社，1966 年，19-21 頁。

[2] Maxwell: *India's China War*, p36

[3] 藍姆：《中印邊界》，97 頁。

國政府唯一一次正式提交給中國政府的主張線。不過，清廷沒有答覆英國政府。

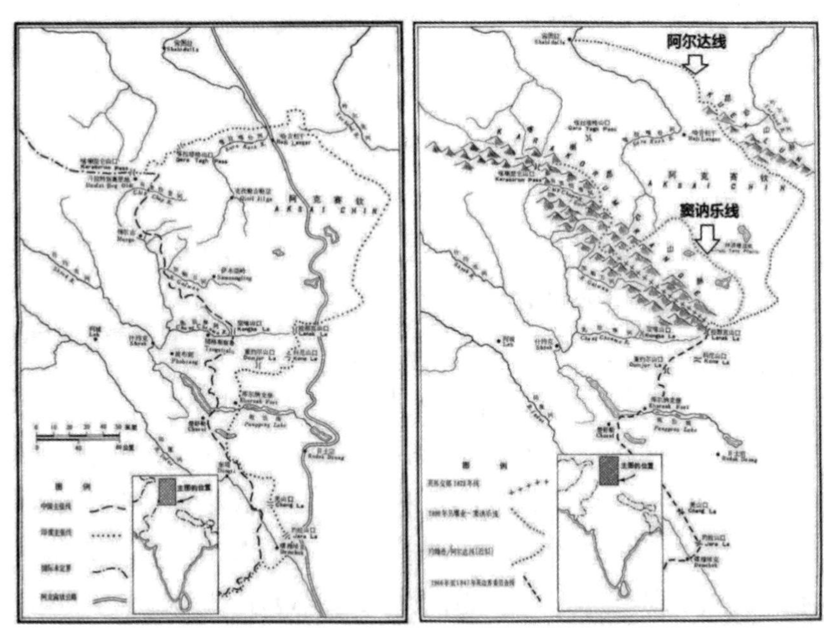

左：西段領土爭議區。請注意新藏公路（雙線）從阿克賽欽穿過。右：阿爾達線與竇訥樂線。

此後英國官方地圖卻改用了所謂“阿爾達線”為主張線。它不再以喀喇昆侖山口為分界點，卻把邊界線北移到昆崙山脈，將昆崙山脈與喀喇昆侖山脈之間的大片領土包括阿克賽欽劃入克什米爾（請參見上右圖）。但這只是英國單方面“地圖開疆”，從未向中國提出過。

1927 年，英印政府又決定放棄阿爾達線，再度把喀喇昆侖山脈當成國界，並在喀喇昆侖山口也立了界碑。這條線比竇訥樂線對中國更有利，把全部阿克賽欽都劃歸中國，與中方主張線基本一致[1]。不過，這主張線與阿爾達線一樣，未向中國提出過。

比較上面左右兩圖可以看出，印度人後來的主張線雖如竇訥樂線一樣，都從喀喇昆崙山口開始，但竇訥樂線是沿著喀喇昆崙山脈向東南走，這條線卻向東偏北走，到達昆崙山脈後即與阿爾達線一致，把阿克賽欽畫在印度境內。然而尼赫魯卻聲稱，他們的主張線就是竇訥樂線！光從這一點看，印度人的主張就是個學術笑話。

總之，無論從歷史、法律、地理、實際領有的哪一方面來看，印方的主張線都毫無依據。

2）東段

中英邊界東段包括中印邊界與中緬邊界兩部份。英屬印度帝國瓦解後，位於不丹與緬甸之間那段邊界線，便稱為中印邊界東段。中方主張線沿著喜馬拉雅山麓平原邊緣走，而印方主張線是沿著山脊走的“麥克馬洪線”。兩線之間的爭議地區面積約 9 萬平方公里，中方稱“藏南”，印度稱為“阿魯納恰爾邦”。

藏南地區與西段的阿克賽欽地區自然條件完全不同，根本不是荒涼的無人區。它位於喜馬拉雅山南坡，海拔從 5000 米降到 150 米。從印度洋上吹來的溫暖潮濕的季風被喜馬拉雅山擋住，使得山北地區乾燥，卻使得此區濕潤多雨，成了世界上降雨量最大的地區之一。該區土地肥沃，能種植多種亞熱帶作物，人稱“西藏江南”。此外，該區森林覆蓋率達 90%，水力資源極為豐富，著名的雅魯藏布江大峽谷就在那兒，風景美不勝收。無論從哪個方面看，該區都是整個西藏最難得的明珠。

---

[1] Maxwell: India’s China War, p35；藍姆：《中印邊界》，108 頁

與西段的另一區別是，此區的東西兩端曾在中英之間非正式地確立過邊界。

爭議區的西部英國人稱為“達旺林帶”（Tawang Tract），中方稱為門隅地區（下圖陰影部分）。它緊挨著不丹，主要由門巴族與藏族居住，歷來是西藏的領土，包括錯那宗、申隔宗、德讓宗、打隴宗等地。錯那宗是六世達賴喇嘛倉央嘉措的出生地，境內建有非常有名的達旺寺。該寺是拉薩哲蚌寺的分寺，是西藏的宗教聖地之一。英國入侵前，西藏一直對該地區實行著有效治理。色拉以北包括達旺在內屬於西藏政府治下的錯那宗，有兩個宗本（地方長官）；色拉以南一直到平原邊緣都由達旺寺指派的宗本管理，除了申隔宗外，都是達旺寺的寺產。申隔宗則是錯那宗宗本的私產。色拉以南的德讓宗和打隴宗等地區則歸四個宗本管轄[1]。此區也是傳統的西藏到印度的商業交通要道，十四世達賴喇嘛就是經過此地出逃到印度去的。

1872 年，英國官員格藍姆（Major R. Graham）會同拉薩派來的官員簽訂條約，確認達旺地區爲西藏的一部份，並在烏達古里附近標定了它與印度帝國的邊界線[2]（下圖左端箭頭所指處）。英國在印度的參謀部在 1912 年指出：“現在（標定的）邊界是在達旺之南，沿烏達古里附近的山腳向西行到不丹南部邊境。”[3] 這是英國對達旺地區歸屬的公開承認，就連印度人自己出的書也不能不承認：

> “看來正確的是，除了英屬阿薩姆與達旺林帶由英國與西藏官員在 1872 年共同勘定之外，直到 19 世紀（蘆按：應為 20

---

[1] 藍姆：《中印邊境》，108，114-115 頁

[2] *India's China War*, p40; James Barnard Calvin: *The China-India Border War.*

[3] 印度事務局：《1910 年對外政治關係卷宗》，第 14 卷，編號 3057，轉引自藍姆：《中印邊境》，116 頁。

世紀）的頭十年，大英帝國的東北部都沒有英國與中國/西藏共同同意的確定的邊界。”[1]

爭議地區的東端是察隅縣的瓦弄，中方曾在瓦弄南面樹立過邊界標誌，並為英方接受。

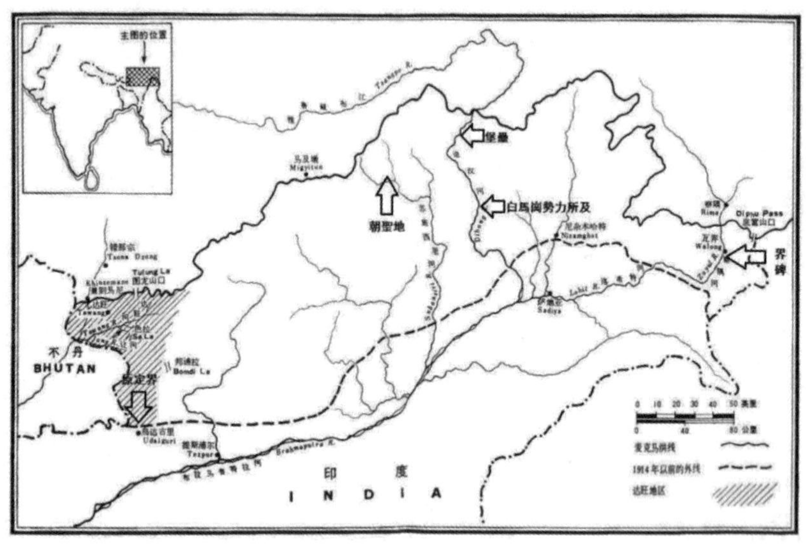

東段爭議區。左右兩端箭頭所指處為中英雙方同意過的界碑所在

前已提及，趙爾豐1909-1910年在康區“改土歸流”，先後將江卡、貢覺、桑昂、雜瑜四部落納入管轄。其中的“雜瑜”在設縣後改名“察隅”。他的部下程鳳翔奉命南征，於 1910 年 2 月間進兵下察隅，在瓦弄以南插了標誌著大清領土的黃龍旗。據程鳳翔、段鵬

[1] Jayanta Kumar Ray（ed）: *Aspects of India's International Relations 1700 to 2000: South Asia and the World,* p198. Pearson Longman， New Delhi 2007

瑞的稟報，插旗之處名叫壓必曲龔[1]；而根據英方記載，該地位於亞比河與洛希特河（即察隅河）匯合處[2]（上圖右端箭頭所指處）。

英國當時接受了中方在此處確定的邊界。1911 年 2 月間，英國官員威廉遜（Noel Williamson）到了瓦弄一帶，看到了中方前一年在壓必曲龔插的兩面龍旗，其中一面已成碎片，另一面則尚可見到中國龍[3]。據當時趙爾豐收到的下屬報告，威廉遜見到後即在該旗對面插旗，“該洋人插旗之後，即於是日往密巴家再三訊問，是否投過漢人，有無憑據。密巴稱去歲漢人來到桑昂，我等即投誠，又蒙漢官給予各家護照，以資保護。洋人索取護照，詳細看過，始謂爾等投漢甚好，我等雖插旗，尚未奉有我國明文，所插之旗即應拔去。當將旗幟扯下收卷而去等語。”[4]

從 1911 年底至 1913 年，英國人先後組織了“米里調查團”、“密閃密調查團”和一系列勘測隊，深入傳統邊界以北考察。調查團在瓦弄以南發現原來的龍旗還在，而距那旗幟約 75 碼處又插了一面龍旗，旁邊栽了塊紅色牌子，上用中文與藏文寫著：“察隅，大清國南疆邊界”[5]。於是調查團在旁邊也樹立了英國的標識[6]。英屬印

---

[1] 房建昌：《近代中印東段邊界史略》，轉引自呂昭義：《關於中印邊界東段的幾個問題》，《歷史研究》，1997 年第 4 期。

[2] 藍姆：《中印邊境》，128 頁。

[3] Alastair Lamb：*The McMahon line: a study in the relations between India， China and Tibet， 1904-1914，* Vol 2， p341 ，Routledge & K. Paul， 1966

[4]《趙爾豐川邊奏牘》，第 473 頁；《清末川滇邊務檔案史料》（中），第 604 頁。

[5] 從英譯翻回中文，原文是：“Zayul， southern limit， boundary of Manchu Empire”，Alastair Lamb：*The McMahon line*，p356.

[6] 藍姆：《中印邊境》，133 頁；James Barnard Calvin: *The China-India Border War.* Marine Corps Command and Staff College, http://www.globalsecurity.org/military/library/report/1984/CJB.htm。

度政府還曾考慮在鄰近界碑的地方建一個軍事據點，但因築路工程進展極慢，一戰爆發而中止。[1]

中方也記錄了此事。1912 年 4 月 21 日，四川都督發給臨時大總統袁世凱的電報稱："頃據專員探報：巴塘西南一千五百七十里之雜瑜南境，與英屬印度阿薩密東北交界地吏（理），珞瑜前英兵竄入，並樹誌國旗，但無戰事。"[2]

按原文應是"與英屬印度阿薩密東北交界地珞瑜前英兵竄入"，所說的"英兵"，應是帶著部隊的英國調查團。他們在瓦弄以南樹立英國國旗應該是 1912 年 4 月 21 日前的事。

達旺地區以東的主要居民不是藏族而是部落民族，據統計共有 82 種部族，人口約為 90 萬，在種族上屬於蒙古人種，跟西藏人和中國人要比跟印度平原上的人更接近得多，其語言屬於藏緬語系，有許多人信奉藏傳佛教。[3] 總之，他們的人種、語言、文化、宗教各方面都與藏族有千絲萬縷的聯繫，卻與印度人毫不相干。這一事實連曾在 1937 年擔任阿薩姆省長的羅伯特·里德都承認，他說："無論從哪一方面來看，他們都不是印度人。他們在起源上、語言上、習慣上、見解上都不是印度人。把他們附屬在一個印度的省份裡，只是由於歷史的偶然性。"[4]

40 年代率軍向北擴張的英印政府顧問米爾斯也承認：

> "行將併入（印度）的部落更自然地屬於西藏而不是印度。在種族與語言上，他們是黃色人種，所講的語言全都屬於藏緬語系，與平原上屬於雅利安語系的阿薩姆語毫無共同之處。因

[1] 藍姆：《中國邊境》，151 頁。

[2] 《民元藏事電稿·藏亂始末見聞記四種》，西藏人民出版社，1983 年，第 2 頁。

[3] 藍姆：《中印邊境》，21 頁。

[4] 轉引自藍姆：《中印邊境》，116 頁。

此，文化和社會的親和力是向著西藏的……。雖然（麥克馬洪線）可能在地圖上看上去還行，但它的缺陷是……它並非事實上的天然邊界，沿著平原的邊界才是天然邊界。”[1]

更何況此區內還有藏民的宗教聖地。蘇班西里河與加玉河的交匯處（上圖中箭頭所示）就是其中之一。藏民每十二年就要舉行一次“大轉山”的長途朝聖，香客們群集扎日地區，沿著扎日河南行，到達它與加玉河的交匯處，再沿著加玉河北返。[2]

蘇班西里河東面的迪漢河（又譯德亨河，即雅魯藏布江下游）河谷地域，中方稱為洛渝地區，原歸白馬崗管轄，其權力直達嘎哥（又作“戞高”，箭頭所指處）。白馬崗還在其上游的吉刀（又作“基多”，箭頭所指處）修築過堡壘。但白馬崗乃是晚清業已招撫的部落。趙爾豐在川邊改土歸流時，某黑教喇嘛（稱為“諾那”）說服白馬崗各部族諸酋長擒斬白馬青翁，將首級獻給羅長裿。該喇嘛因此被封為大總管（稱為“呼圖克圖”），建諾那寺，管轄 39 個部族[3]。辛亥以後，西藏政府試圖接管波密，引起波密土王反抗。1928 年，西藏政府派兵征服了南至戞高的地域，將其歸屬墨脫宗管轄，自此一直向該地區課稅與派勞役。40 年代英國還曾派出軍事巡邏隊去驅逐西藏稅收人員。[4]

因此，從法律上來看，這段邊界東西兩端都有了為雙方共同接受的邊界，這就是兩國協商確定邊界線的出發點。而這兩端之間的邊界，就只能根據歷史上雙方的實際領有，以及民族、宗教、文化、語言等諸方面的分佈界線來畫。英印過去從未到過這些地區，其人

---

1 *India's China War*, pp59-60

2 藍姆：《中印邊界》，144-145 頁。

3 任乃強：《〈艽野塵夢〉校注三十七》，http://www.small-island.org/books/qycm/

4 藍姆：《中印邊境》，154，158 頁。

種和文化與當地土著毫無同源性，而此區內不但有藏族的聖地，更有已被大清納入版圖的行政區域。從這些方面來看，中方主張線確實是印度人與西藏各民族的天然分界，應該作為談判基礎。

3）西姆拉會議與麥克馬洪線

1911 年 10 月，中國發生辛亥自爆，各地紛紛“獨立”，西藏也不例外。流亡印度的 13 世達賴喇嘛返回西藏，宣佈“獨立”，號召驅趕漢人。已被趙爾豐“改土歸流”，納入朝廷行政管轄的康區紛紛反水，攻打川邊地區。中國的內亂引動了英國殖民者的覬覦之心。

此前英屬印度帝國的北面邊境有兩條線，南面的“內線”是實際控制線。北面的“外線”是名義上的國境線。外線沿著印度平原的邊緣走，和中方的聲稱線一致。直到 1909 年，英國繪製的印度帝國的邊界地圖都還沿襲了這條“外線”[1]。

但此時中國爆發的內亂刺激起了英國佬的貪慾。英國外交部 1912 年 8 月的一份備忘錄說，英國政府的目的是，“將西藏置於在現實中絕對依附於印度的位置，同時在名義上仍是處於中國的宗主權下的自治邦，以及建立一種將中國和俄國都排除在外的有效機制”[2]。其具體目標是兩個，一是讓西藏變成英國的附庸，二是將英國與西藏的邊界向北推。

這打算違反了英國此前簽訂的兩個條約。第一個是在 1906 年與中國簽訂的協定。英國在協定中確認中國對西藏的宗主權，保證不吞併西藏的領土，也不干涉西藏的行政（見前）。第二個是 1907 年英國與俄國簽訂的協定， 雙方在條約中保證尊重西藏領土完整，保證不干涉西藏內政，承認中國對西藏具有宗主權，並保證除非通過

[1] 藍姆：《中印邊境》，120 頁。

[2] Maxwell: *India's China War*，p46

中國政府作中介，絕不與西藏單獨進行談判[1]。後面這條禁止了英國與西藏單獨談判。

英印帝國外交部長麥克馬洪使用陰謀詭計繞過了這個障礙。他以調解當時正在藏邊進行的漢藏戰事為藉口，邀請中國和西藏代表於 1913 年 10 月到印度的西姆拉開三方會議。

在會上，他提出劃分所謂“外藏”與“內藏”的方案，將衛藏當成“外藏”，把康區和安多算成“內藏”，條約中附了一張地圖，圖上用紅線畫出了整個西藏的邊界，用藍線畫出內外藏的邊界。但那紅線的南面部份其實是西藏與克什米爾、尼泊爾、錫金、不丹、英屬印度、英屬緬甸的邊界，也就是所謂的“麥克馬洪線”。只要中方代表陳貽範一簽字，就等於同意了中英邊界線。

陳貽範的注意力大概全集中在內外藏的分界線上，沒有注意到地圖中暗藏的圈套，便和其他兩方代表在地圖上簽了名。但陳只是草簽，並特地附言說明草簽絕非正式簽字。

袁世凱大總統聞報後立即否決了草簽，並嚴斥了陳貽範。麥克馬洪無奈，只好背著中國與西藏政府祕密會談，於 1914 年 7 月 3 日祕密簽訂了《英藏協定》。附件中附上了正式地圖，以較大比例畫出了麥克馬洪線[2]。其在藏南的那一段，我們已經在上面的插圖中見到了。它把印度邊界從喜馬拉雅山山腳，移到了山脊上。

因為沒有中方參加，這個協定違反了英國此前簽訂的兩個條約，因而是非法無效的。連印度學者都說：“那協定是英國與西藏通過祕密談判後達成的，不在西姆拉會議的範圍內。西姆拉會議是爲通

---

[1] http://www.tibetjustice.org/materials/treaties/treaties12.html

[2] 以上見 McMahon Line， http://en.wikipedia.org/wiki/McMahon_Line#cite_ref-Conven1914_13-0; Maxwell: *India's China War*，p48；藍姆：《中印邊界》，51 頁

過三方談判解決西藏問題、不是爲了雙方討論印度－西藏邊界問題而召開的。”[1]

英國政府自己也知道這條約見不得人。在 1929 年出版的權威的《艾奇遜條約集》中，英國不但承認中國政府不准其全權代表在三邊條約的草約上正式簽字，而且不敢公佈條約內容。實際上，西姆拉條約在此後被英國人遺忘了足足 21 年，直到 1935 年，英印政府的一位官員才偶然發現了它。出於他的建議，倫敦才同意在新版的《艾奇遜條約集》中公佈西姆拉條約。為此，英國政府不惜偽造證據，篡改歷史，下令將 1929 年出版的《艾奇遜條約集》第 14 卷統統收回銷毀，以 1937 年的版本冒充之。幸虧哈佛大學圖書館收藏了一部真正的 1929 年版本，使得真相未能湮滅[2]。

然而地方官員仍然對此條約是否合法疑慮重重。1939 年 3 月 17 日，阿薩姆代理省長寫信問印度總督：“1914 年條約賦予我們的權利，在法理上絕對站得住嗎？……如果參與三邊條約的三方中有一方不批准條約，那麼另一方還能聲稱該條約在它自己和第三方之間具有約束力嗎？”[3]

最後還要指出，麥氏線是西藏與英屬印度帝國的邊界線，因此，它包括了後來的中印邊界以及中緬邊界北段。在中印邊界東段，該線從不丹東北角開始，以喜馬拉雅山山脊為界，向東劃至底富山口（後來的中印緬交界處），再延伸到雲南境內高黎貢山北段的伊索拉西山口[4]，與英國過去在談判中緬邊界時提出來的“紫色線”相接，

---

[1] *Aspects of India's International Relations 1700 to 2000*，p202.

[2] *India's China War*， p55.

[3] Ibid， p58.

[4] Jayanta Kumar Ray（ed）: *Aspects of India's International Relations， 1700 to 2000: South Asia and the World.* Pearson Longman， New Delhi， 2007, p202.

把達旺林帶、察隅、江心坡等地域統統劃出了中國版圖。從底富山口到伊索拉西山口，就是麥線緬甸段。

後文將要講到，周恩來在與緬甸政府談判中緬邊界北段時，全盤接受為中國歷屆政府拒絕的英國主張線，既接受了“紫色線”，又接受了麥克馬洪線的緬甸段。他的本意是在中印邊界東段也接受麥克馬洪線，可惜尼赫魯還不知足，要奪走西段的阿克賽欽。為討價還價，周恩來只好忍痛指出，東段的麥克馬洪線是非法的。這樣一來，中共就再不敢向百姓披露麥克馬洪線原來還包括緬甸段，於是一般人都以為麥克馬洪線就只有藏南那一段。

（二）尼赫魯—周恩來雙簧流產記

如上所述，英國人本來忘記了西姆拉會議和它的產物。直到1935年，英印政府的一位官員才偶然發現了它。自1937年起，印度測量局開始將麥克馬洪線畫為英印東北邊界。但不是所有的出版社都積極執行了政府的通知，多年後，有些地圖集標出的印度東北邊界還是原來那條順著山麓走的“外線”。就連1946年出版的尼赫魯所著《印度的發現》一書所附的地圖，也是這麼畫的。[1]

但這只是“地圖開疆”，遲遲沒有變成事實。直到1940年到1941年，英國才在德亨河谷的戛高與日戛建立了武裝據點。1943年，因為害怕日本人入侵，英印政府終於決定“使（西姆拉）條約的邊界生效”。在洛希特河谷，英國人修建了軍事據點；在德亨河谷區域，英國每年都要派出巡邏隊去驅逐西藏稅收人員；在達旺地區，英國人在色拉以南建立了軍事據點，使得原屬西藏的德讓宗成了一個行政中心[2]。

---

1 *India's China War*, pp 55-56.

2 藍姆：《中印邊境》，154-157頁。

英國人的入侵遭到了西藏地方政府反復強烈抗議。國民政府也於 1946 年 7 月、9 月、11 月和 1947 年 1 月四次照會英國駐華大使館提出抗議。對此，英方曾向西藏政府表示，願意將邊界調整到達旺南面的色拉。[1]

但建立幾個據點，只是微不足道的滲透。對藏南實施控制的任務，尚待獨立了的印度去完成。印度總理尼赫魯如同蔣介石一般，是個堅定的民族主義者。不僅如此，他領導的政府更秉承了英國人的擴張主義傳統，甚至比前任還狂熱。英國人原來的分治方案是將印度帝國分為印度、巴基斯坦和克什米爾三個國家。但印度獨立後立即就與巴基斯坦搶奪肢解了克什米爾，還先後吞併了幾百個半獨立的土邦與錫金，甚至試圖充當不丹的保護國。

在藏南，印度人全盤接管了英國人留下的據點，但離麥克馬洪線還很遠。雖然侵入了達旺地區，但到了德讓宗就停了下來，邊境線仍在達旺以南的色拉山口。直到 49 年底，基本情況仍與英國人走時差不多。[2]

印度的擴張引起了國民政府的強烈反彈。印度駐華使館剛剛開設，國府就向印度大使提出抗議。但印方拒絕了中方抗議，聲稱那些部落地區是印度東北邊境特區的領土。1949 年 11 月 18 日，國府駐印度大使羅家倫在撤館時還忘不了照會印度政府，中國不承認麥克馬洪線，認定西姆拉條約無效。[3]

中共上台後，印度人的擴張驟然加劇。1950 年，印度在憲法中將藏南地區改名為東北邊境特區，列為印度領土。1950 年 11 月，印

[1] 景輝：《中印邊界東段真相》，《國際問題研究》，1988 年 01 期。

[2] *India's China War*， p73。

[3] H E Richardson， *Tibet and its History*， P176， OUP， 1962. Maxwell: *India's China War*， p69；景輝：《中印邊界東段真相》，《國際問題研究》，1988 年 01 期。

度總理尼赫魯在國會答覆議員質詢時，聲稱“從不丹向東的邊境已經由 1914 年西姆拉條約確定的麥克馬洪線清楚地劃定”。[1]

中共政府與前任截然不同，不是民族主義者而是共產主義者。更何況因為介入韓戰，中國被聯合國譴責為侵略者，在國際上非常孤立，而印度是寥寥幾個尚對中國持友好態度的國家之一。所以，中國政府一反前任的作法，對印度人的侵略言行默不作聲。

這種新態度顯然鼓舞了尼赫魯。他說：“我們認為，既然我們的邊界是清楚的，那就談不上由我們來提出這個問題。”[2] 這意思再明白不過：你既然不開口，那就是默認。那我又何必主動提起？等到我把“地圖開疆”不動聲色地化作既成事實，你就是想反悔也來不及了。

尼赫魯於是加快了擴張的速度。僅在 1950 年一年間，印度就在藏南地區增設了 20 個哨所。1951 年 2 月，印度官員帶著軍隊進入達旺，西藏地方政府立即提出抗議，印方卻答覆說，他們正在接管達旺。西藏政府反復抗議，指出印度正在搶走不屬於它的地方，西藏政府對此絕對無法接受，要求印度立即將部隊撤走，但印方置若罔聞，驅趕了西藏在達旺的行政當局。[3]

對此赤裸裸的侵略，北京保持了意味深長的沉默，似乎被搶走的不是中國領土。不僅如此，1951 年 9 月，周恩來還在接見印度大使時說：“印度和中國之間沒有領土爭端或糾紛。”[4] 好像西藏與印度的領土糾紛不是中印之間的糾紛。

---

[1] *India's China War*， pp 89， 75。

[2] *Prime Minister on Sino-China Relations*， Vol I， part i， pp 184-185， Government of India， quoted in *India's China War*， p 76.

[3] *India's China War*， p73；景輝：《中印邊界東段真相》。

[4] *India's China War*， p73; M W Fisher， L E Rose， R A Huttenback: *Himalayan Battleground: Sino-Indian rivalry in Ladakh*， p23， Pall Mall Press， 1963

1954年10月，尼赫魯訪華時向周恩來提出，中國地圖標出了一條錯誤的邊界線，將印度領土畫成了中國的領土。周恩來答覆說，現行出版的地圖是以舊地圖為依據的，中華人民共和國政府還沒來得及改正這些地圖。[1]

1954年4月29日，中印雙方簽訂《中印關於中國西藏地方和印度之間的通商及交通協定》。中方迎合印度的意思，刻意避免在協定中指明商路經過的山口的國家歸屬[2]。尼赫魯受到極大鼓舞。把這份協定看成是印度與中國和西藏關係的新起點，給內閣各部下了備忘錄："根據我們的政策的施行，作為我們與中國的協定的結果，應該認為這條（北部）邊界是牢固的與明確的，不容與任何人討論。我們應該沿邊界全線建立一系列的哨所。特別是在有可能引起爭議的地方建立哨所"[3]，下令向邊界全線推進。

1956年11月，周恩來訪問印度，在與尼赫魯會談時，談到了中緬邊界談判。周恩來告訴尼赫魯，中國接受了麥克馬洪線作為中國與緬甸的邊界線，他說："英帝國主義者確定的這條線是不公平的……但這是一個既成事實。因為中國和有關國家印度和緬甸之間存在著友好關係，中國政府認為，它應該承認這條麥克馬洪線。"[4]這就等於向尼赫魯宣佈，中國也準備接受麥線的印度段，因為如同馬克斯韋爾指出的，在接受了麥克馬洪線的緬甸段後，無論是在外交上還是地理上，中國都再不可能拒絕接受印度段了[5]。周恩來還向

---

[1] Lamb: *The McMahon Line*， p 318..

[2] *India's China War*， p78。

[3] D R Mankekar: *Guilty Man of 1962*， p138， Tulsi Shah Enterprises， 1968

[4] A P Rubin: *The Sino-Indian Border Disputes.* International Comparative Law Quarterly， Jan 1960， p 120.

[5] *India's China War*， p161

尼赫魯保證，中國不會試圖利用談判來變更邊界[1]，殷切鼓勵印度人去把原來只在紙上的麥線，變成事實上的國境線，造成中國政府樂於接受的“既成事實”。

尼赫魯當然明白周恩來的暗示和明示，他與周恩來猶如一對雙簧演員，彼此心心相印，默契配合，相推相挽，齊心協力把藏南化為印度領土。中印關係因此進入蜜月期。到 1958 年，在響徹雲霄的“巴依，巴依”（印地語“兄弟，兄弟”）聲中，印度兄弟終於全面推進到了麥克馬洪線，並開始修築通往部落地區的公路[2]。

對這些成就，尼赫魯非常自豪。1956 年，他在印度議會講話中指出：“給這個地區（按，藏南）帶來某些行政是六年或八年以前的事情。”1959 年 12 月 22 日，他在印度人民院說：“我們在東北邊境特區（按：指東段傳統習慣線以北的中國領土）做了相當出色的工作，在這一地區英國人好幾十年來沒有能夠做任何事。他們真的是完全失敗了。我們則做出了出色的工作，不但擴大了我們在那裡的管理，而且還在那些很難對付的人當中辦了交通、學校、醫院、農業等等。”[3]

可惜好景不長。1958 年 3 月，新藏公路（如今命名為“國道 219”）通車，中國傳媒大肆慶祝，驚動了尼赫魯。他下令查明那公路是否通過印度的領土。因為印度治權從未到達阿克賽欽，只能派邊境巡邏隊前去查看。從印度到阿克賽欽非常艱難，7 月間派出的兩支巡邏隊，直到 10 月份，才有一支報告，中國的公路確實通過了印度領土，另一支巡邏隊卻失蹤了。[4]

---

1 Ibid， p94.

2 Ibid， p89。

3 轉引自景輝：《中印邊界東段真相》。

4 *India's China War*， p160

前已述及，英國政府在中英邊界西段的主張線變動了好幾次，其中只有竇訥樂線提交過給中國。英國從印度撤走時，留下來的地圖上畫的是“阿爾達線”，它把西段邊界從喀喇昆崙山脈向東北移到了昆崙山脈。

1954 年，印度按照竇訥樂線修改了地圖。但當初的英國照會並沒有附上地圖，只是對主張線作了文字描述。印度官員理解錯了那段文字，以為喀喇昆崙山口以北是按喀喇昆崙山脈劃線，而山口以下則以昆崙山脈為界，於是新畫的地圖成了竇訥樂線與阿爾達線的雜交體——上半身是竇訥樂，下半身是阿爾達，把整個阿克賽欽都劃入印度境內，以致尼赫魯以為新藏公路穿過了印度領土。1959 年 9 月，尼赫魯在致周恩來的信中聲稱，竇訥樂線“無可置疑地表明，整個阿克賽欽地區都位於印度境內”。印度外交部在給中國的三個照會也堅持了這一主張。[1]

直到中印交戰成了全球頭條新聞，引起全世界學者注意，這錯誤才被英國學者藍姆教授發現。他指出，印度人錯把照會裡說的昆崙山的一條支脈（拉宗山脈）當成了昆崙山脈。英國學者馬克斯韋爾推測，那是因為印度文員在抄寫照會原件時出了筆誤[2]。

不難想見，如果印度人不出錯，在地圖上忠實複製了竇訥樂線，那就只是把阿克賽欽挖掉一角，新藏公路仍在中國境內。以毛周之慷慨，斷不至於捨不得那一角荒土。那麼，周恩來在默許印度拿走藏南領土後就不必再改口，中印仍可繼續“巴依，巴依”下去。

但連英國訓練出來的印度文官都弄錯了的事，屢試不第的知青出身的周恩來又豈能拎清？他的部下們對此也一無所知，在後來的

---

[1] Ministry of External Affairs, Government of India: *Notes, Memoranda, Letters Exchanged and Agreements Signed between the Government of India and China, White Paper*, II, p36; pp22, 25, 87, 1959-1963

[2] 藍姆：《中印邊界》，101 頁；*India's China War*. pp128, 129

爭吵中，中方從未指出印方這一錯誤，從而給印度的領土要求以致命一擊。這也毫不足奇。據何方先生披露，外交部除了一度設過個政策研究室外，竟然沒有研究機構，在開日內瓦會議解決印度支那問題前，竟連印度支那三國不是一個民族國家的觀念都沒有[1]。

實際上，在印度人抗議中國在西段侵犯印度領土前，周恩來從未比較過中印的地圖，連印度在西段的主張線在哪兒都不知道，否則他就不會在 1951 年對印度大使時說，印度和中國之間沒有領土爭端，就會在尼赫魯抱怨中國地圖畫錯時，指出印方才是畫錯了地圖，更不會鐵了心要送掉東段，不但在印度向藏南擴張時默不作聲，還在 1956 年特地告訴尼赫魯，中國政府準備接受麥克馬洪線的緬甸段，沒想到應該把整個麥線留作交換阿克賽欽的籌碼。把緬甸段送出後，印度段就非送不可。若再想用它來做交換阿克賽欽的籌碼，分量就要大打折扣了。這些事實足以證明，周恩來原來根本不知道印度在西段也有領土要求。

從印度人的角度來看，尼赫魯接連犯了兩個錯誤。第一個錯誤是，早在 1956 年周恩來用中緬的先例暗示他之時，他就該順水推舟，與中國簽訂東段的邊界條約。第二個錯誤則是，在得知中國在阿克賽欽修建公路後，他不該急著去查問西段，而應該趕快與中國簽訂東段的邊界條約，等到東段過戶後，再去交涉西段，中方就再無理由用它來做交換西段的籌碼了。

可惜他不懂怎麼跟中共打交道，居然照會中國政府，抱怨中方在印度境內修建公路，并詢問失蹤的巡邏隊下落[2]。周恩來這才得知，原來印度在西段也有領土要求。新藏公路是中共控制西藏的戰略公

---

[1] 何方：《在外交部工作的日子》，《溫故》（七），77 頁

[2] *White Paper*, p26

路，其中有 178 公里穿過印度人索要的阿克賽欽地區[1]。毛周雖然賣國激情沛然莫之能御，卻也實難割愛。

周恩來只好以攻為守，覆照指責印方違反了和平共處五項原則，派遣武裝人員入境，中方已將其解送出境，要求印方保證以後不再發生類似事件。雙方發了一通照會後，中方指出，中印邊界從未確定過，還需要兩國談判解決。尼赫魯為此致函周恩來，委婉提醒他曾經說過中國將承認麥克馬洪線，兩國之間不存在邊界爭端。因此，他對中國政府最近的立場感到迷惑不解。[2]

這就逼得周恩來不得不面對他一直試圖迴避的問題。他在覆函中說：麥克馬洪線“不能認為是合法的”，從未被中國中央政府承認，曾經引起過中國人民的很大憤慨。但是，這條線關係到的印度和緬甸現在已經獨立，成了中國的友好國家。“由於以上種種複雜原因，中國政府一方面感到有必要對‘麥克馬洪線’採取比較現實的態度，另一方面也不能不審慎從事，並且需要一定的時間來處理這個問題……。但是我們相信，基於中印友好關係，對這段邊界總可以找到友好解決的辦法。”[3] 這是中共上台九年來，首次以外交文件質疑麥線的合法性。

熟悉毛周表達方式的人一眼就能看出，周恩來說這些話，並不是拒絕接受那條邊界線，他拒絕的是那個**名稱**。從袁世凱直到蔣介石，歷史上沒有哪屆中國政府不譴責麥線。中共賣國再是肆無忌憚，也不願讓百姓知道他們接受了臭名昭著的麥克馬洪線。解決的辦法就是掩耳盜鈴，換個名稱。

---

[1] James Barnard Calvin：*The China-India Border War*. Marine Corps Command and Staff College,

[2] *White Paper*, p28,

[3] *White Paper*, p53,

在這方面，中共絕對是天才，諸如“失業”改稱“待業”，“漲價”改稱“調價”等等。這些比起周恩來為麥線改名的無窮創意來，還真算不了什麼。對不同國家，他各有不同招數：印度人在他的縱容鼓勵下推進到了麥線，他就管那條線叫“實際控制線”；緬甸政府從未控制麥線，他就將其稱為“習慣線”。改了名後再做點細微調整，就可以當成“平等條約”端出來了。這本來也是必不可少的：“劃定”不等於“標定”，把地圖上的一條線，變成地上的邊界線，勢必要作許多具體調整，才能符合實際地形，何況麥線根本就沒全面測量過，許多地方完全是老麥憑想當然畫出來的。

麥線還有個特殊問題：它是英藏協定的產物。承認它的合法性，就意味著承認西藏是個有權與外國締約的獨立國家。就連旁觀的西方學者都看出了這一點，藍姆教授說：

> “無疑，在和印度進行任何真正的邊界討論中，現在的中國政府是會願意接受一條重新談妥的和麥克馬洪線大同小異的邊界的，只要這一條邊界不帶有 1914 年 3 月換文所含蓄的意義。”[1]

馬克斯韋爾更具體解釋了周的難處：“把產生這條線的協定的合法性，與這條線本身區分開來，這是可以理解的。背棄自 1914 年以來歷屆中國政府的立場，承認英藏協定的合法性，就是承認西藏那時是個主權國家，從而承認中國人 1950 年進藏是入侵，而不是重建一度失去的中央政府權威。”他認為，周恩來信中那段話是在暗示，只要尼赫魯願意與中國談判，中國就會接受麥線的**走向**作為邊界線。[2]

所以，若是尼赫魯知道體貼周的難處，壓根不提麥線這個詞，而是提議按“實際控制線”在東段劃界，那就什麼問題都沒有了。

---

[1] 藍姆：《中印邊界》，158-159 頁。

[2] *India's China War*, p99.

不幸的是，他接受的是英國的法律教育，這就決定了他只會哪壺不開提哪壺，口口聲聲“西姆拉條約賦予的權利”，逼得周恩來不得不裝模作樣譴責麥線。這反過來讓他又驚又惱，以為周恩來背棄了承諾，對印度的“東北邊境特區”提出了領土要求。於是他在東西段都加強了戒備，邊界形勢驟然緊張起來。1959 年 8 月與 11 月間，東段的朗久與西段的空喀山口相繼發生了流血事件。

此時周恩來產生了“用東段換西段”的想法。過去他蓄意讓出東段時，還不知道印度在西段也有領土要求，只想以此換取“巴依，巴依”。如今印度人得寸進尺，他就想把已經讓出了的藏南變成交換阿克賽欽的籌碼。

空喀山口事件發生後，中方在外交部聲明中首次對印度暗示，只要印度不越過西段的中國主張線，中方也就不會越過麥線。12 月 17 日，周恩來致函尼赫魯，針對尼赫魯以中方撤出阿克賽欽為邊界談判前提的要求說：“中國政府至今沒有對於所謂麥克馬洪線以南的地區提出任何要求作為先決條件或者過渡措施，我感到難以理解的是，為什麼印度政府偏要提出關於中國單方面由自己西部邊防地區撤出的要求。”[1] 這意思再明白不過，我不要你撤出藏南，你也別要我撤出阿克賽欽。

印度人聽懂了，可惜並不領情。在他們看來，這是中國試圖以它無理要求的東西，去換取它非法佔有的東西，還用越過麥線來威脅他們放棄西段領土[2]。其實情況恰好相反，是毛周先主動放棄了一片中國領土，然後再懇求印度人放過中國的另一片領土。這種兩面不討好的冤大頭主意，也只有天才外交家才想得出來。

然而周恩來還是不死心。1960 年 4 月，他在結束訪問緬甸後訪問新德里。這安排本身就意味深長：他剛與吳努達成協議，在是年

---

1 《中華人民共和國對外關係檔集》第六集，176-177 頁。

2 *India's China War*， p161

10月1日正式簽訂邊界條約，把英帝當年的“地圖開疆”化為現實。早在4年前，他就對吳努作了這個承諾，但只是在實權人物奈溫主持看守內閣時，他才如願以償地送出了萬里河山（詳後）。

在與尼赫魯會談時，周恩來明確表示，如果印度接受中國在西段的控制線，中國就準備接受麥克馬洪線[1]，被對方斷然拒絕。

周恩來前腳走，印度國防部長梅農就下令在西段推進，在已控制地區修建哨所，向未控制地區派出巡邏，從此開始了中方所謂“蠶食政策”。到反擊戰開始時，印軍已經在西段中國主張線內建立了43個據點[2]。

這麼做，勢必引起武裝衝突——新藏公路是中方無法退讓的底線。而一旦衝突爆發，地勢對印方極度不利——中方這邊地勢平坦，便於運兵，而印方必須越過幾乎是不可攀登的喀喇昆侖。但尼赫魯就是堅持要用推進政策把中國軍隊擠出阿克賽欽。這其實是他那亦師亦友的聖雄甘地當年對付英國人的辦法——我就這麼不聽警告擠上來，看你敢不敢開槍？到最後你還不是得撤走？

據負責防守東段的印軍第四師師長普拉沙德說，印度政府和軍方都認定，在任何情況下中國都不會動武[3]。的確，在印度人看來，中方既然拱手讓出了藏南，當然也會乖乖讓出阿克賽欽。周恩來已經在萬隆會議上作過莊嚴保證：“至於我們如何同鄰國來確定邊界，那只能用和平方法，不容許有別的方法。我們如果一次談不好，就再談，但不能超越現狀。”

---

1 Ibid，p160

2 中印邊境自衛反擊作戰史編寫組：《中印邊境自衛反擊作戰史》，軍事科學出版社，PDF電子書，頁碼與正式出版的不同；《中華人民共和國對外關係檔集》第九集，第117頁。

3 《[印度]尼蘭詹·普拉沙德著，匯苓譯：《一個印度侵華將軍的自白》，41頁，世界知識出版社，1984年。

說到底，尼赫魯這種“不容談判”的蠻橫態度，是中共慣出來的。中印關係乃是蘇中關係的諷刺鏡像——赫魯曉夫慣出了毛澤東，毛周又慣出了尼赫魯。如果 50 年代初印軍開始在東段挺進時，中共就予以當頭棒喝，不去“巴依巴依”，後來又何至於此？

在這種錯誤假定下制定的政策，當然只會導致衝突，而且只會越演越烈，因為雙方都沒有後退空間——中方已經再沒有可送的領土了，而印方則是自食其“民粹外交”的苦果。印度政府將所有外交文件都及時公之於世，並讓民眾堅信中國是侵略者，從而讓民意逼得自己除了趕走侵略者外，再無別的選擇。

至此，尼赫魯與周恩來的雙簧就只能以失敗落幕。它之所以演砸，是因為兩人根本不是同一世界的人，思維方式天差地別。雖然一度演得非常成功，但最終還是不免以反目收場。中印交惡與中蘇交惡表面不同，發生機制其實是同一個。

（三）為捍衛麥克馬洪線而戰

1962 年 10 月 20 日凌晨 5 時，兩顆照明彈在位於中印邊界東段的克節朗河上空升起。北岸塔格拉山脊上的中國軍隊把大炮和迫擊炮從掩體中迅速拉出來，對著山下南岸的印軍第七旅猛轟。旅長達爾維准將和他的部下都給嚇得目瞪口呆——雙方軍隊彼此靠得實在太近了，以致好像是部隊發生了嘩變。過了幾分鐘他才反應過來：他一直在擔心的噩夢果然發生了，中國軍隊對沿河部署的第七旅發動了大規模進攻[1]。

---

[1] J S Dalvi: *Himalayan Blander: The Curtain-Raiser to the Sino-Indian War of 1962*, Thacker & Co, Bombay, 1969, p264

中印邊界反擊戰就此在東西段同時打響，東段是主戰場。24 小時後，駐守克節朗河的印軍第七旅就不復存在了。兩天後，旅長達爾維在逃往後方的路上被俘。五天後，中國軍隊攻佔達旺。[1]

毛周真正在意的是西段，真正令他們惱怒的，是印度在西段的擴張，那為何還要以東段為主戰場？官修戰史解釋道：

> “黨中央、毛主席和中央軍委從全局出發，選擇反擊方向，把握反擊時機，作出反擊的決策，將中印邊境東段作為主要作戰方向，以打狠打痛入侵印軍，在印軍的蠶食入侵活動被制止後，印軍在東段和西段共投入兵力約 2.8 萬餘人……約 2.2 萬均集結在東段，顯然把東段作為入侵的重點。……東段地域較遼闊，便於邊防部隊投入更多的兵力；印軍在這裡侵佔中國的地盤大，集結著主要兵力，是印軍的主要進攻方向，邊防部隊可集中優勢兵力進行一場較大規模的自衛反擊作戰。”[2]

所以，開戰的目的是“打狠打痛入侵印軍”，讓他們在西段知難而退，並不是要收復東段的失地。要“打狠打痛”，就只能在印軍數量較多、正面寬大、可以多點穿插、迂迴、包抄的東段打。

至於“印軍把東段作為入侵重點”云云則是黨宣傳。印軍的擴張方向是在西段。只是地形決定了那兒無法投入多兵，而東段因為正面寬大，印軍生怕中國軍隊入侵，沿線處處設防，不能不投入較多兵力。恰逢印度又在戰前在那兒策劃兒戲“攻勢”，給了中方反擊的正當理由。

自 1959 年朗久事件發生後，東段一直沒有發生武裝衝突。偏偏在中方決定開戰前，印軍在麥線以北的扯冬開設了一個哨所，在中方抗議後還遲遲不撤走，甚至調兵去解救那個被包圍的哨所。尼赫

---

1 中印邊境自衛反擊作戰史編寫組：《中印邊境自衛反擊作戰史》，軍事科學出版社，電子書，無頁碼。

2 《中印邊境自衛反擊作戰史》。

魯更迫於其“民粹外交”造成的民意壓力，準備進攻麥線以北的塔格拉山脊，“把中國人趕出去”。但還沒來得及動手，就被中方先發制人打敗了。這就是中方所謂“印度對中國發起大規模進攻”的真相。

戰敗後，印度總統拉達克里希南痛感這一失誤，對第四師師長普拉沙德激動地講：

> “我們沒有權利派遣軍隊擔負這一使命。看來我們是瘋狂地迷戀塔格拉。充其量，塔格拉也是有爭議的領土。尼赫魯說：‘我已命令陸軍把中國人趕出去！’是什麼意思？這是在國際事務中使用的語言嗎？這是處理國家重大問題的態度嗎？”[1]

那麼，尼赫魯為何“瘋狂地迷戀塔格拉”？麥線印度段從東端的底富山口開始，一直順著喜馬拉雅山脊往西走，但到了兼則馬尼後就變成一條直線，直接拉到中國、不丹、印度三國的交界點，把附近的塔格拉山脊劃到了麥線以北。奉命上那兒去建哨所的軍官到達指定位置後一看，地形實在不利，就把哨所設在麥線以北的扯冬。這位普拉沙德師長去看過後，也發現麥線北面的塔格拉山俯瞰著印方陣地，便建議佔領處於中方控制下的塔格拉山脊，儘管他明知在發給陸軍的地圖上，塔格拉山脊和克節朗河都在麥線以北。

東部軍區司令根據普拉沙德起草的戰役計畫，下令第七旅沿克節朗河南岸排成一字長蛇陣，準備攻佔塔格拉山脊。旅長達爾維反復抗議無效，只得將部隊開入死地，暴露在對岸山坡上的中國陣地的自由射界內。

後來普拉沙德也知道不妥了。據他說，印軍致命的弱點是後勤。從印度平原上來，一路爬坡，到處是森林與深谷，絕大部分補

1 《一個印度侵華將軍的自白》，168 頁。

給線都只能通過羊腸小道，或是靠空投。但山高林密，空投物資多數落到了谷底或密林深處，回收率只有 30%。

印軍困窘到幾乎成了中國工農紅軍：第七旅只有不足三天的口糧，步兵每人只有 50 發子彈，只夠射擊 30 分鐘，打完子彈後便成了“難民”。儘管後來派來了援軍，卻越發加重給養困難——吃飯的人多了，補給量卻無法增加。普拉沙德反復向上司哭訴，上面卻告訴他中國不會動武。他不相信，日坐愁城，心思全花在中國軍隊發起進攻後，他當如何在彈藥用完後盡快撤退手下的“難民”上了。[1]

普拉沙德是敗軍之將，當然很可能在回憶錄中誇大了導致失敗的客觀因素。不過，查閱過印度陸軍檔案的馬克斯韋爾也如是說。他證實了印軍的一系列困境：不僅缺乏彈藥糧草，而且許多士兵還穿著夏裝，靠單薄的軍毯在高海拔地區露營，許多人剛從平原上調來，患了高原病。中國軍隊就沒有類似困難：後方位於相對平坦的高原上，公路可以修到距離前沿陣地十來公里處。戰士們吃得飽，穿得暖，彈藥充足，又早已適應了高原環境。[2]

其實即使沒有後勤問題，地形也對印軍極度不利。西藏高原如同一個高臺，頂上相對平坦，邊緣陡峭。印軍在喜馬拉雅山南坡上，與山頂上的中國軍隊作戰，如同攀援筆立的階梯，去與站在高臺上的人打架一般，非敗不可。

中國軍隊佔領達旺後，周恩來再搖橄欖枝，聲明只要印度政府同意通過談判和平解決邊界問題，尊重 1959 年 11 月的實際控制線，雙方軍隊從這條線各自後撤 20 公里，則中國軍隊就撤回到麥線以北。但印度政府拒絕了這一建議。

---

[1] 以上見《一個印度侵華將軍的自白》，18-19，20，26，28，41，51，93-94 頁。

[2] *India's China War*， pp352-353， 344-345

中國軍隊於是於 11 月中下旬開始了第二階段作戰。左翼全殲印軍第 11 旅，於 11 月 16 日攻佔瓦弄；中路全殲印軍第 62 與 48 旅，迭克色拉、申隔宗、德讓宗、邦迪拉，一直打到距印度阿薩姆平原只有 20 多公里的查庫；右翼清除了印軍在西段建立的所有據點，印軍逃回中國主張線以西。從開始到結束，整個戰役只花了一個月。[1]

至此，無論在東西段，中國軍隊都已清除了傳統邊界線內的印軍。印度三軍總兵力也就只有 60 萬人，守衛藏南的第四師是王牌部隊“紅鷹師”，卻在短短一個月內被殲。此時印度政府已無兵力阻擋中國軍隊衝入一馬平川的阿薩姆平原，陷入恐慌。然而中國政府卻在 11 月 21 日宣佈，中國軍隊將在中印邊境全線主動停火、主動撤回戰前的“實際控制線”，並向印方交還戰繳武器、裝備和物資，釋放全部被俘人員。

關於戰果，官修戰史的統計是：

> “在中印邊界西段，新疆邊防部隊清除了印軍設在中國境內的全部侵略據點 43 個；在東段，西藏邊防部隊進至非法的麥克馬洪線以南靠近傳統習慣線附近的地區。全殲印軍 3 個旅，重創印軍 3 個旅，另殲印軍 5 個旅的一部。共擊斃印軍第六十二旅旅長霍希爾・辛格準將以下 4800 餘人，俘印軍第七旅旅長季・普・達爾維準將以下 3900 餘人。繳獲各種炮 300 餘門，飛機 5 架，坦克 9 輛，汽車 400 多臺，各種槍 6400 餘支（挺），各種彈藥 400 餘萬發，及其他軍用物資。”[2]

印方的統計數字是，死亡：1383 人；失蹤：1696 人；被俘：3968 人[3]。死亡與失蹤相加為 3879 人。與中方統計擊斃 4800 名相差近 1000 人。中方傷亡數不詳，無人被俘。

---

1 《中印邊境自衛反擊作戰史》。

2 《中印邊境自衛反擊作戰史》。

3 *India's China War*， p424

光從軍事上看，中方獲得了完勝。勝利原因是多方面的，既有印方戰略戰術的根本錯誤，又是嚴重的後勤問題剝奪了印軍持續作戰能力。西方學者的專著以及印軍將領戰後的回憶錄都強調這些因素，卻忽略了中國軍隊的主觀因素。然而僅從普拉沙德的回憶錄中，就不難窺見中國軍隊驚人的吃苦耐勞精神與英雄氣概：

> “我要求拉加瓦德准將作一番工程兵的計算，中國人從他們在西藏的前沿肖地區，修築一條公路到達旺，需要多少時間。他說，需要用三個月的時間，才能修通可行駛載重 15 英擔（1，800 磅）的卡車的公路。當時我甚至指出，那條路線的地形是緩慢的下坡路，而且中國有高度組織化的勞動營。但是，拉加瓦德仍然堅持認為，在現在的條件下，很快就要下大雪，即使是中國人，少於兩個月也不可能完成這一工程。我自己的估計是敵人在6周以內，可以通車到達旺。然後他們會立即向色拉進軍。結果是，中國人用了不到三週的時間，修築了肖——棒山口——達旺的公路，而且改建了達旺——讓的公路，真是一個驚人的成就。”[1]

中方的戰略戰術也非常機動靈活。普拉沙德以為中國軍隊只會從公路上來，在達旺失守後堅持將防禦重點設在天險色拉山口（中方稱西山口）。雖然他知道色拉山口東北面有條“貝利小道”，通過它可以迂迴到色拉山口後方，但他和他的繼任帕塔尼亞將軍都認定那小道極難通行，很可能是無法通行的，大部隊絕對無法通過，因此只派出小股部隊去防守該小道上的波辛山口。不料負責戰役迂迴的中國軍隊走的就是那條路。當帕塔尼亞接到電報，說已有一個營的中國部隊通過了波辛山口，消滅了他派去阻擊的小股武裝時，

[1] 《一個印度侵華將軍的自白》，157 頁。

他根本不相信會有那麼多中國軍隊[1]。而已被撤職的普拉沙德聽說色拉陷落後則一片茫然：

> “我簡直不能理解色拉怎麼會陷落。中國人沒有時間組織一次強大的師級規模的協同一致的進攻。他們是如何突破色拉和申隔宗防線的——我所計畫的兩個強大而新近到達的旅，駐在顯然是不可攻破的山岳上，當時又有充足的彈藥和口糧。再說邦迪拉，中國人怎麼能從色拉如此迅速前進而且發動另一次進攻？這全是不解之謎——很多個星期，對於這可恥但是鐵一般的事實，我解答不了。”[2]

實際上，印軍在貝利小道上遭遇的是整整一個師的前衛營。山南軍分區第 11 師負責戰役迂迴，在幾天內沿貝利小道，通過波辛山口，迂迴到色拉後方，多處切斷色拉後路，並攻佔班迪拉。該師前衛營“自 15 日在則拉山口與印軍接觸後起，即連續 4 晝夜兼程急進，先後經波辛山口、東日則、拉幹、登班，奪橋斷路等大小戰鬥 5 次，在 4 晝夜行軍作戰中，累計休息不足 10 個小時，只在拉洪吃過 1 頓熱飯，部隊已極度疲勞。在佔領邦迪拉後，為了追上逃跑印軍，該營又奉命繼續由邦迪拉向比里山口追擊。在 19 個小時的追擊中，僅以炒麵充饑，冷水解渴”，一直打到查庫。[3]

這是何等的吃苦耐勞精神與英雄氣概！可惜統統被毛周虛擲了。對於中國單方面的停火與後撤，《泰晤士報》說：“中國這個突如其來的決定帶來的驚愕幾乎壓倒了寬慰感。”英國前外交部官員卡西亞勛爵說：“中國人在戰場上取勝後撤回原線，是有史以來一個大國第一次不利用軍事勝利索取更多的東西。”[4]

---

1 *India's China War*, p399.

2 《一個印度侵華將軍的自白》，165 頁。

3 《中印邊境自衛反擊作戰史》。

4 *India's China War*, pp417, 419.

幾十年來，人們一直在探索毛澤東為何作出這決定。據王力雄先生說，那是因為嚴重的後勤問題，使得中國不可能防守藏南。此說其實是印度人最先提出的。但從上面普拉沙德講述的中國軍隊的筑路速度來看，如果中國真有心防守那地方，給養問題應該可以解決。而且，如果周恩來不把滇西北送掉，則中國完全可以從滇西沿著恩梅開江河谷修築公路，直通藏南（詳後）。

實際上，此類解釋完全錯過了毛澤東發動此戰目的何在。英國學者馬克斯韋爾已指出，毛的靈感來自於“中東路事件”。1929年，為“教訓”試圖收回中東路的張學良，斯大林派兵大舉入侵中國東北，殲滅東北軍上萬人，迫使張學良不得不求和，再度與蘇聯共管中東路。實際上，1962年11月2日的《人民日報》編輯部文章就回顧了中東路事件，並大肆讚美它如何“符合中國人民的利益和全世界人民的利益”。[1]

所以，為毛粉讚歎為神來之筆的“打勝後撤軍”，不過是毛澤東效斯大林之顰的畫虎類犬之作。毛澤東通過黨媒披露自家靈感來源，暴露了在他心目中，藏南其實是印度領土。既然是出國作戰，當然在達到將對方“打狠打痛”的目的後，就只能撤回來。打的目的不過是要讓印度人知道厲害，再不要來西線糾纏而已，說到底還是周恩來竭力向尼赫魯兜售的“以東段換西段”。可惜印度人在被打狠打痛之後，雖然不敢再來武力蠶食西段了，但仍然拒絕這種他們認為是屈服於中國武力，放棄自己神聖領土的骯髒交易。

可悲的是，毛澤東和他那幫飯桶群僚不知道，根據西姆拉條約，阿克賽欽乃是中國的。英國學者藍姆發現，西姆拉條約附件地圖上的紅線，把阿克賽欽準確地劃入中國境內。他據此提出，如果

[1] *India's China War*, p288；《從中印邊界問題再論尼赫魯的哲學》，《人民日報》1962年11月2日。

說西姆拉地圖賦予了印度人按麥線劃界的法律依據，那麼，它也同樣是阿克賽欽屬於中國的法律依據[1]。

所以，毛澤東發動的那場“自衛反擊戰”，捍衛的不過是原汁原味的麥克馬洪線，而且到最後也沒能讓印度人接受中國在西段的領土聲稱。如果土共外交部稍微懂點專業，及時作出藍姆教授的發現，那麼，不打那場戰爭就能讓印度人乖乖認輸。

在反擊戰中，共軍與印軍在瓦弄一帶激戰，雙方都損失慘重，但據說中國軍隊的傷亡是印軍的五倍。在付出沉重代價奪取了它後，毛澤東卻又使出龜孫子兵法來，撤回到麥線以北。於是印度人捲土重來，在該地修建了個烈士紀念亭，由參戰老兵們賦詩勒石：

群山如哨兵一般環繞著我們悄然聳立
它們見證了我們是怎樣地熱愛自己的土地
在粉碎的岩石與燃燒的松樹之間
我們在納姆提平原上奮勇捐軀
啊，洛希特河從我們身邊輕輕滑過去
蒼白的星星在我們頭上柔和地閃爍
我們長眠在此，沐著陽光，浴著風雨

詩中的“洛希特河”就是中文地圖上標出的察隅河。2002 年，當地建了一座更大的紀念館[2]。看來印度人學會了英國人的傳統，很把為國捐軀者當回事，他們的烈士的犧牲也確實為後人換來了領土。而中國的烈士卻成了偉大領袖那盤“很大的棋”上的棄子，全都白死了。

---

[1] Alastair Lamb: *The McMahon Line: A Study in the Relations Between India. China and Tibet 1904 to 1914*, p553, Routledge &Kegan Paul. 1966

[2] 以上據 *Walong*，http://en.wikipedia.org/wiki/Walong

二、中緬邦交：以領土換取“胞波情誼”

周恩來與緬甸簽訂邊界條約，至今還被黨媒反復吹噓為“成功解決邊界問題的典範”。的確，他談判訂約的過程，處處體現了他為討好緬甸人而殫精竭慮，煞費苦心，棄萬里江山如敝屣的“大公無國”的崇高風格，具有解說毛共外交實質的示範價值。

（一）中緬邊界歷史沿革

現今的中緬邊界共長 2186 公里，大致分為北段、中段與南段。緬甸原來是大清藩屬，是以邊界模糊不明。自 1824 年起，英國通過三次戰爭征服了緬甸。1886 年 7 月 24 日，中英雙方在北京簽訂條約，中方承認緬甸已成為英屬印度帝國的一部分，受英國保護[1]。隨著英國不斷向中國擴張，中緬邊界也就被迫而由模糊逐漸變為清晰。與中印邊界不同，它除了北段始終未定外，其餘地段本已在 1894 年議定，但英國人又在此後兩次改約，因此比中印邊界複雜。

1）北段

1894 年，駐英公使薛福成受命與英國外相勞思伯利談判中英界務與商務，於 3 月 1 日簽訂了中英《續議滇緬界務商務條款》，劃定

[1] The Geographer Office of the Geographer Bureau of Intelligence and Research: *Burma-China Boundary*, International Boundary Study No. 42, November 30, 1964

了大部分中緬邊界，只有位於北緯 25° 35′ 的尖高山（下頁地圖中下方箭頭所指處）以北的邊界待日後議定。[1]

當時緬甸的領土最北端只到密支那，尖高山以北從來不屬於緬甸，但尖高山以北的小江流域（當時稱為“片馬”，地圖中交叉線所示地區。後來收回的“片馬地區”用方框標出，只是其中極小的一部分）則歷來由中國統治。邁立開江與恩梅開江之間的區域即著名的“江心坡”，由部落民族居住，其土司在明代名義上歸屬中國，但到了晚清已成甌脫之地。

1905 年 3 月至 5 月，清廷官員石鴻韶與英國領事列敦受命會勘北段邊界。列敦提出按分水嶺原則以高黎貢山為界，是為臭名昭著的“紫色線”。石鴻韶出示了道光年間委任撫夷官的兵部劄付，雄辯證明了中國“現管小江邊”，使得列敦不得不承認這一事實。

但石提出沿小江溯源劃界，則將使中國失去江北江西領土（如下面的地圖所示，小江呈 U 狀注入恩梅開江，石提出的“綠色線”沿著 U 字的右臂走），清政府斥此次會勘為“直是分割華境”，將石革職，要求英國“另行派員勘辦”。

此後，雲貴總督提出以恩梅開江東扒拉大山為界的“黃色線”；總理衙門提出界於小江和恩梅開江之間的“紅色線”；清外務部提出以恩梅開江為界的“藍色線”，是為清廷提出的北段“舊五色線圖”[2]。

---

[1] *Convention between Great Britain and China*, *signed at London*, March 1, 1884, http://treaties.fco.gov.uk/docs/pdf/1894/TS0019.pdf

[2] 謝本書：《從片馬事件到班洪事件》，《雲南社會科學院學報》，2000 年第四期

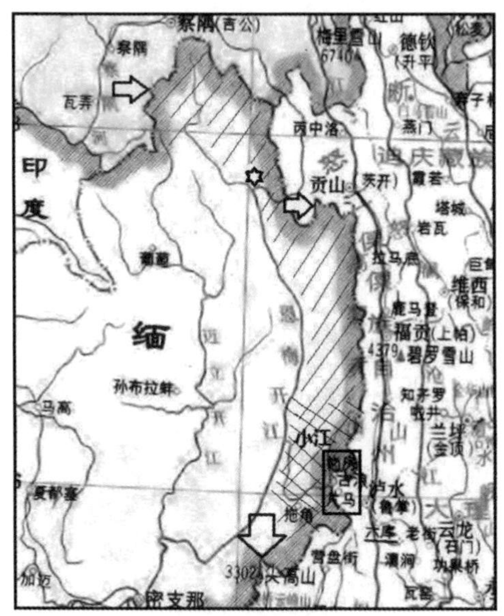

中緬邊界北段

中方提出的四條主張線雖有不同，但或是以恩梅開江為界，或是在其附近，沒有一條接受了英國人以高黎貢山為界的無理主張。按國際慣例，中方主張線應以外務部提出的為準，亦即以恩梅開江為界。1925 年中國出版的地圖就採用了這條主張線（左圖中用斜線標明部分為中國主張的領土，交叉線表示失去的領土）。

英國政府不與清廷進一步談判消除分歧，卻向未定邊界推進，企圖造成既成事實，迫使清廷接受。1911 年初，英軍推進到片馬地區，驅逐了當地的漢文教師，焚燒了漢學堂，激起當地人民武裝反抗。全國輿論大嘩，雲南省會昆明組成“保界會”，派代表到北京請願。清廷也向英國提出嚴重抗議，是為著名的“片馬事件”[1]。

辛亥自爆刺激了英國人的貪慾，加速了他們向北擴張。1913 年間，英軍推進到獨龍江下游，在獨龍江與恩梅開江交匯處的樂玉池（地圖中標六角星處）遭到雲南省怒俅殖邊副委員長何澤遠率領的殖邊隊的英勇抗擊。激戰中，何澤遠壯烈殉國，餘部不支，撤回貢山[2]。此後，英國佔領了片馬、葡萄等地。

1914 年 7 月間，英國人與西藏人祕密簽訂了《英藏協定》，條約所附的西藏與英印帝國的邊界線，包括了後來的中印邊界東段與

[1] 周鍾嶽：《惺庵回顧錄》，《雲南文史資料選輯》第 3 輯，第 168 頁。

[2] 《民國初年殖邊隊進駐怒江碑文三篇》，《怒江文史資料選輯》第 2 輯。

中緬邊界北段的一部分。麥線緬甸段從底富山口（地圖上方左側箭頭所指處）起，到雲南境內高黎貢山北段的伊索拉西山口（地圖上方右側箭頭所指處）止，與列敦提出的紫色線相接。麥線緬甸段與紫色線共同構成了英國的主張線，也就是今日中緬邊界北段。

但是這只是“地圖開疆＋軍事佔領”，並非有效治理。英國人設置了密支那、八莫以及葡萄三個行政區，密支那和八莫都在尖高山以南，葡萄在邁立開江以西（請參看上面的地圖）。對片馬地區以北，邁立開江以東的廣大地域，英國人根本就沒有建立有效的行政管理，遑論對主權聲稱最重要的司法管轄。這也毫不足奇——那片地域為難以穿越的熱帶叢林覆蓋，沒有什麼城鎮。所以，有如說它變成了英印帝國的領土，不如說它一度被英軍空洞佔領過，其佔領程度遠不如日本侵略軍在抗日戰爭中對淪陷區的佔領。

自辛亥自爆後，中國人一直忙著自相殘殺，以後又被迫抗擊日寇，顧不上捍衛邊防，於是民間只能用“地圖開疆” 的方式去宣示中國對這片地區的主權。民國間出版的地圖將中緬邊界不斷西移，先從恩梅開江移到邁立開江，最後推到邁立開江以西枯門嶺一線。此事不但被周恩來用來作為他賣國的藉口，而且至今還被愛黨人士用來為毛共辯護，甚至嘲笑國府“意淫強國”。

其實，“地圖開疆”是英國人發明的。上文介紹過，英國人在中印邊界西段炮製“阿爾達線”，將中國的昆崙山脈與喀喇昆崙山脈之間的大片領土劃歸印度，卻從未通知過中國政府。而麥克馬洪在西姆拉會議上向陳貽範出示的那幅小比例地圖，根本也就不是他後來與西藏政府簽約用的高比例地圖，而那幅地圖從未向中國政府提交過，這又何嘗不是“地圖開疆”？英帝這麼做可以，中國人這麼幹就是意淫，愛國壯士們的愛憎何以具有如此鮮明的選擇性？

2）南段

薛福成 1894 年與英國外交部簽訂的條約，已經劃定了從尖高山直到中國、緬甸、老撾交界的湄公河（瀾滄江）邊的邊界。這段邊界就是中緬邊界的中段與南段。但後來英方兩次改約，使得中方在南段喪失了大片領土。

下圖為英國外交部放在網上的 1894 年的條約線示意圖細部，很奇怪，它畫在 1897 年條約附圖上。而新約規定的邊界線反未畫出。

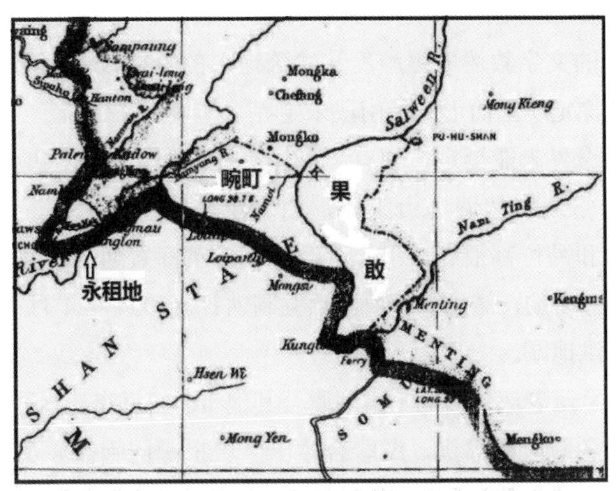

英國外交部所藏1894年條約劃定的邊界線局部

按 1894 年條約規定，畹町以南以及果敢地區都劃在中國境內。但該約第五條規定，英國同意放棄對果敢、孟連、江洪等地的領土要求的前提是：“未經大英女皇同意，大清皇帝不得將孟連或江洪的全部或一部割讓給任何其他國家。”[1]

然而次年中國在甲午戰爭中戰敗。法國藉口參與“三國干涉還遼”，要求清廷割讓領土酬謝。總理衙門的官僚們忘了上述條約規

[1] *Convention between Great Britain and China*, signed at London, March 1, 1884, http://treaties.fco.gov.uk/docs/pdf/1894/TS0019.pdf

定，把江洪的一部分割給了法屬印度支那。英國人抓住這一違約行為，迫使中國於 1897 年簽訂了《中緬條約附款》，割走了從畹町以南直到果敢的大片土地。

此外，在 1884 年條約中，英方承認瑞麗西南面的“猛卯三角地”（即瑞麗江與南畹河交匯處形成的三角地，上圖箭頭所指處）是中國領土，但同意雙方共同使用英方修築的通過其間的公路。1897 年的新約卻規定該三角地永租給英國。[1]

此後雙方會勘並標定了大部分邊界線，但從勐定到勐阿這一段，條約的文字敘述與經緯度和實際地形的差別較大，無法達成共識，未能標定，因而形成了南段未定界。

因為邊界未能標定，便有“班洪事件”發生。班洪地區為佤族聚居區，當地有個爐房山銀礦，由班洪、班老與永邦三個部落共管，產量和品位都很高，引起英商垂涎。英商買通了永邦佤王，與之簽訂開礦合約，請緬甸政府派兵強制執行。1934 年 1 月 20 日，英軍入侵班洪地區。

班洪、班老部落的佤王當即聯合其他 16 個佤族部落進行武裝抵抗，並向各級政府求援，還聯合發出《告祖國同胞書》及《致中英會勘滇緬南段界務委員會主席伊斯蘭先生》的信，響亮地昭告自己的國籍：“自昔遠祖，世受中國撫綏。固定邊疆，迄今數百年，世及弗替，不但載諸史冊，即現存歷朝頒給印信，可資憑證。”

消息傳到內地後，南京、上海、北京等地的雲南學生和各界人士集會遊行，示威請願，組成了“劃界促進委員會”，在全國範圍內掀起了聲援班洪的浪潮。 傣族愛國志士李佔賢更慷慨捐資，發起組織了兩千多人的“西南邊防民眾義勇軍”，趕赴班洪與英軍決戰，最終將英國侵略者趕出了班洪地區。 此後中英雙方派出代表，

---

[1] *Convention between Great Britain and China*， signed at Peking， February 4, 1887， http://treaties.fco.gov.uk/docs/pdf/1897/TS0007.pdf

由瑞士人伊斯蘭任中立委員，再次會勘邊界。但雙方分歧仍無法彌合。抗戰爆發後，此事遂寢。[1]

1940 年 7 月間，正值中國抗戰最艱難之際，英國政府卻宣佈關閉滇緬公路 3 個月。面臨國際通道被切斷的威脅，國府被迫於 1941 年 6 月間與英國以換文方式，為南段未定界劃定了界線，這就是所謂的"1941 年線"。

1894 年的條約規定："邊界線沿著英屬索姆與華屬勐定之間的界河走，然後繼續沿著當地人都熟悉的兩個地區的邊界走……在上述經緯度，邊界線遇到一座很高的山，名曰公明山，……然後沿著山向南走……從山的西坡下到南卡江……"[2] 1897 年的條約未對此條文作出任何更改。這兒說得很清楚：勐定以南那一段根據傳統習慣線劃定，以後邊界線登上公明山，沿著山向南，再從西面山坡下山，直到南卡江。然而 1941 年線卻穿過了佤族聚居地，將包括整個班老部落以及半個班洪部落在內的 3/4 的佤族地區割走，將銀礦所在地爐房山劃歸緬甸，然後從遠離公明山的東面通過，致使中國失去大片土地。

不過，對中方的損失，英方也想作點補償，英國大使在 1941 年 6 月 18 日照會國府外長王寵惠，稱：

> "緬甸政府授權讓我通知閣下的政府，作為善意表示，緬甸政府願意允許中國方面參加位於爐房山東面山坡上的任何一家英國礦產企業，但中方投資不得超過任何一個企業全部資本的 49%。"[3]

---

[1] 以上據《從片馬事件到班洪事件》。

[2] *Convention between Great Britain and China*， signed at London， March 1， 1884， 引文刪節處為地點的經緯度，本來也就不正確，只能以文字描述為準。

[3] *Exchanges of Notes between His Majesty's Government in the United Kingdom and the Government of Burma， and the National Government of the Republic of China*

下圖以近似方式總結英國給中國造成的領土損失。第一個箭頭所指瑞麗西南面的三角形，是永租給英國的猛卯三角地。第一個箭頭與第二個箭頭之間的交叉線覆蓋的區域，是 1897 年改約造成的領土損失，第二個與第三個箭頭之間的邊界即南段未定界。1941 年線割走的領土也用交叉線表示。

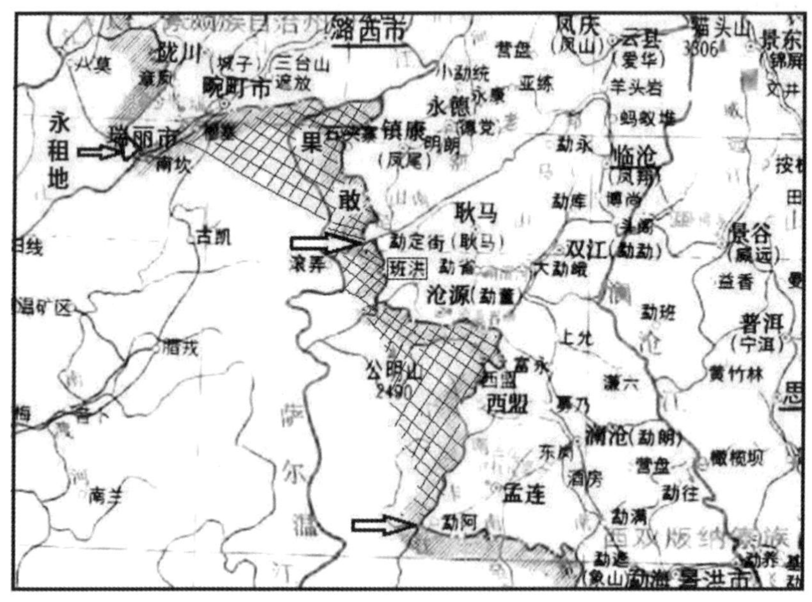

南段失地示意圖

半年後太平洋戰爭就爆發了，“1941 年線”因而未及標定[1]。

（二）周恩來的“禮讓為國”及其花樣繁多的賣國理論

Concerning the Burma-Yunnan Boundary, Chungking, 18th June, 1941, http://treaties.fco.gov.uk/docs/pdf/1956/TS0048.pdf

[1] *Burma-China Boundary*,

1948 年，緬甸獨立。雖然緬甸人跟印度人一樣，想繼承英國人為他們打下的江山，但因陷入內戰，長期處於“有邊無防”狀況。遲至 1954 年，緬甸政府才開始派兵向邊疆推進。

此時正是中國收復失地的大好時機。歷史上，尖高山以北從未歸屬過緬甸，當地主要居民是景頗族、傈僳族、載瓦族等部落民族，並非緬甸主體民族緬族與撣族。而小江流域則從來是中國領土。雖然一度被英軍侵佔，但從未正式割讓，英國人撤走後理應盡快收回。江心坡地區為原始部落居住，沒有明確國家歸屬，雖一度被英軍空洞佔領，但並未真正化為印度帝國領土。按國際公法，在國界未定時，無主地帶誰佔了就是誰的。英國人當初就是根據這條制定推進政策的。

更何況已有多位先賢指出，那片地區的戰略位置，對中國的邊防至關重要。如前所述，早在 1892 年薛福成即指出：“野人山之北，有甌脫之地千八百餘里，……既不屬華，亦未屬緬。由此入華有三道，一通西藏，一通打箭爐，一通永北廳。若淪入於英，則三省邊防疲於奔命，實為隱患。”趙爾豐也在 1909 年上奏朝廷：“自滇緬劃界，英指高黎貢山脉以西爲甌脫之地，今我不取，西藏萬難扼守。”先後擔任雲貴總督的錫良與李經羲都指出：“滇緬界圖波及西藏，衈有憂之。”“案查滇緬界務，系屬中英國界，英緬目的注重打通印緬穿插藏地，關係至巨，非僅滇邊。” 到了晚清，朝廷已經明確意識到，該地區“為川、滇、藏之遮罩，其形勢誠所必爭”。[1]

後來的事實證明這些先賢是何等高瞻遠矚。如果中國保住了恩梅開江以東、江心坡以北的土地，則滇西北就直接與藏南接壤，從

---

[1] 《錫良遺稿奏稿》，697 頁，中華書局，1959 年；《清末川滇邊務檔案史料》，832 頁，中華書局，1989 年；《清實錄有關雲南史料彙編》卷 4，827 頁，雲南人民出版社 1986 年版。

貢山或是瀘水縣沿著恩梅開江河谷修筑公路，可以直抵藏南察隅，不但解決了防守藏南的後勤問題，而且拊印軍後背，足以震懾印軍輕舉妄動。

所以，如果中共稍微以國家利益為念，就該迅速佔領江心坡那甌脫之地，將其化為領土。恩梅開江以東的中國領土就更不用說了，保衛領土是執政黨最起碼的責任，否則何以對當年為捍衛祖國領土而犧牲的雲南省怒俅殖邊隊何澤遠等烈士？

不幸的是，中共軍隊是黨軍而非國軍，是用來鎮壓“階級敵人”的內向型專政工具。其對口專業不是打內戰，就是從事對國家有百害無一利的韓戰與越戰，並不是守衛邊疆。中共建政之後，相當長一個時期內，幾乎所有的邊界都“有邊無防”。其部署重點只在中朝邊境與“福建前線”。1952 年，共軍倒是在中緬邊境南段進入了“1941 年線”以西，可惜那是與國軍殘部打內戰，並非保衛邊疆。[1]

對緬北處在權力真空中的形勢，毛周了如指掌。但如同坐視甚至鼓勵印度人推進到麥線印度段一樣，他們也同樣耐心地等待緬甸人推進到麥線緬甸段以及紫色線。從 1954 年起，緬甸軍隊開始在北段向中國主張線內推進，然而中共毫無動作，一聲不吭。1956年8月25 日，周恩來在接見緬甸駐華大使吳拉茂時說：

> “在北段，按照我們的看法，緬軍進入中國境內的已經很多。不僅民族報所說的被中國軍隊佔據的一些地方都在緬軍手裡，而且緬軍還在向前推進……。（在南段）中國軍隊兩年前就到了‘1941 年線’以西，兩年來並沒有移動。但是，兩年來，很多緬甸軍隊卻進入了歷史上中國人民承認的習慣線以東的地區，這個地區原來是空的。因此，兩年來，緬甸軍隊在南

---

[1] 《耿飆回憶錄（1949-1992）》，134 頁，中華書局，2009 年 8 月。

北兩段都向前推進，而中國軍隊沒有移動。……儘管事實上在北段緬軍佔了中國的地方，並且還在推進。在南段，按照我們所認為的界線，緬軍進入的也很多，但是我們並沒有把這些事實公佈出來。否則就會引起中緬之間的公開爭論，而這種爭論不利於問題的解決，只有利於挑唆和干涉的擴大。”[1]

因此，與對待印度一樣，周恩來坐視甚至鼓勵緬人去佔領“原來是空的”北段中國領土，把它化為實際控制區。

1955 年 11 月 20 日，緬甸軍隊向“1941 年線”推進時，在黃果園附近同中國軍隊遭遇，發生了互相射擊事件。1956 年 1 月 27 日，緬甸政府照會中國政府，敦促中方尊重“1941 年線”，將軍隊撤回中國領土，並盡早與緬方舉行會談，解決邊界問題。[2]

“黃果園事件”的發生，以及緬甸報刊上的喧囂，迫使毛周將“暗送”改為“明贈”。1956 年 8 月 27 日下午，周恩來召開會議研究中緬邊界問題，“會議決定，原則上中方應接受‘1941 年線’。會議還認為，我們將撤出的地帶面積約 1300 平方公里，人口約 7 萬，這對我們是不利的。”

既然如此，為何還要撤呢？原來，這是因為：

“從法理上講，中、英兩國政府對‘1941 年線’有過正式換文。根據國際法，某國政權更迭，政治或其他的條約可以不承認或修改，但劃界條約應該承認。我們如不承認‘1941 年線’，也找不到法理根據。”

---

1 《周恩來總理會見緬甸駐華大使吳拉茂談話紀要》（1956 年 8 月 25 日），中華人民共和國外交部檔案館檔案，檔案號：105-00307-03（1），轉引自馮越：中緬邊界問題解決的歷史過程（1954-1961），《南洋問題研究》，2014 年第 3 期，下同。

2 《緬甸邊境雙方軍隊發生槍擊事緬方致我照會》（1956 年 1 月 27 日），中華人民共和國外交部檔案館館藏檔案，檔案號：105-00745-01 。

這就是周恩來發明的第一個賣國理論——“劃界條約不可更改、更不可廢除論”。共產黨在野時高喊“廢除不平等條約”，原來完全是騙人的。

姑不說中共之父斯大林在和平時期改過多少次邊界條約，不說抗戰勝利後國府成功收回了喪失 50 年的台灣，也不說曾紀澤改約成功，收回伊犁，就看看這 1941 年的換文吧，天才外交家怎麼就不懂專業到了這個地步，竟然連它是從哪兒來的都不知道！上文已經介紹過，它是對 1894 年條約的修改。英國人可以改，中國人要改就“找不到法理根據”！

按照這賣國理論，後來中國收回永久割讓給英國的香港島以及九龍半島南部，都是“不承認劃界條約”，“找不到法理根據”！天不怕地不怕，就怕天才法盲外交家講國際法。

周氏第二個賣國理論是：

> “從政治上看，我們主張和平共處。如在邊界問題上與緬甸搞僵，我會因小失大。”

所以，領土以及居住其上的人民是小，統戰策略是大，可以而且應該為了一時的統戰需要，棄領土與人民如敝屣。這才是毛周的心裡話，充分表達了毛共顛倒的價值觀。

會議還決定“我們在南段的讓步應儘量換取在北段得到一些好處”[1]。可惜對“好處”這個詞，毛共的理解與正常人完全不同。

周恩來心目中的北段的“好處”，就是片馬、崗房和古浪三個寨子，面積約為 153 平方公里。然而就那麼點彈丸之地，緬甸人也捨不得放。周恩來於是提出，自尖高山至伊索拉希山口一段，除了堅持歸還片馬、崗房和古浪，邊界線可以沿著恩梅開江和薩爾溫江之間的分水嶺（蘆註：即高黎貢山）劃界而不是沿著恩梅開江以東劃

---

1 以上引文見卓人政主編：《般般胞波情——1956 年中緬邊民大聯歡》，中共中央文獻出版社，1997 年，第 119 頁。

界。這樣就可以給克欽邦足夠的領土補償[1]。為了收回片馬三寨，他主動向緬方提出按為歷屆中國政府拒絕的紫色線劃界。

這是什麼交易？姑不說整個小江流域都是中國的，為英國人非法侵佔，理應無條件收回。就算那是外國領土吧，用恩梅開江以東、高黎貢山以西的萬里江山去換三個寨子，豈不是犯了失心瘋？

其實天才外交家倒不是連小學算術都不懂，人家另有小算盤。片馬事件當時轟動全國，連中共“理論家”都用為“帝國主義侵華史”的罪證。而且，英方也曾在給中國的照會中承認片馬、崗房和古浪是中國領土。如果不把它們收回來，那中共就再沒臉冒充“反帝旗手”了。好在一般人不知道當時所謂“片馬”指的是整個小江流域，他只需把那三個寨子收回來，就足可糊弄百姓了。

想當年石鴻韶提出了毫無法律約束力的“綠色線”，將小江流域大部劃歸緬甸，就引起輿論大嘩，朝廷嚴斥，以致身敗名裂，丟官去職。任何一個略受民意監督的政府，若是同意了“綠色線”，都要立即垮臺。而毛周卻接受了紫色線，犯了前任連想都不敢想的賣國大罪，卻成了萬民謳歌至今的“民族英雄”。這個悲哀的事實，不能不令人歎服中共操控愚弄子民的神功。

儘管毛周全盤接受了為歷屆中國政府嚴拒的“紫色線”與“麥線”的緬甸段，緬甸人仍不滿足。他們指出，中緬雙方提交的麥線圖有出入，中方的地圖沒有按分水嶺畫，把 1000 多平方公里土地劃給了中國。

雙方地圖有此出入本不足奇——麥克馬洪多次修改過那條線，越改對中國越苛刻，他當初交給陳貽範草簽的並非最新版本。不料周恩來大喜，說這是個新問題，一個重要的發現，值得研究。他向緬方建議會勘，說：“如果勘察的結果緬甸確實管到那個地方，中

---

1 《吳努總理在代表院報告中緬邊界問題談判經過》（1960 年 5 月 20 日），中華人民共和國外交部檔案館館藏檔案檔案號：105-01428-03。

國可以否定麥克馬洪線，因為我們本來就是不願意採用麥克馬洪線。”[1] 幸虧緬甸政權內部混亂，遲遲未能與中國會勘，否則中國又要多損失 1000 多平方公里。

周恩來對南段提出的處理方案是，全盤接受“1941 年線”，但用猛卯三角地“換回”該線以西的班洪、班老等地區。他對緬甸人解釋說：

> “一方面，猛卯三角地作為中國的領土理應交還中國，但是這樣做會給緬甸的交通造成困難；另一方面，班洪和班老一直都同中國關係密切，兩個部落的頭人都住在中國境內，而緬甸政府過去從來沒有管轄過。此外班洪和班老兩部落在‘1941 年線’以西的轄區面積，也比猛卯三角地的面積小。這樣做，既貫徹了廢除猛卯三角地‘永租’關係的原則，也便於中國政府去說服中國人民接受以‘1941 年線’為基礎來進行談判，使中緬雙方的利益和實際困難都得到適當的照顧。”[2]

用中國的一片領土，去“換回”另一片領土，還必須是以大換小，以確保對方心滿意足，此乃天才外交家的一大天才發明。

之所以要搞這種掩耳盜鈴的勾當，是為了“便於中國政府去說服中國人民”。因為班洪事件也曾轟動全國，為了繼續冒充“反帝旗手”，他不能不把被割走的班老以及半個班洪收回來，至於被英國人奪走的爐房山銀礦，以及當初與班洪班老結盟武裝抗英的其他佤族部落，儘管“緬甸政府過去從來沒有管轄過”，也根本不必考慮，因為一般中國人只聽說過“班洪”這個地名。

這就是周恩來提出的一攬子賣國方案。在北段，他全盤接受麥線與紫色線，非但不去佔領江心坡那個“原來是空的”無主地帶，

---

[1] 金冲及主編：《周恩來傳》（三），中央文獻出版社，2008 年，1752--1754 頁

[2] 金冲及主編：《周恩來傳》（三），1747-1748 頁

反而向緬甸人出讓了先烈曾用鮮血捍衛過的高黎貢山與恩梅開江之間的領土，只象徵性地收回了小江流域的片馬三寨；在南段，他全盤接受 1941 年線，在共軍越過該線後又主動撤回，放棄了 1941 年換文割去的中國領土，只是用猛卯三角地“換回”了一個半部落。至於索回完全由漢族居住的果敢地區，他連想都沒想過。

儘管周恩來對緬甸人“解衣衣人，推食食人”，如孝順高堂一般無微不至，用心周到細密，體貼入微，然而緬甸國政混亂，意見分歧，莫衷一是，遲遲不能接受這一籃子厚禮。直到軍界強人奈溫主持看守內閣時，才拍板同意。周恩來對此感激涕零，稱讚奈溫果斷，認為要不是奈溫，中緬邊界問題恐怕不會解決得這麼快。

1960 年 10 月 1 日， 中國政府總理周恩來和緬甸政府總理吳努在北京簽訂《中華人民共和國和緬甸聯邦邊界條約》，規定：

“第一條：根據尊重主權和領土完整的原則和友好互讓的精神，緬甸聯邦同意把屬於中國的片馬、古浪、崗房地區（面積約為 153 平方公里，約 59 平方英里）歸還中國。

第二條：鑒於兩國的平等友好關係，雙方決定廢除緬甸對屬於中國的猛卯三角地（南畹指定區）所保持的‘永租關係’”。考慮到緬甸方面的實際需要，中國方面同意把這個地區（面積約為 220 平方公里，85 平方英里移交給緬甸，成為緬甸聯邦領土的一部分。作為交換，同時為了照顧歷史關係和部落的完整，緬甸方面同意把按照 1941 年 6 月 18 日中英兩國政府換文的規定屬於緬甸的洪班、洪老部落轄區（面積約為 189 平方公里，73 平方英里）劃歸中國，成為中國的一部分。

第三條： 為了便於雙方各自的行政管理照顧當地居民的部落關係和生產、生活上的需要， 雙方同意對 1941 年 6 月 18 日中英兩國政府換文劃定的界限中的一小段， 作一些公平合理的調整，把永河寨和龍乃寨劃歸中國，把楊柏寨、班孔寨、班弄寨和班歪寨劃歸緬甸，使這些騎線村寨不再被邊界所分割。

第四條：中國政府根據一貫反對外國特權和尊重其他國家主權的政策聲明放棄 1941 年 6 月 18 日中英兩國政府換文規定的、中國參加經營緬甸爐房礦產的權利。

此外，雙方大致按照分水嶺來劃定河界。”[1]

連英國人對中國人民喪失的爐房銀礦作出的有限賠償，周恩來都要無情剝奪。邊疆各族人民為捍衛自己的財產灑下的鮮血，就此被他一筆勾銷。

“分水嶺原則”乃是周恩來的第三個賣國理論。這本來是英國侵略者提出來的，是他們劃麥線與紫色線的依據。周恩來全盤接受麥線與紫色線就是根據這個原則，他還怕大眾不知道，不但寫在條約裡，還在人大報告中說：

“根據對歷史事實和實際情況進行調查研究的結果，我國政府對於這一段邊界的劃定，向緬甸政府提出以下的建議：從伊索拉希山口以北到底富山口的部分，可以按照習慣邊界線劃界；從伊索拉希山口到尖高山的一段，除片馬、崗房、古浪地區應該歸還中國以外，原則上可以按怒江、瑞麗江（又名龍川江）、太平江為一方和恩梅開江為另一方的分水嶺劃定邊界。”[2]

按照這一原則，劃分國界其實是個地理問題，世上原沒有什麼“傳統習慣邊界”，“實施有效統治的領土”以及“界河”。不但高黎貢山以西的領土，包括西南邊陲重鎮騰衝以及德宏州內大片地

---

[1] 《中華人民共和國和緬甸聯邦邊界條約》，中華人民共和國外交部編：《中華人民共和國條約集》（第九集），法律出版社，1961 年，第 69—70 頁。

[2] 周恩來：《關於中緬邊界問題的報告》（1957 年 7 月 9 日在第一屆全國人民代表大會第四次會議上），《周恩來外交文選》，234 頁。

域，都應該割讓給緬甸，而且黑龍江與烏蘇里江都不該是中蘇邊界，中蘇與中蒙邊界應該退到大興安嶺以南。

這一攬子賣國方案實在出格，就連馴順的“政治花瓶”們都無法接受。據《中國共產黨新聞網》披露，“中央解決中緬邊界問題的建議拿到全國人大和全國政協會議上討論後，許多代表一下子不能夠理解和接受，有些人還提出了尖銳意見。”[1] 被 1941 年線粗暴劃歸緬甸的少數民族同胞更是不滿。

對此強烈反應，中共中央指示雲南省委在開展未定界地區的工作時，“不要強調國民黨政府簽訂 1941 年協定是賣國行為，也不要稱 1941 年協定是賣國協定。否則，不僅不能解釋清楚，反而使群眾思想更加混亂”，下令對“1941 年線兩側的頭人和民眾要進行說服和勸導”。[2]

周恩來還親自出面大作報告，證明他賣國有理。1957 年 3 月至 4 月間，周恩來先後在全國政協二屆三次會議上、在雲南昆明召開的中緬邊界彙報會上、在雲南省政協會議上做了一系列報告。在這些報告中，他推出了更多的賣國理論。

周氏首先重申他發明的“邊界條約不可修改或廢除論”。據黨媒披露，“在中緬邊界問題中，最傷害中國人民感情的是南段的‘1941 年線’。許多人提出，既然這條線是帝國主義強加給我們的，為什麼還要承認它呢？”對此，周恩來答道：

> “我們把它（1941 年線）否定了，重新定一個新的，當然是修改條約，或者重新廢棄這個條約，重訂，這使人家感覺過去歷史上所有劃界的條約都可以改變，絕不是這一個條約為

[1] 廖心文：《成功解決中緬邊界問題——老一輩革命家與邊界問題研究之二》，《黨的文獻》，2013 年 05 期

[2] 梁晉文：《中緬邊境劃界後武裝衝突對我國安全的影響》，《雲南警官學院學報》，2013 年第 1 期

止，那的確四鄰不安。所以，這個問題必須慎重考慮。1941 年線是乘人之危不公道的條約，但是那已經是簽訂的邊界條約，而這個地方（佧佤）兩邊都不是直接統治的，劃得不很公（正）。但是，我們如果照這樣解決比較否定了然後重新劃問題要好得多。兩個利弊相比，兩害相權取其輕。所以 1941 年線我們頂多提出某一點斟酌，而不是給他來一個否定。”[1]

這謬論上面已經駁斥過了，一部歐洲史，就是“歷史上所有劃界的條約”的改變史。中國確實搞得“四鄰不安”，不過，那是因為入侵朝鮮，以及在印度支那乃至馬來半島“輸出革命”造成的，向鄰國出讓領土絲毫無濟於事。

周恩來在此還附帶發明了第四個賣國理論，那就是“不是直接統治的地區就不是領土”論。所以，即使班洪、班老部落聯合 16 個佤族部落，在國際上鮮明宣示了自己的國籍歸屬，佤族地區仍然並非中國領土。內蒙、西藏與西雙版納也都不是中國領土，因為在中共建政前，中央政府並沒有直接統治那些地區。即使在中共建政後，西藏在 1959 年前也並未被中央政府直接統治。而中央政府至今仍未直接統治的香港與澳門，當然也不是中國領土。

周氏發明的第五個賣國理論，是“不該與友好國家爭未定界”論。據黨媒披露，有些代表認為，清末以來，歷屆政府都在力爭未定界，大家“印象極深，難以忘懷”，因此新中國仍舊應該採取這個態度。周恩來對此的回答是：

“當時與帝國主義爭地方，就是說參加到中國大家庭裡來總是比被帝國主義壓迫要好。所以爭地方多一些這樣的愛國主義立場是對的，與帝國主義必須寸土必爭。但現在新的問題來了，那時沒有爭到，而現在那塊地方已不屬於中國，而是獨立

[1] 同上；廖心文：《解決邊界問題的典範——周恩來與中緬邊界談判》.，《黨的文獻》，1996 年第 4 期。

後的緬甸。兩個國家都發生了根本性的變化，一個變成了民族主義國家，一個變成了社會主義國家，兩國彼此的關係是友好關係”，“在這個基礎上來解決問題與歷史上解決問題不能相同，當然不是毫無聯繫。雖然歷史不能割斷，但也不能完全相同。”[1]

所以，凡是與“友好的民族主義國家”的未定界，哪怕是甌脫之地，中國都絕不能越過對方的主張線去佔領，必須耐心等待對方推進到其主張線，然後再聲稱“那塊地方已不屬於中國”；如果對方已經捷足先登了，那就更不能去爭，因為“那塊地方已不屬於中國”了。

針對知識分子們對劃界方案“失地太多”、“吃虧太大”的批評，他說，民國時期的“地圖開疆”與實際情形不一樣、在北段，中國只提出歸還片馬、崗房、古浪三個寨子，是因為根據他的研究，只有這三個地方是有法律根據的[2]。

他所謂的“法律根據”，就是英國 1911 年 4 月 10 日承認片馬三寨是中國領土的照會[3]。在他眼中，只有英國的照會才是“法律根據”，而中方的證據，諸如石鴻韶向列敦出示的道光年間委任撫夷官的兵部劄付，18 個佤族部落保存的歷朝頒給的印信，佤王們寫給中英會勘滇緬南段界務委員會主席伊斯蘭先生的信等等，統統都不是“法律根據”。不僅如此，只有侵略者以外交文件肯定過中國主權的失地，中國才能去索要；凡是未經侵略者正式承認是中國領土的失地，諸如小江流域片馬三寨之外的地區如魚洞、茨竹、派賴等寨，都不能去索回，因為“沒有法律根據”。

---

1 《解決邊界問題的典範——周恩來與中緬邊界談判》.。

2 《成功解決中緬邊界問題——老一輩革命家與邊界問題研究之二》

3 《周恩來外交文選》，234 頁。

還不止此，他只知向中方要“法律根據”，卻從不向緬甸人要其併吞尖高山以北土地的法律根據，這是何等“嚴於律己，寬以待人”的高風亮節！如此吃裡扒外的東西，若在傳統社會，定要被御史臺彈劾收受了外國人的賄賂。

周氏發明的第六個賣國理論，是“靠和平友好鞏固邊防論”。有人看到了薛福成、趙爾豐等先賢看到的問題，問周恩來這樣劃界，會不會影響我國經濟和軍事的發展，他答道：

> 這是不會的。當然，如果單從地形上看，可以考慮是不是從分水嶺劃界為好，是不是可以多控制一些制高點。但是，邊界的劃分很難完全根據自然地形，自然界限總也阻止不了歷史的發展。在今天這樣的時代，要鞏固國防，發展經濟，自然地形的作用是不大的。尤其是我國的西南邊防，著眼點是爭取同鄰國和平共處，採取和平友好的辦法鞏固西南邊境。在經濟發展問題上，不能因為某些地方有礦我們就想要，這不妥當。[1]

晚清先賢看到的地理形勢，這位 20 世紀的戰略家居然看不見，別人問了還不懂，還以為人家說的是制高點，不倫不類地扯到他酷愛的“分水嶺”上去。他倒是不惜一切代價“爭取同鄰國和平共處，採取和平友好的辦法鞏固西南邊境”了，卻換來印度與中國大打出手，他的媚外外交取代了地緣政治否？

周氏發明的第七個賣國理論，是“公投有害無利，因小失大，為智者不取”論。有人提出，是否可以考慮採用公民投票的方式決定劃界。周恩來回答說：

> 這個辦法有害無利，徒然增加中緬雙方的不合，緬甸也不一定贊成。如果我們提議中緬邊界問題舉行公民投票，這也將會給亞洲其他的地區問題帶來影響。比如，印巴之間的喀什米

---

1 《成功解決中緬邊界問題──老一輩革命家與邊界問題研究之二》。

爾問題，巴基斯坦就主張公民投票。如果主張就中緬邊界問題舉行公民投票，就好像我們站在巴基斯坦一方反對印度，印度就會反對。這樣做是因小失大，為智者所不取的。[1]

所以，國家領土不是全民公產，而是由一小撮獨夫民賊私相授受的私產。這位“智者”關於避開印巴糾紛那段話最絕，讓人想起傳統大家庭裡小心翼翼、唯恐行差踏錯的小媳婦。

據此，周恩來便在人大會議上拍紫了胸脯說：

“我很負責地向各位代表說明，政府並沒有失去任何地方。”[2]

當然沒有，因為按照他的“法律根據”，他送出去的地方都不是中國領土。古今中外大概就只出過這麼一個天才外交家，心思全花到證明爭議地區不是本國的領土上去了。

難怪緬甸“胞波”（緬語，“同胞”之意）總理吳努要讚：“什麼人只要見了周總理，談了問題就放心，願意和他做朋友，他從來是說話算數的。”[3]

吳努胞波弄錯了，周胞波不是對“什麼人”都無比慷慨豪爽。“朋友來了有好酒，若是那豺狼來了，迎接它的有獵槍”，對真正的同胞，周恩來可就完全是另一副面孔了。

（三）“寧贈友邦，不給家奴”

簽訂中緬邊界條約，給了中緬雙方一個聯合圍剿在緬國軍的藉口。1960 年 10 月，吳努胞波來華簽約，正式向中國政府提出了這一請求。

---

1 同上。

2 同上。

3 《解決邊界問題的典範——周恩來與中緬邊界談判》。

這事其實是中方先提出來的。1960 年 6 月 27 日至 7 月 5 日，中緬邊界聯合委員會舉行第一次會議，中方首席代表、前任駐緬大使姚仲明根據周恩來的授意指出，為了保護勘界人員的安全，必須給國民黨殘部必要的打擊。“緬方代表聽了姚仲明的話，非常感動，說周總理把問題看透了，他們也對國民黨殘軍干擾破壞勘界深感憂慮。此刻，中緬對攜手打擊緬方境內的國民黨殘軍，可謂心有靈犀一點通。”[1]

於是勾結外軍屠殺本國同胞、把內戰打到外國去的所謂“中緬勘界警衛作戰”就此開場。

50 年代初，李彌所部國軍敗出雲南後，有 1500 名官兵不願去台灣，留在中緬邊境堅持鬥爭。原國軍團長李國輝成立了“復興軍”，制定了嚴格的軍紀，屢敗前來圍剿的緬軍，隊伍增至 3000 多人。蔣介石聞訊後大喜，派李彌從台灣前來領導，隊伍迅速壯大到萬餘人。“李彌所部迅速佔領了緬北薩爾溫江以北，中國雲南邊境外以南的緬甸的科康、佤邦、懸棟 3 個省的地區，控制了該地區的貿易和鴉片種植，並收納賦稅，收繳公糧，儼然是緬甸的當地政府。”[2]

這兒所謂“科康”，就是後來鬧到舉世聞名的果敢，絕大多數居民是漢人，在 1897 年被割給英緬。而所謂“佤邦”，就是 1941 年割給英緬的佤族居住地區。當周恩來忙著放棄這些領土之時，國軍殘部卻收復了它們。

緬甸政府奈何這支武裝不得，乃到聯合國哭訴。蔣介石迫於國際壓力，在 1953 年 11 月至 1954 年 3 月間把近兩萬名國軍撤回台灣，但仍有一部分官兵不愿離開。1959 年，國軍將領柳元麟奉命返回緬甸基地，培訓了 2000 多名骨幹，準備待機反攻大陸。這事引起了毛

---

[1] 陳輝：《中緬聯合勘界警衛作戰揭秘》，《黨史博覽》，2011 年第 11 期。

[2] 同上。

澤東的警覺，1959年5月4日，他將有關情報批示給中央軍委委員兼解放軍總參謀長黃克誠："引起警惕，準備應付可能的變亂"；"軍委亦應派員去雲南佈置對策"。[1]

中緬勘界，給了中共拔掉這個眼中釘的藉口。總參作戰部與昆明軍區擬定了作戰方案。"毛澤東、周恩來對此高度關注，幾位老帥、總參謀長羅瑞卿先後參加了作戰方案的審議。"經緬方允許，中共沿邊界線外 20 公里畫了一條不得超越的紅線。1960 年 11 月 21 日，共軍越境突襲國軍在紅線內的據點。16 個攻擊目標有 6 個被全殲，其餘大部潰散。[2]

鑒於共軍兵力與火力都佔絕對優勢，國軍乃避實擊虛，逃出紅線外，去與緬軍作戰。他們內戰外行，外戰內行，恰與共軍相反，儘管兵力與火力都遠非緬軍之敵，卻將上萬緬軍誘入圈套，擠壓在王南昆至芒林的狹長山道間。緬軍遠程大炮與飛機都無從發揮威力，陷入危境。緬甸政府只好請求共軍越過紅線，南下百餘公里，前去解救。

1961 年 2 月 25 日，共軍再次越境，長途奔襲，攻擊在王南昆圍困緬軍的國軍。但國軍聞訊便主動撤圍，渡過湄公河，退入老撾境內。被困的緬軍得救，共軍也就撤回邊界。"在兩個階段的作戰中，解放軍共殲國民黨軍 740 人，擊斃國民黨軍師長 2 名，活捉副師長 1 名，搗毀國民黨殘軍經營了 10 多年的巢穴，協助緬甸政府解放了擁有 30 多萬人口、3 萬多平方公里的土地"[3]

---

[1] 同上。

[2] 同上；《中緬聯合勘界警衛作戰》，新華網，
http://news.xinhuanet.com/mil/2007-07/26/content_6433504.htm

[3] 《中緬聯合勘界警衛作戰揭祕》。

這就是"寧贈友邦，不給家奴"的真實版，用御用文人的話來說，它"在共和國歷史上寫下了鮮亮的一筆"[1]。

黨媒沒有說的，是這支隊伍被迫撤到緬、老、泰三國交界處後，因為地瘠民貧，無法再像過去那樣靠收稅養活自己，便墮落為毒梟，臭名昭著的"金三角"於焉形成[2]。追本溯源，中共難辭逼良為寇之咎。或許就是為此，黨媒在披露此戰經過時，故意將國軍原來統治的 3 萬多平方公里的區域稱為"金三角"。

（四）"般般胞波情"

毛周送出萬里河山，博得了緬甸胞波的大聲喝彩。1961 年 1 月 4 日，周恩來、陳毅等率中國代表團應邀赴緬，參加緬甸獨立節慶祝活動。緬甸總統吳溫貌授給周恩來以新創設的最高勳章"崇高、偉大、博愛和光榮的擁有者"，以表揚他對解決中緬邊界問題的傑出貢獻。授予陳毅最高級英雄榮譽勳章，授予其他 17 名中國官員各種勛章。授勳儀式主持人代表總統說："緬甸聯邦總統、政府和全體人民盛讚周恩來總理、中國政府和中緬邊界聯合委員會中方代表團領導人對鞏固中緬友好關係和共同解決邊界問題的誠意。"[3]

可惜好景不長，1962 年 3 月 2 日，那位被周恩來盛讚"果斷"的三軍參謀長奈溫果斷發動政變，推翻了吳努的文人政府，宣佈解散議會，成立革命委員會，接掌所有立法司法行政權力。吳努淪為階

[1] 馬昌法：《中緬聯合勘界警衛作戰始末》，《四海鉤沉》，2011 年第 11 期

[2] R M Gibson： *The Secret Army: Chiang Kaishek and the Drug Warlords of the Golden Triangle*. pp. 171-172. John Wiley & Sons. 2011

[3] 《人民日報》，1961 年 1 月 6 日

下囚，而奈溫則自任革命委員會主席兼國防部長，集大權於一身，開始果斷推行“具有緬甸特色的社會主義”。[1]

1963 年 2 月 23 日，奈溫政府果斷宣佈銀行國有化，所有外資銀行、僑資銀行一律由政府的聯邦銀行接管，中方的中國銀行、交通銀行及商辦的華僑銀行都被果斷接管。1964 年 1 月，奈溫政府果斷宣佈進出口貿易國有化。1964 年 3 月 2 日，奈溫政府果斷宣佈全國工商業國有化，一共沒收了工商機構 12,212 家，其中 95%為外僑所有。1964 年 5 月 17 日，緬甸政府果斷宣佈流通的 100 元、50 元大鈔作廢，所有大鈔必須上繳，違者重罰。經過這一系列的以國家暴力果斷推行的系統搶劫，緬甸華僑平生積累的財富被搶劫殆盡，一貧如洗。

在經濟上果斷完成對華僑的洗劫之後，奈溫又果斷發動了滅絕中華文化運動。1964 年 9 月 1 日，緬甸政府果斷宣佈接管私營報紙，勒令中文報紙停刊，並果斷禁止進口中文書報，使得華僑再無可能閱讀中文書刊。1965 年 5 月，緬甸政府果斷宣佈接管私立中學校。1966 年 5 月，政府果斷宣佈接管全緬私立小學。到 1966 年 5 月，全緬華校均被接收，中文課程全部沒有了。華僑再無可能在緬甸傳承中華文化。

毛澤東自己就在本土不遺餘力地滅絕傳統文化，這是他發動“文化大革命”的動因之一，對奈溫果斷禁止華僑傳播中華文化本應感到欣慰。但問題在於，奈溫同樣果斷禁止華僑傳播毛澤東思想，這就使得他墮落為“階級敵人”。“我國使領館決意要在緬甸也來一個‘反緬抗暴鬥爭’”，通過其操控的華僑團體發動了這場鬥爭，使得許多無辜華僑倒在了血泊裡。

---

[1] 以下據：王敬忠：《1967 年 6 月緬甸排華事件始末記》，緬甸中文網，http://www.md-zw.com/thread-10225-1-1.html

雖然中文學校已被取締，但華僑鑽了法律的空子，辦起了幾百個“19 人中文補習班”（法律規定不得辦 20 人以上的補習班），讓子女繼續學習中文。但文革開始後，所謂“學習中文”就變成了“學習毛主席語錄”的同義語。“宣傳毛澤東思想成為海外華僑的愛好與責任。不單要向中國人宣傳，也要向外國人宣傳。當時緬甸的華僑團體的負責人，補習班的師生們每日學習語錄，唱語錄歌，胸前佩戴毛主席像章已成為生活的必需”。

奈溫政府不能容忍這種顛覆活動，乃禁止佩戴毛像章，然而華僑學生仍然戴著像章去上學，並多次與學校當局發生衝突。緬甸政府於是下令所有原來的華僑學校一律無限期停課，學生拒絕離校，在校內靜坐示威，形成抗議風潮。

奈溫政府乃果斷組織暴徒數萬人，在 1967 年 6 月 27-28 日兩天連續進行大規模排華暴力行動。暴徒們在中國大使館、新華社、領事館、武官處、援緬辦事處門外高呼口號，投擲石頭。援緬辦事處被暴徒闖入，傢俱被搗毀，援緬專家劉毅當場被暴徒打死，另有二人受傷。暴徒們更衝進華人住宅，大肆搶劫、毆打、殺害華僑。此後奈溫政府宣佈戒嚴，大規模虐殺華僑的活動雖然停止了，但華僑無日無時不生活於恐怖之中。排華煽起的種族仇恨，使得華僑在緬甸難以立足，不得不紛紛離開緬甸。據緬甸華僑王敬忠先生個人統計，僅 6 月 27 日這天，仰光就有 33 名華人喪生，他還給出了每個遇難者的姓名[1]。

在整個排華浪潮期間到底一共有多少華人喪生，到現在也沒有任何官方統計。緬甸政府當然不會去作此類統計，而中國政府照例對僑民的血淚視而不見。國內只有民間編纂的《百度百科》有一句籠統宣稱：“旅緬約 80 萬華人均不同程度地受到了衝擊。”[2]不僅如

---

1 同上。

2 《緬甸共產黨·百度百科》，http://baike.baidu.com/view/915017.htm

此，鄧小平在 1985 年會見奈溫時，還熱情稱讚他為發展中緬友誼作出重大的貢獻。[1]

中國政府當時的對策，是以暴力顛覆奈溫政權。1967 年，中共讓緬共第一副主席德欽巴登頂在群眾集會中亮相，《人民日報》刊登了他的文章《緬甸的蔣介石——奈溫軍人政府必敗！人民必勝！》[2]。

中共更在國內裝備訓練了彭家聲兄弟率領的隊伍。裝備了現代武器的彭部回國後，於 1968 年 1 月 1 日正式打出“人民軍”番號，向緬甸政府軍發動進攻。1969 年 3 月，原來由中共包養在貴州、四川等地的緬共人員，在接受了武裝和集訓後，也出現在果敢地區。駐扎在滇西邊境一線的中國部隊奉命支援緬共人民軍，向緬甸人民軍派出“顧問組”，指導其軍事行動。更有大批中國知青參加緬甸人民軍。至 1975 年，緬共已經控制了薩爾溫江以東的大片土地，在薩爾溫江以西也建立了根據地。幾乎所有的緬中邊界地帶，都被緬共人民軍佔據。在鼎盛時期，緬共控制了近 10 萬平方公里的土地，150－200 萬人口，武裝力量達到近 3 萬人。[3]

然而靠外力支持的武裝奪權活動，在外力一旦撤除後就只能垮臺。1976 年毛去世前後，中共派出的軍事“顧問組”分批分期撤回國內。1979 年，中共完全停止了對緬共的援助，緬共陷入“缺血虛脫”。為了活下去，東北軍區首先成立了“特貨貿易小組”，大肆販毒[4]。從他們使用了中共當年在陝北賣大煙時用過的“特貨”一詞

[1] 柴世寬：《為了中緬友誼連綿不斷──記吳奈溫主席第十二次訪華》，《瞭望週刊》1985 年 19 期

[2] 徐焰：《興於抗戰 敗於內鬥 亡於腐敗 緬共興亡始末與教訓》，《文史參考》，2010 年 15 期，

[3] 《緬甸共產黨·百度百科》，http://baike.baidu.com/view/915017.htm

[4] 同上。

來看，緬共很可能是從我黨的光輝歷史中得到了啟發，才走上了“南泥灣道路”的。

當時這個“小組”每年給東北軍區提供近千萬緬元的收入，成為其最重要的財政來源。其他軍區與單位也紛紛效仿。緬共中央政治局在 1980 年 8 月 29 日成立由中央直屬的進行毒品貿易的機構，代號“8.19”。“8.19”的總負責人就是緬共中央副主席德欽佩丁。“8.19”的成立，標誌著緬共將鴉片貿易與毒品加工合法化，使得鴉片貿易的利潤成為其各種經費的直接來源。在 1985 年以前，中國與緬甸接壤的雲南邊境地區，過去僅有少數邊民吸食土產鴉片，幾乎沒有出現過精製毒品海洛因。但是“8.19”出現之後，海洛因的加工廠在整個緬共控制區遍地開花。據不完全統計，到 80 年代中期，緬共建立的海洛因加工廠多達 85 家。[1]

製毒販毒迅速導致緬共腐敗，到 80 年代中後期，從黨的高級幹部到一般士兵，整個緬共武裝幾乎沒有不做毒品生意的。至緬共瓦解的 1989 年，除黨主席德欽巴登頂未捲入鴉片交易外，所有高級幹部均在從毒品交易中謀利。歸公的經費越來越少，某些領導（包括個別政治局委員及其親屬）個人的腰包卻畸形膨脹起來。根據地內不斷出現謀財害命的兇殺，過去生死與共的團結戰鬥精神蕩然無存，因分贓不均而產生的矛盾不斷加劇。[2]

這最後的結果就是內部大規模反水。1989 年 3 月 11 日，彭家聲宣告歸順政府。4 月 11 日，佤族縣長趙尼來和鮑友祥也起兵包圍了緬共中央所在地邦桑，將德欽巴登頂及其他中央領導人送入中國境內的孟連縣。八天後，“815”軍區也宣告脫離緬共領導。緬共中央領導人於 6 月 16 日在雲南召開了祕密會議，決定成立由德欽巴登頂為首的臨時中央。6 月 26 日，臨時中央遷至 101 軍區所在地板瓦。

---

1 同上。

2 同上；《興於抗戰 敗於內鬥 亡於腐敗 緬共興亡始末與教訓》

1989 年 9 月，101 軍區司令員丁英也宣佈脫離緬甸共產黨。德欽巴登頂等人只好黯然離開，回到中國度過餘生。[1]

客觀說來，中共雖然將萬里河山殷勤送給了緬甸，但也對緬甸人民作了大孽。毛澤東從袖筒裡掏出來放到緬甸去的妖魔，不僅將中緬邊境地區化為海洛因生產基地，而且變成了如今仍在爭戰不休的地方軍閥。毛周給緬甸人民帶來的巨大災難，恐怕僅遜於對柬埔寨人民以及對北韓人民犯下的滔天罪行。

三、“裂土封疆”，澤遍諸鄰

除了印度與緬甸外，毛澤東還夥同周恩來，向幾乎所有鄰國都慷慨贈送國土。由於中共嚴格管制資訊，實行祕密外交，為追尋事實真相設置了重重障礙，以下介紹僅為筆者所知，難免掛一漏萬。對某些不實傳聞，筆者也本著實事求是的精神加以澄清。至於與外蒙古的祕密交易，因缺乏證據略去不提，俟有志者研究。

（一）尼泊爾

1960 年 3 月 21 日，中國與尼泊爾兩國國家元首簽訂了邊界條約。從康熙年間繪製的《皇輿全覽圖》開始，所有中國地圖都將珠穆朗瑪峰畫在中國境內，然而在與尼泊爾的談判中，中方同意對邊界“根據平等互利、友好互讓的原則進行調整”，最後簽訂的條約第十一條規定“界線……經過……珠穆朗瑪峰”，以頂峰為分界

---

[1] 同上。

線，將珠穆朗瑪峰南坡劃給尼泊爾[1]。印度作者指出，這界線“與從緬甸－印度－中國三國交界處延伸到尼泊爾的麥克馬洪線基本吻合”[2]。這也毫不足奇，前已指出，周恩來是麥克馬洪的異國知己，完全接受了麥克馬洪畫邊界線的依據——分水嶺原則。按此原則，那中尼邊界線當然要通過珠穆朗瑪峰山巔。

據統計，中尼邊界 1236 公里，爭議面積 2476 平方公里（不包括珠穆朗瑪峰的爭議領土），中國得到了 6%的爭議領土和珠穆朗瑪峰的一半，將 2327 平方公里的爭議領土和半個珠峰讓給了尼泊爾。而且，大部分牧區和關口都落在尼泊爾控制之下。[3]

（二）巴基斯坦

1963 年 3 月 2 日，中國與巴基斯坦簽訂《邊界協定》。該協定有個奇怪的規定；從第二條開始，邊界線即離開了“大分水嶺”，到第四條才又回到“大分水嶺”[4]，英國學者馬克斯韋爾指出：

> “次年三月間簽訂的條約劃定了巴基斯坦與中國的邊界線，它大部分沿著英國人 1899 年向中國提出的那條線（蘆按：即竇訥樂線，請參看本章第一節）走，但與該線有個最顯著的

[1] 《中華人民共和國和尼泊爾王國邊界條約》，http://www.mfa.gov.cn/chn//pds/ziliao/tytj/t372309.htm；*India's China War*, pp 169-170.

[2] Dinesh Mathur：*Chinese Perceptions of Various Territorial Disputes*，CLAWS Journal， Summer 2008

[3] 朱昭華：《20 世紀五六十年代新中國處理邊界爭端的原則與實踐》，《東南亞之窗》，2012 年第 2 期

[4] 《中華人民共和國政府和巴基斯坦政府關於中國新疆和由巴基斯坦實際控制其防務的各個地區相接壤的邊界的協定》，http://www.npc.gov.cn/wxzl/wxzl/200012/25/content_841.htm

區別——對巴基斯坦有利。它讓巴基斯坦在什姆薩爾山口（Shimsal Pass）到穆斯塔格河之間獲得了一段越過喀喇昆崙山脈的邊界。這個地區是洪扎享有放牧權的地區之一，過去在中國管轄之下。北京向巴基斯坦出讓這塊土地意味著後撤，而且還背離了指導其他地區劃界的分水嶺原則。這樣，巴基斯坦只是放棄了地圖上的聲稱，而中國卻實際上出讓了大約750平方英里的領土。”[1]

所以，人民的好總理對自己的國家，比當年的大英殖民者對清廷還苛刻，當真是咄咄怪事。真不知道他這次又發明了什麼新的賣國理論——他不是最熱愛“分水嶺原則”麼？為什麼這次又背離這個神聖原則，特地讓邊界線離開喀喇昆崙山脊，在中國境內轉一大圈，憑空挖去 1924.5 平方公里的領土，好讓他把歷來由中國管轄的牧場跪送給巴基斯坦人？

其實，周恩來賣國根本就無原則可言，只講究怎麼賣起來更方便。若是“分水嶺原則”符合對方要求，他就使用該原則；若是不符合，那他就拋棄之。不光是對“分水嶺原則”，對其他賣國理論也如此。例如上文介紹過，他發明的一個賣國理論是“只有為英國承認的中國領土才是中國的”，按此理論，那 1924.5 平方公里土地不但為英國承認在中國版圖內，而且一直由中國管轄，無論按他的哪個賣國理論，都不該送出去，然而他卻就是送出去了。這其中能找到什麼原則？他對中國的態度之苛刻，需索之貪婪，連麥克馬洪都比不上，只有奪走中國 150 萬平方公里土地的俄國人差相仿佛。

馬克斯韋爾還指出了另一個問題：巴基斯坦與中國劃界的理由是，它繼承了原來獨立的克什米爾的領土。但從阿富汗到喀喇昆崙山口，“某些有關地區歷史上從來不屬於克什米爾，無法想象這些

---

[1] *India's China War*, p217.

地區會在事實上變成印度聯邦的一部分”[1]。所以，即使巴基斯坦有權繼承克什米爾的領土，它也無權繼承那些歷史上從未屬於克什米爾的地區。

馬克斯韋爾說的是坎巨提（請參看下節地圖）。坎巨提又名洪扎，它非但不是克什米爾的屬國，克什米爾還在 19 世紀向它進貢。自 1761 年起，坎巨提就一直是中國的屬國[2]，1892 年，清廷承認中英兩國對坎巨提均有宗主權，坎巨提為“兩屬之國”。清廷冊立了坎巨提的酋長，而英國則將坎巨提視為英屬印度的一個土邦，並同意其繼續向中國納貢。1892 年，清廷派員與英屬印度官員和克什米爾土邦使節共同出席了坎巨提酋長的冊封典禮[3]。

1899 年 3 月，英國駐華公使竇納樂照會清廷，提出了前文介紹過的竇訥樂線，試圖勸說中國放棄對坎巨提的宗主權，但中方未予答覆。此後民國政府一直堅持坎巨提是中國領土。的確，英屬印度帝國崩解後，中國成了坎巨提唯一的宗主國，完全可以聲稱對坎巨提的主權（宗主權可以提升為主權，西藏就是榜樣。如今北京對香港、澳門也只有宗主權）。即使只保留宗主權，也應由中國代表坎巨提與巴基斯坦談判邊界，不能反過來。

但人民的好總理絕不會同意這麼做。上文已經介紹過他的一個賣國理論，那就是“沒有直接統治過的領土就不是領土”，連由中國直接統治的 1924.5 平方公里土地，他都還要送出去，何況只是屬國？於是他把一萬多平方公里的坎巨提送給了巴基斯坦。此後坎巨提仍然保持著獨立地位，直到 1974 年才被巴基斯坦吞併。

毛周此舉，完全是對民族解放運動的反動——即使中國允許坎巨提獨立，也無權把它當成禮物送給巴基斯坦，由毫不相干的巴基

---

[1] *India's China War*, p215.

[2] 《平定準噶爾方略》續編卷十二

[3] 《清史稿》列傳屬國四

斯坦代它簽訂邊界條約。中共這麼做，實際上是可恥地參與了大國吞併小國的強權外交，可謂損人害己。

（三）阿富汗

現今的中阿邊界位於瓦罕走廊東端，全長僅 92.45 公里。瓦罕走廊為帕米爾高原南部的一個山谷，是帕米爾高原的“八帕”之一。帕米爾高原古稱蔥嶺，在清朝全盛時期，全境都為中國管轄。

1884 年，中俄簽訂《續勘喀什噶爾界約》，規定自烏孜別里山口起，俄國界線轉向西南，中國界線一直往南。1890 年，中俄勘定界線至烏孜別里山口後，俄國便向帕米爾地區擴張，引發了中俄英三國圍繞帕米爾進行的多年交涉。1895 年，英俄背著中國，以換文方式私自達成瓜分中國帕米爾領土的協議，確定以瓦罕走廊的北緣為兩國勢力範圍的邊界線。此後，由雙方組成的邊界委員會標定了邊界，瓦罕走廊被劃歸阿富汗。俄國在此後侵佔了絕大部分帕米爾高原，而阿富汗則成了英俄之間的緩衝國[1]。歷屆中國政府都拒絕承認這個條約。民國政府治權雖未達帕米爾地區，但一直聲稱帕米爾為中國領土。直到 2005 年，中華民國政府還在堅持聲明新疆帕米爾高原與阿富汗國界仍未劃定。[2]

1963 年 11 月 22 日，中阿兩國簽訂了邊界條約。據中國外交部檔案記載，“談判基本上是按我所提程序和方案進行的”，基本上

---

1 《20 世紀五六十年代新中國處理邊界爭端的原則與實踐》； Alexander C. Diener and Joshua Hagen: *Borderlines and Borderlands: Political Oddities at the Edge of the Nation-state*. p64. Rowman & Littlefield.

2 行政院新聞局：《中華民國年鑑》（九十三年版），民國 94 年 11 月，http://www.gio.gov.tw/info/93roc/content/01-02-02.htm

按照實際控制線劃定邊界，“對我原來設想可能牽涉到的幾個比較複雜的問題雙方都有意避開”[1]。

下圖為谷歌衛星地圖顯示的中阿邊界，由圖可見，中國放棄了長約400公里的瓦罕走廊，使它成了阿富汗伸出來的一條手臂，夾在塔吉克斯坦與巴基斯坦的坎巨提之間。

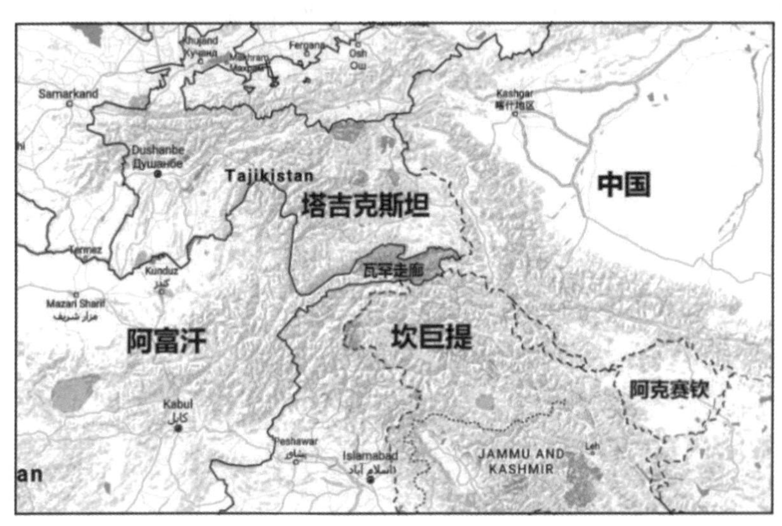

從地圖上不難看出毛周出讓瓦罕走廊的考慮：他們已把坎巨提送給了巴基斯坦，如果不向蘇聯索回中國在塔吉克斯坦的失地，那麼，瓦罕走廊就會夾在蘇聯與巴基斯坦之間，成了難以防守的“盲腸”。毛周主動放棄瓦罕走廊，說明他們根本不想向蘇聯索回瓦罕北邊的土地。這也符合周恩來“尊重邊界條約”的賣國理論。即使是英俄私分中國領土的條約，對他來說也是神聖的“法律根據”。

---

[1] 《巴基斯坦—阿富汗關係惡化及我方態度》，中國外交部檔案館藏，檔案號105－01052－08，轉引自張安：《二十世紀六十年代中阿邊界談判的歷史考察》，《中共黨史研究》，2016年第4期

後來的事實證實了以上分析。2011 年 1 月，海外媒體報道，塔吉克斯坦議會下院批准了中塔兩國政府簽署的勘界協定，在爭議地區中，中國得到 3.5%大約 1000 平方公里的領土[1]。塔吉克反對黨領袖稱，這一領土協議違憲，代表塔吉克斯坦外交上的失敗。但塔吉克外長說，這是塔吉克的一大勝利，因中國原本聲稱擁有的領土範圍多達兩萬八千平方公里。[2]

所以，看來毛周的計畫是放棄28000平方公里的帕米爾土地。後任把它減為 27000 平方公里，也算是個進步吧。

（四）朝鮮

如前所述，周恩來的第一個賣國理論，就是“劃界條約不可修改論”。1957年7月9日，他在人大會議上作《關於中緬邊界問題的報告》時，給出了這一理論的正式表述：“我國政府認為，在邊界問題上，根據正式條約而提出來的要求，應該按照一般國際慣例予以尊重。”[3] 這個理論可以縮略為“應該尊重鄰國根據正式條約提出的領土要求”。但在實踐中，它其實是：“應該無條件尊重鄰國的領土要求，即使違反已有條約也罷。”

具體來說，如果已有邊界條約能滿足鄰國領土要求，那當然要尊重，中方尊重中緬 1941 年邊界線就是範例。但若已有邊界條約不能滿足鄰國的領土要求，那就應該按照對方的要求修改之，以確保

---

[1] 江濤、陳莎：《中塔與中印邊界問題比較分析》，《國際關係學院學報》，2011 年 01 期

[2] 《塔吉克斯坦退還中國一千平方公里》，BBC 中文網，http://www.bbc.com/zhongwen/simp/world/2011/01/110113_china_tajikistan.shtml?print=1；白德華：《塔吉克還地一千平方公里》，《中國時報》，http://www.chinatimes.com/cn/newspapers/20110114000859260115

[3] 《周恩來外交文選》，233 頁

對方滿意。所以，周氏理論其實是“只有滿足對方領土要求的劃界條約才不可修改”。中朝劃界就是這一理論的光輝運用。

現今的中朝邊界是所謂“兩江一山”，即以鴨綠江、圖們江和長白山為界。兩條江都發源於長白山麓，鴨綠江向西南、圖們江向東北流入大海。明朝以前，朝鮮的大部分疆界離鴨綠江還相當遠，以後逐漸向北擴張。朝鮮的李朝建立後，疆域擴展到了鴨綠江和圖們江邊。1712 年，康熙派穆克登巡邊，在滿族聖山長白山天池以南十多里處立碑紀事。自 1762 年（乾隆二十七年）始，清朝將其“龍興之地”滿洲劃為禁地，嚴禁移民進入，使東北尤其是中朝邊境地區成了人煙稀少的地區。

1860 年代以後，沙俄開始侵佔東北地區。清廷被迫開放邊禁，實行移民實邊。在關內百姓“闖關東”同時，大批朝鮮平民也渡過圖們江到中國東北墾荒，形成了延邊地區的朝鮮人聚居地。自 1880 年始，中朝雙方曾就遣返這些移民作過交涉，但沒有結果。1885 年與 1887 年，中朝雙方兩次會勘邊界，雙方均認同圖們江為兩國邊界，但未能就圖們江的正源達成共識，朝方認為是紅土水；中方則認為是南面的石乙水。

朝鮮淪為日本“保護國”後，日本加劇了對中國東北的侵略，聲稱“間島”（延邊地區）為大韓帝國領土，在當地設置了“日本統監府間島派出所”，派出軍警不斷滋事。吳祿貞將軍先後擔任吉林省邊務公署幫辦與督辦，與之進行了針鋒相對的鬥爭。他對長白山與延邊地區進行了全面周密的勘察，繪製了《延吉邊務專圖》，寫出了翔實的《延吉邊務報告》，此後他又為外務部起草了長文節略，徹底駁倒了日本駐華大使發來的長文節略。與此同時，清廷加緊建立和充實對延吉地區的行政管理。

在領土聲稱被駁倒後，日方向清廷提出解決六個懸案，企圖以所謂“間島問題”為交換籌碼，換取中國在修建鐵路、礦山等問題上的讓步。東三省總督徐世昌看穿了日本人的動機，向朝廷建議，應以保住延邊地區為談判底線，在其他利權上稍作讓步，以免僵持不下。清廷採取了這一策略。中日雙方於 1909 年 9 月 4 日，簽訂了《圖們江中韓界務條款》（即日人所謂“間島協約”），條約第一款規定：“中日兩國彼此聲明，以圖們江為中韓兩國國界，其江源地方自定界碑至石乙水為界。”第七款規定：“日本統監府派出所及文武人員，亦即從速撤退，限於兩月退清。”[1]

這是晚清取得的又一重大外交成就。義和團暴亂發生後，沙俄派兵佔據了整個東三省，在亂事平定後還賴著不走，企圖鯨吞全東北。日本人因此發動日俄戰爭，將沙俄軍隊驅逐出南滿。在此之後，不向日本人出讓點南滿的利權基本沒有可能。何況日人已作出最後通牒式威脅：“根據條約上的權利，決定不待貴國的協力，自行改築安奉鐵路”，甚至揚言：“間島問題三年未決，各執一是，若因此而有戰事，亦屬無法。”[2] 邊界問題長期懸而不決，就有可能為日人製造事端、武力吞併延邊地區提供藉口。真要被日人恃強侵佔了，中國還不是只有乾瞪眼。在此情勢下，當然只能力爭保住國土。條約規定的邊界按中方主張線劃定，吳祿貞將軍功在民族。

綜上所述，中朝邊界東段業已為國際條約劃定，而西段就是鴨綠江，不應該有什麼問題。在日本統治下，中朝邊境也確實平安無事。中共當政後也以為中朝邊界沒有什麼爭議。可惜金日成不是這麼想的。中共國務院邊界委員會 1959 年的工作總結指出：“朝鮮在

---

1 以上據楊昭全、孫玉梅：《中朝邊界史》，133-139,232-241,264-265,342,460-461,476-478,493-510,519 頁，吉林文史出版社，1993 年 11 月；刁書仁：《中朝邊界沿革史研究》，《中國邊疆史地研究》，2001 年第 4 期；《清宣統朝外交史料》卷一，第 37 頁

2 《日本外交年表及主要文書》上，第 317—318 頁。《清宣朝外交史料》卷五，第 13—14 頁。

長白山國界爭議地區修建公路、房屋，並在鴨綠江上源修築橫江水壩，有逐步北進的趨勢。”[1] 所以，無論是否共黨國家，大家都在實行推進政策，盡可能擴大版圖，只有中國是全線後退。

朝鮮人這麼幹，有可能是因為受到了毛澤東的鼓勵。1958 年 11 月 25 日，毛澤東對來訪的金日成說：“我們肯定朝鮮黨的路線是正確的。因此有三個尊重：尊重朝鮮的民族，尊重朝鮮的黨，尊重朝鮮的領導人。”“歷史上中國對朝鮮是不好的，我們的祖宗欠你們祖宗的債。……你們的祖宗說，你們的領土是以遼河為界，現在你看，把你們擠到鴨綠江邊去了。”[2]

聽偉大領袖的意思，中國應該退到遼河以西，才對得起北韓階級弟兄。如果這是他的願望，那也無可厚非，反正中國是他的私產，愛怎麼給人都行。可他竟然不惜歪曲歷史，絕口不提早在漢武帝時，衛滿朝鮮就是朝廷直接統治的四郡的事實，把全體國人的祖宗誣蔑為侵略者，這就未免太過分了。

或許就是在這鼓勵下，朝鮮人提出了更多的領土要求。1962 年 2 月，朝鮮外務相向中國駐朝大使提出通過內部協商解決中朝邊界問題。4 月間，雙方舉行外交部副部長級會談。10 月 11 日，周恩來、陳毅祕密訪問朝鮮，與金日成進行了會談。次日，《中朝邊界條約》在平壤簽字。[3]

---

[1] 國務院邊界委員會 1959 年工作總結和 1960 年規劃，1960 年 3 月 14 日，轉引自沈志華、董潔：《中朝邊界爭議的解決（1950-64 年）》，《二十一世紀雙月刊》，2011 年 4 月號

[2] 毛澤東會見朝鮮政府代表團談話記錄，1958 年 11 月 25 日，轉引自《中朝邊界爭議的解決（1950-64 年）》

[3] 《周恩來年譜》（中冊），502 頁；劉樹發主編：《陳毅年譜》，938 頁，人民出版社，1995 年

中朝邊界談判完全是祕密外交，黑箱操作，至今雙方對談判過程與邊界條約諱莫如深。研究者能找到的，只有網上《維基文庫》所存的條約文本。據沈志華教授考證，它來源於韓國記者在中國發現的中國吉林省革命委員會外事辦公室於 1974 年 6 月編印的《中朝、中蘇、中蒙有關條約、協定、議定書彙編》。筆者根據用語（如將“長白山”寫成“白頭山”）推測，文本可能先為韓國記者譯為韓文，再由好事者從韓文譯回中文。

該條約第一條規定：

一、白頭山天池的邊界線，自白頭山上圍繞天池一周的山脊的西南段上的2520高地和2664高地間的鞍部的大體上的中心點起，向東北以直線穿過天池到對岸山脊上的2628高地和2680高地間的鞍部的大體上的中心點止，其西北部分屬於中國，東南部分屬於朝鮮。

二、天池以南的邊界線，自上述山脊上的2520高地和2664高地間的鞍部的大體上的中心點起，沿該山脊大體東南行到該山脊最南端的一點，然後離開山脊以直線向東南經 2469 高地到 2071 高地以東的鴨綠江上游與該高地最近的一小支流上的一點，從此界線即順該小支流的水流中心線而下，到該小支流流入鴨綠江處。

三、從上述 2071 高地以東的鴨綠江上游與該高地最近的一小支流流入鴨綠江處起到鴨綠江口止，以鴨綠江為界。鴨綠江口處，從朝鮮的小多獅島最南端起經薪島北端到中國大東溝以南的突出部最南端止所連成的直線，作為鴨綠江和黃海的分界線。

四、天池以東的邊界線，自上述山脊上的2628高地和2680高地間的鞍部的大體上的中心點起，向東以直線到 2114 高地，再以直線到 1992 高地，再以直線經 1956 高地到 1562 高地，再以直線到 1332 高地，再以直線到圖們江上游支流紅土水和北面一支流的匯合處（1283 高地以北），從此界線即順紅土水的水流中心線而下到紅土水和弱流河匯合處。

五、從紅土水和弱流河匯合處起到中朝邊界東端終點止，以圖們江為界。[1]

證之以訂約前後的地圖，可見這條文是可靠的（見下圖）。這條邊界線最動人之處，是它劃分領土之粗暴——竟然以天池為出發點，向東向南各畫一條直線，什麼實際地形、傳統邊界都不顧了，只要能把一大半天池割讓給朝鮮就行，如同英法殖民者按經緯線劃分非洲殖民地那樣漫不經心。殖民者這麼幹還情有可原——非洲歷史上本無國家，自然也沒有傳統國界，而毛周劃自家的國境竟然也這麼粗暴，視國家民族如無物，則是對全民的放肆侮辱。

據統計，原在中國內陸的 98 平方公里的天池，54.5%劃歸朝鮮。與 1909 年的條約相比，中共在圖們江江源地區出讓了大約 1200 平方公里土地。[2]

---

[1] 《中華人民共和國和朝鮮民主主義人民共和國邊界條約》，維基文庫，https://zh.wikisource.org/wiki/中華人民共和國和朝鮮民主主義人民共和國邊界條約。下同。

[2] 《中朝邊界爭議的解決（1950-64 年）》

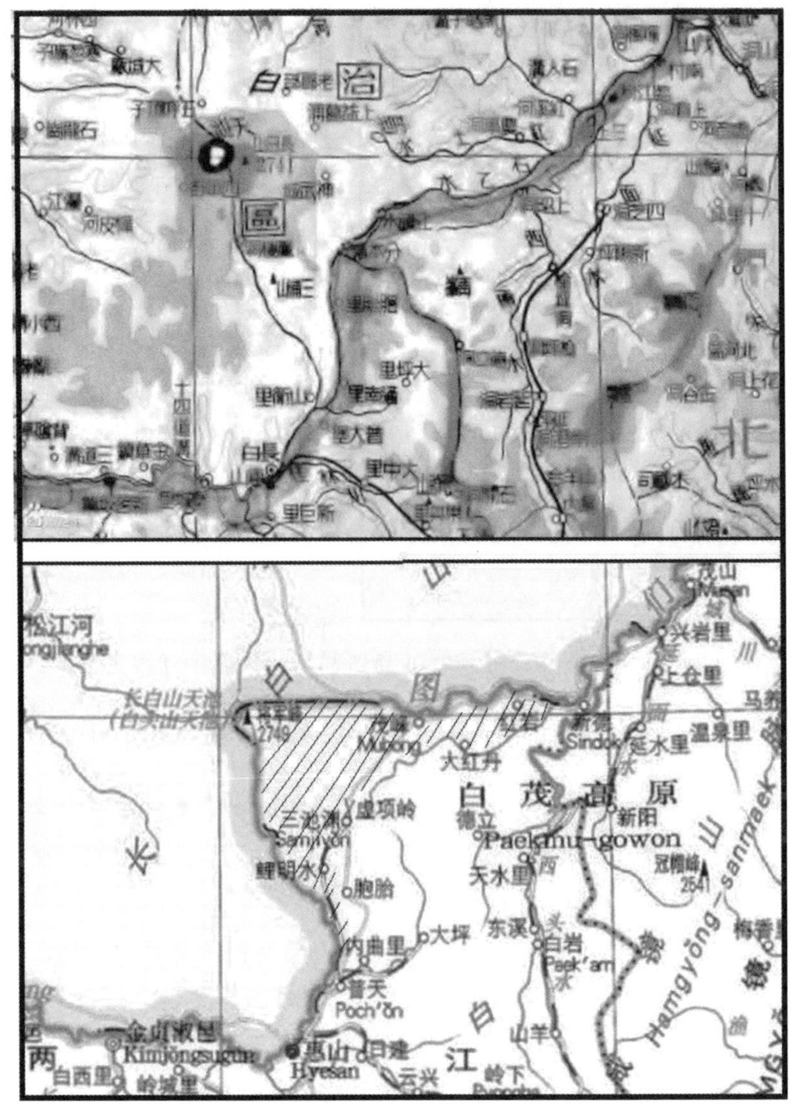

1953 年的中朝邊界（上）與現在的中朝邊界（下）地圖比較。下圖斜線覆蓋區域為割讓領土。

這還不是中國喪失的全部領土。據網人揭發，中朝邊界條約違反了國際慣例，邊界線並不沿著鴨綠江主航道中心線劃，中方因此

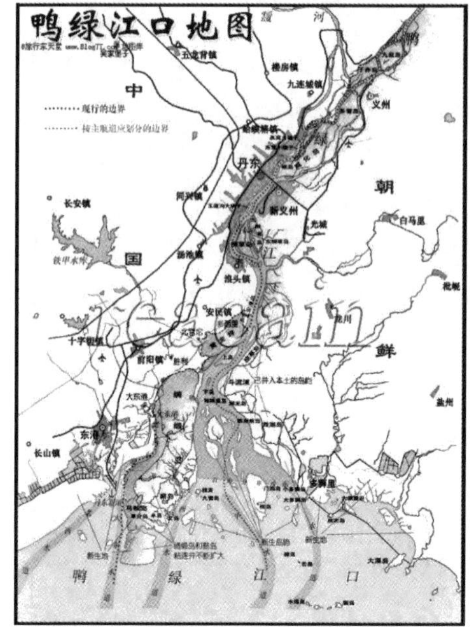

喪失了鴨綠江中的赤島，使得該段鴨綠江成為朝鮮的內河，喪失了江中的黃金坪島、黃金下島、綢緞島以及薪島，使得中國永久失去了鴨綠江的出海口，不得不建設丹東新港代替，同時還失去了獲得河口段因河沙沖積而形成的大片新生土地和島嶼的機會，從而失去了大片海洋領土。

的確如此，條約第二條規定：

締約雙方同意，界河中的島嶼和沙洲按照下列規定劃分：

一、在本條約簽訂前，已由一方公民定居或耕種的島嶼和沙洲，即成為該方的領土，不再改變；

二、本條第一款所述以外的島嶼和沙洲，靠近中方一岸的屬於中國，靠近朝方一岸的屬於朝鮮，位於兩岸正中的由雙方協商確定其歸屬；

三、位於一方河岸和其所屬的島嶼之間的島嶼和沙洲，雖然靠近另一方的河岸或在兩岸正中，仍然歸該方所有；

四、在本條約簽訂後，界河中新出現的島嶼和沙洲，根據本條第二款和第三款的規定確定其歸屬。

第一條說的是，江中的島嶼如同無主地帶，誰佔了就是誰的，這在世界邊界條約史上堪稱獨創。1909 年中日簽訂《間島協約》後兩個月內，日本統監府派出所及文武人員就全部撤回；90 年代中俄簽約後，俄方也放棄了原來佔據的中方一側的江中島嶼。朝鮮人比這兩個國家的人還厲害。怪不得他們要在50年代“逐步北進”。

第三條則解釋了為何鴨綠江在某些地段會變成朝鮮的內河：朝方只要佔了靠中方河岸的一個小島，則其後的所有島嶼，哪怕靠近中方河岸或是在兩岸正中，都是朝方的。這就等於霸佔了整段江面。

最奇特的還是，中國慷慨割讓了領土，毛周還要向朝鮮人謝罪道歉。1963年6月28日，周恩來接見朝鮮科學院代表團時說：出土文物證明朝鮮民族很長時間以來就在遼河、松花江流域居住，鏡泊湖附近還有渤海國的古跡……中國古代王朝侵略了朝鮮，“我們要替祖宗向你們道歉，把你們的地方擠得太小了。”“不能歪曲歷史，說圖們江、鴨綠江以西歷來就是中國的地方，甚至說從古以來，朝鮮就是中國的藩屬，這就荒謬了。中國這個大國沙文主義，在封建時代是相當嚴重的。……自稱為天朝、上邦，這就是不平等的。都是歷史學家筆底的錯誤。我們要把它更正過來。”[1]

1964年10月7日，毛澤東會見朝鮮黨政代表團時說：“至於你們的土地，不是我佔的，是隋煬帝、唐太宗、武則天。你們的邊界是在遼河以東，是封建主義把朝鮮人趕到鴨綠江邊。”朝鮮最高人民會議常任委員會副委員長朴金哲回答說：“我們不想要遼河以東了。對現在的邊界，我們很滿意。”毛澤東說：“所以我們要把整個東北作為你們的後方。這就超過了遼河流域。”朝鮮最高人民會議常任委員會委員長崔庸健說：“我們對邊界很滿意。”朴金哲說：“我們兩國的邊界1962年已經解決了。周恩來總理很清楚，白頭山、天池問題都合理地解決了。首相同志很滿意。利用東北做後方和邊界是兩件事。”毛澤東說：“不只東北，整個中國到處都可

[1] 轉引自《中朝邊界爭議的解決（1950-64年）》，下同。

以利用。如果敵人打北京、上海、南京，這種局面對你們比較好。那時，就不是抗美援朝，而是抗美援華了。”

毛周妙計安天下，賠了國土還賠罪。什麼叫“喪權辱國”？這就是。

（五）越南

近年民間紛傳的中越領土爭議，除了南海諸島外，主要是夜鶯島。該島坐落於北部灣的中心位置（北緯 20°1′，東經 107°42′），又稱浮水州島；越方稱白龍尾島。

為求客觀公允，將中越雙方的說辭分別列舉於下。

◇ 中方說辭。中國官方從未就該島歸屬表過態，遑論披露與越方的祕密交易。下文所述只是近年民間出版物上出現的聲稱。

這些出版物認為，夜鶯島是中國領土。歷史上，廣東、海南的漁民，長期把夜鶯島作為鮑魚生產基地，一百多年前就有中國人在島上定居。“1955 年解放時，（島上）有居民 64 戶，249 人（男 127 人，女 122 人）。居民全部是中國漢族人，講澹州（海南澹縣）話。島上有廟宇一座，奉祀天妃娘娘和伏波將軍（馬援）。”島上有兩個村莊，大村名“浮水洲村”，小村名“公司村”。1955 年，夜鶯島在行政上隸屬廣東省海南行政區儋縣，設立區級行政單位——儋縣人民政府浮水洲辦事處。[1]

至於該島怎麼落到越南人手裡，有兩種不同說法。一種是“借島說”。1957 年越戰前夕，“為了支援越南的抗美戰爭，周恩來和越南總理範文同簽署協議，將我國北部灣裡的白龍尾島，出借給越

[1] 李德潮：《白龍尾正名》，《海洋世界》. 1996 年第 9 期。

南政府，讓其在上面修建雷達基地，作為預警轟炸河內的美國飛機，同時作為中國援越物資的轉運站。”[1]

“越共中央委員會主席胡志明來到中國，通過周總理向毛請求，讓我們把位於北部灣海域的夜鶯島，‘借’給越南‘用’一下，建一個前沿雷達站，用以監視美帝飛機的行蹤。那時的中國，有點像慷慨漢子，幾乎沒費什麼周折，胡志明的請求就得到了應允。”[2]

另一種是“移交說”。中國人民解放軍國防大學科研部 1992 年出版的《我國與鄰國邊界和海洋權益爭議問題資料選編》記載：“北部灣劃界涉及一個重要因素，即在海域中央的一個島嶼，原屬於我國，稱為浮水洲或夜鶯島，1957 年我移交給越南，越改稱為白龍尾島。”

馬白山將軍是原海南軍分區副司令，當時作為中方代表，前往夜鶯島與越南代表履行了“移交”手續。馬白山說：

> “1957 年 3 月，上級指派我為代表，把浮水洲島移交給越南，越南來的代表，也是一個軍分區的副司令。當時有文件，說委任馬白山作為移交浮水洲島的全權代表，同去的還有當時的海南區黨委的一位副書記。……移交時，部隊撤，老百姓不動。有的老百姓不高興，說我們是中國人，為什麼要變成越南人？其他設施，如商店等都移交。移交前，我去過這個島，島上漁民主要是捕撈近海的鮑魚。他們捕來的魚，賣給大陸，也販運到越南去賣。……移交儀式在島上舉行，文件都準備好，履行簽字手續就成。移交的一切準備工作都是上面安排的，移交儀式：開茶會，桌上擺水果、點心，都是越方帶來的，晚上還設宴請客，越南還派了一個文工團演出。文工團員不少是在

---

[1] 伊始、姚中才、陳貞國等著：《南海！南海！》，廣東人民出版社

[2] 曹保健：《叩醒中國海》，河北人民出版社。

越的華僑。……移交給越南，主要是當時兩國關係好，我們與胡志明是‘同志加兄弟’的友誼，反正是兄弟嘛，該島又稍近越南一點，就通過一個儀式移交給它。”如今，馬白山對當時執行的這個決定感到很痛心，在接受採訪時“不止一次沉重地說，看來我是做錯了一件事。”[1]

還有作者指出，越南以“白龍尾島”是越南領土為由，“對北部灣大面積海域和大陸架，提出主權要求，抓扣我漁民，破壞我數十萬漁民的生計。”[2]

◇ 越方說辭。以下介紹摘引自越南文《維基百科》[3]：

白龍尾島，面積 3.045 平方公里，人口 902 人，是海防市的一個區。該島位於東京灣中央，是東京灣最好的近海島嶼，周圍海域是海灣內 8 個漁場之一。對越南經濟發展、國防以及對東京灣的劃界都具有重要意義。在英國和某些法國地圖上，它又稱為夜鶯島。

直到 20 世紀早期，因為缺乏淡水，島上一直無人居住，只有漁民躲避風暴時在島上棲身。1887 年，法國與清廷簽訂了劃分中越邊界的中法條約。白龍尾島因為位於巴黎以東 105° 43′ 的經線之西，被劃歸安南。在 1920 年代，因為在島的南部發現了淡水，安南北部與海南的人開始到島上定居。1937 年，安南保大皇帝派出 12 人到島上建立哨所。在法國殖民時代，它位於法國人海上巡邏路線上。

二次世界大戰中，日本人推翻了法國人在印度支那的統治，駐扎在島上的保大皇帝的士兵被繳械。1946 年，法國人重

[1] 馬大正：《海角尋古今》，新疆人民出版社

[2] 李德潮：《白龍尾正名》，《海洋世界》.1996 年第 9 期。

[3] *Bach Long Vi*（文章先用電腦譯為英文，再由筆者譯為中文），https://vi.wikipedia.org/wiki/B%E1%BA%A1ch_Long_V%C4%A9

返印度支那，恢復了在島上的統治。1949 年，中國國民黨逃往台灣，佔據了白龍尾島。1955 年 7 月，（中國）人民解放軍進攻駐扎在該島上的國民黨，控制了該島。1957 年 1 月 16 日，越南民主共和國從中華人民共和國得到了該島。同日，越南民主共和國總理發佈命令，規定白龍尾島處於海防市人民委員會管轄之下。1965 年晚期，因為美國空軍加劇對北越的轟炸，島上全體居民被疏散到大陸。從那時起直到 1992 年，島上只有警備 132 營駐守（後為 952 團）。

1992 年 12 月 9 日，越南政府發佈命令，建立了海防市白龍尾區。1993 年 2 月 26 日，海防市組織了 62 名青年志願者以及一些漁戶到島上定居。1994 年 7 月，越南總理簽署決議，批准將該島建成經濟增長與國防的區級行政單位的可行性研究。越共政治局決議將該島建成北部濱海省份漁業加工與物流服務中心。

◇ 雙方說辭考辨。越方指出，該島的歸屬已為 1887 年的中法條約確定，而中方未提此事。查中法條約（中文稱《中法續議界務專條》）之網上英文版，其中確如越南人所說，有如下規定：

> “巴黎以東 105° 43' 經線（亦即穿過查古社島東端的從北到南的直線）以東的島嶼屬於中國，而九頭山和其他位於該經線之西的島嶼屬於安南。”[1]

按巴黎位於東經 2° 20'，則條約所說經線為東經 108° 3'，白龍尾島經度為東經 107°42′，位於此經線以西，應屬越南。因此，所謂“借島說”不成立，白龍尾島是中共移交給越南政府的，但不屬於

[1] *Convention Concerning the Delimitation of the Border between China and Tonkin,* http://www.chinaforeignrelations.net/node/167

割讓。充其量只能說，這事類似共軍代緬軍“解放”果敢與佤邦，也是“寧贈友邦，不給家奴”。

四、撒向人間都是幣

除了效法傳統帝王“裂土封疆”，向周邊國家慷慨贈送土地外，毛澤東還向“諸侯”大量賞賜金帛，以此打破自己親手造成的國際孤立，實現“領袖夢”。由於中共至今尚未完全開放有關檔案，毛澤東究竟向海外揮霍了多少民脂民膏，還是一個尚未完全解開的謎。

例如有的研究者指出，1976 年以前，中國共向 110 多個國家和地區提供過經濟援助，這些國家和地區主要分佈在非洲，援助內容有現匯、物資、技術、工程和勞動力等。從 1950 年至 1964 年的 14 年間，中國對外援助資金達 108 億元人民幣。[1]

這兒給出的只是 1950 年至 1964 年 14 年間援助總金額，沒有 1965-1976 年間的數據。即使是這不完全的數據，都還很可能低估了。據前駐阿爾巴尼亞大使耿飈披露，光是對阿爾巴尼亞一國，中國在 1976 年前給的援助就將近 90 億元人民幣（詳後），而據西方學者研究，自 1956 到 1976 年，僅對非洲國家，中國就提供了約 217.36 億美元的援助[2]。由此可見，1976 年前的外援總金額肯定是個天文數

---

1 李雲龍，趙長峰：《從“無償”到“互利”：中國對外援助的轉型》，《開封大學學報》，第 28 卷第 4 期，2014 年 12 月；《中國對外援助 60 年變遷史》《黨政論壇·幹部文摘》2014 年 1 月

2 Wolfgang Bartke: *The Economic Aid of the PR China to Developing and Socialist Countries*, K G Saur, 1989, pp8-9.

字。以下僅就筆者非常有限的閱讀所及，對國內研究成果作一點極不完全的簡單介紹。

（一）亞洲

1）越南

越共的江山是中共幫著打下來的。據不完全統計，在抗法戰爭期間，中國共援助越南人民軍槍支 15.5 萬餘支（挺）、槍彈 5785 萬發、火炮 3692 門、炮彈 108 萬多發、手榴彈 84 萬多枚、汽車 1231 輛、軍服 140 萬多套、糧食和副食品 1.4 萬多噸、油料 2.6 萬餘噸、以及大量的醫藥和其他軍用物資[1]。1950-1954 年期間，中國為越南無償提供了 1.76 億人民幣的物資援助[2]。

1950年8月，中國先後派出以韋國清、陳賡為首的軍事顧問團。“軍事顧問團入越以後，先後協助越軍組織了邊界戰役、洪河戰役、18 號公路戰役、寧平戰役、西北戰役、上寮戰役、冬春戰役、奠邊府戰役，並取得了邊界戰役、西北戰役、奠邊府戰役的勝利。軍事顧問團在越南的軍事戰略指導對抗法戰爭的勝利起了很大作用”[3]。為保證戰役勝利，中共中央軍委還特意指示顧問團：“為了全殲守敵，取得戰役的全部勝利，應很好組織發揮炮火，不要吝惜炮彈的消耗，我們將供給、運送足夠的炮彈。”[4]

---

[1] 中國軍事顧問團歷史編寫組：《中國軍事顧問團援越抗法鬥爭史實》，解放軍出版社，1989 年 10 月版，第 136 頁

[2] 石林主編：《當代中國的對外經濟合作》，中國社會科學出版社，1989 年版，第 26 頁

[3] 中國軍事顧問團歷史編寫組：《中國軍事顧問團援越抗法鬥爭史實》，解放軍出版社，1989 年 10 月版，第 136 頁，第 43～50 頁

[4]《当代中国军队的军事工作》（上），中国社会科学出版社，1989 年 6 月版，第 533～544 页。

戰後中共又對越南提供了大量援助。據不完全統計，1955-1958年，中國對越南經濟援助達到 11 億元人民幣[1]。1962-1964 年 3 年間共提供槍 9 萬餘支（挺），火炮 466 門，槍彈 2103 萬發，炮彈 7.64 萬發[2]。除了大量的物資和巨額的現匯外，還增加了日常消費品，如中成藥、香煙、粉條、葡萄乾和酒等，這些日常消費品對當時的中國百姓來說也是少見的。[3]

幫越共打下半壁江山後，中共又幫助他們“解放”南方。1964～1978 年期間，中國向越南提供了總價值 40 億元人民幣的武器裝備物資，主要包括槍支 177 萬餘支、火炮 3 萬餘門、坦克、裝甲車 810 輛、飛機 165 架、艇船 117 艘、汽車 1.5 萬餘輛、地空導彈系統 3 套、導彈 180 枚、雷達 260 部、無線電機 3.2 萬部、有線電機 4.9 萬部、工程機械 4834 部、舟橋 15 套、各種槍彈 10.4 億發、炮彈 1660 萬發、地雷 19 萬個、炸藥 1.5 萬噸、還有防化、觀測、偵察器材等裝備和大量軍需物資[4]。

在這段時期內，中國生產的大型武器裝備，大部分供應了越南，中國軍隊需要的坦克和一部分大口徑火炮很少得到補充，儲備數量也很少。例如中國共向越南提供 122 毫米榴彈炮 280 門、57 毫米高射炮 960 門、各型迫擊炮 20237 門；而 1961～1972 年的 11 年間，中國軍隊以上幾種裝備僅分別增加了約 200 門、2000 餘門和 1.7 萬

---

[1] 轉引自李丹慧：《雲南與援越抗美》，中央文獻出版社，2004 年 8 月版，第 1 頁。

[2] 李可、郝生章：《文化大革命中的人民解放軍》，中共黨史資料出版社，1989 年 12 月版，第 409 頁，

[3] 《從“無償”到“互利”: 中國對外援助的轉型》。

[4] 韓懷智主編：《當代中國軍隊的軍事工作》（下），中國社會科學院出版社，1989 年 6 月版，第 581 頁。

鬥；1968年之前，中國生產63式電臺3000餘部，其中絕大多數支援越南南方，自己僅留下一少部分使用[1]。

中共還派出部隊支援越南的抗美鬥爭。1965 年 6 月，中國開始派出第一支部隊。截至 1968 年，中國共派出防空作戰部隊、鐵道部隊、國防工程施工部隊、築路部隊等共23個支隊32萬餘人。最高年份達到17萬餘人[2]。中國部隊在越南的主要任務是修建橋樑公路、鐵路、掩護部隊的施工任務以及運輸軍事物資和生活物資[3]。到底有多少人倒在美國飛機的轟炸掃射中，官方至今祕而不宣。

中共還下令雲南、廣西、廣東等鄰近省區支援越南，解決其經濟困難。幾個省區投入的援助專用款項達到2000餘萬元[4]。

從援越抗法並支持其戰後重建到援越抗美幫助其實現統一，中國提供給越南的各種援助總額高達 203.6845 億元人民幣，而且在援助總額中除約 14 億元是無息貸款外，其餘均為無償援助。在經濟技術援助方面，一般物資援助金額為 100.6742 億元，成套項目援助為36.2619 億元，建成項目 339 項，現匯援助 17.0805 億元[5]。越南成為了中國援助時間最長、規模最大的受援國。

2) 朝鮮

---

[1] 李可、郝生章：《文化大革命中的人民解放軍》，中共黨史資料出版社，1989年12月版，第411頁

[2] 韓懷智主編：《當代中國軍隊的軍事工作》（下），中國社會科學院出版社，1989年6月版，第514頁。

[3] 王泰平：《中華人民共和國外交史》第二卷，世界知識出版社，1998年版，第35頁。

[4] 轉引自李丹慧：《雲南與援越抗美》，中央文獻出版社，2004年8月版，第4頁

[5] 王泰平主編:《中華人民共和國外交史》第三卷，世界知識出版社，1999年版，第51頁。

中共對朝鮮的援助也是無所不包的。根據沈志華教授等人的研究，1950 年 6 月至 1953 年底，中國向朝鮮提供了 72900 億元（合 14．5 億盧布）無償援助；1954 年至 1957 年期間，提供 80000 億元（合 16 億盧布）的無償援助，其中 1954 年提供 30000 億元（合 6 億盧布），這些款項將用於供應工業原料、建築材路和橋樑。在朝鮮重建時期的最初幾年，中國作出的援助承諾，在總金額上超過了蘇聯與東歐國家的總和。

中國還負責收養戰禍造成的孤兒。1954 年至 1956 年期間，中國自費收養 22735 名朝鮮難民兒童，並贍養負責教育這些兒童的 7186 名朝鮮公民及其家庭成員。

對朝鮮的技術人力援助也本著“厚往而薄來”原則。對於赴朝工作的中國專家，朝鮮政府只需支付他們在中國所領取的同等工資（含出差和補助費）、醫療費、住宿費和交通費，不承擔其他任何費用。反過來，來華實習的朝鮮員工，可以享受與中國同等技術人員或技工相同的待遇，包括公費醫療，只需支付住宿費。朝鮮政府僅承擔實習人員來往的旅差費，不需要交進修費。對於朝鮮留學生，中國只向朝鮮政府收取發給學生的助學金和國內旅費。

志願軍幫著朝鮮人打完仗後，立即就投入了戰後重建的巨大工程之中。在停戰後 3 個月內，志願軍鐵道兵便修復、修整和新建橋樑 308 座，全長 1．5 萬米，並修復車站 37 處，協助朝鮮鐵路員工全部恢復了朝鮮北部原有鐵路線。此外，在城市重建，修築水壩、河堤、水渠，植樹造林，春播秋種，修建民宅，修復校舍等各個方面，志願軍都投入了巨大人力支援。

僅 1957 年上半年，志願軍投入朝鮮經濟建設的人力就達 43 萬個勞動工日。到 1958 年全部撤軍前，志願軍共幫助朝鮮修建公共場所 881 座，民房 45412 間，修復和新建橋樑 4263 座，修建堤壩 4096 條，全長 429220 米，修建水渠 2295 條，長達 1218．71 公里，進行田間勞動8．5億坪，送糞1314．6萬擔，植樹3608．65萬棵，運送糧食物資63853噸。

此外，志願軍官兵節衣縮食，以糧食2126．05萬斤，衣物58．9萬件，幫助部分駐地人民渡過災荒，還為朝鮮人治病 188．39 萬人次。

根據韓國統計資料，從戰後到 70 年代，社會主義國家對朝鮮的經濟援助總計 20．43 億美元，1950 年至 1960 年提供的就有 16．53 億美元，其中無償援助 16．38 億美元（含 3．4 億免於償還的貸款等）。在此期援助的金額中，蘇聯佔 43．14%，中國佔 30．75%。[1]

關於 1961 年之後中國對於朝鮮的援助，筆者尚未看到類似援越的統計資料，只看到一份材料說，1965 年 12 月，中國決定無償地向朝鮮提供 50 萬噸小麥、30 萬噸石油和 300 萬美元的自由外匯[2]。此外，為援建朝鮮平壤地鐵，中國共提供了 3.6 萬噸設備材料，並先後派出了 200 餘名工程技術人員[3]。

3）其他國家

蒙古：根據 1955 年 4 月和 1960 年 9 月簽訂的兩個《關於中華人民共和國派遣工人援助蒙古人民共和國生產建設的協定》，至 1964 年，中國共向蒙古派出各個工種的員工 1.8 萬多人，平均每年保持在 7000 人左右，最多的年份曾達 1.2 萬人，幫助蒙古人民從事生產建

---

1 以上據沈志華、董潔：《朝鮮戰後重建與中國的經濟援助（1954—1960）》，《中共黨史研究》，2011 年第 3 期

2 《李周淵與李強談話記錄》，1965 年 12 月 14 日，中國外交部檔案館，106-01230-01，轉引自董潔：《中蘇分裂後中國對朝鮮的經濟援助（1961-1965）》，《外交評論》2014 年第 4 期

3 《當代中國的對外經濟合作》，第 198 頁。

設，傳授生產技術[1]。1956年至1960年，中蒙還簽訂了3個經濟技術援助協定，中國先後向蒙古提供了一筆金額為1.6億盧布的無償援款和兩筆共計3億盧布的長期貸款，用以幫助蒙古建設成套生產項目和公共設施[2]。

老撾：1959年至1975年，中國向老撾提供的經濟援助總額達到人民幣8.9567億元，除外匯貸款5000萬元外，其餘均為無償援助[3]。

柬埔寨：1956年至1969年，中國向柬埔寨提供了2億多元人民幣的經濟援助[4]。至於中共向紅色高棉提供了多少援助，筆者尚未查到資料。

巴基斯坦：至1970年，中國共向巴提供了3億多美元的無息貸款，並承擔了喀喇昆侖公路、重型機械廠、鑄鍛件廠等大型項目的援建任務[5]。為幫助巴基斯坦修建喀喇昆侖公路，中國先後派出工程技術及施工人員2.2萬多人次，提供各種車輛900多部，各種機械設備2000多臺，各種工程材料4萬多噸[6]。

尼泊爾：1963年6月，中國提供350萬英鎊用以修建從加德滿都至科達里的公路，於1967年5月完工。l967年5月，中國又開工援建從加德滿都至博卡拉的公路，工程耗資約4500萬美元，於1973年12月竣工[7]。

---

1 《中華人民共和國外交史》第二卷，第31頁。

2 中華人民共和國外交部編:《中華人民共和國條約集》第5集，法律出版社1958年版；《中華人民共和國外交史》第二卷，第31頁。

3 《中華人民共和國外交史》第三卷，第83頁。

4 《中華人民共和國外交史》第二卷，第53頁。

5 林良光、葉正佳、韓華:《當代中國與南亞國家關係》，社會科學文獻出版社2001年版，第146頁。

6 《當代中國的對外經濟合作》，第193頁。

7 林良光、葉正佳、韓華:《當代中國與南亞國家關係》，社會科學文獻出版社2001年版，第280，286頁。

錫蘭：中國不僅一直通過開展米膠貿易實現彼此間的相互援助，還幫助其建設了若干國內急需的工業項目。如中國於 1964 年 11 月決定幫助錫蘭修建普戈達紡織廠，並無償為紡織廠提供價值 1556 萬盧比的機器、設備和建築材料，並派技術人員進行指導[1]。

（二）歐洲

1）阿爾巴尼亞

據前駐地拉那分社兼駐斯科普里分社首席記者王洪起介紹，自 1954 年至 1978 年，中國向阿共提供援款 75 筆，協議金額為 100 多億人民幣（其中一般物資佔 28%強，軍事物資佔 43%強，成套項目佔 25%強，現匯佔 2%強），阿成為我對外援助受援國人均數額最多的國家。中國援阿成套項目共計 142 個，其中已經建成的 91 個，基本建成和正在建設的 23 個，已經考察和進行設計的 17 個。中國為阿爾巴尼亞興建了鋼鐵、化肥、制堿、制酸、玻璃、銅加工、造紙、塑膠、軍工等新的工業部門，增建了電力、煤炭、石油、機械、輕工、紡織、建材、通訊和廣播等部門的項目，大大提高了阿的工業化水平。[2]

2）匈牙利

1956 年 10 月匈牙利事件發生後，中國及時提供了 3000 萬盧布的無償物資援助，並在 1957 年決定向匈提供 1 億盧布的現匯貸款。至

[1] 林良光、葉正佳、韓華:《當代中國與南亞國家關係》，社會科學文獻出版社 2001 年版，第 223 頁。

[2] 王洪起：《中國對阿爾巴尼亞的援助》，《炎黃春秋》，2008 年第 10 期

1959 年，中國還用自由外匯從西方進口橡膠、棉花、黃麻等轉口供應匈牙利。[1]

（三）非洲

前已述及，自 1956 到 1976 年，中國共向 38 個非洲國家提供了約 217.36 億美元的援助[2]。

1956年10月，蘇伊士運河戰爭爆發，中國直接贈款2000萬瑞士法郎現金，緊急支援 6000 噸豆類和 1000 多噸凍牛羊肉等重要物資[3]。

中國給予了阿爾及利亞反法鬥爭以真誠支持，不僅援助了 7000 多萬元人民幣的物資，還從政治上推遲了與法國建交。中國的幫助給阿爾及利亞人留下了深刻印象，該國革命領導人本・貝拉回憶說："在革命鬥爭的歲月裡，阿爾及利亞戰士用的槍炮、蓋的毛毯、穿的衣服都是中國送的"[4]。

援非的大手筆，還是修建坦贊鐵路。據中國駐坦桑尼亞大使館介紹，坦贊鐵路於 1968 年開始勘測設計，1970 年 10 月開工，1975 年 6 月全線鋪通，1975 年 10 月開辦試運營，1976 年 7 月 14 日正式移交給坦、贊兩國政府。這條鐵路全長 1,860.5 公里，有隧道 22 座和橋樑 318 座。全線共建有車站 93 個並配備有機車車輛、2 座機車車輛修理工廠、技術培訓學校、各類場段、職工住宅等全套設施和設

---

[1] 《中華人民共和國外交史》第二卷，第 292 頁。

[2] Wolfgang Bartke: The Economic Aid of the PR China to Developing and Socialist Countries,K G Saur, 1989, pp8-9.

[3] 張忠祥：《略論 1956-1965 年中國與非洲的關係》，載《歷史教學問題》1997 年第 5 期

[4] 《中華人民共和國外交史》第二卷，第 115 頁。

備。中國政府向坦贊兩國政府提供了無息貸款 9.88 億元人民幣，實際耗資高達 20 億元人民幣，先後共派出鐵路工程技術人員 5 萬多人次（施工高峰時在鐵路沿線工地的中國人員達 16,000 餘人），其中 65 人獻出了寶貴生命。絕大部分施工機具和原材料（沙石等部分原材料除外）均來自中國，鐵路考察、勘察設計和施工所需的技術全部由中國鐵路工程技術人員提供。[1]

由於受援國數量的猛增，特別是因中國同時承擔了多個大項目，援助金額迅速攀升，超出了國力，國家已力不從心。1972 年至 1975 年，援外支出佔中央財政支出的比例連續四年超過 10%，其中 1973 年更是攀升至 12.43%，達到 55 億人民幣[2]。

（四）拉丁美洲

1960 年，中國決定於向古巴提供無息貸款 6000 萬美元，用於幫助古巴建設 24 個工農業項目，以及購買古巴原糖 100 萬噸，並培訓 200 名古巴技術人員。此後，中國又將中古貿易中古方逆差轉為對其商品貸款，至 1965 年，商品貸款總額已達 4000 萬美元[3]。從 1962 年至 1972 年，中國購買古巴原糖比按國際市場價格多支付了 2.85 億美元。[4]

（五）"損不足以奉有餘"

---

[1] 中華人民共和國駐坦桑尼亞聯合共和國大使館：《坦贊鐵路項目簡介》，http://tz.chinaembassy.org/chn/ztgx/wsyzyfx/t414461.htm

[2] 薛琳：《對改革開放前中國援助非洲的戰略反思》，《當代世界社會主義問題》2013 年第 1 期

[3] 《中華人民共和國外交史》第二卷，第 492-496 頁。

[4] 朱祥忠：《中國與古巴建交 50 周年回顧》，《黨史博覽》2011 年第 2 期。

已有多位論者指出，中共加大外援力度時，正是中國人自己揭不開鍋的艱難歲月。

李雲龍、趙長峰指出，1960 年至 1964 年是我國經濟最困難的時期，而恰恰是這個時期的對外援助資金在 1950-1964 年累計總量中佔的比例最大[1]。類似地，在國民經濟受到嚴重破壞的文革期間，毛澤東再次加大外援力度。1967 年我國對外經濟援助佔國家財政支出的 4.5%，1972 年達 51 億多元，佔財政支出的 6.7%，1973 年更是上升至 7.2%，超出世界上最發達、最富裕的國家對外經濟援助的比例[2]。

前駐地拉那分社首席記者王洪起也強調指出，中國向阿爾巴尼亞提供的大量援助，正是在中國“三年困難時期”，以及後來在粉碎“四人幫”和遭受唐山地震，經濟十分困難的情況下提供的，中國盡了最大的努力，把自己最新最好的設備、機械、拖拉機、車輛等提供給阿，僅糧食就達 180 萬噸。有的援阿項目超過了中國的經濟和技術負擔能力，中國不得不先在國內進行大量試驗和試製工作，甚至動員了全國 26 個省市的 100 多個單位參加，並建立專門的實驗工廠。為此，中國還有兩人犧牲了生命[3]。

前駐阿爾巴尼亞大使耿飆也說：

> “我國對阿爾巴尼亞的援助一直是在自己遭受封鎖、存在經濟困難的情況下提供的。從 1954 年以來，我們給阿的經濟、軍事援助將近 90 億元人民幣（協議金額 100 億）。阿總人口才 200 萬，平均每人達 4000 多元，這是個不小的數字。我們援阿的化肥廠，年產 20 萬噸，平均一公頃地達 400 公斤，遠遠超過

---

1 《從“無償”到“互利”: 中國對外援助的轉型》

2 王沖：《中國對外援助 60 年變遷史》《黨政論壇·幹部文摘》2014 年 1 月。此處數據與薛琳提供的不一致，尚待進一步研究。

3 王洪起：《中國對阿爾巴尼亞的援助》，《炎黃春秋》，2008 年第 10 期

我國農村耕地使用的化肥數量。而軍援項目之繁多，數量之大，也超出了阿國防的需要。在阿方領導人看來，向中國伸手要援助，似乎理所當然。霍查曾經毫不掩飾地說：‘你們有的，我們也要有。我們向你們要求幫助，就如同弟弟向哥哥要求幫助一樣。’謝胡還說：‘我們不向你們要，向誰要呢？’

李先念副總理訪阿時。曾問謝胡，你拿我們那麼多東西打算什麼時候還？他說，根本沒有考慮過還的問題。”

“阿還存在一種向歐洲發達國家生活水平看齊的思想。如他們在向我們提出援建電視臺時說，計畫在阿全國實現電燈照明後，做到每個農業社都有電視。而當時在我國。連北京、上海等大城市中黑白電視機的擁有量都少得可憐，更不用說農村了。……我們幫他們搞了紡織廠，但他們沒有棉花，我們還要用外匯從埃及買進棉花給他們。他們織成布，做了成衣，還硬要賣給我們。記得有一次阿副總理查爾查尼向我提出，要我們幫助更換化肥廠的主要設備。該化肥廠是我國援建的，本應使用我國生產的機器設備，但阿方不要我國的機器，指定要用意大利的，我們只好用外匯從意大利買來機器裝上。現在這台機器壞了，查爾查尼還要我們從意大利買機器來更換，我當即拒絕了他的這個不合理要求。

在援助物資的使用上，阿方浪費極其嚴重。我在實地調查時看到，馬路邊的電線杆，都是用我國援助的優質鋼管做的。他們還把我國援助的水泥、鋼筋用來到處修建烈士紀念碑，在全國共修建了1萬多個。我們援助的化肥，被亂七八糟地堆在地裡，任憑日曬雨淋。諸如此類的浪費現象，不勝枚舉。

這種情況，引起了我的思考。我想，對友好國家進行援助，這符合國際主義原則，但必須注意兩點：一是要按照我國的能力。量力而行；二是要根據對方實際需要和運用援助的能力。像現在這樣‘有求必允’的援助法，是把錢物倒進一個無底洞，加重了我國的經濟困難；對阿方來說，只能養成他們飯來張口、衣來伸手的的懶惰習慣，以及對外援的依賴心理，而無助於他們的經濟建設。”[1]

援朝也同樣如此。董潔指出，1961 年，中國國民經濟產值與財政收入大幅下降，國家財政出現 10.96 億元的赤字，城鄉居民生活處在新中國成立以來最困難的時期。1961 年初，中國對朝鮮的煤炭供應出現了延誤。金日成對蘇聯人表示，不打算催促中國。中國國務院卻下令：對朝鮮出口的煤炭，是一項政治任務，一噸不能少。為此組織緊急搶運。

1961 年底，朝鮮向中國提出增加煤炭供應的要求，中國決定於 12 月底預交 1962 年煤炭出口額中的 8 萬噸給朝鮮。為了調撥這 8 萬噸煤炭，中國不得不削減國內企業的用煤數量，從冶金部直屬企業的用煤量和國內各用戶的煤炭數量中劃撥解決。為確保 8 萬噸煤炭及時運送，外貿部還協同煤炭部、鐵道部制定具體運輸計畫，以保障煤炭能夠如期運抵朝鮮。

1961 年底，朝鮮提出要 10 萬個紗錠。中國實在拿不出貨，只能拆邯鄲三廠、五廠的 126000 錠的棉紡全程設備（包括紡部附屬設備及器材）供給朝鮮。

1962 年，儘管國內財政存在 30 億元赤字，對蘇聯尚有 12 億舊盧布的欠債未還，中國還是爽快地答應，將朝鮮 1961 年對中國貿易中欠交的商品一筆勾銷。

中共還為朝鮮生產某些無力生產而又貼本的商品。例如朝鮮需要石膏和硫黃。按成本計算，中國每出口一噸，僅能收回成本價的 20-25%，並且由於勞動力缺乏，中國的生產很不穩定。但中國仍然

---

[1] 《耿飆回憶錄（1949-1992）》，243-246 頁，中華書局，2009 年 8 月

克服自身困難，全部滿足了朝鮮在長期貿易中對上述兩個商品的要求。

1963 年，因為朝鮮大米在資本主義國家賣不出去，朝鮮向中國提出以 3 萬噸大米換 6 萬噸小麥。當時中國國內小麥尚不能自給，只能從澳大利亞購買。小麥的買價、運費、保險費加在一起，中國虧損外匯 16 萬英鎊。中國政府非但沒有要求朝方補償外匯虧損，還主動提出連同朝方大米的運費中方也一併負擔。[1]

總而言之，中國對“兄弟國家”的援助，完全是農民說的“肥肉上添膘，雞腳上刮筋”。傳統社會的官箴是：“爾俸爾祿，民脂民膏；下民易虐，上蒼難欺。”毛澤東是徹底的唯物主義者，當然不怕什麼上蒼報應，所以他才在本國哀鴻遍野之際，將無量民脂民膏，像雨點般灑向那些對中國從未有過恩德的國家。只怕是日本佔領軍，對中國百姓也未必能如此無情。

（六）“理論家”們的辯護詞

對毛澤東這種賣國求榮（求一己之虛榮）的國策，御用“理論家”們居然還能找出話來辯護。某位“理論家”薛琳發表在 2013 年第 1 期《當代世界社會主義問題》上的《對改革開放前中國援助非洲的戰略反思》大概可算代表作。

作者認為，歷史地看待中國對非洲的援助，應該說中國援非取得了偉大成就。下文中，筆者對其主要論點的轉述用仿宋字排出，我自己的評論則用宋體排出。

首先，援助使中國在非洲確立了廣泛的政治影響，為中國挫敗美蘇孤立與封鎖，重返國際舞臺創造了條件。“在國際共

[1] 以上據董潔：《中蘇分裂後中國對朝鮮的經濟援助（1961—1965）》

> 產主義運動的低潮年代進行國際主義援助，從客觀效果上講，部分地支援了國際社會的反對蘇聯霸權主義的聯合行動；而反對‘美帝國主義’的對外政策，客觀上也捍衛了中國的主權和領土完整，鼓勵了一大批仍然處於民族解放運動過程中的被壓迫民族的正義鬥爭。”

前面第三章已經指出了，國際共運處於低潮，乃是毛澤東背叛共運窩裡反造成的。所謂“國際社會的反對蘇聯霸權主義的聯合行動”，實質上是國際反蘇反共聯合行動。毛澤東傾全國之力投入這場鬥爭，為最終搞垮蘇聯立下了巨大的功勞。不過，這話只能由獨立知識分子說，若是出自中共理論家之口就是自曝家醜。

至於“捍衛了中國的主權和領土完整”，我們已經在前面的章節裡看夠了。歷史將永遠記住那些領土是被誰出讓的。

> 其次，在第 26 屆聯大上，在提出恢復中華人民共和國合法席位的 23 個提案國中有 11 個來自非洲國家，佔提案國的近一半；在投贊成票的 76 個國家中，非洲國家有 26 個，佔總數的三分之一。正因為“非洲國家同紅色中國站在一起”，才使“紅色中國加入聯合國的決議獲得通過”。“我國在聯合國鬥爭的勝利，充分證明了我國加強同第三世界國家團結合作，特別是在 70 年代初加強對非洲援助的政策是正確的。”

原來，加入聯合國還得先賄賂會員國？歷史上可曾有過先例？除了中國，還有哪個國家是靠金錢鋪路進入聯合國的？這門票也未免太貴了吧？先總統曹錕公當年賄買豬仔議員選他當總統，用的還是他自己的錢，毛澤東用的可是民脂民膏。

> 第三，“反帝、反修”的戰略態勢使中國陷入孤立，但這種“孤立”是實現大國地位所必須付出的政治代價。投入大量援助則是爭取亞非拉盟友，擺脫國際孤立局面所必須付出的經濟代價。

原來，要“實現（獲得）大國地位”必須“置之死地而後生”，先與全世界為敵，“埋葬帝修反，解放全人類”，然後再實行金元外交，賄買會員國，求他們把自己“抬進聯合國”？這怎麼有點像論證先以頭撞墻，再支付巨額醫療費用是非常合理的，完全必要的？

印度沒有“反帝反修”，也沒有大舉援外，南斯拉夫也如此，這兩個國家無論是論幅員還是論國力，都遠非中國之敵，然而卻都成了“不結盟運動”的魁首，在當時的世界上一呼百應，其號召力豈是後來想當第三世界領袖的毛澤東可以夢見的？一個全世界第一人口大國、第三領土大國，因其愚不可及、損人害己的外交戰略，被關在聯合國外長達 20 多年，最後靠賄買會員國才得以進去，乃是世界史上獨一無二的醜事，理論家們還有本事從中發現毛澤東的大智慧，唉！

> 第四、中國援助就是力圖在非洲國家確立一種與本國相似的發展道路，只有理解了這種“制度”輸出才能透徹理解發展援助作為一種對外戰略工具所具有的重要價值。這種模式所蘊含的價值，顯然要比大國競爭的價值更深遠，更持久，直至今日中國仍在享受這種模式所帶來的政治收益。

是的，我們已經見夠見怕了：無數北韓人民成了餓殍，柬埔寨四分之一人口進了萬人冢。新時代的理論家既然如此醉心于毛澤東模式，為何不起來打倒現在統治中國的中國資產黨，打土豪分田地，消滅私有制，重新走上社會主義的康莊大道？

> 第五，新中國成立後，北京和臺灣都面臨著事實上存在兩個“中國”的僵局，而“對方”的存在構成了對自身合法性最嚴重侵蝕，因此，不惜代價維護主權就成為中國政府最核心利益。因此，不惜代價，使中華人民共和國的合法地位得到國際社會承認，成了外援必須實現的目標。

原來，不但“大國地位”，就連“主權”乃至“合法性”都是金錢買來的？怎麼今日之黨國理論家迷信金錢萬能居然到了這個地步？這種說辭，到底是為毛澤東辯護，還是曲筆暴露他的醜陋與庸俗？濫用民脂民膏把內戰打到國際上去，賄買異族以封殺本族同胞的生存空間，還好意思當成偉大成就！

順便告訴青年理論家們，在毛時代，“國家利益”和“民族利益”這兩個詞都是犯禁的，直到 90 年代初才解禁。李慎之為此還頗為自豪，認為中國政府能取得這個重大進步，與他大聲疾呼分不開。既然要“歷史地”評價毛時代的外交，恐怕先得稍微知道點那個時代的思維方式與話語才成。

第五章 “主動賣國賊”是怎樣煉成的

世人所謂賣國，是指向外國出讓本國領土、主權和其他民族利益，最常見的就是割地賠款。在我看來，賣國有三種方式：

第一種是中國歷史上最常見的“被迫賣國”。國家在對外戰爭中失敗，再也無力打下去了。若不求和，就會招致更大損失甚至亡國。兩害相權取其輕，只好割地賠款，屈辱媾和。

客觀來看，對這種被迫賣國，該譴責的是肇事開釁者，不一定是主持媾和者。例如李鴻章之所以當上賣國賊，是因為他主持談判並簽訂了《馬關條約》以及《辛丑條約》。但甲午戰爭爆發前他一直主和，招致八國聯軍入侵的義和團運動更與他無關，最後卻都要他來擦屁股，背那千秋罵名。如果稍微珍惜羽毛，這樣一位功勳蓋世的元老重臣是決不會去自瀆英名，沒來由地去趕那趟渾水的。犯下這種賣國罪，在我看來倒真有“我不入地獄，誰入地獄”的英雄氣概與自我犧牲精神。這種“賣國賊”其實是敢負責任、不計個人名聲得失的老成謀國者。只有憤青才會熱衷於侮辱他們。

第二種賣國方式是石敬瑭式的主動賣國，即由某個或某群野心家勾結外國的強大勢力，借助外力為自己打天下。現代史上的國共兩黨黨魁都是這種賣國賊，以孫文為帶頭羊。國民黨“清黨”後，中共便成了蘇共的獨生子，靠俄國人提供的金錢和武器搶天下。直到建政後，毛澤東還乞求斯大林派兵幫他征服西藏和台灣。

這種賣國行為，無論從哪個標準看都不可原諒，都該受到全民的強烈譴責，以儆後人效尤。不過，這種犯罪活動雖然無恥，好歹能找到明確的牟利動機。說到底，它是一種骯髒交易，亦即用國家利權換來外人的支持。雖然國家利權蒙受了損失，但賣國賊本人卻獲取了巨大的私利。從這個角度看，它並不是無償的。

第三種賣國行為最奇怪，是毛澤東開創的獨特現象，那便是毫無理由、毫無壓力、毫無利益可得的主動賣國。一部毛中國的外交史，就是這種找不到明確犯罪意圖的“無私賣國史”。無論在東方還是在西方，歷史上還從未有過這種咄咄怪事。中共不僅是中國歷史上最大的、而且是最令人費解、最不能原諒的主動賣國賊。為解釋這種獨一無二的歷史現象，有必要探索毛澤東的行為心理。

一、毛澤東外交思想

前已述及，在中共建政前夕，毛澤東就已確立外交三原則：“一邊倒；打掃乾淨房子再請客；另起爐灶。”所謂“另起爐灶”，就是唾棄國際“資產階級法規”與傳統外交原則，從頭另建一套自己的外交原則與方針。

毛澤東這套外交思想的確是空前絕後、獨樹一幟的，它將馬列“國際主義”、階級鬥爭理論、統一戰線等理論與策略、傳統帝王心態、個人野心以及現實政治需要融為一爐。

（一）“外交”就是“國際統戰”

對毛周來說，外交絕不是“在國際範圍捍衛與促進本國的民族利益”。相反，這是應該破除的資產階級觀念，因為“工人沒有祖國，決不能剝奪他們所沒有的東西”。無產階級的外交，應該是在世界範圍內捍衛與促進無產階級的階級利益，組成最廣泛的統一戰線，以期最大限度地孤立並最後消滅階級敵人的國際統戰。

這就是中共與民族主義者最大的區別。明乎此，則不難理解毛周對周邊國家的態度為何與國民政府截然不同，也不難看出新時代的"寧贈友邦不給家奴"是哪兒來的。

對國民黨這個勢不兩立的階級敵人，毛澤東在抗戰以及戰後和談期間與之"針鋒相對，寸土必爭"，在此後的內戰中則"堅決徹底乾淨全部消滅之"，必欲斬盡殺絕而後快，甚至在當國後還不惜代緬甸和越南"解放"為國軍殘部佔領的果敢、佤邦以及夜鶯島；而對周邊民族國家則揖讓如賓，拱手相贈萬里河山。周恩來還為此發明了"不該與友好國家爭未定界"論。

在這方面，國府與中共形成了鮮明對照。中印邊界反擊戰中，陷入恐慌的印度政府想開闢第二戰線，與台灣政府多次祕密接觸。1963 年 3 月間，國府的代表祕密訪問新德里，與印度外交部會談[1]。國府當然希望聯合印度反對中共，但他們畢竟有深厚的國家民族觀念與堅定的底線，在會談中小心地指出，他們在中印邊界問題上與中共並無分歧。1963 年 10 月底，國府發表了正式聲明，稱：所謂麥克馬洪線是英國統治印度期間單方面提出的，中華民國從未接受過這條分界線，並強烈反對英國這一聲稱[2]。

可憐國民黨人到死也不懂中共黨人，這才會以為他們在邊界問題上與中共並無分歧。其實如前所述，周恩來早就講過中共搞的不是基於捍衛國家利益的民族國家外交，而是共產黨人基於階級分析的國際統戰，"與帝國主義必須寸土必爭"，但與民族主義國家就只能友好。為了團結民族主義國家一道反對帝國主義，割地贈款是應該的，是無產階級國際主義戰士應盡的"大公無國"的義務。所以，若是中共與國民黨換位，則他們一定會毫不猶豫地答應放棄領土，與印度人聯手推翻國民黨的統治。

---

1 *Washington Post*, Washington DC, Mar 30, 1963.

2 *Current,* London, Dec, 1963,

毛周是斯大林的不肖弟子，到死也沒學會斯大林的外交方針。斯大林也講國際主義，但他實行的是“無產階級國際主義就是蘇聯的民族主義”，而這也是從馬列的階級鬥爭理論裡推出來的：因為蘇聯是第一個社會主義國家，是全世界無產階級的祖國，所以，捍衛蘇聯的國家利益，也就是捍衛全世界無產階級的利益。

對於斯大林的“國際主義”，毛澤東和他的部下們從來是衷心擁護的。前文已經介紹過，1949 年 1 月底米高揚曾主動承認“中蘇關於旅順港地區的條約是一個不平等的條約”，答應撤銷這個不平等的條約，並願意儘快從旅順港撤軍。毛澤東卻回答說，中國人民還要為這個條約感謝蘇聯。現在還不應該從遼東撤出軍隊和取消旅順港基地，因為這樣做只會幫助美國。

毛澤東這種感謝不是第一次了。前已述及，1941 年 4 月 13 日，蘇聯與日本簽訂中立條約，公開宣佈以武力保證外蒙與東北永久脫離中國，毛卻歡呼：“這是蘇聯外交政策的又一次偉大勝利”，“蘇日聲明互不侵犯滿洲與外蒙……是題中應有之義……不但對外蒙有利，即對全中國爭取解放也是有利的。”

既然如此，毛澤東在當國之後，為何不照貓畫虎，把“斯大林那把刀子”使出來呢？按他的階級分析，印度、緬甸、巴基斯坦、尼泊爾、阿富汗等國都是資產階級當家，他為何把社會主義祖國的領土送給這些階級異己分子？他本該在邊界未定地區針鋒相對、寸土必爭，盡可能擴張領土，解放盡可能多的階級弟兄，讓他們生活在優越的社會主義制度下。這才符合全世界無產階級的利益。不此之圖，卻去與資產階級統治者勾勾搭搭，奢談“友誼”，甚至不惜背離階級立場，拋棄居住在邊境地區的無數階級弟兄，讓他們落到水深火熱的舊社會裡，難道不是對無產階級革命事業的背叛？

（二）“輸出革命”並非“干涉內政”

早在當國前，毛澤東就根據中共的奪權鬥爭經驗，英明提出了“外因決定論”：

“在帝國主義存在的時代，任何國家的真正的人民革命，如果沒有國際革命力量在各種不同方式上的援助，要取得自己的勝利是不可能的。勝利了，要鞏固，也是不可能的。”[1]

既然沒有外援就不可能奪取本國政權，那麼，作為堅定的無產階級革命家，在當國後就應盡到國際義務，幫助在野的兄弟黨奪取政權。這就是“輸出革命”，但不是“干涉內政”。1963 年，耿飈出任駐緬大使前，毛澤東在向他面授機宜時特地對兩者作了區分：

談到對外關係，我們應該從兩方面來看。從國際關係來看，我們和社會制度不同的國家、尤其是鄰國，應該和平相處，應該同這些國家的政府建立友好合作關係。這是我國的外交方針，是確定不移的。另一方面，從黨的角度來看，我們中國共產黨應該同情和支持別國的共產黨，否則，我們就不是共產黨了。當然，我們支持別國的共產黨，並不是要去代替他們搞革命，搞革命，那是一個國家內部的事，我們絕不干涉別國的內政。所以，一定要把國家的關係和黨的關係區別開來，不能混為一談。說的更清楚些，那就是：既不能因為要搞好國家關係，就不許我們支持別國的共產黨；也不能因為要支持別國的共產黨，就去干涉人家的內政。[2]

毛澤東還要耿飈“必要時也可以向所在國的領導人講清楚”這個原則。而耿飈到緬甸後，還真的“根據這些指示的精神，在一次和奈溫主席的談話中向他作了解釋”[3]。從毛澤東鄭重其事對部下作

---

[1] 《毛澤東選集》第 4 卷，人民出版社 1991 年版，第 1473-1474 頁。

[2] 《耿飆回憶錄》，172-173 頁。

[3] 同上，173 頁。

出這種指示來看，他不是自欺欺人，而是真誠相信這種自相否定的“辯證法”，這才會指望別的國家的領導人把這種掩耳盜鈴當成真的。所以，他不是裝傻，是真傻。

眾所周知，共產黨的專業就是幹革命，而“世界上一切革命鬥爭都是為著奪取政權，鞏固政權”[1]。在“反修鬥爭”中，中共更堅決反對“和平過渡”，強調只能通過武裝鬥爭奪取政權，而緬共是堅決站在中共一邊的，他們甚至號稱是世界上僅有的三個真正的共產黨之一（所謂“ABC”，A 指阿爾巴尼亞，B 指緬甸，而 C 指中國），這就等於公開承認自己是緬甸內部的顛覆勢力。

如今毛澤東卻讓部下去告訴奈溫，中共一定要支持緬共，否則就不是共產黨了，但這並不是干涉緬甸的內政，因為那是中共而不是中華人民共和國幹的事！就算奈溫是白癡，也不至於相信這番表白，真的把中共和中國分開，不再痛恨中國支持本國內部的顛覆勢力吧？若是毛的大使們都對所在國領導人作類似解釋，中國欲不搞得“四鄰不安”，其可得乎？

如前所述，周恩來推出“劃界條約不可更改論”，是要用領土去向鄰國買靜求安。可憐他送出的萬里江山，抵不上毛澤東對鄰國元首的一番推心置腹。古人云：“一言可以喪邦”，信矣夫！

其實，“輸出革命”與“友好相處”也可以並存不悖，但只有外交大師斯大林才做得到。前文介紹過，為逼中方簽訂《中蘇友好同盟條約》，斯大林竟然以把中共放進滿洲的威脅來逼迫國府就範。但姑不說毛澤東沒有那智力想出類似策略來，即使有心，他也做不到，因為斯大林是避強凌弱的專家，吃准了國府在國際上求告無門。而毛澤東則是“欺硬怕軟”的專家，不惜與主宰世界的兩個

1 《今年的選舉》，《紅色中華》第一O八期，1933 年 9 月 6 日。

超級大國同時結成死仇。若在這種情況下還去效斯大林之顰，就只會逼得弱鄰去向它們求助，反而腹背受敵。

所以，毛澤東的外交戰略從根本上就錯了。首先不該與美蘇結仇，主動造成空前的孤立處境。其次，在大錯鑄成之後，就只能堅決放棄輸出革命，停止對鄰國共黨的支持，徹底消除弱鄰的不安與恐懼，這才是根本的睦鄰之道。不此之圖，卻一邊不遺餘力地訓練、武裝、援助鄰國內的顛覆勢力，一邊試圖以領土和金錢買來其國家元首的歡心，完全是古人說的“抱薪救火”，白白糟蹋了無量領土與金錢。

（三）“厚往而薄來，所以懷諸侯也”

現代讀者無法理解毛澤東主動賣國的行為動機，是因為他們早已形成了“領土、主權神聖不容侵犯”的民族國家觀念，卻不知道這些觀念是近代才輸入中國的舶來品，而毛澤東畢生抱殘守缺，專從線裝書中找治國靈感，其知識結構過於陳腐殘缺，因而徹底缺乏這些西式觀念。其實，毛這些行為是“聖明天子”的標準作法。不把握支配毛的決策的帝王心態，就談不上歷史地理解毛澤東。

前已述及，明朝以前，朝鮮的大部分疆界離鴨綠江還相當遠。到元末，高麗雖然擴張到了鴨綠江入海口，仍未到達鴨綠江的中上游[1]。李朝建立後，遣使來朝，請求將公嶮鎮與鐵嶺之間的地區劃歸高麗。明成祖很痛快地就答應了：“朝鮮之地亦朕度內。朕何爭焉？”[2] 整個天下都是我的，我還跟你這藩屬國王爭什麼？

---

1 《中朝邊界史》，138 頁。

2 《李朝太宗實錄》卷 35，太宗 18 年 5 月條，轉引自《中朝邊界史》，139 頁。

又如雍正當國時，安南國王請求把120里土地劃歸安南。雍正給了 80 里後，安南王還不滿足，雍正便說："朕統御寰宇，凡臣服之邦皆隸版籍，安南既列藩封，尺地莫非吾土，何必較論此區區四十里之地？""此四十里之地，在雲南為朕之內地，在安南為朕之外藩，一毫無所分別。"把那四十里土地也賞賜給了安南。[1]

這就是帝王氣度，它已經成了天朝傳統的一部分，其內涵就是"中央帝國"源遠流長的文明優越感與權勢優越感。天朝居高臨下、紆尊降貴地俯視周邊蠻夷，只講究"國體"（亦即朝廷相對於蠻夷的高貴身份），恥於與蠻夷爭利，認為那有失身份。就是為此，清朝才會在海禁初開時只知力爭保全"國體"，堅持讓西方外交官員以下屬自居，不但行文不能用平級口氣，而且在晉見皇帝時必須下跪叩首，另一方面卻又輕易讓出關稅主權和司法裁判權，不知道那才是必須捍衛的國家利權。

毛澤東雖然標榜自己是 20 世紀初最時髦的西學馬克思主義的信奉者，內心世界卻完全停留在晚清以前，觀念落伍了上百年。因此，在制定國策時，他只可能使用傳統帝王的思維方式。他對莫洛托夫的輕蔑就足以說明這一點。前已述及，1957 年他訪蘇時，曾對尤金說，莫洛托夫在 1950 年簽訂中蘇友好同盟互助條約的談判中討價還價，像個商人[2]，說明毛根本不知道外交就是為國家民族與外人討價還價的"商人"行徑。

這種君臨四海的帝王心態，使得他在文革時期提出了"友誼第一，比賽第二"的體育比賽方針。1971年3月下旬至4月初，中國乒乓球隊赴日本參加第 31 界世界錦標賽，郗恩庭在男子單打比賽中以3：0 淘汰了朝鮮種子選手朴信一；在賽後舉行的中日友誼賽中，中方擊敗了所有的日本運動員。代表團回國後，周恩來嚴厲批評了國

[1] 王之春：《清朝柔遠記》，中華書局，1989年版，68-69頁。

[2] 《閻明復回憶錄》，389頁。

家體委軍管會主任曹誠，責令外交部副部長韓念龍、代表團長趙正洪和郗恩庭一道去平壤向金日成“負荊請罪”，曹誠還因此被撤職，回總參接受審查[1]。此後中國乒乓球隊在國際比賽中大搞讓球，故意讓對方取勝或不讓對方輸得過於難堪，莊則棟還到處作報告傳授如何讓球，完全不知道這不但是欺騙觀眾，而且是一種對對方居高臨下的侮辱。

缺乏現代知識的毛澤東有這種心態不足奇，奇怪的是他居然認識不到，時移世易，如今中國早非眾星拱月的天朝，周邊國家也再不是諸侯。效法傳統皇帝裂土市恩，並不能換來周邊國家的忠誠，只能在國家層面實行平民之間的酒肉之交。中國再無領土相贈之日，便是鄰邦反目成仇之時。

（四）“中國應當對於人類有較大貢獻”

前文已經指出，毛澤東在當國前夕就以亞洲共運領袖自居，在蘇共 20 大之後又想接斯大林的班，當上全世界人民的領袖。1956 年 11 月 12 日他發表《紀念孫中山先生》一文，提出“中國應當對於人類有較大貢獻”的偉大號召[2]，初次流露了他的個人野心。到了文革時期，這野心便膨脹為“埋葬帝修反，解放全人類”的救世主情懷。

想當上新時代的斯大林無足深責，不過既然有心於此，就得研究一下斯大林的成功經驗。可悲的是，毛澤東非但沒學會斯大林的一招半式，還處處反其道而行之，當然只能畫虎不成反類犬。

斯大林稱霸世界的祕訣無非是兩條，一是以鐵腕實現重工業的“洋躍進”，在短期內一躍而為軍事強國，為武力擴張奠定了實力

[1] 魯光：《親歷乒乓外交》，http://luguang.orgcc.com/article/v47915.html

[2] 《毛澤東年譜（1949-1976）》第三卷，29-30 頁。

基礎；二是在國際上避實擊虛，避強淩弱，在安全前提下作最大限度的擴張，在千方百計避免與強國發生衝突的同時，見縫插針侵略甚至併吞弱國。惟其如此，他才建立了包括 11 個衛星國的大帝國。

毛澤東倒是看到了第一條並試圖效法，發動了“大躍進”，卻因為絲毫沒有建設現代國家的基本觀念，把奉行反智主義的群眾性胡作非為當成偉大創舉，高效摧毀了國民經濟。對第二條他則反其道而行之，公開提倡“欺硬怕軟”。1961 年 12 月 26 日，他對部下說：“赫魯曉夫怕鬼，越怕鬼，就有鬼。他們欺軟怕硬，應該是欺硬怕軟。《西廂記》上講惠明和尚，有幾段唱詞，裡面有：‘我從來欺硬怕軟，吃苦辭甘’。共產黨人就應該這樣。‘強淩弱，眾暴寡’，從來不得人心嘛。”次日，他批示將有上述唱詞的《西廂記》節選印發給中央工作會議的到會者。[1]

就是出自這種戲劇式的英雄情懷，他不惜與兩大軍事強國結成死仇，幾次陷中國於危境，到了性命交關之際又只能軟下來。為了從危局中解脫出來，他不惜向周邊國家割讓土地，以民脂民膏收買亞非拉窮兄弟，走到了斯大林的反面。斯大林是以“聚變”方式當上全世界無產階級的領袖，國家幅員與信徒同步遞增，而毛澤東則以“裂變”方式效顰，幅員與信徒同步遞減，完全成了漫畫式的諷刺。

二、割地贈款買仇人

（一）國際統戰全軍盡墨

---

1 《毛澤東年譜（1949-1976）》第五卷，64 頁

毛澤東不厭其煩地在一切場合反復宣講的統戰策略，就是團結一切可以團結的力量，最大限度地孤立敵人，然而在國際舞台上，他卻近乎完美地得罪了一切可以得罪的力量，盡一切可能到處樹敵，最大限度地孤立了自己，使中國淪為徹底的國際孤兒。在他之前，世界史上還從未有過類似現象。

當時世界上大致分為三種政治勢力：以美國為首的民主國家，以蘇聯為首的共產國家，以及以印度、南斯拉夫、埃及和古巴為首的"不結盟運動"國家。通過不懈的努力，毛澤東先後把這三種勢力變成了統統要打倒的"帝修反"。

如前所述，中共悍然派兵入朝與聯合國軍作戰，被聯合國大會譴責為侵略者，自行妖魔化了國際形象，在民主國家中聲名狼藉。在與西方陣營結仇之後，中共先是痛批"南斯拉夫修正主義"，接著鋒芒直指蘇聯老大哥，與此同時還與不結盟運動的另一首領印度別苗頭，最終大打出手，徹底坐實了"侵略者"的罪名。

英國學者馬克斯韋爾指出，中印邊境戰爭爆發後，印度成功地掩蓋了自己頑固拒絕和談的態度，把邊界問題無法解決的責任推給中國。"印度一如既往地輕易做到了這一點——他們爭取和平的聲望是如此之高，而人們對中國的一般評價又是如此之低。各方對邊境戰爭的報道幾乎完全一致，那就是中國無端入侵了印度。這場戰爭更加強化了一般人的印象——北京奉行魯莽的、沙文主義的、好戰的外交政策。人們離開中印關係的前因後果，去尋求對中國單方面停火和後撤的原因。有人猜測那是因為俄國下了最後通牒；有人則說當時美國已從古巴危機中脫身，可能會援助印度，使得中國停止了對印度的侵略；其他人則接受了普遍流行的印方的解釋：中國交通線拉得太長，易遭印方反攻的打擊，因此不得不停火後撤。印度一位議員說，中國後撤'根本是出於恐懼'。到後來人們幾乎都相信了尼赫魯的話，‘印度人民在受到刺激時出乎意料表現出來的憤怒’嚇得中國人夾著尾巴逃跑了。”[1]

為了從這反面角色中解脫出來，周恩來便以中緬邊界談判作示範，想用割讓土地來證明中國並非侵略者，消除四鄰的恐懼不安[2]。可惜無濟於事。儘管中國向緬甸、尼泊爾、巴基斯坦、阿富汗等國割讓領土，“成功解決了邊界問題”，然而世界輿論早就形成的成見是難以扭轉的。國際社會普遍認為，那些國家之所以與中國簽訂邊界條約，是屈服於中國的武力恫嚇。但這一套對蘇聯和印度這兩個大國就不靈了，因此中國才會與它們大打出手[3]。

這真是世界史上絕無僅有的冤案。如果中國真的侵略了別的國家，擴張了自己的領土，那備受世界輿論譴責也是應該的，起碼還讓人有點想頭。然而中國這個“侵略者”非但沒有搶來一寸領土，反倒還遇廟燒香、見佛磕頭，只要是個鄰國就拉住，拼命往人家的包包裡塞土地金帛。當上這種歷史上絕無僅有的“侵略者”，真比竇娥還冤。要造出這種人間奇跡，需要的絕不是一般的天才。

（二）“階級弟兄”統統翻臉成仇

與蘇聯破臉之初，中共還設法籠絡住了幾個小嘍囉：阿爾巴尼亞、越南與朝鮮。其中阿爾巴尼亞是最鐵的馬仔，而越南、朝鮮雖然在意識形態上更認同中共，但在表面上保持中立。赫魯曉夫下台後，蘇共新領導開始向越南和朝鮮提供大量援助，越南和朝鮮對中蘇的親疏隨之發生變化，開頭是充分利用中蘇分裂兩邊拿錢，後來便倒向財大氣粗的蘇聯一方。文革加速了這一過程。

---

1 *India's China War,* p423.

2 《解決邊界問題的典範——周恩來與中緬邊界談判》。

3 *India's China War,* p285.

越南完成這變化最徹底。1965 年 2 月，蘇聯部長會議主席柯西金訪問河內，與北越政府簽訂了軍援協定。1965年3月2日，美國開始轟炸北越的"滾雷行動"。3 月 23 日，勃列日涅夫在群眾大會上高調聲援北越。蘇方隨即向北越提供戰鬥機、運輸機以及防空導彈。1966 年，隨著美國開始向南越派出地面部隊，莫斯科加大了對越南的軍援。北京出於嫉妒，杯葛蘇方通過中國領土向越南運送武器，引起越方反感。據曾在越南南方共和臨時革命政府任職的張如磉披露："我知道黨早已決定同蘇聯結盟。向這個方向移動，早在 1969 年就開始了。而胡志明的逝世，為正式作出這項決定鋪平了道路。然而沒有發表什麼公開的宣言，因為仍然需要中國的援助。"[1]

中美接近更惡化了中越關係。越南人認為中國邀請尼克松訪華是"向快要淹死的尼克松扔救生圈"，是對越南的背叛和出賣[2]。1972 年 2 月 21 日，中國使館舉行傳統春節聯歡會時，越南方面竟無一人出席，因為這一天尼克松到了北京[3]。北京對此報以顏色。1974 年 11 月，張如磉去阿爾巴尼亞參加慶祝活動，中國代表團團長姚文元開頭不知道他代表越南南方共和臨時政府，態度冰冷。"然而，當他知道還有一個從河內來的代表團之後，他就更恰當地把厭惡發洩在越南人的忘恩負義方面"[4]。

中方愚笨的統戰操作更使得雪上加霜。在北越攻陷西貢前夕，中國還居然幻想對南北越分而治之。當時越南南方共和臨時革命政府代表團訪問了中國，據張如磉說："我們在中國停留期間，中國

---

[1] 張如磉等：《與河內分道揚鑣——一個越南官員的回憶錄》，世界知識出版社，1989 年，229 頁

[2] 曲星：《中國外交五十年》，江蘇人民出版社，2002 年，376 頁。

[3] 沈志華：《中美和解與中國對越外交（1969－1973）》，《美國研究》，2002 年第 2 期.

[4] 《與河內分道揚鑣——一個越南官員的回憶錄》，230 頁。

人對待我們要比對待越南民主共和國代表團親切得多。他們充分利用這個機會，表達他們對河內早已熱衷同蘇聯調情的不滿。與此同時，他們向臨時革命政府發出這樣的信號，他們願意和我們建立直接的聯繫。雖然中國人的意圖是清楚的，他們對我們接受這類建議的能力和意願卻作出了不正確的判斷。”[1]

對這種明目張膽的離間，北越自然懷恨在心，在征服了南越、不再需要中國援助後就倒戈相向。越共中央四屆四中全會在 1978 年 7 月通過的決議指出：“越南基本的、長遠的敵人雖然是美帝國主義，但直接的敵人是中國和柬埔寨”。“進一步依靠蘇聯的支持，奪取西南在政治上和軍事上的勝利，防範北方的威脅，準備與中國作戰。”隨後，越共中央向各部隊和各省、市下達指示:“中國是最直接、最危險的敵人，是越南新的作戰對象，要採取進攻的戰略，在邊界進行反擊和進攻。”[2]

1978 年 11 月 3 日，蘇聯和越南簽訂蘇越友好合作條約，條約規定，一旦雙方中之一方成為進攻或進攻威脅的目標，締約雙方將立即進行協商以消除這種威脅，並採取相應的有效措施保障兩國的和平與安全[3]。12 月 25 日，越南出兵柬埔寨。1979 年 1 月 7 日，越軍攻克金邊，解救了血海中的柬埔寨人民。

1979 年 2 月 17 日，為“教訓”越南這個“東方古巴”與“小霸”，中國大舉入侵越南，於 3 月 5 日撤回。這次戰爭給雙方造成慘重傷亡。據國外統計，中方傷亡 4 萬人，越方傷亡超過 10 萬人[4]。這“血染的風采”為 200 億人民幣買來的“同志加兄弟”的深情厚誼畫上了漂亮的句號。

---

[1] 同上，236 頁。

[2] 《中華人民共和國外交史》第三卷，68 頁

[3] 《蘇越友好合作條約_百度百科》，http://baike.baidu.com/view/1182570.htm

[4] *Chinese Invasion of Vietnam*. Global Security.org. June 3, 2008

中阿關係則是中蘇關係的逼真再現。1969年9月，胡志明逝世，蘇聯部長會議主席柯西金前往河內吊唁，返程中應邀訪問北京。阿黨黨魁霍查得知此事後倍感不快，拒絕參加中國建國二十周年慶祝活動[1]。1971 年 7 月 16 日，中美同時宣佈尼克松總統將於 1972 年訪華。霍查為此致信毛澤東，指責中國沒有同阿爾巴尼亞預先磋商，說：“我們認為，你們要在北京接待尼克松的決定是不正確的、不受歡迎的，我們不贊成、不支持你們這一決定。我們堅信，其他國家的人民、革命者和共產黨人不會接受已宣佈的尼克松對中國的訪問。”中國的做法“在原則上和策略上都是錯誤的”[2]。

1971 年 11 月，阿黨召開第六次代表大會，中方沒有派代表團參加。1975 年 6 月，阿爾巴尼亞部長會議副主席查爾查尼率經濟代表團來華談判經援問題，中方回絕了阿方大多數要求，查爾查尼以阿黨中央名義宣稱：對中國突然嚴重減少對阿援助“很不理解”、“很不滿意”、“嚴重不安”，代表團回國後不久，阿爾巴尼亞的半山坡上就出現了紅色大標語：阿爾巴尼亞人民絕不會在外來經濟壓力下低頭，阿爾巴尼亞絕不會在外來經濟壓力下放下自己的旗幟。[3]

1977 年 7 月 7 日，阿黨報推出長文，批判毛澤東“三個世界理論”，說它是“反馬克思主義的， 反革命的”， 是國際共運中的“機會主義變種”， 旨在熄滅階級鬥爭， 否認當代基本矛盾；說“三個世界理論是宣揚和推行種族主義， 要統治全世界， 奴役全人類， 是反革命和沙文主義的理論”；說不結盟國家的理論主張是“中庸”路線， 是“調和矛盾的路線”，“不結盟國家的理論和三

[1] 王洪起：《中國對阿爾巴尼亞的援助》，《炎黃春秋》，2008 年第 10 期

[2] 同上，

[3] 郭毓華：《從親密戰友到徹底決裂的中阿關係》，《縱橫》，2001 年 12 期

個世界的理論，是帝國主義的兩頭怪物”，說“中國要當第三世界的領袖，坐不結盟的第一把交椅”[1]。

1978 年 7 月 7 日，中方公佈了外交部照會，聲稱由於阿在反華道路上越走越遠，雙方的合作基礎已被阿方破壞殆盡，迫使中國再也無法履行協議。中方決定撤回專家，停止對阿成套項目、一般物資、軍事裝備和現匯的全部援助。1978 年 7 月 29 日，阿爾巴尼亞勞動黨中央和阿部長會議發表致中共中央和中國國務院的公開信，中阿關係公開破裂。此後霍查對中國進行全面攻擊，說“中國是最危險的敵人，比蘇聯更危險，因為中國打著反修的旗幟，而實際上是真正的修正主義”，“中國從未建立起無產階級專政，也沒有建立社會主義”，“中國搞四個現代化是想當超級大國”，甚至號召推翻中國現領導[2]。至此，中阿友好完美地複製了中蘇友好。

朝鮮也是被蘇聯人收買過去的。1965 年 2 月，柯西金訪朝，雙方重申蘇朝友好互助條約和蘇朝友誼的重要性。隨後不久，朝鮮派代表團出席蘇共 23 大。5 月間，蘇聯同朝鮮簽署了軍援協定，恢復了對朝鮮的軍事援助。1966 年 2 月，朝蘇簽訂《1966～1970 年經濟與技術合作協定》。1967 年，蘇聯又同朝鮮簽署了有關提供軍事和經濟、技術援助的協定。

文革爆發後，朝鮮報刊發表一系列文章批判“左”傾機會主義、教條主義、大國主義和沙文主義，影射中國，而中國紅衛兵的大字報也將矛頭指向了朝鮮領導人。1967 年 2 月，北京出現了一張稱金日成為“修正主義者”和“赫魯曉夫門徒”的大字報，激起朝方的強烈反應。中朝關係處於前所未有的緊張狀態，朝方甚至召回了駐華大使。

---

1 《中國對阿爾巴尼亞的援助》。

2 同上。

從 1965 年開始，兩國多次發生邊界爭端，中方一度在 1968 年關閉中朝邊界的中方通道。1968 年，蘇聯入侵捷克斯洛伐克，朝鮮支持蘇聯的行動，與中國的態度截然相反。

但在 1969 年 4 月 15 日，朝鮮擊落一架美國間諜飛機，蘇聯沒有給予有力的支持，反而還幫助美國尋找美機上可能的生還者。朝鮮對蘇聯的態度因此發生變化。1970 年 4 月，周恩來訪問朝鮮後，中朝關係才恢復正常[1]。

但這"正常關係"不過是權宜婚姻。如果不是蘇聯垮了，中國成了贍養朝鮮的唯一孝子，則光憑與南韓建交一事，金家王朝就絕對不會原諒中國，更別說勾結美帝對朝鮮實行"核壟斷"了。

"靡不有初，鮮克有終"，毛澤東對所有盟友或友邦，無不從如膠似漆開始，以惡言相向甚至大打出手收場，唯一的例外只有巴基斯坦。至今中國仍然困在他留下的外交格局中，在世界上連個靠得住的盟國都沒有。

（三）"輸出革命"禍延海外華人

在傳統社會，天朝把海外僑民視為拋棄父母之邦的亂臣賊子，僑民受到迫害時非但不聞不問，還認為是活該。但到了晚清，朝廷多次因外國僑民在中國被害而受到洋人懲罰，總算學會了"保護海外僑民是政府的責任"這條"普世價值觀"。

1911 年，墨西哥爆發革命，300 多名華僑在動亂中遇害，財產損失高達百萬元。與此同時，古巴等地也掀起排華浪潮。清政府馬上向墨西哥政府提出抗議，聘請國際調查員就屠殺慘案提出賠償要求，並電令正在北大西洋海域遊弋的重巡洋艦"海圻"號立即向排華最

---

[1] 以上據楊軍、王秋彬：《中國與朝鮮半島關係史論》，社會科學文獻出版社，2006 年，http://www.yfzww.com/Read/6826/112

嚴重的幾個拉美國家進發。8 月中旬，“海圻”號首先駛抵古巴首都哈瓦那，古巴總統被迫拜謁艦長，簽訂討好華僑的城下之盟，在“海圻”號停泊古巴的幾天裡，清政府向墨西哥發出最後通牒，要求給個滿意的說法，美國表態支持。12 月 16 日，張蔭棠代表清政府在墨西哥首都與墨政府代表簽下《墨國賠償華僑損失證明書》，主要內容為墨政府同意道歉、追兇並賠償華僑財、命損失墨銀 310 萬元，償款限 1912 年 7 月 1 日前交付。然而，清政府尚未來得及批准該證明書，即在國內革命浪潮中走向終結。[1]

1917 年，所謂“十月革命”在俄國爆發，滯留在俄國遠東地區的華僑一夕數驚，要求撤回國內。北洋政府不顧孫文在南方挑起的“護法戰爭”和日本人的責難，於 1918 年 4 月間派出巡洋艦“海容”號與商船“飛鯨”號駛抵海參崴，開始撤僑護僑。“海容”號巡洋艦多次派兵登陸，前往保護因爭奪工作機會而被當地人包圍的華工。幾次武裝示威後，針對華人的暴力行為大為減少。

俄國內戰爆發後，北洋政府於 8 月 22 日發表出兵宣言，派出總數達 4000 人的步兵、騎兵、炮兵、工兵、輜重兵和機關槍部隊，分 6 批開進西伯利亞，確保海參崴－雙城子－綏芬河的撤僑通道。駐俄部隊不斷派出小分隊，應華僑的要求，前往執行拯救和保護任務。在內戰最為激烈的伊爾庫茨克一線，中國外交官員不畏艱險，從莫斯科和哈爾濱聯繫調運火車，全程護送，僅 1918-1919 年就搶運出 3 萬名被困華工。

1921 年初，海蘭泡、伯力等地再度發生排華事件，應僑胞要求，北洋政府在 6 月份再度“派軍艦江亨赴黑河，利捷駐三江口，利綏、

[1] 蘇小東：《晚清海軍護商護僑實踐及其得失》，《安徽史學》2013 年 01 期

利川赴伯利”，“專備保護僑民之用”。只是北洋政府後來就被推翻了，這一護僑行動遂成絕響。[1]

毛澤東上台後卻逆轉了這一觀念進步、他毫無現代知識，卻學了點似是而非的“階級分析”，否認超階級的民族利益存在，更把“公民”的概念嚴格限於政權覺得可靠的群體，實行史無前例的階級歧視，否認保護全體公民包括海外公民的權益是政府的責任。

遇到奉行這種邪惡觀念的母國政權已是海外華人最大的噩夢，何況毛澤東還狂熱地向東南亞輸出革命，於是海外華人便被迫為他的胡作非為付出生命財產的慘痛代價。

東南亞華人多以經商為生，一般都比土著居民富裕，本來就容易引起本地人的妒忌。中共支持那些國家內部的顛覆勢力，必然要讓其政府懷疑並遷怒於華人，煽動當地人起來排華。終毛之治，周邊國家排華浪潮此起彼伏。而受到迫害的華人又多是中共討厭的“資產階級”，中共政府根本就不關心其死活。即使是出於宣傳目的去接幾次僑，接回來後也將他們發配到所謂“華僑農場”。華僑從此被判無期勞改，還要終身蒙上“特嫌”，無異於出了虎穴又進狼窩。毛時代的海外華人，比以色列復國前的猶太人還更無依無靠。

下面簡述毛澤東輸出革命給東南亞華人帶來的災難。

◇ 柬埔寨。紅色高棉是中共一手扶持起來的。然而紅色高棉上台後，卻給柬埔寨華人帶來了西方所說的“降臨在東南亞華人頭上的最惡劣的災難”[2]。柬埔寨華僑都居住在城市，多為商販，平均生活水平與文化水平都比當地人高，膚色較淺，又有自己的文化傳統，

---

[1] 雪珥：《強勢外交,北洋政府出兵西伯利亞護僑》，《文史博覽》，2012 年 01 期

[2] Robert Gellately & Ben Kiernan: *The Specter of Genocide: Mass Murder in Historical Perspective.* Cambridge University Press 2003, pp. 313–314.

因而成了紅色高棉要消滅的資產階級[1]。紅色高棉攻克金邊後，立即就將成千上萬的華僑抓了起來，聲稱要將他們轉移到農村去，實際上卻將他們殘暴地殺害了[2]。

紅色高棉建政之初的 1975 年，柬埔寨有 425,000 名華人，1979 年底就只剩下了 200,000 人左右，20 多萬人慘遭殺害。西方學者注意到，中國政府從未對"民主柬埔寨"提出過抗議[3]，他們還對紅色高棉為何專門屠殺華人感到困惑，因為波爾布特和農謝都有華人血統。他們不知道，紅色高棉這一套是從毛主席著作裡學去的。

1975 年 6 月 21 日，毛澤東在中南海會見了掌權後的柬埔寨共產黨中央委員會書記波爾布特等人。毛澤東同波爾布特熱烈握手，波爾布特激動地說："我們今天能在這裡會見偉大領袖毛主席，感到非常愉快！" 在一個小時的會見中，毛澤東詳細講述了路線鬥爭問題。他說："我們贊成你們啊！你們很多經驗比我們好。中國沒有資格批評你們，50 年犯了 10 次路線錯誤，有些是全國性的，有些是局部的。你們基本上是正確的。至於有沒有缺點，我不清楚。總會有，你們自己去糾正。"

波爾布特說："毛主席同我們談路線問題，這是一個很重要的帶戰略性的問題。今後我們一定要遵照你的話去做。我從年輕時起就學習了很多毛主席的著作，特別是有關人民戰爭的著作。毛主席的著作指導了我們全黨。"

---

[1] Alexander Laban Hinton: *Why Did They Kill? Cambodia in the Shadow of Genocide.* University of California Press, 2005. p. 54.

[2] Ben Kiernan: *The Pol Pot regime: Race, Power, and Genocide in Cambodia under the Khmer Rouge*. Yale University Press.2008. p. 431.

[3] Sucheng Chan: *Remapping Asian American History*. Rowman & Littlefield, 2003.p. 189.

會見結束時，毛澤東送給波爾布特 30 本馬、恩、列、斯著作。波爾布特高興的接受了，並表示要努力學習這些書，但還要繼續學習毛主席的著作[1]。

惟其如此，當越南出兵柬埔寨時，中國不但反復強烈抗議，更悍然入侵越南，企圖解救波爾布特政權。

◇ 越南。前已述及，中共不但幫助越共建立了北越政權，還幫助他們征服了南方。然而越共在征服南越後，立即就把華僑當成了主要鎮壓對象。西方學者注意到，越共對越南華人的鎮壓特別嚴厲[2]，認為這是因為中越關係日益緊張，越南政府因而將華僑視為安全威脅[3]。另一個原因是華人控制了南越許多零售業，自然要變成“社會主義革命對象”。越南政府對之提高了稅收，限制其貿易並沒收其企業。1978 年 5 月，不堪迫害的華僑開始逃離。到 1979 年底，250,000 名華僑逃回中國，其他華僑則投奔怒海，乘坐簡陋的小船逃到東南亞與香港[4]。

◇ 印度尼西亞。50 年代，印尼是中國的少數友邦之一，蘇加諾總統是“中國人民的老朋友”（黨報上稱之為“朋加諾”）。雖然 1960 年印尼也搞過排華，中共還派了輪船去接僑（在我印象中，那次接回來的印尼華僑還較受優待，多數被安置在城市裡。後來接回來的華僑，尤其是緬甸、越南的歸僑則被悉數發配到農場），但

---

1 丹童：《西哈努克、波爾布特與中國》，《黨史文匯》2000 年 01 期

2 Fox Butterfield: *Hanoi Regime Reported Resolved to Oust Nearly All Ethnic Chinese*, The New York Times, July 12, 1979； Henry Kamm: *Vietnam Goes on Trial in Geneva Over its Refugees,* The New York Times, July 22, 1979.

3 *Special Study on Indochina Refugee Situation July 1979*, Douglas Pike Collection, The Vietnam Archive, Texas Tech University, 8 Jan 2014; Far Eastern Economic Review December 22, 1978, p. 1

4 Larry Clinton Thompson: *Refugee Workers in the Indochina Exodus*, Jefferson, NC: MacFarland Publishing Company, 2010, pp. 142-143

“友好”之聲仍不絕於耳。印尼共產黨是中共的鐵桿馬仔，在中蘇大論戰中堅定地站在中共一邊，在國內勢力很大，擁有幾百萬黨員，構成了朋加諾政權的三大支柱之一（另外兩個是軍方與伊斯蘭教勢力），當時貌似很有希望上台執政。

1965 年 9 月 30 日，一批左翼軍官發動政變，逮捕並處決了 6 名軍方將領，強迫蘇加諾解散國會。時任印尼陸軍戰略後備部隊司令的蘇哈托迅速平息了政變，掌握了國家最高權力。軍方宣佈政變是共產黨人發動的，中國是其後台，隨即開始在全國大肆屠殺共產黨人和華僑。屠殺持續了幾個月，是 20 世紀最恐怖的屠殺之一。受害人數至今尚未查明，國際學術界普遍接受的數字在 50 萬到 100 萬之間[1]，雖然有的研究給出的數據高達 200 萬到 300 萬[2]。

到底有多少印尼華人倒在了血雨腥風中，至今國際學界還有爭議。過去普遍認為華人是主要的受害群體。黨媒發表的文章披露，根據倖存者的陳述，至少有好幾個地方發生屠村事件。“溝水都變成紅色”。印尼華人被禁止使用中文，不得取中國名字，不准開辦華人學校，不得進入政府部門工作……，“蘇哈托執政 32 年，逾 50 萬華人遭屠殺——這是鐵的事實”[3]。

近來某位西方學者指出，儘管華人的受害人數“很可能永遠也無法查明”，但被高估了。在他調查過的地區，屠殺對象主要是共

---

[1] *The Memory of Savage Anticommunist Killings Still Haunts Indonesia, 50 Years on*, http://time.com/4055185/indonesiaanticommunistmassacreholocaustkillings1965/

[2] Robert Gellately & Ben Kiernan, . *The Specter of Genocide: Mass Murder in Historical Perspective*. Cambridge University Press. July 2003, pp. 290–291;Mark Aarons：Justice Betrayed: Post1945 Responses to Genocide, in David A. Blumenthal and Timothy L. H. McCormack (eds)： *The Legacy of Nuremberg: Civilising Influence or Institutionalised Vengeance?* (International Humanitarian Law). Martinus Nijhoff Publishers. 2007, p. 80

[3] 蘇向暉：《華人該不該原諒蘇哈托》，《環球人物》2008 年第 4 期

產黨人，受害華人的比例低於爪哇人與巴厘人[1]。別的研究者則指出，大屠殺一共有三波，第一波殺共產黨人，第二波殺共產黨的外圍組織及左翼人士，到發動第三波大屠殺時，共產黨人及其追隨者已被殺光，被屠殺的對象就是華人，開頭還只是殺親共華人，後來連親國民黨的華人都遭到了屠殺和迫害。[2]

中共和印尼共產黨到底在"九三〇事件"中捲入了多深，是否真是政變的後台，這祕密與有多少華人慘遭屠殺一樣，或許都是永遠無法查明的。可以肯定的是，毛澤東向印度支那尤其是向印尼鄰邦馬來西亞輸出革命，不但引起了印尼軍民的猜疑和恐慌，而且直接為其排華屠華提供了藉口。

三、冤大頭神功是怎樣煉成的

由以上介紹可知，毛澤東主導的外交造成的災難絲毫不遜於其內政，其最突出的特點是損人害己，不但害慘了周邊國家諸如柬埔寨、朝鮮、越南、緬甸等國，還給中國人民包括海外僑民帶來了深重災難，更最大限度地孤立了中國，使得他的私人野心成了泡影。即使不考慮人道主義、國家利益等問題，光從智力角度來看，將其稱為"白癡外交"也是恰如其分的。

為什麼這樣一個據說具有雄才大略的開國君主會變成千古一蠢帝？這是個值得心理學家與社會學家們深入探討的問題。我的一點

---

[1] Charles Coppel：*Anti-Chinese Violence in Indonesia after Socharto*, in Leo Suryadinata(ed): *Ethnic Chinese in Contemporary Indonesia*. ISEAS Publications, 2008, p118

[2] Jess Melvin： *Why Not Genocide? Anti-Chinese Violence in Aceh, 1965–1966*, Journal of Current Southeast Asian Affairs 3/2013: 63–91

粗淺想法是，無論是外交還是內政，毛澤東犯的錯誤都是外行領導內行造成的，他的施政實踐，充分顯示了“絕對的權力”與“無知”聯姻會發揮出何等可怕的自身殺傷力。

前文反復指出，毛澤東的知識結構極為陳腐雜亂，徹底缺乏現代常識尤其是世界知識，內心世界還停留在晚清以前。可悲的是，他拒絕承認自己的知識缺陷，深信從線裝書中（包括《東周列國志》那種劣質小說）能找到一切答案。不幸的是，古代中國並沒有外交以及一系列相關理論，只有與列寧“統戰策略”差相仿佛的陰謀詭計，於是他之所謂“外交”便只可能是“國際統戰”，根本目標是為了打倒敵人，與捍衛國家民族的利益無關。

更糟的是，他坐井觀天，以己度人，以為其他國家元首使用的也是同一思維方式，於是忍不住要對外國“友人”謬托知己，開誠布公，推心置腹。1959 年中方致印度外交部的答覆就充分暴露了毛澤東與現代國務家的天壤之別。

1959 年 5 月 14 日，毛澤東在周恩來報送的外交部對印度外交部長杜德 4 月 26 日談話的答覆後加了一段話，其精粹如下：

> “我們的主要敵人是美帝國主義。印度沒有參加東南亞條約，印度不是我國的敵對者，而是我國的友人。中國不會這樣蠢，東方樹敵於美國，西方又樹敵於印度。……你們終究會明白，我們不能有兩個重點，我們不能把友人當敵人，這是我們的國策。……印度朋友們，你們的心意如何呢？你們會同意我們的這種想法嗎？關於中國主要注意力只能放在中國的東方，而不能也沒有必要放在中國的西南方這樣一個觀點，我國的領導人毛澤東主席，曾經和前任印度駐中國大使尼赫魯先生談過多次，尼赫魯大使很能明白和欣賞這一點。不知道前任印度大使將這些話轉達給印度當局沒有？朋友們，照我們看，你們也

是不能有兩條戰線的，是不是呢？如果是這樣的話，我們雙方的會合點就是在這裡。請你們考慮一下吧。"[1]

馬克斯韋爾指出：

"在兩國爭論的所有往來文件中，這份陳述使用了獨一無二的措辭，顯示出急切、直率、甚至熟不拘禮。它當然是非外交的，因為它無視外交語言慣例，結尾可被理解為隱含的威脅，但也可理解為中國把自己的牌都攤在桌面上，試圖使印度人放心。如果這是中方的意圖，那這個姿態失敗了。一周後，中國大使被印度外交部召來聽取憤怒的答覆。他因為使用'不禮貌與不得體的語言'而遭到痛斥、他被告知，印度把所有的國家都當成朋友對待，'這是和印度過去的背景、文化和聖雄甘地的教導相一致的'。"[2]

由此可見毛澤東想象中的外部世界距離真實有多遠——有哪個國家會在和平時期的外交文件中，宣稱某個國家是敵國？就連蘇聯都不會這麼做，遑論不由分說謬託知己，認定印度也跟自己一樣，在國際上劃分"敵、我、友"。真不知巴基斯坦人看見這份文件會怎麼想——毛澤東明明是告訴尼赫魯：中國不是你的敵人，你還是去全力對付巴基斯坦吧。

類似地，毛澤東按照《三國演義》裡諸葛亮七擒孟獲的高招，命令中國軍隊在大敗印軍後撤回，不但在對方沒有同意停火時就釋放了所有戰俘，還把繳獲的所有武器和物資交還給對方，滿以為印度人會被這"攻心戰"征服，"南人不復反矣"。

可他做夢也沒想到印軍第四師師長普拉沙德聽到中國撤軍時的反應："中國已宣佈停火，並且單方面撤到'控制線'。我們的恥

---

[1] 《毛澤東年譜（1949-1976）》第四卷，48-50 頁。年譜中將印度外長誤譯為"外交部外事秘書"。

[2] *India's China War*, p106.

辱算是徹底了。”[1]被英國人灌輸了軍人榮譽感的印度軍官，不會像孟獲一樣“畏威懷德”，只會覺得中方剝奪了他們找回場子的機會，蒙受了無法洗雪的羞辱。

中方歸還武器和物資更是在傷口上撒鹽。馬克斯韋爾說：“儘管印方以合作態度正式接收了交還的軍用物資，但他們覺得這是一種額外施加的羞辱，為此滿懷怨毒，大罵中國這一姿態是宣傳伎倆。”[2]毛從《三國演義》上學來的這類韜略的唯一作用，就是使得中印戰爭從此成了印度人沒齒不忘的國恥。

所以，毛澤東自己鑄就的不可穿透的文化隔膜，決定了他必然要在國際社會中到處碰壁。

毛澤東的第二個問題，是完全不懂“升米恩，斗米仇”、“親兄弟，明算賬”的民間真理，連市井小民都不如。一旦與誰相好，就好得不分彼此，“解衣衣人，推食食人”，慣得對方將受惠視為理所應當，稍不如意反而怨氣滿腹。前引耿飈關於阿爾巴尼亞人貪得無厭的證詞就說明了這一點。

令人難以置信的是，毛澤東蠢到專門去誘導對方產生這種心理。他因爲受了斯大林的窩囊氣，痛恨斯大林的自私，便效法王莽禮賢下士，刻意顯示自己的無私，不但提供援助不附加任何條件，還强調那是爲了中國的反美事業。讓對方以爲中國援助他們是不懷好心，中國人出錢出槍，利用他們去爲中國人送命。幾乎每次會見階級弟兄們，他都要這麼說。下面僅舉數例。

1960年11月3日，毛澤東會見南非共產黨代表團時說：中國人民支持亞、非、拉以及全世界一切反帝鬥爭的人民，這句話只講了一

[1] 《一個印度侵華將軍的自白》，164頁。

[2] *India's China War,* p 428

半，還有一半，亞、非、拉人民支持了我們。哪一半多？我看後一半多。[1]

1963 年 6 月 16 日，毛澤東會見朝鮮崔庸健一行，在談到抗美援朝戰爭時說：第一是朝鮮支援了我們，因為你們犧牲最大，你們在第一線，中國是後方；第二才是中國支援了你們。對越南、老撾也是這樣，因為他們在前線。特別是南越的鬥爭，老撾的鬥爭，我們支援的不過是一些武器，他們犧牲的是生命。用這個觀點看問題，才能解釋真相。亞洲各國、非洲、拉丁美洲以及其他地方，凡是對帝國主義和反動派進行鬥爭的，都在支援我們。[2]

1963 年 6 月 24 日，毛澤東會見古巴科學院代表團，說：古巴處在反帝鬥爭最前線，你們的鬥爭支持了社會主義陣營，支持了各國革命人民，這是第一條。第二條是社會主義陣營支持你們，全世界革命人民支持你們。[3]

1964 年 4 月 16 日，當剛果特使安托萬對中國的支援表示感謝時，毛澤東說：你們在那裡反對帝國主義，削弱帝國主義一份力量，對全世界人民都有好處。所以，我們不把你們的事業只看作你們的，而是也看作我們的事業。我們有義務支持你們，你們有權利得到我們的支持。中國人民不支持你們，那就不是真正的馬列主義者，而是自私自利的民族主義者了，我們不能做這樣的事。[4]

這結果就是援助越多，反感越甚，花錢買來了無數仇敵。黎笋在其內部講話通篇發泄對中國的怨毒，就是毛這種舉世無雙的冤大頭神功的生動證明。中國人勒緊腰帶，從牙齒上刮下來的銅板，讓

---

1 《毛澤東年譜（1949-1976）》第四卷，475 頁。

2 《毛澤東年譜（1949-1976）》第五卷，233 頁

3 同上，234 頁。

4 同上，341 頁

毛澤東拿去作濫好人，換來了什麼？“我們的朋友遍天下”——幾乎所有被收買的同志都成了死敵。

毛澤東第三個問題，是性格缺陷導致的意氣用事。雖然他把外交當成國際統戰，但他連統戰都沒本事做好，連他自己反復鼓吹的“團結一切可以團結的力量，最大限度地孤立敵人”都沒做到。之所以如此，我想是因為他“老子就是不信邪”的逆反心理導致的意氣用事。這一性格缺陷在與蘇聯鬧翻時暴露得最充分，那完全無理性可言。

於是毛共政府就成了中國歷史上樹敵最多的政權之一。除了對萬國宣戰的慈禧老佛爺，再沒有哪個政權曾有過這種與幾乎所有與國都鬧翻的奇迹。毛主席革命外交路綫的唯一偉大成果，便是弄幾個黑白鬼子戴上像章手揮小紅書，拍下照來登在《人民被日報》上，冠以“全世界人民熱愛毛主席”的通欄大標題。如果這就是外交，那本人只需1萬美元以下的投資，便能製造比這輝煌十倍以上的成果，而且絕對不會使得幾乎所有與國都變成仇敵。

內政篇

第一章 殘民治國

毛澤東治國的內政包括兩部分，一曰“抓革命”，二曰“促生產”。鑒於海內外已有大量討論毛澤東“抓革命”的著述，本篇只用一章略作簡介，將其他各章用於介紹毛的“促生產”。

“抓革命”是毛澤東的獨到發明，是他對“治國”的理解，在中國歷史上從未見過，也爲文明世界憎惡。但至今還是愛黨人士們的“治國”觀。所謂“抓革命”的實質，就是李慎之先生一針見血地指出的“以小民爲敵國”，用對敵鬥爭的戰略策略去管理人民。

毛澤東和歷史上所有的君王不同（唯一與之有三分相似的只有朱元璋，但仍不及其萬一），不但把人民當成敵人，而且在潛意識裡堅信自己一定會被人民推翻，因而引入和發明一系列監控、欺騙和愚弄人民的政治硬件軟件設施，以最大限度地削弱人民的實力，剝奪人民的能量，徹底剝奪人民的財產特別是生產資料以及一切政治經濟權利，建立史無前例的天羅地網，將人民死死罩于其中，對人民進行“限制、利用、改造”，使得人民徹底喪失在物質上精神上反抗統治者的一切可能。其對人民的控制、監視、鎮壓與迫害之完全徹底，令世界歷史上有過的一切異族統治者或佔領軍望塵莫及。

毛澤東把主要精力和興趣都放在“抓革命”上，提出“政治是統帥，是靈魂，政治工作是一切經濟工作的生命綫”，越到後期越是這樣。自大饑荒之後，他把全部精力都轉移到了這上頭，提出

“千萬不要忘記階級鬥爭”、“以階級鬥爭為綱”。不但自己如此，甚至不容許其他黨幹“促生產”。凡是文革過來人都知道，“只抓生產不抓革命”、“只知低頭拉車不知抬頭看路”就是“走資本主義道路”的表現。

下面簡介毛的“抓革命”活動。

一、建立極權制度

根據馬列的“階級”定義，毛澤東建立的社會是一個標準的奴隸社會。除了官僚階級外，絕大部份社會成員雖有職業分工不同與收入差異，但在生產關係中的地位毫無階級差別——都是不佔有、不掌握任何生產資料的新型奴隸。與西方古典奴隸社會的奴隸相似，他們與所在的單位形成嚴密的人身依附關係，個人沒有任何政治權利與經濟權利，沒有擇業自由與遷徙自由，甚至沒有選擇髮型以及衣著的自由。其與古典奴隸社會的奴隸的區別在於，新時代的奴隸主沒有養活他們的責任與義務。

這種社會類似軍營，高度“一元化”，非常均一，毫無社會的自治細胞（亦即各種各樣的民間社會諸如職業行會、宗教組織、宗法組織，等等），社會成員全都“原子化”了，因而毫無結成團體對抗當局的可能。

縱觀人類社會發展史，不難看出人類的所謂“解放”，就是統治者失去了部份權力（power），人民獲得了過去沒有的權利（rights）。因此，社會進步最主要的指標，就是人民的人權狀況。而中國在 1949 年發生的“解放”，卻是政府獲得了空前絕後的權力，人民卻完全徹底地失去一切權利，國家墮入中國歷史上從未有過的奴隸社會。這實在是人類墮落的極致，是空前絕後的大倒退。

要維持這種人類歷史上最黑暗、最反動、最血腥的社會的存在與運作，就必須有一系列國家政治“硬件”與“軟件”。它們大多數是蘇聯人的發明，但經過毛澤東“將馬列主義真理與中國革命的具體實踐相結合”後又進行了野蠻化、腐惡化加工。

（一）三大國家政治硬件

這三大硬件都是列寧斯大林的發明：

1）官僚集團使用暴力無償强佔國家一切物質資源，確保它們不會落在反抗者手中。掃蕩一切獨立精神權威和道義權威諸如宗教組織、社會團體、行業協會等等，壟斷把持文化、教育、宣傳、新聞傳播，以壟斷全國精神資源和信息資源。

2）將所有國民都編織入一個無比龐大而嚴密的組織網絡中，將每個社會成員終生焊死在原位，從四面八方實行持續監控。

3）剝奪一切人民財產，實行黨有制，控制了每個人的糧道，使得全民徹底喪失自食其力可能，造成“一飲一啄，莫非黨賜”的局面，使黨成了人民不折不扣的衣食父母，人民則化爲黨的奴隸。

（二）强制洗腦的九大軟件

它們大部分是列寧、斯大林發明，小部分為毛獨創：

1）將中國密封在罐頭中，隱瞞本國人民牛馬不如的生活，反復宣傳非共國家特別是西方國家的地獄場景，進行虛幻“橫比”，使人民慶幸自己沒有活在別的制度下。

2）在政治上實行等級制度的同時，在基層實行經濟上的平均主義，嚴懲貪污，使得人民不會因“橫比”產生不滿情緒。只要大家一樣窮，便窮死而無怨。

3）設置“階級敵人”作“幸福對照組”，進行“正面横比”，通過對他們進行全方位的貶低羞辱來襯托出人民地位的崇高；以唆使、奬勵、逼迫人民無止境地迫害階級敵人作爲“幸福致幻劑”，在這群體吸毒過程中讓人民獲得一種“當家作主”、“揚眉吐氣”、高人一等的强烈幻覺。

4）剝奪人民一切發財致富的可能，並將人類發財致富的天然正當的欲望當成最可耻的罪行，加以反復的嚴厲譴責。既然沒有任何人能發財，無希望當然也就無所謂失望，從根本上杜絕因結果未達預期值而失望的可能。

5）開展持久的“階級教育運動”，在全國各地開辦“階級教育展覽館”，以極度誇張的個例或純粹虛構事例（如婦孺皆知的四大地主：華北黄世仁、華南南霸天、東北周扒皮、西南劉文彩）進行虛幻“正面縱比”，將“舊”社會描繪爲人間地獄，使用西方發明的廣告手段反復强制輸入强烈信號，直到全國人民，就連知道真相的過來人也罷，都被徹底洗腦，爲他們有幸泡在今日“蜜水”裡而感到無限幸福。

6）通過控制人民糧道，變成人民的衣食父母，使得人民永遠處在欠下了黨和毛主席恩情的被動位置；指令無耻文人創作大量馬屁作品諸如“天大地大不如黨的恩情大，爹親娘親不如毛主席親”，反復强化人民的條件反射，使得毛在人民心目中成了超過父母的第一恩公，連吃飯喝水都忘不了感謝毛主席。

7）將高幹奢侈腐化的生活嚴密封鎖在“軍事禁區”中，讓普通人絕對看不見，聽不到。絕對不許百姓知道政府其實是靠搶劫人民而存在的，更不許他們得知被搶走的錢用到哪兒去了，只在媒體上强力宣傳偉大建設成就。

8）將人民中能量最大的知識分子視爲重點監控對象，不斷發動運動痛打之，徹底摧毀他們的自尊自信，養成對黨的終生敬畏心理，並向他們反復灌輸“原罪”觀念，使得他們終生處在誠惶誠恐、自覺自願的“思想改造”中。

9）以仇恨立國，徹底沖刷掉人民頭腦中一切傳統觀念，如“仁愛誠信”、“忠恕”、“禮義廉恥”，“溫良恭儉讓”，強制灌輸以仇恨為核心的“新道德”觀念，諸如“對敵人像嚴冬一樣殘酷無情”、“對敵人仁慈就是對人民犯罪”，將“妥協、調和、折中”譴責為大罪，在人民尤其是青少年中培養“愛憎分明的階級立場”，將其訓練為“誰敢反對毛主席我們就打倒誰”、勇於“痛打落水狗”的狂熱而冷血的打手乃至劊子手。

從美學的角度來看，上述制度設施的確是天才發明。從心理學的角度來看，發明者對人性弱點的諳熟令人不寒而慄，值得心理學家深入研究。從社會進化的角度來看，它們是人類能作出甚至想象出的最反動的發明。被廣泛譴責的納粹極權制度其實只從蘇聯學去了有限的幾條，對社會的改造遠不如蘇式極權社會完備徹底。例如納粹並未實行生產資料的全面黨有制，實行的是“黨管經濟”而非“黨有經濟”。他們也並未用黨團組織的天羅地網將國民一網打盡，加以嚴格監控。人民享有相當大的行動自由。因此，就社會結構而言，共產極權制度遠比納粹極權制度反動。

當然，這些邪惡發明大部分是列寧斯大林作出的，但毛基于腐惡傳統作出的個人獨創也不能抹煞。愛黨網友就曾以它們作爲毛澤東治國才能的證明，那其實就是我黨、愛黨人士以及無數天生賤民爲何認定毛澤東是史無前例的大英雄大天才的重大理由。在這方面這，毛澤東確實稱得上是“世界幾百年、中國幾千年才出一個的天才”。

二、以殘民運動治國

頻頻發動禍國殘民的群眾性政治運動，以此作為治國的主要方式，乃是毛的獨創，未見于蘇聯模式。蘇聯人雖然也搞運動，但震級和烈度不及毛澤東的萬分之一，斯大林模式維護統治主要是靠祕密警察而不是靠暴民，而毛澤東則主要靠操控暴民來實行“無產階級專政”。

毛澤東為何要不斷發動殘民運動，把它變成中國人的生活方式？前已述及，這主要是因為毛天生缺乏安全感。在贏得絕大多數人民衷心擁戴之後，他對自己的事業仍然徹底缺乏信心，一直被噩夢纏繞，以為被粉碎的敵人會奇跡般地反攻倒算，奪回政權，像他本人對待階級敵人那樣，成千成萬地屠殺他們，“讓千百萬人頭落地”。對這病態想象中的危險，他的對策就是先發制人，沒完沒了地發動群眾性政治運動，去把想象中的敵人抓出來。

鑒於新一代對昨天的隔膜，有必要簡介一下殘民運動的操作規程。

在這種政治運動中，中央將某個階級或是某群人挑出來作為打擊對象，制定打擊百分比，並作為必須完成的指標下達到基層。打擊與被打擊人數比例通常是“九個指頭對一個指頭”，以確保如意操控大局，並讓施暴者陶醉在“我站在人民的隊伍中”的光榮感與正義感中。官方開動整個宣傳機器譴責預期中的“敵人”，號召人民起來揭露他們，並與之作堅決鬥爭。一系列大會小會在每個單位（工廠、生產隊、學校，商店、企業、機關直到居民委員會）召開，鼓勵群眾向當局告發一切有嫌疑的人。

在受害人名單初步確定後，當局就組織召開大小會議（土改時期稱為“鬥爭會”，反右、大躍進與反右傾時稱為“大辯論”，文革期間稱為“批鬥會”）來羞辱他們。受害人被迫低著頭站在或是跪在與會群眾面前。所有的人都得站出來揭發批判他們，作出各種各樣荒誕不經的指控。任何人都不得置身事外，尤其是受害人的家屬要遭受巨大的壓力，被逼著“劃清界線”，出賣背叛自己的親人。受害人必須承認一切指控，辱罵自己，為自己編造匪夷所思的罪名，苦苦懇求饒恕。若是他們不屈服，由黨幹和積極分子們組織操控的暴民就會變得非常兇惡，毆打乃至酷刑常常隨之而來。受害人的“檢討”要反復重複多次，每次都必須比上次更“深刻”（挖空心思給自己羅織的罪名越來越嚴重，這稱為“上綱上線”），直到當局滿意才算“過關”。

在整個運動過程中，受害人被關在本單位私設的拘留室裡（文革中稱為“牛棚”），與家庭的通訊被切斷。這是爲了造成他們的孤立無援感，使得他們的精神更容易崩潰。折磨可以持續幾個月。直到“最頑固的堡壘被攻克”之後，官方才會宣佈他們的命運，並立即執行懲罰。

懲罰分為“殺、關、管”三種。“關”分為兩類：一種是“勞動改造”，亦即經司法機關逮捕審判的監獄關押，但犯人必須從事奴隸勞動，這是從蘇聯學來的。另一種則是“勞動教養”，這似乎是毛澤東的個人發明，它是沒有司法介入的“行政處分”，事實上卻是不明確宣佈刑期、因而可以任意延長的監獄關押，犯人同樣要從事強迫勞動。“管”則是“管制”，似乎也是中共的發明，受害人被戴上“管制分子”的帽子，留在原單位，在群眾監督下從事強迫勞動。任何人都可以肆無忌憚地斥罵侮辱甚至毆打他們。

在最早的運動諸如“鎮反”和“土改”中，上百萬受害人被槍決或是被暴民活活打死。在後來的運動中，受害人則更可能被送去勞改或勞教，或是留在本單位被管制起來。實在找不到罪名而且“民憤不大”（亦即領導不是那麼討厭）者，便以“事出有因，查無實據”的結論釋放，既不道歉，更不賠償。

這種政治運動每年至少一次，有時甚至在大運動中套小運動，例如文革本身就是個長達十年、禍延全民的大運動，但其中又包含了“清理階級隊伍”、“知青上山下鄉”、“一打三反”、“清查五·一六”、“批林批孔”、“評法批儒”、“批鄧反擊右傾翻案風”等小運動。

每個運動有其特定的目標，但所有的運動都必須起到下列一般性“教育作用”：

◇ 殺雞訓猴，在人民中普遍造成對當局的畏懼心理。

◇ 檢驗人們的忠誠度，發現“不可靠分子”（也就是有不忍人之心的善良人或不願昧著良心撒謊的正直者）。

◇ 讓大多數人的手上染上“階級敵人”的血，斷了他們的後路，使得他們別無選擇，只能與共產党共命運到底。這就是《水滸傳》上介紹過的土匪脅迫良民為寇的“投名狀”策略。

◇ 通過煽動教唆過去的“人下人”去迫害“人上人”，在他們心目中造出一種“翻身做主”的虛幻的解放感，強化他們對“人民政權”的認同。

如果當局認為沒有達到上述目標，則運動就被稱為“煮了夾生飯”，就要重來（稱為“補課”），直到當局認為每個人都接受了深刻“教育”為止。

按打擊對象，毛澤東發動的殘民運動可大致分為五類：1、鎮壓參加過國民黨黨、政、軍的人員的“清匪反霸”、“鎮反”與“肅反”。2、剝奪農民生產資料的“土改”、“合作化”與“公社化”。3、剝奪城市資產階級與小資產階級生產資料的“五反”、“公私合營”。4、整肅知識分子的“思想改造運動”、“反右鬥爭”與“拔白旗”運動。5、整肅共產黨內部的“三反”、“反右傾”、“四清”與“文革”。

必須指出，以上分類極為粗略，實際上運動往往不限於選定對象，例如文革名義上的打擊對象是“走資本主義道路的當權派”，但“地富反壞右”和知識分子遭到的迫害遠勝於“走資派”，實際上是一場整肅全民的超級運動。

這些連續不斷的運動，製造了一批又一批的“階級敵人”。中共發動逼迫全民，對他們實行了長達 30 年的迫害。這是幾千年中國歷史上最黑暗的一頁，也是全體中國人永遠洗不去的耻辱。這種喪心病狂的罪行，就連對猶太人實行種族滅絕的納粹都沒幹過。人家迫害的還是異族不是本族，使用的還是“最後解決”那種痛快手段，不是沒完沒了的羞辱、批鬥、毒打以及各種各樣花樣百出匪夷所思的迫害、糟踐與蹂躪，更沒把這種野蠻犯罪奉爲神聖國教，變成全民聖潔的生活方式，檢驗革命接班人忠誠度的試金石，教育後代的聖經，文藝創作的唯一靈感來源！

如果中國總有光明的一日，那麼我堅信，後世子孫必然會把天安門廣場的“毛主席紀念堂”推倒，改建一個“‘階級敵人’死難紀念碑”，用以表示全民對那滔天大罪的無窮懺悔。

毛澤東發動的殘民運動實在太多，限於篇幅，只能擇要簡介。

（一）鎮反與肅反

眾所周知，文明世界的司法是對罪行的被動懲罰，亦即先有犯罪，然後才能有懲罰。在實行懲罰前，司法機構必須嚴格依據證據，對犯罪嫌疑人進行公平審判。若被告未被證明有罪，便只能認為無罪。執法機構決不能以猜想或恐懼為依據，“防患於未然”，在沒有證據、或甚至根本沒有發生犯罪的情況下，就“先發制人”鎮壓當局心目中的“階級異己分子”。

毛共“無產階級專政”的司法原則卻與此相反，它不是對犯罪的被動懲罰，而是為了鞏固政權的主動出擊，以大規模殺人、有意製造恐怖的方式來維持統治。這就是毛澤東的“屠民治國”哲學。他多次在講話或文件中販賣過這種哲學，下面就是一例：

> “這裡還講一個鎮壓反革命的問題。那些罪大惡極的土豪劣紳、惡霸、反革命，你說殺不殺呀？要殺。有些民主人士說殺得壞，我們說殺得好，無非是唱對台戲。這個戲，我們就是老跟民主人士唱得不對頭。我們殺的是些‘小蔣介石’。至於‘大蔣介石’，比如宣統皇帝、王耀武、杜聿明那些人，我們一個不殺。但是，那些‘小蔣介石’不殺掉，我們這個腳下就天天‘地震’，不能解放生產力，不能解放勞動人民。生產力就是兩項：勞動者和工具。不鎮壓反革命，勞動人民不高興。牛也不高興，鋤頭也不高興，土地也不舒服，因為使牛、使鋤頭、利用土地的農民不高興。所以，對反革命一定要殺掉一批，另外還捉起來一批，管制一批。”[1]

他的好學生張春橋後來曾將此精闢地總結為一句話：“怎樣鞏固政權：殺人。”他忘記了毛的另一條發現：“怎樣解放生產力：殺人。”

“殺人治國”之外則是“整人治國”。所謂“整人”，就是不讓受害人痛痛快快地死，而是用鈍刀子沒完沒了地割，亦即煽動暴民虐待、折磨、羞辱、斥罵、毆打受害人，讓他們日日夜夜生活在恐慌與痛苦之中。那些被戴上“帽子”的受害人則幾十年如一日地遭受暴民的虐待，生不如死。這是毛澤東相對於斯大林的獨創，也

---

[1] 毛澤東：在中國共產黨第八屆中央委員會第二次全體會議上的講話，（一九五六年十一月十五日），《毛澤東選集》第五卷，人民出版社，1977 年 4 月第一版，https://www.marxists.org/chinese/maozedong/marxist.org-chinese-mao-19561115.htm

是他引以為傲的“寬大仁厚”的“仁政”。他動輒就自吹“一個不殺，大部不抓”，說這是他針對斯大林犯的“肅反擴大化”的錯誤作出的偉大發明。

然而受害人卻覺得，這種鈍刀子殺人造成的精神折磨更加難以忍受。在反右中落馬的外貿部行情研究所歐美研究室主任嚴文傑說：“親身經歷過三反、五反、肅反這些運動的人，想起來就感到心驚肉縮，毛骨悚然。真是人人自危，社會大恐怖。不管甚麼人，只要領導手指一下，就可以鬥的。鬥的場面，比坐牢難受多了。”[1]

另一位反右運動的受害人、武漢中南財經學院教授楊時展在致毛澤東的萬言書中說：“在這些運動中，知識分子因不勝精神摧折，不勝鬥爭之辱，不勝我們的董超薛霸式的‘幫’，跳樓、赴水、仰藥、刎頸、投環、切腹而死的，擢髮難數！”[2]

鎮反運動就是中共當國後對“殺人治國”哲學的大規模實踐。這個規模空前的殺人運動的目的是爲了鞏固政權，與懲罰犯罪毫無相干。《人民網》發表的文章相對客觀地介紹了鎮反運動，下面摘錄該文要點。[3]

該文首先坦率承認，中共之所以發動這場大規模殺人運動，並不是因為當時出現了大規模犯罪，而是早就決定必須採取的重大措施：

---

[1] 《爭鳴》月刊（北京：爭鳴月刊臨時編委會）一九五八年二月號第21頁；《人民日報》1957年7月23日轉載。轉引自丁抒：《陽謀》，開放出版社，2007年。引文來源於電子書，頁碼與原書不符。

[2] 陸健東：《陳寅恪的最後二十年》，411頁，三聯書店，1996年；華民：《中國大逆轉》第194頁。轉引自丁抒：《陽謀》

[3] 紀彭：《新中國成立初期大鎮反 亂世用重典》，《文史參考》，2010年10期，

“中共中央（1950 年）10 月 8 日正式決定出兵朝鮮，2 天后毛澤東就親自主持通過了《關於糾正鎮壓反革命活動的右傾偏向的指示》，即‘雙十’指示，要求堅決糾正鎮壓反革命中‘寬大無邊’的偏向，在全國范圍內部署大規模鎮壓反革命的工作。

‘雙十’指示的出台，關鍵並不在於敵情突然嚴重，甚至也不是因為攘外必先安內的考慮。對於毛澤東來說，鎮壓反革命是共產黨建政後早就決定必須要採取的重大步驟之一，唯一的考慮是適當的時機。

藉著抗美戰爭的強大聲勢，毛澤東當機立斷要求大張旗鼓地清除反革命分子，在他看來‘時機到了’……‘不能浪費了這個時機。’劉少奇的解釋更為形象，他說：‘抗美援朝很有好處，使我們的很多事情都好辦，如搞土改、訂愛國公約、搞生產競賽、鎮反等。因為抗美援朝的鑼鼓響起來，響得很厲害，土改的鑼鼓、鎮反的鑼鼓就不大聽見了，就好搞了。’”

不但是預謀殺人，而且是“計畫殺人”，亦即用制訂生產指標的方式來制訂殺人指標：

“1950 年 1 月 17 日，毛澤東讀到中南局轉來的湘西 27 軍的“鎮反”報告，……認為：華東地區多數都是用比較和平的方法分配土地的，匪首惡霸特務殺得太少。在平衡了各地方上報的處決人犯計畫之後，毛澤東計算出了一個各地應處決人犯的比例數來。2 月間，根據毛澤東的建議，中共中央專門召開會議討論了處決人犯的比例問題，‘決定按人口千分之一的比例，先殺此數的一半，看情形再作決定’。

據此，毛澤東明確指示上海和南京方面的負責人說：‘上海是一個 600 萬人口的大城市，按照上海已捕 2 萬餘人僅殺 200 餘人的情況，我認為 1951 年內至少應當殺掉 3000 人左右。而在上半年至少應殺掉 1500 人左右。南京是國民黨的首都，應殺的反動分子似不止 200 多人，應在南京多殺。’”

既然是按指標完成，那當然就不可能遵守共產黨自己制訂的“法律”了：

“從具體實施來看，採取的是‘先鎮壓、後進行法律補充’的倒置式辦法，補充法律依據也只是為了更快、更多、更嚴厲的鎮壓這種階級異己分子，而不是為了寬宥這些人。在運動中誇大、渲染和製造仇恨，以‘革命’的名義大開殺戒。”

更何況共產黨制訂的“法律”概念模糊、彈性無窮，必然導致執行者任意解釋，於是殺戒一開，就不可收拾：

“鎮壓反革命運動一旦開始鼓動和宣傳群眾，就走向了不可控制的局勢。除了特務、土匪、間諜、現行反革命外，有較大民憤的‘惡霸分子’和有血債的‘歷史反革命’也要殺。可什麼人可以算是‘惡霸’呢？‘民憤’大小又以什麼為標準呢？離開了具體的法律標準，單純靠各級幹部憑藉主觀判斷來具體落實就會帶有很大的隨意性。只因為要完成鎮反任務，不少地方被定性為‘惡霸’者，連具體罪行都羅列不出，有人指認便被草率殺掉。許多人只是當過舊政權的低級官員，並沒從事任何反革命活動，也被很草率的、不經任何審判，以反革命罪在學校操場之類的開闊地，開個群眾大會，就就地正法了。”

這結果就是各地爲了避免“右傾路線錯誤”，競相大放殺人高產衛星：

“1951 年 3 月以來，由於多數地方按照原先掌握的情況，無法完成千分之零點五至千分之一的處決人犯比例，不得不勉強湊數，加上各地都沒有足夠的公檢法機構和人員能夠在如此短的時間裡審理如此多的案件，結果是多數案件都未能經過嚴格審理。相當多的人犯只是基於歷史上有所謂‘劣跡’，量刑的標準已遠遠超出《懲治反革命條例》中的規定，自然更不重視‘現行’與否。不講證據，濫捕濫殺的現象相當普遍。”

最後超額圓滿完成了殺人任務：

“整個‘鎮反’運動究竟‘殺’、‘關’、‘管’了多少人？毛澤東後來有過一個說法，叫殺了 70 萬，關了 120 萬，管了 120 萬。毛的這個說法自然是有根據的，因為它來自於公安部副部長徐子榮 1954 年 1 月的一份報告。報告稱：鎮反運動以來，全國共捕了 2620000 餘名，其中‘共殺反革命分子 712000 餘名，關了 1290000 餘名，先後管制了 1200000 餘名。捕後因罪惡不大，教育釋放了 380000 餘名。’以被處決人數 71.2 萬這個數字來計算，已經佔到當時全國 5 億人口的千分之一點二四的水平了。又據 1996 年中共中央黨史研究室等 4 個部門合編的《建國以來歷史政治運動事實》的報告中稱：從 1949 年初到 1952 年 2 月進行的‘鎮反’中，鎮壓了反革命分子 1576100 多人，其中 873600 餘人被判死刑。”

這個數字遠低於國外漢學家的估計。潘佐夫和梁思文在《毛：真實的故事》引用他人的研究給出的數據是，截至 1950 年底，有兩百萬以上的人被殺，兩百萬人被送去勞改[1]。這個差異有可能是上述官方數據只統計了鎮反運動，而西方學者的統計包括了大致同期開展的“清匪反霸”與“土改”運動中的犧牲者。

如此濫殺，自然是冤獄遍於國中，鮮血染紅大野：

“在鎮壓反革命運動中，許多冤假錯案令人痛心。例如，湖南衡陽茶市以劉伯祿為首的中共地下黨組織，因多數人出身地主，再加上南下工作組幹部靠‘逼供信’，懷疑當地有‘反

---

[1] A V Pantsov & S T Levine: *Mao: The Real Story*, p 392, Simon & Schuster, 2012

> 共救國軍’，因此相信以劉為首的當地黨組織和其所領導的青年團、農會和勵淬學友會等組織，即係‘反共救國軍’及其外圍，進而將劉定為‘匪特頭子’、‘惡霸地主’。結果200餘人受到株連，許多人被吊打逼供，8 人被槍斃，5 人被判刑，4 人被開除公職，1 人下落不明。由於勉強湊數竟把大批國民黨起義投誠人員打成了反革命。甚至包括曾受中共領導、但具有灰色掩護的地下武裝人員，也被列入‘殺’、‘關’、‘管’的名單之中。朱自清的兒子朱邁先，早年追隨共產黨，抗戰期間由中共指派加入了國民黨軍隊，解放戰爭後期還策動桂北國民黨軍政人員起義成功，功在國家，卻在鎮反運動中被當成歷史反革命判處死刑，執行了槍決。”

這其實也算不了什麼。據擔任了三年華北軍區司令顧問的蘇聯將軍謝苗諾夫披露，根據政委的命令，在跟隨傅作義“起義”的前國軍軍人中抓出了 22014 名“罪犯”，其中 1272 人被立即處決，1415 人被判死緩，6223 人被流放[1]。這種大規模殺降，就連納粹對異族都沒幹出來過。

然而毛澤東卻認定他的屠民治國哲學是宇宙真理，在 1956 年 11 月中旬舉行的八屆二中全會上，他把此前發生的波匈事件歸咎于殺人太少。他自豪地說：我們（在鎮反中）殺了 70 多萬人，東歐就是沒有大張旗鼓地殺人。革命嘛，階級鬥爭不搞徹底怎麼行！“那麼多反革命沒有搞掉，沒有在階級鬥爭中訓練無產階級，分清敵我，分清是非，分清唯心論和唯物論。現在呢，自食其果，燒到自己頭上來了。”[2]

---

[1] A V Pantsov & S T Levine: *Mao: The Real Story*, p 392, Simon & Schuster, 2012

[2] 轉引自青石：《馬、恩、列、斯——毛？——毛澤東與莫斯科的恩恩怨怨（之八）》，《百年潮》，1999年第3期；毛澤東：在中國共產黨第八屆中央委員會

肅反運動則是以整人為主、殺人為輔的運動。它是從“胡風反革命案件”開始的。胡風是個左翼文藝批評家，與魯迅私交甚密，卻與左聯地下黨領導周揚等“四條漢子”有過節。中共執政後，他的文藝思想受到批判，他不服上書，卻招來更嚴厲的懲罰。

1955 年 5、6 月間，《人民日報》將胡風及其朋友的私人日記、信件等當成“胡風反革命集團的三批材料”公開發表，毛澤東親自寫了 5000 多字的 20 個按語。之後又為《關於胡風反革命集團的材料》一書寫了 3700 字的序言和按語，發動了全國批判，並將這個“反革命集團”投入監獄。

1955年7月1日，中共中央發出《關於展開鬥爭肅清暗藏的反革命分子的指示》，宣佈：“中央認為，應當利用胡風事件，在全國範圍內大張旗鼓地進行一場廣大的肅清暗藏的反革命分子的運動”，規定“暗藏的反革命分子或其他壞分子”佔黨政軍民各機關、團體、廠礦、學校所有人員的“大約百分之五左右”[1]，“肅反運動”按事先規定的迫害指標正式開場。

根據中宣部部長陸定一 1955 年 10 月 22 日向蘇聯通報的情況，在中共中央劃定的範圍內，工人、職員、現役軍人、科學工作者、大學生，一直到鄉一級的所有幹部，都屬於肅反審查之列，擬定全國總共審查 1200 萬人。到 9 月中旬時，已經“仔細審查了”222 萬人，其中已查明的反革命分子、叛徒和重大刑事犯罪分子有 11.8 萬人，揭露出 11000 個集團和派別。這裡，最受“關注”的是“500 萬

第二次全體會議上的講話，（一九五六年十一月十五日），《毛澤東選集》第五卷，人民出版社，1977年4月第一版，https://www.marxists.org/chinese/maozedong/marxist.org-chinese-mao-19561115.htm。

1 《中國共產黨組織史資料》第九卷，292，294 頁，中共黨史出版社，2000 年。

知識分子和幹部”。不但一般知識分子必須參加肅反，而且大學和中專的學生也必須參加坦白檢舉運動。高級知識分子的政治歷史、社會關係比較複雜，受審查、被牽連的人也就更多。

與鎮反一樣，各地踴躍超額完成了“計畫整人”任務。據 1956 年 1 月各地向中央匯報的數字，在參加肅反運動人員中被鬥爭的人，在山西為 5.5%，河北 6.4%，貴州 7.5%，雲南 9.6%，廣西 14.1%，有的專區（福建龍溪）內定的鬥爭對象高達 30.9%。特別是對高級知識分子的鬥爭面更大，如河北省 20.9%的教授、20.97%的工程師，都被列為重點鬥爭對象。這個比例，在貴州省工業廳工程師中竟高達 58%。即使那些“在國際上享有盛名”的學者也不能倖免，按照陸定一的通報，在對學術機關進行清查的過程中，擬定受審的著名學者就有 250 名。[1]

到了 1956 年 12 月 8 日，毛澤東在全國工商聯二屆一次代表大會部份代表座談會上披露：“從去年潘漢年、胡風事件以來，到今年審查了四百多萬人，搞出了十六萬嫌疑分子，查出了確實隱藏的只有三萬八千人是反革命分子……那三萬多人，一個不殺，大約百分之一勞改，其餘的人都在原單位工作。”[2]

據此，到 1956 年底，中共整了（所謂“審查”）400 萬人，只有 3.8 萬人是反革命分子，佔 0.95%，錯整的比例為 99.05%。

然而《人民日報》1957 年 7 月 18 日社論卻說：“清查出來的反革命分子，就現在已經定案的來說，有八萬一千多名。”同一篇社論又說：“在一九五五——一九五六年清查出來的反革命分子中，現行犯有三千八百餘名之多。”[3]

---

[1] 沈志華：《處在十字路口的選擇》，廣東人民出版社，2013 年，7-8 頁

[2] 毛澤東在全國工商聯二屆一次代表大會部份代表座談會的講話，（一九五六年十二月八日），轉引自丁抒：《陽謀》。

[3] 《在肅反問題上駁斥右派》，《人民日報》，1957 年 7 月 18 日。

這就是說，已經定案的“反革命分子”中，有 77,200 多名是“非現行的反革命分子”，也就是中共發明的“歷史反革命”，他們唯一的罪行，就是在舊政權、軍隊、國民黨、三青團等組織中任過職，在中共執政後並沒有進行什麼“反革命”活動。而毛澤東早就在建政前昭告全國，信誓旦旦地赦免了他們[1]。所以，被整的 400 萬人中，只有 0.095%的人是“現行犯”，其餘 99.905%是無辜的，真是寧可錯整一萬，絕不放走一人。

就連所謂“現行犯”也很可能是莫須有。“胡風反革命集團”就是最大的“現行犯”，整個運動就是因此引發的。然而 1986 年 1 月，中共中央卻為胡風徹底平反。在 1 月 15 日舉行的胡風追悼會上，文化部部長朱穆之盛讚胡風是“我國現代革命文藝戰士、著名文藝理論家、詩人、翻譯家”，“胡風同志的一生，是追求光明、要求進步的一生，是熱愛祖國、熱愛人民並努力為文藝事業做出貢獻的一生。”[2]

連“罪魁禍首”都是這樣的好人，其他“現行犯”還用得著說麼？由此可見，整個運動都是無端迫害人民的大規模犯罪行為。然而就連那些在肅反運動中被錯整、又被政府釋放的人，都沒逃過“反右鬥爭”，成了“右派分子”。

（二）“思想改造運動”、“反右鬥爭”與“拔白旗”

中共建政前夕，當時《大公報》總編輯王芸生投奔“解放區”。他在座談會上說，他是來“報效祖國和人民的”。主持者在

[1] 毛澤東：《中國人民解放軍佈告》（一九四九年四月二十五日），《毛澤東選集》第四卷，http://cpc.people.com.cn/GB/64184/64185/66618/4488981.html

[2] 《人民日報》，1988 年 1 月 16 日。

總結發言中卻直截了當地說："我們歡迎王芸生先生向祖國人民投降。"[1]

這話說出了毛共對知識分子的真實態度。毛共與歷史上任何統治者不同，他們把自己看成"人民"，把知識分子看成是被他們俘獲的罪犯，必須由他們對之實行強制改造。1951 年秋至 1952 年秋在全國知識界進行的"思想改造運動"，就是毛澤東上臺伊始給知識分子的三百殺威棒，目的是讓他們承認自己的被俘罪犯身份，從此只敢規規矩矩，不敢亂說亂動。

這場運動從學校開始，逐步擴大到文藝界、科技界、民主黨派、政府機關、人民團體、工商界、宗教界，按照延安整風的"搶救運動"模式進行，即先學習文件，然後每個人必須書面交待：祖父母的政治和宗教信仰，參加過什麼社會活動。父母親的政治思想與信仰；參加過什麼黨派、社會活動。嫡系兄弟姊妹及旁系同輩親戚以及朋友政治思想如何，參加過什麼政治團體，有些什麼政治性和社會性的活動。填表者本人七歲以後到現在為止的履歷，逐年寫明在何地什麼學校學習，哪個機關工作及其它經歷。在學生及服務社會時期，聽過或看過哪些關於思想、藝術、政治等方面的學說和書報刊物，對個人發生過什麼影響[2]；坦白其"親美、崇美、恐美思想"、"剝削階級思想"、"資產階級名利思想"，等等，然後在大會小會上沉痛檢討，被積極分子們率領群眾質問、檢舉、辱罵。這過程要反復重複多次，罪名層層加碼，檢討越來越"深刻"，直到當局滿意為止。

這種無情羞辱，在延安整風中被毛稱為"脫褲子，割尾巴"（其實以"雞"字代"尾"字更得神髓，那的確是個被逼自宮過

---

1 王芝琛：《一代報人王芸生》，《書摘》，2005 年 04 期

2 謝泳：《思想改造運動及對中國知識分子的影響》，http://www.aisixiang.com/data/20988.html

程）。在這次運動中稱為“排隊洗澡”。到運動結束時，全國高教教職員工的百分之九十一，大學生的百分之八十都接受了這種無情的“洗澡”[1]。

當時教育部領導人的指示是，“儘量用熱水燙這些人，只要燙不死就成。他們在大會、小會上一次又一次地作檢討，一面用廣播、大字報揭露他們的劣跡，一面發動許多青年黨團員（助教、學生）給這些人‘搓背’。在檢討會上通不過，再跟到老教師的家裡去，觀察他們的言行，只要有一言半語不合，第二天在檢討會中再加上新的罪名。”[2]

傳統中國有著舉世無雙的尊重讀書人的傳統，民國忠實地繼承了這一傳統。然而此時那些備受全社會尊崇的文化翹楚們，面對著這種醜惡到無從夢見、更無力抵抗的人民戰爭，卻只能扔掉過去視同性命的風骨與節操，拋下尊嚴，在公眾場合競相侮辱糟蹋自己，昧著良心胡說八道，承認他們教書育人、振興祖國科技文化事業是犯下了不可饒恕的叛國大罪。

著名化學家傅鷹說：“我是一個多麼可卑可恨的人。……我的崇美思想不但使我變成敵我不分的肉喇叭，不斷向同仁同學散佈毒素，也使我在學校行政工作上犯了嚴重的錯誤……（我）骨頭裡卻充滿了歐美資本主義的腐朽思想和對美帝國主義的感情，我就是這樣一個人。”[3]

---

[1] 中共中央文獻研究室編，主編逄先知、金沖及：《毛澤東傳》，第106頁，中央文獻出版社，2004年。

[2] 董渭川：《談高等學校中的黨群關係》，原載《九三學社師大區支社整風資料〈七〉》，轉引自李楊：《建國後第一次思想改造運動的前前後後》，《中國社會導刊》2004年第11期

[3] 傅鷹：《我認識了自己的錯誤》，《人民日報》1952年4月5日。

北京師範大學校長陳垣說：“我為了個人利益……二三十年來，做了帝國主義的俘虜，忠實地替帝國主義者奴役和麻醉青年，帝國主義就通過我，穩紮穩打來在學校裡做著‘太上皇’……而拿著武器，在最前線衝鋒陷陣的人，卻是自以為‘清高’的我。”[1]

著名建築學家梁思成說：“我在二十餘年中，一方面走到反動統治集團的外圍，成了可供它們驅使的工具；另一方面，我又接近了美帝國主義侵略中國的‘文化人’，被敵人拉攏，為他們的侵略政策服務。”[2]

著名橋樑專家茅以昇說：“我在反動統治下三十年的‘服務’裡，既不知階級立場，又不能分清敵我，那時所作所為，不知損害了多少人民的利益！”

著名美學家朱光潛說：“過去二三十年中我不斷的用我的那套有毒思想來編書寫文章。”“它們可能發生的影響當然是使讀者們放棄積極鬥爭，而這在無形中也就幫助維持了反動統治。”說自己鼓吹“為學術而學術”“便是反革命”，標榜“中間路線”遲早要和反動政治“同流合污”。

當然也有寧死不辱的，僅北京大學就有 7 人自殺身亡[3]。但大多數知識分子畢竟還是學會了毛要他們牢牢記住的第一課：在這個“新社會”裡，只有黨和領袖的尊嚴，沒有人的尊嚴，更沒有思想、精神和人格的獨立。在中共治下只能有兩種人：奴才和“敵人”。若不想作奴才，就得做“人民的敵人”。只有這兩種選擇，“中間道路是沒有的”。

---

1 陳垣：《我的檢討》，《光明日報》1952 年 3 月 6 日。

2 笑蜀：《知識份子思想改造運動說微》，《文史精華》，2002年08期，下同。

3 李楊：《建國後第一次思想改造運動的前前後後》，《中國社會導刊》2004 年第 11 期然而奴才也不是想做就能做的，因為戰俘營總管徹底缺乏自信，終其一生都被“江山變色，人頭落地”噩夢纏繞，片刻不得安寧。於是罪犯們也就跟著不得安寧，沒有一天不在鼎鑊裡“洗澡”，因毛的無窮猜疑而被整得死去活來。毛澤東的當國史，就是一部他反復無情“虐待俘虜兵”的歷史。“思想改造運動”不過是正餐之前的開胃酒而已。與之相比，1957 年開展的“反右鬥爭”的手段更陰毒，懲罰更毒辣，後果更嚴重。

“反右鬥爭”對知識分子精英實行了大規模誘殲。1959 年 9 月 15 日，毛澤東在有“民主人士”參加的座談會上說，右派分子全國有四十五萬，其中十分之一是共產黨內的，十分之九是黨外的[1]。但據李志綏說，毛私下告訴他的數字是 3 百萬[2]；據中共中央後來公佈的資料，1957-1958 年共劃右派 552,973 人，1978 年以後“改正”552,877 人，不予改正的共 96 人，錯劃比率佔 99.99%。據說，解密中央檔案披露，全國劃右派總共是 3,178,470 人，還有 1,437,562 人被劃為“中右”，受到不同程度處罰[3]。這一數字與李志綏說的相符，但似乎過高，因為當時全國也才有 500 萬知識分子[4]。

大部分右派分子被送去勞改或勞教，其中以發配到甘肅夾邊溝勞改的右派的命運最悲慘——三千名右派餓死了兩千多。逃過囹圄之災的右派則或被降級，或被撤職，或被開除公職，被“管制”起來，在文革中再度遭受迫害。

---

1 《毛澤東年譜（1949-1976）》第四卷，32 頁。

2 *The Private Life of Chairman Mao,* p 217.

3 郭道暉：《毛澤東發動整風的初衷》，《炎黃春秋》2009 年第 2 期

4 葉篤義：《我的右派“罪狀”》，《百年潮》1999 年 第 01 期

毛澤東也知道他們是蒙冤受屈的，他自己就向伏羅希洛夫承認："這些人並不是有組織的力量，他們沒有提出任何推翻現有制度的綱領和口號。"[1]

對"反右運動"造成的災難已有諸多論述。個人覺得，最嚴重的惡果是，它和後繼的"批反冒進"、"拔白旗"、"反右傾"運動一道，箝住了黨內外悠悠眾口，使得"大躍進"那種人類歷史上絕無僅有的蠢動暢行無阻，害得幾千萬人成了餓殍。

"拔白旗"運動是在"大躍進"運動中開展的。1958 年 5 月 8 日，毛澤東在八大二次會議上說，我們要學列寧，要敢於插紅旗。旗子橫直是要插的，你不插紅旗，資產階級要插白旗，資產階級插的旗子，我們要拔掉它。設置對立面很重要[2]。

全國隨即開展了來勢異常迅猛的"插紅旗，拔白旗"運動，遍及各個領域，以文化教育領域為"重災區"，大批專家、教授遭到打擊。僅北京大學就拔掉了幾百面"白旗"[3]。武漢大學共有 391 人受到批判，其中教師 84 人，約佔教師總數的 14%；教授、副教授 32 人，佔被拔白旗的教師總數的近 40%。學生 305 人，佔當時在校學生的 9%。物理系參加運動的學生有 13%被當成白旗拔掉，另有 3.3%的學生被樹為灰旗。數學系黨總支書記齊民友因為認為抽象數學難以聯繫生產實際、難以實行腦體力勞動相結合，立遭嚴厲批判。數學系師生舉行了被稱之為"百團大戰"的 100 多次"辯論會"，終於迫使齊民友乖乖認錯[4]。

---

1 《閻明復回憶錄》，361 頁。

2 《毛澤東年譜（1949-1976）》第三卷，346 頁

3 尤國珍：《"拔白旗、插紅旗"運動始末》，《黨史博采》，2007 年 09 期。

4 羅平漢：《當代歷史問題劄記》第十一章：《1958 年知識界的"拔白旗運動"》，廣西師範大學出版社，2003 年 08 月。

在這場運動中，各級幹部忠實執行偉大領袖的教導：“對於資產階級教授們的學問，應以狗屁視之，等於烏有，鄙視，藐視，蔑視”，代偉大領袖宣洩他那無從化解的對知識分子的刻骨仇恨（這段語錄中的“三視”，若以“仇視”代之則更準確扼要）。

武漢醫學院的經驗總結指出：“資產階級知識分子可以承認政治立場上反動，學術思想上唯心主義，就是不肯承認業務上不學無術，這是他們的命根子，是他們翹尾巴的最後本錢。因此，必須在業務上也完全把他們鬥倒，才能取得鬥爭的徹底勝利。”為此，學校當局讓教授們進行“論文答辯”、“考試”、“實驗操作”等，最終“使其洋相百出，欲罷不能，最後不得不低頭認輸”[1]。

“拔白旗”運動的受害人包括著名數學家華羅庚、陳建功、關肇直、陳景潤，物理學家周同慶，參與發現周口店猿人的著名考古學家斐文中，心理學家彭飛、朱智賢、唐鉞、曹日昌、潘菽、程迺頤、吳天敏、張耀翔，整形外科專家宋儒耀，哲學家馮友蘭、賀麟，國學家陳寅恪、顧頡剛，作家秦兆陽，語言文學家林庚、王瑤、王力、游國恩、高名凱、朱德熙、魏建功等人。[2]

幸運的是，因為高層意見不一致，這場運動被及時叫停了。“白旗”們在備受羞辱後便被放過了，並未像右派那樣被打成“階級敵人”。然而這不過是暫時的，毛澤東沒能充分發洩的怨毒，在文革中又再度猛烈發作出來。“批判資產階級學術權威”成了文革初期的重要內容，直到文革中後期，有的發明如“考教授”還被毛遠新套用。

---

[1] 同上。

[2] 《“大躍進”中“拔白旗、插紅旗”運動始末》；羅平漢：《1958年知識界的“拔白旗運動”》；張鳴：《歷史的壞脾氣》，中國檔案出版社，2005年10月，http://history.sina.com.cn/bk/wgs/2013-11-26/153963339.shtml；張錫金：《顧頡剛在1958年“拔白旗”運動中》，《炎黃春秋》雜誌，2001年第9期

（三）從土改到公社化

中共建政後，在農村發動了一系列運動：清匪反霸、土改、統購統銷、集體化、公社化等，這些運動的目的一以貫之——實現並加強對農民完全徹底的控制，將每個農民編織入黨組織的天羅地網中，變成官府可以隨心所欲操控的奴隸，論其實質都是政治運動，即使有經濟目的，那也是次要的。

所謂“土地改革”運動包括“老區”與“新區”的土改。前者是中共 1947 年在華北、東北的“解放區”進行的。後者則是在中共當國後在新征服的地區進行的，自 1950 年開始，至 1953 年結束。

毛共之所以要搞土改，並不是為了平分土地。當時土地集中不是農村的嚴重問題，已有多位學者指出了這一點。秦暉教授指出，中國農村的主要矛盾並不是農民與地主之間的矛盾，而是國民黨在抗戰期間，因為喪失東南地區的財源，為了籌措軍費在農村橫征暴斂激化了的官民矛盾。曾經有人統計了民國時期三千多起農民騷亂，絕大部分跟地主地租沒有多大關係，都是跟國家的行為有關係。尤其是在老區，因為中共搞過減租減息，土地已經很分散了，沒有多少土地好分。如河南輝縣二區南平樂村的土改，只有 7.2%的土地被重新分配，吳村只有 8.3%的土地被重新分配。分掉的土地一部分是地主的，另外一個部分是農村中的族廟公產[1]。

類似地，高王凌和劉洋指出，根據民國年間的多次調查，可以發現地主佔有土地不到總數的 40%，其中四分之一屬於“公田”，亦即學校田、寺廟田、宗族田等，並不能簡單等同於地主所有。在

---

[1] 秦暉：《中共土改，為了什麼？》，人民網《文史參考》2012 年第 8 期（4 月下）

華北地主的比例就更小了，甚至有的村子根本沒有地主，最窮的農民也有兩三畝地，完全無地者不過百分之一[1]。

既然如此，為何還要搞土改？即使要搞，也可以用和平手段，如同中共後來沒收城市資產階級企業一般。在 1950 年 6 月召開的中國人民政治協商會議第一屆大會二次全體會議上，與會代表討論《土地改革法》。許多民主人士就主張“只要政府頒布法令，分配土地，不要發動群眾鬥爭。”[2]

但這建議被中共斷然拒絕。如上所述，老區本來已無多少土地可分，然而土改卻搞得特別血腥殘忍。例如上述河南輝縣那兩個村莊，南平樂村只有 113 戶人家，就有 7 個人被群眾打死。吳村被打死 20 個人，其中地主 14 個，還有 5 個是特務，1 個是惡霸。據統計，老區土改鬥死了 2%的人，鬥跑了 20%的人[3]。

新區土改也好不到哪兒去。據前廣東省副省長楊立在《帶刺的紅玫瑰——古大存沉冤錄》一書中透露，當時廣東省流行的口號是：“村村流血，戶戶鬥爭。”據估計殺人幾十萬，其中沒有一個屬於“罪大惡極，不殺不能平民憤”的人[4]。

濫殺並不是群眾運動失控的結果，而是中共高層的命令。1947 年 4 月，劉少奇在晉察冀中央分局指示：“要以復查為中心，動員黨政軍民的力量搞個徹底，所謂搞徹底就是要死一些人，搞徹底了，負擔重些，農民也甘心，擴兵也容易。”[5]

---

[1] 高王凌、劉洋：《土改的極端化》，《二十一世紀雙月刊》，2009 年 2 月號。

[2] 李肅：《1949 之後：土改何以要殺人？》. 美國之音中文網，2007 年 12 月 2 日

[3] 《中共土改，為了什麼？》

[4] 轉引自顏昌海:《毛澤東為什麼要進行血腥“土改”？》，《中國報導週刊》，http://www.chinaweek.com/html/6005.htm

[5] 轉引自《中共土改，為了什麼？》

當年領導過湖南漵浦縣江口區土改運動的郭靜秋說：

> 那時也沒有辦法，上面分配任務，你不完成殺人任務，就是右傾。我到沅陵地委（當時設在辰溪）開會，書記叫陳郁發，部隊下來的。地委上一級是湘西區黨委，書記周赤萍，這個人很左。在會上佈置任務時說："寧願錯殺一百，不要放走一個。"
>
> 我是區長，……在地委開會時要求各地報殺人計畫，我做計畫，說大概殺十七、八個人。這不得了了，領導不高興了，說你們只殺十幾個人，太少了，是右傾。在小組會議上我受到了批評。我說我回去跟區委書記商量後再報。
>
> 我……回到區裡與趙中財書記商量，他很正直，也說殺一二十個吧。我說這個數字我在地委開會時就挨了批評。後來，江口一次就殺了十幾個人。
>
> 這不是我能控制的。那時沒有法治，當時說是說（殺人）要縣委批准，其實不是那麼回事，每個幹部都可以批准，罪名是"罪大惡極"就行了。上面也不管你，只要你完成任務。我們區裡有個幹部叫羅良驥，我當區長也管他不到。他將一個 80 多歲的一般地主殺掉了，還將他全家男的都殺了，只有一個男的跑掉了。[1]

所以，土改也與鎮反一樣，是"計畫殺人"運動，從上面下達殺人指標。下面為了完成任務，就胡亂湊數，除了"惡霸"外，還發明出"善霸"、"不霸"來，把小學教員也叫回村來統統殺掉。小說《苦菜花》中地主王柬芝的原型名叫馮柬芝，就是被槍斃的一個"善霸"。貧農也一樣能當上地主，被稱為"破爛地主"[2]。一個

---

[1] 轉引自張英洪：《"土改"：革命專政和暴力再分配——以湖南漵浦縣為例》，《當代中國研究》，2008 年 03 期

[2] 《土改的極端化》

4075 人的村子，鬥爭中打死了 25 人，其中只有兩個地主，4 個富農，其餘 10 個是“惡霸中農”，9 個是“惡霸貧農”，全村被鬥爭的戶達到 332 戶，被鬥爭 1201 人[1]。

據估計，土改過程中約有 300 萬至 500 萬人喪生，大多數是中小規模的地主，大多數是被活活打死的[2]。據海外學者報道，周恩來估計土改中共有 83 萬人喪生，而毛澤東估計為 200 萬-300 萬人[3]。毛周的估計出入不足怪，準確數據就連他們也不知道。上述那位領導漵浦江口區土改的郭靜秋說：

> “到底漵浦殺了多少，我也不曉得。記得當時漵浦有人告到中央，說漵浦亂殺人。中央要求漵浦將名單和數字報上去。當時縣委書記任之、縣長諶鴻章急急忙忙跑到我們區裡，要統計數字，我們也統計不出來。”

草菅人命一至於此，真是“殺人如草不聞聲”。

與官方捏造的神話相反，土改並沒有“解放生產力”，反倒嚴重打擊了農民的生產積極性。農民普遍生活在恐懼中，生怕“我們將來過好了也得挨鬥”，只要生產出自家的口糧就不再幹活。中農“一天殺豬宰羊，吃飽呆著”，“貧農分到東西也大吃大喝，就是沒人幹活”。運動不但造成農業的浪費和損失，也破壞了工商業。土改後，赤峰連續出現了三年的大饑荒。[4]

研究者們準確地指出了中共發動血腥土改的真實目的。秦暉指出，老區土改基本上沒有平分土地功能，其真實目的是讓農民交投名狀，手上沾了血後沒有退路，就只能拋頭顱灑熱血跟著共產黨幹

---

1 《中共土改，為了什麼？》

2 《土改的極端化》

3 Daniel Chirot：*Modern Tyrants: The Power and Prevalence of Evil in Our Age*. Princeton University Press. 1996， p187.

4 《土改的極端化》

到底，中共由此建立了強大的戰爭動員機制。上引劉少奇的指示就把這點說得非常清楚："搞徹底了，負擔重些，農民也甘心，擴兵也容易。"[1]

學者們也指出了土改的另一個目的，那就是把傳統的鄉村認同一掃而空，重組了鄉村基層，使得鄉村社會徹底喪失了自治能力。與此同時，革命政權通過"訴苦"這種國家儀式和權力技術，在貧苦農民心中植入階級仇恨，貧苦農民通過"訴苦"確認自己的階級身份，從而形成一種"感恩型國家觀念"，在把一切苦難的根源歸咎於"萬惡的舊社會"的同時，建立了牢固的"毛主席、共產黨是貧苦農民翻身得解放的大救星"的觀念。"黨給了你土地，你能不聽黨的話嗎？"成為土改後黨的"強勢話語"。經過這番徹底改造，中共建立了對農村基層的強有力控制，以至於到了 1960 年餓死了幾千萬人還基本維持平靜。[2]

對此目的，中共並不隱諱。1956 年 9 月，劉少奇在中共八大做的政治報告中解釋為何要實行暴力土改："由於我們採取了這樣的方法，廣大的農民就站立起來，組織起來，緊緊地跟了共產黨和人民政府走，牢固地掌握了鄉村的政權和武裝。"[3]

不能不說，毛澤東真是犯罪天才，能將"屠民治國"的"藝術"運用到如此化境，在逼良為寇後，還能就此成為"寇"們終生感戴的大救星，在中國歷史上還從未有過先例。

號稱"土地還家"的土改運動結束後，中共隨即開始剝奪農民的"勝利果實"。這剝奪稱為"合作化"，通過三步進行。第一步

---

1 《中共土改，為了什麼？》

2 《中共土改，為了什麼？》；郭於華、孫立平：《訴苦：一種農民國家觀念形成的中介機制》，《中國學術》2002 年第 4 期

3 《劉少奇作政治報告（八大）》，http://www.jxdpc.gov.cn/qtlm/qhwj/20060322/114423.htm

是在農村成立由幾戶到十幾戶人家組成的“互助組”，土地仍歸各家農戶私有，但各家可以換工互助。第二步是成立合資企業式的“初級農業合作社”，農戶仍保留了土地產權，只是以土地入股，收入包括股息以及勞力所得。第三步則是成立“高級農業合作社”，它剝奪了農戶的土地所有權，將之化為所謂“集體所有制”，農戶喪失了股權，所得按勞力付出分配，再無股息可分。

到 1956 年底，全國農村已經完成所謂“社會主義改造”。國家以“集體化”的名義實行了土地國有化。哪怕到了今天，公社早已解散，個體農戶重獲了土地使用權，當初的“集體”早就不復存在，中共還在堅持土地屬於農民“集體所有”的神話，拒絕將當初以“入股”方式搶走的土地歸還給股東們。所以，當初土改時的“土地還家”口號少寫了一個字，其實是“土地還國家”。

1958 年，毛澤東又發動了公社化運動，於同年完成全國公社化。所謂“人民公社”由多個高級社合併而成，實行政社合一，公社既是生產單位，又是鄉級行政單位。這就叫“一大二公”，據說是它的優越性。這“優越性”已在《毛澤東的共產主義理想》一節中介紹過，那就是便於中共大規模徵用民力，乃至肆無忌憚地掠奪民產。

毛澤東為何要以欺騙的方式沒收農民的土地？已有學者指出，如果光從經濟上著眼，集體化並無必要。中共之所以要搞集體化，一是馬恩列斯都主張通過集體化最終實現土地國有，中共當然只會根據教條行事；二是為了加強對農村的控制。中共在農村所依靠的是土改積極分子。只有把這些人變成共產黨管理農村合作經濟組織的幹部，才能讓他們保持對黨的忠誠，成為黨在農村的穩固的政治依靠；否則共產黨就可能會逐漸失去對其農村骨幹的支配性影響力，進而失去對農村社會的嚴密控制[1]。

有的學者則指出，通過合作化，中共嚴密地控制了農村經濟：

> "在國家明確的目標預設和強力主導下，'合作化'的過程更成為一種運動化的治理，它所造成的強大壓力，將農民裹挾進集體組織中，從而建立起一種在實質上並非合作，而是受國家控制的統制經濟。"[2]

曾任中共中央農村工作部祕書長、參與領導全國農業合作化的杜潤生也指出：

> "……集體經濟在許多方面成為控制農民的工具。在農民眼裡，它已不是農民自己的組織。為了保障糧食生產和糧食收購數量，不得不控制播種面積；為了維護集體生產，不得不控制勞動力；為了控制勞動力，又不得不限制各種家庭副業和自留經濟，以至於上升到'割資本主義尾巴'，發展到學大寨的'大批判（資本主義）開路'。"[3]

海外學者宋永毅則認為，從 1953 年中共實行糧食"統購統銷"（國家壟斷收購糧食，取締民間糧食貿易）開始，中共對農民發動了一場"糧食戰爭"。後續的農業合作化運動，其本質不過是在冷戰思維中更有利於國家直接剝奪糧食的一種戰略戰術。他還依據中共祕密文件和其他史料，披露了農民進行了此起彼伏的"鬧糧"、

---

[1] 高蒙：《從政治土改到農業合作化高潮：中國農業集體化運動的歷史反思之一》，《當代中國研究》，2001 年第 3 期；何清漣：《20 世紀後半葉歷史解密》，第二編：從政治土改到農業合作化高潮：中國農業集體化運動的歷史反思之一，博大出版社，2004 年 01 月

[2] 吳毅、吳帆：《結構化選擇：中國農業合作化運動的再思考》，《開放時代》2011 年第 4 期

[3] 《杜潤生自述：中國農村體制變革重大決策紀實》，第 43 頁。

“退社”乃至公開的“暴亂”的全國性抗爭，揭穿了中共關於“農民自願參加合作社”的謊言。[1]

在我看來，從“土改”到“統購統銷”、“合作化”直到“公社化”，是連續的“不斷革命”，其目的是鋪設前文介紹過的國家硬件，通過徹底剝奪農民產權、經營權、貿易權、遷移權、擇業權等一切權利，完成黨國對農業人力物力資源的全面霸佔，使得連糧食生產者的食管都被黨國捏住，讓他們對黨國組織網絡的人身依附變成生存前提，藉此建成史無前例的“奴隸社會主義社會”。

（四）“三反、五反”與“公私合營”

中共在城市也對民族工商業和手工業進行了“社會主義改造”，使用了與農村相似的手段，不過相對溫和得多。

國民黨統治時，搞的也是“社會主義”（亦即孫中山所謂“民生主義”）。中共接管時，沒收的官僚資本佔全國工業、運輸業固定資產的 80%[2]。因此，中共建政之初，工業、運輸業的主體就已經是國有企業了。然而毛澤東仍然提出了對私有工商業“限制、利用、改造”的方針。

“改造”從 1951 年底發動的“三反運動”開始（“反貪污，反浪費，反官僚主義”），這個運動雖然旨在打擊政府官員對私有企業的權力尋租，但株連了大批無辜職員，尤其是舊政權留用人員，以及學校、醫院等事業單位的工作人員。1952 年 1 月開展的“五反運動”（“反行賄、反偷稅漏稅、反偷工減料、反盜騙國家財產、

---

[1] 宋永毅：《糧食戰爭：統購統銷、合作化運動與大饑荒》，《二十一世紀雙月刊》，2013 年 4 月號

[2] 《毛澤東年譜（1949-1976）》第四卷，251 頁.

反盜竊國家經濟情報”）則是專門打擊民族資產階級的。在內部講話中，毛澤東把運動的目的交代得清清楚楚：

> “資產階級過去雖然挨過一板子，但並不痛，在調整工商業中又囂張起來了。特別是在抗美援朝加工訂貨中賺了一大筆錢，政治上也有了一定地位，因而盛氣凌人，向我們猖狂進攻起來。現在已到時候了，要抓住資產階級的‘小辮子’，把它的氣焰整下去。如果不把它整得灰溜溜、臭烘烘的，社會上的人都要倒向資產階級方面去。”[1]

華東局隨即在給中央的報告上提出，要在五反中“開展面對面的鬥爭，掀起坦白檢舉熱潮，使所有資本家無例外地在工人面前過一次關”，毛澤東批示“很好”，“望各大中城市參酌仿行。”[2] 各地自然是“雷厲仿行”。一位當年的“打虎隊員”坦承：“我們把所有的和經濟貼邊的人，全部打成老虎，再審查。”[3]

全國所有的資本家就此被投入“坦白檢舉熱潮”，如同被李自成、劉宗敏“追贓”的朝臣們一般，在生死關口煎熬。他們都被控逃稅，數額都是天文數字，便傾家蕩產也還不出來，不少人在連日連夜批鬥乃至肉刑逼供後，在絕望中尋了短見。

自二月中旬起，各地不斷發生自殺。僅上海一地，自殺、中風與發瘋者就不下萬人。跳樓蔚成風氣，以致無人敢在馬路上行走，怕被跳樓者砸死。當時的上海市長陳毅每晚都要悠閒地問：“今天又有多少降落傘部隊？”[4] 後來可能因為案例太多，他在廣播裡困惑地說：“我不懂為什麼許多資產階級，願意跳樓自殺而不肯坦

---

[1] 薄一波：《若干重大決策與事件的回顧》，165-166 頁

[2] 《建國以來毛澤東文稿》，第三冊，350-351 頁

[3] 張鳴：《執政的道德困境與突圍之道——“三反五反”運動解析》，《二十一世紀》雙月刊，2005 年 12 月號。

[4] 見金鐘主編：《共產中國五十年》，開放雜誌社，1999 年 10 月，第 17 頁。

白。”[1] 讓人想起晉惠帝那著名的問題：“百姓無粟米充飢，何不食肉糜？”

這其中有位寧死不坦白的金城銀行滬行經理殷紀常。此人甫“解放”就把中國最大的腳踏車零件廠送給政府“合營”，在運動中卻被迫穿著短衫褲，在嚴寒中跪了五天五夜，實在坦白不出來，只能自盡[2]。

陳毅後來作報告時披露，上海市共自殺五百餘人[3]。但據海外不完全統計，僅從 1952 年 1 月 25 日至 4 月 1 日這段時間，上海因運動而自殺者就達到了 876 人，平均每天自殺人數幾乎都在 10 人以上，其中有很多資本家是全家一起自殺。中國航運大王盧作孚於 2 月 8 日吞服安眠藥自殺。冠生園創始人冼冠生被工人圍困在辦公室裡兩天後，於 4 月 21 日跳樓自殺[4]。

在蘇州，一個區委書記在一個茶葉加工廠領導五反，一上手就使用肉刑，逼得一家六口自殺。浙江大學對面的市民醫院每天出動幾次，教職員工自殺者時有所聞，連蘇步青、蔡邦華等著名學者也被整得七死八活，幾次檢查都過不了關[5]。據海外學者估計，“三反、五反”運動中有 20 萬人自殺[6]。

運動嚴重打擊了國民經濟。天津商業批發減少一半，運輸減少四成，糧食成交下降一半，生產下降，稅收減少三四成；重慶一些工廠商店歇業停工，生產停頓，兩萬工人失業。西南局書記鄧小平

---

[1] 華明：《三反五反的剖析》，友聯出版社，1952 年，第 68 頁。

[2] 同上，第 70 頁。

[3] 何濟翔：《滬上法治夢》，北京出版社，2001 年 2 月，，第 3 頁。

[4] 鄭維偉：《虛實之間:上海“五反”運動中的新聞宣傳析論》，《復旦政治學評論》，2013 年 11 期，

[5] 《執政的道德困境與突圍之道——“三反五反”運動解析》。

[6] 《劍橋中華人民共和國史》，中國社會科學出版社，1990 年，第 90 頁。

為此致電中央，稱重慶很多市民已到了無食缺食的地步；上海經濟形勢惡化，失業工人增至13萬人。毛澤東不得不下令於1952年底結束運動[1]。

毛澤東自己也知道冤枉整死了許多人。1963年4月26日，他在接見朝鮮《勞動新聞》代表團時承認：“一九五二年、五三年搞‘三反’、‘五反’運動，報上一登，出了許多問題，搞錯了許多人……運動一來，總要出些亂子，如自殺等等、緊張了就自殺，貪污了多少，怕揭發，沒面子，就自殺。如果在報上公開登‘五反’，自殺的就更多了，一九五二年、五三年就是這樣。”[2]

不過毛澤東達到了目的，這一板子打得資產階級魂飛魄散，讓他們從此懂了“留財不留命，留命不留財”的偉大真理。儘管中共執政初答應給50年的“過渡時期”，但到了1956年初，隨著上面一聲令下，全國工商界便踴躍掀起了“公私合營高潮”。

我那陣還是個小孩，天天在街上看遊行，但見一撥又一撥的隊伍，敲鑼打鼓放鞭炮，抬著紅雙喜大字走過去，都是去區政府或市政府報喜的。“私方代表”們滿臉堆笑，感謝政府終於笑納了他們的企業。

在所謂“公私合營”中，公方不出一分錢，只派出代表接管企業，政府給私方五厘年息，不但遠低於企業盈利，也低於銀行當時的定期存款利息[3]。這利息是固定的，與盈利狀況無關，稱為“定息”，為期20年。但到了1966年9月，政府因為所用日曆與民間不同，便聲稱定息年限期滿，停止支付，公私合營企業從此變成國營

---

1 《執政的道德困境與突圍之道——“三反五反”運動解析》。

2 轉引自：郭德宏、林小波：《四清運動實錄》，浙江人民出版社，2005年1月，42頁

3 《王老吉的1956》，《法制日報》2012年6月19日

企業。至於當初資本家參加“合營”的“股本”，當然如同農民參加合作社的土地股本一樣，歸國家所得。

不過，我相信那些去向政府報喜的資本家的笑容是真誠的，比起那些膽敢抗拒“公私合營”的儕輩來，他們該額手稱慶了。當時毛澤東認定，反抗的資本家和在經營活動中有違法行為的，定為“反動資本家”與“不法資本家”，佔資本家總數的 5%左右。這些人的政治待遇與農村的地富一樣，都是階級敵人[1]。

（五）“反右傾”、“四清”與“文革”

這三個運動的打擊矛頭都指向黨內，但無一例外殃及平民，尤以文革為甚。

“反右傾”運動是 1959 年開展的。在是年 7 月召開的廬山會議期間，彭德懷給毛澤東寫了封信，相當溫和地指出了“大躍進”中的一些問題，唯一一句刺眼的話是“小資產階級狂熱性”，卻觸發了毛的受迫害妄想。他認為，彭德懷與其他持類似意見的人是“是混入黨內的投機分子。他們在由資本主義到社會主義的過渡時期中，站在資產階級立場，蓄謀破壞無產階級專政，分裂共產黨，在黨內組織派別，散佈他們的影響，渙散無產階級先鋒隊，另立他們的機會主義的黨。”[2] 把彭德懷等人打成“反黨集團”。

薄一波承認：

> “廬山會議的‘反右傾’，造成了極為嚴重的後果。會後，緊接著在全黨範圍內從上到下開展了一場聲勢浩大的‘反右傾’鬥爭。……據 1962 年甄別平反時的統計，在這次‘反右

[1] 晏樂斌：《我知道的“公私合營”和“對不良分子的改造”》《炎黃春秋》2016 年 7 期

[2] 《毛澤東年譜（1949-1976）》第四卷，141-142 頁

傾’鬥爭中被重點批判和定為右傾機會主義分子的幹部和黨員，有三百幾十萬人。而這些幹部和黨員，大都是敢於講真話、敢於反映實際情況和敢於提出批評意見的同志。”

“反右傾在經濟上造成的嚴重後果，就是打斷了糾‘左’的積極進程，掀起了繼續‘躍進’的高潮。在‘反右傾，鼓幹勁’的口號下，各種‘大辦’一擁而上，如大辦鋼鐵，大辦糧食，大辦縣、社工業，大辦水利，大辦養豬場等等，在城市則大辦城市人民公社，大辦街道工業等等。”

“由於各種‘大辦’，廬山會議前有所收斂的‘一平二調’的‘共產風’又大刮起來。平調範圍，土地、糧食、房屋、生產工具、勞力以及生活傢俱，無所不有；平調單位，省、地、縣、公社和生產隊，一級比一級搞得厲害。兩年持續‘躍進’，雖然重工業項目，靠著拼體力、拼設備、拼資源，有較大幅度的增長，……但重工業的這種‘單兵突進’，進一步加劇了國民經濟的比例失調，輕工業急劇下降，而遭到最大破壞的是農業。”

“1958 年的‘大躍進’和 1959 年‘反右傾’後的繼續‘躍進’，給我們國家和民族造成了嚴重的災難。我國人民所經歷的 1959－1961 年‘三年困難時期’，主要是‘大躍進’、人民公社化運動和‘反右傾’鬥爭造成的。在‘三年困難時期’，全國廣大人民因食物缺乏、營養不良，相當普遍地發生浮腫病，不少農村因饑饉死亡增加，據統計，1960 年全國總人口減少 1000 多萬。在和平建設時期發生這種事情，我們作為共產黨人實在是愧對百姓，應該永志不忘這沉痛的教訓！”[1]

個人認為，薄氏這一檢討相當客觀，可以接受。

[1] 薄一波：《若干重大決策與事件的回顧》，871-873 頁

“四清運動”是從 1963 年 3 月起開展的，名義上是整黨，實際上殃及平民尤其是“地富反壞右”。前文反復指出，毛共建立的幹部隊伍，是歷史上從未有過權力空前而又毫無制約的官僚階級，從上到下只需討好上級，不必“向人民負責”，因此當然要在大躍進中為完成高指標而“打人死人”，造成“糧食減產，吃不飽飯”，自己則“懶、饞、佔、貪、變”。這是毛自己建立的那個反動制度必然造成的結果，與被持續迫害多年、時刻生活在恐懼中、欲求苟且偷生尚不可得的“地富反壞右”何干？這本是任何一個稍明事理的人都能想明白的。

然而毛澤東得出的結論先是“民主革命沒有搞徹底”，後來又認為是階級敵人“打進來，拉出去”，於是不但再度無端瘋狂蹂躪“地富反壞”，還在土改多年後又劃“階級成分”，給草民帶來巨大傷害。據海外不完全統計，四清共逼死 77,560 人，在城鄉共整了 5,327,350 人。這些四清成績，在中共十一屆三中全會後復查中被證明絕大多數是冤、錯、假案[1]。

文革於 1966 年 5 月 16 日正式發動，在毛死後結束，歷時十年，是人類歷史上規模最大、為禍最烈、持續時間最長的超級殘民運動，其間有過多次屠民殘民高潮。

第一個高潮是文革初期的“橫掃一切牛鬼蛇神”以及“紅色恐怖”。1966 年 6 月間，以《人民日報》刊出的《橫掃一切牛鬼蛇神》、《觸及人們靈魂的大革命》、《評“三家村”》等文為號召，各省拋出大批“反動資產階級學術權威”。劉少奇、鄧小平向

[1] 宋永毅：《別忘了王光美作为迫害者的一面》，《華夏文集》，http://archives.cnd.org/HXWK/author/SONGYongyi/zk0701d1.gb.html

學校派出工作組，將幾乎所有民國過來的大學教授、許多中學教師、甚至小學教員都打成“反動資產階級學術權威”。

工作組撤走後，高幹子弟組成的“紅衛兵”迅即發動“紅色恐怖”，對教師們進行暴烈的批鬥、羞辱、毒打與囚禁。1966 年 8 月 21 日，經毛澤東批准，解放軍總參謀部和總政治部發出《關於絕對不許動用部隊武裝鎮壓革命學生運動的規定》，中共中央又在 22 日轉發公安部《關於嚴禁出動警察鎮壓革命學生運動的規定》[1]。在當局的縱容下，紅衛兵“殺向社會”，大舉入室搶劫良民家產，毒打各界“牛鬼蛇神”，讓全社會籠罩在紅色恐怖中。

在 1967 年“批判資產階級反動路線”期間，“牛鬼蛇神”們一度從“牛棚”（各單位私設的監牢）裡放了出來，但隨著“工軍宣隊”在 1968 年進駐學校，又相繼失去自由，在“清理階級隊伍運動”中被整得死去活來。隨後他們又被送到所謂“五七幹校”，在那兒繼續遭受批鬥羞辱。對這些高級知識分子的迫害，貫穿了十年文革的全過程，許多人不堪折磨，以死抗爭，或是被活活整死。

最高檢察院對林彪、四人幫的起訴書承認：

> 各民主黨派領導人遭到誣陷、迫害的有：中國國民黨革命委員會中央副主席鄧寶珊，中國民主同盟中央副主席高崇民、吳晗，中國民主建國會中央副主任委員孫起孟，中國民主促進會中央副主席車向忱，中國農工民主黨中央主席團委員周谷城，九三學社中央副主席潘菽。各民主黨派和全國工商聯的中央常委、委員和候補委員大批受到誣陷、迫害，黃紹竑、梅龔彬、楚溪春、高崇民、劉清揚、潘光旦、劉王立明、劉念義、王性堯、唐巽澤、許崇清、李平心、陳麟瑞、鄭天保、王家楫、劉錫瑛、張璽、王天強等被迫害致死。

---

1 《毛澤東傳（1949-1976）》，電子書。

文藝界，僅文化部及其直屬單位受誣陷、迫害的就有二千六百多人。著名作家、藝術家老舍、趙樹理、周信芳、蓋叫天、潘天壽、應雲衛、鄭君里、孫維世等被迫害致死。

教育界，僅教育部所屬單位和十七個省、市，受誣陷、迫害的幹部、教師就有十四萬二千多人。著名教授熊慶來、翦伯贊、何思敬、王守融、顧毓珍、李廣田、饒毓泰、劉盼遂、馬特等被迫害致死。

科學技術界，僅中國科學院直屬單位、第七機械工業部兩個研究院和十七個省、市，受誣陷、迫害的科學技術人員就有五萬三千多人。著名地球物理學家趙九章、冶金學家葉渚沛、理論物理學家張宗燧、昆蟲學家劉崇樂、植物分類學家陳煥鏞、冶金陶瓷學家周仁等被迫害致死。

衛生界，僅衛生部直屬十四個高等醫學院、校六百七十四名教授、副教授中，受誣陷、迫害的就有五百多人。著名病理學家胡正詳、藥理學家張昌紹、胸外科專家計蘇華、針灸專家陸瘦燕、中醫葉熙春、李重人等被迫害致死。

體育界，大批幹部和教練員、運動員遭受誣陷、迫害。優秀教練員傅其芳、容國團、姜永寧被迫害致死。

全國勞動模範大批遭到誣陷、迫害。著名勞動模范孟泰、時傳祥等被迫害致死。

歸國華僑、僑眷，僅十九個省、市被誣陷、迫害的就有一萬三千多人，二百八十一人被迫害致死。方方、許立、黃潔、陳序經、黃欽書、陳曼雲等僑務界著名人士被迫害致死。[1]

這份名單連著名作家傅雷夫婦、陳寅恪，科學家葉企孫、姚桐斌、蕭光琰全家、陳天池等人都未列入。作家葉聖陶在文革後說：

---

[1] 黃火青：《中華人民共和國最高人民檢察院 特別檢察廳起訴書 特檢字第一號》，《人民日報》，1980 年 11 月 21 日

“十年人禍，相識的朋友致死的有一百左右。”[1]作家秦牧說：“我是個交遊不廣的人，但後來計算了一下，我握過手的相識的人，橫死者竟達二十七名。從這一點推論，全國犧牲者數量之巨，也就可以想見了。”“這真是空前的一場浩劫，多少百萬人顛連困頓，多少百萬人含恨以終，多少家庭分崩離析，多少少年兒童變成了流氓惡棍，多少書籍被付之一炬，多少名勝古跡橫遭破壞，多少先賢墳墓被挖掉，多少罪惡假革命之名以進行！”[2]

據民間極不完全統計，在文革中“非正常死亡”的科學家有：

謝家榮、周仁、許寶騄、葉企孫、饒毓泰、張景鉞、鄧叔群、梁思成、曾昭掄、王家楫、胡先驌、吳定良、周鯁生、翁文灝、趙九章、錢寶琮、王季梁、查謙、熊慶來、陳建功、徐瑞雲、葉雅各、施今墨等人。[3]

文革中“非正常死亡”的名作家、藝術家和知名人士有：

鄧拓、老舍、陳笑雨、陳夢家、言慧珠、葉以群、劉盼遂、趙慧深、羅廣斌、嚴鳳英、楊朔、儲安平、傅雷、翦伯贊、上官雲珠、容國團、周瘦鵑、李廣田、吳晗、顧而已、聞捷、劉綬松、范長江、王重民、陳璉、李平心、熊十力、顧聖嬰、傅其芳、姜永甯、田漢、阿英、趙樹理、柳青、周立波、何其芳、鄭伯奇、郭小川、蘆芒、蔣牧良、劉澍德、孟超、陳翔鶴、納·賽音朝克圖、馬健翎、魏金枝、司馬文森、海默、韓北屏、黃谷柳、遠千里、方之、蕭也牧、李六如、穆木天、彭慧、姚以壯、鄧均吾、張慧劍、袁勃、徐嘉瑞、李亞群、林鶯、沈尹默、胡明樹、馮雪峰、邵荃麟、王任叔、劉芝明、何家槐、侯金鏡、徐懋庸、董秋斯、滿濤、

1 人民日報》，1983年4月4日。

2 《新文學史料》，1989年第3期，86，94頁。

3 黃河清：《1949年後中國大陸科學家慘狀一覽》 http://www.jsbh.net/index.php/article/read/aid/4014

麗尼、蔡楚生、鄭君裡、袁牧之、田方、崔嵬、應雲衛、孟君謀、徐韜、魏鶴齡、楊小仲、劉國權、羅靜予、孫師毅、夏雲瑚、馮喆、呂班、王瑩、趙慧深、瞿白音、周信芳、蓋叫天、荀慧生、馬連良、尚小雲、李少春、葉盛蘭、葉盛章、高百歲、裘盛戎、章泯、焦菊隱、孫維世、舒繡文、蘭馬、高重實、萬籟天、白辛、伊兵、張德成、李再雯、竺水招、蘇育民、顧月珍、筱愛琴、韓俊卿、丁果仙、閻逢春、徐紹清、蔡尤本、劉成基、白雲生、韓世昌、王尊三、王少堂、張壽臣、俞笑飛、江楓、連闊如、肖亦吾、固桐晟、鄭律成、馬可、黎國荃、向隅、蔡紹序、陸洪恩、費克、舍拉西、查阜西、李淦、張斌、王建中、沈知白、李翠貞、阿泡、楊寶忠、潘天壽、王式廓、陳半丁、秦仲文、陳煙橋、馬達、倪貽德、肖傳玖、吳耘、張正宇、吳鏡汀、葉恭綽、劉子久、烏叔養、符羅飛、賀天健、彭沛民、鄭野夫、李斛、沃渣、王頌咸、李又罘、張肇銘、李芝卿等人。[1]

以上受難者多數是在“紅色恐怖”期間喪生的。據丁抒先生估計，在“紅色恐怖”期間有 20 萬人自殺。他還揭露，紅色恐怖同樣殃及農村，京郊各縣的“地、富、反、壞、右”慘遭屠殺，以昌平縣和大興縣最為嚴重。昌平縣的一些人民公社屠殺“五類分子”時，提出了“斬草除根”、“留女不留男”的口號，連只有幾個月大的男嬰也被打死，各人民公社間甚至展開殺人比賽。大興縣至 1966 年 9 月 1 日共殺害了 324 人，最大的 80 歲，最小的才 38 天，有

[1] 《文革中遭迫害致死的名學者專家和知名人士》，http://blog.sina.com.cn/s/blog_62c4900f0102e2wu.html

22 戶人家被殺絕。據他估計，全國在紅色恐怖中被殺者應不下二十萬[1]。

第二個高峰則是由黨內軍內權力鬥爭外化而成的全國武鬥。自1967年4-5月間，各地兩大派開始武鬥，但規模不大，用的無非也就是拳頭棍棒。1967 年 7 月 21 日，江青在講話中公開提出了“文攻武衛”的口號，軍隊兩派各自給自己支持的那派發槍，支持他們去武力消滅對立面，全國迅即陷入內戰，持續了一年多。兩大派群眾不但在戰鬥中喪生，還在被俘後被虐殺，甚至被剖腹挖心肝。據丁抒先生估計，全國有 50 萬人武鬥中喪生。

第三個虐殺高峰則是1968年-1969年的“清理階級隊伍運動”與1970 年的“一打三反運動”，大批無辜草民被誣陷為“特務”、“反革命”被活活整死。最高檢察院的起訴書說：

> “在康生、謝富治的煽動下，製造了‘趙健民特務案’，這個冤案使雲南大批幹部、群眾遭到誣陷、迫害，一萬四千餘人被迫害致死。”

這個數字本身就是觸目驚心的，然而它還縮了水。根據《雲南省昆明市人民檢察院關於“黃兆其反革命案”起訴書》，因“趙健民特務案”在“清隊運動”中直接遭到迫害的就有 138 萬 7 千多人。其中被打死、逼死的 1 萬 7 千多人，被打傷致殘 6 萬 1 千多人[2]。而根據 2005 年內部出版的《雲南“文化大革命”運動大事紀實》，死亡數字應是 23,000 人[3]。

---

[1] 丁抒：《文革中的非正常死亡》，http://blog.sina.com.cn/s/blog_6e421d5f0101tis9.html，以下凡引用丁抒的估計數字均出自此文，不再註明。

[2] 《歷史的審判》（續集），群眾出版社 1986 年 9 月版，第 481 頁。

[3] 轉引自宋永毅：《文革中“非正常死亡”了多少人？── 讀蘇揚的<文革中中國農村的集體屠殺>》，《動向》雜誌，2011 年第 9 期

類似地，最高檢的起訴書說：

> “在康生、謝富治的唆使下，內蒙古自治區因‘內人黨’等冤案，有三十四萬六千多名幹部、群眾遭到誣陷、迫害，一萬六千二百二十二人被迫害致死。”

這數字也夠駭人聽聞了，但仍然縮水。2004 年出版的《內蒙古自治區史》中透露：十年文革“共有 27,900 餘人被迫害致死，12 萬多人被迫害致殘”[1]。

最高檢的起訴書還絕口未提此期發生的廣西大屠殺，中共絕密文件《廣西文革大事記，1968》記載，僅韋國清指揮廣西軍分區和各地民兵在 1968 年革委會成立前後，就殺了廣西“四二二造反派”至少十萬人！[2] 起訴書同樣未提持續多年的“清查五一六”運動，丁抒先生估計因此死亡者約十萬人。

文革究竟害死了多少人？丁抒先生的估計是：不計死於勞改營的各類“勞改”、“勞教”分子，至少有二百萬人在文革中喪生。這一估計得到了嚴謹研究的支持。美國加州大學蘇揚教授窮十年之功，搜集 1987 年以來中共公開出版的 1520 種縣志，將其中的文革死亡數字按死亡時期、原因、地點、對死亡記載的篇幅大小等等輸入數據庫，與可靠的中共內部檔案和回憶材料對照，借助電腦分析得出結論：農村在文革中至少有 75 萬到 150 萬人被迫害致死；同樣數目的的人被毆打致殘；至少 3,600 萬人經歷了不同程度的政治迫害[3]。若加上城市的數字，總死亡數與丁抒的估計很接近。

不過，蘇揚特地在其學術專著中說明：因為所有官方的縣志都在不同程度上掩蓋歷史真相，他的計算結果很可能極大地低估了實

---

[1] 同上。

[2] 同上。

[3]《文革中“非正常死亡”了多少人？—— 讀蘇揚的<文革中中國農村的集體屠殺>》。

際死亡人數。確實如此，宋永毅就給出了許多縣志中有意縮小數字的例子[1]。而且，蘇楊說受到迫害者至少有3,600萬人，這也低於下述胡耀邦披露的數字。所以，蘇教授的研究雖然縝密，但只能視為下限數據。

胡耀邦在1978年11月召開的中央工作會議上指出：“冤案、假案、錯案的平反昭雪，工作量很大，現在全國脫產幹部（包括文教）1700萬人，立案審查的約佔百分之十七，加上被審查的基層幹部、工人、老百姓和他們的直系親屬，將近1億人。”[2]

約佔全國人口八分之一的人民遭到迫害，絕對史無前例。

---

1 同上、

2 王偉群：《陳雲投下哪六顆“重磅炸彈”讓華國鋒控制不住局面》，人民網，http://history.people.com.cn/n/2014/0821/c372327-25507544-2.html

第二章 “三面紅旗”迎風飄揚

一、“中式社會主義”出臺

“建國”初期，毛因爲是絕對科盲，以爲蘇聯模式代表了“客觀規律”，而斯大林則是真理的人格化，因此全面“以俄爲師”，忠實地按蘇聯模式建國。

蘇聯實行的是專家治國，“向蘇聯學習”（這是當時壓倒一切的口號）自然也就是學這套。因此，直到 1957 年，國民經濟發展還比較正常。這是幾方面原因造成的：一是全面照搬“蘇聯先進經驗”，按蘇聯“理性計畫經濟”模式管理經濟；二是工業主要由劉少奇、周恩來、陳雲一干正常人負責，毛基本沒有介入；三是赫魯曉夫慷慨援建了 150 多個大型工業項目，而蘇聯專家是說一不二的太上皇（毛下令：“我們的幹部和蘇聯專家發生了頂撞，只能對我們自己人‘有理三扁擔，無理扁擔三’”[1]，並將“反蘇”定為劃右派的標準之一），雖然這使中國人喪失了民族尊嚴，畢竟也使文盲痞子黨委書記的瞎指揮無以施其伎。中國的重工業框架就是那段期間奠定的，直到毛死也是那點本錢，只是多了個大慶。

如果毛有自知之明，知道自己天生擁有威力無窮的自傷神功，守愚藏拙，老老實實按蘇聯老大哥的指揮棒轉，那中國也就有福了。按蘇聯模式走下去，雖然“民富”斷無可能，“國强”是沒問題的，愛國者們盼的不就是這個麼？就連老蘆這種深受西方個人主義價值觀熏陶的大漢奸，也終生難以擺脫這思維定式。

---

[1] 轉引自朱開印：《盧山會議前陪彭德懷訪東歐》，《百年潮》2005 年第 11 期

不幸的是接連發生了兩件事，歷史由此轉向。

前已介紹，1956 年 2 月間，赫魯曉夫在蘇共 20 大作了批判斯大林的祕密報告，極大地震動了毛澤東。1956 年 3 月 31 日，毛在與蘇聯大使尤金的談話中承認。蘇共 20 大給他留下了深刻的印象，正是由於蘇聯共產黨主動提出了所有這些問題，中共和他本人才有可能更加自由地思考許多問題。[1]

1956 年 9 月，毛澤東對來訪的南共代表團說：“對斯大林的批評，我們人民中有些人還不滿意。但是這種批評是好的，它打破了神化主義，揭開了蓋子，這是一種解放，是一場解放戰爭，大家都敢講話了，使人能想問題了。這也是肯定，否定，否定的否定。”[2]

那麼，毛澤東解放了什麼思想，想了些什麼問題？原來，他此時才如夢初醒，發現原來蘇聯模式並非“普遍真理”，該怎麼建設社會主義，其實誰都沒譜，完全是摸著石頭過河。以他固有的思維方式，他將經濟建設與當初的奪權戰爭相類比，認為“將馬克思主義的普遍真理與中國革命的具體實踐進行第二次結合”的時機到來了，聲稱：

> “我認為最重要的教訓是獨立自主，調查研究，摸清本國國情，把馬克思列寧主義的基本原理同我國革命結合起來，制定我們的路線、方針、政策。”“現在是社會主義革命和建設時期，我們要進行第二次結合，找出在中國進行社會主義革命和建設的正確道路。”“現在我們有了自己的初步實踐，又有了蘇聯的經驗教訓，應當更加強調從中國的國情出發，強調開動腦筋，強調創造性，在結合上下功夫。”

---

1 沈志華 李丹慧：《戰後中蘇關係若干問題研究：來自中俄雙方的檔案文獻》，248 頁，人民出版社，2006 年 2 月

2 《毛澤東外交文選》，260 頁

毛澤東甚至把反對“教條主義”（其實也就是蘇聯經驗）當成了社會主義革命與建設勝利的前提。他說，開始我們模仿蘇聯，因為我們毫無搞社會主義的經驗，只好如此，但這也束縛了自己的積極性和創造性。必須反對教條主義，否則革命就不能勝利，社會主義建設就不能成功。[1]

由此可見，赫魯曉夫的祕密報告出籠，是毛澤東與蘇聯模式决裂的轉折點。在此衝擊下，毛對蘇聯模式作了批判思考，作了《論十大關係》，《關于正確處理人民內部矛盾的問題》等講話。他的確也看出了蘇聯模式的弊病，那就是壓制了人的主動精神。不過，因爲缺乏最起碼的理論能力，他從來沒本事如我這樣清晰表述出來。不僅如此，他沒有看出那是蘇式社會主義制度必不可免的內在弊病，却以爲那是實行專家治國造成的。

毛從此開始探索自己的道路，“富有中國特色的社會主義”就此出臺。但他毫無列寧的理論能力和斯大林的制度建設才能，只會以模糊口號發動群衆運動，間或咕嚕兩句神龍見首不見尾的零言碎語，以致他的思想必須由蘆某在幾十年後使用考證代他總結出來。

毛探索自己的社會主義道路的第一個嘗試就是 1957 年的“百花齊放，百家爭鳴”。前文介紹過，毛的本意是試圖糾正蘇聯模式的弊病，創造一種有限的黨外監督方式，防止官僚主義，給社會主義制度注入點活力。

可惜毛葉公好龍，玩火自驚，被右派的反應嚇得走向反面，爲在黨內維持“全知全能，永遠正確”的神話形象，不能不“因勢利導”，將計就計，舉起了屠刀，還要厚顏詭稱那是預謀。而“共産黨無學有術，民主黨派有學無術”、“外行不能領導內行”、“現

[1] 同上。

在是共產黨小知識分子領導我們這些大知識分子”等右派言論，則觸痛了毛深重的自卑情結，促成了他與蘇式專家治國的徹底決裂。

這兩件事誘發並惡化了毛的白痴治國症，赫魯曉夫解放了毛的思想，讓他意識到原來其實不必學習蘇聯，而右派言論促使他徹底拋弃專家治國，堅信“外行必須領導內行”，改用拿手的人民戰爭去創造奇迹，“跑步進入共產主義”，因而隆重推出了他的“經濟建設思想”。本書上冊已對這所謂“思想”作過介紹，這兒只看它生出的寧馨兒——震古鑠今的“三面紅旗”。

二、“三面紅旗”的推出

如前所述，赫魯曉夫的祕密報告點燃了毛澤東當國際共運領袖的野心。他認為，無論是論資格，革命經驗，革命成就，還是對馬列教義的“創造性發展”（“我們做的超過了馬克思”），他都遠遠超過赫魯曉夫，國際共運新教皇該由他來當。唯一欠缺的只是中國太窮，無法像蘇聯那樣向兄弟國家提供慷慨援助。若是中國的經濟實力超過蘇聯，則國際共運領袖的地位非他莫屬。

早在赫魯曉夫打掉“反黨集團”之前幾個月，他就在高幹會議上洩露了對蘇聯經濟實力的嫉恨：

> “這些人利令智昏，對他們的辦法，最好是臭罵一頓。什麼叫利呢？無非是五千萬噸鋼，四億噸煤，八千萬噸石油。這算什麼？這叫不算數。看見這麼一點東西，就居然脹滿了一腦殼，這叫什麼共產黨員，什麼馬克思主義者！我說再加十倍，

加一百倍，也不算數。你無非是在地球上挖了那麼一點東西，變成鋼材，做成汽車飛機之類，這有什麼了不起！”[1]

但在中國強大起來之前，毛還是不得不承認現實，採用了“將欲取之，必固與之”的權謀，在莫斯科會議上力主奉蘇聯為首，他在說服哥穆爾卡等人時說，我們社會主義陣營總得有個頭，第一個社會主義國家是蘇聯，最強大的共產黨是蘇共，最強大的社會主義國家還是蘇聯，由它當這個頭是很自然的。他甚至還拿胡志明開涮，問他提“以越南為首”怎麼樣[2]。由此可見，毛澤東認為能否當上社會主義國家的首領，取決於本國的實力。他的盤算是先把蘇聯推上去作虛君，他暫時只充當意識形態導師，等到中國強大起來超過蘇聯後，當上首領也就實至名歸了。

因此，中國當時的“主要矛盾”，就是儘快在經濟實力上超過蘇聯。毛澤東在莫斯科享受的空前殊榮，使得他這一願望變得更加迫切。毛身邊的人也感覺到了毛的情緒。葉子龍說，他十分明顯地感覺到，自從 1957 年以後，特別是從蘇聯回來後，毛澤東的脾氣變得急躁了，看得出他的壓力很大[3]。

1958 年 12 月 9 日，他在中共八屆六中全會全體會議上說：

> “我們現在是虛名很大，實力不大，名實很不相符。在政治上，我們是個強國，在實力上，在經濟上和軍事上，我們還是個弱國。因此，在我們面前提出了一個任務：我們要來一個變化，由弱變到強。”[4]

---

[1] 毛澤東：《在省市自治區黨委書記會議上的講話》，（一九五七年一月二十七日），《毛澤東文集》第七卷，

http://cpc.people.com.cn/GB/64184/64185/189967/11568205.html

[2] 《閻明復回憶錄》，413 頁。

[3] 《葉子龍回憶錄》，213頁。

[4] 《毛澤東年譜（1949-1976）》第三卷，552-553 頁。

1959年12月18日，他對陳伯達等人說：

> “世界上從有歷史以來，沒有不搞實力地位的事情。任何階級、任何國家，都是要搞實力地位的。搞實力地位，這是歷史的必然趨勢。”[1]

1960年7月，在與李富春等人的談話中，毛澤東把因為缺乏實力，讓他無法稱心如意當上新教皇的挫折感說得更加明白：

> “實力政策、實力地位，世界上沒有不搞實力的。”“手中沒有一把米，叫雞都不來，我們處在被輕視的地位，就是鋼鐵不夠。……資本主義國家看不起我們，社會主義國家也不給技術，憋一口氣有好處。”[2]

因此，當時中國的“主要矛盾”，就是在工農業生產上迅速趕上並超過蘇聯，為偉大領袖爭當世界領袖提供強大實力。

不幸的是，中國經濟成長的速度，與毛澤東的期待值的差距實在太大。到那時為止，他並未具體管理工農業生產，他因而認為，這是因為部下們無能，于是在1958年親自出馬過問經濟管理，召開了南寧會議，批判劉少奇和周恩來主持的“反冒進”，把周恩來整到請辭地步。此後他推出了“社會主義總路綫”，並同時發動公社化和大躍進。總路綫、大躍進、人民公社合稱“社會主義建設三面紅旗”，又稱“三大法寶”，毛澤東也果然因此三大法寶名垂青史，萬古不朽。

所謂總路綫是一句口號：“鼓足幹勁，力爭上游，多快好省地建設社會主義。”以口號作爲國家建設總路綫，本身就是白痴事體，更何況這個口號只說明了三件事：

---

1 《毛澤東年譜（1949-1976）》第四卷，265頁

2 轉引自薄一波：《若干重大決策與事件的回顧》，872頁。

第一，它充分暴露了毛澤東一蹴而就、立竿見影的急切心理。所謂“大躍進”就是這種心理的產物。

第二，前兩句話都是啦啦隊叫喊的“加油”，暴露毛澤東把經濟建設完全視為一個單純的士氣問題，充分體現了毛的建國思想：“抓生產的原理和鞭打牛馬毫無二致，無非是將人民的幹勁最大限度地釋放出來，只要蠻幹就能創造奇迹。”此之謂“愚公移山，改造中國”。

其實，要明白毛澤東崇拜苦幹心理的低級智力錯誤，只需一點生活常識就夠了：人不可能永遠處於高度緊張勞累狀況，過勞必然導致生產效率下降。可惜他卻連這常識都不知道，把造出經濟奇跡的希望完全押在“革命加拼命，拼命幹革命”上，因而在大躍進中強迫人民連續幾個月不眠不休，“通宵苦戰”，連他自己過去說的“睡眠和休息喪失了時間，卻取得了明天工作的精力。如果有什麼蠢人，不知此理，拒絕睡覺，他明天就沒有精神了，這是個蝕本生意”[1]都忘記了，光榮地當上了自己笑罵的蠢人。

第三，“多快好省”貌似面面俱到，其實體現了毛false economy（假省錢）的拿手好戲。可憐他終生從未聽說過“經濟效益”這個詞，因而到死都沒意識到，群眾運動與“多快好省”不兩立，用大轟大嗡的群眾運動去搞建設，只會“走向反面”，變成“超級少慢差費”，在造成巨額經濟損失後製造出海量廢物，是破壞國民經濟最強大的法寶。光是“全民大戰鋼鐵”就造成了 50 億元以上的損失，煉出來的卻是一堆垃圾（詳見下）。

即使“土法上馬”確能奏效，造成的浪費也是驚人的。1958 年來華工作的蘇聯專家米哈伊爾・科洛奇科（Mihail A. Klochko）曾向當局指出，用土法煉銅在經濟上極不合理，這是因為硫化銅礦通常

[1] 毛澤東：《中國革命戰爭的戰略問題》，《毛澤東選集》第一卷，http://cpc.people.com.cn/GB/64184/64185/66615/4488889.html

含有少量的金銀，用電解法煉銅能獲取之，而使用土法不但損失了這些中國稀缺的貴金屬，銅的提取率也比較低。[1]

然而偉大領袖那大老粗又豈會想到這些？他以為，只需發動轟轟烈烈的"反浪費運動"，人民群眾自然就會"節省每一個銅板爲了革命"了。科洛奇科負責指導中科院化學所，他在參觀該所的"反浪費展覽"時的感覺是：

> "但是，看著這一切，我不能不感到，整個觀念是'錙銖之智，升斗之愚'（penny wise pound foolish）。中國科研組織工作中最根本的浪費，是浪費從事科學工作人員的時間，而不是什麽沒能利用某台設備，或是不注意愛護書籍。設備優良的漂亮的實驗室連續多日空著沒人上班，藏書幾千冊的圖書館一直關閉著，而本可使用它的讀者們在開會、坦白交代、或是在翻土地。這個貧窮的國家在1955-1958年間花費了巨額的硬通貨建造實驗室和圖書館，卻沒能利用這些投資。受過訓練的工作人員無法專注于本職工作。就連設備，當局也聽任它們因缺乏適當保養而損壞。"[2]

最後還必須指出，毛澤東後來自己砍倒了"總路線"這面紅旗，不過是在暗地裡。1965年7月26日，他在會見緬甸奈溫時說：社會主義建設我們搞了十多年，過去對有些事情，自己也搞不清楚。我們在經濟工作上也犯過一些錯誤，頭一個階段，什麼都照搬別國的。但是適合那個國家的，不一定都適合我們，都照搬過來就不對了。第二個階段，我們自己搞，想搞大的，搞得太多、太急。現在我們的經驗是：第一， 要學外國，但不能照抄外國的；第二，要搞一點，但也不能搞得太多。

---

[1] 譯自 Mikhail A.Klochko: *Soviet Scientist in China*， p83， Hollis & Carter Ltd，1964.

[2] Mikhail A.Klochko: *Soviet Scientist in China*， p80

1965年9月30日，毛澤東在會見印尼客人時，客人談到印尼急需發展冶煉工業，毛澤東說：我們早幾年吃了太性急的虧。

1966 年 6 月 10 日毛澤東在會見胡志明時說：煉鋼要採用新技術。不要搞急了、搞多了，我們吃了搞急了、搞多了的虧。一年搞了一千七百個基本建設項目，搞了幾年不行，然後縮小下來，減了一千個，有的已經搞成了。那時就是貪大、貪多、貪全。[1]

當然，這些話也只能由他說，出自別人的口就是犯罪。所以，終毛之世，“三面紅旗”一直在黨媒上高高飄揚。

人民公社是毛澤東的又一平生得意之筆。1958 年 8 月，毛澤東在北戴河會議上說：人民公社的特點，就是一曰大，二曰公，主要是便於搞工、農、兵、學、商與農、林、牧、副、漁這一套，便於綜合經營。農林牧副漁，是農業合作社就有的，工農商學兵，是人民公社才有的，這些就是大。大，這個東西可了不起，人多勢眾，辦不到的事情就可以辦到。公，就比合作社更要社會主義，把資本主義殘餘，比如自留地、自養牲口都逐步搞掉。[2]

“大，這個東西可了不起”的“哲學依據”，前面已經介紹過了，就是中國猿人在打群架時作出的“科學發現”：

> “人多為王……長袖善舞，多財善賈。韓信將兵。”[3] “量變了，一定會引起質變，會促進質變。我們的人民公社是‘一大二公’，首先是‘大’，接著必然提高‘公’的水平，也就是說，量變必然帶來部分的質變。”[4]

---

1 《毛澤東年譜（1949-1976）》第五卷，514，532，592頁

2 轉引自《變局：七千人大會始末》,121頁

3《毛澤東哲學批註集》，57頁。

4 鄧力群編：《毛澤東讀社會主義政治經濟學批註和談話》（簡本）。

囿於他低下的智識水平，毛澤東到死也沒理解，農業生產受制於千差萬別的局部地理氣候條件，不可能如工業生產那樣實行“統一計劃，統一指揮”。因此，農業生產單元越大，應變能力也就越差，脫離實際情況盲目指揮的可能性也就越高，實際上是以“整體試錯”代替了“個別試錯”。一旦政策有誤，必然大面積受害。若是把他的直線思維方式外推到極端，把全國合併成一個大公社，則那個農業經濟體根本就無法運作。早期的公社就曾辦成縣級大社，因為完全無法運作而被迫改小。但即使把公社改到鄉級規模，其對農業生產力仍然有著強大的窒息力。

已有多位學者的研究表明了這一點。秦暉研究了集體化對勞動生產率的影響後指出，1921-1936 年間，中國每個農業勞動者生產糧食增長了 35.2%，高於糧食總產量的增長。1936 年的勞均產量為 1725 斤，比 1951 年還要高出 14.3%；但儘管農業科技條件有了相當大的改善，1966 年中國農業勞均產量為 1162.8 斤，遠比 1936 年低，而 1975 年勞均產量為 1931.5 斤，比 1936 年高不了多少[1]。文慣中的研究則表明，除了 1952- 1957 年間中國農業總要素生產率有過一個增量極小的上升以外，整個 1983 年以前的農業集體化生產率都明顯低於 1952 年個體農業的水準[2]。葉揚兵的研究結論則是，高級社的生產績效不如初級社與互助組[3]。綜合以上研究，吳毅等人提出，農業組織化程度越高，其效能越低[4]。

---

1 秦暉：《中國改革前舊體制下經濟發展績效芻議》，《雲南大學學報（社會科學版）》，2005 年第 2 期。

2 Guanzhong James Wen： *The Current Land Tenure System and Its Impact on Long Term Performance of Farming Sector： The Case of Modem China*， PhD dissertation， University of Chicago， 1989.

3 吳毅、吳帆：《結構化選擇：中國農業合作化運動的再思考》，《開放時代》2011 年第 4 期

4 葉揚兵：《中國農業合作化運動研究》，知識產權出版社 2006 年版

對普通人來說，這些研究其實是多餘的。事實證明，改革開放中最有力的解放農業生產力的措施，就是解散公社，它使得農業生產幾乎在旦夕間就突飛猛進，堪稱立竿見影。

有趣的是，毛澤東專跟人類常識對著幹。對工業，他反對蘇聯將資源集中用于興建高效益的大企業，反對蘇聯人的“靠標準設計，幹部，技術”，主張“大中小結合，基礎放在小的上，靠地方，靠小的”[1]，鼓吹“發揮地方的積極性”，鼓勵各地“土法上馬”，大辦毫無經濟效益、只能浪費甚至毀滅資源的縣、鎮、社級工廠，完全是推行旨在倒退回中世紀的復古運動。但對於農業，他卻又對“大，這個東西可了不起”情有獨鍾，巴不得農業社辦得越大越好，這是為什麼？他為何酷愛跟經濟效益對著幹？雖然他後來痛批“利潤掛帥”以及“用經濟辦法管理經濟”，但那是對劉少奇不滿後才有的“反經濟思想”，1958 年那陣還沒形成呢。他雖然終生沒有“經濟效益”的觀念，但“總路線”追求的不就是以最小的成本，生產最多最好的產品麼？他為何在實踐中要和自己過不去，反其道而行之？

我想，最主要的原因，當然是因為毛澤東缺乏最簡單的人類常識，因而只有喊口號的本事，卻看不到自己採取的實際措施與努力目標恰好背道而馳。另一個原因則是他深諳帝王術。成立公社頗有傳統暴君大規模徵發人力完成重大工程之風。他本能地知道，“政社合一”的人民公社必然極大地提升政府對草根百姓的控制力，使得五億農民變成他取之不盡用之不竭的勞力資源。

當然，他與傳統暴君仍有明顯區別：第一，他具有前任從未夢想過的對人民的全面控制，因而具有任意揮霍人力資源的空前魄力與能力。第二，他有一種前任沒有的奇特的幻覺——“群眾中蘊藏

---

[1] 毛澤東在成都會議上的插話（一九五八年三月），轉引自李銳：《“大躍進”親歷記》上卷，199 頁。

了一種極大的社會主義積極性”，以為集體化真是草根百姓的心願，卻不知道人民群眾只有發家致富的積極性，而真正“蘊藏了一種極大的社會主義積極性”的人，是好吃懶做的鄉村二流子。第三，如後文將要指出的，傳統暴君濫用民力，畢竟還修建了具有實際價值的重大工程，而毛澤東濫用民力，建起來的只是紀念他空前或許也是絕後的驚天動地的愚蠢的豐碑。

“大躍進”的發動則完全是由於毛徹底缺乏現代知識以及窳陋的思維方式。他或許也朦朧知道，具有足夠的原始資本與技術是實行國家工業化的先決條件。但他的奇葩之處在於，他以為可以用群眾運動來解決這兩個難題：國家沒錢建造大型鋼廠，那就代之以群眾的“土高爐”，反正不需要政府掏錢，卻不知道那花出去的是人民更多的冤枉錢；無法從國外進口先進技術，那就讓萬能的“群眾性技術革新與技術革命”去發明之，卻不知道勞動人民只可能發明不需要科學知識與專門訓練的原始技術，絕無可能發明為工業化必需的科學技術。

同樣因為無知，他這位“農業專家”也就不懂，高密度使用人力在有限的土地上精耕細作，千百年來一直是中國的農業特點，早就沒有多少潛力可挖了。歷史上的“農業革命”的發生原因無非是兩種，一是引入外來高產的新作物，例如北宋時從越南引入水稻，16 世紀以後從美洲引入了玉米、紅薯和土豆，近年來袁隆平培育成功的雜交水稻，等等；二是化肥的使用在印度等地引出了“綠色革命”。不走這兩條路，卻指望以人海戰術去“奪取特大豐收”，完全是癡人說夢。

最可笑的是，他還專門發明了“哲學依據”來論證自己的無知妄想是“宇宙真理”，這在前面已介紹過了：

“突變優於量變。沒有質變，不可能突變。沒有量變不行，否定量變就會冒險主義。平衡的破壞是躍進。平衡的破壞優於平衡。不平衡，大傷腦筋是好事。”[1]

“客觀事物的發展是不平衡的，平衡不斷被衝破是好事。不要按平衡辦事，按平衡辦事的單位就有問題。”[2]

就是根據這個“宇宙運行的根本規律”，毛澤東發動了全民競相瘋狂破壞經濟平衡的“大躍進”，以史無前例的大手筆，寫下了世界歷史上絕無僅有的壯麗白痴篇章。

---

[1] 在八大二次會議上的講話（一九五八年五月二十日下午），《毛澤東思想萬歲》（1958-1960）。

[2] 轉引自薄一波：《若干重大決策與事件的回顧》上卷，522 頁。

第三章 大躍進

一、工業大躍進——“以鋼為金”

（一）毛澤東害上了“鋼癡”

1957 年 11 月，毛澤東訪問蘇聯，參加全世界共產黨、工人黨代表會議，度過了他一生最風光、最得意的日子。在那次會議上，他首次提出了“十五年趕上英國”的宏偉戰略目標：

> “赫魯曉夫同志告訴我們，十五年後，蘇聯可以超過美國。我也可以講，十五年後我們可能趕上或者超過英國。因為我和波立特、高蘭同志談過兩次話，我問過他們國家的情況，他們說現在英國年產兩千萬噸鋼，再過十五年，可能爬到年產三千萬噸鋼。中國呢？再過十五年可能是四千萬噸，豈不超過了英國嗎？那麼，在十五年後，在我們陣營中間，蘇聯超過美國，中國超過英國。歸根結底，我們要爭取十五年和平。到那個時候，我們就無敵於天下了，沒有人敢同我們打了，世界也就可以得到持久和平了。”[1]

這話充分反映了毛澤東混亂思維特色，赫魯曉夫說的“趕上美國”，與他說的“趕上英國”不是一回事，前者是正常人的理解，指的是國家生產力與人民的生活水平，而毛澤東說的卻是鋼產量。

---

[1] 在莫斯科共產黨和工人黨代表會議上的講話（一九五七年十一月十八日）

在他那奇特的腦筋中，那就是“趕上英國”的全部內容。而且，英國鋼產量是多少，竟要靠詢問英國共產黨黨魁才能得知，真是不折不扣的“實踐出真知”。

同年 12 月 2 日，劉少奇代表中共中央向中國工會第八次全國代表大會致祝詞時，向全國正式發佈了“超英趕美大躍進”的動員令：

> “在十五年後，蘇聯的工農業在最重要的產品的產量可能趕上和超過美國，我們應當爭取在同一時間，在鋼鐵和其他重要工業產品的產量方面趕上或超過英國。”[1]

這話大概經過了“秀才”們的潤色，趕超的內容從毛澤東原來說的鋼產量一項，變成了“鋼鐵和其他重要工業產品的產量”。不過，這修改也只存在於紙面。在實踐中，工業大躍進的主要內容，就是“全民煉鋼”。

1958 年 3 月間，冶金部長王鶴壽寫報告給毛澤東，聲稱中國鋼鐵工業“十年趕上英國、二十年或稍多一點時間趕上美國，是可能的”。毛接受了他這估計，給其他領導人寫信說：“十年可以趕上英國，再有十年可以趕上美國，說‘二十五年或者更多一點時間趕上英美’，是留了五年到七年的餘地。”也不知道他這“餘地”是怎麼計算出來的。不過由此可知，那“趕超”內容就是鋼鐵產量。

5 月間，在八大二次會議上的發言中，王鶴壽再次將趕超時間縮短為 5 年超過英國，15 年趕上美國。毛澤東也在大會上講了話，洩露了趕超的真實對象。他說，1957 年蘇聯鋼產量 5100 萬噸，我看，我們搞到搞到 5100 萬噸不需要這麼多時間，從今年算起，只要 7 年搞到 4000 萬噸，再加一年，就可能搞到 5100 萬噸。他還在《卑賤者

---

[1] 薄一波：《若干重大決策和事件的回顧》，692 頁。

最聰明，高貴者最愚蠢》的批語中明確提出：“七年趕上英國，再加八年或者十年趕上美國。”[1]

6月18日，國家經委主任薄一波向毛澤東彙報：經過三年苦戰，我國可以在鋼鐵和其他主要產品產量方面趕上和超過英國，基本建成比較完整的工業體系，農業將實現水利化。毛澤東全盤照收了這牛皮。6月21日，毛澤東在軍委擴大會議的講話中稱：我們三年基本超過英國，十年超過美國，有充分把握。他還將薄一波的彙報提要改名為《兩年超過英國》，批轉軍委會議：

> “此件印發軍委會議各同志。超過英國，不是十五年，也不是七年，只需要兩年到三年，兩年是可能的。這裡主要是鋼。只要1959年達到2，500萬噸，我們就鋼的產量上超過英國了。”[2]

同日，他還將冶金部的報告批轉給軍委會議：

> “此件印發軍委會議各同志。只要1962年達到6,000萬噸鋼，超過美國就不難了。必須力爭在鋼的產量上在1959年達到2,500萬噸，首先超過英國。”[3]

一日之內批轉兩份內容類似的報告，可見他當時是何等豪情滿懷。

到了九月間，計畫就變成了到1962年鋼產量達到八千萬到一億，超過蘇聯，接近美國：

---

[1] 毛澤東：《卑賤者最聰明，高貴者最愚蠢》（一九五八年五月十八日、二十日），《建國以來毛澤東文稿》第七冊，236頁。

[2] 毛澤東關於向軍委會議印發《兩年超過英國》報告的批語（一九五八年六月二十二日），《建國以來毛澤東文稿》第七冊，278頁

[3] 毛澤東關於向軍委會議印發冶金部一九六二年主要冶金產品生產水準規劃的批語（一九五八年六月二十二日），《建國以來毛澤東文稿》第七冊，279頁

> “今年要爭取產鋼一千一百萬噸，比去年翻一番。明年增加兩千萬，爭取三千萬噸。後年再搞兩千萬，不是五千萬嗎？苦戰三年，五千萬噸鋼。那麼，全世界除了蘇聯同美國，我們就是第三位。蘇聯去年就五千萬，加三年，他可以搞六千萬。我們苦戰三年，有可能超過五千萬，接近蘇聯，再加兩年，到六二年，可能出八千萬到一億，接近美國（美國因為它經濟恐慌，那個時候也許只有一億噸）。第二個五年計畫就要接近或趕上美國。再加兩年，七年，搞一億五千萬噸，超過美國，變成天下第一。老子天下第一不好，鋼鐵天下第一有什麼不好？”[1]

1958年的鋼產量指標原為624.8萬噸，在此形勢下一變再變，節節拔高。6月18日，薄一波向毛澤東提出，1958年鋼產量改為1000萬噸。毛對薄一波說：現在農業已經有了辦法了，叫做“以糧為綱，全面發展”。薄一波答道：工業就“以鋼為綱，帶動一切”吧。毛澤東欣然接受了這提議。次日，毛澤東問王鶴壽，鋼鐵產量能不能翻一番，王鶴壽當然只能表示同意。於是1958年的鋼產量的公開指標便定為1957年產量535萬噸的兩倍，成了1070萬噸，內定1100萬噸，留有30萬噸的“餘量”。7月1日，《人民日報》推出了《以鋼為綱》的文章。

至此，1958年已經過去了半年，鋼產量指標卻從原定的624.8萬噸“躍進”到了內定的1100萬噸。到了7月底，累計生產鋼只有380萬噸左右，與指標相比相差約700多萬噸。8月16日，毛感到計畫有完不成的危險，決定大搞群眾運動，實行書記掛帥，全黨全民辦鋼鐵。“以鋼為綱，全民為1070萬噸鋼奮鬥”口號迅即響遍全國，人

---

[1] 毛澤東：在第十五次最高國務會議上的講話（一九五八年九月八日），《建國以來毛澤東文稿》，第七冊，394頁。

類歷史上絕無僅有的“全民煉鋼”的壯麗史詩，就此轟轟烈烈開場。[1]

群眾運動如何用來煉鋼？那當然只能是毛澤東最拿手的“遊擊戰”、“麻雀戰”。還在毛澤東正式下令之前的8月8日，《人民日報》就發表《土洋並舉是加速發展鋼鐵工業的捷徑》的社論，提出“以‘小’和‘土’為主”，雄辯地論證道：

> “一個小爐子煉出來的鋼和鐵雖然不多，但用一萬個、幾萬個小爐子煉出來的就可以匯成滔滔的鋼鐵生鐵洪流。例如，河南省依靠群眾力量，今年可以達到400萬噸，相當於現在鞍鋼的生鐵產量！我們不說每個省和自治區都建成這麼多小爐子，只說有四分之一的省和自治區做到吧，那不就等於我國多有7個鞍鋼了嗎？我國鋼鐵產量趕上英國的日子，不就可以大大提前了嗎？”[2]

這就是毛澤東的“現代化”，完全是復古。這種“工業化捷徑”，全世界絕對只有他才能想出來。中國不是超英趕美，是超越燧人氏。

然而這就是毛主席的革命路線。9月間，他巡視了長江流域的幾個省。回到北京後，他向新華社記者發表談話說：

> “此次旅行，看到了人民群眾很大的幹勁，在這個基礎上，各項任務都是可以完成的。首先應當完成鋼鐵戰線上的任務。在鋼鐵戰線上，廣大群眾已經發動起來了。但是就全國來說，有一些地方，有一些企業，對於發動群眾的工作還沒有做好，沒有開群眾大會，沒有將任務、理由和方法，向群眾講得清清楚楚，並在群眾中展開辯論。到現在我們還有一些同志不願意在工業方面搞大規模的群眾運動。他們把在工業戰線上搞

---

1 以上據薄一波：《若干重大決策和事件的回顧》，691-704頁，

2 《人民日報》，1958年8月8日。

群眾運動，說成是‘不正規’，貶之為‘農村作風’、‘游擊習氣’。這顯然是不對的。”[1]

值得注意的是，毛澤東雖然處於熱昏狀態，卻並未喪失“運動群眾”的本事。在這公開談話中，他特地強調了必須“在群眾中展開辯論”。那時的所謂“辯論”，在文革中正名為“批鬥會”。強調這“工作方法”，說明毛澤東完全知道怎麼去發動群眾。李銳披露，當時黨內有人說，不抽鞭子是不行的[2]。可惜他沒有披露是誰說的。不過，毛的這一公開指示，其實也就是號召“抽鞭子”。9月24日《人民日報》介紹湖南邵陽專區的先進經驗就說：“他們組織全民大辯論，駁倒了‘農民煉不出鐵來’的‘懷疑論’、‘條件論’等右傾保守思想……，在全區組織了萬餘幹部，93萬群眾投入煉鐵運動。”

人民群眾應鞭一哄而起。到1958年底，投入大煉鋼鐵的勞動力超過了1億[3]。

[1] 毛澤東巡視大江南北迴京後向新華社記者發表重要談話（一九五八年九月二十九日）

[2] 李銳：《“大躍進”親歷記》下卷，216頁。

[3] 李銳：《“大躍進”親歷記》下卷，223頁。

據毛澤東說，當時全國農村的勞力也就兩億多人（見下），而據國家統計局，1958年底當時全國職工總人數為4400萬人[1]，加在一起，全國共有勞動力不會超過2.5億。這就意味著每5個勞力中有兩個被抽去煉鋼。哪怕是戰爭爆發，全民動員的水平也不過如此吧？

與此同時，數百萬“土高爐”在全國各地如同雨後春筍一般冒出來。不但磚瓦窯、瓷窯改成了土高爐，就連日軍和國軍留下來的碉堡炮樓也改成了土高爐。當時去河南禹縣採訪的人民日報編輯夏景凡描寫道：

> “山溝裡的景象更是壯觀：滿山架嶺的人堆，一片片的土爐群，狼煙沖天，人聲吵雜，加上千萬風箱、風葫蘆、鼓風機抽動的聲音，真是熱鬧極了。這景象有點像廟會，但要比廟會熱鬧萬倍。在這裡佔人最多的工作除運輸外，要算是作鼓風的人了。少數國營廠有極少數電力或柴油機帶動的鼓風機；公社辦的廠，則多是用人力攪動的風葫蘆和無數的大小風箱；原來在家裡用來做飯，廟會上用來製水煎包子和炸油饅的風箱，都拿來用上了；前幾天在方山‘三八婦女煉鋼廠’，還看到許多從三里、五里、十里、八里趕來支援的老太太和孩子們；他們一個個都拿著在家煽火做飯和夏天拂暑的芭蕉扇和雞毛扇，目的是想為煉鐵鼓風的。說起來這可能是笑話，但群眾這種熱情實在動人。特別是看到那些老太太一手扶著拐杖，一手拿著扇子，踏著雨後的稀泥向山上爬行時，真是激動人心！”[2]

這全民歇斯底里（更準確地說，應該是“全民激情夢遊”）的病源，就是毛澤東對鋼鐵的奇特的愛。這種愛情實在找不到合理解釋，只能以民間所謂“花癡”類比，名之曰“鋼癡”。

---

[1] 羅漢平：《一九五八年至一九六二年糧食產銷的幾個問題》，《中共黨史研究》，2006年01期

[2] 轉引自李銳：《“大躍進”親歷記》，下卷，224-225頁

這病到底是怎麼犯的？“抓綱治國”是毛澤東從蘇聯哲學教本上學來的絕招，所謂“綱”，也就是“主要矛盾”。他在《矛盾論》中說：

> “任何過程如果有多數矛盾存在的話，其中必定有一種是主要的，起著領導的、決定的作用，其他則處於次要和服從的地位。因此，研究任何過程，如果是存在著兩個以上矛盾的複雜過程的話，就要用全力找出它的主要矛盾。捉住了這個主要矛盾，一切問題就迎刃而解了。”

所以，人主治國，也就是“用全力找出”國家的“主要矛盾”，抓住它，則所有的問題都解決了，就這麼簡單。毛使用一貫的“比喻論證”，將這稱為“抓綱”，多次耐心解釋：“綱”是網上的繩子，一拉那繩子，網眼就張開了。從這個低級自然現象中，他歸納出了“宇宙的根本規律”，說那就是治國之道。

所以，所謂“綱”，就是全黨全民壓倒一切的中心工作，是全黨全民注意的唯一焦點與努力的核心所在。一切工作都要爲這中心工作讓路。在“以鋼爲綱”時代，所有其他行業的人都得改行去煉鋼。這就叫“爲鋼鐵元帥讓路，請鋼鐵元帥升帳”，把全國變成大大小小的鋼鐵車間乃至作坊，搞“單打一”的國民經濟。

（二）毛澤東特有的愚蠢

我在網上用“以鋼為綱”為例，說毛澤東是世界幾百年、中國幾千年才出一個的治國白癡，激怒了一眾愛黨人士。他們反復告訴我，“以鋼為綱”就是正確的，鋼鐵確實是工業的基礎，鋼產量確實反映了一個國家的國力。

現在咱們以庸人的常識為標準，看看毛的“以鋼爲綱”到底是什麼樣的白癡笑話。

1）把必要條件當成充分條件

粗知形式邏輯的讀者一眼就能看出，毛之所謂“主要矛盾”，其實就是邏輯上講的“充分必要條件”，所以才會在解決了它之後，“一切問題就迎刃而解了”。

是人都知道，辦事有輕重緩急，也就是鬼子說的 priority（優先）不一樣，但只有白痴，才會認定所有具有不同優先的事務中都有一個所謂“主要矛盾”，解決它就是解決其他問題的充分必要條件。

為了幫助愛黨同志們理解這超簡單的道理，我曾以最簡單的例子作了解釋：假定我現在有兩件事要辦，吃飯和寫文章。吃飯當然構成了寫文章的必要條件，否則低血糖昏倒，還寫什麼文章？但只有白痴才會以爲，吃飯是這兩件事中的“主要矛盾”，解決了它，則文章便能自動問世了。

可惜毛就是這種白痴，這才會把“鋼鐵”當成提升工業生產力的充分必要條件，說出“一個糧食，一個鋼鐵，有了這兩個東西就什麼都好辦了”[1]的蠢話來。

周恩來受毛澤東委託，擔任鋼鐵大躍進領導小組組長，秉承毛的意旨說：

> “世界各國的工業發展歷史表明，有了鋼鐵就能夠有機器，而有了鋼鐵和機器，也就能夠有工業以及整個國民經濟的迅速發展。”[2]

1 《關於人民公社的構想》（一九五八年）註釋，《建國以來毛澤東文稿》第七冊，318 頁。

2 轉引自李銳：《“大躍進”親歷記》（下卷）219 頁。

任何受過中學教育的人都能看出這是把鋼鐵生產當成了工業以及整個國民經濟迅速發展的充分條件吧？

最能凸顯毛澤東的思維混亂的，還是他的另一段語錄：“糧食、鋼鐵、機械是三件最重要的事。有了這三件，別的也就會有了。”[1] 既然有了鋼鐵就能有工業，那不自然就有了機械麼？何必把機械又單獨拎出來當成“最重要的事”？

那麼，毛澤東是怎麼得出這個偉大結論的？通過令人瞠目結舌的“刻舟求劍＋直綫思維＋高聚焦隧道眼”。他比較了各國的鋼鐵產量，發現重工業越發達的國家，鋼鐵產量也就越高，於是就“用全力捉住了這個主要矛盾”。

在上世紀 50 年代，鋼產量確實反映了一個國家的武力（還不是綜合國力）。這是因為它反映了重工業的規模，而後者正是軍火工業的基礎。在這種情況下，當然鋼產量就反映了毛追求的國力。在他的直線腦筋裡，只要全民上陣，拼全力把鋼鐵產量搞上去，那中國當然也就成了第一流的工業強國。

這體現了毛澤東是何等缺乏常識。他不知道，世人所謂“廢物”，也就是“沒有使用價值或使用價值無法兌現的產品”。他發動全民齊上陣，捨生忘死地苦戰，哪怕煉出來的都是優質鋼，也統統是廢物。

毛澤東不懂，世間產品有兩類，一類是生活資料，此類產品的使用價值的兌現並不需要什麼條件。最簡單的例子就是肉包子，到了顧客手裡，立刻就能實現其使用價值。

另一類則是生產資料，要兌現它們的使用價值，必須有一定條件。鋼鐵就是這種東西。老百姓一輩子也不會去買它，因爲沒有能力兌現它的使用價值，只會買由它製成的產品，諸如菜刀、鍋鏟、

[1] 毛澤東：關於向軍委會議印發《農業大有希望》報告的批語（一九五八年六月二十二日），《建國以來毛澤東文稿》第七冊，280 頁。

剪刀、自行車、縫紉機之類用具。要實現它的使用價值，必須有一定規模的製造業，例如機械工業、軍火工業、建築業等等。如果沒有這些下游產業，煉出來的鋼鐵不過是廢物而已。極而言之，如果把鋼鐵企業搬到原始社會去，那結果必然是倒閉——原始社會根本就沒有可以兌現鋼鐵使用價值的條件。

毛卻罔顧這常識，提出了“以鋼爲綱”的白癡國策。這惡果是明擺著的，只有他才看不出來：如果鋼鐵產量超出了下游產業的消化能力，那麼，鋼鐵產量越高，製造的廢物就越多。如今他把人力物力全都花到煉鋼上去，必然減少甚至取消國家對製造行業等下游行業的投資，人爲惡化或取消實現鋼鐵使用價值的條件，與此同時却又製造出大批鋼材來，造成雙重積壓——增加鋼鐵產量並降低對鋼鐵的使用，于是煉出來的鋼便成了無法進一步利用的廢物，窮國的寶貴資金就此全扔到狗洞裡去了。

許多愛黨同志爲了證明“以鋼為綱”就是偉大光榮正確，反復告訴我鋼鐵是何等有用。但上面說的超簡單道理，與鋼鐵是否有用毫不相干，更非貶低鋼鐵的使用價值，而是說，“以鋼爲綱”的國策，哪怕不採用人民戰爭、土法上馬的方式進行，仍然是一種白痴行爲，因爲它使用窮國的寶貴資金，去人爲造成鋼鐵使用價值的兌現困境，以犧牲其他行業發展的代價，去製造大量經濟學上的廢物，完全是故意破壞國民經濟。

要明白這最簡單的道理，絲毫不需要科學知識，甚至不需要什麼文化知識，哪怕是文盲大老粗也該想得過來。毛的智力錯誤乃是直綫思維：他看到造機器、軍火、基建等等都需要鋼材，看到了鋼鐵的重要作用，于是便得出“沒有鋼鐵就沒有强大工業”的結論，這當然不錯，但不能因此就得出“有了鋼鐵就有了强大工業”的結論。在邏輯上，這是把必要條件誤當成了充分條件。所以毛才會有那流芳百世的白痴語錄：“一個糧食，一個鋼鐵，有了這兩個東西就什麼都好辦了。”

最可笑的是，毛的直綫思維竟然不會進行到底。他看到鋼鐵乃是基礎工業，沒有鋼鐵就無法造機器、搞基建，于是就把鋼鐵當成“元帥”。此乃“順藤摸瓜”思維方式。可我死也想不通：他爲何摸到鋼就止步，不再往上游摸下去了呢？難道能源和礦業不是鋼鐵工業的必要條件？難道那不更是根本的根本？照他的白痴思路，應該是“以礦爲綱”才對啊？沒有鐵礦和煤礦，還煉什麼鳥鋼？

2）把結果當成原因

這白癡笑話的滑稽處還不止此。毛制定“以鋼爲綱”國策，證明他最愛奢談“透過現象看本質”，鼓吹“分析好，大有益”[1]，卻連怎麼分析事物的門都摸不著，這才會把現象當成“主要矛盾”，把結果看成原因。

如上所述，上世紀 50 年代，鋼產量確實在某種程度上反映了國力，但那只是現象，從本質來看，鋼產量高是工業發達的結果，並不是工業發達的原因。這理由毫不難懂：美國鋼產量高，乃是製造業發達的結果，汽車行業、機械工業等發達了，對鋼的需求量增加，當然鋼產量也就隨之提高。

這就是資本主義國家經濟發展的一般規律。資本主義生產乃是迎合市場需要，因此，生產日常消費品的輕工業必然最先發展起來，輕工業勃興又創造了重工業市場，于是帶動了重工業勃興，到最後顯示出來的綜合結果，便是鋼鐵、能源、電力等基礎工業的發達。

---

[1] 毛澤東：《雜言詩·八連頌》（一九六三年八月一日），《建國以來毛澤東文稿》第十冊，332 頁

這其實也是後來中國經濟騰飛走過的道路：後毛時代出現的經濟奇迹，不是什麼以鋼爲綱、優先發展重工業引出來的，恰是沿海的勞力密集型的簡單出口加工業帶起來的。如果我們尊重歷史，就必須承認，不是什麼重工業，更不是什麼“以鋼爲綱”，而是沿海工廠造出來的服裝、玩具、雨傘、計算器等等最後托起了中國現在空前的國力，包括如今世界第一的鋼產量。

統而觀之，先發展輕工業和第三產業，乃是是窮國致富的普遍途徑：它們的資本投入量少、技術含量低、生產周期短、產品能立即投放市場、資本周轉速度快，所以能讓窮國迅速獲得利潤，積累資本。這其間其實用不著政府傷什麼腦筋，民間逐利的自然行爲就能造成國民經濟自然均衡的發展：先是本小利薄的小資本家們去倒騰，到了一定程度自然就會形成對重工業的需求，帶動全社會變富，造出一個均衡的經濟體系來。這種經濟自然健康發展的結果，就是表觀上的高鋼產量。但鋼鐵的高產量乃是經濟發展的結果，並不是原因。

然而毛澤東卻就是看不見人家開頭吃的那幾個餅子，却以爲人家大腹便便，乃是吃了最後一個餅子的結果。所以，咱們要迅速“脫瘦變肥”，就是去全力找出那最後一個餅子來，只要把這餅子找到並吃了下去，則咱們立刻就會和人家一樣猛打飽嗝也。

就是為此，《人民日報》才會號召“停車讓路，首先為鋼”，命令：

> “各部門、各地方都要把鋼鐵的生產和建設放在首要的地位。當鋼鐵工業的發展與其他工業的發展，在設備、材料、動力、人力等方面發生矛盾的時候，其他工業應該主動放棄和降低自己的要求，讓路給鋼鐵工業先行。”“不管哪一個地方哪一個部門，有材料，有設備，有交通運輸工具，必須首先讓給鋼鐵工業；有製造能力，必須首先為鋼鐵工業而生產；電力必

須首先輸送給鋼鐵工業；煤炭及其他燃料必須首先滿足鋼鐵工業的需要；有勞動力和技術力量，必須首先調給鋼鐵工業。”[1]

這證明了人可以白痴到何等令人瞠目結舌的程度。毛居然就想不到，讓全國各行各業的人改行去煉鋼，就算如願以償煉出鋼來，其他產業不是統統要破產了麼？犧牲其他產業去單獨發展鋼鐵工業，那就意味著人為降低或甚至取消了其他工業的生產力，等於關閉或部份關閉了鋼廠之外所有的工廠。於是鋼鐵工業越發達，經濟也就越畸形，工業生產力也就越低下，國力也就越貧弱，最後除了一堆毫無用處的鋼錠外，什麼工業產品都沒有，國家也就只能破產。這道理連沒文化的大老粗都該想得過來，毛澤東為何就是不懂？

3）“綱”要抓到何時方休?

更可笑的還是，毛澤東竟然看不到，與黃金儲量不同，蘇聯年產 5 千萬噸鋼，那不過是個紙上的統計數字，並不是真有 5 千萬噸鋼材放在那裡。在實際中，那 5 千萬噸鋼全變成了機器、鋼筋、坦克、大炮等下游產品。如果某國年產 5 千萬噸鋼，產出來後却全放在倉庫裡，沒法變成下游產品，則該國的工業生產力等于零。

可這偏偏就是毛在 1958 年發動全民爲 1070 萬噸鋼通宵苦戰的目的：他根本沒想到後事，要的就是 1 千多萬噸鋼錠放在那裡。不管您愛信不信，這確實是他的追求目標，因爲全民煉鋼的必然後果就是這個——既然其他所有行業，包括鋼鐵工業的下游產業全都停了下來，“爲鋼鐵元帥讓路”，那全民努力的最好前途，也就是生產出 1

---

[1] 《人民日報》社論《全力保障鋼鐵生產》，1958 年 9 月 5 日。

千多萬噸鋼錠來在那兒放著。哪怕那些鋼錠全是優質鋼材也罷，請問中國的國力是大幅度增加了，還是降為零？

令人哭笑不得的是，這還不僅僅是以邏輯推導得出的必然結論，他老人家真是這麼想的。1958 年 4 月下半月，他找冶金部黨組負責人談話，親切地對他們說：你們不要怕鋼鐵生產多了沒地方放，可以放到我的院子裡嘛！[1]

笑話還不止此。這兒不說“青壯煉鐵去，收穫童與姑”，而且那童與姑還因爲農具給塞進了土高爐去，只好眼睜睜看著莊稼爛在田裡，農業因此崩潰，引出大饑荒的後果。假定奇迹發生，人民身上長出葉綠素來，只要曬曬太陽，血液裡便全是葡萄糖，並假定中國遍地都是露天煤礦和鐵礦，而且土高爐確實能煉出優質鋼來，那麼，全民這麼煉下去，到底伊于胡底？如果不停下來，每年都能生產 1 千多萬噸鋼，則那鋼錠就要年年積壓，永遠無法變成坦克大炮什麼的，去加强國力。如果煉上幾年停下來，各行各業恢復本職工作，好讓下游行業有時間去利用那些已經煉成的鋼錠（假定它們都得到了良好保管，一點沒生銹），製造坦克大炮什麼的，那鋼產量豈不是立刻就又要跌回 1957 年的 535 萬噸鋼水平去了麼？看來，那“網繩”一旦抓住了，還永遠不能放手，一放手，那網眼便又封閉如故。

這也配叫治國！管這種決策叫白痴行爲還是輕的！

4) “土法上馬”的千古笑話

以上討論的前提，是全民煉鋼煉出來的都是優質鋼，不幸的是，這假定與真實情況相反。事實上，除了正規鋼鐵廠外，所有玩

[1] 轉引自李銳：《“大躍進”親歷記》下卷，208 頁

票的"鋼鐵戰士"煉出來的都是"土高爐"裡出來的"土鋼"（所謂"洋鋼"、"土鋼"乃是當時政府公報上用的術語，分別指鋼鐵廠和"土高爐"的產品）。所謂"土高爐"，就是用磚頭砌起來的爐子。當時所有的農村都在空地上修建成排成排的土高爐，稱為"小土群"，而城裡的企事業單位則在街頭巷尾、醫院、學校、機關的院子裡建造。

土法煉鋼的過程是：把所謂"鐵礦石"或"廢鋼鐵"從爐頂倒進去，在下面點火，用人力風箱鼓風，待到火滅了，就打開爐門，把"鐵水"（如果有的話）排放在粘土作的"坩鍋"裡，或是直接放到地上。冷卻下來後，就拿著它去區裡或縣裡報捷獻禮。

爲了讓青年讀者能想象當時熱火朝天的場景，我把回憶錄的有關部份摘在這裡：

> 就靠這些磚，三個和"老虎灶"差不多大的"土高爐"順利落成。一座砌在教師宿舍的小天井裡，兩座坐落在球場上。全校師生開大會，隆重慶祝"鋼鐵元帥升帳"。校長做了戰鬥動員，告訴我們毛主席說："一個糧食，一個鋼鐵，有了這兩

個東西就什麼都好辦了。”我們要日夜苦戰，煉出“紅領巾鋼”來向親愛的黨獻禮。

會後我們又大隊出動去找“廢鋼鐵”來餵咱們的爐子，可惜這次不走運，滿世界的人都出來幹同樣的事。大街小巷轉了半天一無所獲，我們只得垂頭喪氣地回學校。路過銀行時有人正在鋸那兒的鐵柵門和鐵窗柱，輔導員頓時有了靈感。

“大家回家去！”她喊道，“把家裡的廢鋼鐵拿來捐獻！”

我回到家中，發現咱們的貧民窟成了鬧市，人們出出進進，全是回家來發掘廢鋼鐵的。什麼玩意兒都成了廢鋼鐵：鍋、碗、瓢、盆、桶，甚至門扣門鎖。我一一打量了家中的所有廢鋼鐵，發現每樣用具都沒有替換的，眼光最後落在我玩的鐵環上，便把它拿去捐獻了。輔導員對我的忍痛出血似乎並不十分欣賞，不過還是給了我一朵小紅花。

等到廢鋼鐵收集得差不多了，大夥兒便一齊動手把那些鍋、碗、瓢、盆、桶之類打得稀爛或是踏扁。那可比抱磚頭來勁多了，光是那叮叮噹當的交響樂就得讓你興奮一大陣子，更別說把蒸鍋高舉過頭，再狠命摔到地上時那巨大的快感。不管廢鋼鐵屬金銀銅鐵錫的五行中的哪一行，都一股腦兒地塞到爐子裡去。然後是點火大典。等到爐子終於點著後，全部人就分成小組，輪流去推拉木風箱，往爐子裡送風。

不久我便發現鋼鐵元帥的脾氣似乎十分暴烈。時值盛夏，在毒日頭下拉風箱就夠你喝一壺的了，何況還有那爐子裡的熊熊烈焰。本來，那場面亂如騾馬大會，偷偷溜了誰也不會發現你。不過好奇心主宰了我，所以我還是堅持了下來，決心看看鋼帥的英容。

等到煙消火滅，總輔導員便打開了爐門，可除了已故錫壺一類的東西化作了點點白斑之外，大部分廢鋼鐵還是廢鋼鐵，只是黝黑了許多，似乎那熊熊烈焰等同於加勒比海濱浴場上的陽光。幾位老師商量了半天，確定原因是開爐門的時間太晚了。於是又重新點火生爐子，咱們又吭哧吭哧扯風箱。不過這次半道上就停了下來，總輔導員再一次在萬眾翹首以盼之下莊嚴地打開爐門，一股濃煙衝了出來，正撲在他的臉上，他便使雙手捣住眼睛踉蹌後退，如同大聖爺爺中了紅孩兒的暗算。濃煙冒完後便毫無動靜，於是輔導員便流著滾滾熱淚，下令讓我們繼續吭哧。如是者數次，便金烏墜而玉兔升，可大帥還是千呼萬喚不出來。輔導員只得讓我們回家，吃過晚飯後再回來，學張飛挑燈夜戰馬超（注：“張飛夜戰馬超”是當時流行的口號）。

吃過晚飯回來，見木頭風箱已被一個小小的鼓風機取代。球場上架起了幾個呼呼作響的氣燈，照耀如同白晝。既然風箱馬超已然離休，張飛們的日子便好過得多。只需站得離爐子遠一些，你就能涼涼快快地靜等鋼帥出場。可惜大家望穿盈盈秋水，險化作望夫石，鋼座就是抵死不露面。白天的故事重複了兩三次，便已快到 12 點。我從來是 9 點上床，從沒熬到過這麼晚，睡意排山倒海地襲來。乘沒人注意，我就悄悄地溜之乎也。

第二天睡過了頭，起來已是日上三竿。我一面急急忙忙往學校趕，一面把周身的浩然之氣搬運到頭皮上去等著王老師的好罵。誰知進了校門卻是萬籟俱寂，人影不見，正納罕間，“燈泡”從裡面出來了。

“今天放假一天，不上學！”他眉飛色舞地嚷，“昨晚老師們苦戰到三點鐘，最後就通知大家今天不用來了。”

"你呆到最後了嗎？"

"當然啦！"他驕傲得如同開屏的孔雀，這在他身上倒是少見，大約這還是他第一次發現自己還是有強過別人的地方。"你知道，我熬慣了夜，幫媽媽褙火柴盒。嗨！這算什麼！不就兩三點嗎？可到後來人都跑光了，就剩幾個班幹，不過我們最後還是抓到了鋼鐵元帥。後來我們就到區上去報喜。那兒可熱鬧了，全是去報喜的，又是敲鑼打鼓又是放鞭炮，你錯過了真可惜。"

"鋼鐵元帥在哪兒？留在區上了嗎？"我後悔極了，尋思要不要趕到區上去拜見他老人家。

"吶，在那兒呢！"他指著牆上。

我這才總算見到他，或他們了，牆上掛著一個電腦屏幕那麼大的鏡框，四周飾以紅綢帶，玻璃後嵌了三塊黑黝黝的牛屎疙瘩，每塊還沒有個雞蛋大。[1]

這並非限於一時一地的個人經驗，而是當時的普遍現象。連薄一波都不能不承認，"有些地區小高爐生產的鐵，含硫量竟超過2%、3%，有的甚至高達 6%。這種當時名叫'燒結鐵'的高硫鐵不能煉鋼。如用於澆鑄，也因鑄件發脆、太硬，而無法加工"[2]。薄一波所說仍是輕描淡寫。即使如此，他在報出 1958 年的實際鋼產量時，還是不能不剔除"土鋼"，只將"洋鋼"計算在內，實際上承認了所謂"土鋼"是垃圾。[3]

---

[1] 蘆笛：《往事雜憶》，18-20 頁，
https://docs.google.com/viewer?a=v&pid=explorer&chrome=true&srcid=0B4-LZKkC3a5HNTIxZWMzM2MtN2YxZC00ZjE1LWFjZjEtYmMyYzU1OTFmYTlj

[2] 薄一波：《若干重大決策和事件的回顧》，710 頁

[3] 同上，709 頁。

時任中央工業部副部長的高揚在實地考察中發現，禹縣山區煉鐵用的所謂“鐵礦石”，誰也說不清含鐵量是多少，甚至很難說是鐵礦石。所用的燃料也不是焦炭而是煤。煉鐵是用土磚砌成的窯或利用舊磚窯，放進煤和鐵礦石用柴點火，等煤燃燒完或滅火了，所謂“煉鐵”就算告成。高揚親眼看到，煉出來的根本不是什麼鐵，只是一些燻得烏黑的石頭。後來有人說是“燒結鐵”，其實根本就沒有燒結。高向中央工業部和中央監委都寫了考察報告，中央工業部長即來電話命令他立即率工作隊回京，回去後便受到部長批評。廬山會議後，他被定為右傾機會主義分子。[1]

所以，所謂“全民煉鋼”，在山區是煉石頭，在城裡就是把金屬用具砸了，塞到爐子裡，變成黑乎乎的泡沫狀渣滓，外表有點像隕石。當時的人管這種特殊的垃圾叫“牛屎鐵”，其唯一的去處就是城外的垃圾堆。在我印象裡，直到文革爆發，那些垃圾似乎都還沒有完全爛光。

這還不算，毛竟然想不到，要全民煉鋼，就得向他們提供礦石和能源。據李志綏回憶錄，毛後來對“小土群”能否煉出鋼來也產生了懷疑，曾多次喃喃自問：如果土高爐

[1] 李銳：《“大躍進”親歷記》下卷，226-227頁。

真能煉出鋼來，那西方資本家爲何還要花錢去建大鋼廠？他們又不是傻瓜，是不是？[1]

這人當真有嚴重智力障礙。他若是根本不想這事還不足以說明這點。既然成天冥思苦想，怎麼就會想不到，問題還不是小土群能否煉出鋼來，最起碼的，你得讓大家有東西下手才行啊！這是人都能想到的事，爲什麼他就是想不到？！

更有趣的是，據李志綏說，毛前往各地視察，鐵路兩側一望無際，全是小土群，入夜爐火燭天。毛和李在專列上爲那壯麗景象深深打動了，覺得一場改天換地的大奇迹正在遼闊的中華大地上發生。李大夫乃是城裡長大的洋學生，毛可是農村長大的土包子。他怎麼就想不到，他在專列上看到的映紅了半邊天的土高爐，燃料從哪兒來？莫非也是萬能的田螺姑娘變出來的？

在這點上，毛絕對可和歷史上著名的白痴皇帝晋惠帝媲美，區別只在于晋惠帝只是留下了點笑話，沒有害死幾千萬人卻還被後人當成大智大慧的上帝崇拜。

5) “大煉鋼鐵”，還是“點鐵成金”？

綜上所述，毛澤東在發動全民大煉鋼鐵時，忽略了兩類問題。

第一類問題只有白痴才想不到：

1、國民經濟必須由各行各業組成，不能只有一種工業。如果讓其他行業的人停下本行生產，改行去從事某一種工業，那除非是去採金或採石油，產品立刻就能拿去國際市場上賣錢，換回其他必需商品，否則國民經濟立即崩潰。

---

[1] *The Private Life of Chairman Mao.* P276.

2、鋼鐵不能拿來吃、穿、用。製造它的目的，是爲下游工業提供原材料，因此必須根據需要計畫出產，否則產品根本沒有使用價值。若將全國改爲一個龐大無比的鋼鐵企業，使全民變成煉鋼工人，煉出來的哪怕是優質鋼材也是廢物，因爲無法利用。連產品的積壓都是浪費，何況還是容易生銹的鋼鐵。

3、要讓全民煉鋼，那“主要矛盾”（其實是必要條件）乃是提供足够煤礦與鐵礦。不解决這問題，就不能胡亂給各單位下指標，號召“全民爲 1070 萬噸鋼苦戰”，達不到那指標或是敢有異議者便一律“拔白旗”。如此蠻幹就只能逼著下面爲達到指標，用農具和其他有用器具代替鐵礦石，把所有樹木砍光當燃料。

以上問題不需要任何文化科學知識，哪怕是文盲，只要智力正常，都該想到吧？

第二類問題則只有科盲才想不到：

1、煉鋼不是如同種大米一般，只要種出來就都能吃。鋼鐵有各種種類，有所謂生鐵、熟鐵、高碳鋼、中碳鋼、低碳鋼、合金鋼等等，各有各的用處。下游工業對不同種類的鋼鐵的需要並不一樣，必須根據需要生產不同的鋼鐵。如果某種類别的鋼鐵生產多了，就會浪費資源、人力和金錢。

2、煉鋼乃是一種相當複雜的技術，需要專門的廠房和設備如高爐、平爐、轉爐等等，以及配套設施如煉焦爐、煤氣發生爐、管道等等，需要受過專門訓練的管理隊伍和技術隊伍，諸如經理、工程師、技術員以及技術工人。培養這些人才需要相當的物質條件以及時間。

3、人類有所謂社會分工之說，敲鑼賣糖，各管一行，讓敲鑼者去賣糖或反過來，則那結果必然是鑼也敲不好，糖也賣不了。因此，讓農民去扮演鋼鐵廠的管理和技術隊伍的角色必然是災難，其荒唐程度不亞于相信使用連鋼鐵熔點都達不到的土高爐加風箱可以煉出鋼鐵來。

4、所謂“工業化”，就是建造現代工廠，實行社會化大生產，以提高生產規模，增加產量，降低成本，提升效益，並不是在全國各地廣建戰國時代的鐵匠鋪。如果那麼幹，哪怕小作坊生產出來的全是優質鋼，也絕對只會造成天文數字的浪費。

前文已經介紹過，毛澤東是完全徹底的科盲，徹底缺乏“經濟效益”的起碼觀念。有鑒于此，本人寬大爲懷，不把第二類問題算成智力問題。毛犯了這類大老粗治國錯誤，只能說是自大加無知，不能說是白癡。但第一類列舉的那三條就不可原諒了。忽略那些問題絕對是智力問題。如果愛毛同志不服氣，這就請解釋正常人會不會犯這些錯誤，連“國家若只有鋼鐵工廠，經濟就必然垮臺”都不懂的人，到底是不是白痴，行不行？

當然，要否認這是空前絕後的白痴行爲，好像還是可能的。那就是，在毛心目中，所謂“以鋼為綱”，實際上是“以鋼為金”。這不但言之成理，而且簡直是唯一的解釋——如果毛不是把鋼錠當成了金條，又怎麼會把它從所有的工業產品中單獨拎出來，絲毫不考慮其他工業的發展，不考慮產品的應用，孤立地把鋼產量當成國力唯一的指標？

以此觀之，則那一切瘋狂荒誕到不可思議、難以置信的亂象立即變得合理了。毛的“煉鋼熱”，其實也就是美國當年的淘金熱。在他心目中，鋼錠的產量如同黃金產量一般，反映了國家富裕程度。所以，全民去煉金，哪怕是“土金”也罷，煉出來立刻就能拿到國際市場上去，想買什麼就能買什麼。在這種情況下，把農具砸了，煉成“土金”，讓留在村裡的老弱病殘連鐮刀都沒有，只好眼看著莊稼爛在田裡，當然是合理的——反正“土金”能從國際市場上買回大批糧食來，絕不會引出大饑荒。

然而即使作此理解，還是有個難堪問題沒解決：如果毛的智力真的正常，那為何他會連“巧婦難為無米之炊，沒有礦石就無法煉鋼”都想不到？即使是煉金，也得有原料不是？

當然，要說偉大領袖自始至終都沒意識到這個問題，那也不是事實。在決定發動群眾運動、全黨全民大辦鋼鐵之後，他似乎總算意識到原來世上還有這種事，於是作出了英明對策——拆鐵路：

> “我看一千一百萬噸鋼有完不成的危險，六月間，我問王鶴壽，鋼是否能翻一番了？問題是我提出的，實現不了，我要作檢討。有些人不懂得。如果不完成一千一百萬噸鋼，是關係全國人民利益的大事．要拚命幹，上海有十多萬噸廢鋼廢鐵回爐。要大收廢鋼廢鐵，暫時沒有經濟價值的鐵路，如寧波、膠東線，可以拆除。”[1]

哪怕智商低下的文盲，恐怕也能看出這決策之荒謬絕倫吧：拼命煉鋼爲什麼？不就是爲了製造鋼軌一類有用的成品麼？現在有了成品，為何又要把它毀掉？當然，據說那些鐵路“暫時沒有經濟價值”，但把它們拆毀砸碎，塞進爐子裡去，經濟價值就能提高了？要出現這種奇跡，只能有一個解釋：在偉大領袖心目中，那些“土高爐”其實就是傳說中的仙人的煉金爐。

所以，便請蘇秦、張儀來，估計也沒法為毛洗刷遮醜。在演過這場空前絕後的鬧劇醜劇喜劇悲劇之後，毛澤東的“治國白癡”帽子是怎麼也脫不掉了。

實際上，毛澤東自己就承認“以鋼為綱”的蠢動搞得百業凋敝。1965 年 2 月 21 日，在聽取薄一波彙報全國公交會議情況時，周恩來說：當時（1958 年）的口號是一馬當先，萬馬奔騰，實際是一馬當先，萬馬讓路。毛澤東說：哪裡是一馬當先，萬馬讓路？實際

---

[1] 在北戴河政治局擴大會議上的講話（三）（一九五八年八月二十一日上午），《毛澤東思想萬歲》（1958-1960）

是萬馬都死了，頭一匹馬也死了一半，鋼不是降了一半嗎？這些教訓都要牢牢記住，要經常向人們講，永遠不要忘記[1]。可憐他缺乏思維能力，看不出“一馬當先，萬馬齊死”是對他的“抓主要矛盾哲學”的徹底否定，仍然大搞“以糧為綱”，“以階級鬥爭為綱”，至死也沒學會教訓。

（三）偉大領袖為何不學著“放牛皮衛星”？

發動全民煉鋼不到一個月，偉大領袖毛主席便勝算在握，覺得在總產量兩年趕上英國毫無問題，即使按人均產量，在 15 年後也能趕上：

> “十五年趕上英國，我們是兩年基本上趕上。這是講總數，不是按人口，按人口平均趕上英國，就鋼鐵來說，要三億噸。英國五千萬人口，有兩千二百萬噸鋼，我們有七億人口，得要三億噸鋼。剛才講七億噸鋼，要三億噸鋼翻一番還要多一點，那可能要十五年，也許還要多一點。”[2]

一人一噸鋼，抱負不可謂不偉大。存放也不是問題。上已提及，他老人家已經親切囑咐過了，如果放不下，可以放到他的院子裡去。只是，那真的是金子麼？不然的話，每個人分到一噸鋼，究竟拿來幹什麼？

1958 年還沒過完，偉大領袖便敏銳地察覺，進入共產主義天堂的日子馬上就要到來了，因而諄諄告誡全黨，要謙虛謹慎，戒驕戒躁，讓蘇聯老大哥先進入天堂：

---

1 《毛澤東年譜（1949-1976）》第五卷，482 頁。

2 毛澤東在第十五次最高國務會議上的講話，1958 年 9 月 8 日，《建國以來毛澤東文稿》第七冊，389 頁。

> “我們在全世界人民面前，就整個社會主義陣營來說，我設想一定要蘇聯先過渡（不是命令），我們無論如何要後過渡，不管我們搞多少鋼，這條大家看對不對？也許我們鋼多一點，因為我們人多，還有群眾路線，十年搞幾億鋼。他七年翻一番，五千五百萬噸翻一番，一億一千萬噸，只講九千一百萬噸，留有餘地。想一想對不對？因為革命，馬克思那時沒有成功，列寧成功了，完成了十月革命，蘇聯已經搞了四十一年，再搞十二年，才過渡，落在我們後頭，現在已經發慌了。他們沒有人民公社，他們搞不上去，我們搶上去，蘇聯臉上無光，整個全世界無產階級臉上也無光。怎麼辦？我看要逼他過，形勢逼人，逼他快些過渡，沒有這種形勢是不行的。你上半年過，我下半年過，你過我也過，最多比他遲三年，但是一定要讓他先過。否則，對世界無產階級不利，對蘇聯不利，對我們也不利。”[1]

全民革命加拼命，拼命幹革命，使得偉大領袖終於如願以償。1959 年初，官方宣佈超額完成了原定指標，鋼產量達到 1108 萬噸。不幸的是，1959 年 8 月 26 日，周恩來在報告中披露，1958 年生產的 1108 萬噸鋼中，合格的好鋼只有 800 萬噸；在 1369 萬噸生鐵中，土鐵佔 416 萬噸。這些土鋼、土鐵質量差，含硫量超過冶金部規定，很難加工使用，有些完全是廢鋼廢鐵[2]。薄一波也不得不承認，“爲了搞到幾百萬噸基本無用或用處不大的生鐵”，國家財政支付了 40 億元的補貼，而 1958 年的財政收入才 387.6 億元，光補貼小高爐虧損

---

[1] 在武昌會議上的講話第一次講話（一九五八年十一月二十一日上午），《毛澤東思想萬歲》（1958-1960）。李銳也有類似記錄，但沒有這麼詳細，參見：《“大躍進”親歷記》下卷，359 頁。

[2] 李銳：《“大躍進”親歷記》下卷，234 頁。

就超過財政收入的十分之一[1]。李銳則說，1958 年土法煉鋼、煉鐵的虧損達 50 億元。[2]

這還不算，上面已經說過，那“網繩”是絕無可能不顧一切地永遠抓到底的，遲早要放手。果然，抓網繩抓出了大饑荒，偉大領袖只好悻悻放手。爲了減少城鎮必須餵養的人口，政府不得不把大量從農村招進城的工人遣送回去，讓許多匆忙建起來的工廠“下馬”，於是 1962 年的鋼產量便猛降到 667 萬噸。調整後重新起步，到了 1972 年也達到了 2338 萬噸，與英國當年產量持平。回顧這段歷史時，薄一波概歎道，如果不搞什麼大躍進，在綜合平衡中穩步前進，那麼到 1962 年鋼產量可達到 1200 萬噸，1967 年可達到 2500-3000 萬噸，1972 年可達 4000-4500 萬噸，超過英國綽有餘裕，云云。[3]

鋼產量能不能趕超英國，除了官府外，誰在乎？該在乎的是人命。毛澤東發動全民大煉鋼鐵時正趕上秋收，大批農民被抽調去煉鋼，再加上原來的水利化任務，社辦工廠等等，使得農村極度缺乏勞動力，莊稼只能爛在田地裡，成了所謂“豐産不豐收”，直接引發了大饑荒，餓死幾千萬人，這才是最慘痛的損失。和這比起來，連“大煉鋼鐵”對生態環境的無情摧毀都無足輕重了。

毛澤東為何要發這種無可理喻、不惜一切代價的“鋼癡”？前面已經介紹過了，1070 萬噸鋼的指標，是 1958 年 6 月 19 日才定下來的。到了 7 月底，累計生產鋼也才有 380 萬噸左右，明擺著年底怎麼也不可能完成計畫。他情急之下，便在 8 月 16 日下令全黨全民辦鋼鐵。薄一波在其回憶錄中披露，這是爲了在蘇聯人面前保住面子。

---

1 薄一波：《若干重大決策和事件的回顧》，712 頁

2 李銳：《“大躍進”親歷記》下卷，234 頁

3 薄一波：《若干重大決策和事件的回顧》， 719 頁

1958 年 7 月 31 日到 8 月 3 日，赫魯曉夫來華訪問期間，毛澤東對他說，我們今年要生產鋼 1070 萬噸，明年是 2500 萬噸到 3000 萬噸。赫魯曉夫委婉地回答，中國同志提出來的計畫大概我們相信可以完成。但沒再問具體情況。他的懷疑態度被中國同志看出來了。赫魯曉夫的隨員阿爾希波夫原是蘇聯專家總顧問。陳雲問他，我們明年的鋼產量計畫能否完成。阿氏笑了一下說，很大的計畫，偉大的計畫，能完成百分之八十、九十也是好的。阿氏對薄一波則坦率地說，你們的計畫太高了，恐怕實現不了。薄答道，我們有群眾路線，把土法煉鐵煉鋼加上去，計畫一定能實現。阿氏苦笑了一下說，土法煉鋼再多也沒用。

8 月 21 日，陳雲在北戴河會議上傳達毛的嚴令："要有鐵的紀律，沒有完成生產和調撥計畫的，分別情況給予警告、記過（小過、中過、大過）、撤職留任，留黨察看、撤職、開除黨籍的處分。"以軍令逼迫全黨去完成指標。陳雲在傳達毛的指示時說，我們今年要生產 1100 萬噸鋼已經傳到國外去了。鄧小平插話說：給赫魯曉夫打了保票的。陳雲接著介紹了蘇聯人的態度，"引起大家的憤慨"。[1]

前已述及，偉大領袖之所以要發動大躍進，真正的目標是爲了趕超蘇聯，起碼要在國力上與蘇聯並駕齊驅，以便他能稱心如意地當上國際共運領袖。他的大話已經吹出去了，若是兌現不了，豈不是要讓他在競爭對手面前大大地丟臉？

這種心情我完全能理解，甚至抱有高度同情，只是有個問題：毛並不一定非得逼著全黨去拼命不可，完全可以像農民對付上級官僚那樣，大放"牛皮衛星"，靠編造統計數字胡日鬼忽悠過去算了，又何必勞民傷財，去發動全民煉鋼？雖然當時全國各地都有蘇

[1] 薄一波：《若干重大決策和事件的回顧》，703-705 頁

聯專家，吹牛撒謊瞞不過老大哥，但人家總要顧全“社會主義陣營”大局，不至於公開戳穿吧？即使戳穿了，那也總比鬧出那些千古笑話少丟臉些吧？

其實，正是因為要在蘇聯人面前贏回面子，毛澤東才要專打“群眾運動”與“土法上馬”這兩張王牌。在 1958 年 3 月間召開的成都會議上，他向中央大員們解釋了他對馬列主義的創造性發展：

> “學蘇聯首先在路線上學。斯大林基本上正確，但有錯誤。他們不工農並舉，反對大中小。我們是大中小結合，基礎放在小的上，靠地方，靠小的。他們是靠標準設計，幹部，技術。”[1]

然而蘇聯人並未對他的獨闢蹊徑心悅誠服。1958 年 8 月間，他在北戴河召開的政治局擴大會議上強調要大搞群眾運動，說資產階級和蘇聯的一些人，說我們在工業方面搞群眾運動是“遊擊習氣”“農村作風”，其實我們這一套正是馬克思主義作風[2]。

所以，毛的意思很明白：你不是笑話我們這一套麼？那就讓你看看我們這套土辦法能造出什麼樣的奇跡來吧！待到大躍進成功，所有的社會主義國家就會看到，誰才是馬列的真正傳人，誰才是全心全意相信群眾，依靠群眾，放手發動群眾的馬列主義者，誰才創造性地發展了馬列主義，開闢了社會主義建設的金光大道。

對這種奇特思路，唯一能成立的解釋就是，毛澤東是真傻，不是裝的。他確實真心實意地相信，群眾運動與土法上馬就是孫悟空腦後的救命毫毛，是克敵制勝的魔術武器，所以情急之下當然要把這兩張王牌打出來。他堅信，在他的領導下，“只要有了人，就什麼人間奇跡都能造出來”。在他，這絕不僅僅是激勵士氣的煽情媚

---

[1] 毛澤東在成都會議上的插話（一九五八年三月），轉引自李銳：《“大躍進”親歷記》上卷，199 頁。

[2] 轉引自薄一波：《若幹重大決策和事件的回顧》，702 頁

俗號召，而是千真萬確的“宇宙真理”，其實是一種不容褻瀆的宗教信念。論天資，他本來可能還是中人之資，是他發現的“宇宙真理”把他活活煉成了騰笑千古的白癡。

二、農業大躍進——畝產萬斤糧

（一）農業專家教農民種田

農業大躍進的內容很多，包括農村辦工廠、修水利、辦“紅專大學”等等，其主要成果是“放衛星”——全國大種畝產萬斤的“衛星田”。

“畝產二萬斤糧”的宏偉目標，是偉大領袖毛主席親自確立的，寫在他批發的八屆六中全會的會議文件上。這個目標的提出，當然有充分的科學依據。他老人家自稱是農業專家，研究過土壤學、氣象學等等與農業有關的科學，有資格教導全國農民怎麼種地。在這個問題上，他可不是“外行領導內行”。“農業八字憲法”就是他老人家手訂的，全國農民都得凜遵無違。“畝產萬斤糧”就是全國農民積極執行這一偉大指示的豐碩成果。

那麼，什麼是“八字憲法”？那是他在中共八屆六中全會上正式提出的務農憲法：

> “三三制的耕作制，以深耕為中心的水、肥、土、種、密、保、工、管八字憲法的思想，確立了。”[1]

---

[1] 毛澤東在中共八屆六中全會上的講話提綱（一九五八年十二月九日），《建國以來毛澤東文稿》第七冊，638 頁。

這八個字，指的是水利、肥料、土壤改良、選種、合理密植、農作物保護（包括防治病蟲害）、工具改良、田間管理等八個方面的工作。毛澤東主要對“水”、“土”、“肥”、“密”、“工”作過具體指示。除了“工”的惡果不是很嚴重外，其他方面都在他老人家的直接關懷下取得了顯著成效，奠定了“畝產萬斤糧”的雄厚基礎。

1）全民大辦水利

大規模徵發民力去修建大工程，歷來是雄心勃勃大有為的君主的專利。毛澤東自比秦皇，當然要留下類似修築長城的大手筆，“全民大辦水利”就是其中一個。

1957 年 9 月 24 日，毛澤東批發中共中央和國務院《關於在今冬明春大規模開展興修農田水利和積肥運動的決定》，掀開了“大躍進”的序幕。全國迅即掀起了興修水利的熱潮，投入勞動力與日劇增，10 月份兩三千萬人，11 月份六七千萬人，12 月份八千萬人，1958 年 1 月達一億人[1]。到 1958 年 4 月中旬，全國農民投入興修農田水利共計 130 多億工日，以 1 億勞動力計算，每個勞動力投入 130 多個

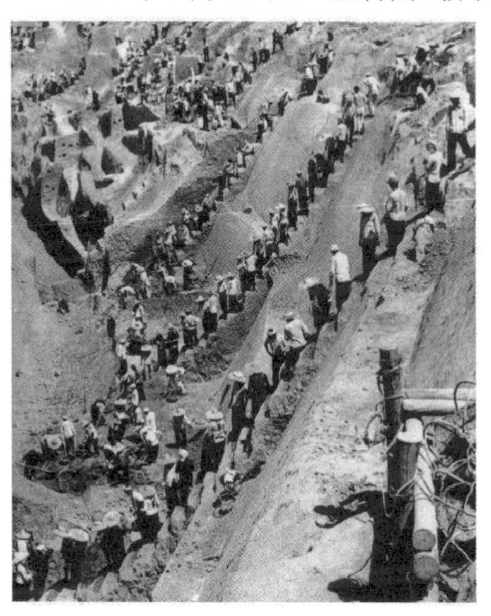

[1] 薄一波：《若干重大決策與事件的回顧》，681頁。

工日，完成的土石方總量達 250 多億立米。如果用這些土石方鋪成 1 米厚、66 米寬的路，可以從地球鋪到月球[1]。

如此浩大的工程，遠遠超過了秦始皇修長城和隋煬帝挖大運河，其人民戰爭的規模絕對是史無前例的。據毛澤東說，當時全國農村的勞力也就兩億多人。按城鄉人口比例 1:5 計算，城市勞動力總數不會超過五千萬。兩億五千萬人中竟有一億人被徵發去修水利，可見毛澤東魄力之大，對子民的控制力又有多強。

這麼多人上陣，當然不可能只抽調農村勞動力，其他行業也以“義務勞動”的方式參加了這場“全民大辦水利”。在毛澤東看來，這是無本生意。他大概做夢也想不到參加十三陵水庫義務勞動的蘇聯專家米哈伊爾・科洛奇科對這種行為藝術的感想：

> “我完全知道，我從一個土堆鏟到另一個土堆去的那幾鏟土，如果還能有什麼價值的話，那也只會是宣傳價值。但在我看來，我上那兒去，如果沒有別的好處的話，對周圍的數百工人來說倒是一個趁機休息一會兒的好機會（蘆註：指工人們停下來歡迎他）。當然，我也注意到工人們並沒怎麼賣力，這還算是輕描淡寫了。我確信，只需兩三百人使用挖掘機和卡車，就能比那幾萬‘熱心的志願者’幹得更快更便宜，因為不必為那些人提供運輸、住宿和幾周的食物。化學所（蘆註：他在北京負責指導的中科院化學所）的工作人員和其他類似行業的人也可以持續進行他們的業務工作，用不著把時間浪費在一點裝模作樣的體力勞動上。”[2]

這就是毛澤東的“多快好省”。亂哄哄的人民戰爭，完成的工程質量不論，付出的經濟代價也要比依靠職業隊伍的高到不可勝計。當然，抽調農村勞力倒符合傳統帝王徵發無償勞役的傳統，但

---

[1] 李銳：《大躍進親歷記》（上卷），136-137 頁

[2] Mikhail A. Klochko: *Soviet Scientist in China*， p52.

城市居民從事的所謂“義務勞動”卻不是無償的。這些單位正常的生產秩序被打亂導致的經濟損失，職工遠征的食宿運輸等成本，加在一起絕對是個天文數字，只是毛澤東看不見而已。此乃毛澤東經濟學，俗稱“為省一寸布，撕破一條褲”。

不過，要說毛澤東的隧道眼始終沒看到那巨大的經濟代價，那也不是事實。1959 年底到 1960 年初，他和“秀才”們苦讀蘇聯《政治經濟學教科書》，終於知道了價值規律，卻反而認定“經濟人民戰爭”是“戰略上的多快好省”：

> “一九五九年冬，全國參加搞水利的人有七千七百多萬。我們要繼續搞這樣大規模的運動，使我們的水利問題基本上得到解決。從一年、二年或者三年來看，花這麼多的勞動，糧食單位產品的價值當然很高，單用價值規律來衡量，好像是不合算的。但是，從長遠來看，糧食可以增加得更多更快，農業生產可以穩定增產。那麼，每個單位產品的價值也就更便宜，人民對糧食的需要也就更能夠得到滿足。”[1]

與生態環境遭受的巨大破壞比起來，經濟上的損失微不足道。可悲的是，與騰笑千古的另外兩個大手筆“全民煉鋼”和“畝產萬斤糧”不同，“全民大辦水利”至今還被毛左吹為毛澤東的偉業豐功，就連國外的左派知識分子也稱讚有加。據他們說，後毛時代中國農村生產力發生的巨大變化，就是提取了毛時代農村基本建設的“紅利”。

然而當年的水利電力部副部長李鋭卻說：“水利化運動的災難後果，尤其從時間的延續性說，比全民大煉鋼鐵更為嚴重。”[2] 他在《“大躍進”親歷記》下卷開了專章，題目就叫《水利化運動及其災難》，所舉實例實在太多，只能請有興趣的讀者去看原書。而原

---

[1] 鄧力群編：《毛澤東讀社會主義政治經濟學批註和談話》（簡本）。

[2] 李鋭：《”大躍進“親歷記》下卷，241 頁。

水利水電科學研究院高級工程師陳實，也把“大躍進”時期建起來的“水利工程”稱為“水害工程”[1]。

兩人都把災難的主要原因歸結于毛澤東批准的“以蓄為主，小型為主，群眾自辦為主”的指導方針。這個方針乃是河南省的先進經驗[2]，得到了偉大領袖毛主席的熱情洋溢的肯定。在成都會議上，他竟然把“蓄水”和“排水”提到了“路線鬥爭”的高度：

> “這裡是否有兩條路線的問題：一條多快好省，一條少慢差費。是否有？明顯地有：一為排、大、國，一為蓄、小、群，這不是兩條路線嗎？把水排走是大禹的路線，從大出發。依靠國家（過去依靠國家修了好多水庫），現在是蓄為主，小型為主，群眾自辦為主。河南的水利就是兩條路線的鬥爭。”[3]

所以，“以蓄為主，小型為主，群眾自辦為主”就是毛主席革命路線，反之當然是反動路線。重罪之下，誰還敢唱反調？

毛澤東之所以高度肯定這一水害方針，首先大概是基於他“認進不認出”的守財奴哲學。在他看來，水就跟金子一樣，只能存起來，不能放走，也就是當時的口號“一塊地對一塊天”——把天上落到地裡的每滴水都蓄起來，肥水不流外人田。其次，這個方針符合毛酷愛的“群眾路線”——既然國家掏不出錢來作那麼多投資，那就讓萬能的群眾來解決這個難題好了。

李銳和陳實都指出，這個方針完全忽略了全國各地截然不同的具體情況，違背了水利工程必須“因地制宜”的基本原則，在很多地區造成了嚴重後果。

---

1 陳實：《為什麼中國至今水旱災害無窮？——簡評50年來的中國水利工作》，《當代中國研究》，2002年04期

2 同上，242頁。

3 毛澤東在成都會議上的插話（一九五八年三月），《毛澤東思想萬歲》（1958-1960）

首先是只蓄不排造成土壤鹽鹼化。李銳指出，豫東平原地區大搞蓄水工程，修建平原水庫和周商永運河，大搞引黃灌溉，只灌不排，使鹽鹼地大量增加。在賈魯河上修建引黃綜合治理工程，興辦了9個梯級綜合開發樞紐工程，造成泥沙大量淤積，全部工程報廢。周商永運河攔腰截斷當地自然河流的自然排水，加重了澇災和鹽鹼化[1]。

又如河南省淄陽縣因蓄水灌溉和發展航運，攔河梯級搭壩，壅高河道水位，抬高了地下水位。縣城內曾一度也要求船行走，沿岸澇鹼為害，房屋倒溺，許多肥沃土地大幅度減產，甚至變為不毛之地。山東聊城至禹城的徒駭河塌了五道壩，河北省東風灌區的小漳河塌壩七道，黑龍港塌壩二十九道。在無排水條件下．大水漫灌，促使土壤積鹽。山東的高唐、夏津本是富庶地區，素有“金高唐、銀夏律”之稱，但由於鹽鹼危害，變成了一片灰色荒野，生產遭受破壞，群眾逃荒謀生，沿途所見，觸目驚心。[2]

吃夠苦頭後，毛澤東才知道他闖了什麼禍——光在河南一省就製造出了一千多萬畝廢地。1962年3月25日，他在邯鄲召集劉子厚等開座談會，詢問河北水利建設、鹽鹼地改良等情況，指出：平原地區蓄水恐怕大部分不能搞，還是要打井。河南廢地太多，一千多萬畝，“以蓄為主”搞壞了[3]。此後當局才開始廢除平原水庫，停建賈魯河綜合治理工程，平廢周商永運河，拆除阻水工程，停止引黃灌溉，才使得澇鹼災害逐步減輕。[4]

---

1 李銳：《“大躍進”親歷記》下卷，244-245頁。

2 李永智、單風翔：《土壤鹽漬化危害及治理途徑淺析》，《西部探礦工程》，2008年08期

3 《毛澤東年譜（1949-1976）》第五卷，94頁

4 李銳：《“大躍進”親歷記》下卷，245頁。

引黃灌溉工程也引出了類似惡果。大躍進中各地盲目引黃，造成泥沙大量淤塞灌溉渠道和排水河溝，地下水位惡性上升，加重內澇，導致大面積耕地次生鹽鹼化；更打亂了水系，淤積在河流溝渠中，引發自 1962 到 1965 年連續四年的大澇災，迫使當局不得不關閉新建的引黃閘門，停止引黃灌溉，全力以赴轉向除澇治鹼，花費大量資金開挖被引黃淤廢了的排水河道與骨幹河道，打通排水出路，使地下水位下降，並大力開展防治土地鹽鹼化的實驗研究，才使鹽鹼地逐年減少。[1]

據統計，因為平原蓄水和引黃灌溉，黃淮海平原北部發生大面積土壤鹽漬化，鹽漬土面積由 2800 萬畝增加到 4800 萬畝[2]。人們熟知的蘭考縣，在"大躍進"前是糧茂人豐之鄉，"大躍進"為它製造了著名的"三害"——澇、沙、鹼。

這真是常人難以想象、無法理解的驚天動地的愚蠢，不過，這恰是我黨幹部創造政績、獲得上峰垂青的金光大道：先不惜一切代價造出水害工程來，憑完成的工程量記一次大功；再不惜一切代價拆除那些工程，"綜合治理"它們留下來的後患，再當一次模範。於是世人都知道焦裕祿同志是怎麼去與"三害"苦鬥的，但誰也不知道那"三害"是哪兒來的。

"蓄、小、群"還成了水患根源。"以小型和社辦為主"，必然導致"無設計亂施工"，致使全國出現了許多病、險水庫，有些水庫一蓄水就垮，有的剛竣工尚未蓄水就垮壩崩堤。60 年代和 70 年代裡，每年都有很多這類的病庫、險庫垮塌。僅 1973 年就垮掉了 500 多座，1974 年又垮了 300 多座[3]。

---

1 同上，250 頁。

2 李永智、單風翔：《土壤鹽漬化危害及治理途徑淺析》

3 陳實：《為什麼中國至今水旱災害無窮？》

即使是大中型水庫也未必安全，同樣禍害無窮。柯慶施在 1962 年承認，1958 年以來，國家在華東地區投資 22.8 億元，修大型水庫 20 多座，中型水庫 300 多座，小型水庫 2000 多座，佔用耕地 2600 萬畝，移民近 2400 萬人，已遷 237 萬人，但不少工程不配套，到那時還不能發揮效益。有些工程打亂了原來的排水體系，加重了內澇和鹽鹼化。花的錢和器材不少，而事情卻沒辦好，有些甚至辦壞了，許多錢被浪費了。[1]

更嚴重的是"土法上馬"帶來的致命威脅。1975 年 8 月，在河南省駐馬店等地區、1 萬多平方公里的土地上，共計 60 多個水庫相繼發生垮壩潰決，近 60 億立方米的洪水肆意橫流。1015 萬人受災，倒塌房屋 524 萬間，沖走耕畜 30 萬頭。縱貫中國南北的京廣線被沖毀 102 公里，中斷行車 16 天，影響運輸 46 天，直接經濟損失近百億元，成為世界最大最慘烈的水庫垮壩慘劇[2]。

板橋水庫潰壩造成的人員傷亡數字，至今說法不一，有 2.6 萬、數萬、8.56 萬和 24 萬四種說法。

衛宏春撰文介紹：

"1992 年，板橋水庫大壩重建，水利部淮河水利委員會在板橋水庫大壩旁立了一塊板橋水庫復建紀念碑。碑文中說：'……時值十年動亂，救護不力，捲走數以萬計人民的生命財產，為禍慘烈……'

1999 年由水利部部長錢正英作序的《中國大洪水》披露，超過 2.6 萬人死難。

對於板橋水庫潰壩事件，在 2005 年前，很多人並不知情。2005 年 5 月 28 日，美國《Discovery》欄目播放一期名為《世

---

[1] 轉引自薄一波：《若干重大決策和事件的回顧》，711-712 頁。

[2]《30年後，世界最大水庫垮壩慘劇真相大白》，新華網，http://news.xinhuanet.com/politics/2005-11/26/content_3838722.htm

界歷史上人為技術錯誤造成的災害TOP10》的專題節目。它們包括蘇聯切爾諾貝利核電站爆炸事件、印度化工廠泄毒事件等。而TOP 1——世界歷史上最慘絕人寰的人為災難，卻是駐馬店板橋水庫潰堤。這場特大水災，因其破紀錄的傷亡人數和垮壩數目而被海外媒體評為死亡人數全球最大的技術災難，位列 20 世紀世界十大災難之首。

據《Discovery》節目報導，9 縣 1 鎮東西 150 公里、南北 75 公里範圍內一片汪洋。現場打撈起屍體 10 多萬具，他們是垮壩當晚熟睡中的直接受難者，也包括幾天後爆破洩洪、分洪的受難者；後期因缺糧、感染、瘟疫又致 14 萬人死亡。24 萬余的死亡人數直逼次年發生的唐山大地震。”[1]

另據江華在《共產黨員》雜誌中披露：“在地方志裡、紀念碑上，死亡數字一直是模糊的。1975 年 8 月 20 日，河南省委有個初步統計數字，說全省死亡 85600 多人，連同外地在災區死亡的人數在內，最多不超過 10 萬人。當時省委說，這個數字比較準確。中央慰問團在給毛主席、黨中央寫的關於河南、安徽災情報告中，引用了這個數字。”[2]

這就是偉大領袖的“水利是農業的命脈”，正解應該是“水庫威脅著農民的命脈”。秦始皇修長城，隋煬帝挖大運河，雖然死人無算，畢竟留下了造福千年的工程，至今還在為旅遊事業作貢獻。毛澤東的大手筆卻不是成了禍根，就是笑柄。

爲什麼毛澤東還不如傳統暴君？我想，這大概是因為那兩位前輩不懂“群眾路線”，不知道“發揮地方積極性”，不會打人民戰

---

[1] 衛宏春：《震驚中外的板橋水庫垮壩真相揭祕》，《文史精華》，2012 年第 9 期

[2] 江華：《1975：河南板橋潰壩慘劇》，《共產黨員》，2012 年第 9 期（下），50 頁

爭的緣故吧。的確，只有偉大領袖，才會把“蓄、小、群”當成他的革命路線。

當然，毛也未必不喜歡搞大工程。他在成都會議上無比意氣風發地說：

> “打開通天河、白龍河與洮河，借長江濟黃，丹江口引漢濟黃，引黃濟衛，同北京連起來。”[1]

這宏偉藍圖也有部份付諸實踐，雖然是“民辦公助”，約等於傳統社會的無償勞役，幹的卻是大手筆。著名的引洮工程由朱德題詞，於 1958 年 6 月 12 日開工，採取“邊勘測、邊設計、邊施工”和“分段測量、分段設計、分段施工”，動員了甘肅 3 個專區約 20 個縣的 3000 職工與 10 萬民工，施工高峰時達 16 萬人。施工兩年半，共計投入直接工近六千萬個工日，投資 1.69 億元，還兩次截流未成，造成兩岸人民生命財產損失。到 1960 年底，大饑荒肆虐，完工遙遙無期，只能於次年 6 月全線停工。

此時水電部才發現，原規劃高估了引洮效益，嚴重低估了工作量，真實的所需工程量應為 12 億工日，為已完成的 20 倍。若不增加勞力投入，將需要 50 年才能完工。原計畫還忽略了許多無法解決的技術問題，水電部於是認定該工程的主辦“是盲目的”。1962 年，該工程徹底下馬。[2]

該工程採用的“邊勘測，邊設計，邊施工”，是毛澤東“破除迷信，打破常規”的反智主義號召結出來的豐碩成果，許多工程都是如此上馬的，莫不具有鮮明的“顧頭不顧腚”的毛澤東特色。

值得慶幸的是，毛澤東“借長江濟黃，丹江口引漢濟黃，引黃濟衛，同北京連起來”的狂想曲未能搬到人間。實際上，水利部門

---

[1] 毛澤東在成都會議上的插話（一九五八年三月），轉引自李銳：《”大躍進“親歷記》上卷，203 頁。

[2] 李銳：《”大躍進“親歷記》下卷，252-256 頁。

也響應了他老人家的號召。長江水利委員會作了“引江濟黃濟淮”的大計畫，那是三峽工程總規劃的一部份，擬修築引水渠道共906公里，投資比三峽工程還多。幸因三峽工程未上馬而沒有付諸實踐。而黃河水利委員會提出的“引江入黃”方案更偉大：修築總長 6710 公里的渠道，從金沙江引水入黃河，總開挖量為964億立方米。幸虧這被李銳稱為“天方夜譚”的大手筆未能付諸實施，否則人民遭受的苦難將更為深重。[1]

2）農業機械化

偉大領袖毛主席一向關心農業機械化，“八字憲法”的“工”字就是說這個問題。幸虧他老人家具體關心過的新農具不是很多，因而造成的破壞沒有其他大手筆那麼偉大。其中較為著名的，是“推廣雙輪雙鏵犁”、“車子化”、“滾珠軸承化”、“繩索牽引化”等等。

雙輪雙鏵犁是從蘇聯引進的，為兩三頭大牲畜牽拉的鐵犁，蘇聯人將其用於翻耕本國的平原旱地。毛澤東 1950 年訪蘇回國途中，在瀋陽看到了它，大為讚賞，當即下令其他地方也推廣使用之。1956 年初，他主持制定的《農業發展綱要（草案）》規定：“在三年至五年內，推廣雙輪雙鏵犁六百萬部。”

然而偉大領袖卻忘記了，中國的地理氣候自然環境千差萬別，並不是蘇聯那種一馬平川的大平原。東北和華北的地理和地質還與蘇聯相近，南方卻多山區丘陵，且多是水田，土質較粘，根本無法使用這種又大又重的犁。儘管官方宣傳機器開足馬力大肆推廣，到1956年10月底，生產出的170多萬部仍然只銷出80萬部，還退回了

---

[1] 李銳：《”大躍進“親歷記》下卷，251 頁。

15 萬部；沒有退回的，也有很大一部份是只能掛在牆上無法使用的“挂犁”。於是 1957 年 6 月 20 日由劉少奇改定的人民日報社論《要反對保守主義，也要反對急躁情緒》中便舉了此事為例，說：“雙輪雙鏵犁的計畫定的太高，沒有考慮到南方水田的條件，以致在南方許多地方大量積壓。”[1]

然而毛澤東卻把此事與個人面子連在一起，覺得那篇社論是“罵我的”，因此龍顏震怒，大批“反冒進”，將周恩來整到請辭的地步。在最高國務會議上，他指責說雙輪雙鏵犁不能用的人是“攻其一點，不及其餘”，聲稱：“雙輪雙鏵犁能用，我要為它恢復名譽而奮鬥。什麼合作化不行，四十條不行，雙輪雙鏵犁也抹黑了，這跟斯大林一樣倒霉。”[2] 在制訂的《工作方法六十條（草案）》時，他仍然把雙輪雙鏵犁列為農村機械化的內容之一[3]。

據薄一波說，毛澤東最後還是不得不承認事實，在 1958 年 2 月在政治局擴大會議上承認：“雙輪雙鏵犁在北方還可以，在南方是名聲很臭。這個東西對不對，現在看起來不對。”[4]

然而根據李銳的記錄，毛澤東在一個月後召開的成都會議上仍堅持認為，對雙鏵犁的態度是個階級鬥爭問題：

> “雙鏵犁不能用，是因為思想不能用，腦子不能用，不是客觀不能用。可見思想是統帥。思想動態要當成一個階級鬥爭問題。應首先抓。”[5]

---

[1] 薄一波：《若干重大決策和事件的回顧》，537-539 頁。

[2] 毛澤東在最高國務會議上的講話（一九五八年一月二十八日），《毛澤東思想萬歲》（1958-1960）。

[3] 毛澤東《工作方法六十條（草案）》（一九五八年一月），《建國以來毛澤東文稿》，第七冊，47 頁。

[4] 轉引自薄一波：《若干重大決策和事件的回顧》，539頁。

[5] 毛澤東在成都會議上的插話，（一九五八年三月），轉引自李銳：《“大躍進”親歷記》上卷，207 頁

鑒於毛澤東一貫出爾反爾，有可能兩人的記錄都是對的。然而無論毛的逆反精神如何強烈，客觀規律總是無法戰勝的。此後毛的興趣據轉移到其他大手筆上去了。“雙輪雙鏵犁運動”也就無疾而終。

所謂“車子化”是偉大領袖在成都會議上的號召，他說：

> “農具改革運動，要一直改到拖拉機。湖北省當陽縣的車子化，是技術革新的萌芽。”[1]

於是全國聞風而動，哪怕是山區也轟轟烈烈大搞“車子化”。由此又引出了“滾珠軸承化”，亦即把鬼子發明的滾珠軸承安裝到諸葛軍師發明的“木牛流馬”上去。長影還拍了部電影《鋼珠飛車》，講的是農民如何開展技術革命，用土法煉成滾珠，自製軸承，裝到獨輪車上，極大提高了運糧效率。

此後毛澤東又對“繩索牽引機”發生了興趣，指示：

> “可不可以不走拖拉機的道路，走繩索牽引機實現機械化、電氣化的道路。”[2]

於是全國又大刮“繩索牽引化”之風。在我記憶中，這些運動都是一哄而起，瞬間蔓延全國，轟轟烈烈，鋪天蓋地，此後又煙消雲散，主要是被全民煉鋼沖掉了。據薄一波說，這些運動“事與願違，造成很大的浪費”[3]。不過在我看來，與毛的其他破壞性大手筆相比，這些運動畢竟沒有發展成全民悲劇，不過是為歷史增添了許多笑話而已。

---

[1] 毛澤東在成都會議上的講話（一九五八年三月九日）《毛澤東思想萬歲》（1958-1960）

[2] 毛澤東聽了華北、東北九省農業協作會議的匯報後的指示（一九五八年十月），同上、

[3] 薄一波：《若干重大決策和事件的回顧》，685頁。

3）愚公移山，深翻土地

八字憲法的“土”字，說的其實是深耕。這是老人家反復大聲疾呼的“主要矛盾”：

> “目前農業的主要方向是深耕問題。深耕是個大水庫，大肥料庫，否則水、肥再多也不行。北方要深耕一尺多，南方要深耕七、八寸，分層施肥使土壤團粒結構增多，每個團粒又是一個小水庫，小肥料庫。深翻使地上水與地下水接起來。密植的基礎是深耕，否則密植也無用。深耕有利於除草，把根挖掉又有利於除蟲，這樣一來可以一畝當三畝，現在全國每人平均三畝地。我們向下邊跑，就可高產。種那麼多地干什麼？將來可以拿三分之一的土地種樹，然後過幾年再縮一畝。過去平原綠化不起來，到那時就能綠化了。如不深耕就無這種可能。”[1]

他的思路新穎至極——種地並不一定是二維的，若是開闢第三維，往下面深挖，只要挖夠同等的土方數，與平面鋪開的結果還不是一樣？“我們向下邊跑，就可高產”，“一畝當三畝”。他老人家不愧是“立體耕作術”的開創者。而且，“深翻使地上水與地下水接起來”，成了自流井，連灌溉都不需要了，真是多快好省。

只是我們偉大的土壤學家不知道，華北平原地勢低平，又多河間封閉窪地，地下水位高（一般埋深2-3米），礦化度大，土壤屬壤土或粘質砂壤土，具有易鹽漬化的條件。“深翻使地上水與地下水接起來”，若是排灌不暢，地下水裡的鹽類滲到地表，就會發生鹽漬化，把良田變為寸草不生的鹽鹼地。

如今有人把深耕賴在了蘇聯老大哥頭上。據《百度百科》介紹，蘇聯農學家馬爾采夫“鼓勵中國的農民實行深耕（深達一兩

---

[1] 在北戴河政治局擴大會議上的講話（一九五八年八月十七日），《毛澤東思想萬歲》（1958-1960）

米），他們相信最肥沃的泥土在深處，而這些泥土有助讓植物長出超大根系。但是，無用的石塊，沙子被翻出，而肥沃的表層熟土卻被埋到了下面。”[1]

在 50 年代，馬爾采夫耕作法確實是中國農學家學習的先進經驗。但據我所知，他並沒有“鼓勵中國的農民深耕”。相反，他認為，只要讓一年生作物的殘根留在土壤內，在緊密的土層內進行厭氧分解，累積腐殖質，形成“團粒結構”，就能積累土壤肥力。他主張每年只進行淺耕滅茬，讓殘根留在土壤內腐爛。到第四年或第六年再進行一次深耕（40-60 釐米深，不是百度說的一兩米深），但每次深耕只允許在實行輪作制的休閒地中進行[2]。

再看看毛是怎麼說的吧：

> “豐產的主要經驗，就是深耕、施肥和密植。深耕可以更多地吸收太陽，讓根部多吸收一些有機物，才能長得多，長得快。過去是淺耕粗作，廣種薄收，現在要求深耕細作，少種多收。這可以省人工，省肥料，省水利。多下來的土地可以綠化。可以休閒，可以搞工廠。”[3]

“深耕可以更多地吸收太陽”？“我們向下邊跑”，怎麼能去吸收太陽呢？他老人家的腦袋就是與眾不同。這話還是跟大科學家錢學森說的，而老錢居然也就默不作聲。

所以，毛的偉大發明與馬爾采夫耕作法實在沒什麼干係，賴不到老大哥頭上去。

---

1 《百度百科 1959》http://baike.so.com/doc/6723184-6937302.html

2 林景亮：《學習馬爾采夫新耕作法的體會》，《農業科學通訊》，1955 年 01 期

3《毛主席在參觀中國科學院時和錢學森同志的談話》（一九五八年十月二十七日下午），《毛澤東思想萬歲》（1958-1960）

毛澤東開頭還算保守，只要求“北方要深耕一尺多，南方要深耕七、八寸”。但兩個月後他就提高了指標：

> “今後要改變廣種薄收、務廣而荒的辦法。現在耕地面積不是少了，而是多了。兩億多勞動力搞飯吃，不像話，要逐步縮小面積，精耕細作，種少種好，少種多收。深耕要逐步作到翻三尺，只有深翻，水、肥才能充分發揮作用。以後單位面積產量搞到萬斤，每人二分地就可以了。”[1]

所以，如今是不管北方還是南方，地下水位多高，一律掘地三尺。

在毛的奇特腦筋裡，往下挖，其實也就等於向水平方向挖。既然往下挖那麼多，當然多挖的土方也就能折算為水平的耕地。不知道他是怎麼計算的，竟然算出了在一畝地上深翻三尺，等於耕種三畝土地：

> “在北戴河我提出種地三分之一，其他種草，種樹，沒水的挖塘養魚。將來不是地少，而是地多，少種多收。深耕也就是耕三、四尺。細作無非是中耕、追肥、追水、治虫那套麼，少種多收，也就是種一畝收一萬斤。過去幾千年都是淺耕粗作，廣種薄收。”[2]

一畝等於三畝，那畝產也就是原來的三倍吧？然而不知怎的，畝產卻能“突變”到一萬斤了，真是“量變引起質變”的絕佳證明。

> “種地用深耕細作的方法，達到少種多收的目的。畝產搞他一萬斤，先搞兩千斤，加一番再搞四、五千斤，再翻一番就

---

[1] 毛澤東聽了華北、東北九省農業協作會議的匯報後的指示（一九五八年十月），《毛澤東思想萬歲》（1958-1960）

[2] 毛澤東在邯鄲地區的談話（一九五八年十一月一日），《毛澤東思想萬歲》（1958-1960）

是一萬斤。地耕一尺二寸深，分層施肥，省水、省肥、省人力。搞大面積衛星田佔百分之二十。二、三年後，公社把耕地面積縮小。深耕三、四尺，畝產一萬斤，一個深耕細作，一個機械化。過去淺耕粗作，廣種薄收，改為深耕細作，可以少種多收。”[1]

這突變之所以發生，估計是“分層施肥”的結果。但既然層層施肥，那又怎麼么能“省水、省肥、省人力”呢？

“過去人們經常憂愁我們的人口多，耕地少。但是一九五八年農業大豐產的事實，把這種論斷推翻了。只要認真推廣深耕細作、分層施肥、合理密植而獲得極其大量的高額豐產的經驗，耕地就不是少了，而是多了，人口就不是多了，而是感到勞動力不足了。這將是一個極大的變化。”[2]

剛剛才說深耕能“省人力”，馬上又說“人口就不是多了，而是感到勞動力不足了”。老人家的腦殼裡是不是也塞滿了“團粒結構”，盡是有機肥和水？

據此，毛澤東就能在《十五年社會主義建設綱要》繪出宏圖：

“到一九七二年，爭取將全國現有耕地面積十八億畝中每年播種的面積只要六億畝左右，以另一個六億畝左右的耕地休閒和種植綠肥，其餘六億畝左右的耕地植樹種草，使整個農村園林化。”

而且越翻越深，簡直成了淘金狂：

1 在新鄉地區和五個縣委書記談話紀要（一九五八年十一月一日），《毛澤東思想萬歲》（1958-1960）

2 毛澤東對《關於人民公社若干問題的決議》稿的批語和修改（一九五八年十一月、十二月）《建國以來毛澤東文稿》第七冊，571 頁

> “從一九五八年起，所有的耕地每三年輪流深翻一次，深度從一尺到三尺，一部分還要更深些，例如深達四、五、六、七尺。”[1]

深達 2 米 3，那是第一次世界大戰的防炮戰壕。即使是如今的大型拖拉機牽引的犁鏵，也斷無本事翻耕那麼深。何況當時農村根本沒有拖拉機，全靠人力畜力。好在偉大領袖也想到了這點——沒法耕，可以挖嘛：

> “沒有好工具就用長葛縣那樣的工具，用他們那種辦法。他們的辦法是，先把熟土翻在一邊，然後把肥料施在生土上，再用鐵鍬把二層生土翻開，與肥料攪拌，打碎坷拉後仍放在下層不動，挨著翻第二行，把第二行熟土翻在第一行生士上，依次翻下去，表層土不變。這是個大發明，深翻一遍增產一倍，至少增產百分之幾十。增產的措施，土壤應當放在前邊，土、肥、水、種籽，還有密植，要單列一項，要合理密植。廣東一畝要搞三萬埰，每埰插三根秧，每根秧發三根苗，結二十七萬個穗，每穗平均六十粒，共一千六百二十萬粒。兩萬粒一斤，一畝八百斤。畝產八百斤不就算出來了嗎？”[2]

偉大的農業專家是在這兒教農民在田裡一道道地挖溝，挖出第一條深溝來，把肥料倒進去，再挖第二條深溝，把表面的熟土剷去填平第一條深溝，如此一條條挖填下去，直到把整塊田都挖過來，可謂“深挖溝，廣積肥”。

---

[1] 毛澤東對《十五年社會主義建設綱要四十條（一九五八～一九七二年）》初稿的批語和修改，（一九五八年十一月），《建國以來毛澤東文稿》，第七冊，505-506 頁

[2] 在八大二次會議上的講話（一九五八年五月十七日下午），《毛澤東思想萬歲》（1958-1960）

這不是種田，是土建，而且那工程量還不是一般地大。據毛澤東本人提供的數據，當時全國耕地面積為 18 億畝，農村勞力 2 億多，那就是平均每個勞力侍候將近 9 畝耕地，亦即 6000 平方米。每畝挖一米深，就是 6000 立方米的土方，土壤的平均比重約 2.7，那就是 16200 噸重的土方。又挖又填，等於移動 32400 噸重的泥土。一個壯漢一天能挖填 2 立方米就算不錯了。就算大力士去幹，每天能挖填 4 立方米，那也得 1500 天才能幹完。若是真要挖到 2.3 米，那大力士就得幹 3450 天，這還忽略了壕溝加深後增加的負荷，更不用说把土從 2.3 米的深溝裡運出來的技術困難了。從總的工程量來看更是嚇死人：如果只挖 1 米深，全國就是 12000 億立方土，相當於挖出了 120 萬公里長、100 米寬、10 米深的超級大運河，可以繞地球 30 圈！[1]

這其實也算不了什麼，據薄一波說，有的地方竟挖到 1 丈 2 尺深[2]。這不是翻地，是打井。

難怪老人家要為農村“感到勞動力不足了”而歡欣鼓舞。古今中外還從未有過這偉大創舉，怪不得偉大領袖要盛讚“這是個大發明”。當然，累是累，還是值得的，因為“深翻一遍增產一倍，至少增產百分之幾十。”

---

[1] 丁抒先生在《人禍》中作過類似計算，但他採用的數據只是 1.5 市尺，不是毛後來越提越高的指標，所以所得數據較低。

[2] 薄一波：《若干重大決策與事件的回顧》，685 頁

只是這麼幹下去，什麼時候才能播種？10 年後？在這十年內，全部農業勞動都給偉大領袖簡化為挖地一件事了。這種腦袋，當真是世界幾百年、中國幾千年才出一個。

最有趣的，還是偉大領袖沒想到，農作物是一年生草本植物，並沒有大樹的深根。就那點短短的根系，有本事把深埋在 2.3 到 4 米深的肥料吸上來麼？就算埋的是金元寶，那也夠不著啊？難道毛這輩子就沒拔過一次麥子或稻子，從不知道莊稼的根究竟有多長？

而且，他老人家好像是湖南人，想必知道南方許多地方地下水位很淺（當然是當年的事，如今因為過度採水，地下水位已經嚴重下降了）。挖那麼深，多半要引出水來。即使不冒水，如此浩大的工程，要挖上十年才能幹完。雨季來了怎麼辦？豈不是要盡成澤國？當然，他指望的就是"深翻使地上水與地下水接起來"。

4）施肥與密植的奇跡

除了深耕外，施肥和密植大約也是"主要矛盾"，他老人家已經說了："豐產的主要經驗，就是深耕、施肥和密植。"

對施肥，他也下了硬指標："肥料：要作到上萬斤肥，打千斤糧。"[1]

那麼多肥料，從哪兒來？偉大的農業專家也想到了這個問題：

> "人患浮腫病，就是沒有肉和青菜。莊稼不吃肥料，也是患浮腫病。所以要大搞土化肥、菌肥、漚肥、綠肥、熏肥、人糞尿、牲口糞尿，以這些為主，切實搞一下。"[2]

---

[1] 對當前工作的十七項指示（傳達記錄）（一九五八年四月）《毛澤東思想萬歲》（1958-1960）

[2] 在省市委書記會上的講話（一九五九年二月二日），《毛澤東思想萬歲》（1958-1960）

這話表明，毛完全知道當時農民已因缺糧普遍出現水腫，然而他擔心的卻是莊稼吃不飽。其實這擔憂大可不必。早在他下達這指示之前，人民群眾就已經發揮了無窮無盡的創造力。丁抒先生在《人禍》裡記錄了當時全民積肥的生動場景：

南方農民絕大多數都住茅屋，因為茅草可以漚肥，湖南便發明了拆茅屋，將茅草混上人畜糞浸入水塘，然後開塘水灌田的施肥法。他們將這稱做“茅屋洗澡”、“屎湖尿海”。僅寧鄉縣就拆了十五萬間茅屋，佔全縣五分之一的住房。

糞便發酵再好也還是糞便，於是又有人想到榨芝麻油、胡麻油往玉米地裡澆，給莊稼注射葡萄糖液。河南有個生產隊為了放一顆畝產一百二十萬斤的巨型衛星，幹部下令打死了七十多條狗，煮成狗肉湯澆到地裡。但是由於下種過多，出秧過密，結果不得不將秧全部割掉。七十多條狗連一斤種子都沒換回來。九月十日，劉少奇去河北徐水縣視察，見那裡用麻油、葡萄糖、狗肉湯灌莊稼，非但不制止，反而說：“那你們可以養狗嘛！狗很容易繁殖嘛！”[1]

這兒說的拆房屋的事並不限於湖南。在我所在的省也普遍發生過。許多農村幹部把土坯牆建的農舍強行推倒，說“老牆土”是最好的肥料。只是真正施了萬斤肥的“衛星田”裡根本長不出莊稼來。用老鄉的話來說，就是莊稼被肥料“燒死了”。

咱們偉大的農學家不懂，鮮花插在牛糞上猶可，把花種埋到牛屎裡沒戲。肥料太多，就造成了種子周圍的高滲透壓環境。即使比較皮實的種子一時抗住了這高滲透壓環境，沒有脫水而死，發出來的柔嫩幼苗也決計頂不住。

---

[1] 丁抒：《人禍:“大躍進”與大饑荒》，1991 年，九十年代雜誌社，http://blog.boxun.com/hero/201308/dwdl/3_1.shtml

最具有摧毀性的，還是“合理密植”。毛澤東對此也有驚人之語：

> “密植就是充分利用空氣和陽光。現在不是反浪費嗎？就應該把空氣和陽光的浪費也反掉。”[1]

這人的頭殼確實與眾不同，什麼都反著說。原來，密植不會妨礙空氣流通，影響作物的呼吸作用；而密密麻麻擠在一起的作物不會擋住陽光，減少每株作物的受光面積，反而“就是充分利用空氣和陽光”！

偉大領袖的英明指示得到了農村模範典型們的狂熱執行。當時的明星王保京在《陝西日報》上介紹了他們的先進經驗：

> “為了使種籽播種均勻，我們還計畫把麥粒按照預定的密度粘在紙上，然後鋪到地裡，上邊再蓋上以肥土，即可整齊出苗。同時還要用微量元素，生長刺激素，狗血，豬血，賽力散等拌種促進籽粒發育"，"假若試驗成功，每料收成以畝產 10 萬斤計算，每年收三料，每料設樓種 8 層，每畝地每年即可收糧 240 萬斤。”[2]

每畝 240 萬斤，那就是每平方米 3600 斤。偉大領袖的“一畝變三畝”看來過於保守了，應該是一畝變了三千畝的高產田（畝產 800 斤，在那個時代的陝西絕對是超高產，能達到 200 斤就不錯了）。

不過這也不算最密，據薄一波說，一些地方一畝地下種幾百斤，給插紅旗，而農民按自己經驗種的則給插上白旗。結果插紅旗的土地只收一堆秕子；插白旗的土地反而增了產[3]。就算“紅旗地”能長出莊稼來又怎麼的？那時糧食畝產頂多也就兩百斤，種下去的比收穫的還多，世上怎麼就會有這種蠢事？

---

[1] 在八大二次會議上的講話（一九五八年五月十七日下午）

[2] 王保京：《有高度密植才有高額豐產》，《陝西日報》1958 年 9 月 27 日

[3] 薄一波：《若干重大決策與事件的回顧》，685 頁

當時的黨報紛紛刊載這種“瘋狂密植”的成功證明。最常見的就是小孩站在密植的稻穀上玩耍的照片。那稻子種的如此之密，以致他們根本不可能掉下來。這戲法後來也揭穿了：上級來檢查前一天，幹部下令家家戶戶連夜卸門板，將一、二十畝甚至三十畝地的稻子緊密地排在門板上，然後集中運到一畝地大小的“衛星田”裡去。[1]

不過，也不能責怪下面弄虛作假。廣大農民早被“拔白旗”和“辯論”嚇怕了。“大躍進”與“文革”一道，同為人民的基本人權普遍遭到嚴重侵犯的高峰期。當時誰敢稍微不那麼積極，就要遭到批鬥甚至毒打，這稱為“社會主義大辯論”。被批鬥毒打的人則稱為“白旗”。當時農村幹部隨便打人已成普遍作風，其實是上面認可的管理方式，毛澤東對此情形瞭如指掌，專門作過指示：

> “有些地方強迫命令，有些地方營長可以打連長，打人、罵人、捆人，還辯論，爭論成了一種處罰，這是對敵人的法令，不要敵我不分。……對敵人除了那些反革命，一般的地主、富農、右派也不打他們，在人民內部更不能打人罵人了。已經打了，也不要到處潑冷水，以後不再打了，以後改正也就算了，因為他打人也是為了完成國家任務，說清楚群眾會諒解的。”[2]

[1] 丁抒：《人禍》

[2] 在邯鄲地區的談話（一九五八年十一月一日），《毛澤東思想萬歲》（1958-1960）

初期的人民公社實行軍隊編制，以軍紀管轄平民。所以毛才會提到“營長、連長”等官銜。對下面幹部來說，這段最高指示的關鍵是“已經打了，也不要到處潑冷水，……因為他打人也是爲了完成國家任務”，這完全是公開表彰打人幹部的革命積極性。事實上，從毛澤東開始就極端輕忽民命：

“打了那麼多年仗，死了那麼多人，沒有誰能賠償損失，現在搞建設．也是一場惡戰，拚幾年命，以後還要拚，這總比打仗死人少。”[1]

“鋼鐵基地上有醫生沒有？（×××：有。）這比打日本好，比打蔣介石好，打仗要死人，這也可能死一個兩個的。”[2]

我的一位親戚是下中農，在大躍進期間去修水庫，病了無法出工，就被幹部活活打死了。所以，無論上面下來的指示是何等荒唐，農民都只能乖乖照辦。但按最高指示密植的莊稼都因通風不良腐爛了。在這種情況下，爲了應付檢查，當然只能“聚毛成氈”。

後來偉大領袖大概也聽說“反空氣和陽光的浪費”使得莊稼腐爛，於是便開始提醒大家注意那個“度”，以免“量變引起爛變”，然而他確定這個“度”的辦法卻再次讓人哭笑不得：

“第二個問題，密植問題。不可太稀，不可太密。許多青年干部和某些上級機關缺少經驗，一個勁兒要密。有些人竟說愈密愈好。不對。老農懷疑，中年人也有懷疑的。這三種人開一個會，得出一個適當密度，那就好了。既然要包產，密植問題就得由生產隊、生產小隊商量決定。上面死硬的密植命令，

---

1 在北戴河政治局擴大會議上的講話（一九五八年八月十九日），《毛澤東思想萬歲》（1958-1960）。

2 在新鄉地區和五個縣委書記談話紀要（一九五八年十一月一日），同上，《毛澤東思想萬歲》（1958-1960）

不但無用，而且害人不淺。因此，根本不要下這種死硬的命令。”[1]

所以，究竟該種多密，不是個科學問題，而是個政治問題，不能靠科學實驗解決，只能通過左中右各派協商達成協議，猶如後來文革中成立“革命委員會”一般！

5）“園田化”

除了高產外，浪漫的偉大領袖似乎也很注重美觀。1958 年 11 月 13 日，新華社編印的《內部參考》刊載報導《安國的小麥千畝天下第一田》，介紹了河北省安國縣伍仁橋東風人民公社在開展播種規格化、種植區域化、耕作園田化的小麥大面積豐產運動中，搞的一塊“千畝天下第一田”的情況，說這塊千畝麥田埂直如線，畦平如鏡，土粒勝如篩過，畦埂猶如刀切，計畫平均畝產二萬斤。

這報導引起了毛澤東的重視，他在這篇報導後批示：“此件可看。”並將此批語和報導作為中共八屆六中全會文件在會上印發。[2]

毛澤東在推薦這先進經驗時，怎麼就沒想到要造出那千畝平疇，勢必要推掉農民的住宅？把這先進經驗向全黨傳達下去，各地必然爭相效法。就算不考慮民生問題，用宅基地或道路改成的田，能種出什麼樣的莊稼來？然而毛居然也就相信那“畝產兩萬斤”的承諾！

[1] 毛澤東：《黨內通信》（一九五九年四月二十九日），《建國以來毛澤東文稿》第八冊，235 頁

[2] 毛澤東對《安國的小麥千畝天下第一田》一文的批語（一九五八年十一月二十日），《建國以來毛澤東文稿》。第七冊，552 頁

就這樣，在偉大領袖毛主席親切關懷與具體而微的指導下，“什麼人间奇跡都能造出來”，各地競放“高產衛星”，畝產越來越高，最後竟然突破了 13 萬斤！

广西日报

环江創全国水稻丰产最高紀录

紅日公社九百多亩中稻平均亩产一万七千多斤

紅旗公社一亩一分多試驗田亩产突破十三万斤

6) “大家都來打麻雀”

這也是毛澤東發明的一個農業增產措施。1955 年 12 月 21 日，毛澤東在《徵詢對農業十七條的意見》一文中指示：

> “除四害，即在七年內基本上消滅老鼠（及其他害獸），麻雀（及其他害鳥，但烏鴉是否宜於消滅，尚待研究）、蒼蠅、蚊子。”[1]

如同錢學森對於畝產萬斤田，生物學專家們也對毛主席的“真知灼見”做了科學論證。中國最著名的鳥類學家、中國科學院動物研究室研究員鄭作新在 1956 年 1 月 8 日的《人民日報》上發表題為《麻雀的害處和消滅它的方法》的長文，論證了麻雀的“危害是相

[1] 《毛澤東選集》第五卷，人民出版社，1977 年，263 頁

當嚴重的”，提出了消滅麻雀的實驗依據，並根據麻雀的生物習性傳授了多種捕殺麻雀的方法。

還在大躍進運動開展之前，消滅麻雀就已經在局部地區取得了豐碩成果。1956年1月6日的《人民日報》發表了題為《富平縣九萬青少年兩天內消滅七萬多只麻雀》的新華社消息：“青年團陝西省委員會已經號召全省五百萬青年和少年開展一個‘消滅麻雀運動月’，要求在 1956 年內把全省的麻雀全部消滅。”兩天後，《人民日報》又發表了《北京市最近一周內將基本消滅麻雀》的報導，報導中說，“火器營鄉的麻雀就是在八天內被基本消滅了的”。

大概毛澤東還嫌下面動作慢，1957 年 10 月 9 日，在中共中央八屆三中全會上，他又發表了“做革命的促進派”的講話：

> “消滅老鼠、麻雀、蒼蠅、蚊子這四樣東西，我是很注意的。只有十年了，可不可以就在今年準備一下，動員一下，明年春季就來搞？……中國要變成四無國：一無老鼠，二無麻雀，三無蒼蠅，四無蚊子。”[1]

在大躍進中，消滅麻雀的群眾運動也進入高潮。從3月起，全國各地成立了由地方主要領導擔任總指揮的“圍剿麻雀總指揮部”，在總指揮部的指揮下發動了滅雀 N 大戰役。貫徹執行最高指示的通行做法是，麻雀活要見雀，死要見屍，按隻上報；老鼠只要交尾巴就行。蒼蠅和蚊子基本上就是看誰膽大能吹，不需要交實物，所以領導和群眾都興趣不大。熱情最高的還是消滅能讓群眾大快朵頤的麻雀，各地使用了轟、打、網、粘、毒、掏幾種辦法。

據 1958 年 4 月 28 日《解放日報》報導，上海僅 27 日一天就消滅麻雀 25 萬。據中央愛國衛生運動委員會辦公室的統計，從 1958 年

---

[1] 《毛澤東選集》第五卷，人民出版社，1977 年，470-471 頁

元月至1958年12月，全國共消滅麻雀21.1億隻。在短短的一年內，就消滅如此多的麻雀，不能不承認毛澤東是運動群眾的天才。

其實倒楣的還不只是麻雀，各種鳥類也都在人民群眾的轟趕下"到處不能落腳，吃不著食喝不到水，累的暈頭轉向，疲憊而死"。大量鳥類的死亡帶來了蟲災猖獗，從 1959 年春天起，蟲災開始在全國大爆發。上海、揚州等城市的行道樹的葉子幾乎全被吃光。不少人意識到這是消滅麻雀的惡果。麻雀對於控制蟲害有巨大的作用，將它們消滅殆盡，害蟲自然會猖獗起來。

毛澤東也聽到了這類解釋，但他不肯認錯。1959 年 7 月 10 日下午，在廬山會議上與中央委員們談論《綱要修正草案》時，他不滿地說："有人提除四害不行，放鬆了。麻雀現在成了大問題，還是要除。"[1]

雖然當時的知識分子經過了阿•托爾斯泰說的"在血水裡泡三遍，在堿水裡浸三遍，在清水裡洗三遍"，仍有一些"不識時務"的科學家犯颜直諫，強烈要求為麻雀"平反"。1959年11月27日，中國科學院黨組張勁夫向毛澤東報送了《有關麻雀益害問題的一些資料》。資料表明，關於麻雀是益鳥還是害鳥，國內外科學家的意見不完全一致，一般都認為由於地點、季節的不同，益處和害處也不同。麻雀對城市、林區、果園是有益的或益多害少的，對農作物區特別是收穫季節則是有害的。資料還說，在普魯士王國、美國、法國都曾經因捕麻雀而引起嚴重的蟲害。兩天後，毛澤東將其作為中共中央工作會議文件發給與會者。[2]

終於，毛澤東仁心大動，在 1960 年 3 月 18 日起草的《中共中央關於衛生工作的指示》中提出："再有一事，麻雀不要打了，代之

---

1 以上據熊衛民：《二十世紀五十年代的消滅麻雀運動》，《社會科學論壇》，2012 年第 8 期

2 《毛澤東年譜（1949-1976）》第四卷，240-241 頁

以臭蟲，口號是‘除掉老鼠、臭蟲、蒼蠅、蚊子’。”但他並沒有承認麻雀打錯了。

4月10日，第二屆全國人民代表大會第二次會議討論了1957年10月產生的《綱要修正草案》，僅僅作了一條改動——將關於除四害的第二十七條內容改為“從一九五六年起，在十二年內，在一切可能的地方，基本上消滅老鼠、臭蟲、蒼蠅和蚊子”。隨著“大躍進”造成的饑荒的蔓延，毛澤東無暇顧及麻雀，轟轟烈烈的消滅麻雀運動終於停止了。

據熊衛民先生在《南方週末》（2013年11月15日）《麻雀的悲歌》一文中介紹，早在1956年1月，就有知識分子提出過意見。那年8月23-28日，中國動物學會在青島舉行第二屆全國會員代表大會。在當時“雙百方針”鼓舞下，一些生物學家大膽批評了消滅麻雀的運動。

胚胎學家朱洗說，麻雀食穀，不可否認是有些害處，但它們同時還大量吃蟲，總的說來還算是益鳥。他舉出普魯士腓烈特大帝下令懸賞除滅麻雀引起蟲災的反面例子，以及美國和澳大利亞為撲滅害蟲從國外引進麻雀的正面例子，提出：“我們如果公平地衡量利弊得失，似乎應該承認麻雀在漫長的歲月中，除了某些季節是有害的，其他時候都是有益的。因此是否應該消滅麻雀尚應考慮。”

這位朱洗先生雖在1962年病逝，但在文革中仍被扣上把偉大領袖毛主席同普魯士腓烈特大帝相提並論、公開反對毛主席的罪名。1968年8月16日，位於上海郊區的吉安公墓發生了一個駭人聽聞的事件：五六十人乘一輛旅行車和兩輛卡車從市區過來，在已去世六年的中國科學院實驗生物研究所原所長朱洗的墳頭開“現場批判會”。“追窮寇戰鬥隊”的造反派勒令朱洗昔日的朋友、學生、同事等揭露朱洗的“劣跡”，然後用繩將其墓碑拉倒，挖墓毀棺，揚散屍骨。

（二）大躍進帶來的大饑荒到底害死了多少人？

“大躍進”的直接後果大家都知道，那就是大饑荒。它究竟導致多少人喪生，中共一直諱莫如深。中共最初的說法是“三年自然災害”，八十年代以後，又開始用“三年困難時期”的說法，近年來，“大饑荒”的字樣也偶見於黨媒。在原因認定上也出現了變化：從“自然災害＋蘇聯逼債”到“人禍為主，天災為輔”。而對三年饑荒期間的死亡人數這關鍵問題上，官方卻一直採取封鎖消息的策略，只是在最近出版的中共黨史中模棱兩可地承認，僅 1960 年一年，全國總人口就銳減了 1000 萬[1]。薄一波的回憶錄也如是說（見前文對“反右傾運動”的介紹）。這種表述回避了 1960 年以外其他幾個關鍵年份的數據，更未說明 1960 年“人口減少”的原因。

各路專家學者們對大饑荒中死亡人數有不同的說法：

2009 年 4 月 8 日的《廣州日報》全文刊載了水稻專家袁隆平的採訪講話，其中提到因為糧食生產問題導致中國餓死 4000 萬人的悲劇。袁隆平是農業技術專家，跟政治上的左中右都不沾邊，並且人家還親眼看到一位豆蔻年華的少女，因吃了觀音土不能大便，結果活活憋死。“死時，她的眼睛竟因痛苦的掙扎像金魚般鼓了出來。”

丁抒先生在《人禍》一書中根據國家統計局公佈的出生率、人口增長率推算，先是估計為餓死兩千萬，但在修訂本中又說：“3500 萬是個下限，真實的非正常死亡數很可能與 4 千萬相去不遠。”[2]

---

1 中共中央黨史研究室著:《中國共產黨歷史第二卷(1949-1978)》，《中央黨史出版社》2010 年版，下冊 563 頁

2 丁抒：《人禍:“大躍進”與大饑荒》，1991 年，九十年代雜誌社

楊繼繩在《墓碑》一書第 23 章中提出，在 1958-1962 年非正常死亡 3600 萬人。

1993 年，上海大學金輝的推算是，三年災難中，中國農村的非正常死亡人口可能達到 3471 萬。

1994 年紅旗出版社出版、呂廷煜所著《中華人民共和國歷史紀實》一書中說："1959 年至 1961 年的非正常 死亡和減少出生人口數，大約在 4000 萬人左右。"

中共黨史專家叢進也認為"1959 年至 1961 年的非正常死亡和減少出生人口數，在 4000 萬人左右"。[1]

旅居英國的華裔女作家張戎給出的數字是，為時四年的大躍進使大約三千八百萬中國人餓死、累死[2]。

至於對大饑荒慘象的具體記載，就連《建國以來重要文獻選編》都有。1961 年 4 月 14 日，毛澤東祕書胡喬木向毛提交了一份《關於公社食堂問題的調查材料》，經毛批閱並轉發劉少奇等人，在這份材料中，胡喬木明確說明了湖南已在大量餓死人：

> "……楠香和石匠兩大隊三年來死亡率都達百分之二十左右。據縣委說，全縣三年約死三萬人，去年約死二萬人，而以去年年底最為嚴重。……湘鄉原被認為一類縣，從我們所看到和聽到的問題說來，其嚴重不下於湘潭，而在去年年底大量死人這一點上還有過之。"[3]

---

[1] 以上內容均轉引自：賈豔敏，朱進：《國內學者"大饑荒"問題研究述評》，《江蘇大學學報（社會科學版）》2015 年 03 期

[2] 張戎、哈利戴：《毛澤東：鮮為人知的故事》，開放出版社，，2006 年，261 頁

[3] 中共中央文獻研究室編：《中共中央轉發毛澤東批示的幾個重要文件—一胡喬木關於公社食堂問題的調查材料》，《建國以來重要文獻選編》第十四冊，中央文獻出版社，1997 年 1 月，301-302 頁

由國內農村讀物出版社出版的《鄉村三十年——鳳陽農村社會經濟發展實錄（1949-1983）》也有這樣的記載：

“全縣人口死亡現象更是驚人。據統計，1959 和 1960 兩年，共死掉 60245 人，占農村人口的 17.7%；其中死人嚴重的武店公社，原有 53759 人，死去 14285 人，占 26.6%，小溪河公社死去 14072 人，占 26.9%。”[1]

我黨至今還在認真貫徹毛主席老人家生前說過的“保密工作，九分不行，九分九也不行，非十分不可”。對死亡人數從未清晰披露過，至今也沒有看到中共和毛本人對“大躍進”時期非正常死亡的數千萬人承擔了什麼責任。在上引材料中，胡喬木、袁隆平等似乎都不屬於什麼“醜化毛澤東的敵對勢力”，可見大躍進導致大饑荒的帽子，毛澤東是甩不掉的了。至於具體人數，在 20 世紀 50-60 年代的和平時期，哪怕只有幾百萬這樣一個零頭，也足以將毛澤東牢牢地釘在歷史的恥辱柱上。

我曾經撰文說，1949 年以來，中共最對不起的，其實還不是受盡迫害蹂躪的知識分子，而是農民，是那些為他們奪取政權付出了身家性命的農民，那些完全喪失遷徙自由、淪入半奴隸狀態的農民，那些千千萬萬活活餓死在人造大饑荒中的農民。

（三）“受騙”，是因為自己盼望被騙

大饑荒是毛“綜合治理”的結果，其“多種經營”雖然花樣繁多，仍可歸結於一條：無止境地濫用民力。出於“在共產黨領導下，只要有了人，就什麼人間奇跡都可以造出來”的堅定信條，毛澤東把太多太多的任務強加給了中國農民：煉鋼、興建水利、辦社

[1] 王耕今：《鄉村三十年--鳳陽農村社會經濟發展實錄(1949-1983)》，《農村讀物出版社》，1989 年 12 月出版，上冊，第 194 頁

隊工廠……。光是興修水利，1957 年冬就動用了一億勞力，1959 年冬動用了七千七百多萬勞力，再加上大煉鋼鐵又動用了上億勞力，各種大規模的徵發民力，使得“人民公社”成了楊尚昆、李井泉等人說的“人民母社”[1]，田裡竟然看不到男勞力。一個農業人口大國竟然搞到地裡沒有男勞力的地步，僅此一端就足以說明毛濫用民力的程度遠遠超過了歷史上一切臭名昭著的暴君。

令人哭笑不得的是，前面已經指出，秦始皇、隋煬帝等人濫用民力，好歹還真的幹出了大工程，大運河至今還在使用中，而毛澤東無限濫用民力卻不是留下禍根，便是千古笑柄，除了蠢事外什麼都沒幹，除了禍根外什麼有益工程都沒留下。這種白癡皇帝，有史以來未之見也。

如今官方頂多承認當年的“放高產衛星”的荒唐，卻有意無意忽略造成人為大饑荒的其他原因。而且，黨媒常常給人一種印象，偉大領袖不是始作俑者，而是被下面刮“浮誇風”的幹部給欺騙了。然而即使略去強令農民不務正業的因素不計，只看農業生產，上面引用的大批指示也證明，摧毀農業生產最主要的原因，正是毛澤東把他的各種奇特的種田新發明強加給農民。

不僅如此，毛還在 1958 年頻頻出動視察（記得當年郭沫若還寫詩歌頌“毛主席走遍全國，山也樂來水也樂”）。如果他像當時也外出調查的朱德、彭德懷等人一樣，稍有三分冷靜，不費吹灰之力就能看穿那些“先進模範”的貓膩。他沒做到這點，不是騙子高明，而是因為那些鬼話“證實”了他腦中早就有了的幻象。他在 1958 年 8 月 4 日視察徐水縣的實錄就是證明。那是一幅無比生動的白癡出遊圖，顯示了偉大領袖毛主席當時生活在什麼樣的想入非非的魔幻世界中。

---

[1] 轉引自丁抒：《人禍》。

毛主席乘汽車下鄉視察，……汽車路過一排豬舍，張國忠向毛主席介紹：這裡養著計畫長**1000 斤的"衛星豬"**，說是把豬的甲狀腺割了，讓牠吃了睡，睡了吃，就可以多長膘。

1000 斤就是半噸重，您能設想這麼重的豬麼？難道毛澤東當年沒在家裡養過豬？他怎麼不進去看看猪舍裡的豬是什麼樣子？把豬的甲狀腺割了，豬倒是"肥了"，可惜那是粘液性水腫，活不了多久。哪怕是外行，要看出病豬的模樣來也非難事。

"今年的麥子收成好嗎？"毛主席笑嘻嘻地望著滿屋子激動、拘謹的莊稼人問。

李江生："很好，比哪一年都強。"

"每畝平均多少斤？"

閻玉茹（農業社黨社支書）：**"754 斤。"**

毛主席高興地"啊"了一聲："不少呀！"

張國忠說："今年全縣夏秋兩季要拿到 12 億斤糧食，平均畝產 2000 斤。主要是山藥高產，全縣共種了山藥 35 萬畝。"

主席聽了，不覺睜大了眼睛，笑嘻嘻看了看屋裡的人，說道："要收那麼多糧食呀！"這時候，主席想起了張國忠在路上匯報的本縣的情況，就伸出大手，掰著手指算賬一般地說：**"你們夏收才拿到 9 千萬斤呢，秋季就能收 11 億斤呀！比夏收高出十幾倍**，有把握嗎？"

實際上，1957 年徐水的糧食畝產才剛剛 138 斤，其中夏糧畝產僅有 70 斤[1]，社領導卻將其吹到 754 斤。翻了將近六番，當然要讓毛澤東龍顏大喜。但既然連先進單位的單產也不到千斤，他後來怎麼就會相信那些荒誕到沒邊的吹噓呢？一個農家子弟，怎麼就會真的聽信秋收能比夏收的產量高出十幾倍？

---

[1] 何立波：《徐水"大躍進"始末》，《黨史縱覽》，2008 年 06 期

“有把握！”張國忠語氣很肯定，“我縣山藥都是衛星田！”

“你們全縣31萬多人口，怎麼吃得完那麼多糧食呀！你們糧食多了怎麼辦啊？”

大家一時被主席問住了。

“我們糧食多了換機器。”還是張國忠回答。

“又不光是你們糧食多，哪一個縣糧食都多！你換機器，人家不要你的糧食呀！”主席說。

“我們拿山藥造酒精。”縣長李江生說。

“那就是每個縣都造酒精！哪裡用得了那麼多酒精啊！”主席呵呵笑著，左右環顧地看看大家。大家也都跟著笑了起來。

“我們只是光在考慮怎麼多打糧食！”張國忠也跟著笑。

“也要考慮怎麼吃糧食哩！”主席說。

很多人都在私下裡互相小聲說道：“毛主席看問題看得多遠。看得多周到啊！”

“其實糧食多了還是好！”主席又笑道，“多了，國家不要，誰也不要，農業社員們自己多吃嘛！**一天吃五頓也行嘛！**”

大家又都跟著笑。

“糧食多了，每人每年可吃六七百斤，土地實行輪作。可考慮讓農民一天干半天活，另外半天搞文化，學科學，鬧文化娛樂，辦大學、中學。”主席笑呵呵地說。

大家都樂了，說：“還是主席想得周到。”

主席高興地說：**“現在看來，搞十幾億人口也不要緊，把地球上的人統統集中到中國來，糧食也夠用！將來我們要搞地**

球委員會，搞地球統一計畫，哪裡缺糧，我們就送給他。”大家聽了都笑。

誰說主席氣魄不大？這才是胸懷全球，放眼世界，儼然已是在任的“地球委員會主席”，已經在規劃怎麼“恩加四海，澤被蒼生”了。

主席又說：“我看你們可以在小社併大社的基礎上搞人民公社。是不是一鄉一社，是不是搞萬人公社？在平原地區八千人搞一個公社不要緊。社裡工農商學兵都有。**人民公社就是共產主義的基層組織，是共產主義的雛形，你們徐水可以搞搞試點。**”

張國忠抑制不住內心的激動，大聲說：“我們馬上就成立人民公社，搞共產主義試點。請主席放心！”

主席笑了，說：“好！我等著你們的好消息！”

保定地委書記李悅農告訴主席，說這裡的婦女都脫離了炕台、鍋台、磨台、碾台這四台。主席就說：“是呀！人人都吃食堂，社社都辦幼兒園……”又看了看張國忠說：“**這個縣是十一萬多勞力，抽出了四萬多搞水利、打機井、辦工業，只有七萬多人搞農業啊！**”隨後又同省委解書記和張副省長說：“他們這裡又解放婦女勞力，又搞軍事化，全縣農業社搞了九十多個團，兩百多個營。他們就是這個辦法哩！”

看來共產主義還真快到了，徐水縣都要辦試點了。共產主義居然還有試點，真是令人啼笑皆非。只剩下七萬人搞農業，他就不怕勞力不夠？那時還沒到全民煉鋼的高峰期呢，等到後來，全縣能有七千農業勞動力就算不錯了。

走到了一塊半人多高的棉花地邊。毛主席仔細看了看棉花生長情況，很高興地讚美著這塊經濟作物，一邊就分開密密擠擠的棉枝向地裡走去。只走了幾步，就停下來說："我鑽不進去啦！"又問道："這一畝可以收多少棉花呀？"

"**一千斤皮棉**。"社主任李江生說。

"那就是三千斤籽綿羅！"

毛主席說。一邊高興地從棉花地裡，又往前看莊稼，看到一塊長得很好的黍子，就停了下來。李江生告訴主席，說這塊黍子地是一年四作三熟。主席就詳細問了問是怎麼樣的四作三熟，問清以後就連連點頭稱讚。

就連城裡人都會覺得奇怪吧：麥子畝產 754 斤，皮棉畝產卻是 1000 斤，莫非皮棉比麥子重？然而主席這農家子弟卻信之不疑。當然，主席自己說他是農業專家，他老人家都相信，那就決計不會錯了。

毛主席又看了玉米和穀子，看了糞堆形的山藥和每條道栽四行秧子、八行秧子以及十二行秧子的幾種山藥。在每一塊不同的地裡，都要問每畝栽多少棵秧子，施多少底肥，追肥怎麼上，畝產多少斤。**主席聽到那些山藥都是畝產二十五萬斤，有的竟計畫畝產一百萬斤，不禁又笑著問道："你們這糧食吃不完，怎麼辦呀？"**又對鄉、社幹部說：**"糧食多了，以後就少種一些，一天做半天活兒，另半天搞文化，學科學，鬧文化娛樂，辦大學中學，你們看好麼？"**

大家都說好，都聽得很高興。有人告訴毛主席，說**這個社已經辦起了共產主義的紅專大學；主席又驚喜地"啊"了一聲，笑著直點頭。**跟著就走上大道，同大寺各莊農業社告別。

他最關心的還是糧食多了怎麼辦的問題，在最高國務會議上他就專門講了這個問題：

> "糧食，苦戰三年，今年可能是七千到八千億斤，明年翻一番，就可能是一萬五千億斤。後年就要放低步調了。因為糧食還要找出路。糧食主要是吃，此外也要找工業方面的出路，例如：搞酒精作燃料，經過酒精搞橡膠，搞纖維，搞塑膠，等等。"[1]

并一再給農民出主意如何解決這個"主要矛盾"，其中一條就是"工農商學兵"並舉，開辦大學。這問題將在"教育大躍進"一章討論，在此按下不表。

毛主席到了縣委會，頭一句話就問省委解書記和張副省長說："這裡的干勁不小哩！"又對大家說：**"世界上的事情是不辦就不辦，一辦就辦得很多！過去幾千年都是畝產一二百斤，你看，如今一下子就是幾千上萬！"**

這話他後來又在最高國務會議上重複講過："世界上的事情有這麼怪，不搞就不搞，一搞就很多，要麼就沒有，要麼就很多。你

---

[1] 毛澤東：在第十五次最高國務會議上的講話（一九五八年九月八日），《建國以來毛澤東文稿》，第七冊，382頁

們不信這一條？”志得意滿之狀溢於言表——你們抓了八年的經濟，還是“少慢差費”，我親自出馬，“一搞就很多”，多到“也要考慮怎麼吃糧食哩！”有史以來，除了他大概誰也沒考慮過這個重大問題。

這奇跡是怎麼發生的？那是因為他與眾不同，發現了“突變是宇宙最根本的規律”，“突變優於量變”，“質變是永遠的、絕對的”。這就是白癡是怎麼煉成的——深信他的山寨辯證法超過了人類常識。所以，不是他上了劣等騙子的當，是他早就上了自己獨家發現的“宇宙真理”的當。張書記安排的那些不戳就穿的弱智表演哄信了他，是因為他看到了“宇宙真理”的鮮活證明。

隨著一個又一個驚天動地的奇跡出現，毛完全陶醉在自己的成功裡。在制訂了《十五年社會主義建設綱要四十條》後，他諄諄告誡全黨要保密：

> “四十條這個問題，如果傳出去，很不好。你們搞那麼多，而蘇聯搞多少？叫做務虛名而受實禍，虛名也得不到，誰也不相信，說中國人吹牛。說受實禍，美國人可能打原子彈，把你打亂。當然也不一定。……我看還是謹慎一點。有些人裡通外國，到大使館一報，蘇聯首先會嚇一跳，如何辦？糧食多一點沒關係，但每人一萬斤也不好。要成災的，無非是三年不種田。吃完了再種。”[1]

他是說，咱們畝產這麼高，千萬不能洩露出去，應該當作戰略機密，否則蘇聯人要大失面子，而美國人嫉妒了，就要用原子彈來打咱們，破壞了咱們的大好形勢。所以，最明智的策略，還是實行“有財要藏”的土財主哲學，偷偷發財，糧食多了也沒關係，無非是三年不種田，吃完了再種！

---

[1] 在武昌會議上的講話第一次講話（一九五八年十一月二十一日上午），《毛澤東思想萬歲》（1958-1960）

看著這些瘋瘋傻傻的話，真不知道餓死三千萬人的責任該由誰負——一個腦筋完全錯亂還無比剛愎自用的怪物，當上乾綱獨斷的國家領袖，當然要把國家弄得七葷八素，五痨七傷，但這終極責任究竟是誰的？

（四）錢學森之過？

當時並不是所有的人都如毛那樣熱昏。據李銳說，毛澤東的祕書田家英問毛澤東：“你也不是沒當過農民，你應當知道畝產萬斤是不可能的。”毛澤東說：這是我看了大科學家錢學森的文章，才相信的。後來毛澤東檢討說，他是上了科學家們的當。

李銳本人也曾問過類似問題。一天晚上，毛澤東找他談話。在談到糧食“放衛星”問題時，李銳特地問毛澤東：你是農村長大的，長期在農村生活過，怎麼能相信一畝地能打上萬斤、幾萬斤糧？毛澤東說看了錢學森寫的文章，相信科學家的話。[1]

粮食亩产量会有多少？

钱学森

“前年亩产用箩挑，去年亩产用船装；今年汽車装不下，明年火車还嫌小！”

这是江西井冈山农民的一首民歌。我們的土地正在农民双手改造的劳动中，付給人們更多的粮食。六月十二日中国青年报第一版上發表了一个动人的消息，河南省遂平县衛星农业社继小麦亩产二千一百零五斤以后，又有二亩九分地平均每亩打下了三千五百三十斤小麦。

土地所能給人們的粮食产量到頂了嗎？

科學的計算告訴人們：还远得很！今后，通过农民的創造和农业科学工作者的努力，将会大大突破今天的丰产成績。因为，农業生产的最終極限决定于每年单位面積上的太阳光能，如果把这个光能换算成农产品，要比現在的丰产量高出很多。現在我們来算一算：把每年射到一亩地上的太阳光能的30%作为植物可以利用的部分，而植物利用这些太阳光能把空气里的二氧化碳和水分創造成自己的养料，供給自己發育、生长结实，再把其中的五分之一算是可吃的粮食，那么稻麦每年的亩产量就不仅仅是現在的两千多斤或三千多斤，而是两千多斤的20多倍！

这并不是空談。举一个例：今年河南有些特別丰产試驗田要在一亩地里收一百六十万斤蔬菜。虽說蔬菜不是粮食，但到底是亩产一百六十万斤！

所以，只要我們有必需的水利、肥料等等条件，加上人們的不断創造，产量的不断提高是没有限度的。今天条件不具备，明天就会創造出来；今天还没有，明天一定会有！

這兒說的錢學森的文章，指的是《中國青年報》於 1958 年 6 月 16 日發表

[1] 轉引自葉永烈：《當年編輯移花接木，錢學森晚年堅持“畝產萬斤”推算正確》，共識網，
http://www.21ccom.net/articles/lsjd/lccz/article_2011030731165_2.html

的《糧食畝產量會有多少？》。錢學森在大躍進熱潮中，以其頂級科學家的權威身份，挺身而出為萬斤糧提供“科學論證”，說當時虛報的畝產二千或三千斤還太低，稻麥的畝產量可以達到四萬斤，為當時的浮誇風推波助瀾，犯下了不可饒恕的罪行。

然而是不是他不寫那篇文章，毛澤東就不會相信“畝產萬斤糧”的神話了？未必。毛澤東從來不相信科學家和內行，歷來主張“外行領導內行”，多次在中央會議上強調過這一點：

> “對科學家也不要迷信，對其科學要半信半疑。”[1]
>
> “外行領導內行，這是一般規律。差不多可以說，只有外行才能領導內行。”[2]
>
> “外行解決問題來得快，還是內行跟著外行跑。內行跟外行跑，恐怕是個原則。今年修水利，不是譚震林等同志，靠些內行，100 年也修不出來。”[3]
>
> “（談到水利局反對修東渠的問題時）科學家不科學。水利局應登報檢討。”[4]

既然他一貫認為“科學家不科學”，必須對科學家們和他們的科學半信半疑，要內行跟著外行跑，這次怎麼就會突然轉了性，“上了科學家們的當”了呢？

實際上，錢學森自己曾向毛承認，他的計算有錯誤，卻被毛駁回：

---

1 毛澤東在武昌會議上的講話，1958 年 4 月，轉引自李銳：《“大躍進”親歷記》，上卷，300 頁。

2 毛澤東：《在八大二次會議上的講話》（一九五八年五月二十日下午），轉引自李銳：《“大躍進”親歷記》上卷，395 頁

3 在成都會議上的插話（一九五八年三月），轉引自李銳：《“大躍進”親歷記》（上卷），204 頁。

4 同上。

一九五八年十月二十七日下午，毛主席到中關村參觀中國科學院自然科學躍進成果展覽會。在參觀過程中，毛主席看見了錢學森同志，和錢學森同志談了話。

……主席看見了錢學森同志，主席說，“我們還是一九五六年在政協見的面。那一年，全國的干勁很大，第二年春天也還有勁，以後就洩氣了。接著就是匈牙利事件，又來個反冒進，真是一股邪風。說‘馬鞍形’是不錯的。”

錢學森同志回答說：“我不懂農業，只是按照太陽能把它折中地計算了一下，至於如何達到這個數字，我也不知道。而且，現在發現那個計算方法也還有錯誤。”

主席笑著說：“原來你也是冒叫一聲！”這句話把大家引得哈哈大笑。

可是主席接著說：“你的看法在主要方面上是對的，現在的灌溉問題基本上解決了。豐產的主要經驗，就是深耕、施肥和密植。深耕可以更多地吸收太陽，讓根部多吸收一些有機物，才能長得多，長得快。”[1]

所以，到了 1958 年 10 月 27 日，他已經知道錢學森是“冒叫一聲”了，然而他仍然充分肯定了該文章。24 天後，1958 年 11 月 20 日，他批准了安國縣畝產兩萬斤的“千畝天下第一田”的宏偉規劃，將其作為八屆六中全會的會議文件下發（見上文）。這還能說是他“上了科學家們的黨”麼？

以上事實表明，以毛之剛愎自用，要他聽得進科學家的建議，除非是人家說的話符合他的心意，否則就是“科學家不科學”，少說也是只能半信半疑，要他們跟著自己這個外行跑，“恐怕是個原則”。

---

[1]《毛主席在參觀中國科學院時和錢學森同志的談話》（一九五八年十月二十七日下午），《毛澤東思想萬歲》（1958-1960）

因此，毛澤東自稱上了科學家們的當，完全是他一貫的文過飾非，推卸責任，事後找替罪羊。錢文當然很可能加強了他的必勝信念，錢本人當然對大饑荒負有不容抵賴的責任。但即使錢不寫出那篇遺臭萬年的文章來，或甚至寫了篇唱反調的文章，後來的形勢發展也不會有什麼兩樣。這是因為毛相信他獨家發現的“宇宙最根本的規律”超過了一切。

三、教育革命與技術革命

當時的報刊上說，大躍進是個“萬馬奔騰的時代”，“一天等於二十年”。確乎如此，不光是工農業大躍進，各條戰線也捷報頻傳，所謂“文教科大躍進”造出來的奇跡也絕不亞於工農業戰線，“群眾性技術革命與技術革新運動”更是如火如荼。

如今回顧歷史，不難看出，1958 年是毛澤東治國的一個重大轉折點，是他“踢開師父鬧革命”，把“中國化的馬列主義”全面運用於社會主義建設的牛刀初試。這嘗試無所不包，工農業建設與文教科事業統統在內。毛澤東將他的治國哲學——“群眾萬能”、“卑賤者最聰明，高貴者最愚蠢”以及“實踐出真知”化為億萬人的具體實踐，首次在人類歷史上開創了以群眾運動的方式開辦、管理、從事教育文化科研事業，使得億萬大老粗首次登上了這些“上層建築舞臺”，演出了威武雄壯的活劇。

不僅如此，毛澤東還把“階級鬥爭”引入了這些領域，使用了“拔白旗”、“大辯論”的方式，讓各級黨組織組織煽動暴民批判、鬥爭、羞辱、毒打一切敢於持異議或是不那麼積極熱心“躍進”的人（在文革中，此類活動被更準確地稱為“批鬥會”）。在毛澤東，“階級鬥爭”、“生產鬥爭”與“科學實驗”這“三大革命”其實是“三位一體”。“與天奮鬥，與地奮鬥，與人奮鬥”絕不能分開進行，論本質其實是一回事。這種新穎治國方式，不能不說是人類歷史上的偉大創舉。

（一）掃除文盲與全民上大學

這個題目本身就是荒謬的“辯證法”——要開展掃除文盲運動，說明人民中有許多是文盲。這的確是事實，過去中國非常貧窮落後，大部份人口是文盲，所以毛才會說中國“一窮二白”。但既然如此，那就絕無可能“全民上大學”了。然而這就是在大躍進中出現的奇跡之一：一邊轟轟烈烈地開展掃除文盲的群眾運動，一邊轟轟烈烈地全民辦大學，上大學。

與其他奇跡一樣，掃除文盲也幾乎是一夜完成的。1958 年 2 月 27 日至 3 月 6 日，在北京召開的 18 省市掃盲先進代表會上，陳毅號召來一個文化上的“原子爆炸”，聲稱中國的文盲完全可以在五至七年掃除。會議提出，在兩三年內基本掃除職工和幹部中的文盲，五年內基本掃除農民和市民中的青壯年文盲。會後不到兩個月就傳來捷報：全國已有 137 個縣基本掃除了文盲，黑龍江省已經在全省範圍內基本掃除了文盲。此後《光明日報》又報導，從 1958 年 1 月至 8 月，全國掃除了近 9000 萬文盲；全國 2257 個縣市中，已有 1516 個縣、市基本掃除文盲，佔總數的 67.2%。[1]

與此同時，全國人民也幾乎在一夜之間就成了“大學生”。前已提及，毛澤東在視察河北徐水縣時，擔憂農民糧食多了吃不完，要他們半天幹活，半天搞文化，學科學，從事文化娛樂，辦大學中

1 李銳：《“大躍進”親歷記》上卷，296-297 頁

學。當即有人報告，說他視察的那個社已經辦起了共產主義的紅專大學，毛澤東驚喜地“啊”了一聲，笑著直點頭。

毛澤東驚喜，大概是因為看到了下面“執行毛主席指示不過夜”，雷厲風行，緊跟照辦。四個月前，他曾在武漢會議上豪情滿懷地宣佈：

> “爲什麼農村不能辦大學？15 年普及，15 年提高，30 年普遍辦大學，每鄉辦一個大學。第一書記要當大學教授。”[1]

本書《思想家卷》介紹過，毛對大學有種特殊的情感糾結。當年他在北大圖書館打工時，自覺受到了青年名教授的輕慢。在當國之後，這位當年的北大旁聽生就多次鼓勵下屬不要怕教授，甚至還要他們去當教授：

> “大家回去找一個大學當教授、發聘書．每月講一次，一年講幾次，學柯慶施，都要有著作。在座的同志、中央委員，一年做兩篇文章，一業務，一政治，專深紅透。”[2]

> “我們有些同志有好些怕，其中有的怕大學教授。整風以後，最近幾個月以來慢慢就不那麼怕了，或者怕得沒有那麼樣厲害了。有的人已經接受了大學教授的聘書，我在報上看到了柯慶施同志接受復旦大學的聘書，去當教授，這就是不怕的表現。還有的也準備去當教授。”[3]

所以，後世王立軍同志當上大學教授，其實是執行了這一最高指示。

---

[1] 毛澤東在武漢會議上的講話，1958 年 4 月，轉引自李銳：《“大躍進”親歷記》，上卷 302 頁。

[2] 在成都會議上的插話（一九五八年三月），轉引自李銳：《“大躍進”親歷記》上卷，206 頁。

[3] 在八大二次會議上的講話（一九五八年五月八日），同上，上卷，323 頁

這種陳年心理糾結，或許就是他為何如此熱衷於到處辦大學吧，無非是破除大學在一般百姓心目中的神祕感，崇高感。待到全國“每鄉辦一個大學”，那大學以及教授就再沒什麼了不起的了。

在偉大領袖看來，只要能吃飽肚子就可以辦大學，至於師資、教室、實驗室、書籍、儀器、教具、文具等等，那是不需要的，正如大煉鋼鐵不需要煤礦鐵礦一般。不過，這也不能怪他老人家——他不過是個文科知青的底子，根本不知道理工醫農的學習方式是什麼。

最高指示一下，全國馬上成了“大學國”。毛澤東視察過的河北徐水縣不僅辦起了一所擁有 12 個系的綜合大學，而且縣裡每個公社都有一所紅專大學，做到了偉大領袖“每鄉辦一個大學”的要求。

但比起河南遂平縣來，徐水縣只能算“白旗”。遂平全縣 10 個基層公社共辦紅專綜合大學、半工半讀紅專大學、水利、工礦專科學校、業餘農業大學 570 餘所，學員 10 萬多人，基本每個社員都是學員，實際上是社學一體，公社即大學。其教師是“聘請社內較有威望、具有實際生產知識的豐產能手、勞動模範和老農”，或是抽調黨、團員和積極分子擔任。[1]

其實哪有什麼鳥“教授”？哪怕是文盲教授也罷，只存在於報紙上。至少先母上的那所“大學”就沒有任何教職員工。在回憶錄中，我寫道：

> 在大躍進早期，有天半夜母親突然和小姐姐一塊兒回來了。她們的工廠和別的企業一樣，改成了“紅專大學”，該大學的主要科目就是“掃除文盲”，而她榮列為在一夜之間被掃除的對象。領導讓所有的人作一首詩，第二天要拿到畢業典禮

[1] 李銳：《“大躍進”親歷記》上卷，292-293 頁

"賽詩會"上去朗誦。在絕望中，她只得連夜趕到小姐姐的學校去，把她抓回家來捉刀。小姐姐素有詠絮之才，這種畢業論文當然是一揮而就。然而要母親生吞活剝地背下來可就難了。不管怎樣，她第二天還是成功地通過了口試，光榮地拿到了紅專大學的畢業證書。[1]

她們那所大學漫說沒有任何教職員工，就連開學典禮都沒有舉行過——生產任務太緊，哪來那閒工夫？就連掃盲的鐵掃帚也不曾觸及她們那個陰暗角落。那陣子我們班時時全體出動，去為老頭老太們掃盲。但那些人都是沒有工作的居民。我們從未去過任何一家工廠商店當"小先生"。

而且，那還是大躍進早期的事，待到全民煉鋼運動一來。"小先生"們或許還有空，"老學生"們卻統統不見了。我們住的貧民社區內，家家戶戶門上都貼著"無閒人戶"的紙條。無論白天夜晚，整個社區裡連一個成人都見不到，年齡最大的就是我這樣的高小學生。大人不是在土高爐旁，就是在水庫工地上日夜奮戰，講究的是 24 小時不合眼連軸轉。我哥是初一學生，12 歲的孩子，也住到山區去背"鐵礦"。在這種情況下，當然掃盲運動只能"為鋼鐵元帥讓路"，無疾而終。

先母接受的那種"大學教育"在當時是普遍的實踐，因為黨中央同時把"掃盲"、"賽詩"與"辦大學"三項任務一舉壓下來，基層幹部當然只可能以"三結合"完成任務。

這"賽詩會"也是偉大領袖的雅興之一。1958 年 3 月 22 日，他在成都會議上指示：

> "搞點民歌好不好？請各位同志負個責任，回去以後搜集點民歌。各階層的人，青年，小孩都有許多民歌，搞幾個點試

[1] 蘆笛：《往事雜憶》，21 頁

辦，每人發三、五張紙，寫寫民歌，不能寫的找人代寫，限期10天搜集。”[1]

於是全國地無分南北東西，人無分男女老少，統統成了詩人，每個單位都舉辦賽詩會，就連火車上的旅客都必須每人交詩一首。農村各鄉互相挑戰競賽，爭放“年產詩一萬首”、“年產長篇小說五部，劇本五部”之類的“衛星”。張家口專區甚至出了個“萬首詩歌標兵”，一個人在一月裡就寫出了一萬首詩[2]。甚至連勞改農場都不例外。聶紺弩那時在北大荒農場，就曾連夜代人作詩。到文革期間，毛主席的好學生江青同志到小靳莊蹲點，又把那兒所有的文盲都變成了詩人。

新開張的大學倒不完全是“紅專大學”，也包括城裡的“洋大學”在內。據當時的《北京周報》報導，1958年8月，高等院校已從1957年原有的227所增加到1065所。到當年秋天，全國各地已經建立起了23500多所業餘“紅專大學”和半工半讀大學。據統計，僅在1958年一年之中，大學生人數增加了78%，中學生增加了一倍，小學生人數增加了70%。武漢大學1958年物理系由原來的3個專業驟增到9個專業，有的新專業連一個教師都沒有，就找來出身好又特別紅的學生當教研組長，教師沒有先空著，有的專業連名稱都沒有弄清楚，就“先辦起來再說”。[3]

---

[1] 毛澤東在成都會議上的講話（一九五八年三月二十二日），轉引自李銳：《“大躍進”親歷記》上卷，262頁。

[2] 韋君宜：《思痛錄》，65頁。

[3] 張鳴：《歷史的壞脾氣》。

這瘋狂的增長是毛澤東號召的結果，他在成都會議上說：“蘇聯有幾百萬知識分子，我們要上千萬的知識分子，美國就怕這一點。”[1]

所以，也不能說毛澤東的“全民辦大學”的激情完全出自他扭曲的大學情結。他的“辦學”方式，反映的恐怕更多是他對高等教育的一無所知，壓根兒不知道大學是怎麼回事。

（二）教育革命

中共執政後，打散了舊有的英美模式的綜合大學，嚴格按蘇聯模式進行“院系調整”，把工學院、農學院、醫學院、林學院等專科學院從大學裡分出來自立門戶，把研究所歸併到科學院中去，從此高校與科研絕緣。

蘇聯模式的弊病，一是消滅了整個社會科學，尤其是社會學、經濟學、法學等重要學科，只留下了自然科學。二是將科研與高教分開，在中國照搬這一套，必然導致資源的不合理配置。蘇聯專家科洛奇科就曾向中國當局上書指出，中國的學術人才本來就緊缺，正確的戰略應該是讓學術人才與物力集中在大學裡，培養出大量合格的學術人才來，而不是每個省都辦個科學院分院，建起許多漂亮的研究所，買來許多昂貴的設備，卻沒有足夠的合格科研人員去從事研究，造成人力物力的浪費。[2]

即使如此，僅就自然科學研究教育而言，這只是浪費資源，並非反智主義胡鬧。就算不能為國家培養出大批科學家，起碼能培養工程技術人員。大躍進之前，除了“黨委領導”、“思想改造運

---

[1] 毛澤東在成都會議上的插話（一九五八年三月），轉引自李銳：《大躍進親歷記》上卷，208 頁

[2] Mikhail A.Klochko: *Soviet Scientist in China*, p80

動”、“反右運動”之外，中共倒也沒有增添多少土貨，因此尚未開始全面破壞教育科研事業。

不幸的是，到了 1958 年，毛澤東認為他已經出師，甚至比老大哥還高明了（在審閱陸定一關於教育方針的文章中，他曾批示：“在教育史部分，應批評史洛夫、斯大林，對中蘇都有益。”[1]），開始大展拳腳，首次把他的“教育思想”全面付諸實施，建立他創造性發展出來的“無產階級教育”新模式。1958 年初，他為新的教育方針定下了基調：

> “大學校和城市裡的中等學校，在可能條件下，可以由幾個學校聯合設立附屬工廠或者作坊，也可以同工廠、工地或者服務行業訂立參加勞動的合同。一切有土地的大中小學，應當設立附屬農場；沒有土地而鄰近郊區的學校，可以到農業合作社參加勞動。”[2]

這個教育方針，似乎也是毛順生的教育方針。毛這麼做是出於什麼心態，本書《思想家卷》試圖作過分析，可惜我不是心理分析專家，無從穿鑿。若從好的方面去想，那我們便可看到，其實毛順生才是主張“實踐出真知”的第一人，首次發現有用的學問只能從田裡來。毛澤東不過是秉承並發揚光大乃翁的遺教而已。

但對下面這段英明指示，我們可是一點都不陌生：

> “我國的特點是什麼呢？第一，我國是社會主義國家；第二，人口眾多，地區遼闊；第三，經濟落後，文化落後；第四，有共產黨的領導和工農業生產的大躍進；第五，這是最重

---

1 毛澤東對陸定一《教育必須與生產勞動相結合》一文的批語、按語和修改（一九五八年八月），《建國以來毛澤東文稿》第七冊，338 頁。“史洛夫”為凱洛夫之誤。凱洛夫曾為俄羅斯聯邦教育科學院院長。

2 毛澤東：工作方法六十條（草案）（一九五八年一月），《建國以來毛澤東文稿》，第七冊，62 頁。

要的，我國是一個嚴肅地進行整風、反右的國家，是大鳴、大放、大爭、大辯、大字報的國家。我們應當根據我國自己的特點，把馬克思主義的普遍真理同我國的具體實際結合起來，來規定我國的教育方針、教育政策、教育制度、教育方法等等。”[1]

本書《思想家》卷已經說過，毛澤東堅信馬列主義是科學，而他把這門科學“中國化”了，這就是中國革命取得成功的原因。所以，其他科學當然也有“普遍真理”與“具體實踐”的矛盾統一問題，也需要“中國化”。科學的傳授當然也應該根據中國的具體特點來進行。

看過電影《決裂》的過來人，想來都該記得上面那個“馬尾巴的功能”的“笑話”。某教授在農業大學講授馬尾巴的功能，就此犯了大罪，因爲江南沒什麼馬，只有水牛，他的教授內容嚴重脫離生產實際。據說那就是“修正主義教育路綫”。這可不是那電影虛構出來的，而是58年“教育革命”的普遍實踐。

上面提到的那位蘇聯專家科洛奇科曾經在雲南指導工作。他到一所學院去視察，見到一幅奇景：

大約 15 個學生圍著一張堆滿了書籍紙張的大圓桌而坐，激烈地爭論什麼問題。

“他們在幹什麼？”我問。

“編寫有機化學教材。”

“他們是什麼人？教師？研究生？”

“不，他們只是二年級學生，剛開始學習有機化學。他們一邊編寫教材，一邊學習這門學科。”

“爲什麼？難道沒有中文的有機化學教科書？”

1 毛澤東對陸定一《教育必須與生產勞動相結合》一文的批語、按語和修改

> “有一本，是北京大學的一些教師編寫的，但那書不適合我們的需要。學生們使用這書，不過正在把它改編得適合于雲南的情形。”
>
> “難道有機化學的規律在北京和在雲南竟然不同麼？”我問道。
>
> 我沒有聽到對這個問題的回答。

他更震驚地發現，該學院斷然拋棄了“資產階級教學方法”，簡化了分析化學的教授內容。分析化學通常要教會學生測定 20-25 種最常見的化學元素，而這家學院卻決定只需讓學生學會測定銅就夠了。這是因為雲南有大量銅礦，那又何必浪費大量時間去學習測定其他元素？他想，如果有人膽敢問那最明顯不過的難堪問題：“如果雲南還蘊藏著其他元素諸如鉛、鎳、硒、碲等，那又該怎麼辦？”得到的回答也只會是：“不相信群眾的能力，傾向於資產階級思維方式，犯了修正主義的錯誤。”

不僅如此，科洛奇科還必須回答許多愚蠢之極的問題，諸如：“熱力學有什麼用處？”“自然科學可以不使用數學麼？”“數學能不能用於社會主義建設？”

科洛奇科在答疑時坦率地告訴該校師生，他無限震驚地發現，教授物理與化學的老師們竟然認為可以不需要熱力學，而其他人竟然想擺脫一切科學學科的基礎——數學。如果不徹底研究某個科目的文獻，就只會把時間浪費在“在哥倫布之後再度發現美洲”上。他指出，用他們編寫的分析化學教材教出來的學生，將來若遇到含有少量銀的銅礦石，就絕無可能發現那貴金屬，因為他只認識銅。最後，他對學生編寫有機化學教材一事，表示了極大的憤怒：

> “這不僅是浪費時間，而且直接是有害的，它讓學生們不是去謙卑地學習一門新學科，卻誤以為自己比老師更懂有機化學。你們爲什麼不根據同樣的理由，去讓只識幾個字的一年級

小學生編寫語文教科書？是不是中國的專家都不合格，所以即使允許他們有足夠的時間去工作，也無法編出一本合格的教科書來？”[1]

這位專家不知道，是毛澤東坐井觀天的視野缺損，決定了那個大學學習內容缺損。在毛看來，馬列主義既然是客觀規律，有所謂“普遍真理”與“具體原則”之分，當然自然科學規律也就有“普遍規律”和“局部規律”之別。化學的規律自不能外，如果以為其中所有的內容都放之四海而皆准，那就要犯教條主義的嚴重錯誤。而所謂“局部規律”或“具體實踐”，就是“精通的目的全在於應用”，無論是熱力學，還是數學，乃至其他化學元素的分析方法，對於找到銅礦都沒有什麼用處，當然應該“刪繁就簡”。

這位專家對學生編寫教材表示極大憤怒，更是在挑戰毛主席的革命教育路線，是在打擊教育革命的積極分子們。他不知道，這是毛的一大發明，是對馬列主義的劃時代的巨大貢獻：“外行必須領導內行”，“只有外行才能領導內行”。那些學生是在響應偉大領袖的親切號召。

1958 年 9 月 5 日，偉大領袖在最高國務會議上諄諄教導大家：

“大學教授相當有一些人落後於學生，編講義，編教學大綱，編學生不贏，學生是苦戰幾晝夜，集體來搞。聽說師範大學有個文學班，要編一個文學史，一個班有二十六個人，苦戰四晝夜，讀了二百九十部中外文學名著，編出一本文學史大綱。”[2]

這話讓人聽了豪情頓生，只是好像不太像個讀書人說出來的話——26 個人 4 晝夜讀完 290 本中外文學名著，平均每人得讀 11 本

---

[1] Mikhail A.Klochko: *Soviet Scientist in China*， pp129-131.

[2] 毛澤東：《第十五次最高國務會議上的講話》，《建國以來毛澤東文稿》第七冊，383 頁。

多，每個晝夜必須讀完將近3本。這閱讀速度是不是也太快了些？要麼讀的是詩集？應該不是，因為毛說的是“中外文學名著”，並沒說是“中外名詩”。但即使是詩歌，拜倫的《唐璜》也是長篇巨制。若“中外文學名著”指的是小說或包括小說在內，那可就真是奇跡了——《戰爭與和平》、《約翰·克里斯朵夫》是文學名著吧？每本都是好幾冊，《紅樓夢》也如此。四晝夜能看完一本就算不錯了。何況四天四夜只看書，不睡覺，就算速度不受影響，能記住什麼？更別說深刻體會作品的意蘊到能寫文學史的程度了。聽他老人家那口氣，似乎讀書就跟工農幹活一樣，只要幹得快，幹得多就好。

然而這卻是當時在神州大地上到處湧現的奇跡。北京師範大學全校10個系的高年級學生共成立了256個教改小組，和教師共同編寫教學大綱和講義。若學生和教師意見不同，雙方就分別準備提綱，以“打擂臺”的方式決出勝負；有的則是“唱對台戲”——師生各自制定教學大綱後拿出來辯論評比。物理系電工組學生覺得老師編的大綱“空”，就到工廠找工人，提出電工課新內容；中文系學生收集歷代大量民歌和民間文學資料，與教師展開九次辯論，“終於推倒了以剝削階級文學為正宗的舊教學大綱，建立起人民文學為主的新大綱”。據統計，該校由學生提出的教學大綱共169份，教學計畫47份。在一個月左右的時間裡，基本完成了127門課的教學大綱的改革工作[1]。

這反智主義活動還推廣到了科研領域。1958年7月，全國科聯和北京科聯組織首都科學家與湖北、河南、浙江、江蘇、河北、安徽、陝西等省及京郊30多位農民舉行豐產座談會。中宣部一個負責人到會宣佈，科研單位要同農民開展種高額豐產田的競賽，如果競

---

1 《北京師大實行黨委、專家、學生三結合制定新的教學大綱》，《人民日報》，1958年7月17日。

爭不過農民，就要摘掉科研單位的牌子。中科院生物學部和農科院被迫倉促上陣應戰，生物學部組織了小麥、水稻、甘薯、棉花四個小組，進行豐產試驗田的競賽[1]。

同時鋪天蓋地而來的是大批判，亦即後來文革初的“批判資產階級學術權威”，當時稱為“拔白旗”（見前文）。1958 年一年內，僅《光明日報》就發表了 250 多篇文章批判資產階級學術思想，批判了 80 多人。“白旗”拔完後，大學便改為工廠和農場。武漢大學一個月就辦起工廠 138 個、農場 8 個。其中物理系和化學系只用了三天三夜，就建起了一個無線電工廠和一個物理化學工廠，生產的 48 對熱電堆據稱已超過國際水平。而物理系金屬物理教研組負責建立的鋼鐵聯合工廠據說年產鋼鐵 1.5 萬噸。[2]

毛澤東視察武漢大學

1958 年 9 月 12 日，毛澤東視察武漢大學，參觀了化學系和物理系辦的七八個“小土群廠”，對學生和學校當局大加鼓勵，肯定了大學實行半工半讀的作法。人民日報隨即發表報導，盛讚武大校園已經變成機器轟鳴的廠區，形成了一個獨立的工業體系。[3]

“大批大幹促大變”，教育革命結出了豐碩成果。各校爭相大放“衛星”。北京大學宣布：北大 40 天之內就做出了 3400 多項科研成果，其中達到或超過國

[1] 《“大躍進”親歷記》，333 頁

[2] 張鳴：《歷史的壞脾氣》

[3] 李銳：《“大躍進”親歷記》下卷，305，310-314，308，309-310 頁

際水平的有119項，屬於國內首創的有981項。北大中文系一群學生和青年教師一道苦戰了 35 天，寫出了一部 78 萬字的《中國文學史》；而著名學者王瑤等寫兩年都沒有寫出來。生物系奮戰了 40 天編出一本《河北省植物誌》，而法國大科學家拉馬克編跟河北差不多大的法國的植物誌卻用了十多年。北師大編出了100萬字的《中國文學史》以及100萬字的《中國現代文學史講義》與《蘇聯文學史講義》。

其他學校也不甘後人。中國人民大學編寫了一部 100 多萬字的《國際共產主義運動史》。新聞系寫出了《中國軍事報刊史》、《中國出版事業史》與《中國廣播事業史》。

清華大學在幾個月內編出各種教材與專著 95 部，其中《水工概論》、《農田水利工程》、《水利工程測量》、《工程水文學》與《水工量測及模型試驗》只花了10天工夫就編寫出來了。

武漢大學物理系成立了一個攻關小組，準備在短時間內破除舊的物理學體系，把從牛頓到愛因斯坦的所有定理、公式一掃而光，在幾週內"建立世界一流的具有武大獨特風格的新物理體系"。[1]

這真是一個後人難以想象，無從理解、甚至拒絕相信的魔幻時代。我有位親戚那陣是醫學院的一年級學生。他們班的攻關項目是研究用豬血取代人血用於人體輸血。他因為英文相對好一點，負責上圖書館查資料，其他人則動手作實驗。全班通宵苦戰個把月，自然是什麼結果也沒有。所幸他們只是用動物作實驗，還沒弄到人體上去，總算沒有闖出大禍來。

用豬血作為血源當然是胡鬧，但人家只是自己折騰而已，其"敢想敢說敢做"精神畢竟沒得到全國性大報的公開表彰。而據1958年7月3日《中國青年報》報導，在首都學校青年紅專躍進廣播

[1] 張鳴：《歷史的壞脾氣》

大會上，北京農業大學的青年代表豪邁地說，他們學校的青年已經成立了破除迷信小組，提出要讓母雞一天下兩三個雞蛋，母豬一年生三窩小豬，要用電波耕地，聲波鬆土[1]。

1958 年的教育革命不過是毛澤東的“教育思想”的發硎新試而已，在文革中又大規模開展，就連文革中的某些創舉（諸如“考教授”），其實也是熱 1958 年的冷飯。它們共同體現的毛澤東教育思想的最主要內容，是“消滅腦體力勞動差別”，其實就是廢除腦體力勞動分工乃至一切社會分工。

毛澤東對未來“共產主義新人”的構想，已經由陸定一在 1958 年紅旗雜誌上發表的《教育必須與生產勞動相結合》中闡述得非常清楚了，那就是未來所有的社會成員都是亦工亦農亦商亦學亦兵，根本無所謂職業分工。為此，必須實行“知識分子勞動化，勞動人民知識化”。學校辦工廠農場，與工廠公社辦“紅專大學”，其實是雙管齊下，為同一個目的服務——“削平填齊”，把高的削平，低的墊高。

這構想再次彰顯了毛澤東的弱智。任何一個智力正常的人都明白，把高的削平容易，把低的提上來可就難了。把大學改成工廠農場，需要只是暴力；然而要把工廠農村變成大學，不管水平多低也罷，哪怕是萬能的共產黨去，也絕對無此能耐，除非讓工人農民全部停工，改為全日制學生，從小學開始補起。因此，“知識分子勞動化，勞動人民知識化”的最終結果，就是全民文盲化。毛澤東之所以發此奇想，乃是他根本不懂什麼是知識，知識又是如何學習和傳授的。

（三）群眾性技術革新和技術革命運動

---

[1] 轉引自李銳：《“大躍進”親歷記》，303 頁

1958 年是個"全民大辦年"，什麼都是"全民大辦"："全民大辦糧食"、"全民大辦水利"、"全民大辦鋼鐵"……，等等。其中最滑稽的，大概還是"全民大辦科學"，所謂"群眾性技術革新和技術革命運動"就是其中的重大內容。

我們其實已經在前面領略過這種"群眾性技術革新和技術革命"：河北徐水縣用麻油、葡萄糖、狗肉湯灌莊稼；陝西醴泉縣勞動模範王保京發明把麥粒按照預定的密度粘在紙上，然後鋪到地裡，上邊再蓋上以肥土，同時用微量元素、生長刺激素、狗血、豬血、賽力散等拌種，以促進籽粒發育。實際上，徐水縣人民群眾的發明創造還不止此，他們還用沼氣作為山藥的肥料，在每畝地種植六千棵"搭架山藥"，共灌了四條狗的肉湯，還給莊稼注射葡萄糖，造出了一畝山藥120萬斤、一棵白菜500斤、一畝小麥12萬斤、一畝皮棉5000斤的奇跡。[1]

這裡最動人的奇葩，是那棵 500 斤的白菜，根本就重到無法收穫。大概只能先用斧子劈開，再化整為零搬回家去，跟砍樹差不多。要麼，那兒的秤有點問題，500 斤其實是 500 兩？即使如此，還是太重了吧？要麼是 500 錢？

這些是"文盲大辦科學"的笑話，那麼，正經科研部門與大學又如何？

上文提到的蘇聯專家科洛奇科 1958 年 1-8 月間在中國當顧問，那時"全民大煉鋼鐵"的狂熱運動尚未開始，然而據他的證詞，即使在那時，他也目擊了黨對中國的科研事業進行了系統性瓦解（Research at the Institute disintegrated before my eyes…because of the systemic disorganization of all Chinese scientific research which the Party

[1] 李銳：《"大躍進"親歷記》下卷，58 頁。

had undertaken）。他指導過的中科院化學所、有色金屬所、位於長春的光學所、應用化學所，訪問過的北大莫不如此。學術活動從1957 年下半年就開始衰落，到了 1958 年就徹底癱瘓。例如有色金屬所本來搞得相當不錯，正在研究提取稀有元素碲并取得了成功，然而大躍進一來，一切都停止了。

大躍進對科學事業最主要的破壞，是研究人員根本不能務正業，不是在開會、“向黨交心”寫檢查，按規定的指標寫大字報互相揭發批判，就是去農場勞動，當他訪問北大時，實驗室裡見不到一個人。他被告知，大部份師生都到農場勞動去了，其他人不是在校辦工廠勞動，就是在政治學習。科研所的“業務工作”就是由黨委制訂科研計畫，實行了一段時間，又及時根據上頭的風向廢棄，重新制定。例如長春的應用化學研究所的年度科研計畫在七個月內就先後制定并廢棄了三次。

儘管如此，這些研究所仍然不斷用豐碩的科研成果，在各種節日向黨獻禮，宣傳機器也不斷地宣稱 “作出偉大的突破”。他說，這些成果都是無恥的謊言，例如《人民日報》無比自豪地宣告，中國化學家發現了一種用金屬鈉製鋁的新方法，然而這其實是過去普遍採用的舊法，早在 80 年前被先進的電解製鋁代替了。金屬鈉極易燃燒，光是長途安全運輸所花費用都不菲，何不使用更簡單經濟的電解法？[1]

科洛奇科在 1960 年又作為專家來華指導科研。但他的回憶錄隻字未提全民在該年大辦超聲波的趣事。大概因為他是外國人，當局把這偉大突破當成絕密瞞過了他吧。那才是科學家與文盲相結合演出的精彩笑劇。

---

[1] Mikhail A.Klochko: *Soviet Scientist in China*,

我那時還是個小學生，除了無限興奮地觀看郊區公路上裝了帆的大車讓大風吹得人仰馬翻外，未能親力親為地投身到群眾性技術革命大潮中，只是目擊了“超聲波化運動”在我校取得的豐碩成果。

當時我在上小學六年級。《中國少年報》連篇累牘地大吹超聲波的種種妙用。給我這孩子的印象是，它就像民間傳說中的“田螺姑娘”，要什麼它都能給你。

一天，高年級學生全部集合，校長宣佈，經過老師們的奮戰，超聲波已經在我校實驗成功。接下來大家就去教工食堂參觀那偉大的技術革新成果。

那是一個燒開水的“老虎灶”，頂端接了個橡皮管，把蒸汽引出來，橡皮管的另一端連在一段長約 20 公分的銅管上，銅管的頂端被軋扁了，據自然老師說，那就是“超聲波頭”。他把那“超聲波頭”放進一個盛滿了熱水的洗衣盆，於是熱水就咕嘟嘟冒泡。過了一陣子，他把泡在水裡的衣服拿出來，說衣服已經被超聲波洗乾淨了，既不需要肥皂，也不需要搓洗，這就是超聲波造出來的奇跡。

我肉眼凡胎，實在看不出那衣服乾淨了多少，但仍然跟著同學們嘖嘖讚歎。要到幾十年後，我才知道，和其他地方造出來的人間奇跡相比，敝校的技術革新成果實在算不了什麼。

據熊衛民先生研究，1960年5月5日，中共中央向全國省軍級以上機構下發文件《超聲波神通廣大，要大力推廣——中央批轉北京市化工局和上海市委的兩個報告》，指示：

> “這兩個地方的經驗證明，超聲波是應用範圍極其廣泛的先進技術，它可用於化工、機械、冶煉、礦山的各方面，生產上有用，生活上也有用，總之，它神通廣大，用途很廣。那麼，超聲波技術是不是很複雜很神祕呢？過去的確把它看得很複雜很神祕。人們一說到超聲波，就必須要電子管，必需要洋

設備，每秒鐘的聲波頻率一定要達到一萬五千到兩萬次。現在的實踐證明，完全不是這樣。只要你實地去看一看，就會把那種認為超聲波是深奧莫測的神祕觀點拋到九霄雲外。這種技術簡單易行，製作極為方便，人人容易學會，而效果非常顯著。中央要求一切部門，一切地區，都應當大力推廣，人人實驗，到處實驗，及時總結，不斷提高……”

全國“一切部門，一切地區”應聲而起，在各級黨組織領導下，放下日常業務，投入這場“全黨辦科學”、“全民搞科學”運動。截至 1960 年 5 月中旬，僅北京市一地，就一共有 100 萬群眾參加了運動，使用超聲波頭逾 300 萬個，取得了豐碩成果。1960 年 5 月 7 日北京市團委所擬的報告稱：

在郊區已有 140 多個食堂正式使用超聲波做飯、洗衣服，28 個豬場利用超聲波煮豬食……目前，已有 50 多個單位用超聲波處理了種籽，種了超聲波試驗田。 12 個單位處理了肥料，3 個單位處理了農作物的幼苗，2 個單位處理了白薯秧，8 個單位治豬病，3 個單位給豬催肥，一個單位給牛和馬治關節炎，3 個單位進行了給豬“去勢”處理，3 個單位作了雞蛋孵化處理，3 個單位處理了果樹枝，5 個單位利用超聲波作澱粉。

超聲波神通之廣大匪夷所思：“超”了之後，生產速度增加數十百倍、汽車節油百分之五六十、空氣中的氮氣能在常溫、常壓下變成氮肥、人病獸病瞬間自愈、一直不下蛋的老母雞馬上產出大雞蛋……。正因為它完全成了點石成金的那個手指頭，各地紛紛爭相獲得這個法寶，新疆號召 124 小時內全自治區超聲波化；遼寧省要求 15 天實現全省超聲波化……。

也因為它有著莫大神通，中央在 5 月 5 日的文件中強調：“切實告訴大家注意保密，埋頭實幹，不要吹吹打打，是為至要”。 6 月 26 日，中央又發布了《中央同意聶榮臻同志對於超聲波和管道化的保密問題的報告》，再次提出保密要求。這使得各級黨政機構在傳達有關指示時變得神祕起來，“有的還不能用文字記錄，不准外傳，誰外傳會受到黨紀國法的嚴懲”。而相關的論文、書籍也被一律禁止公開發表，相關的科研項目則被定為絕密，實驗室門口安排有警衛站崗。[1]

現代人能相信世間曾有過這種荒誕的笑劇與鬧劇，一個泱泱大國有過這種白癡統治者麼？然而不幸的是，它就是在那廣袤的土地上到處轟轟烈烈地上演過。而且，這種“破除迷信，解放思想，掀起轟轟烈烈的群眾性技術革新與技術革命運動”的胡鬧，並不是毛一時心血來潮，也不限於大躍進，而是他一以貫之的國策，一直實行到他死。

毛澤東這些念頭，起源於他徹底缺乏科技知識，不知道技術革命是科研與生產力發展引出的自然結果，卻以為它可以靠長官意志、以群眾運動的方式去人為發動起來，也不知道勞動人民根本不具備作出科技發明的科學知識素養，卻把不該由他們承擔的任務強加到他們頭上，這就等於逼著他們去異想天開地胡鬧一氣，浪費了無數資源，最後受害的還是國家。

即使是內行的科技人員也罷。以行政高壓發起運動，以“拔白旗”的嚴重政治後果，去逼迫他們“敢想敢說敢幹”，“破除迷信，解放思想”，就只可能逼著他們昧著良心亂幹一氣，不惜一切代價造出“成果”來糊弄外行領導，只要自己能平安過關即可。那結果當然只會是花了海量的金錢，買回一錢不值的牛皮。

科洛奇科指導過的一家冶金研究所打算從雲母裡提取微量存在的鉀，所用的試劑價格卻比所得的鉀高出 10 倍，而如果從海鹽裡提取則更容易，也更經濟。但該所爲了“出成果”，根本不考慮這

[1] 熊衛民：《回眸超聲波化運動》，《科學文化評論》，2014 年第 3 期

些。待到拿到了“成果”大吹一番後，任務也就完成了。裝著酸的瓶子、各種鹽類、試劑以及化學儀器胡亂堆放在露天，籠罩在煙塵裡，任憑風吹日曬雨淋，盡情吸收水分，再也沒人過問了。[1]

說到底，毛澤東連“甘蔗沒有兩頭甜”的常識都不懂，在徹底剝奪人民的自由，把他們改造為只知服從、不敢腹誹的會說話的工具後，卻還堅信人民群眾有什麼至高無上的“集體智慧”與“首創精神”。在反復批鬥羞辱知識分子、科技人員之後，還以為貓爪子下的夜鶯能唱出動聽的歌來，與此同時又讓絕對外行去當裁判，甚至扮演學術委員會的角色，制訂科研計畫。如此倒行逆施，只會把全國變成一個只演魔幻劇的大戲臺，唯一沉醉在劇情中並信以為真的，只有敬愛的黨中央。

[1] Mikhail A.Klochko: *Soviet Scientist in China*, pp135-156.

第四章 在兩個革命高潮之間

一、毛澤東在“非常時期”

毛的“三大法寶”威力無窮，比有限核戰爭還厲害，不但一舉摧毀了工農業生產，而且引出了餓死幾千萬人的史無前例的大饑荒，遠遠超過八年抗戰給中國造成的巨大破壞。

最令人哭笑不得的是，毛並不是有意要破壞中國的工農業，也不是故意殺死那麼多人。相反，他比誰都盼望中國明天就强大起來，好讓他能在世界舞臺上扮演强國領袖。這完全是愚蠢而非邪惡造成的災難。

在這點上他和斯大林完全不同，斯大林也在烏克蘭等地製造過餓死幾百萬人的大饑荒，但那完全是冷靜的謀殺，通過有計畫地搶走農民的全部糧食包括種子糧，以饑餓粉碎農民對集體化的反抗，迫使他們加入集體農莊。通過比較這兩件貌似雷同的事件，讀者或許會明白我爲何多次强調是愚蠢而不是邪惡，才是在中國近現代史上無窮災難的根源。

在這點上，毛澤東與其他黨魁也不同，那些人好歹還有點常識理性，在大難臨頭之際總算醒了過來，能清醒面對嚴酷的現實，試圖採取補救措施，而毛澤東連這點智能都闕如，他的“真理論”讓他徹底失去了直面現實的常識理性。

據楊奎松教授研究，早在 1959 年，國務院就向毛報告，全國 15 省發生嚴重春荒，至少 2517 萬人缺糧、斷糧，災情嚴重。毛澤東本人當即擬了《十五省二千五百一十七萬人無飯吃大問題》的醒目標題，將報告批發給 15 個省的省委第一書記。然而他仍然相信去年是大豐收，遇到的不過是“前進中的暫時困難”，決定“硬著頭皮頂住”。還在彭德懷上書前，他就決定“多購少銷”——提高徵購糧食數量、減少商品糧銷售數量，要求售糧數量低於 58 年，起碼要與該年持平，以增加國家糧食儲備。這個決定完全無視城市人口在頭年中增加了 2000 萬人，以及大量投入水利工程的農民需要供應商品糧等事實，為嚴重的糧食危機雪上加霜。[1]

彭德懷上書後，經濟問題成了政治問題，國策分歧變成權力鬥爭，毛鐵腕整肅敢指責他“小資產階級狂熱性發作”的事前諸葛亮彭德懷以及黨內其他“右傾機會主義者”們，在黨外則“補反右的課”，號召全國“反右傾，鼓幹勁，實現今年（59 年）的特大躍進”。一場“反對右傾機會主義”的運動在全國轟轟烈烈地展開。各級幹部嚇破了膽，更加瘋狂地向農民催逼徵糧；同時捏造“大好消息”，爭當“先進”，使得毛更加陶醉在“偉大勝利”中，直到全國一頭栽進深淵。

即使在大饑荒的陰影在城市裡已處處可見時，毛仍然堅信“困難只是一個指頭”，堅持讓國民經濟“繼續躍進”。在他全力推動下，1960 年 1 月上海政治局擴大會議號召三年完成《農業發展綱要 40 條》，五年趕上英國，同時著手部署在城市大辦人民公社。到了 3 月，杭州會議更號召：實現“城鄉公共食堂普遍化”，全國各大城市紛紛興辦起人民公社。[2]

哪怕全國已經餓殍遍地，各地缺糧的情況再也瞞不過中央時，毛澤東仍然堅持大辦公共食堂。他解決缺糧問題的對策，竟然是下

---

[1] 楊奎松：《毛澤東是如何發現大饑荒的?》，《江淮文史》，2014 年 03 期

[2] 高華：《大饑荒與四清運動的起源》，《二十一世紀》雙月刊，2000 年 8 月號。

令全國農民去吃草，因而成了中國歷史上唯一一個命令百姓吃草的皇帝。1960 年 3 月 15 日，他在中央文件上批示：

> “用植物秸、稈、根、葉大制澱粉，是一項大發明，全國一切公社，都應推行。”[1]

植物秸、稈、根、葉只含纖維素，並不含澱粉。兩者都是多糖，但纖維素是β-1，4-糖苷鍵形成的葡聚糖，澱粉則是α-1，4-糖苷鍵形成的葡聚糖。人體的胰澱粉酶只能水解α-1，4-糖苷鍵，把澱粉降解為葡萄糖，不能水解β-1，4-糖苷鍵，降解纖維素。只有草食動物的腸道裡才有β-1，4-糖苷鍵的水解酶，此所以牛馬羊可以消化纖維素，靠吃草為生，人類則根本不能，吃進去只能原封不動地排出來。毛澤東卻竟然將用粉碎了的植物秸稈根葉冒充“澱粉”讚為“一大發明”，命令全國公社推行，逼著全國農民去當牛做馬！

直到 1960 年 7 月間，李先念向周恩來、鄧小平、毛澤東等人告急，說明當時糧食庫存北京、天津只夠銷四天，上海只夠銷兩天，遼寧只夠銷六天之後，毛澤東才開始從酣夢中驚醒。但直到 8 月間，官方仍然宣傳“當前大好形勢”，聲稱“糧食生產大躍進是肯定的”，號召“保糧保鋼”。10 月下旬，毛澤東看到了中組部、中監委關於餓死百萬人[2]的“信陽事件”的報告，總算知道了形勢的嚴峻。10 月 27 日，他批轉胡喬木有關推廣小球藻的報告，胡稱“此舉

---

[1] 中央關於加強公共食堂領導的批語（一九六○年三月十五日），《建國以來毛澤東文稿》，第九冊，71 頁

[2] 信陽地委向省委報告的死亡人數為 38 萬，信陽地方誌統計的死亡人數是 48.3 萬。時任中央調查組處長的李堅和李正海兩人向中央報告的數字是 105 萬。1961 年 1 月 13 日信陽地區呈報中央最後一次統計數字顯示：全區總人口 808.6526 萬人，1959 年 11 月至 1960 年 10 月，死亡人數 107.0321 萬人，佔到總人口 13.2%。林蘊暉.《中華人民共和國史》卷四：《烏托邦運動──從大躍進到大饑荒》，612 頁，香港中文大學出版社，2008 年 4 月。.

可以保證，不餓死人，減少甚至消滅浮腫病”[1]，再次動員百姓去吃草。

好在他此時終於同意修改原來的瘋狂政策了。1960 年 11 月 3 日，中央下發緊急指示信（12 條），提出全面反“五風”（共產風、浮誇風、命令風、瞎指揮風、幹部特殊化風），允許農民保留小額自留地，允許農民經營小規模家庭副業。

然而哪怕是在此時，毛澤東仍然只肯承認“三分之一的地區的形勢不好”，還說調整政策後，幾個月形勢就會好轉。他除了把責任賴給下頭幹部刮“五風”外（他方便地忘記了自己才是“風源”），更把責任賴到了“階級敵人”頭上，說形勢不好的地區“民主革命尚未完成，封建勢力大大作怪，對社會主義更加仇視，破壞社會主義生產關係和生產力”。[2]

更嚴重的是，由於他的智力障礙，直到此刻他還不肯放棄他心愛的公共食堂，卻認識不到，不去除那災難之源，則允許農民保留小額自留地與經營小規模家庭副業根本就沒有多少意義。楊奎松教授指出：

> “‘食堂吃飯’是什麼意思呢？這意味著農民還是不能自己開伙，意味著毛澤東還是希望堅持對農民實行平均主義的供給制，意味著農民還必須要過集體生活，自家的東西不能歸自己所有，自家的房子多半也都不能自己住。連基本的家庭生活都不易維持的情況下，農民又如何去經營自留地、私人菜園、田頭地角，如何能節約歸己、自種自吃呢？”[3]

---

1 轉引自高華：《大饑荒與四清運動的起源》。

2 同上。

3 楊奎松：《毛澤東是怎樣發現大饑荒的？》

只是由於部下反復陳情，毛才在1961年5月－6月在北京召開的中央工作會議上同意，是否參加食堂，“完全由社員討論決定”。[1]

由上可知，大饑荒不僅是毛澤東那個“五風總風源”一手製造出來的，更因為他愚而好自用、擇愚固執而越演越烈，終至不可收拾。自始至終，他主動下令採取的唯一救荒措施，就是讓百姓去吃草，以為人可以如同牛馬一般，靠吃植物秸稈根葉為生。

當然，他是絕對科盲，但鬧出這種笑話來，從智力角度上來看仍不可原諒。他怎麼就不想想：如果吃這些東西真能維持生命，就算上古神農氏沒發現這點，那在中國這個災荒頻仍的國度，這項“大發明”也早就被先民在幾千年前作出了，輪不到社會主義天堂住戶們申請專利。

據胡喬木回憶：“在廬山會議開會前，毛主席曾開過一次政治局會議。毛主席在會上表示他不能搞經濟工作，他不懂。他認為他這一輩子搞不了了，年紀這樣大了，還是陳雲搞得好。”[2]

這或許就是他在大饑荒瘋狂肆虐神州大地之際終於停止蠢動，放手讓陳雲出來收拾殘局的原因吧。這話實際上承認他只有自傷神功，對結束災難卻毫無辦法。

本書上冊已經介紹過，在劉少奇的支持下，陳雲提出了一系列善後救災措施。其中最重要的還是“三自一包”，亦即“自留地、自由市場、自負盈虧和包產到戶”，其中最具有起死回生的效力的是包產到戶。

與毛澤東對國情的認識完全相反，人民群眾中歷來蘊藏了一種極大的資本主義積極性，包產到戶就是群眾中自發出現的真正的“新生事物”，是符合“客觀規律”（＝生存本能）的天然群眾實

---

[1] 轉引自《大饑荒與四清運動的起源》。

[2] 曹應旺：《毛澤東評陳雲》，中國共產黨新聞網，http://cpc.people.com.cn/GB/64162/64172/64915/4582496.html

踐。據統計，當時全國搞各種形式包產到戶的,安徽全省達80%,甘肅臨夏地區達 74%，浙江新昌縣、四川江北縣達 70%, 廣西龍勝縣達42.3%, 福建連城縣達 42%, 貴州全省達 40%, 廣東、湖南、河北和東北三省也都出現了這種形式。據估計, 當時全國實行包產到戶的約占20%。[1]

這才是自發出現的“中國農村的資本主義高潮”。如同十幾年後實行的大包乾造出了農村經濟奇跡一般。它當時也使得徹底破產的農村經濟迅速復蘇。受此鼓舞。陳雲提出了“分田到戶”的進一步設想。劉少奇聽從了田家英的建議，請毛澤東從外地回京討論此問題，卻遭到毛的嚴厲批評：“你急什麼？為什麼不頂住？叫我回來。你壓不住陣腳了？我死了以後怎麼辦？”[2] 於是農民這最有效的自救措施就被毛澤東否決了。

不過，在我看來，這些善後措施雖然必要，但國民經濟的恢復其實是個自愈過程。最具有決定性效力的措施，還是毛暫時停止用自傷神功生事擾民，極度有限、極度短暫地實行了道家“無爲而治”。哪怕是這有限的放鬆也能使得人民迅速地從死亡邊緣掙扎回來，這一事實本身就證明了毛澤東自傷神功的強大威力以及中國人民那舉世無雙的生存能力。

儘管死不認錯，毛畢竟還是對自傷神功有所察覺，總算知道農民不種田就會餓死人的成人常識了，以後再度發功便有意避開農村。可惜他又走過了頭，從此只看見糧食，提出了“以糧爲綱”、“備戰備荒爲人民”、“廣積糧”等口號，以另一種自傷神功摧殘農業。

---

1 李文：《我國在計畫經濟時期對農村公有制實現形式的探索——以下放基本核算單位和建立健全農業生產責任制為中心》，《廣東社會科學》，2011 年 04 期

2 黃崢：《王光美訪談錄》，電子書。

在“調整鞏固充實提高”期間，毛基本沒有管建設，轉去從事他真正的專業“階級鬥爭”。在1962年的8屆10中全會上提出“千萬不要忘記階級鬥爭”，此後發展爲城鄉“社會主義教育運動”（四清運動）。但總的來說，這是“大躍進”與“文革”兩大革命高潮之間難得的相對平靜時期。

毛在此期並沒有直接介入經濟管理，其對經濟的干預只在于提出“自力更生”、“鞍鋼憲法”、“工業學大慶，農業學大寨，全國學習解放軍”等經濟戰略。它們不僅在文革時期被當成“毛主席革命路線”被捧上了天，至今還被毛粉們作為毛的寶貴精神遺產歌頌緬懷，具有深遠的影響，造成了極大的認識混亂，因此有必要略作檢視。

二、毛澤東的經濟戰略

（一）“獨立自主，自力更生”

所謂“獨立自主，自力更生”，在文革時期被當成“毛主席的革命路線”的一個重要內容。在毛死後中共中央《關于建國以來黨的若干歷史問題的決議》中被列為“毛澤東思想的活的靈魂”的一個“基本方面”。

對於“獨立自主”這條，《外交篇》已經作過批判。中共建政後開頭完全是蘇聯的附庸國，斯大林死後仍然“一邊倒”。60年代以前毫無“獨立自主”可言。60年代以後倒是“獨立自主”了，可惜又與全世界為敵，弄得內外交困，在國際上煢煢孑立，形影相弔，創造了中國外交史上的奇跡。

對“自力更生”這條，何方先生已經作了批判：

“其實，毛澤東在中共建國後一直強調的‘自力更生’不過是閉關鎖國的代名詞，無論在理論上還是在實踐上都是錯誤的。從理論上講，馬克思、恩格斯早在《共產黨宣言》中就提出經濟生活的國際化和各國革命需要聯合行動。何況第二次世界大戰後國際化進入了新的階段，任何國家不對外開放就必然落後。而毛澤東所強調的卻是‘關起門來，自力更生地建設社會主義’；他還多次講過，不與美國政府發展關係，不急於和西方國家建交，美國封鎖的時間愈久對我們愈有利等等。這種想法實際上就是閉關自守，導致中共建國後 30 年裡中國遠遠落後于世界上原來與自己發展水平相當的國家。後來鄧小平承認：‘總結歷史經驗，中國長期處於停滯和落後狀態的一個重要原因是閉關自守。經驗證明，關起門來搞建設是不能成功的，中國的發展離不開世界。’”[1]

這些批判切中要害，毛澤東所謂“關起門來，自力更生地建設社會主義”的愚昧國策，使得中國錯過了二戰後第三世界國家騰飛的難得歷史機遇，以致國門終於在 30 年後打開時，中國人才發現自己窮得跟非洲人也差不多。

相比之下，香港在“解放”前不過是個落後的中等城市，與上海那“東方巴黎”相距何止十萬八千里，然而到了 70 年代末，香港在國人心目中卻成了天堂。四小龍不必說，就連那些原來遠遠落後於中國的國家如泰國、馬來西亞等國，都要比中國富裕得多。

改革開放後，西方提供的資金和技術解決了原始資本積累的難題，在短短三十多年內就使得中國一躍而為世界第二大經濟體。這正反兩方面的事實，雄辯地證明了毛澤東的閉關鎖國政策是何等禍國殃民。

---

[1] 何方：《黨史筆記》。

不過，我覺得還需要修正補充幾點：

第一，50 年代毛澤東的所謂“關門”只對資本主義國家而言，大門對蘇聯陣營還是敞開的，而這就是那段時期中國經濟迅速成長的重要原因之一。毛的全面閉關鎖國，始於 1958 年。查中共建政以來毛澤東的文稿，不難發現這點：

> “自力更生為主，爭取外援為輔，破除迷信，獨立自主地幹工業、幹農業、幹技術革命和文化革命，打倒奴隸思想，埋葬教條主義，認真學習外國的好經驗，也一定研究外國的壞經驗——引以為戒，這就是我們的路線。”[1]

> “對外貿易方針：自力更生為主，爭取外援為主（輔），平等互利，互通有無，幫助民族主義國家建立獨立經濟。對外貿易只能起輔助作用，主要靠國內市場。”[2]

毛澤東自己也說明了全面閉關鎖國的方針是何時確立的：

> “從一九五八年起，我們就確立了自力更生為主、爭取外援為輔的方針。”[3]

隨著中蘇邦交惡化，這“自我經濟封鎖”便越演越烈，在文革到達了高潮。過來人都記得“風慶輪”事件，連從國外進口輪船都成了“洋奴哲學和賣國主義路線”。

第二，毛澤東之所以制訂愚昧絕倫的經濟自閉政策，我覺得有幾方面的原因。

1）知識缺陷

---

[1] 毛澤東：《獨立自主地搞建設》（一九五八年六月十七日），《毛澤東文集》第七卷。HTTP://www.people.com.cn/GB/shizheng/8198/30446/30452/2195972.html

[2] 毛澤東：在中共八屆六中全會上的講話提綱，（一九五八年十二月九日），《建國以來毛澤東文稿》第七冊，641 頁

[3] 毛澤東：在擴大的中央工作會議上的講話，（一九六二年一月三十日），《建國以來毛澤東文稿》第十冊，35頁

如前所述，毛澤東的知識背景完全是傳統農耕社會中讀書人那套，徹底缺乏現代工商常識，內心深處完全是 “自給自足，萬事不求人”的小農思想，如朱元璋一般，對“不勞而獲”的商人深惡痛絕；如守財奴一般，生怕負債經營，完全不懂“借雞生蛋、借錢投資”的現代經濟常識。此所以他要提前償清對蘇欠債，並令官方宣傳機器自豪地反復宣稱“中國既無外債，又無內債”，仿佛那是偉大的經濟成就。

2）馬克思的“階級鬥爭”謬說的桎梏

馬克思否認資產階級與無產階級之間可以有共同的利益。據此，列寧否認實行不同社會制度的國家可以互利互惠，將“資本輸出”定為“帝國主義五大經濟特徵”之一。似乎西方國家的資本輸出只是對落後國家的無情掠奪，絕不會為這些國家提供為經濟起飛急需的原始資本與技術。

本書《思想家》卷已經介紹過，“階級鬥爭理論”就是毛澤東唯一貌似掌握的“馬列主義”。因此，他沿襲斯大林的作法，靠拼命壓榨農民來完成原始資本積累，把“引進外資”當成了“賣國主義”。

3）與蘇聯交惡

中蘇交惡，堅定了毛澤東“獨立自主，自力更生”的決心。赫魯曉夫違背合約撤走蘇聯專家，極大地刺激了他的自尊心，惡化了他的妄想型人格失常。另一方面，爲了爭奪國際共運領導權，中共中央公開推出了《關於國際共產主義運動總路線的建議》的綱領性文件，以“反帝反修”的激進口號作為毛記共運的招牌。在此之後，他再不可能與資本主義國家實行經濟合作，否則就要變成實行“三降一滅”（赫魯曉夫的罪名）、“三和一少”（中國赫魯曉夫劉少奇的罪名）的“無產階級革命的叛徒”。

4）集體無意識

毛共是個基本由文盲、半文盲農民組成的宗教團體，其絕大部份成員完全缺乏現代知識，遑論國際知識。即使是改革開放後相當長的一段時間內，這個基本面目都沒有太大改變。就連思想最開明最靈活的改革派趙紫陽，也要等到三中全會開過六、七年，得到霍英東的指點後，才恍然明白，原來土地就是資本，並不需要自己掏錢先實行“三通一平”，修建公路、港口等基礎設施，外國人才會來投資，只需把荒地租給外商，則其餘一切外商自會承辦，公路、港口會有的，廠房和寫字樓也會有的。[1]

從這個角度來看，毛澤東制訂的愚昧國策，既符合當時那宗教團體的基本教義，又深得愚昧黨心，似乎具有某種必然性。所以，根本的悲劇，還在於中共那個愚昧落後的反動勢力上臺，使得社會發生了大倒退，並不完全是毛澤東的個人責任。以周邊國家和地區作對照（尤其是台灣vs大陸，南韓vs北韓），不難洞見這一點。

但即使如此，以毛澤東為首的中共也確實愚昧到了極點。如果他們有點庸人的智力，就能立即看出，如果外資、外貿真會使得中國亡國滅種，那麼韓戰爆發後，萬惡美帝就不會實行對華經濟封鎖，嚴禁盟國商人向中國投資，更成立巴黎統籌會，審查對華出口物資。毛澤東不是主張“凡是敵人反對的我們就要擁護”麼？他怎麼會忘記自己的話，要堅決自斷經脈，對自己實行封鎖呢？他到底是奉了哪個帝國主義間諜機關的指示，與萬惡美帝裡應外合，試圖痪斃中國經濟？

第三，毛左至今吹捧“獨立自主，自力更生”的禍國方針，譴責鄧小平的“賣國主義”，閉眼不看“毛主席革命路線”害得國貧民困，連他自己都哀歎“手中沒把米，叫雞都不來”。而鄧小平的

[1] 趙紫陽：《國家的囚徒——趙紫陽回憶錄》，電子書。

“賣國路線”使得中國在短期內就獲得了與幅員乃至人口相稱的空前強大的國力。

即使敢於承認後一事實的毛粉，也要詭辯“此一時，彼一時”，說如今的國際環境不再是當年冷戰時代的險惡局勢，甚至還要強辯說，如果不是毛澤東當年在國際上到處樹敵，外國人也不會把中國放在眼裡，上這兒來投資。

對此，我已經在《外交篇》中指出了，當時美蘇對立，使得中國獲得了千載難逢的外交資本。若對蘇美實行等距離外交，則中國立刻變成兩家競相討好收買的對象，進來的不但會有外資，更會有無償外援，如巧妙利用蘇美衝突的南斯拉夫與利用中蘇衝突的越南、朝鮮然。資本家唯利是圖，人家來中國投資，不是仰慕中國的“國威”，或甚至顫慄屏營於其下，而是看中了中國的廣大市場與廉價勞力。

（二）“鞍鋼憲法”

所謂“鞍鋼憲法”，是毛澤東根據其經濟建設思想制訂的企業“管理”方針：

> “鞍鋼是全國第一個最大的企業，職工十多萬，過去他們認為這個企業是現代化的了，用不著再有所謂技術革命，更反對大搞群眾運動，反對兩參一改三結合的方針，反對政治掛帥，只信任少數人冷冷清清地去幹，許多人主張一長制，反對黨委領導下的廠長負責制。他們認為‘馬鋼憲法’（蘇聯一個大鋼廠的一套權威性的辦法）是神聖不可侵犯的。這是一九五八年大躍進以前的情形，這是第一階段。一九五九年為第二階段，人們開始想問題，開始相信群眾運動，開始懷疑一長制，開始懷疑馬鋼憲法。一九五九年七月廬山會議時期，中央收到

他們的一個好報告，主張大躍進，主張反右傾，鼓幹勁，並且提出了一個可以實行的高指標。中央看了這個報告極為高興，曾經將此報告批發各同志看，各同志立即用電話發給各省、市、區，幫助了當時批判右傾機會主義的鬥爭。現在（一九六〇年三月）的這個報告，更加進步，不是馬鋼憲法那一套，而是創造了一個鞍鋼憲法。鞍鋼憲法在遠東，在中國出現了。這是第三個階段。現在把這個報告轉發你們，並請你們轉發所屬大企業和中等企業，轉發一切大中城市的市委，當然也可以轉發地委和〔小〕城市，並且當作一個學習文件，讓幹部學習一遍，啟發他們的腦筋，想一想自己的事情，在一九六〇年一個整年內，有領導地，一環接一環、一浪接一浪地實行偉大的馬克思列寧主義的城鄉經濟技術革命運動。”[1]

這兒提到的“兩參一改三結合”是：

“對企業的管理，採取集中領導和群眾運動相結合，幹部參加勞動，工人參加管理，不斷改革不合理的規章制度，工人群眾、領導幹部和技術人員的三結合。”[2]

毛作出這個批示時，全國已是哀鴻遍野，然而毛還在鼓吹“反右傾，鼓幹勁”，吹噓鞍鋼“可以實行的高指標”，號召大搞群眾運動，不願睜眼看現實的人真是比盲人還瞎。

真實情況高華教授已經在其論文中介紹過了。大躍進迫使鞍鋼許多工人長期在車間吃住，嚴重過勞，營養不良，導致勞動紀律鬆懈，怪話牢騷頻出，黨委便抓起“階級鬥爭”來，以“肅反”、“大辯論”（文革中正名為“批鬥”）等暴力手段維持勞動紀律，

---

[1] 毛澤東：中央轉發鞍山市委關於技術革新和技術革命運動開展情況報告的批語（一九六○年三月二十二日），《建國以來毛澤東文稿》第九冊，89=90頁

[2] 《毛澤東讀蘇聯政治經濟學（教科書）談話記錄選載》（五），載《黨的文獻》，1994年第3期。

還寫成報告送上去。毛看後龍顏大悅，把報告裡沒有的“兩參一改三結合”加進去，欽定爲全國工礦企業必須實行的“憲法”。

然而“階級鬥爭”雖然“一抓就靈”，卻無法填飽肚子。就在毛的指示傳達到鞍鋼後幾個月，14.2 萬工人中就有 4000 名因嚴重營養不良患了浮腫病。毛的指示下達一周年時，患病人數大幅度上升。牢騷怪話再度大量出現。還有許多工人為保命而申請或私逃回鄉務農，以為農村能吃飽飯。此時黨委就是再抓階級鬥爭，搞憶苦思甜也不靈了。[1]

歷史的真實不論，毛制訂的“鞍鋼憲法”對工礦企業起到的破壞作用難以估量。它是針對蘇聯“馬鋼憲法”提出來的，是對蘇聯“理性計畫經濟”的徹底否定。“理性計畫經濟”又稱“數理計畫經濟”，目的是使用數理手段精密計算確定原料、產品、能源和生產能力之間的配比，以求實現資源的最優配置，達到最高生產率。

這一套完全是科學的，它之所以失敗，乃是因爲經濟不是單純的科學問題，而是複雜的社會現象。公有制生產方式忽略了人性的貪欲，也與市場供求脫節。大前提既然錯了，當然計算再精密也無法使得經濟煥發出資本主義生產方式的活力，甚至無法避免資源的浪費。儘管如此，如果中國也學著搞這套，那就絕對不會有後來的大規模自傷行爲。

所謂“馬鋼憲法”則是蘇聯馬格尼托爾斯克鋼鐵公司總結出來的一套科學管理體制，强調專家治廠，實行“一長制”。鞍鋼所屬各個廠礦全面落實了一長制，建立起總工程師、總工藝師、總化驗師、總檢驗師、總會計師的制度。這一套完備的企業管理制度保證了生產有序進行，保證了勞動生產率、產品質量以及合理的成本核算。它其實是正反兩面經驗教訓的總結。

---

[1] 高華：《鞍鋼憲法的歷史真實與“政治正確性”》，《二十一世紀》雙月刊，2000 年 4 月號。

毛澤東不知道，蘇聯也曾搞過“群眾性技術革命與技術革新”。根據赫魯曉夫回憶錄，雅羅斯拉夫爾輪胎廠的生產線是從美國引進的，但該廠“敢想敢說敢幹”，大膽簡化了美國人提供的工藝規程，減少了鋪設在輪胎裡的兩層簾子線，這樣既省錢，又使得勞動生產率超過了美國工廠。

然而赫魯曉夫調查後卻發現，該廠生產的輪胎的壽命只是美國的十分之一。他當即命令該廠以後嚴格按照美國人的工藝規程生產。他在向斯大林彙報時指出，輪胎質量太差，是因為產量定得太高，剝奪了工人注意質量所需的時間。這樣，工廠光榮榜上所有突擊隊員都毀了他們的產品，降低了司機的生產率，使得總的運輸能力無法充分利用。他建議降低產量定額，提高工人工資，並採納一系列專家建議。斯大林同意了他的意見，並下令禁止輪胎廠張貼光榮榜，不鼓勵工人開展只顧產量不顧質量的過多的生產競賽。[1]

毛澤東對現代工業生產一無所知，連“不以規矩不成方圓”的古話都忘記了，以為蘇聯人從正反兩方面教訓中總結出來的企業管理制度壓制了工人的積極性與創造力，必須代之以黨委領導下的群眾運動，還把這種反科學的顛覆活動定為“憲法”，甚至歡呼它“在遠東，在中國出現了”！

這“憲法”中，“兩參”從未兌現——工人根本就沒有能力和時間參加管理，幹部也盡可能逃避勞動。一直到毛死，這都是空話一句。不過其他的倒是落實了。所謂“黨委領導，政治挂帥”，就是黨委揮舞“階級鬥爭”的鞭子去將工人的“主觀能動作用”最大限度地榨取出來。所謂“改革不合理的規章制度”，就是廢除蘇聯人制定的科學管理制度。“群衆性技術革新和技術革命運動”也在天天搞，上文已經介紹過了。

---

[1] 赫魯曉夫著，趙紹棣譯：《赫魯曉夫回憶錄》，106-108頁，中國廣播電視出版社，1988年12月。

毛澤東的反科學胡鬧，當時就遭到了有良知的知識分子的反對。1961年8月間，鞍鋼設計院39名黨外高級知識分子經過上級反復動員，說出了心裡話。他們將“暫時困難”的原因稱之為“七分天災，三分人為”，批評大躍進“成績偉大，缺點不少”。更有人一針見血地指出：“鞍鋼憲法並不比馬鋼憲法好，實行鞍鋼憲法大搞群眾運動缺乏科學依據”，“大搞群眾運動，不是群眾要求，而是上邊硬貫的。”後來這些人都受到了無情迫害。[1]

蘇聯人就不怕說實話了。赫魯曉夫回憶，大躍進開始後，周恩來訪蘇，說中國煉鋼工業情況很糟，請蘇聯派些專家去整頓，告訴他們哪些事做錯了，應該怎麼做。蘇方派了部長會議副主席兼國家計委副主席扎夏季科去瞭解情況，他回來後向赫魯曉夫彙報，說：

> “赫魯曉夫同志，我只能告訴您一點：對他們捅出的漏子，他們責怪不了任何人，只能責怪他們自己。我視察了他們的一個煉鋼廠。他們把一切都毀了。他們的平爐、鼓風爐、軋鋼機——一切都是亂糟糟的。我提出要見見這個廠的廠長，出來的卻是一個獸醫，我問周恩來，‘周同志，我們在蘇聯培養的、從我們的學校裡畢業出來的那些煉鋼工程師都到哪裡去了？’他告訴我他們都在農村勞動，‘錘煉無產階級思想意識’。而像這位獸醫這樣的人，他們連冶金的起碼知識都沒有，卻在那裡管理煉鋼廠。我看得出來，周自己也認為整個事兒辦得有點愚蠢，但是他作不了主——‘大躍進’不是他提出來的。”[2]

這話可以從蘇聯專家科洛奇科的證詞中得到印證。科洛奇科參觀過幾家蘇聯人援建的工廠，瀋陽的一家大型煉鋁廠產量只達到設

---

[1] 高華：《鞍鋼憲法的歷史真實與“政治正確性”》

[2] 赫魯曉夫著，上海國際問題研究所，上海市政協編譯組漢譯：《最後的遺言——赫魯曉夫回憶錄續集》，421-422頁，東方出版社，1988年5月。

計能力的 2/3。長春一汽儘管還是個新廠，但無論是車間還是車間外的場地卻都亂糟糟的，從傳送帶緩慢的運轉速度來判斷，該廠生產率相當低。

這些只是他參觀過的工廠，他只可能說大致印象。對比較熟悉的單位，他就舉出具體事例來了。1960 年，他在昆明的有色金屬研究所指導研究有色金屬生產中的副產物的提煉方法，所用的小型熔爐必須 24 小時有人照看。但工作人員時時被叫去開會，扔下爐子不管。經過他反復抗議，所領導才做了讓步。但一位工作人員白天被叫去開會，夜裡值班時睡著了，導致實驗出了問題。

此類蠢事以更大的規模重演過。昆明一家大型煉銅廠有個巨大的熔爐使用高電壓與大電流，在安裝時必須極度小心，容不得出一點差錯，否則會引起大批工人死亡。儘管負責該工程指導的蘇聯專家一再要求精心安裝，該廠領導卻急於在五一獻禮。誤期後又改為七一。在乾燥和調試爐子的過程中，必須自始至終有工程技術人員在場。然而所有的人都去開會去了，於是爐子被扔下不管達幾小時，在此期間，輸入電流量出了錯。幸虧蘇聯專家來了，才避免了重大事故，但爐子還是損壞了，不得不再度推遲完工期。該廠年產 5000 噸銅，只發揮出了生產潛能的十分之一，而且因為技術限制，無法提取銅礦石裡含有的金銀。

鞍鋼憲法不但破壞工業生產，更摧殘了工作人員的健康。科洛奇科指導的另一家研究所原是昆明煉銅廠的下屬單位，該所的工作人員在使用劇毒的化合物工作時，連口罩都不戴，實驗室內的通風設備根本就不工作。儘管工廠完全被有毒的化學煙塵籠罩，建築物都給熏黑了，然而當局卻在廠區蓋了一所化工學校，讓教室和學生宿舍都籠罩在那有毒的煙塵之中。[1]

---

[1] Mikhail A.Klochko: *Soviet Scientist in China*， pp 92， 96， 127， 132-133，134-135，

所以，“鞍鋼憲法”最有害的一條，就是這“改革不合理的規章制度”。所謂“不合理”完全是毫無根據的有罪推定，改革它們自然也就沒有實作可能，因為毛自己就從來沒搞清什麼是“不合理的規章制度”，什麼才是“合理的規章制度”。當“改革不合理的規章制度”被當成必須完成的政治任務佈置到基層後，群眾爲了避免犯“右傾保守”的“路線錯誤”，當然只會以廢除一切規章制度來“改革不合理的規章制度”，反正誰也不敢反對群眾“破除迷信，解放思想”的英雄壯舉。

因此，毛澤東這種貌似正確的模糊號召，起到的實際效果就是公開號召群眾起來破壞生產秩序，而這恰是他的經濟建設思想的精髓——以破壞的方式去從事建設。

（三）工業學大慶

1964 年 2 月 13 日，毛澤東發出號召：“要鼓起勁來，所以，要學解放軍、學大慶。”“要學習解放軍、學習石油部大慶油田的經驗，學習城市、鄉村、工廠、學校、機關的好典型”。此後，全國工業交通戰線掀起了學習大慶的運動。[1]

根據康世恩在 1963 年 11 月 6 日在全國工業交通工作會議的報告，大慶的主要經驗是：（一）革命精神，（二）科學態度，（三）群眾運動，（四）“三基”工作（基礎工作[質量、設備]、基本功、基層崗位責任制），（五）集中優勢兵力打殲滅戰，（六）嚴細作風，（七）思想政治工作，（八）機關革命化，（九）全面關心職工生活。

跟隨康世恩近三十年、幫助起草該報告的毛華鶴說：

---

1 《1964 年 2 月 5 日中共中央發出通知，在全國開展“工業學大慶”運動》，http://cpc.people.com.cn/GB/64162/64165/77552/77557/5323704.html

> “拿‘鞍鋼憲法’（五條）與‘大慶經驗’（九條）比較，何其相似乃爾。不用細說，‘大慶經驗’簡直就是‘鞍鋼憲法’的親生嫡傳與具體化。”[1]

按“鞍鋼憲法”辦事，效果如何前文已經講了。毛華鶴先生也坦承兩者都是反科學管理的倒行逆施：

> “‘鞍鋼憲法’‘大慶經驗’與蘇聯做法、東北企業那一套，誰比較符合‘科學管理’即‘泰羅制’？誰在企業的經營管理上走了回頭路？……歷史已證明，大慶油田按照‘鞍鋼憲法’創造的經營管理經驗是走了回頭路。”

之所以如此，是“大慶經驗”體現了上文介紹的毛的“經濟建設思想”，那就是無論是抓革命也好，促生產也好，“主要矛盾”（或曰“决定性因素”）就是盡最大限度把人民群衆的“主觀能動作用”發揮出來，只要人民一不怕苦，二不怕死，“先生產，後生活”，把物質需要壓到最低點（所謂“乾打壘精神”，亦即居住在使用乾土坯搭建的原始窩棚中），不管氣候如何惡劣，革命加拼命，拼命幹革命，那就會從“必然王國走向自由王國”，擺脫一切客觀規律和物質條件的束縛，創造出人間奇迹來。

因此，最為人民群眾熟知的大慶精神，就是藐視客觀存在的必勝精神。這在“鐵人王進喜”的豪言中表達得最清楚：“我就不相信石油只埋在外國的地底下”，“寧肯少活二十年，也要拼命拿下大油田”，“有條件要上，沒有條件創造條件也要上”。那其實是“有無條件都要上”。“創造條件”隱含的假定，就是世上所有的物質條件都可以憑空創造出來。這種無比豪邁的唯意志論，就連當時我那個高中生都能察覺。我當時就想，萬一石油真的不埋在中國呢？那又怎麼去創造出這個起碼的條件來？

---

1 毛華鶴：《反思“工業學大慶”》，《炎黃春秋》，2013 年第 5 期，下同。

然而黨媒宣傳卻完全避開了找到油田這個最關鍵的問題。爲了體現毛澤東對科學以及科學家的藐視，黨媒在宣傳中不惜抹殺地質學家們的決定性貢獻，只把鮮花和掌聲獻給大慶油田尤其是鐵人王進喜，石油部也連帶沾了光，地質學家們乃至地質部卻成了被長期遺忘的無名英雄。

只是幾十年後人們才得知，雖然石油部在地質普查工作的基礎上做的大規模鑽探也起了重要作用，但找到油田主要是靠一批地質學家的共同努力。其中既有謝家榮、黃汲清、李四光（這三人中誰的功勞最大尚有爭議）、阮維周、翁文波、孫建初、高振西等中國科學家，也有蘇聯專家尤其是匈牙利的地震隊作出的貢獻。王進喜則與發現大油田無關。大慶油田發現時，王進喜還沒調到大慶。他 1960 年 4 月 14 日開始在大慶開鑽打井之前，那裡好幾口井都已經出油了。[1]

當然，與“鞍鋼憲法”不同，大慶經驗還多出了“科學態度”；“三基工作”以及“嚴細作風”等。這些似乎都違反了毛澤東一貫提倡的蠻幹精神。然而這不過是吹噓而已。既要實行毛澤東思想掛帥，那就只可能是蠻幹。當時官方一再表彰的，

[1] 王克明：《發現大慶油田與獨創理論無關——謝學錦院士訪談》，炎黃春秋網站-刊外稿，轉引自 http://news.ifeng.com/history/zhongguoxiandaishi/detail_2011_04/01/5503339_0.shtml

也就是玩命蠻幹精神，例如最廣為人知的王鐵人帶頭跳入泥漿池，用身體去攪拌泥漿的英雄事蹟，難道能是科學態度不成？

又如“集中優勢兵力打殲滅戰”的“大會戰”，絕對只可能是蠻幹。把從未共事過的各行各業人馬聚集在一起，光是彼此的工作進度的協調配合、工作時間與地點的統籌安排、各種原材料的供應與銜接，就是很難完成的任務，勢必要造成生產秩序的極大混亂，導致人力物力的大量積壓與浪費。1960 年冬天，大慶油庫發生火災，薄一波視察現場後就不得不指出：“大會戰是大混戰。”[1]

更嚴重的是，為政治需要決定的“多快好省”，直接就取消了科學態度的存在前提。據毛華鶴先生說，油田開發本應在油田勘探基本完成後，按完整的開發建設方案有序展開，才能取得最佳效果。但余秋里和康世恩爲了完成 1960 年全國年度原油生產計畫，製造政績，不顧開採條件不具備，不顧許多學者專家的反對，饑不擇食，在幾百平方公里面積的薩爾圖油田中心劃出 30 平方公里進行開發。由於來不及建設集輸儲設施，該區遍佈放滿了黑色原油的大小土油池，既污染了草原，又造成巨大浪費。

最體現反智主義的蠻幹精神、因而邀了聖眷的，還是余、康打破了蘇聯人在礦區建設上的“舊框框”。他們認為，將生活區與辦公區設在市區、將生產區與礦場設在城郊的佈局，使得幹部脫離生產，脫離群眾，是蘇聯修正主義在礦區建設上的表現，因此將它們統統建在一起，在幾千平方公里的油田範圍內，星羅棋佈地小而全地建成配套的生產、生活、教育、娛樂以及醫療服務等設施，使得礦區成了“鄉村小農經濟城鎮”的翻版。毛華鶴先生感歎道：

> “事隔 50 年後來考量，如果他們具有前瞻性思維，如果他們略微具有真正意義上的企業現代化意識，他們把會戰總部設

---

1 毛華鶴：《反思“工業學大慶”》，下同。

在相距不遠的東邊的哈爾濱市或西邊的齊齊哈爾市，那對這兩個市的市政建設與發展，對油田的建設與發展，特別是對幾十萬職工與家眷，該是多麼大的福音。而為此節約的投資將以億萬計，效益將大得無法評估。

還令人感歎的是，新世紀以降，大慶地區連綿的樓宇群、縱橫的公路網和不息的汽車流，勃然興起，蠶食著碧綠草原，且已不可逆轉。這為當初始料不及。如是述評，豈是苛責前人，謹為寄語後來者，應特別關注草原的生態環境！”

其實哪需要什麼“前瞻性意識”？毛華鶴先生一開頭就指出，蘇聯人早就留下了新疆獨山子油礦和甘肅蘭州煉油廠兩個樣板，石油部只需老老實實照貓畫虎就是了。可惜毛澤東愚而好自用，就是要“破除迷信，解放思想，打破常規”，那就當然只能造出這種生態災難，不但浪費了海量資源，而且坑害子孫。不“苛責前人”，肅清毛澤東反智主義蠻幹的流毒，何以懲前毖後？

至於大慶經驗標榜的所謂“嚴細作風”（即“三老四嚴”），本身就是對真正的大慶精神的無情嘲弄。極權統治絕對不容許“當老實人，做老實事，說老實話”，1957 年的反右與 1959 年的反右傾運動早就向全國人民昭示了這一點。毛澤東不遺餘力地獎偽罰誠的結果，就是所有的先進典型都必然是假大空，大慶自不例外。

毛華鶴先生披露，一個像大慶這樣的特大型油氣田的面積與儲量計算，不是頭兩年可以完成的。準確的計算可能持續於開採它的全過程，用幾十年時間也不為過。但官方卻在短期內就大膽宣佈，大慶油田面積、石油儲量是世界上第幾大油田，大慶油田的面積與儲量計算只用了一年半時間，而美國某油田用了九年，蘇聯某油田用了三年，等等。他雖未明說，但讀者不難看出，大慶在某種程度上也是當年那些“衛星田”，至於被吹為大慶首創的“基層崗位責任制”。據毛華鶴先生披露，無非是針對 1961 年一座注水站火災引發出來的紊亂局面的一次全面整頓。談不上什麼“創造”，就連張春橋都在私下說：大慶的崗位責任制不是新鮮玩意兒，《紅樓夢》大觀園裡的丫頭們就有崗位責任制。當然，話說回來，這雖然不是什麼發明，但有它總比毫無制度亂來一氣強。這就是本人在文革期間當工人的痛切體會。

總而言之，大慶油田的發現，是中國科學家的驕傲，大慶油田的建成，為中國提供了急需的能源，這些歷史功績不容抹殺。然而為毛澤東肯定表彰的，恰恰是大慶油田的負面教訓。由此總結出來的所謂“大慶精神”，就是毛共治國特有的蠻幹精神。

在此蔑視客觀規律的大無畏精神感召下，全國各地動輒舉行代價昂貴、效益極差或甚至是災難的“大混戰”，浪費了無數資源。“邊設計邊施工”甚至“無設計亂施工”成了標準作法，出現了竣工後不久就淤塞的三門峽水庫，竣工後才發現沒有能源供應的武鋼等無數人間奇迹，一直延續到英明領袖華主席在前門大街蓋沒有水電配套設施的“鬼公寓”，建完才發現沒有礦石供應的寶鋼……。直到 90 年代我回國講學，還有老教授向我抱怨，說當時流行的是還沒有研究課題就先蓋個非常漂亮的研究所，買來大批昂貴設備。由此可見毛的反智主義流毒之深之廣。

（四）農業學大寨

毛澤東提出“農業學大寨”口號的思路，仍然是“田螺姑娘”的無本生意。前面已經講過，他之所以要發動全民煉鋼，無非是國家拿不出錢來建造鋼鐵廠，因此把這財政負擔轉嫁給百姓，指望萬能的人民為他解決這難題。“農業學大寨”也是出於同一心理。大躍進使得農村經濟破產，各地急需政府救濟。大寨大隊“艱苦奮鬥，自力更生”的事蹟在此時傳來，自然要變成“從群眾中來”的真理。

1964年5月10日，毛澤東在聽取國家計委領導小組匯報關於第三個五年計畫設想時，插話說：“農業要自力更生，要像大寨那樣。他們不借國家的錢，也不向國家要東西。”同年6月，他在中央工作會議上關於第三個五年計畫的講話中又說：“農業主要靠大寨精神，自力更生。”1965年6月16日，毛在聽取第三個五年計畫問題的匯報時又說：“農業投資不要那麼多。農業要靠大寨精神。你給他錢，他搞的不好；你不給他錢，反而搞得好一些。農業靠大寨，工業靠大慶”。

據此，黨媒作了相當實事求是的介紹：“毛澤東提出‘農業學大寨’……原意是要在農村開展一場發揚自力更生精神的教育運動。毛澤東很重視精神與物質的辯證關係，認為在一定條件下，精神可以變物質，物質可以變精神。農民群眾發揚自力更生精神，可以大大提高農業生產力。”[1]

靠“精神變物質”，深信“艱苦奮鬥，自力更生”可以取代物質條件尤其是原始資本，創造奇跡，確實是毛澤東的一貫思路。具體到農業方針，就是國家不投資，讓農民自己去想法解決。

這其實也不錯，只是毛蠢到看不出來：既要如此，那國家就不能把農民變成國家的農奴，使得他們徹底喪失主觀能動作用。你既然剝奪了農民的一切生產資料與生產自由，那就得當個稱職的農奴主，負責養活農奴，養不起還不解放他們，卻在災難到來之際撒手不管，讓他們像自由勞動者那樣，“生老病死各安天命”，天下有這種混帳的奴隸主麼？

[1] 周德中：《毛澤東與農業學大寨運動》，《黨的文獻》，1994年06期

職業倫理不論，光看提出這種口號有多荒唐。中國幅員廣大，自然地理條件千差萬別，農業必須因地制宜，決不能樹立個樣板讓全國仿效，更不能把這當成政治任務壓下去。這麼做只會造成機械模仿，給農業生產帶來災難。此乃簡單人類常識，可惜毛澤東就是不懂。

那麼，學大寨學什麼？1964 年 12 月，周恩來在三屆人大一次會議上作的《政府工作報告》中，提出要學習大寨大隊“堅持無產階級政治掛帥、毛澤東思想領先的原則，自力更生、艱苦奮鬥的精神，愛國家、愛集體的共產主義風格”。[1]

黨媒後來說，學大寨運動沒錯，只是在文革中受極左思潮干擾走錯了路。其實周恩來早就說得清清楚楚，學大寨就是要“政治掛帥、毛澤東思想領先”，那文革中大寨搞的“階級鬥爭為綱”、“割資本主義尾巴”、（收回自留地，生產核算放在大隊一級，不許農民私自養豬養雞等等）、“記政治工分”（根據政治表現發給勞動報酬）等等，都是正宗毛澤東思想，哪是什麼與無毛關的“極左思潮”？而各地學大寨實行“以糧為綱”，把魚塘填了，果樹砍掉，濫伐山林開梯田，造成生態災難，也都深得大寨精神真傳，談何走錯了路？

實際上，大寨不過是個假典型。1979 年春，農業副部長、農學家楊顯東在全國政協常委小組會上發言，指出了大寨的五個問題：一是沒有執行農業“以糧為綱，全面發展”的方針，片面強調“以糧為綱”，把其他經濟都砍光了。二是毀林造田，大造山間小平原，破壞了生態平衡。三是社員家庭副業都被當成“資本主義尾巴”割掉了，社員都成了窮光蛋。四是實行窮過渡，吃的是大鍋

1 同上。

飯，嚴重挫傷了農民的積極性。五是大寨的自力更生是假的，大量的無償支援，取代了大寨人的自力更生精神。[1]

哪怕是真典型也罷，大寨的“艱苦奮鬥自力更生”精神也只能讓國家永陷匱乏，趙紫陽已經把這道理講得很清楚了：

> “我國多年來經濟建設效果不好，費力大，收效小。除經濟體制的原因外，閉關自守，自給自足，國內平衡，把自力更生精神絕對化、意識形態化、政治化，也是非常重要的原因。
>
> 拿農業來講，農業如果效益好的話，首先一條原則，就是因地制宜。這塊土地上適合於種什麼就種什麼。但長期以來，我們不能這樣做。
>
> 有件事對我觸動很大。那是 1978 年的事，當時我還在四川工作，帶了一個代表團到歐洲訪問。去了英國、法國，回來路過希臘，還到了瑞士。我首先到法國南部地中海沿岸，這是世界有名的、經濟很發達的地方。但這裡氣候很乾旱，而且夏季不下雨。這種情況按我們的思維方式，為了種糧首先要改天換地，大興水利。但他們沒有這樣做，而是種葡萄和其他耐旱的各種作物，在此基礎上就釀造成了享譽世界的法國葡萄酒，農民相當富裕。又如在英國，看到東海岸小麥長得很好，而西海岸全是種的草。那時我們第一次出國，感到很奇怪。一問才知道，東海岸日光充足，適合種小麥;而西海岸陰雨綿綿很少見到太陽，種草卻非常好。他們就在這裡發展畜牧業，養牛、搞牛奶加工。回來的路上到了希臘，使館的同志陪我們到丘陵地區看了一下，這裡很乾旱，而且夏季沒有雨。如果按我們的思維方式，農業生產條件很艱苦，就要學大寨，搞大寨田、海綿田、梯田，要大修水利。但他們沒有這麼做，而是漫山遍野地

---

1 夏日新、易學金：《中國重大文史公案》，長江文藝出版社，2002 年，http://www.cjzww.com/chapter/70174，1572276.html

種橄欖，榨橄欖油，農民生活水平還很高。他們為什麼能這樣做？因為他們不是封閉的，靠對外貿易，發揮自己的優勢，他們的東西出口，需要的東西就進口。

1981 年我已經到了北京，有次去蘭考縣與農民座談。那裡是沙土地，非常適合種花生，而且產量很高。但由於‘以糧為綱’，糧食要自給，不允許種花生，只好種玉米，而產量卻非常低，農民對此意見大得很。再說山東的魯西北，主要是鹽鹼地，這種鹽鹼地除少數嚴重的地區外，很適合種棉花，其產量還不很低。但多年來不允許他們種棉花，只能種糧食。結果越是強調種糧食，糧食產量越低，農民越沒飯吃;越沒飯吃越強調種糧，惡性循環。

1983 年我和山東的同志談過，魯西北是不是可以種棉花？他們說，那當然好，問題就是沒有糧食。後來和他們商定，魯西北改種棉花，把棉花賣給國家（當時國家大量進口棉花），由國家供給他們糧食。結果僅僅過了一、兩年，那裡就翻了身，棉花大幅度增產。有一段，大概是 1985 年吧，棉花多得成了‘災’，賣不出去了。那裡農民收入很快提高，農村情況也大為改觀。因為種棉花就有了棉籽，棉籽榨油後又是很好的肥料。那些非鹽鹼種小麥的地，因為有了肥料，產量也大為提高，兩頭都好。當地那時有一首民謠：一畝小麥吃飽飯，半畝棉花做貢獻。過去一畝半地種小麥還吃不飽，現在一畝就夠了，而且還把棉花賣給國家。”[1]

由前國家領導人總結的這些正反兩方面的教訓，足以揭示毛澤東“農業學大寨”戰略的荒謬。

[1] 趙紫陽：《國家的囚徒》。

（五）“備戰備荒爲人民”

在其回憶錄中，徐向前元帥憤怒控訴道：

“……一九五九年九月，林彪出任國防部長，主持軍委日常工作。他上臺伊始，也曾提出過某些有利我軍建設的措施，例如發展尖端技術，精簡軍隊，加强政治思想工作，搞好基層等，軍委的同志都是同意的。但此人借革命以營私，表裡不一，好走極端，越走越令人感到不對頭。例如貫徹積極防禦的戰略方針，他提出要在平原地帶搞什麽‘人造山’，簡直是異想天開！又如軍事工業，他提出‘山、散、洞’的方針，大折騰一番，把許多內地工廠遷往偏遠山區，長期開不了工，造成極大損失。”[1]

他控訴的其實是偉大領袖毛主席的罪行。“人造山”，“山、散、洞”，搬遷內地工廠等等，都是偉大統帥的偉大戰略部署。

1964 年 5 月 27 日，毛澤東在中共中央政治局常委會議確定了“三線”的劃分，說：第一線是沿海，包鋼到蘭州這一條線是第二線，西南是第三線。[2]

1964年6月8日，毛進一步提出了“小三線”的概念，指示沿海各省要搞些手榴彈、炸藥廠，軍工廠。每個省都要有一、二、三線[3]。這各省自己的三線，便被稱為“小三線”，以區別於全國範圍的“大三線”。1965 年 4 月 21 日，他下令：每年花六億多搞小三線，有好處。[4]

1965年10月10日，他解釋了為何要在各省搞小三線，說，現在這麼搞大三線、小三線，我看比較主動。不搞小三線，打起仗來，

---

[1] 徐向前：《歷史的回顧》，解放軍出版社，1984 年，856 頁。

[2] 《毛澤東年譜（1949-1976）》第五卷，355 頁

[3] 同上，358-359 頁。

[4] 同上，491 頁。

光靠羅瑞卿怎麼辦？小三線很重要。如果中央出了修正主義，應該造反。如果出了赫魯曉夫，那有小三線就好造反。[1]

1965 年 11 月 13 日，毛澤東指示：要爭取快一點把後方建設起來，三五年內要把這件事情搞好。把大小三線搞起來，二十億元不夠，三十億元也可能不夠。後方建設起來，敵人如果不來，浪費不浪費？沒有什麼浪費。[2]

1965 年 4 月間，毛澤東下令堆山挖洞，他對軍隊將領說：現在你們設想的三線，實際上都是第一線，在縱深地區，都要有防空降的準備。所以這些縱深要地，有山的要打點洞子，沒有山的要堆點山，做點工事，堆他百把個就解決了問題。1966 年 2 月間，他再次指示軍隊將領：還是要堆山，你不搞，敵人就佔了。[3]

所以，為徐帥痛斥的“異想天開”的“人造山”，其實發明權屬於正統帥。比起各省使用“小三線”起兵反抗修正主義中央來，“人造山”還真算不上異想天開。至於徐帥認為“造成極大損失”者，偉大領袖也早就說過了：“敵人如果不來，浪費不浪費？沒有什麼浪費。”

“戰備”的鬧劇始於 60 年代中期。50 年代，蘇聯與中國結成了攻守同盟，在中國遭到入侵時有義務參戰。那時中國雖然擺出激進的反美姿態，毛其實還是仰賴老大哥保護的。而且，他大概對萬惡美帝的本性有些認識，內心深處其實不相信美國真會入侵中國，所以才會說什麼：“美帝國主義不是很大嗎？我們頂了他一下，也沒啥。”[4] 因此，在與蘇聯交惡前，備戰並沒有什麼迫切性，並未成為全國戰略。

---

[1] 同上，534 頁。

[2] 同上，538 頁。

[3] 同上，492，559 頁。

[4] 《跟隨毛主席在大風大浪中前進》，《人民日報》，1966 年 7 月 26 日。

但與蘇聯鬧翻後，就不能再指望老大哥保護了。60 年代中期，隨著越南戰爭加劇，毛開始鄭重其事地作出一系列備戰部署。隨著與蘇聯的意識形態爭吵惡化成了武裝衝突，蘇聯社會帝國主義取代美帝國主義成了中國最危險的敵人。毛以蘇聯為假想敵，在中共九大上公開號召“要準備打仗”，接著又接連發佈“備戰備荒為人民”，“深挖洞，廣積糧，不稱霸”的口號，戰爭歇斯底里在 70 年代達到最高潮，一直延續到毛咽氣。

“備戰備荒爲人民”的一個重要措施，乃是抄襲蔣介石在抗戰前夕採用的戰略，把西南三省當成所謂“大三綫”，亦即對蘇戰爭的戰略後方。在毛的病態設想中，中蘇一旦交戰，中方就要以西南三省爲根據地，進行抗戰那樣的持久戰。

然而同樣一件事，蔣幹出來是英明睿智，毛澤東效顰則是典型的白痴行爲。蔣在戰前竭力避戰備戰，戰爭是日本强加給中國的。毛則是專門“置之死地而後生”，竭盡全力把原來的盟國變成死仇，自己製造出亡國的危險，然後又嚇得靈魂出竅，浪費無數民脂民膏去補救危局。蔣採取的方略符合中日國力對比以及舊式戰爭特點，毛的效顰則是刻舟求劍，最充分不過的暴露了此人徹底缺乏與時俱進，更新自己對世界的認識的起碼智能。

1963 年 7 月 26 日，毛澤東在會見古巴代表團時，根據第二次世界大戰中德軍轟炸倫敦，但倫敦破壞不大的情況，說空軍的作用不大，在戰爭中決定勝負的還是步兵、陸軍[1]。

這話暴露了毛澤東對二戰史驚人的無知，他竟然不知道倫敦之所以倖免變成廢墟，一是因為英國人發明了雷達，得以準確預知敵機數量與位置；二是英國人發明了比德國的戰鬥機更先進的“噴火式”戰鬥機，奪得了制空權，給德國空軍造成了無法承受的損失；

[1] 《毛澤東年譜（1949-1976）》第五卷，243 頁。

三是因為德國空軍沒有威力強大的戰略轟炸機，所使用的戰術轟炸機威力太小。但被盟軍狂轟濫炸的德國城市就完全不是這麼回事了。大家都知道偉大領袖不看外國書，但他怎麼會連戰爭紀錄片都不看呢？難道他這輩子竟然連張戰爭結束時柏林的照片都沒見過？

最令人瞠目結舌的，還是此人竟然想不到武器的威力會與時俱進，尤其在二戰後的軍備競賽刺激下，武器的發展更是一日千里。他說這話時，美國已經開始轟炸越南。多次親歷轟炸的張如磉描述了美軍轟炸的威力：

> "B-52 轟炸機投彈時的爆炸聲能震破一公里外的人的耳膜，造成叢林居民終身耳聾；而在一公里範圍內，衝擊波能把受害人擊昏過去；在半公里內，炸彈的爆炸能震塌沒有加固的地堡，把畏縮在裡邊的人活埋掉。從近處看，炸彈的彈坑很大，直徑有 30 英呎，深也幾乎有 30 英呎。在雨季，這些彈坑灌滿了水，往往可以在裡面養鴨或養魚。"
>
> "叢林像被長柄大鐮刀橫掃過一樣，連巨大的柚木樹都倒下了。炸彈威力所及，所有樹木被撕成無數塊碎片、有些時候，B-52 轟炸機發現了目標，於是建築物裡的一切東西，如食品、衣服、供應品、文件等等盡皆毀去，豈止是受到毀壞，可怕的是它們已根本不復存在。當你回到你的單坡屋頂的小房子、地堡和你的家時，眼前簡直什麼東西都沒有了，大地變成了你不認識的一片彈坑密佈的廢墟。"[1]

這種徹底缺乏世界知識、科技常識和成人常識、終生抱殘守缺、把自己囚禁在原始戰爭經驗中的智力怪物，却有權力以空前氣魄實施那原始人戰略，以其固有的宏大手筆破壞國民經濟。他不但把窮國的寶貴資金大量用于無利可圖的軍費開支，人爲阻礙了經濟

---

1 《與河內分道揚鑣——一個越南官員的回憶錄》，155，156 頁

起飛，還下令把沿海和內地的大量工廠特別是兵工廠，搬遷到西南的崇山峻嶺之中去。

我曾到這種“大三綫工廠”出過差，發現那兒薈萃了中國機械工業的精華，其設備根本就不是一般民用工廠可以夢見的。我在那兒首次見到了從西德進口的數控機床，那是我平生第一次見到的現代技術奇迹——此前我知道的只是國產C630，C640之類歐洲19世紀的珍稀文物。如此精良的設備，却用去按照蘇聯人留下來的陳舊圖紙，製造人家早已淘汰的武器，去裝備部隊，對付武裝到牙齒的北極熊！

不僅如此，儘管薈萃了中國最精良的設備和技術人員，那些工廠却嚴重開工不足，原因很簡單：所有的原料和員工的一切生活資料，都必須用“解放牌”那四噸卡車，翻越崇山峻嶺，沿著唯一一條崎嶇狹窄的公路不遠萬里地運進來，產品再以同樣方式萬里迢迢地運出去。誰都能想象那生產率會有多低，而生產成本又會有多高。

那個“軍火工業基地”包括二十多家工廠，全都建在一個極度狹窄險峻的盲腸狀的山谷中，只有一條三級公路貫串連接之，並作爲峽谷的唯一出口，將所有的工廠和外界連接起來。那唯一的三級公路就是山谷裡幾萬人的的生命綫和幸福綫。

當時看了那情形，我不能不驚嘆毛當真是世界幾百年，中國幾千年才會出一個的白痴。峽谷裡那幾萬人的一飲一啄全都是從外面千辛萬苦運進去的。誰都會想到，只需炸斷那生命綫，扎緊那“口袋”口，不但 20 多家廠子將立即因缺乏原料停產，而且所有員工都得困在那盲腸裡活活餓死。在這種情況下，唯一的活路就是從“口袋”兩側的大山中翻越出去。但那山之高之險，爲我平生未睹，爬到頂峰就很不容易，更何況據說那是山連山、山靠山的荒山野嶺，爬到有人烟的地方時，十停人恐怕沒有一停能活下來。

改革開放後，那些爛廠便是毛留給鄧小平的無法清理的債務。若要講求經濟效率，那些爛廠只能統統關閉——誰聽說過故意把工廠建到毫無基礎設施支持、難以接近的萬山叢中？但若政府真下狠心割除那些慢性出血潰瘍，豈不是要犧牲曾經是中國最精良的製造產業？改革的一個措施是讓那些軍工企業改爲民用企業。在我印象中，80 年代四川生産的“嘉陵牌”摩托就是那些爛廠中的某一個製造出來的。但即使轉向，上文說到的那些地理問題引起的經濟效益問題仍然存在。除了把那些工廠搬遷回原址或附近的大城市，我還真想不出什麼高招來治療那些人爲潰瘍。但真要這麼做，就算不計搬遷成本，豈不是要引起許多社會問題？

那次我去西南出差的另一重大發現是，原來無論是貴陽還是成都，都有鐵路和昆明相通，分別稱爲“貴昆綫”和“成昆綫”。可這兩條鐵路根本就不存在于任何地圖上，它們的竣工也從未在報上披露過，乃是戰略機密。若是不到貴陽站和成都站，無論你去全國哪一個火車站看地圖和時刻表，都找不到那兩條鐵路以及在其上運行的班車。正因爲此，在去西南出差之前，我和絕大多數全國人民一樣，一直以爲雲南和西藏一樣，沒有鐵路和外地相通！

當時我真是吃驚到說不出話來，儘管那時我早就知道毛是白痴了，可我怎麼也沒想到他會蠢到如此震古鑠今！莫非在衛星時代，他還以爲那麼長的兩條鐵路可以藏在袖子裡，不讓帝修反知道？就算他是科盲，不知道衛星能攝影，那總該看過從被擊落的美蔣高空偵察機上繳獲的高分辨率攝影膠捲吧？

備戰備荒爲人民的另一重大措施，是把無量民脂民膏扔進狗洞的“深挖洞，廣積糧，不稱霸。”

中蘇在 60 年代末發生邊境流血衝突後，林副統帥下了一號戰備命令。這命令雖然因爲刺激起偉大領袖的疑心病，被他燒了，但基本精神却執行了，那就是把城市裡所有的“不可靠分子”“疏散、下放、遣送”到邊遠農村去實行監督改造。城市裡則開始大規模的“深挖洞”。不僅所有的城市都大規模興建人防工事，而且每個工廠都得挖防空洞。

這也是人類歷史上難以想象的蠢事爛事一樁。毛把國家毫無必要地帶入與强鄰發生全面武裝衝突甚至核大戰的險境中，用來“化險爲夷”的“善後之策”却是遍掘老鼠洞！

說是“老鼠洞”，一點不誇張。除了北京的人防工事比較深外，其他城市的人防工事完全是笑話。敝鄉的人防工事是在大街上挖明溝之後，使用所謂“沉箱法”建造的，亦即把預製的方箱狀鋼筋水泥封閉走廊放到溝裡去，再蓋上土鋪好路面。那深度也就是地下過街道的水平，恐怕連二戰中小日本的輕磅炸彈都能穿透。就算不能穿透，土層太薄，無法吸收爆炸引起的震蕩，裡面的人也會震得七竅出血而死。更搞笑的是，那隧道頂多也就能容納幾萬人，其他幾百萬人躲到哪兒去？

工廠修建的防空洞就更是笑話了。我廠的防空洞倒是能讓全廠職工擠著站在一起（還不能坐下來，跟大陸公車擁擠的狀况差不多），但覆蓋土層只有半米厚，只有一個進出口，靠兩個低矮的烟囱自然通風，照明則從外面拉電綫進來，毫無食物存儲和飲水，也沒有發電機和主動驅動的排氣扇。我進廠時那防空洞已經修好。我進去看了一眼，當下就决定如果戰爭真的爆發，我寧願死在外面。

這是民防工事，國防工事又如何？毛澤東自己就在 1969 年 1 月間說：己修成的四千三百多公里的設防工事，一大半無用。[1]

就爲這些正常人無從想象的愚蠢，國家不知道花費了多少建材、能源和人工。蘆某無知，還真不知道世界歷史上有過如此荒唐的鬧劇。

---

[1] 《毛澤東年譜（1949-1976）》第五卷，227 頁。

（六）“五七道路”

1966年5月7日，毛澤東給林彪寫了封信，說：

只要在沒有發生世界大戰的條件下，軍隊應該是一個大學校，即使在第三次世界大戰的條件下，很可能也成為一個這樣的大學校，除打仗以外，還可做各種工作。……這個大學校，學政治，學軍事，學文化。又能從事農副業生產。又能辦一些中小工廠，生產自己需要的若干產品和與國家等價交換的產品。又能從事群眾工作，參加工廠農村的社教“四清”運動；“四清”完了，隨時都有群眾工作可做，使軍民永遠打成一片。又要隨時參加批判資產階級的文化革命鬥爭。這樣，軍學、軍農、軍工、軍民這幾項都可以兼起來。但要調配適當，要有主有從，農、工、民三項，一個部隊只能兼一項或兩項，不能同時都兼起來。這樣，幾百萬軍隊所起的作用就是很大的了。

同樣，工人也是這樣，以工為主，也要兼學軍事、政治、文化，也要搞“四清”，也要參加批判資產階級。在有條件的地方，也要從事農副業生產，例如大慶油田那樣。

農民以農為主（包括林、牧、副、漁），也要兼學軍事、政治、文化，在有條件的時候也要由集體辦些小工廠，也要批判資產階級。

學生也是這樣，以學為主，兼學別樣，即不但學文，也要學工、學農、學軍，也要批判資產階級。學制要縮短，教育要革命，資產階級知識分子統治我們學校的現象，再也不能繼續下去了。

商業、服務行業、黨政機關工作人員，凡有條件的，也要這樣做。[1]

這封信被稱為“五七指示”，而按照它勾畫的戰略實行的社會經濟結構調整，則被稱為“五七道路”。

這個戰略與“土高爐”不同，不是“從群衆中來”的，好像是來自于綫裝書。毛的理想社會與老子的“小國寡民”頗有共通處。他對社會分工懷有莫名其妙的憎惡，畢生想廢除它。當初建立人民公社的動機之一就是廢除勞動分工。

同樣地，他在工廠也試圖推行這“桃花源”藍圖，毛主席的革命路綫是：

“我們的方針要放在什麼基點上？放在自己力量的基點上，叫做自力更生。”[2]

“自力更生”不但是毛澤東的對外經濟方針，同樣也是國內經濟方針。從國家宏觀水平到企業微觀水平，這政策一體通行。他一方面迷信“人多議論多，熱氣高，幹勁大”，爲此把高級社合併成龐大的人民公社，鼓吹它的優點是“一大二公”。另一方面，他又對“麻雀雖小，肝膽俱全”情有獨鍾，下令企業辦社會，其理想就是把所有的企業都變成自給自足的小社會。

毛時代略有規模的工礦企業無一不是這種五臟俱全的小社會，堪稱“工農兵學商並舉”，工廠辦農場、民兵、學校、商店、幼兒園、托兒所乃至醫務所。人類歷史上大概還從來沒有過這種大面積

---

[1] 毛澤東：《對總後勤部關於進一步搞好部隊農副業生產報告的批語》，1966年5月7日，《建國以來毛澤東文稿》，第十二冊，中央文獻出版社，1998年1月，53-54頁

[2] 毛澤東:《抗日戰爭勝利後的時局和我們的方針》（一九四五年八月十三日），《毛澤東選集》第四卷，
http://www.people.com.cn/GB/shizheng/8198/30446/30452/2193448.html

小規模重複勞動奇迹，浪費了無量人力物力。別的不用說，我廠辦的農場的投入與收穫之比堪入吉尼斯世界大全。光是每年把工人運到農場去的汽油開支和汽車折舊，大概就足够爲全廠職工買下一個月的口糧了。

第五章 文革

全國好不容易從大饑荒的深淵裡掙扎出來後，毛澤東停止戰略撤退，又把全國投入了所謂“文化大革命”。大躍進與文革乃是毛當國後的兩大手筆，都是世界史上獨一無二的偉大創舉。

當然，第二個大手筆與第一個不一樣。第一個大手筆是以政治運動方式掀起的經濟建設運動，它之所以“走向反面”，是因為它是以破壞的方式進行建設活動，用毛自己的話來說就是“平衡的破壞是躍進”，而它果然也達到了摧毀性破壞國民經濟平衡的戰略目的。

第二個大手筆則是純粹的政治運動。毛畢竟吸取了點教訓，再沒搞“畝產萬斤糧”與“以鋼為金”。而且，他總算知道了“民以食為天”，主要將運動限於城市，沒怎麼波及農村。相對來說，農村應該算是基本逃過了劫難。重災區是文化科學教育界。

不過，從長遠來看，文革給國家帶來的災難比大躍進還嚴重。它雖然沒有引出長達三年的大饑荒，但製造了長達十年的的精神大饑荒；雖然沒留下幾千萬人的餓殍，卻留下了整整幾代文盲加痞子。它造出了一個深如河漢的文化斷層，給中國的文化教育科學事業帶來的毀滅性打擊，大概在百年內都難以修復。

前文已經說過，文革是“破”而非“立”，不管是在政治建設還是經濟建設方面，它都毫無具體內容，只有權力鬥爭內容。中國的權力鬥爭就是整人。論這個，毛澤東可是世界幾百年、中國幾千年才出的一個天才，即使以一人整全民都恢恢乎遊刃有餘，“不管風吹浪打，勝似閒庭信步”。除了以發動文革再度重創國家民族元氣外，他倒也沒幹過什麼白癡事體。因此，本章重點與前面幾章不同，只簡單介紹文革造成的災難。

一、文化滅絕戰爭

（一）滅絕文化翹楚

文革實際上是一場內戰，而民族的文化精英們就是被這場人民戰爭圍殲的"有生力量"，只不過它是以拳頭棍棒的方式進行的，而被消滅的對象毫無反抗能力，只能束手待斃。前文已經對毛澤東在文革中如何發動暴民圍殲科學家、學者、作家、藝術家作了簡介。一代文化精英倒在這場毫無來由的屠殺中。沒有哪個民族的科學、文化、藝術、教育事業經得起這種無比狠辣的打擊。

（二）毀滅民族文化遺產

1966 年"紅八月"期間，高幹子弟紅衛兵發動了"破四舊"運動，將人類一切文化藝術成果譴責為"封資修黑貨"，不僅在全國範圍內大砸廟宇、神像，就連古墳都要統統喪心病狂地刨掉。"破四舊"主要是高幹子弟犯下的罪行。他們失勢後，個別地方的造反派繼續進行了挖祖墳的偉大事業。

據民間不完全統計，文革期間被夷平、掘開或砸毀的古墳、古廟有鄠縣鹿元坡的炎帝陵；紹興會稽山的大禹廟；曲阜孔子墓、孔令貽墓、孔府、孔廟、孔林，共計有一千多塊石碑被砸斷或推倒，六千多件文物被燒毀或毀壞，十萬多冊書籍被燒毀或被當做廢紙處理，五千多株古松柏被伐，二千多座墳墓被盜掘； 四川灌縣李冰父子神像被砸毀；烏江畔項羽自刎處的霸王廟、虞姬廟和虞姬墓；霍去病陵；張仲景老家河南南陽的“醫聖祠”、 “張仲景紀念館”的展覽品被洗劫一空；河南南陽“諸葛草廬”的石坊及人物塑像、祠存明成化年間塑造的十八尊琉璃羅漢被全部搗毀，殿宇飾物被砸、珍藏的清康熙《龍崗志》、《忠武志》木刻文版被焚；王羲之舊居金庭觀、祠堂以及墓廬幾乎全部平毀；覺拉寺藏王松贊乾布與文成公主二人的塑像被砸；合肥包拯墓被毀；河南湯陰縣岳飛廟內所有塑像、銅像、鐵跪像，連同歷代傳下的碑刻被毀；杭州岳飛廟被砸，岳墳被夷平；杭州的林和靖墓、于謙墓、章太炎、徐錫麟慕、秋瑾墓、楊乃武墓均被砸毀；成吉思汗陵園被砸毀；張居正墓被砸；袁崇煥墓被夷平；何騰蛟墓被掘；吳承恩故居被夷平；蒲松齡墓被掘；安徽全椒縣吳敬梓紀念館被砸；山東武訓墓被掘，武訓遺骨被遊街，當眾批判後焚燒成灰；張之洞墓被掘；張氏夫婦遺體吊在樹上被狗吃掉；李蓮英墓被掘；康有為墓被掘，遺骨遊街示眾，頭顱被送進“青島市造反有理展覽會”展覽。八達嶺詹天佑銅像及碑文被毀；另一鐵路工程師陳宜禧銅像也被毀；廣州黃花崗烈士陵園內凡有關國民黨的標記全被剷除，石刻的紀念碑文也被斫得破痕處處，無法卒讀；南京新街口廣場的孫中山銅像被拉走；宋慶齡父母在上海的墓被砸；袁世凱墓前的石人石馬被推倒，墓則被炸壞；吳兆麟墓被砸開，破土曝屍；李平書銅像作為廢銅爛鐵送進了上海冶煉廠；蔣介石生母的墓被掘，遺骸和墓碑被丟進了樹林；湖北南漳縣張自忠衣冠塚與三個紀念亭均被毀；廣西貴縣石達開紀念館和桂東南抗日起義烈士碑被嚴重破壞；南京抗戰“航空烈士公墓”被徹底搗毀，一百多名烈士的骸骨全部被丟棄失散；張輝瓚墓被砸毀；楊虎城墓被砸毀；抗戰烈士、原外國租界法院刑庭庭長郁曼陀血衣塚被夷平；戴安瀾墓園被砸；陳嘉庚墓及紀念碑石雕等均被砸；徐志摩墓被砸；傅抱石、齊白石、徐悲鴻的墓統統被砸；高君

宇、石評梅合葬墓被砸毀；上海作家靳以的墳被刨，骨殖被拋撒，蘇北農學院院長馮煥文遭掘墳、砸碑、焚屍之災……[1]

在 1966 年的“紅色恐怖”期間，高幹子弟紅衛兵更在各級公安部門的幕後指點下，進行大規模的打砸搶犯罪活動。他們衝入守法公民的家，搶劫、焚燒、砸毀其珍藏的文物、字畫、古玩，將它們當成“反動字畫”甚至“變天賬”，將受害人活活打死，在全國造成了人人慄慄危懼、惶惶不可終日的極端恐怖氣氛，致使未被抄家的平民爲了免禍，主動祕密燒毀私人藏書和字畫，毀掉古玩。

據丁抒先生研究，北京市有十一萬四千多戶被抄家。上海市按周恩來的說法“抄了十萬戶資本家”。上海川沙縣五十多萬人，七千八百多戶人家被抄。浙江嵊縣，八千餘戶被抄。連僻遠的人口不多的雲南江城哈尼族、彝族自治縣，也有五百六十五戶被抄。山東威海市僅工商界、文化界人士就有二百七十五戶被抄家。以農村人民公社為單位計，江蘇江寧縣僅一個祿口公社就有三百〇八戶被抄，抄走金銀器皿、飾物及日用品七千五百件，毀壞書籍無數。上海奉賢縣青村公社三百一十五戶被抄，毀字畫二百二十七幅，書刊六千餘冊。全國上下總共約有一千萬戶人家被抄，散存在各地民間的珍貴字畫、書刊、器皿、飾物、古籍不知有多少在火堆中消失！

丁抒先生的調查指出：

> “北京名學者梁漱溟家被抄光燒光。文革過後，他回憶道：‘他們撕字畫、砸古玩，還一面撕一面唾罵是 “封建主義的玩藝兒”。最後是一聲號令，把我曾祖、祖父和我父親在清朝三代為官購置的書籍和字畫，還有我自己保存的……統統堆到院裡付之一炬。……紅衛兵自搬自燒，還圍著火堆呼口號。……’……

---

[1] 丁抒：《從“史學革命”到“挖祖墳”》，

http://blog.boxun.com/hero/dings/47_2.shtml

南京著名的書法家林散之珍藏多年的字畫，以及他自己的作品全部被毀之一炬後，被趕回到了安徽老家。

杭州名學者馬一浮是中央文史館副館長，他的家被搜羅一空。抄家者席捲而去之前，他懇求道：‘留下一方硯台給我寫寫字，好不好？’誰知得到的卻是一記耳光。八十四歲的馬老悲憤交集，不久即死去。

著名作家沈從文在中國歷史博物館工作。軍管會的軍代表指著他工作室裡的圖書資料說：‘我幫你消毒，燒掉，你服不服？’‘沒有什麼不服，’沈從文回答，‘要燒就燒。’於是，包括明代刊本《古今小說》在內的幾書架珍貴書籍被搬到院子裡，一把火全都燒成了灰。

字畫裱褙專家洪秋聲老人，人稱古字畫的‘神醫’，裝裱過無數絕世佳作，如宋徽宗的山水、蘇東坡的竹子、文徵明和唐伯虎的畫。幾十年間，經他搶救的數百件古代字畫，大多屬國家一級收藏品。他費盡心血收藏的名字畫，如今只落得‘四舊’二字，被付之一炬。事後，洪老先生含著眼淚對人說：‘一百多斤字畫，燒了好長時間啊！’

紅學家俞平伯自五十年代被毛澤東批判後，便是欽定的‘資產階級反動學者’。抄家者用骯髒的麻袋抄走了俞家幾世積存的藏書，一把火燒了俞氏收藏的有關《紅樓夢》的研究資料。

前國務院交通部長章伯鈞是大右派。他一生喜歡藏書，曾對周恩來說：‘一生別無所好，就是喜歡買書藏書。我死後，這些書就歸國家。’到六六年時，他的藏書與已逾萬冊。附近一個中學徵用他的家作紅衛兵總部，他的書便成了紅衛兵頭頭夜裡烤火取暖的燃料。後來，除少數善本書被北京圖書館收去之外，他的藏書全被送到造紙廠打成了紙漿。

蘇州桃花塢木刻年畫社的畫家凌虛，五十年代曾手繪一幅長達五十尺的《魚樂畫冊》，由中國政府拿去，作為國寶贈送印度尼西亞總統蘇加諾。他化了幾十年的工夫，收集到上千張中國各地的古版畫，如今被燒了個一乾二淨。

中國畫院副院長陳半丁年已九十，批鬥之餘，作品被焚燒。陝西畫家石魯被拉到西安鐘樓大街的鐘樓外，當街吊起來，在人群的圍觀中接受批判。他的‘黑畫’被一幅幅拿出，要他供認那些山水花鳥的‘反動內容’。批鬥一幅即撕毀一幅或在畫面上用紅筆打個叉。上海畫家劉海粟珍藏的書畫被抄後，堆在當街焚燒。幸虧一位過路人以‘工人’的名義鎮住革命小將，打電話給普陀區委、上海市委，要求派人制止。在焚燒被止住前已燒了五個多小時，焚毀的字畫、器皿不計其數。

江青點名咒罵名畫家齊白石後，北京紅衛兵砸了齊白石的墓和‘白石畫屋’，又逼著齊的兒子齊良遲刨平齊白石自題的匾上的字跡。

上海畫院畫家朱屺瞻收藏的名人字畫被搜羅一空，他保存的七十餘方齊白石為他刻的印章被抄得一個不剩。朱屺瞻進‘牛棚’時已七十五歲，能活下來已屬萬幸。其他上海畫院畫家，如白蕉、錢瘦鐵、陳小翠、吳湖帆則不如他幸運，都做了文革的屈死鬼。

一九五二年，國畫大師張大千的前妻楊宛君將張在甘肅敦煌石窟現場臨摹的二百六十幅唐代壁畫全部獻給了國家，自己僅保留十四幅張氏為她作的畫。如今抄家者光顧楊宅，那十四幅畫被搜走，從此全都沒有了下落。

紅衛兵焚書，無遠弗屆。當年諸葛亮病死葬身的陝西勉縣，‘珍藏於人民群眾中數以萬計的古字、古畫和玉石珍品，大部丟失或毀壞。’四川蒲山縣鶴山鎮僅五千人，抄家銷毀的

古書也多達兩千多本，古畫二百餘張。廣西防城縣，‘文物館幾千部古典書籍、文物、資料和檔案全部被燒毀。’

邊疆也不例外。遠在天邊的雲南江城哈尼族、彝族自治縣，和老撾為鄰，離北京足有三千公里，可革命不落人後：‘除馬克思、恩格斯、列寧、斯大林、毛澤東的著作外，其他書籍都被列為“四舊“，大量焚燒。’新疆首府烏魯木齊新華書店的存書，被搬到大街上一把火通通燒掉。黑龍江省中蘇邊境上的嘉蔭縣，中學生衝進縣文化館，將戲裝、圖書搬到街上，全都燒成了灰。

燒書污染空氣，送到造紙廠打成紙漿才是好辦法。江浙一帶人文薈萃，明清兩代五百年，著名書畫家大部份出在那裡，留存至今的古籍特別多，‘破四舊’的成果也就特別大。僅寧波地區被打成紙漿的明清版的線裝古書就有八十噸！”[1]

這種規模空前的對民族文化精英的瘋狂虐殺迫害、對全民文化遺產的徹底掃蕩，在秦朝以後的中國這個有著舉世無雙的尊重知識、尊重讀書人的深厚傳統的國家還從未見過，遠遠超出毛澤東聲稱的“超過秦始皇一百倍”。

（三）中止教育

從 1966 年 6 月到 1969 年初，全國大中小學一律停課。1969 年初，全國從初一到高三六個年級的中學生（有的地方是七個年級，即初 69 級到高 66 級），在同一時間統統“畢業”，被趕到農村去“接受貧下中農再教育”。大學生也在大致同一時間內“畢業”分配工作。

---

[1] 丁抒：《“破四舊”——幾多文物付之一炬》，http://blog.boxun.com/hero/wenge/82_2.shtml

新入學的中學生從事的是“學工學農學軍”，語文課基本由毛澤東著作構成，數學、物理、化學、生物、歷史、地理等科目被廢除，代之以“工業基礎課”與“農業基礎課”，其編寫宗旨是用最粗淺的科技常識去論證用黑體字印刷的毛澤東語錄是“真理”。考試一律廢除。當局還痛批“師道尊嚴”，以北京小學生黃帥[1]為榜樣，號召學生起來造老師的反，不許他們當“五分加綿羊”，以致學校裡根本沒有起碼的課堂秩序可言。

在這種反智主義的胡鬧下，中學教育質量低到了現代人難以想象的地步。1977 年，我在中學擔任數學教師。那時已經開始“撥亂反正”，高考已經恢復，學生們也知道，如果考上大學就不用下鄉，學習熱情相當高。然而我教的初三學生居然連分數運算都不會，有本事用分子加分子，分母加分母，得出 1/3 + 1/4 = 2/7 的結果來。

這段時期的中學畢業生也與所謂的“老知青”一樣，統統被趕到農村去接受“再教育”，直到 1978 年 10 月，這一反文明國策才被廢除。

大學則廢除升學考，從“工農兵”中直接選拔學員，在實踐中則化為通過後門招生。“工農兵學員”與全世界（包括共產世界）的大學生都不同，從事的是所謂“上大學，管大學，用毛澤東思想改造大學”。學校實行的是三年制的“開門辦學”，沒有任何考試或考查，學生的時間主要花在“社會調研”以及政治運動中。我廠幾個名牌大學畢業的“工農兵學員”連中學生水平都沒有，這時的大學，和大躍進期間辦起來的“紅專大學”也差不多。

總而言之，從 1966 年夏季開始，中國的教育事業整整中斷了十年。在此之前，世界上還從未有哪個國家發生過這種事。哪怕是在

---

[1] 《百度百科·黃帥》，http://baike.baidu.com/subview/560011/12225645.htm

抗戰期間，中國教育也從未遭受這種浩劫。那時師生們徒步逃亡幾千里，仍然弦歌不絕。

就連蘇式共產陣營內從未出過這種事，蘇德戰爭初期，蘇軍一潰千里，然而就是在那種危殆形勢下，蘇聯的教育也不曾中斷過。蘇聯的國民平均教育文化水平之高，比西方國家有過之無不及，這是為西方公認的。

相對於蘇聯那種“理性共產主義”，毛記“野蠻共運”以反智主義為最醒目特徵，而大躍進與文革這兩個偉大創舉都把這個特徵表現得淋漓盡致。在世界歷史上，只有毛澤東的弟子波爾布特青出於藍而勝於藍，把它推到了更高更活的頂峰。

毛以國家機器的強制權力，人為製造了整整幾代文盲與半文盲，其慘痛後果大概在未來幾十年內都會為全民族痛切感受到，這是因為，即使是那些文革後考上了大學的幸運兒們也都先天不足，後天失調，受過的中學教育很不完全，而這些人如今正在變成學科帶頭人。比較一下如今北大、清華、復旦的名教授們與民國的老前輩，立即就能洞見這一點。他們能帶出來的學生，當然也就沒有多少可能具有民國大學生的水平。

（四）毀滅文化事業

從 1963 年開始，所有的“大洋古”影劇統統從銀幕上、舞臺上消失。與此同時，官方媒體開始“革命大批判”，先後批判了楊獻珍“合二而一”哲學觀，馮定“正義衝動論”，孫冶方經濟理論，羅爾綱對李秀成的研究等等，以及大批的“毒草電影”與“毒草小說”，被禁的“毒草電影”多達 600 多部[1]。文革一來，所有古今中

---

[1]《揭祕：文革後 600 部被禁電影是如何解禁的？》人民網，
http://blog.people.com.cn/article/21/1357262009186.html

外的書籍，除馬恩列斯毛的著作以及科技書籍外，統統被禁，所有的圖書館都關門，就連電影院、劇院也關閉了很長時間。

待到 70 年代，電影院、劇院以及圖書館才陸續開放，但人類一切文化成果都成了遭到嚴格禁止的“反動的封資修黑貨”：中國傳統文化成果是“封建黑貨”，一切非共國家的文化成果是“資產階級黑貨”，而蘇東國家的文化作品則是“修正主義黑貨”。唯一允許人民觀賞閱讀的，就只有八個樣板戲，幾部電影，兩部小說，一部“詩報告”。

毛共文禁之嚴，文禍之烈，不僅為歷朝歷代見所未見，就是在蘇式共產世界也從未有過。列寧、斯大林也殘酷迫害文人學者，但蘇聯不但從未禁止過世界文學名著以及俄羅斯文學名著，還在衛星國中大力介紹推廣俄羅斯文學名著，使得這些國家的知識分子熟悉它們的程度甚至超過了本國文化。如前所述，毛記共運的這一突出的反智主義特徵，使得它與其他牌號的國際共運劃然有別，具有鮮明的個人印記，大概只能用毛澤東的心理創傷來解釋。

毛共掀起的長達十多年的鋪天蓋地的反智反文明狂潮，徹底蕩滌了中華大地，以社會化大生產方式，製造了一代又一代對東西方文明一無所知的野蠻人。即使是今日文化界的名人們，也未必有多少文化。當代“國學家”們尤其對傳統文化一無所知，于丹教授講《論語》就是最鮮活的演示，她竟然連“民無信不立”那麼淺顯的話都看不懂，連儒家的“三綱五常”都不知道，以為“信”的意思是“信仰”！更滑稽的是，公開為當年砸孔廟、刨孔墓的紅衛兵們拍手叫好的北大教授孔慶東，居然成了眾人眼中的當代大儒，時時處處以孔子第 73 代直系傳人招搖過市，還是孔子和平獎評委會的頭面人物，經常為普京、穆加貝等各國政要們頒發個什麼“孔子和平獎”！

二、破壞工業生產

粉碎四人幫後，中共領導人如華國鋒等多次宣稱，“十年浩劫使得國民經濟跌到了崩潰邊緣”。然而近年黨媒卻出來作翻案文章，《人民網》的一篇文章說：

> “1967 年至 1976 年的 10 年（1966 年因經濟領域尚未受到‘文革”較大影響，故不計入），工農業總產值年平均增長率為 7.1%，社會總產值年平均增長率為 6.8%，國民收入年平均增長率為 4.9%。”

據此，作者便下結論說：

> “從‘文革’後國家統計局公佈的經濟統計數字上看，‘文革’時期的經濟取得了發展，是明顯的事實。”“‘文革’時期的經濟建設，雖然面臨巨大的困難，仍然取得了發展，並為以後改革開放時期經濟發展提供了物質基礎和保障。”[1]

然而作者的全部立論依據，就是國家統計局的數字。他還特地說明，這些數字是可信的。那麼，聲稱“國民經濟到了崩潰邊緣”的中央首長們豈不是在危言聳聽，無恥撒謊，欺騙人民？他們爲什麼要這麼做？

人民日報
RENMIN RIBAO
麻城建国一社出现天下第一田
早稻亩产三万六千九百多斤
福建海星社创花生亩产一万零五百多斤纪录

如果文革期間的統計數字能當真，當年黨報上刊登的畝產萬斤糧就更是“明顯的事實”

[1] 陳東林：《實事求是地看待“文革時期”經濟建設——寫在建國 50 周年來臨之際》，《真理的追求》，1999 年 09 期

了——好歹，田裡到底能長出多少莊稼来，要比報表上的數據更是“明顯的事實”不是？

“衛星田”那“更明顯的事實”並非曇花一現，弄虛作假歷來是毛共優良革命傳統，在文革期間同樣得到大發揚。1976 年春，大連紅旗造船廠造的一艘五萬噸巨輪隆重下水。全國各大廠礦代表、交通部領導、科學院哲學社會科學部領導、北京市各大出版社的代表等上千名代表齊集海濱觀禮。鑼鼓喧天，紅旗招展，廠革委和來賓先後在會上講話，痛斥“買辦洋奴思想”。然後是盛大的剪綵典禮，禮炮轟鳴中，輪船徐徐下水，萬眾歡呼毛澤東思想偉大勝利。可下水的卻是個絲毫沒有機器、根本不能開動的空船殼！[1] 眾目睽睽之下都能如此造假，而況統計局的黑箱內乎？

雖然群眾沒有可能去揭開統計局的黑箱，但過來人光憑親身經歷就知道，文革十年的工農業總產值的年平均增長率絕無可能高達 7.1%。連偉大領袖毛主席自己都親口承認：

> “文化大革命犯了兩個錯誤，1. 打倒一切，2. 全面內戰。打倒一切其中一部分打對了。如劉、林集團。一部分打錯了，如許多老同志，這些人也有錯誤，批一下也可以。無戰爭經驗已經十多年了，全面內戰，搶了槍，大多數是發的，打一下，也是個鍛煉。但是把人往死裡打，不救護傷員，這不好。”[2]

在打倒一切和全面內戰的混亂情況下，工農業總產值年平均增長率還能高達 7.1%，這真不是人類所能理解的咄咄怪事。

更滑稽的是，從 1958 年後直到 1976 年粉碎四人幫，整整 18 年內，全國工礦企業的二級工以上的工資都處於凍結狀態，不曾加過一分錢的工資，何來“國民收入年平均增長率為 4.9%”？

---

[1] 韋君宜《思痛錄》，144-145 頁。

[2] 毛主席重要指示（一九七五年十月——一九七六年一月），《建國以來毛澤東文稿》，第十三冊，488 頁

實際上，文革從多方面影響、破壞了工業生產。下面僅就自己親歷目睹作一簡介。

（一）生產中斷

從 1966 年 5 月下旬起，全國開始“文鬥”，到了 8 月間，毛澤東《炮打司令部》的大字報傳到全國各地，地方上開始“炮轟省委，火燒市委”，到省市委去貼大字報，要求領導出來接受批判。地方領導調動忠於他們的群眾去“保衛省市委”，造反派與保守派對立開始形成。雖然這階段基本上是文鬥，社會秩序也未崩解，但群眾天天上街貼大字報、開會、遊行示威、與對立面辯論等等，佔用了大量生產時間。

10 月間，“無產階級司令部”開始批判“資產階級反動路線”，造反派與保守派對立加劇。11 月間，中央意圖逐漸為地方群眾獲悉，造反派聲勢大盛，遊行、示威、大會無日無之，省市領導為逃避群眾批判揪鬥東躲西藏，這情況一直延續到年底。

所以，作者所謂“1966 年因經濟領域尚未受到‘文革’較大影響”不是事實，起碼有半年的生產受到了政治運動多方面的衝擊，主要是大量生產時間被佔用，而各級領導惶惶不安，無心領導管理生產。

1967年1月間，毛澤東號召“奪權”，這就是他後來承認的“打倒一切”。上面已經說過了，所謂“鬥倒走資本主義道路的當權派，批判反動資產階級學術權威，改革不合理的規章制度”，這裡所有的定語都沒有給出明確判據，要執行它就絕對只可能是“鬥倒當權派，鬥倒學術權威，廢除一切規章制度。”

這就是當時在全國所有工礦企業內發生的事，所有的“老當”被鬥倒，技術人員統統靠邊站，所有的規章制度都被當成“資產階級管、卡、壓” 廢除了，工人群衆“從必然王國進入自由王國”，當真快活。

毛忘記了人類最起碼的常識：好逸惡勞乃是人類本性，如果沒有黨幹在後面揮舞鞭子，幹多、幹少、不幹全一樣，那無論路綫覺悟有多高的革命同志都不會主動去“一不怕苦，二不怕死”。上海碼頭工人曾代表我侷工人階級喊出了心裡話：“要作碼頭的主人，不作噸位的奴隸！”這就是毛式“解放”的必然後果。

唯一能遏止這“解放”的利器就是“階級鬥爭”，可惜那玩意也未必“一抓就靈”。

1967 年初造反派奪權成功後，老幹部“靠邊站”沒多久，“無產階級司令部”就號召“革命幹部站出來亮相”。他們學習偉大領袖的榜樣，操縱一派群眾保自己，打政敵。在他們的操縱下，造反派迅即分裂為兩大派。此時所謂“階級鬥爭”就是“派鬥”的同義語。開頭還是文鬥，後來迅速發展為冷兵器戰爭。到了 1967 年 7 月間，江青同志提出“文攻武衛”的響亮口號，全國迅即捲入全面內戰。兩派發揚我黨我軍的光輝傳統，使用各自的軍隊後臺發的現代武器消滅對方。

隨著全國各地捲入戰火，工廠變成戰場，工人變成戰士或難民，生產中斷了起碼一年，直到 1969 年 4 月間中共九大召開前後，戰爭才逐漸停息。

在此期間還開展了“清理階級隊伍運動”，工廠變爲一部分工人階級毒刑拷打另一部分工人階級的刑訊場。解放了的人民煥發出來的無窮無盡的聰明才智，只表現在發明出無數匪夷所思的毒刑，而他們行使神聖民主表决權利的莊嚴時刻，則是决定是否該把孕婦

吊到龍門吊上去。據丁抒先生研究，“清隊運動”批鬥了三千萬人，整死了五十萬人[1]

敝人遲鈍，實在不懂工廠停工後，如何還能有生產值，姑不說修復毀於炮火乃至地雷的廠房、設備等等花費的金錢了。

（二）勞動紀律廢弛

1970－1974 年期間，大亂初歇，“階級鬥爭”又變成了奴隸主驅使奴隸流血流汗的鞭子。可惜奴隸已經學會了如何用“兩類矛盾”來保護自己，那鞭子再也沒有文革前的神效了。

最主要的破壞，還是“毛主席革命路線”終於佔了上風。九大以後，工廠雖然復工了，但毛澤東又開始大批“唯生產力論”，把“只抓生產，不抓革命”當成“修正主義路線”痛加批判。廠領導根本不敢理直氣壯地抓生產，因為隨時都可能被對立面扣上“以生產壓革命”的大帽子，變成“走資派”。

另一方面，“鞍鋼憲法”又為工廠裡盛行的無政府主義提供了“憲法依據”。文革前，“鞍鋼憲法”還在一定程度上受到了抵制。文革一來，它就成了金科玉律，“反對資產階級管卡壓”成了時代最強音，幹部對生產的正常管理指揮隨時可以被解讀為“資產階級管卡壓”。

這綜合結果，就是勞動紀律廢弛，生產完全缺乏正常管理。70年代我當工人時，各車間連起碼的操作規程都沒有。生產混亂之極，勞動條件極度惡劣，廢氣廢水胡亂排放，嚴重損害了工人健康；處處是安全隱患，事故頻發，許多工人受傷致殘，有的甚至早卒；工人可以到處吸煙，哪怕是在堆放易燃易爆物的場所……。

---

[1] 丁抒：《文革中的"清理階級隊伍"運動──三千萬人被鬥，五十萬人死亡》，http://blog.boxun.com/hero/wenge/91_1.shtml

等到 1974 年“批林批孔運動”爆發，派頭頭們再度造反，我侃工人階級便迎來了第二個春天。那陣子咱們一邊上班一邊豎著耳朵，一心以爲派頭頭們將至。但等他們去衝擊黨委鬧事，我等立馬關了機器，載歌載舞趕回家去，女的學裁縫，男的學木工去也。

直到 1975 年鄧小平搞整頓，崗位責任制、操作規程等等才重新制定出來，但仍然極不完全。好景不長，“批鄧反擊右傾翻案風”一來，一切又重歸自由。那時毛已經病入膏肓，中央權力鬥爭膠著，省市領導惶惶不安，根本沒心思管生產。我等小工人遲到早退曠工完全成了常規。這大好形勢一直延續到毛斷氣。

（三）群眾性技術破壞與技術顛覆

生產中斷與消極怠工是消極性破壞，而“群眾性技術革命與技術革新”運動則是積極破壞。前已述及，它是毛澤東破壞國計民生的神功之一，曾經在大躍進中大顯神通。在文革中，它又一次顯示了無窮威力。

1971 年，我從農村返回城市，進廠後自學了工科大學教科書，搞了點 “技術革新”，頗知那“技術革命與技術革新”是什麼爛污事體。

就說本人搞的那“技術革新”吧。那陣子正興“可控硅”，我就弄了個無級調壓的可控硅整流設備出來，好使倒好使，可惜它把電網輸送的正弦波變成了非正弦波。懂點高等數學的同志都知道，非正弦周期函數可以分解爲所謂“傅利葉級數”，也就是無窮個高次正弦函數的迭加。這在實際中就變成了所謂“高次諧波”，反饋回電網初級去，把整個電網的輸電品質搞得一塌糊塗，造成大量虛功消耗。

我開頭還很心虛，覺得這完全是挖肉補瘡，損人利己，以鄰爲壑，唯一可以自慰的就是，這並非我的發明，而是運用他人先進經驗。沒成想那竟然成了“重大技術成果”，我因此成了“技術權威”，得以多次出席“技術成果”鑒定會，這才發現其實大家都在這麼亂搞一氣。比起他們來，我實在是小巫見大巫。

記得有個所謂“重大成果”最爛污，我好歹還用了全波整流，那傢伙用的則是半波整流，用的還不是整個半波，而是把一小部分截下來，于是電壓平均值當然就降低了，從 220 伏變成了 12 伏。那唯一的“優點”就是省了個變壓器，但由此造成的高次諧波對電網輸電品質的敗壞簡直是無法形容。

最有趣的還是我參觀過的一個全省技術革命的先進典型。那先進事迹曾多次上報，而且還不光是省報，還上過《人民日報》。我跟著主管生產的副廠長和其他廠子派去的參觀團一道去學習經驗，開頭還誠惶誠恐，跟去朝聖也沒什麼兩樣，結果到了一看大吃一驚，簡直不能相信世上有這種爛污事體。

那是一家蘇聯在 50 年代援建的部級廠，廠房布局設計一看就很正規，跟見慣的爛污廠畢竟不一樣。後來該廠生產規模擴大了，用電量遠遠超出了變壓器的負荷。在這種情況下，本該換用更大負荷的變壓器，或是再裝一台變壓器。但該廠實行“兩參一改三結合”，由副廠長、技術人員和工人一道組成攻關小組，大搞技術革新，打破常規，破除迷信，解放思想，創造了“土法上馬”、“鷄毛上天”的“多快好省”的人間奇迹，使得該廠在沿用原變壓器的情況下還倍增了產量。

有點科技常識的人都知道，不管什麼設備，都有個輸出功率限制。超過那個負荷，設備就要發熱，超過到一定限度，設備就要燒毀。人也是這種設備：跑步就要發熱，體力透支到一定程度，人就要倒斃。

該廠使用的變壓器，乃是把電網的高壓電變爲 380 / 220 的工作電壓，供應全廠的用電。那輸出功率是限死了的，決定了全廠所有電器的功率總和決不能大于它，否則變壓器就要發熱。可該廠的實際用電量却超出了負荷一倍，而那變壓器却安然無恙，這豈不是打破了常規，破除了迷信？

這奇迹是怎麼實現的？大家都見過變壓器，其外殼有一根根金屬散熱管。變壓器的綫圈和鐵芯藏在鐵盒子裡，浸泡在絕緣的冷却油中。綫圈和鐵芯散發出來的熱量就通過那冷却油靠熱循環流到外面的散熱管去，被空氣冷却後，再流回內部。如此就能保證變壓器在不超載的情況下散發電阻產生的熱量。這是個天然散熱過程，利用的乃是冷却油天然的熱循環。

當變壓器超載運轉時，就要大量產熱，此時若還是天然散熱，就無法及時散發額外產生的熱量，變壓器的綫圈越來越熱，到一定程度就要燒毀。

那工廠的技術人員當然也知道這點常識，他們便對症下藥，使用了强制循環，在變壓器的天然冷却系統中加了一個泵，使冷却油原來靠天然熱循環自然流動成了爲泵驅使的高速流動，再把冷却管延長，在外面用冷水澆灌，于是不管變壓器無論怎麼超載，產生的大量熱能都會被及時排放，於是綫圈也就不會被燒毀了。這就是整個奇迹的祕密。

我當時看了真不敢相信世上有這種蠢事。那時畢竟是初生牛犢不怕虎，當下就問那介紹者：

“您這只解決了散熱問題，確保變壓器超載後不會被燒毀，但變壓器超載時，鐵芯的磁通量必然要被飽和。因此，次級電壓必然下降，請問這問題您怎麼解決？”

那傢伙白了我一眼，支支吾吾什麼也沒說出來。率我前去的廠革委副主任立即變色，示意我不許再問。我不甘心，還要追窮寇。他一把把我拽出人群，低聲囑咐道：

“人家這是上了大報的先進經驗！你怎麼能這樣不顧大局胡來？！”

我又何嘗不知道？但我實在忍不住，于是便嚷嚷道：

“劉老當，你不懂電，跟你解釋也沒用。但如果你不相信我，可以去問他，輸出的綫電壓一定很低，絕對不會是380伏。你知道這意味著什麼嗎？那就是說，他們廠的馬達燒毀率肯定比其他工廠高多了。所有的工人都知道：‘電壓高，燒燈泡；電壓低，燒電機。’他們爲省錢不買新變壓器，結果就是燒毀大量馬達，錢非但沒省下來，還只有多出去的！”

劉老當臉都白了，緊張地看看人群，又看看我，頗有伸手出來捂我的嘴的架勢。可我還是忍不住，更加大聲地嚷道：

“我還沒說完呢！他們不但害自己，還害了別的廠！變壓器鐵芯磁飽和之後，必然要產生高次諧波，回送到電網中去，不但造成大量虛功消耗，而且降低了整個電網的供電質量……”

劉老當忍無可忍，拽著我的手臂，把我拉到了外面，疾言厲色地警告我，說他讓我來不是來作刺兒頭的，是來學習怎麼把這先進經驗推廣到我廠去的。早知道我會這麼胡說八道一氣，他就絕對不會讓我來了。我這種人要是早生幾年，肯定要當大右派，云云。

劉老當算是領導中比較關心生產的老同志，文革中沒少爲此受過罪。我也知道他人很正直，雖然沒什麼文化，難得我黨的反智主義教育對他似乎沒起到太大作用，所以他是所有領導中唯一重視我的技術能力的人。更何況他說的也是實話，人家是讓我來吹捧的，不是讓我來砍旗的。

于是我就軟了下來，跟他說：

“老當，別生氣了。我們用不著學習他這先進經驗，咱們廠又沒超負荷。你去跟那傢伙說，用不著這麼蠻幹，在變壓器次級並聯個電容櫃就行了。那才是省錢的主意……”

老當如夢初醒，說：

“著啊！他們沒裝電容器。你不說我還想不起來，剛才就沒注意這事。”

“沒裝，我早看過了。你去跟他說，沒錯的。這才是真正省電的路子。我可以幫他們算出該用多大的電容器，能省下多少電能來。如果節省的電能等于或是大過他們超出來的負載，那就把這套强制循環的爛污發明撤了，也用不著換新變壓器。”

內行都知道，工廠用的電器主要是電機，在電工學上稱爲“電感負荷”，因爲電磁感應，産生了一個滯後的電流，這電做的功稱爲“虛功”，雖然並不實際消耗能量，但仍然構成了變壓器的負荷。換言之，變壓器供應的電能無法被完全利用，有一部分消耗在做虛功裡。如果在變壓器次級並聯一個電容器，就能起到蓄水池的作用，吞吐滯後的電流，抵銷了電機造成的虛功，使得變壓器供應的電能完全用來作實功，這相當于擴大了變壓器的負荷，而且改善了整個電網的供電品質。劉老當雖然沒文化不懂電，却是知道那玩意能省電的。敝廠就因爲裝了那玩意，改善了整個電網的品質，年年獲得供電局的獎勵。

于是劉老當就在適當場合給人家提了這真正的合理化建議。我當然不在場，以免起副作用。過後我問他怎麼樣了，他沮喪地搖搖頭：

“沒戲。這技術革新是人家的先進經驗。那電容櫃裝上去了，先進經驗也就沒有了，還怎麼當典型？”

我一想也是：裝電容櫃乃是常規作法，並非獨出心裁的發明。那家廠子沒裝，乃是他們不懂規程。現在裝上去並不可能因此變成先進典型，反倒證明了他們的發明多餘。人家怎麼會幹這種拆自己的台的蠢事？

這就是毛“群衆性技術革命和技術革新”神功的自傷機制所在。光從字面上看，這口號似乎一點都不錯。但它的出籠背景乃是毛的反智主義。毛不但自己不承認世上有客觀規律，而且千方百計發動群衆起來破除客觀規律，誰要是膽敢提醒客觀規律的存在，誰就立刻要變成“攔路虎”。于是誰都不敢打擊工人群衆的社會主義積極性，特別是技術人員更是戰戰兢兢，唯唯諾諾，生怕潑了冷水被當成“反動資産階級學術權威”打倒。大老粗一旦被發動起來砸爛一切框框條條，踢開所有的內行絆脚石，自然就只會搞破壞。

還不止此。如果只是單純的大老粗胡鬧，造成的損失總是有限的。但毛還爲這種爛事賦予了政治意義，把它變成是否堅持毛主席革命路綫的大是大非問題。于是爛事變成了路綫鬥爭先進事迹之後，便永遠無法改正，否則就是否定新生事物，打擊革命群衆的社會主義積極性。因此，這運動的實質就是千方百計發動群衆大幹蠢事，一旦幹出來後便把它變成聖迹，使得錯誤永無改正可能。“群衆性技術革命和技術革新”也就必然成了群衆性技術破壞與技術顛覆活動。

這的確是當年在神州大地上普遍發生的荒謬絕倫的現象。我參加過另外一個鑒定會。某家農機廠造出了一個“爭氣機”，吹得驚天動地。那是個手扶拖拉機帶動的插秧機。但那爛污貨實在是毛病百出，就連我這和農機不搭界的“技術權威”都看得出來根本不能工作。有如用那破玩意，本人不如下田自己去插，比它還要“多快好省”得多。因此之故，那會和其他我參加過的不同，開得很激烈，與會者指出了大量毛病，最後就輪到東道主發言了。

儘管事隔幾十年，那位同志的發言我記憶猶新。他大義凜然地站起來，說：許多同志對這新生事物抱著懷疑態度，指手劃脚，說三道四，這也懷疑，那也指責。有的同志甚至還說，日本進口的插秧機如何如何先進。那當然先進，可那是帝國主義國家製造的！爲什麼說出這種話來的同志就不會臉紅？！起碼的路綫覺悟上哪兒去了？！偉大領袖毛主席教導我們：“我們的方針要放在什麼基點上？放在自己力量的基點上，叫做自力更生。”難道我們抓革命促生產，就是崇洋媚外，跟在洋人屁股後亦步亦趨地爬行，對西方資產階級洋貨頂禮膜拜，看不起東方無產階級自力更生、發憤圖強，用自己的雙手造出來的機器？！這不是黨內走資派鼓吹的“造船不如買船”的奴隸主義、洋奴哲學又是什麼？

這番慷慨激昂的革命演說句句擲地有聲，全場頓時啞然，直到最後散會都沒有誰敢再發言。

那農機廠離城頗遠，與會者只能住在該廠招待所裡。我有幸和科委的兩位領導同室。兩位領導其實也就只是一般幹部，四十歲來往。是夜，兩位領導都轉側不安，長籲短嘆。最後其中的老王乾脆坐了起來，在黑暗中說：

“老李，那傢伙那番話真他媽的够嗆。本來這事明明白白，連瞎子都看得一清二楚：他們折騰了好幾年，弄了個沒法用的爛機器出來，花了國家幾十萬，想讓我們掏腰包替他們填這窟窿。本來也沒啥，可聽他那意思，還不是只是個堵窟窿眼兒的問題，是要投產的問題。這事可就大了，光是試驗就花了那麼多錢，大批生產出來可就不得了了。你說這事到底該怎麼辦？”

老李長嘆一聲，聽上去比老王還凄涼，說道：

“還能怎麼辦？你就沒聽出他那個意思來？如果不按他說的辦，就是崇洋媚外，就是造船不如買船！”

老王更加激憤，說：

“不行！這些年來，從咱們手上出去了多少冤枉錢？國家的錢全他媽的塞狗洞裡去了！難道你就不心疼？這次我可再不幹了，說下大天來也不行！”[1]

老李仍然猶豫不決，老王便痛陳利害，舉出他倆經辦的各種先例來證明那必然是個無底洞，必須不斷往裡扔錢。那些例子當真是離奇到匪夷所思的地步。

他越說老李越嘆氣，最後也加入他的二人轉，不斷給他補充遺漏的事實或細節。最後兩人說累了，仍未達成共識，終于先後住嘴，老王頹喪地倒了下去。

我剛要朦朧入睡，突然又被老王的叫聲驚醒。睜眼一看，老王再度坐了起來，興奮地叫：

“老李，他們能這樣糟蹋國家的錢，我們就不能糟蹋麼？我跟你說，咱倆報個項目去出差，從東玩到西，從北玩到南，所有的城市都玩過來，怎麼樣？”

老李也來勁了，于是兩人就開始設計最佳旅游路綫，把所有的風景名勝一一列舉過來。我聽得實在無趣，便再度朦朧入睡。

後來兩人又商量了一次，總算達成了共識，會議結束時，老王代表科委肯定了那“重大技術成果”，這就意味著該廠爲此花的錢有了報銷處，不再是必須自己承擔的虧空了。但對是否投産，老王却說科委需要會同計委討論後再决定。官場運作我不清楚，似乎是科委負責鑒定，計委負責掏錢。老王的表態純粹是太極拳——避免了否定了新生事物偉大意義，却回避了投産問題。這招是否有效地“默殺”那新生事物于腹中，散會後我便再無可能與興趣去跟踪了。

---

[1] 這話令我終生難忘，後來我寫毛共治國“取之於民，塞之狗洞”就是從這兒來的。那陣子我黨的基層幹部還是有點良心的，知道心疼國家的錢。

我只是個小工人，也就只參加過次數有限的技術鑒定會。人家可是科委幹部，吃的就是這碗飯，知道的乃是全省的情況，又是自己人內部閑聊，絕無可能撒謊編造。如果那兩位同志現在還活著又能寫回憶錄，把自己所有的荒誕經歷寫下來，肯定能成暢銷書。不過，光是我本人種種耳聞目睹，也足夠顯示毛發動的“群衆性技術破壞與技術顛覆”的自傷神功是何等威力無窮了。

綜上所述，毛的文革實驗，唯一的成就就是把人民變成刁民、政客加土匪，使得工業生產和交通運輸再度蒙受了嚴重打擊。它是不是使得國民經濟跌到了崩潰邊緣，普通百姓無法掌握真實可靠的統計數據，無從斷定。我知道的就是，無論是從事實還是從邏輯來看，那位作者的樂觀結論根本就站不住腳。光是那些讓人眼花繚亂的糧票、油票、布票、棉花票、花生票、豆腐票、肉票、肥皂票、糖票、餅乾票、醬油票，等等，就足以顯示國民生活的極度匱乏了。毛澤東當國近 30 年，農村人口從 4 億增加到 7 億，城市人口卻一直保持在 1 億，這就是工業化的表現？如果文革沒有重創工交生產，毛澤東為何要把全國知青趕到農村去？工交生產的高增長為何不反映在城市就業率的高增長上？要麼，那時的工廠都實行了自動化，所以無法再安插中學畢業生？

總而言之，毛澤東執政之後的兩大得意之筆，都讓黨國大傷元氣。

結語 治國白癡是怎樣煉成的

一、毛澤東確實是治國白痴

2005 年，我在海外中文網上評論毛澤東作為國務家的績效時指出，論治國，毛不但不是拜毛教徒歌頌的“天才”，反而是世界幾百年、中國幾千年才出一個的驚天動地的白癡。

“皇上其實一絲不掛”這話一出口，頓時群情洶洶，引來了愛黨人士們的瘋狂圍剿與侮辱，斥“姚文元”者有之，罵“小資狂熱性”者有之，似乎“姚文元”乃是國民黨特務，而不是我黨傑出的文化戰士、毛主席的好學生兼心腹打手。而且，不但許多中立的網友，就連某些痛恨毛的人，也覺得我說得過了份。有的說我這話是價值判斷，有的則說我把觀點當成了事實。我當即答覆：

諸位的反應一點都不奇怪，崇拜權勢乃是人性的共同弱點：既然是白癡，豈能盤踞大位幾達三十年？一個白癡竟然能任意宰割 6－8 億人民如此之久，這人民是不是也實在太窩囊了些？

問題是，我這話無論再怎麼難聽，畢竟是事實，您喜歡是那樣，不喜歡也是那樣，根本就無法否定。毛共當國近 30 年，舉凡毛主席革命路線佔上風之時，就是全國“痞子愚昧狂熱性”大發作之日（順便說一句，本人從未見過“小資狂熱性”，只見過痞子愚昧狂熱性大發作）：

歷史上也就只有過那麼一位萬乘之主，教農民如何種地，教工人如何做工，教科學家怎麼研究，教大學教授怎麼施教，親手頒佈

“八字憲法”和“鞍鋼憲法”，規定全國農村無論局部條件如何，一律深耕一米，每畝施萬斤肥，放高產衛星一直放到“畝產 13 萬斤糧”；擔憂“糧食吃不完怎麼辦”，在號召人民“鼓起幹勁高產，放開肚皮吃飯”，實行“吃飯不要錢”的同時，醞釀給全國農民放一年假；號召開展“群眾性技術革命和技術革新”，不管是在山區還是平原，實行全國農村“車子化”（即手推車化）、“滾珠軸承化”；命令全國各行各業停下自己的生計，去把家裡的鍋碗瓢盆甚至農具統統砸了，塞進後院搭起來的“土高爐”，煉出無法處理的大量廢物，只好拋到荒郊去，一直到 60 年代後期尚未徹底爛光；號召全民上陣“除四害”，專和麻雀過不去；推出“外行必須而且可以領導內行”的國策；在大躍進中首次實行“教育革命”，讓學生編寫教材，自行決定自己應該學什麼；在文革後再度推行“教育革命”，把全國知識青年流放到農村去，以手上繭子的豐厚度作為官定錄取標準，從文盲裡招收“大學生”，實行“工農兵上大學，管大學，用毛澤東思想改造大學”；不許把農業大學辦在城裡；廢除醫院各科分工甚至醫護分工，讓護士去主刀作手術，不許醫護人員戴口罩，以針灸治療近視眼、聾啞人，讓“治好了”的聾啞人唱《東方紅》，喊“毛主席萬歲”，並把那鬼哭狼嚎拍成電影，在全國鄭而重之地放映；以頭髮長度和褲腿寬度作為“革命化”的簡易標準，羞辱留長髮、穿細褲腳的“墮落分子”；在全國實行“紅海洋”，甚至一度準備改換紅綠燈的涵義；違反最起碼的經濟常識，廢除社會分工，走反動的“五七道路”，實行企業辦社會，把工農兵學商合在一個企業之中，哪怕小工廠都得辦農場；以戰備為由，把設備最精良的工廠遷到交通不便的萬山叢中，讓它們徹底喪失經濟價值；號召“人定勝天”，以致軍墾兵團戰士們在颱風襲擊海面時，竟然跳下去用肉體保護大堤……

結語

行了，我要再寫下去，這文章就沒完了，當真是罄南山之竹，書蠢無窮；決東海之波，流愚難盡。敢問紅衛兵們，上面說的有哪一樁不是事實？又有哪一件是我捏造出來的？又或許，這只是個別事實，不是流行全國的普遍實踐，我是攻其一點，不及其餘？

這許許多多驚天動地的蠢事，只要幹出一件來，就足以騰笑千古了，偉大領袖卻終生樂此不疲，幹了一樁又一樁，難道還不是世界幾百年、中國幾千年才出一個的白癡？請問自從盤古開天地，三皇五帝到於今，歷史上可曾有過哪個君主幹過這種蠢事？

同志們要是覺得我誇張，這就請舉出一個先例來，行不行？我也知道，要達到偉大領袖的超高標準絕無可能，所以，我這裡不妨放諸位一萬馬，大家只需舉出一例來就行了，如何？要是您舉不出先例來，那就算我真是狂熱的妖魔鬼怪、充滿深仇大恨的牛鬼蛇神，仍然無從洗去毛的驚天動地的愚蠢，是不是？

所以，不管您胃口如何，倘敢尊重事實，就不能不痛苦地接受我那顛撲不破的結論。

兩年後，美籍華人數學教授樊弓先生在別的論壇上看到我說毛澤東是治國白癡的話語，當即雄赳赳地打上門來。他先是炫耀了他在歐洲高等學府講學以及在"國內頂級理論刊物上發表文章"的光輝業績，然後逼我撤回"毛澤東是治國白癡"的論斷。全部理由是，這個命題是個觀點，而據說但凡是觀點，就決不能是事實，既不能證實也不能證偽。

我簡直不能相信這是教授說出來的話，只好耐心為他講授點常識，告訴他世人所謂"觀點"無非是兩種，一種是價值判斷，一種是事實判斷。價值判斷涉及的是"善／惡"或"美／醜"一類主觀價值觀念，不是"真／偽"的客觀存在，不存在證實或證偽。但事實判斷當然可以、而且必須證實或證偽。例如"伊拉克境內沒有大規模殺傷武器”，這當然是個觀點，而且是一度引起全世界激辯的重大觀點，但同時也是事實判斷，是否為真當然可以檢驗，而且已經被美國侵伊戰爭後的調查證實。真正無法證實也無法證偽的貌似事實判斷的觀點只存在於哲學或是宗教領域中。“毛澤東是治國白癡”不是哲學也非宗教命題，也非“毛澤東是壞人”一類價值判斷，只是個事實判斷，不存在無法證明的問題，事實上，我已經寫了許多文字作了雄辯證明。

樊教授無法理解我說的簡單常識，也不屑于看我的有關文字，卻追究我的“白癡”和“治國白癡”的定義。我告訴他，我早就作出了定義。所謂“白癡”，就是“缺乏正常成人從生活經驗中獲得的簡單預見能力的人”。而“治國白癡”則是：“在制定並推行國策時缺乏這種簡單預見能力的領袖。”

我進一步解釋道，所謂“正常人從生活經驗中獲得的簡單預見能力”，就是為絕大多數人具有、不需要任何系統教育訓練、經過生活經驗強化並為生存所必需的基本智慧。例如正常人並不需要專門的學習和訓練，就能獲得預見到被火燒死、被水淹死、從高處摔下去跌死等危險的能力，而白癡則不具備這種起碼的預見能力，這種智慧是多方面的，全面缺乏這種能力的人就是生理白癡，選擇性缺乏某一方面的簡單預見能力則是單項白癡。“治國白癡”並不是生理白癡而是單項白癡。

我還特地指出，判斷是否缺乏這種簡單預見能力，是看其行為能否用其他動機（諸如權謀利害考慮）來解釋。換言之，必須排除了“明知後果而故意行之”，才可判定那是純淨的愚蠢。例如跳樓自殺者並不缺乏預見後果的能力，而是出於某種感情動機去蓄意尋死。白癡則是壓根兒不能預見跳樓惡果的人。

在這方面，毛治國的兩個大手筆構成了鮮明對照。大躍進使得整個國民經濟崩潰，不但餓死幾千萬人，而且所有的商品全面短缺：農業副業畜牧業產品、輕重工業產品、能源等等無所不包。人類歷史上大概還從未見過如此嚴重全面的災難。除非是引起核冬天的大規模核戰，即使是有限核戰爭也不可能一舉殺死幾千萬人，全面摧毀某個大國的工農業，廣島長崎就是證明。

文革期間，毛又一次把國民經濟帶到崩潰邊緣，引出了一系列災難。但這次的行為動機與第一次明顯不同，屬於明知故犯，亦即以犧牲國計民生為代價進行權力鬥爭，但第一次根本不能採用類似解釋。哪怕心理再陰暗者，恐怕也不敢說毛發動大躍進乃是為了故意摧毀中國的經濟，殺死大量人口吧？人家可是為了超英趕美才發動那場大災難的。

所以，毛發動大躍進，全面系統摧毀國民經濟，殺死大量人口，並不是出於利害考慮蓄意進行的犯罪行為，而是缺乏對其國策後果的預見能力的蠢動。任何尊重事實和邏輯的人，無論政治立場如何，恐怕都得承認這一點。

那麼，毛缺乏的是什麼性質的預見能力？本篇前文已指出，任何常智者，無論是否受過最起碼的教育，都能輕易預見到那一系列蠢動必將引起的災難性惡果。這裡只提幾條：

第一、全民轉業去煉鋼，工農業喪失勞動力，必然停工破產。

第二、農業停工破產，必然導致大批人餓死。工業停工破產，必然導致所有日用產品包括農具緊缺，促進農業破產。

第三、要全民去煉鋼，即使忽略向他們提供必要的技術訓練和設備，也必須提供足夠的礦石和能源，否則就只能逼迫他們為完成指標將有用的金屬器具（包括農具）拿來作原料，砍伐森林作為能源，非但達不到預期目的，反倒造成財產與資源的空前毀壞。

以上三條，應該是任何智力正常的成年人，哪怕是一天學都沒上過的大老粗都能輕易預見到的吧？

然而樊教授對此答覆卻視而不見，堅持胡攪蠻纏，吹毛求疵，說什麼：“蘆笛甚至沒有證明毛幹了蘆氏定義的白癡事。因為定義中‘常智者可以輕易預見其惡果’問題多多。誰是常智者？大街上討飯的算不算？多輕易算輕易？ 5 分鐘沒想出來算不算不輕易？”

我只好耐心告訴他，任何常智者看了上面的具體論證，都決不會產生這些疑問。上文已經說得清清楚楚，所謂“常智者”，就是智商中庸、能使用無需教育便天生具有的天然智力（所謂common sense）作出判斷的成年人，所謂“輕易”，就是“不需要系統學習研究甚至不假思索即能作出判斷”。例如教授本人對用頭撞牆的災難性後果大概能輕易預見吧？對上面所舉三條，哪怕理解力低下如他者也罷，難道還需要專門學習研究，或至少需要考慮 5 分鐘才能預見到？難道連“農民全去煉鋼人就要餓死”的預見能力都不具備的人還不是白癡？難道預見“沒有原料和能源就不可能煉出鋼來”的能力不是“輕易”的，不在“常智”範圍？

因此，毛發動大躍進，使得工農業停工破產，害死了幾千萬人，不具備可以用利害考慮或其他目的解釋的動機，其後果也可為任何智力正常的成年人輕易預見，但毛澤東還是照幹不誤，由此只能得出結論：他缺乏常智者的預見能力，該行為是驚天動地的白癡行為。以這種驚天動地的白癡行為進行國家經濟建設的人，當然只能是驚天動地的治國白癡。

不知樊教授和黨朋們對以上點水不漏的論證有無異議？歡迎批駁，謝謝！

以上是我當年答覆樊弓教授的話。他沒有作出任何像樣的反駁，只是重申：“我勸蘆笛放棄證明的企圖。依我所見，該命題是既不能證實也不能證偽的。這是個觀點。”便從此消失不見了。

多年後重讀這些文字，我仍然認為上述論證點水不漏。如果樊教授和其他愛黨人士知道尊重事實和邏輯，那他們唯一可以詰難的，充其量也就是我給出的“治國白癡”定義，強辯：“不能把制定並推行國策時缺乏正常成人從生活經驗中獲得的簡單預見能力的領袖稱為治國白癡。”

即使如此，他們也絕對無法否認，毛澤東在制定和推行國策時，就是缺乏正常人都有的簡單預見能力。如果樊教授和其他愛黨人士覺得“白癡”的稱呼刺耳，我當然也可以照顧他們虔誠深厚的宗教感情，放棄使用那稱呼，改用“智障人士”，但他們必須實事求是，承認毛澤東就是缺乏正常人都有的簡單預見能力的國家領袖。

六四大屠殺發生後，我上街參加了平生唯一一次反共遊行，見到香港人打出的大標語：“四十年一場冤孽”，頓時只覺萬箭穿心，悲從中來，淚水奪眶而出，泣不成聲，幸虧當時大眾都因大屠殺非常悲憤，沒有多少人注意到我的失態。

這些年來我一直在想這句話，每次都要忍不住淚水涔涔。的確，死了這麼多人，受了這麼大的罪，爲了什麼？換來了什麼？什麼也沒有！

如果是旨在無情壓榨中國人民、掠奪資源財富的異族統治者，那畢竟還能讓人理解。最令人斷腸的還是受罪受得莫名其妙，什麼名堂、什麼結果都沒有，整整 27 年，8 億中國人就是讓一個白癡莫名其妙地糟踐，跟養了個天天在家裡用斧頭亂砍一氣，毀了一切能毀滅的家產的白癡兒子究竟有何區別?

二、為何“治國白癡論”令人難以接受?

儘管“毛澤東是治國白癡”是個不言自明（self-evident）的淺顯事實，許多人卻無法接受，這其中有幾種原因。

最常見的原因是權勢崇拜與成功崇拜心理。在許多中國人看來，幹出了征服全國的偌大事業、將無數鐵血強人玩弄于指掌之上的大英雄只可能是天才。將這種人稱為“白癡”完全是喪心病狂。

這種心理與政治立場無關，在國人中很有代表性。它體現了中國人特殊的價值觀。我在《中國人的聰明觀》中指出，中國人的智慧觀與鬼子不同，在國人心目中，第一等才能就是諸葛亮那種傳統智慧。從孫武子開始，運籌於帷幄之中，決勝於千里之外的謀略家，幾千年下來一直是全民的崇拜對象。他們的共同特點是對人性的弱點非常熟悉，既善於利用弱點駕馭部下（所謂“使功不如使過”），又善於找出競爭對手的弱點來擊破之，贏得政治上或軍事上的勝利。

這方面的輝煌例子二十四史中比比皆是，不勝枚舉：孫子辣手摧花，以砍美人頭來訓練百戰百勝的雌師；孫臏的圍魏救趙和“增兵減灶”；韓信背水下寨，以絕望激起疲卒的困獸之鬥，使用楚曲動搖江東子弟軍心；司馬昭派互不相能的鄧、鍾二將伐蜀，既用了“魚蚌相持”，又用了“螳螂捕蟬”；朱元璋避而不打蒙古兵（如後世毛澤東不打日本兵一樣），先忙着打內戰，並正確地決定先打陳友諒，後打張士誠……，一直到百姓最熟悉的野史《三國演義》裡諸葛亮那些無窮無盡的妙計。

因為說部演義的教化，幾百年下來全民都深深浸透在這種智力崇拜中。偉大領袖至今不乏頂禮膜拜者，一個重要原因就是因為他是集有史以來之大成的最偉大的謀略家。一個人只要足夠狡猾，不管如何作惡累累，再過一萬年大概都會有人崇拜。

這種智力崇拜，其實是把“狡猾”錯當成為“智慧”。國人崇拜的智多星全是“與人奮鬥”的佼佼者，是窩裡鬥中出奇制勝的大贏家。在國人看來，在所有的智力活動中，惟有能幫人搶天下的陰謀詭計才是“萬人敵”，是使天下一切智士才子為己所制、為己所用的真正的大智慧。借孟子的話來表達，便是“狡猾者治人，聰明者治於人。治人者食於人，治於人者食人。”

所以，郭沫若聰明到能猜甲骨文，見了毛澤東的錯別字照樣得歌頌那是“四個第一的光輝表現”，而錢學森聰明到能作馮•卡門的弟子，還是得向國防科委的革命群眾認真傳達“要研究用石頭造糧食”的最高指示。中國歷史上那無數的發明家沒在二十四史中留下名字又有甚麼奇怪？不是洋鬼子打進來，我們便再過一萬年也不會知道，原來沈括偶然在《夢溪筆談》裡記錄下來的布衣畢昇，才是為全民族爭光的真正有大智大慧的人。就連諸葛亮官拜大漢武鄉侯，發明了木牛流馬連環弩，也只才在史書中留下個“有巧思”的評價，連那些玩意兒到底是甚麼樣都沒給記載下來，一個造趙州橋的區區石匠又算甚麼東西？

這種高等智慧，流為末俗便是《聊齋》裡的“局詐”，也就是後世那些用“敵敵畏”加進工業酒精勾兌“茅臺酒”的把戲。網上曾有人感慨道：國人的聰明都用在造假貨上頭了。我看，這是咱們的傳統價值觀使然。既然共同的價值觀認定“養豬者最愚蠢，從別人鍋裡撈肉者最聰明”，有誰還願去作傻子？連海外“精英”中都有許多認為“逃稅者最聰明，納稅者最愚蠢”，咱們的智愚觀也就可以想見了。[1]

但以現代眼光視之，這種價值觀完全是顛倒的。“狡猾”與“聰明”完全是兩回事，前者指的是在“與人奮鬥”中詭計百出，後者則是富有建設性才能。毛澤東在窩裡鬥中當然是“天才”，可

---

[1] 《蘆笛文選》，106-107 頁，彼岸出版社，2006 年。

惜是鬼子說的“犯罪天才”（criminal genius），對這種“天才”的崇拜，只會敗壞國人心術，促進國民道德崩潰。

第二個原因則是階級立場造成的偏見。官僚資產階級及其子女當然不願意為他們打下花花江山的偉大領袖的真相被人如此無情、如此輕易地戳穿。所以哪怕毛澤東幹出來的那些蠢事震古鑠今，他們也寧死不肯承認那是白癡行為。樊教授甚至不惜墮落到提出“幹出白癡行為的人也未必是白癡”，問我“智力正常人是不是也能不小心幹出白癡行為？”竟然把毛澤東精心制訂、不遺餘力推行、堅持吹噓為“三面紅旗”的綱領性國策說成是“不小心幹出的白癡行為”。對此列寧同志已經代我回答過了：“偏見比無知離真理更遠。”

第三種原因則是缺乏對人類大腦功能的認識，以為“白癡”就只能是生理意義上的白癡。

實際上，人的大腦是複雜的，不同的人的才能常常具有不同傾向性，像達・芬奇那樣的全才並不多見。上過學的人都該知道“偏科生”。托爾斯泰是不世出的文學天才，可學起數學來卻笨得要死，費盡九牛二虎之力最後也才只學會算術。毛澤東寫文章填詞有兩下子，可當年在長沙第一師範的數理化成績一塌糊塗，這可是他自己承認的。

因此，智力障礙可以表現在不同方面，可以是多種智能都缺乏，但保留了某項智力。例如英國有位生理白癡連生活自理能力都沒有，卻具有超群出眾的心算天才，其對大數的心算能力不但為常人遠遠不及，甚至快過電腦；也可以是只缺乏某項智能，例如失讀症患者智力同一般人並無差別，但閱讀能力和寫作能力卻與常人有較大差距。

總而言之，單項白癡具有選擇性。凡在某個領域裡因缺乏常智者的簡單預見力而採取災難性決策的人即是該領域的白癡。但這並不是說他在所有領域裡都是白癡。毛在管理國家特別是經濟建設中缺乏常智者的簡單預見力，屢屢採取災難性決策，因此是治國白癡。但這並不是說他在黨內外權力鬥爭中是白癡。相反，在那種骯髒下流的領域裡，他是當仁不讓的天才。

許多人看到了毛“與人奮鬥”的出眾才能，便看不到、也無法接受他是治國白癡這個鐵的事實。這是因為他們不知道，“治國”與“治人”涉及到的是完全不同的智能。這種認識錯誤，無異於看到英國那白癡展示了無與倫比的心算天才，便否認他是個連生活自理能力都沒有的殘障人士。

我在《百年蠢動》[1]裡指出，近現代史上中國遭受的一系列自傷災難，主要是愚昧而不是邪惡造成的。這論斷尤其適用於毛澤東時代。之所以如此，我也解釋過了，除了傳統文化造成的“文化誘導性智障”外，另一個重大原因是暴力革命。暴力革命專門把窩裡鬥的行家裡手篩選出來。優勝者絕對是整人、控制人的天才，至於他是否碰巧也有治國才能，那就只有靠撞大運了。這種人與太平時代爬上去的領袖完全不同，後者就算是庸才，也不可能是毛澤東那種連起碼常識和預見能力都沒有的白癡。

中國人民的不幸是，咱們無幸碰上斯大林那種恰巧同時具有治國長才的犯罪天才，卻遇到了犯罪天才、治國白癡毛澤東。

所以，同樣是大躍進，毛的土躍進使得國民經濟全面崩潰，斯大林的洋躍進卻基本實現了國家工業化。在 1928-1938 的 10 年中，蘇聯鋼產量從年的 430 萬噸增加到 1810 萬噸。煤從 3500 萬噸增加到 1 億 3 千 3 百萬噸。卡車從 700 輛增加到 18 萬 2 千輛。在 1928 年初，紅軍只有 92 輛坦克，到了 1935 年 1 月便有了 10180 輛。1928 年空軍

[1] 蘆笛：《百年蠢動》，明鏡出版社，2011 年。

只有1394架不同種類的飛機，到1935年便有了6672架。從1930年到1934年，戰鬥機產量增加了5倍，轟炸機產量增長了4倍。[1]

與毛澤東一樣，斯大林也流露出了巴不得一蹴而就的躁狂心理，制定的指標都是不可能完成的。這便逼著下屬弄虛作假，在紙上"放衛星"。然而它與咱們的土躍進有個根本區別：斯大林還有足夠常識與起碼的預見力，知道只能靠建工廠去搞工業，不會蠢到發動全民修"土高爐"去煉鋼。結果當然就完全不同了。

三、治國白癡是怎樣煉成的？

仔細讀過本書《思想家卷》第二章《毛澤東的知識、智力與人格缺陷》的讀者應能基本想出這個問題的答案，這裡需要補充的只是，作為社會科學的絕佳病理標本，毛澤東的致愚過程，在某種程度上展示了中國文化傳統糟粕的綜合作用。毛澤東代表了中國顯性文明與隱性文明中最惡劣部份的完美結合，有如說他是自詡的"馬克思加秦始皇"，莫如說他是"洪秀全加徐桐"。

我在與樊弓教授辯論時曾指出，智力障礙可以是遺傳、疾病、藥物、社會文化等多種不同原因造成的。遺傳和疾病引起的智障是被動喪失智能，而吸毒和社會文化原因造成的智力喪失則是主動過程。換言之，後者是靠主觀努力把自己變成白痴的。

前文已經反復指出，所謂白痴，就是喪失了絕大多數成年人從生活經驗裡獲得的簡單預見能力的蠢人。誰也不會從高樓上跳下去，那是因爲預見到必然要摔死。然而英國報紙曾報道，某位青年

---

[1] 蘆笛：《野蠻的俄羅斯》，212頁，明鏡出版社，2010年。

吸毒後曾高喊著“我會飛”，從懸崖上從容跳下去。這就是主動型白痴的範例。這種主動型白癡一般人倒不難理解。

另一種主動型白癡則是“文化誘導性智障”。最光輝的範例就是義和團。正常人誰也不會赤手空拳冒著槍林彈雨沖上去，那是因爲預見到必然要被打死。但義和團就是相信吞下香灰符咒之後便能刀槍不入，哪怕前驅者死傷枕籍也不會動搖他們這個堅定信念。這種文化誘導性智障因爲發病機制不是那麼一目了然，所以俗眼看不出來，甚至拒絕承認那是智力障礙。

義和團當然只是極端例子，但正如毛時代某個馬屁詩人寫的：“浪花戳天，為有千丈海。一人身後，有百萬英雄在。”拳亂不過是全民愚昧的集中反映而已。我已在《百年蠢動》中指出，中國在近代遭遇的一系列災難，在相當大的程度上是自作孽，不可活。而前人之所以要幹出那一系列令後人目瞪口呆的蠢事來，除了閉關鎖國造成的無知外，更重要的原因是傳統文化鑄就的思維定勢。就是這種思維定勢使得前人完全喪失了認識現實的能力，看不到眼前的深淵，更無法預見到掉下去的後果。一部中國近代史，就是害了文化誘導性智障的精英們率領愚民瞎折騰的歷史。

這蠢病的癥結是兩個，首先是夜郎自大的天朝心態，堅信中國是文明中心，世上再無堪與華夏文明匹敵、遑論比它優秀的其他文明；孔孟之道不但窮盡了宇宙間一切真理，而且代表著無敵於天下的道義力量。晚清大學士徐桐那著名的笑話就最能說明這一點：

> “西班有牙，葡萄有牙，牙而成國，史所未聞，籍所未載，荒誕不經，無過於此。”

我在《華夏文明解剖》中指出，這論斷之令人駭然，還不光是它武斷槍斃了西葡兩國及其大量居民的結論，更是推論的大前提。徐老先生其實是說，中國的古籍包羅了世上一切事物，因此，只要史籍沒有記載的事物，就必然是虛構出來的[1]。就是這種傲慢的天朝心態，使得中國頑固地拒絕以平等態度對待列強，更頑固地拒絕學習鬼子們帶來的科技文化。

另一個癥結則是前文已經介紹過的“妄想型人格障礙”。在很大的程度上，它是全民共患的國症，其特點是只會對他人的一切行為動機作陰暗猜疑，只懂“不是你吃掉我，就是我吃掉你”的零和博弈，絕不相信世上有“雙贏”的事，更不相信世上有善意。就是這種對“蠻夷”的陰暗猜疑，使得朝廷不但拒絕接見外國使節，為此背信棄義撕毀條約，使用龜孫子兵法偷襲入京的外國使節，引來了第二次鴉片戰爭，而且拒絕聽取赫德、威妥瑪、李提摩太等人的善意勸告，錯失改革良機。

不難看出毛澤東與徐桐思維方式的驚人的平行。兩人都徹底缺乏西洋文明常識，都只精通線裝書（當然徐桐之淵博遠非毛氏可比，而且估計他也不曾看過毛最鍾愛的垃圾小說），都拒絕學習西洋文明常識，只從古書中吸取營養、尋找靈感，都堅信有個至高無上的“宇宙真理”，都認定自己就是那真理的掌握者甚至代言人。如同徐桐根據他認定的“天道”，頑固拒絕承認西班牙與葡萄牙的存在一般，毛澤東也根據他認定的“客觀真理”，拒絕承認物質基礎是工業化的前提。正因為此，全民煉鋼運動才會表現出與義和團運動驚人的相似，兩者都是“土法上馬”，都想用大刀長矛 / 土高爐去打敗鬼子的洋槍洋炮 / 洋鋼廠。

總之，徐桐與毛澤東雖然相隔半個世紀，兩人的思維方式卻是共通的。他們的共同盲區，乃是看不到現代社會是用西學組織管理的，它完全超出了國學的微小容量。不懂西學只懂國學的領袖就是現代文盲，就只有可能實行白癡治國。徐桐看不到這點是時代限

---

[1] 蘆笛：《華夏文明解剖》，明鏡出版社，2011 年，105 頁。

制，毋庸深責。毛澤東在民國的正面示範後還看不到這點，就絕對不可原諒了。

即使是毛澤東的“綱式思維”，也能從傳統中尋出深根來。前文已經指出，“抓主要矛盾”是毛的弱智思維方式的最突出特點。這綱式思維可以運用于一切宏觀微觀範圍。例如哲學就是“萬王之王”，是管轄一切其他學問的“學問皇帝”。掌握了馬列哲學也就能管轄指揮所有的學者，跟槍桿子在奪權鬥爭中的作用也沒有什麼差別。這就是“外行可以而且必須領導內行”的“理論依據”。

這玩意貌似舶來品，其實熟悉傳統文化的人並不覺得新鮮。朱熹早在《大學章句序》中為各學科排了座次。他認為，教人以“窮理、正心、修己、治人之道”的是“大學”；教人以“灑掃、應對、進退之節，禮、樂、射、御、書、數之文”的是“小學”。除此之外，“俗儒記誦詞章”無用；“異端虛無寂滅之教”無實；“其它權謀術數，一切以就功名之說，與夫百家衆技之流”，則都是“惑世誣民、充塞仁義者”。

明清兩朝都忠實奉行了朱熹的這一教導。當時的中國開設的私塾與書院都只傳授聖賢之道，相當於後世的“政治課”，並不傳授任何科技知識或其他知識。讀書人只要學會了聖賢之道，在八股文考試中脫穎而出，當上了朝廷命官，就自動獲得了治理國家、平冤決獄、治理黃河，甚至帶兵打仗的智力資格。

這難道不是毛澤東的治國之道？他的“教育革命”不必說，黨委領導的智力資格也不是專業知識，而是對教義的精通。他個人的唯一貢獻，不過是把“大學”從聖賢之道置換為毛澤東思想罷了。

毛澤東對“哲學”的迷信甚至到了搞笑的地步，以致他居然下令“工農兵學哲學用哲學”，古今中外還從未見過這種笑話：第一，如果世上有一種學問是工農兵絕對不可能理解的，那就是哲學。第二，哲學乃是世上最無用的學問，對社會實踐活動根本沒有指導意義，這我已經在介紹哲學的有關文章中講解過了。[1]

以哲學去指導治國本身就是白痴笑話，何況毛信奉的是地地道道的白痴哲學，也就是所謂“精神變物質”。前已指出，“物質變精神，精神變物質”乃是毛挂在嘴邊的話。但那“物質變精神”不過是僞裝爲唯物主義者的門面話，他真正相信的還是“精神變物質”，而那“變”並不是西方哲學說的理念的物化（例如柏拉圖著名的桌子的理念最終物化爲桌子的實物），而是財迷心竅的農民想象出來的民間故事中的“田螺姑娘”變戲法，無中生有地變出一堆花花銀子來。

毛和斯大林的根本區別就在這點上，斯大林是個脚踏實地的唯物主義者，因此在施政中特別是在國際外交領域是個非常謹慎的現實主義者，毛則從來沒從理論上弄懂過唯物主義，從來是個感性的主觀唯心主義者，以爲人的“主觀能動性”可以不受任何客觀規律和物質條件的限制，創造出一切人類可以想象的人間奇迹來。這就是林副統帥說的“精神原子彈”。他不愧是毛主席的好學生，深得毛的真傳。

這就是爲何毛會徹底喪失“農民不種田就要餓死人”、“沒有礦石不可能煉鋼”之類的正常成人的簡單預見能力。不但他自己喪失了這官能，而且不許事前諸葛亮們行使這官能。大躍進中不是沒有人提出過這些疑問，但毛堅信這些都是必須破除的“條條框框”。“巧婦能爲無米之炊”就是對“沒有礦石怎麼煉鋼”的響亮回答，而彭德懷受到的無情整肅，就是對“禾撒地，薯半枯。青壯煉鐵去，收穫童與姑。來年日子怎麼過？我爲人民鼓與呼”的疑問的迎頭痛擊。

---

[1] 蘆笛：《馬克思主義批判》，172-173 頁。

當然，毛澤東並不僅僅是徐桐。除了儒教外，他的反智主義還有別的來源。前文已經指出，毛澤東因為青少年時代的心理創傷，極度仇視痛恨知識分子，因而在執政後不遺餘力地迫害他們，甚至還遷怒到知識本身上去，養成了“老子就是不信那個邪”的藐視內行、藐視科學知識、藐視客觀規律的大無畏精神。

在這點上，毛澤東與因落第而備受刺激的黃巢、洪秀全等人極為相似，都表現了暴亂遊民仇視並毀滅文化的復仇衝動。從項羽燒毀阿房宮，到黃巢、張獻忠大肆屠殺百姓，到李自成焚毀皇宮，到洪秀全“凡一切孔孟諸子百家妖書邪說者盡行焚除，皆不准買賣藏讀”，直到文革“大破四舊”，貫穿著一條“我花開后百花殺”的醒目紅線。而毛澤東在 1958 年鄭重考慮“消滅家庭”，在人民公社中一度試行男女分居的“共產主義”設想，也早就為洪秀全實行過了。區別只是這些人只有原始的衝動，缺乏全面系統的頂層設計，所以對後世的影響幾乎可以忽略不計。

總而言之，竊以為，研究毛澤東的致愚機制，以及這樣一個震古鑠今的治國白癡為何會在過去、現在乃至將來都被許多中國人奉為偉大的天才，是一個具有深遠意義的課題。不僅如此，毛澤東還發明了一種高效致愚哲學，不但能將自己卓有成效地變成白癡，而且能使一國人終生喪失正常思維能力而變成白癡。本書第一卷解剖過的“抓主要矛盾”、“內因決定”論等等，至今還是許多中國“知識分子”賴以想事的強大的思想武器，其流毒之深遠不知伊于胡底。這些問題若不加以透徹解剖，則“秦人不暇自哀，而後人哀之，後人哀之而不鑒之，亦使後人而複哀後人也”，魅力無窮的白癡哲學還有可能在將來再度大規模泛濫成災。

國家圖書館出版品預行編目資料

毛澤東全方位解剖（下冊）／蘆笛著. --初版.--
臺中市：白象文化，2020.10
面； 公分
ISBN 978-986-5526-77-1(上冊：平裝). --
ISBN 978-986-5526-78-8(下冊：平裝)
1.毛澤東 2.學術思想
549.4211 109011335

毛澤東全方位解剖下冊

作　　者　蘆笛
校　　對　蘆笛
專案主編　林榮威
出版編印　吳適意、林榮威、林孟侃、陳逸儒、黃麗穎
設計創意　張禮南、何佳諠
經銷推廣　李莉吟、莊博亞、劉育姍、李如玉
經紀企劃　張輝潭、洪怡欣、徐錦淳、黃姿虹
營運管理　林金郎、曾千熏
發 行 人　張輝潭
出版發行　白象文化事業有限公司
412台中市大里區科技路1號8樓之2（台中軟體園區）
出版專線：（04）2496-5995　傳真：（04）2496-9901
401台中市東區和平街228巷44號（經銷部）
購書專線：（04）2220-8589　傳真：（04）2220-8505
印　　刷　基盛印刷工場
初版一刷　2020年10月
定　　價　680元